DROIT DES AFFAIRES

COMMERÇANTS
CONCURRENCE
DISTRIBUTION

Jean-Bernard Blaise
Professeur émérite
de l'Université Paris-Panthéon-Assas

Richard Desgorces
Professeur à l'Université de Rennes

DROIT DES AFFAIRES

COMMERÇANTS
CONCURRENCE
DISTRIBUTION

12e édition

LGDJ
un savoir-faire de Lextenso

1, Parvis de La Défense • 92044 Paris La Défense Cedex
www.lgdj-editions.fr
EAN : 9782275117300
ISSN : 0990-3909
Collection : Manuels

Sommaire

TROISIÈME PARTIE – LA DISTRIBUTION

Abréviations et citations

ADLC	Autorité de la concurrence
aff.	Affaire
AJ Contrat	Actualité juridique Contrat
AJDA	Actualité juridique de droit administratif
AN	Assemblée nationale
art.	Article
BODACC	Bulletin officiel des annonces civiles et commerciales
BOCCRF	Bulletin officiel concurrence, Consommation, Répression des fraudes
BRDA	Bulletin rapide de droit des affaires
Bull.	Bulletin des arrêts de la Cour de cassation chambres civiles
Cass.	Cour de cassation
CA	Cour d'appel
C. civ.	Code civil
C. com.	Code de commerce
C. consom.	Code de la consommation
C. env.	Code de l'environnement
C. mon. fin.	Code monétaire et financier
COJ	Code de l'organisation judiciaire
C. propr. intell.	Code de la propriété intellectuelle
C. rur.	Code rural et de la pêche maritime
C. sport	Code du sport
Cass. 1re civ.	Première chambre civile de la Cour de cassation
Cass. 2e civ.	Deuxième chambre civile de la Cour de cassation
Cass. 3e civ.	Troisième chambre civile de la Cour de cassation
Cass. com.	Chambre commerciale de la Cour de cassation
Cass. crim.	Chambre criminelle de la Cour de cassation
Cass. soc.	Chambre sociale de la Cour de cassation
CE	Communauté européenne
CE	Conseil d'État
CESEDA	Code de l'entrée et du séjour des étrangers et du droit d'asile
CGI	Code général des impôts
CGV	Conditions générales de vente
CJCE	Cour de justice des Communautés européennes
CJUE	Cour de justice de l'Union européenne
Contrats, conc. consom.	Revue Contrats, Concurrence, Consommation
Comm. com. électr.	Revue Communication, Commerce électronique
CPCE	Code des postes et des communications électroniques
CPC	Code de procédure civile

D.	Recueil Dalloz (IR, partie des informations rapides ; som. com., partie des sommaires commentés)
DGCCRF	Direction générale de la concurrence, de la consommation et de la répression des fraudes
DH	Dalloz (hebdomadaire)
DP	Dalloz (périodique)
DS	Dalloz et Sirey
EIRL	Entrepreneur à responsabilité limitée
Gaz. Pal.	Gazette du Palais
INPI	Institut national de la propriété industrielle
INSEE	Institut national de la statistique et des économiques
JCP G	La Semaine juridique, Édition générale
JCP E	La Semaine juridique, Édition entreprise et affaires
JO	Journal officiel de la République française
JOCE	Journal officiel des Communautés européennes
JOUE	Journal officiel de l'Union européenne
LME	Loi de modernisation de l'économie
LPA	Les Petites Affiches
NRE	Nouvelles régulations économiques
PACTE	Loi PACTE : loi relative à la croissance et la transformation des entreprises
PME	Petites et moyennes entreprises
Rev. aff. eur.	Revue des affaires européennes
RCS	Registre du commerce et des sociétés
RD banc. fin.	Revue de droit bancaire et financier
RDC	Revue Droit de contrats
RDP	Revue de droit public
Rec.	Recueil des arrêts de la Cour de justice et du Tribunal de première instance des Communautés européennes
Req.	Chambre des requêtes de la Cour de cassation
Rev. arb.	Revue de l'arbitrage
Rev. soc.	Revue des sociétés
Rev. Lamy Conc.	Revue Lamy de la concurrence
RJ com.	Revue de jurisprudence commerciale
RJDA	Revue de jurisprudence de droit des affaires
RTD civ.	Revue trimestrielle de droit civil
RTD com.	Revue trimestrielle de droit commercial et de droit économique
S.	Recueil Sirey
SE	Société européenne
TFUE	Traité pour le fonctionnement de l'Union européenne
TPE	Très petite entreprise
Trib. PIUE	Tribunal de première instance de l'Union européenne
Trib. UE	Traité sur l'Union européenne
UE	Union européenne
VRP	Voyageur représentant placier

Bibliographie

Ouvrages généraux de droit des affaires, de droit commercial, de droit de la concurrence et de la distribution

1. Traités

Didier Paul et Didier Philippe, *Droit commercial*, t. 1, *Introduction générale, L'entreprise commerciale*, Economica, 2005.

Ripert Georges et Roblot René, *Traité de droit des affaires*, sous la direction de Michel Germain, t. 1, *Du droit commercial au droit économique*, par Louis Vogel, LGDJ, 21e éd., 2020.

2. Ouvrages, manuels et précis

Blanc Anne-Cécile, Le Fur Anne-Valérie, Le Gueut Thomas et Martin Anne-Cécile, *Droit des affaires*, LGDJ, coll. « CRFPA », 5e éd., 2022.

Boutard-Labarde Marie-Chantal, Canivet Guy, Claudel Emmanuelle, Michel-Amsellen Valérie et Vialens Jérémie, *L'application en France du droit des pratiques anticoncurrentielles*, LGDJ, 2008.

Decocq Georges et Ballot-Lena Aurélie, *Droit commercial*, Dalloz, coll. « Hypercours », 9e éd., 2020.

Decocq André et Decocq Georges, *Droit de la concurrence, Droit interne et droit de l'Union européenne*, LGDJ, 9e éd., 2021.

Dekeuwer-Défossez Françoise et Blary-Clément Édith, *Droit commercial, Actes de commerce, fonds de commerce, commerçants, concurrence*, Montchrestien, Domat, 12e éd., 2019.

Ferrier Didier et Ferrier Nicolas, *Droit de la distribution*, Litec, 9e éd., 2020.

Frison-Roche Marie-Anne et Roda Jean-Christophe, *Droit de la concurrence*, Précis Dalloz, 2022.

Gavalda Christian, Parléani Gilbert et Lecourt Benoît, *Droit des affaires de l'Union européenne*, Litec, 8e éd., 2019.

Guevel Daniel, *Droit du commerce et des affaires*, LGDJ, coll. « Systèmes », 3e éd., 2017.

Houtcieff Dimitri, *Droit commercial. Actes de commerce, Commerçants, Fonds de commerce, Instruments de paiement et de crédit*, Sirey, 5e éd., 2022.

Idot Laurence, *Droit communautaire de la concurrence, Le nouveau système communautaire de mise en œuvre des articles 81 et 82 CE*, Bruylant, 2004.

Idot Laurence, *Grands arrêts du droit de la concurrence*, 2 vol., Concurrences Review, 2016.

Julien Jérôme et Mendoza-Caminade Alexandra, *Droit commercial*, LGDJ, coll. « Cours », 3e éd., 2017.

Le Gall Jean-Pierre, *Droit commercial : Notions générales*, avec la collaboration de Ruellan Caroline, Dalloz, coll. « Mémentos », 17e éd., 2017.

Legeais Dominique, *Droit commercial et des affaires*, Sirey, 29e éd., 2023.

Malaurie-Vignal Marie, *Droit de la concurrence interne et européen*, Sirey, 8e éd., 2019.

Malaurie-Vignal Marie, *Droit de la distribution*, Dalloz, 4e éd., 2017.

Menjucq Michel, *Droit commercial et des affaires*, Gualino, coll. « Mémentos LMD », 15e éd., 2022/2023.

Mestre Jacques, Pancrazi Marie-Ève, Grossi Isabelle, Vignal Nancy, Merland Laure, Mestre-Chami Anne-Sophie, *Droit commercial : activité commerciale, structures d'entreprise (commerçants, sociétés et autres groupements)*, LGDJ, coll. « Manuels », 31e éd., 2021.

Mestre Jacques, Pancrazi Marie-Ève, Grossi Isabelle, Vignal Nancy, Mestre-Chami Anne-Sophie, Wathelet Joachim, *Droit commercial : contrats, sûretés et moyens de paiement, fonds de commerce et droit intellectuels, commerce international, prévention et traitement des difficultés*, LGDJ, coll. « Manuels », 31e éd., 2021.

Nourissat Cyril et Bonnamour Blandine, *Droit de la concurrence*, Dalloz, coll. « Hypercours », 6e éd., 2020.

Pedamon Michel, Kenfack Hugues, *Droit commercial (Commerçants et entreprises commerciales, Concurrence et contrats du commerce)*, Dalloz, 4e éd., 2015.

Petit Bruno, *Droit commercial*, Litec, coll. « Objectif droit, Cours », 6e éd., 2016.

Piédelièvre Stéphane, *Droit commercial. Actes de commerce, commerçants, fonds de commerce*, Dalloz, 13e éd., 2021.

Reinhard Yves, Thomasset-Pierre Sylvie et Nourissat Cyril, *Droit commercial (Actes de commerce, Commerçants, Fonds de commerce, Concurrence, Consommation)*, Litec, coll. « Manuels », 8e éd., 2012.

Sérandour Isabelle, Andreu Lionel, *Droit commercial*, Gualino, 2022/23.

Université Panthéon-Assas, *Le Code de commerce, 1807-2007, Livre du bicentenaire*, Dalloz, 2007.

Villemonteix Marianne, *Droit de la concurrence*, Gualino, 3e éd., 2022.

Vogel Louis, *Code de la concurrence*, Bruylant, 2e éd., 2018.

Vogel Louis, *Les fondamentaux du droit de la concurrence I et II*, 2020 ; *Les fondamentaux du droit de la distribution*, 2020.

3. Encyclopédies

Dictionnaire permanent de droit des affaires, 3 vol., Éditions Législatives.

Juris-Classeur Commercial ; *Juris-Classeur Entreprise individuelle* ; *Juris-Classeur Concurrence Consommation* ; *Juris-Classeur Contrats Distribution*.

Lamy *Droit économique (concurrence, relations commerciales, distribution, consommation)* ; Lamy *Droit commercial (fonds de commerce, baux commerciaux, propriété industrielle, entreprises en difficulté)*.

Encyclopédie juridique Dalloz, *Répertoire de droit commercial.*

Dalloz Action, *Droit et pratique des baux commerciaux*, 2021/22.

4. Revues

La plupart des revues de droit privé général s'intéressent au droit commercial et au droit des affaires. Parmi les revues spécialisées, il convient de citer :

- *Bulletin Rapide de Droit des Affaires* ;
- *Concurrences, revue des droits de la concurrence* ;
- *Contrats, concurrence, consommation* ;
- *La Semaine juridique, Entreprise et affaires* ;
- *Revue de jurisprudence de droit des affaires* ;
- *Revue Lamy de droit de la concurrence* ;
- *Revue Lamy de droit des affaires* ;
- *Revue trimestrielle de droit commercial et de droit économique*k.

5. Sites internet

Les principaux éditeurs juridiques proposent leurs propres sites. Il est difficile de citer de façon exhaustive tous les sites spécialisés car le secteur évolue très rapidement.

- Autorité de la concurrence : http://www.autoritedelaconcurrence.fr
- Conseil constitutionnel : http://www.conseil-constitutionnel.fr
- Cour de cassation : http://www.courdecassation.fr
- Cour de justice de l'Union européenne : http://curia.europa.eu
- DGCCRF : http://www.dgccrf.bercy.gouv.fr/boccrf/
- Journal officiel de la RF : http://www.journal-officiel.gouv.fr
- Légifrance : http://www.legifrance.gouv.fr
- Lextenso : http://www.lextenso.fr
- Ministère de l'Économie et des Finances : http://www.finances.gouv.fr
- Union européenne : http://europa.eu

Présentation du droit des affaires

1. L'expression de *droit des affaires* est apparue au milieu du siècle dernier. Le droit des affaires recouvre, dans une large mesure, une matière qui, traditionnellement, est enseignée sous le nom de *droit commercial*. De nombreux ouvrages, dont les contenus sont à peu près identiques, s'intitulent tantôt droit commercial, tantôt droit des affaires, sans que l'on puisse toujours expliquer la différence, sinon par le poids de la tradition ou au contraire par le désir d'innover.

2. Est-ce à dire que les deux expressions soient synonymes et que l'on puisse employer indifféremment l'une ou l'autre ? Nous ne le pensons pas. Il importe qu'une branche du droit soit clairement définie et que son champ d'application puisse être déterminé avec précision. Le droit commercial et le droit des affaires ont des domaines d'application distincts, commandés par des critères d'application différents.

Le droit commercial peut être défini comme l'ensemble des règles de droit ***applicables aux commerçants dans l'exercice de leur activité professionnelle***. Les commerçants sont eux-mêmes définis de façon précise : ce sont les sociétés commerciales et les personnes physiques accomplissant de façon habituelle les actes de commerce énumérés aux articles L. 110-1 et L. 110-2 du Code de commerce.

Le droit des affaires peut être défini comme l'ensemble des règles de droit ***applicables aux entreprises en général***. Est une entreprise toute entité organisée ayant une activité économique de production, de distribution ou de prestation de services. La notion d'entreprise est plus large que celle de commerçant. Certaines entreprises, comme les entreprises agricoles ou les entreprises de promotion immobilière, ne sont pas des entreprises commerciales.

Ainsi, à l'intérieur du droit des affaires, qui s'applique à toutes les entreprises, le droit commercial constitue un sous-ensemble, qui s'applique de façon plus spécifique aux entreprises des commerçants. Le **droit des affaires englobe et prolonge le droit commercial**. Les deux branches se complètent et s'ordonnent, mais sans se confondre.

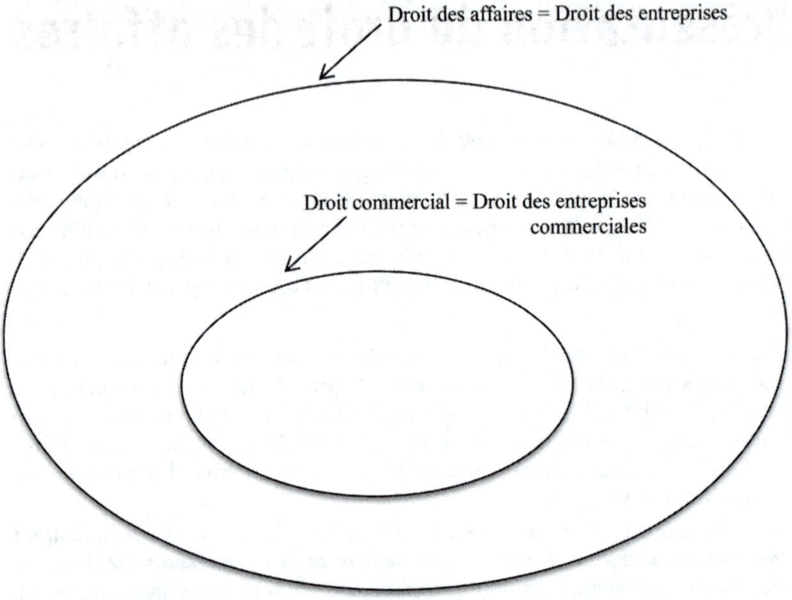

3. Pour comprendre comment s'est opérée cette prolongation du droit commercial par le droit des affaires, il est indispensable d'étudier leur évolution historique (Section 1) et de dresser l'état des sources (Section 2). C'est seulement ensuite que l'on pourra approfondir le problème de la définition et du contenu du droit des affaires (Section 3).

Section 1
L'évolution historique[1]

4. L'on peut distinguer trois grandes périodes, dont les durées sont du reste très inégales. La première s'étend sur près de sept siècles (§ 1), la deuxième sur deux siècles et demi (§ 2) et la troisième sur quelques dizaines d'années (§ 3)[2].

1. Les auteurs remercient chaleureusement le professeur Olivier Serra pour sa contribution à la rédaction de cette section et ses précieux conseils pour la mise à jour des autres développements historiques.

2. Sur l'ensemble de l'évolution historique, J. Hilaire, *Introduction historique au droit commercial*, PUF, 1986.- J. Hilaire, *Le droit. Les Affaires et L'Histoire*, Economica, 1995, préf. B. Oppetit.- R. Szramkiewicz et O. Descamps, *Histoire du droit des affaires*, LGDJ, Précis Domat, 3e éd. 2019.- F. Garnier, *Histoires du droit commercial*, Economica, 2020.

§1. La période du droit commercial coutumier

A. Les origines du droit commercial

5. Le droit du commerce a des origines lointaines, qui se situent dans l'Antiquité. La Syrie, la Grèce antique ont connu des usages propres au commerce, spécialement au commerce maritime. Mais l'on ne trouve pas de filiation visible entre ces très anciennes institutions et notre droit des affaires. Le droit romain, en revanche, a eu une influence plus marquée sur le droit commercial à travers les développements du *ius gentium* et l'activité du préteur.

6. Le véritable point de départ de l'évolution se situe, néanmoins, au XIIe siècle. Après une période de stagnation économique, le XIIe siècle connaît un regain de prospérité, une plus grande production, un développement des échanges. Particulièrement actives, les villes marchandes de l'Italie du Nord, Gènes, Milan, Venise, Florence, acquièrent leur indépendance politique. Les marchands se constituent en corporations et se dotent de *statuts*. C'est là qu'apparaissent les institutions typiques du droit commercial : la comptabilité, la banque, la société et la faillite. Elles sont encore à la base de nos institutions modernes. L'influence du droit italien sur le droit français, moins perfectionné, dans la pratique et la doctrine, est demeurée prépondérante jusqu'au XIXe siècle[3].

7. Puis ce sont les grandes villes maritimes de l'Allemagne du Nord et des Pays-Bas, qui prennent le relais. Des courants d'échange s'établissent à travers l'Europe. Aux grands carrefours, les négociants se retrouvent périodiquement à l'occasion des foires. Les plus fréquentées sont les foires de Champagne, comme celles de Troyes et de Provins, les foires de Lyon et les foires d'Europe centrale : Francfort, Erfurt, Leipzig.

Le développement des relations maritimes[4] et terrestres a deux conséquences.

En premier lieu, l'internationalisation des usages. Il se forme un droit international des marchands. Dès l'origine, le droit commercial est un droit international.

En second lieu, le développement d'instruments spécifiques, à partir du modèle italien.

Exemple 1. La *lettre de change*, qui va permettre les paiements sans transport d'espèces monétaires. Un négociant parisien, que nous appellerons A, doit se rendre à Gènes pour y acheter des marchandises. Il dépose à Paris une somme d'argent, la « valeur fournie », chez son banquier parisien. En contrepartie celui-ci lui remet une lettre de change tirée sur son correspondant à Gènes : « contre cette lettre de change, veuillez payer à A... la somme de... ». Lorsqu'il arrive à Gênes, le négociant A remet la lettre au banquier Génois

3. J. Hilaire, « Droit du commerce et influences européennes dans le système juridique français », *Revue Droits* 1991, n° 14, p. 39.

4. La conception du droit naturel de Grotius est sortie d'un cas d'espèce relatif au commerce maritime. En 1603, les Hollandais prennent le navire portugais *Catherine* dans le détroit de Malaga. Grotius est consulté à ce sujet, ce qui l'amène à s'interroger sur le droit applicable. Le droit romain n'envisageant pas cette question et l'arbitrage du Pape étant exclu puisque certains navires battent pavillon d'un État protestant, Grotius estime que Dieu a inscrit au cœur des hommes une loi commune, indépendante des « opinions et coutumes » particulières, et qui s'impose à tous. Le droit naturel moderne est né. Et, précisément, cette loi naturelle commande l'interdiction de nuire et l'obligation de tenir ses promesses. V. M. Villey, *La formation de la pensée juridique moderne*, PUF, 2003, p. 534-535.

qui lui fournit la somme correspondante en monnaie locale. Avec cette somme, A pourra payer ses fournisseurs. Il a ainsi évité un transfert matériel d'espèces, toujours dangereux à l'époque. Il a réalisé en même temps une opération de change entre monnaie parisienne et monnaie génoise. Et comme il y a aussi des commerçants génois qui vont acheter des marchandises à Paris, le banquier génois tirera des lettres de change sur son correspondant parisien. Les deux banquiers procéderont entre eux à une compensation des créances.

Exemple 2. Les commerçants cherchent à résoudre leurs litiges à l'intérieur du milieu professionnel. Des *tribunaux spéciaux* sont institués, composés de négociants élus. À l'origine ils sont institués à l'occasion des foires et durent le temps de celles-ci. Puis ils prennent un caractère permanent et ils reçoivent l'investiture du souverain du lieu. Dans certaines villes, les juges prennent le nom de consuls. L'expression demeurera et l'on parle encore aujourd'hui des « juges consulaires » pour désigner les juges des tribunaux de commerce. À Paris, la juridiction consulaire est officiellement reconnue par un édit du roi Charles IX, en 1563.

B. L'encadrement institutionnel du droit commercial

8. L'activité commerciale n'a jamais été totalement libre. Jusqu'à la fin de l'Ancien Régime, avec une intensité variable, elle reste triplement encadrée par le pouvoir politique, l'Église catholique et les corporations.

9. L'encadrement politique apparaît dès le Moyen Âge. Le Roi de France, les souverains locaux s'intéressent au commerce pour des raisons fiscales. Comme ils perçoivent des impôts spécifiques sur les commerçants, ils sont évidemment intéressés par le développement du commerce. Mais à l'inverse, les souverains se méfient des communautés de marchands qu'ils jugent trop puissantes. La plupart du temps un équilibre finit par s'instaurer : les négociants obtiennent des franchises, mais en échange ils reconnaissent la suprématie du pouvoir royal ou seigneurial.

10. L'encadrement religieux consiste essentiellement, mais ce n'est pas rien, dans la condamnation du jeu, c'est-à-dire du contrat aléatoire et du prêt à intérêt. Les commerçants, pour tourner la prohibition du prêt à intérêt vont inventer des procédés habiles. Les deux plus importants sont la lettre de change et la commandite.

Un perfectionnement de la lettre de change va consister à inclure les intérêts dans le montant de la somme due. Vous me prêtez 1 000 écus. En contrepartie, je vous autorise à tirer sur moi une lettre de change de 1 050 écus, payable dans un an.

La société en commandite comprend des associés appelés *commanditaires*, qui n'ont pas la qualité de commerçant mais qui apportent des fonds à la société. Au lieu de percevoir un intérêt, ils reçoivent une part des bénéfices de la société. L'institution a d'ailleurs un autre avantage, elle permet aux gens de condition noble de participer aux affaires bien qu'il leur soit interdit de faire le commerce.

Ces institutions survivront à l'Ancien Régime, alors qu'aura disparu l'interdiction qui les avait fait naître. Elles rempliront alors d'autres fonctions.

11. L'encadrement professionnel se manifeste sous la forme du corporatisme. Les artisans et les négociants sont réunis en corporations. Il y a autant de corporations que de métiers et ceux-ci sont définis avec une grande précision. Chaque métier a le monopole d'une activité, qui est interdite aux autres. À l'intérieur de la corporation, la concurrence est soigneusement limitée. Chaque maître artisan ou négociant n'a droit qu'à un établissement et à un nombre déterminé de compagnons et d'apprentis.

Le système des corporations ne va pas sans présenter certains avantages. La corporation assure la représentation de la profession auprès du souverain, elle prend en charge la formation professionnelle, elle aide ses membres lorsqu'ils sont dans le besoin, elle garantit un certain volume d'emploi. Mais le système présente aussi des inconvénients, car il freine l'initiative individuelle et le progrès technique. Il est source d'inégalités sociales. À partir du XVIIe siècle, les maîtrises deviennent héréditaires et vénales de sorte que les compagnons accèdent difficilement à la maîtrise.

§2. Le droit commercial codifié

12. La première rédaction écrite du droit du commercial a lieu dans la deuxième moitié du XVIIe siècle. Elle restera en vigueur jusqu'à la Révolution de 1789 (A). Les rédacteurs du Code de commerce de 1807 s'en inspireront (B). Le XIXe siècle sera marqué par l'adoption de lois importantes mais qui ne seront pas incorporées dans le Code de commerce de 1807 (C).

A. Le XVIIe siècle

13. L'édit de 1563 avait organisé la justice commerciale à Paris. Un siècle plus tard, sous le règne de Louis XIV, les usages du commerce[5] sont codifiés dans deux ordonnances, dont l'importance est capitale pour l'évolution du droit des affaires.

La première ordonnance, sur le commerce de terre, date de 1673. Elle est préparée par Colbert avec l'aide de Savary, un négociant parisien. Avec l'ordonnance, le droit commercial devient en partie, un droit écrit. L'ordonnance comporte 122 articles. Savary en fait le commentaire dans un ouvrage, *Le parfait négociant*, qui aura un grand succès. Des commentaires savants, faisant état de la jurisprudence, sont publiés au XVIIIe siècle. Il faut signaler plus particulièrement celui de Jousse, de 1761. La seconde ordonnance, d'une grande qualité, est l'ordonnance de 1681 sur le commerce de mer. Les deux ordonnances resteront en vigueur jusqu'au Code de commerce de 1807, sur lequel elles exerceront une influence évidente.

B. La Révolution et l'Empire

14. Deux événements majeurs interviennent. Le premier est la libération du commerce et de l'industrie. Le second, l'adoption du Code de commerce en 1807.

1. La liberté du commerce et de l'industrie

15. En apparence, la Révolution ne touche guère au droit commercial, car elle laisse intacts les textes antérieurs. Mais elle bouleverse en profondeur les

5. Le terme de « commerce » n'apparaîtra qu'à cette époque. Jusqu'à la fin du XVIIIe siècle, on dira « faire la marchandise » à la place de « faire le commerce ». L'expression « droit commercial » n'apparaît qu'au début du XIXe.

données de l'activité économique en proclamant la fin des corporations et le principe de la liberté du commerce et de l'industrie.

À la fin du XVIIIe siècle, le régime des corporations était de plus en plus mal accepté par les commerçants. Sous l'influence des idées nouvelles, ceux-ci aspiraient à la liberté économique. Une première tentative, due à Turgot, ministre de Louis XVI, échoua devant la résistance des conservateurs. Mais avec la Révolution, la bourgeoisie entreprenante allait accéder au pouvoir. Deux textes célèbres marquent la période :

- la loi des 2-17 mars 1791, appelée le décret d'Allarde, du nom de son promoteur, qui proclame la liberté du commerce et de l'industrie. Il est désormais libre à toute personne de faire le commerce de son choix ;
- la loi des 14-17 juin 1791, dite loi Le Chapelier, qui abolit les corporations et la réglementation des métiers.

16. L'on se trouve alors dans une situation curieuse. D'une part, la Révolution consacre les principes de l'égalité civile et de la liberté du commerce, qui condamnent toute idée d'un droit professionnel. Mais, d'autre part, le droit commercial subsiste, qui est le droit des commerçants. La doctrine va résoudre la contradiction en disant que le droit commercial est le droit des actes de commerce, abstraction faite de la personne qui les accomplit.

2. Le Code de commerce de 1807

17. L'idée de la codification du droit avait connu un nouvel essor au XVIIIe siècle, sous l'influence de l'École du droit naturel. Celle-ci soutenait que les règles de droit ne sont pas des créations arbitraires, mais qu'elles sont inhérentes à la nature de l'homme. Il est possible de les dégager par la force de la raison et selon une méthode déductive. L'ensemble des règles de droit peut alors être présenté de façon rationnelle et systématique dans un code accessible à tous. L'idée de codification était par ailleurs en harmonie avec les idées révolutionnaires. Le code remplit en effet une triple fonction. Il assure l'uniformité du droit sur toute l'étendue du territoire national, en mettant fin aux coutumes et aux particularités locales. Il est accessible aux citoyens, grâce à la simplicité et à la clarté de ses dispositions. Enfin, il assure la sécurité en présentant la totalité des règles propres à une matière.

18. La confection d'un Code de commerce fut entreprise, parallèlement à celle du Code civil. Mais les hommes de la Révolution n'eurent ni le temps ni la volonté de faire aboutir le projet. En 1801, à l'aube de l'Empire, une commission de sept membres fut désignée, qui comprenait des magistrats et des commerçants. Le projet fit l'objet d'une vaste consultation, qui permit de recueillir l'avis des tribunaux de commerce, des cours d'appel et du Conseil d'État. Les travaux cependant s'enlisèrent. En 1806, à la suite de plusieurs scandales retentissants, liés aux pratiques de certains fournisseurs aux armées, l'empereur Napoléon Ier intervint personnellement pour que soient durcies les sanctions de la faillite. Comme la faillite était traditionnellement réservée aux commerçants, elle devait être organisée dans le Code de commerce et il devenait urgent d'accélérer la confection de ce dernier. Les travaux préparatoires furent rapidement menés. Le Code de commerce fut adopté en 1807, pour entrer en vigueur le 1er janvier 1808.

19. Tout le monde s'accorde à dire que le Code de commerce était d'une facture médiocre. Trois reproches lui ont été surtout adressés.

Le plan en était défectueux. Le Code comportait quatre livres. Le premier était intitulé « Du commerce en général ». C'était un fourre-tout, où se trouvaient pêle-mêle les dispositions propres aux lettres de change, aux sociétés commerciales, aux intermédiaires du commerce, à la vente... Le deuxième livre traitait du commerce maritime. Le troisième était consacré aux faillites et il contenait les sanctions sévères voulues par l'Empereur. Le quatrième livre enfin traitait de la juridiction commerciale.

Le Code comportait peu d'innovations. Les rédacteurs, pressés et peu imaginatifs, avaient repris pour l'essentiel le contenu des deux ordonnances de Louis XIV, en procédant à quelques mises à jour. Certaines matières étaient traitées de façon très sommaire, par exemple le droit des sociétés et le contrat de transport.

Enfin les rédacteurs du Code n'avaient pas arrêté une définition claire du droit commercial. Les règles du Code devaient-elles s'appliquer à des *personnes*, (les commerçants), ou à des *opérations*, (les actes de commerce) ? La question n'était pas purement théorique. Elle présentait un aspect politique : fallait-il étendre le régime de la faillite à tous ceux qui, sans être commerçants par profession, s'étaient lancés dans des opérations spéculatives malheureuses ? De même, fallait-il déclarer le tribunal de commerce compétent pour juger des personnes qui, sans être commerçants, avaient occasionnellement participé au commerce ? Après avoir hésité, les rédacteurs du Code adoptèrent une solution mixte. La faillite fut réservée aux commerçants, mais ceux-ci étaient définis par leur activité, « l'exercice habituel » d'actes de commerce, et non par leur appartenance à une corporation. Il fut admis de même que la compétence du tribunal de commerce serait à la fois personnelle – les litiges entre commerçants – et réelle – les litiges relatifs aux actes de commerce.

Le Code de commerce de 1807 a traversé deux siècles, jusqu'à son abrogation par l'ordonnance n° 2000-912 du 18 septembre 2000.

C. L'évolution du droit commercial au XIXe siècle

20. La période intéressée est plus précisément celle qui va de 1810 à la veille de la Première Guerre mondiale.

Avec le XIXe siècle, commence la grande mutation économique, due aux nouvelles techniques de production. Elle s'accélère dans la deuxième moitié du siècle. L'entreprise industrielle, lorsqu'elle remplace l'entreprise artisanale, nécessite des capitaux, des investissements, du personnel salarié dans une mesure jusqu'alors inconnue. De nouveaux instruments juridiques doivent être créés. Pour faciliter le rassemblement des capitaux, il faut assouplir le cadre de la société par actions et faciliter le développement des valeurs mobilières, c'est-à-dire des titres représentatifs des actions et des obligations des sociétés par actions. Il faut libérer les opérations de bourse. Il est également nécessaire de protéger les inventions. Il faut faciliter les paiements. Le droit anglais, plus en avance, va souvent inspirer la législation française[6].

Des lois nouvelles organisent, en 1844 le brevet d'invention, en 1857 les marques de fabrique, en 1865 le chèque et en 1867 la société par actions. En 1909 la

6. J. Hilaire, « Droit du commerce et influences européennes dans le système juridique français », préc.

reconnaissance du fonds de commerce va faciliter le crédit aux petites entreprises. Mais ces textes ne sont pas incorporés dans le Code de commerce de 1807 et celui-ci subit peu de changements, à l'exception de deux réformes du droit des faillites.

§3. Le droit commercial dépassé

A. La période 1914-1958

21. La période 1914-1958, qui recouvre les deux conflits mondiaux et leurs suites, est caractérisée par l'intervention croissante de l'État dans l'économie.

Au début, le mouvement est encore timide. Il se traduit surtout par des lois de moralisation du commerce. Une loi de 1905 déjà avait réprimé les fraudes sur la qualité des marchandises. Après la crise de 1929, des textes tendent à protéger les épargnants et les porteurs de valeurs mobilières. Des lois protègent les contractants les plus faibles dans le cas du contrat d'assurance ou du contrat de transport.

L'intervention de l'État est beaucoup plus directe en période de guerre, en raison de l'inflation monétaire et de la pénurie. Les pouvoirs publics se trouvent contraints de rationner la population et les entreprises, ainsi que de taxer les prix. Les mesures prises pendant la Première Guerre ne furent que temporaires. Avec la Seconde Guerre mondiale, l'intervention de l'État sera à la fois plus profonde et plus durable. On entre en période « d'économie dirigée ». Dans les années qui suivent la guerre, la politique économique, sous l'influence des idées socialistes, conserve la même orientation et même la renforce par une série de nationalisations.

22. L'État intervient alors de deux façons.

En premier lieu, la puissance publique contrôle l'économie et réglemente les termes des échanges. Les prix et les salaires sont taxés de manière autoritaire. Des secteurs clés, comme le secteur bancaire, sont soumis à la tutelle contraignante de l'administration, spécialement de la direction du trésor du ministère des Finances. Les opérations de change avec l'étranger sont soumises à une procédure d'autorisation. La direction de l'économie se manifeste aussi par l'existence du Plan. Celui-ci fixe des objectifs, à l'échelle nationale, et décrit les moyens d'y parvenir. En réalité, le Plan ne lie pas juridiquement les entreprises, mais il oriente l'action de l'administration et induit les interventions de l'État, sous forme d'incitations fiscales, d'aides à certains secteurs, de sélection des crédits bancaires et de choix des grands investissements publics.

En second lieu, l'État devient lui-même entrepreneur. Il nationalise les entreprises privées et crée des entreprises publiques. Il se fait banquier, assureur, industriel et transporteur. Une première vague de nationalisations a lieu en 1945. La seconde aura lieu en 1981. Elle sera à la fois tardive et surprenante, en raison du contexte économique mondial. Celui-ci poussait en effet plutôt à la flexibilité des grandes entreprises et à l'utilisation des financements internationaux. Cette deuxième vague de nationalisations fut d'ailleurs suivie, assez rapidement, en 1986 et 1993, de mesures de privatisation.

23. Durant la période 1914-1958, le droit commercial s'est publicisé. Alors que le droit des commerçants était un droit de liberté, laissant place pour l'essentiel à l'autonomie de la volonté et à la loi supplétive, le droit commercial a intégré de nombreuses dispositions d'ordre public. Il est devenu une branche du droit économique. D'ailleurs la plupart des lois nouvelles ne concernaient plus les commerçants, comme c'était encore le cas au XIXe siècle, mais plutôt les « entreprises », conçues comme unités économiques ou encore les « professionnels ». Le droit commercial, conçu comme un droit de l'activité des commerçants, continue d'occuper une place majeure au sein du droit des affaires. Cependant, au sens strict du terme, il ne constitue plus que la partie spéciale du droit des affaires.

B. La période postérieure à 1958

24. La fin du XXe et le début du XXIe siècles se caractérisent par *l'internationalisation* du droit des affaires et le retour plus ou moins marqué à l'*économie libérale*.

1. L'internationalisation du droit des affaires

25. La période postérieure à 1958 est profondément marquée par l'ouverture de la France au commerce mondial et, corrélativement, par la place prise par le droit international dans les rapports juridiques privés. Cette ouverture se traduit de plusieurs façons. Par la participation de la France aux grands accords internationaux, notamment à l'accord général sur les tarifs douaniers (GATT), puis à l'Organisation mondiale du commerce (OMC) ; par l'intervention des groupes internationaux de sociétés dans la vie des affaires ; par la place des usages internationaux et le recours à l'arbitrage international ; par l'importation de modèles étrangers comme le crédit-bail, l'affacturage ou la réserve de propriété. Le terme de *mondialisation* désigne l'interdépendance des économies et des activités humaines, provoquée par le développement des échanges, des flux monétaires et des communications à l'échelle planétaire. Cependant on note actuellement des mouvements d'opinion favorables à une renationalisation des économies.

26. L'ouverture sur l'Europe reste cependant le phénomène majeur. La France fait partie des États fondateurs de la Communauté économique européenne, devenue l'Union européenne. Le droit issu des traités et de l'activité normative des organes de l'Union européenne influence et pénètre le droit français interne, spécialement dans le domaine du droit des affaires[7]. Le droit européen de la concurrence se superpose au droit interne de la concurrence et l'influence fortement. Il existe une société européenne, une marque européenne et un brevet européen unitaire. De nombreuses directives orientent le droit des sociétés, le droit boursier, le droit de la banque, des assurances et des transports. Les directives sur la protection des consommateurs des encadrent les méthodes de vente et de prestation de services.

7. En 2016, l'Association Henri Capitant s'est efforcée de recenser l'acquis communautaire en droit des affaires et de « soumettre à la discussion de nouvelles perspectives de réflexion », dans la perspective d'une « relance de construction européenne du droit des affaires ». V. Ass. H. Capitant, *La construction européenne en droit des affaires : acquis et perspectives*, LGDJ, 2016, préf. V. Giscard d'Estaing.

2. Le néolibéralisme

27. À partir de 1960, la doctrine néolibérale entend restaurer l'initiative individuelle et le rôle fondamental des entreprises privées dans le fonctionnement de l'économie. Elle considère que le jeu concurrentiel des marchés constitue le meilleur régulateur de l'économie. Mais le postulat comporte deux réserves. D'abord, la concurrence doit être elle-même protégée par des règles rigoureuses interdisant les ententes et les abus de domination, d'une part, et limitant les concentrations d'entreprises, d'autre part. Ensuite, il n'est pas question de supprimer toute intervention des pouvoirs publics. Non seulement l'État doit pouvoir prendre des mesures en matière sociale, mais il peut encore intervenir dans le domaine économique, de façon souple, en respectant le mécanisme du marché[8].

28. En France, en 1958, une première tentative d'assouplissement du régime des prix se double de l'apparition de nouvelles règles de concurrence. Il s'agit essentiellement de lutter contre les ententes conclues entre entreprises dans le dessein de limiter la concurrence, surtout contre les ententes qui contribuent à maintenir le niveau des prix[9]. En 1966 intervient la réforme du droit des sociétés commerciales. La loi du 24 juillet 1966 sur les sociétés commerciales était, sans que cela ait été vraiment remarqué, d'inspiration profondément libérale. C'était une réforme plutôt technique, qui codifiait la jurisprudence mais qui ne remettait pas en cause la conception de la société admise au XIXe siècle. Au contraire, l'Allemagne, à la même époque, introduisait la cogestion dans les grandes sociétés. La France prévoyait bien un système de participation aux profits de l'entreprise, mais personne n'osait avancer l'idée de la participation directe des salariés à la gestion des sociétés.

29. L'avancée des idées libérales est plus visible à partir de 1970. Elle s'exprime d'abord dans la libéralisation du secteur bancaire, avec la fin de la spécialisation des banques et l'abandon de l'encadrement du crédit, remplacé par les interventions de la Banque de France sur le marché monétaire. Puis intervient la libération du secteur de l'audiovisuel, à partir de 1982, et du secteur des télécommunications en 1996. Surtout l'ordonnance n° 86-1243 du 1er décembre 1986, relative à la liberté des prix et de la concurrence, met fin au contrôle des prix et affirme la liberté de la concurrence.

30. Cependant, le retour aux idées libérales ne connaît pas une progression rectiligne. Le virage politique de 1981[10] se traduit par un retour momentané aux nationalisations, au dirigisme et à la planification. Après 1986, la politique économique voit de nouveau le retour au libéralisme. Un accord semble alors se faire pour considérer que le recours à la concurrence et à l'économie de marché reste, au prix de certaines corrections et selon les sensibilités politiques variables, un objectif souhaitable ou en tout cas inévitable. La crise financière des années 2008 et 2009 n'a pas remis pas en cause l'adhésion à l'économie de

8. F. Denord, « Néo-libéralisme et "économie sociale de marché" : les origines intellectuelles de la politique européenne de la concurrence (1930-1950) », *Histoire, économie & société*, 2008-1, p. 23-33.

9. L'évolution du droit de la concurrence est étudiée plus en détail dans la deuxième partie.

10. Élection d'un président socialiste pour la première fois sous la Ve République.

marché. Elle a attiré cependant l'attention sur l'importance de l'encadrement juridique et de la régulation des activités financières.

31. Un nouveau virage intervient en 2011. La nouvelle crise est d'une tout autre ampleur. Plusieurs événements interviennent de façon simultanée pour provoquer la reprise en main de l'économie par l'État : spécialement l'épidémie de Covid-19, le soutien à l'Ukraine en guerre, la volonté des pouvoirs publics de relocaliser sur le territoire national certains sites de production considérés comme vitaux, le financement de l'hôpital public et de la défense nationale, la lutte contre le réchauffement climatique justifiant la nécessité d'une transition écologique. La réalisation de ces objectifs nécessite, d'une part, l'adoption de mesures autoritaires, législatives et réglementaires, et, d'autre part, un important apport budgétaire, entraînant l'endettement du pays. Certains commentateurs ne craignent pas de parler de l'entrée dans un monde « post-libéral » et même de souligner l'abandon du modèle libéral.

Le mouvement n'est d'ailleurs pas propre à la France. Il affecte tous les États européens. Il se combine, avec la persistance ambivalente du droit de l'Union européenne. L'organisation de l'Union n'est pas modifiée, mais plusieurs États membres ne reconnaissent plus la supériorité du droit de l'Union sur leur droit national. Dans la plupart des États membres, des partis politiques réclament la révision plus ou moins profonde des traités européens.

3. L'importance des branches voisines du droit des affaires

32. Plusieurs branches spéciales sont inséparables ou voisines du droit des affaires. Certaines de leurs dispositions commandent souvent, de façon prioritaire, les montages juridiques opérés par les praticiens. Il s'agit principalement du droit fiscal, du droit de la consommation et du droit de l'environnement.

33. Le droit fiscal des affaires, a pris une telle importance qu'il commande la plupart des choix des entreprises. Le recours à un mode de financement, le choix d'une forme de société, les stipulations d'un contrat, la décision d'investir, dépendent de considérations fiscales, qui souvent passent avant les considérations purement juridiques. Les juristes d'affaires en sont parfaitement conscients et nul ne songerait à se lancer dans le droit des affaires sans avoir un minimum de formation en droit fiscal.

34. Il faut insister sur la montée des idées consuméristes. Le droit des affaires doit compter avec le droit de la consommation, qui déroge largement au droit civil et au droit commercial des contrats. C'est tout le droit de la distribution qui en est affecté. Par exemple, l'article L. 211-2 du Code de la consommation fixe certaines mentions des conditions générales de vente applicables aux contrats de consommation.

35. La protection de l'environnement transcende toutes les disciplines juridiques[11]. Elle s'impose aussi en droit des affaires[12]. Il est acquis en

11. F.-G. Trebulle, « L'environnement et le droit des affaires », *Mélanges Y. Guyon*, Dalloz, 2003, p. 1035.

12. P. Abadie, *Entreprise responsable et environnement*, Bruylant, 2013, préf. F.-G. Trebulle.- M.-P. Blin *et alii*, *Entreprise et développement durable*, Lamy, 2011.- M. Laisne, *L'environnementalisation du contrat de bail commercial*, Th. Rennes 1, 2019.

jurisprudence que les industries qui causent un préjudice écologique engagent leur responsabilité civile[13]. Cette jurisprudence a été consacrée par le législateur. En effet, depuis la loi du 8 août 2016 pour la reconquête de la biodiversité, de la nature et des paysages, le nouvel article 1246 du Code civil dispose : « Toute personne responsable d'un préjudice écologique est tenue de la réparer »[14]. D'une façon générale, le législateur souhaite accélérer la prise en considération du respect de la nature dans les activités commerciales[15]. Par exemple, l'article L. 225-102-1 C. com. impose aux sociétés anonymes d'établir une déclaration de performance extra-financière comprenant notamment « des informations relatives aux conséquences sur le changement climatique de l'activité de la société et de l'usage des biens et services qu'elle produit, à ses engagements sociétaux en faveur du développement durable, de l'économie circulaire, de la lutte contre le gaspillage alimentaire, de la lutte contre la précarité alimentaire, du respect du bien-être animal et d'une alimentation responsable, équitable et durable ». Dans le même esprit, l'exploitant d'une installation présentant des risques importants de pollution ou d'accident doit remettre le site dans un état tel qu'il ne s'y manifeste aucun danger ou inconvénient[16]. De même, le législateur a souhaité modifier la notion de société pour l'adapter à la cause environnementale. La loi PACTE n° 2019-496 du 22 mai 2019 a complété l'article 1833 C. civ. par un alinéa ainsi rédigé : « La société est gérée dans son intérêt social, en prenant en considération les enjeux sociaux et environnementaux de son activité »[17]. Également, la loi n° 2020-1672 du 24 décembre 2020 permet au procureur de la République de proposer aux entreprises mises en cause pour un délit environnemental de passer une convention judiciaire d'intérêt public (une transaction pénale) imposant, par exemple, de payer une amende, de régulariser sa situation dans le cadre d'un programme de mise en conformité, sous le contrôle du ministère de l'environnement, ou de réparer le préjudice écologique résultant des infractions commises (art. 41-1-3 CPP). Le Parlement a adopté, sur la base des travaux de la Convention citoyenne pour le climat 2020, une loi n° 2021-1104 du 22 août 2021 portant lutte contre le dérèglement climatique et renforcement de la résilience face à ses effets. Parmi les nombreuses dispositions de cette loi, notons quelques-unes qui concernent plus spécialement le droit des affaires, et sur lesquelles nous reviendrons au fil des développements de ce manuel : l'obligation, pour les sociétés tenues d'établir une déclaration de performance extra-financière[18], d'inclure dedans des informations relatives aux émissions à effet de serre dues au transport lié à leur activité, en amont comme en aval (art. L. 225-102-1 C. com.) ; l'augmentation du devoir de vigilance des sociétés commercialisant des produits issus des forêts

13. Cass. crim., 25 sept. 2012, *Erika*, n° 10-82938, *RTD civ.* 2013, p. 119, note P. Jourdain.- Cass. crim., 22 mars 2016, *LPO*, n° 13-87650, *RTD civ.* 2016, p. 650, note P. Jourdain.

14. F.-G. Trebulle, « La consécration de l'accueil du préjudice écologique dans le Code civil », *Energie-Environnement-Infrastructure* 2016, n° 11, étude 20.

15. V. Vidalens, *Le droit des sociétés et la protection de l'environnement*, Th. Toulouse I Capitole, 2011.

16. V. les art. L. 512-6-1, L. 512-7-6 et L. 512-12-1 du C. env.

17. G. Leray, « Quelques réflexions civilistes sur la notion d'"enjeux environnementaux" dans l'article 1833 du Code civil », *RTD com.* 2021, p. 513.

18. La directive du 16 déc. 2022, appelée « Corporate Sustainability Reporting Directive » (CSRD), est relative aux obligations d'information en matière de durabilité. La directive doit être transposée en droit français en 2023 et s'appliquer en 2024.

(art. L. 225-102-4 C. com.) ; la remise au locataire d'un bien immobilier (ce qui touche les baux commerciaux) d'un état des risques (art. L. 125-5 C. env.) ; l'interdiction d'ouvrir ou d'étendre un centre commercial de plus de 10 000 m^2 engendrant une artificialisation des sols (art. L. 752-6, V, al. 1er, C. com.)[19].

Section 2
Les sources du droit des affaires

36. On appelle sources formelles du droit, les institutions qui donnent naissance aux règles de droit et leur attribuent leur autorité. Par exemple, la loi, votée par le Parlement, est une source du droit. Elle donne naissance à une règle de droit et lui confère la valeur de norme législative dont l'autorité est supérieure à celle d'un décret d'application.

Les sources, en droit des affaires, présentent certaines particularités qu'il convient de relever en abordant successivement les textes (§ 1), les usages commerciaux (§ 2), la jurisprudence et les autorités (§ 3).

§1. Les textes

37. Ce sont les sources écrites du droit. L'on dit aussi « la loi », au sens matériel, par opposition à la loi au sens formel. La loi, au sens matériel, provient elle-même de plusieurs sources. Il faut distinguer la loi interne (A), les traités internationaux (B) et les règles européennes (C).

A. La loi interne

1. La Constitution

38. Au sommet de la hiérarchie des textes, se trouve la Constitution. Celle-ci comporte très peu de règles propres au droit des affaires. Remarquons toutefois que l'article 34 inclut dans le domaine de la loi, au sens formel, les principes du droit des obligations civiles et *commerciales*. Remarquons encore que, selon la jurisprudence du Conseil constitutionnel, les articles 1 et 2 de la Déclaration des Droits, qui est partie intégrante de la Constitution, fondent le principe constitutionnel de la liberté d'entreprendre.

Si, traditionnellement, le contentieux constitutionnel du droit des affaires revêtait un caractère plutôt exceptionnel, il en va différemment depuis que la nouvelle procédure des « questions prioritaires de constitutionnalité » (QPC) a ouvert un champ, jusqu'alors ignoré, au contrôle constitutionnel des nombreuses lois qui composent le droit des affaires. On en connaît déjà plusieurs exemples.

19. V. *BRDA* 18/21, Dossier « Loi portant lutte contre le dérèglement climatique et le droit des affaires ».

2. La loi au sens formel

39. La loi au sens formel est la loi votée par le Parlement et promulguée par le président de la République. Les lois qui composent le droit des affaires sont rassemblées dans le Code de commerce. Quelques lois, peu nombreuses, ne sont pas codifiées. Mais les dispositions du Code et les lois non codifiées ont la même autorité. Elles ont valeur de lois ordinaires.

Si l'on s'en tenait strictement aux prévisions de l'article 34 de la Constitution, la loi ordinaire devrait uniquement intervenir pour fixer « les principes fondamentaux des obligations commerciales ». Les lois commerciales seraient alors peu nombreuses et peu détaillées. La pratique législative n'a cependant pas suivi cette voie. La législation des affaires est tombée dans tous les travers des textes modernes : préparées dans les bureaux des ministères, les lois sont prolixes, compliquées et instables. Elles sont trop souvent mal rédigées et parfois même obscures[20]. De plus, aujourd'hui, le législateur utilise fréquemment la voie des ordonnances pour faire passer ses textes. L'exemple le plus symptomatique a été la réforme du droit des contrats et des obligations en 2016.

a. Le Code de commerce

40. Le Code de commerce de 1807, l'un des cinq grands codes napoléoniens[21], était entré en vigueur le 1er janvier 1808. Il était divisé, on l'a vu, en quatre livres et comportait, à l'origine, 648 articles. Mais, au fil des années, il était devenu un cadre à peu près vide. En effet, la plupart des lois postérieures ne furent pas incorporées dans le Code de commerce, alors que les articles correspondants de celui-ci étaient abrogés.

À la veille de son abrogation, le Code de commerce comportait moins de 150 articles, dont un certain nombre était d'ailleurs dépourvu de portée pratique. Un auteur a pu parler de la « survie symbolique du Code de commerce »[22].

41. Fallait-il entreprendre une nouvelle codification du droit commercial ?

En 1947, avait été constituée une Commission de réforme du Code de commerce. Ses travaux ont été publiés en sept volumes. Mais les membres de la Commission de réforme n'ont pu s'accorder sur la définition du droit commercial et ils ont travaillé sans vue d'ensemble. Les travaux ont finalement été interrompus. Cela montre l'extrême difficulté que présenterait la rénovation du droit commercial ou du droit des affaires, sous une forme rationnelle et claire, en accord avec les réalités modernes de la vie des affaires.

En 1989 fut créée la Commission supérieure de codification, chargée de préparer un certain nombre de codes, dans diverses matières, selon la méthode dite « à ». Afin d'accélérer l'adoption des nouveaux codes, la loi du 16 décembre 1999 a habilité le gouvernement à légiférer par voie d'ordonnances.

Les travaux de la Commission de réforme ont trouvé leur aboutissement dans l'ordonnance n° 2000-912 du 18 septembre 2000, relative à la partie législative du Code de commerce. L'ordonnance abroge le Code de commerce de 1807.

20. B. Lecourt, « Réflexions sur la simplification du droit des affaires », *RTD com.* 2015, p. 1.

21. Avec le Code civil, le Code pénal, le Code de procédure civile et le Code d'instruction criminelle.

22. B. Oppetit, « La décodification du droit commercial français », *Études offertes à René Rodière*, Dalloz, 1981, p. 197.

Simultanément, elle crée un Code de commerce nouveau, qui réunit en un seul ouvrage, d'une part, les quelques dispositions de l'ancien Code encore en vigueur au moment de son abrogation, et, d'autre part, un grand nombre de lois jusqu'alors éparses. Le nouveau code ne modifie pas la substance du droit antérieur, dont les dispositions demeurent, au fond, inchangées[23]. Il se contente de réunir l'ensemble des textes existants, censés se rapporter plus ou moins directement au droit commercial[24] et de leur faire subir une nouvelle numérotation. Par exemple, en 2020, le législateur a recodifié à droit constant les textes relatifs aux sociétés cotées[25].

La partie législative du nouveau Code de commerce est divisée en neuf livres.

Livre Ier. Du commerce en général.
Livre II. Des sociétés commerciales et des groupements d'intérêt économique.
Livre III. De certaines formes de ventes et des clauses d'exclusivité.
Livre IV. De la liberté des prix et de la concurrence.
Livre V. Des effets de commerce et des garanties.
Livre VI. Des difficultés des entreprises.
Livre VII. Des juridictions commerciales et de l'organisation du commerce.
Livre VIII. De quelques professions réglementées.
Livre IX. Dispositions relatives à l'outre-mer.

42. La doctrine, à peu près unanime, s'est montrée plutôt réservée à l'égard du nouveau Code de commerce[26]. Le code atteint une dimension démesurée. Était-il utile de juxtaposer dans un même ouvrage des textes aussi longs que la loi sur les sociétés commerciales ou la loi sur le redressement et la liquidation judiciaires, alors que ces textes avaient déjà leur propre cohérence ? Mais il y a plus, car c'est le choix des textes figurant dans le code qui est parfois critiquable. Il est tout à fait contestable, par exemple, d'introduire le droit de la concurrence dans un Code de commerce. Le droit de la concurrence n'intéresse pas seulement les commerçants, mais toutes les entreprises, y compris les entreprises

23. La codification à droit constant consiste à regrouper dans un domaine donné les dispositions en vigueur, qui ne peuvent être modifiées, sinon pour assurer la hiérarchie des normes et la cohérence de la rédaction. La Cour de cassation juge que « l'abrogation d'une loi à la suite de sa codification à droit constant ne modifie ni la teneur des dispositions transférées ni leur portée » (Cass. 1re civ., 27 févr. 2001, n° 99-04169, *D.* 2001. p. 1025, obs. A. Lienhard).

24. En réalité, le nouveau code prend le mot commerce dans une acception très large. Les textes qu'il réunit concernent aussi bien les opérations d'affaires, en général, que l'activité commerciale au sens strict. C'est ainsi qu'il réunit la loi sur les sociétés commerciales, l'ordonnance relative à la liberté des prix et de la concurrence et la loi sur la sauvegarde des entreprises. Le nouveau Code de commerce apparaît plutôt comme un Code des entreprises.

25. J.-B. Galvin, « La réforme du Code de commerce par l'ordonnance n° 2020-1142 du 16 sept. 2020. Une recodification du droit des sociétés à droit constant », *JCP* E 2020, 1492.

26. Not. D. Bureau et N. Molfessis, « Le nouveau Code de commerce, une mystification ? », *D.* 2001., p. 361.- D. Bureau et N. Molfessis, « Le bicentenaire d'un fantôme », in *Le Code de commerce, Livre du bicentenaire*, Dalloz, 2007, p. 61.- J. Derruppé, « Le nouveau Code de commerce est arrivé », *RTD com.* 2000. p. 847.- A. Lienhard et C. Rondey, « Incidences juridiques et pratiques des codifications à droit constant (à propos du nouveau Code de commerce) », *D.* 2000., p. 521.- N. Molfessis, « Les illusions de la codification à droit constant et la sécurité juridique », *RTD civ.* 2000., p. 186.- F. Terré et A. Outin-Adam, « Codifier est un art difficile (à propos d'un... "Code de commerce") », *D.* 1994, chr. 99.- F. Terré et A. Outin-Adam, « L'année d'un bicentenaire », *D.* 2004., p. 12.

publiques. Et pourquoi la loi des 2-17 mars 1791, qui proclame la liberté du commerce, n'a-t-elle pas été incorporée dans le nouveau code ? Parfois même, les codificateurs sont allés au-delà de leur habilitation et l'on a pu parler d'un véritable « abus de pouvoir ». Il aurait fallu se mettre d'accord sur une définition claire du droit commercial et sur un critère de rattachement à cette branche du droit. Mais cela aurait supposé une réflexion au fond, dépassant la simple codification formelle.

L'ordonnance du 18 septembre 2000 a été ratifiée par la loi n° 2003-7 du 3 janvier 2003. L'ensemble de la partie législative du nouveau Code de commerce a acquis force de loi ordinaire. Le Code a d'ailleurs déjà subi de nombreuses modifications majeures, notamment, le Livre II sur les sociétés commerciales, le Livre IV sur la concurrence et le Livre VI sur les difficultés des entreprises.

En 2007, a été codifiée la partie réglementaire du Code de commerce. Puis en 2009 la partie « Arrêtés ».

b. Les lois non codifiées

43. Avant la confection du nouveau Code de commerce, elles étaient nombreuses et importantes. Ces lois ont été incorporées dans le nouveau code et formellement abrogées. Aujourd'hui, les lois non codifiées sont très peu nombreuses.

3. Les règlements administratifs

44. Ce sont les décrets et les arrêtés. Ils sont de deux sortes : les règlements autonomes et les règlements d'application.

Les *règlements autonomes*, qui prennent la forme de décrets, sont édictés par le pouvoir exécutif sur la base de l'article 37 de la Constitution. Ils se suffisent à eux-mêmes et régissent entièrement une matière particulière du droit des affaires. Par exemple, tout ce qui concerne le registre du commerce et des sociétés est considéré comme étant de nature réglementaire et fait l'objet de décrets qui sont eux-mêmes complétés par des arrêtés ministériels. Il en va de même de la procédure devant le tribunal de commerce.

Les *règlements d'application* ou *d'exécution* interviennent au contraire pour préciser les dispositions d'une loi. Toutes les grandes lois commerciales ou de droit des affaires ont été accompagnées d'un décret d'application. Ainsi, les lois relatives aux sociétés commerciales, à la vente du fonds de commerce, à la sauvegarde des entreprises ou encore à la liberté des prix et de la concurrence. Aucun principe ne semble d'ailleurs présider au partage entre les dispositions qui relèvent de la loi et celles qui relèvent du règlement, sinon le caprice des bureaux des ministères chargés de l'élaboration des projets de lois.

Les textes réglementaires relatifs au commerce ont été codifiés par le décret 2007-431 du 25 mars 2007, pour former la *partie réglementaire du Code de commerce*. Les articles reprenant les décrets pris en Conseil d'État sont précédés de la lettre R. Ceux qui reprennent les décrets simples sont précédés de la lettre D[27]. Ont été abrogés les textes devenus inutiles, comme les mesures transitoires, et les

27. C. Arrighi de Casanova et J. Thery-Schultz, « Élaboration de la partie réglementaire du Code de commerce », *D.* 2007. p. 1221.

dispositions faisant double emploi avec un texte de loi. La partie « Arrêtés » du Code de commerce a été l'œuvre de l'arrêté du 14 janvier 2009.

B. Les traités internationaux

45. On les classe généralement en trois grandes catégories.

La première catégorie comprend les traités qui respectent la diversité des droits nationaux et qui se contentent de les coordonner. Ces traités sont eux-mêmes de deux sortes. Les *traités d'établissement* prévoient le traitement qui sera accordé sur le sol national aux entreprises des autres États contractants. Le traité peut prévoir une règle d'assimilation aux nationaux - les étrangers sont alors juridiquement traités comme les nationaux - ou une règle de réciprocité - les étrangers sont alors traités sur le sol national comme le sont nos nationaux dans l'État contractant. Les *traités portant règlement des conflits de lois*, visent à désigner l'État dont la loi sera compétente en cas de litige international. Par exemple, lorsqu'un produit fabriqué dans un État cause un dommage à une personne établie dans un autre État, la Convention de La Haye du 2 octobre 1973 (Convention sur la loi applicable à la responsabilité du fait des produits) dit quelle est la loi nationale qui devra être appliquée.

Les traités de la deuxième catégorie visent à dépasser la diversité des systèmes nationaux en posant des règles matérielles unifiées. Souvent les règles unifiées ne s'appliquent que dans les rapports internationaux. Par exemple, la Convention de Vienne du 11 avril 1980 pose des règles matérielles applicables aux ventes de marchandises, mais seulement lorsque ces ventes ont un caractère international. Elle ne s'applique pas aux ventes internes. Parfois, le traité va jusqu'à poser des règles *uniformes*, applicables aussi bien dans les rapports internationaux que dans les rapports internes. Le cas le plus fameux est celui de la Convention de Genève du 7 juin 1930, portant loi uniforme sur les lettres de change et les billets à ordre.

La troisième catégorie comprend les traités les plus ambitieux, ceux qui mettent en place des organes permanents qui, à leur tour, génèrent des règles de droit international ou préparent de futures conventions internationales. Par exemple la Convention de Stockholm du 14 juillet 1967 (modifiée en 1979) créant l'Organisation mondiale de la propriété intellectuelle (OMPI) ou surtout les traités instituant l'Union européenne.

C. Le droit de l'Union européenne

46. Le droit de l'Union européenne revêt pour le droit des affaires une importance considérable[28]. Son influence est double. En premier lieu, le droit européen *oriente* l'évolution du droit français interne. En effet, il comporte, parmi ses objectifs, l'harmonisation et le rapprochement des droits des États membres. À ce titre, les États membres sont obligés de modifier leurs législations internes, afin de les rendre conformes aux directives européennes, qui servent ainsi de modèle commun. En second lieu, le droit européen *modifie* directement le droit français et le *complète*. Les articles du traité sur le

28. Sur la dimension historique du droit européen des affaires, v. L. Brunori, O. Descamps et X. Prevost (dir.), *Pour une histoire européenne du droit des affaires : comparaisons méthodologiques et bilan historiographiques*, Presses de l'Université de Toulouse 1 Capitole, 2020.

fonctionnement de l'Union européenne et les règlements pris par l'Union s'intègrent directement dans le droit national, avec une autorité supérieure à celle des lois nationales. À l'intérieur du droit français il existe donc un bloc législatif proprement européen.

1. Les traités européens

47. Le premier des traités européens fut signé à Paris le 18 avril 1951. Il instituait la Communauté européenne du charbon et de l'acier (CECA), qui réunissait les six États membres originaires : la France, l'Allemagne, l'Italie, la Belgique, les Pays-Bas et le Luxembourg. Puis le 25 mars 1957 étaient signés, entre les mêmes États, les deux traités de Rome instituant respectivement la Communauté économique européenne (CEE) et la Communauté européenne de l'énergie atomique (CEA).

Le 7 février 1992, était signé à Maastricht le *traité sur l'Union européenne.* L'Union européenne a englobé les Communautés européennes dans un ensemble plus vaste, comportant deux autres « piliers », une politique étrangère et de sécurité commune (PESC) et une coopération dans le domaine de la justice et des affaires intérieures. Surtout, le traité de Maastricht a modifié le traité CE en y incluant une union économique et monétaire conduisant à l'adoption d'une monnaie unique. En 1998, le Conseil européen a adopté l'*euro* qui, à partir du 1er janvier 2002, s'est entièrement substitué aux monnaies nationales des États participants[29].

Un projet de traité établissant une Constitution pour l'Europe fut rejeté par la France par le référendum du 29 mai 2005. En 2007, le gouvernement français lançait alors l'idée d'un « traité simplifié » constituant une alternative au projet de Constitution. Sur cette base a été signé le traité de Lisbonne du 13 décembre 2007.

Depuis le traité de Lisbonne, entré en vigueur le 1er décembre 2009, la Communauté européenne est devenue l'Union européenne. Celle-ci est fondée sur deux traités : le *traité sur l'Union européenne (TUE)* et le *traité sur le fonctionnement de l'Union européenne (TFUE)*, qui a remplacé le traité instituant la Communauté européenne.

Quant au traité instituant la CECA, il est parvenu à son terme le 23 juillet 2002 et n'a pas été renouvelé. Les secteurs du charbon et de l'acier sont maintenant régis par les dispositions des traités européens.

48. Aux six États membres originaires sont venus se joindre le Danemark, l'Irlande et le Royaume Uni en 1973, la Grèce en 1981, l'Espagne et le Portugal en 1986 puis l'Autriche, la Finlande et la Suède en 1995. Les derniers élargissements de 2003, 2005 et 2007 ont porté le nombre des États membres à vingt-cinq par l'adhésion des républiques de Tchéquie, Estonie, Chypre, Lettonie, Lituanie, Hongrie, Malte, Pologne, Slovénie et Slovaquie puis à vingt-huit par l'adhésion de la Bulgarie, de la Roumanie en 2007 et de la Croatie en 2013. Le Royaume-Uni a notifié au Conseil européen, le 29 mars 2017, son intention de se retirer de l'Union européenne en application de l'article 50 TFUE. Le 24 décembre 2020 est intervenu, entre l'Union européenne et le Royaume-Uni, « l'accord de

29. Les pays utilisant l'euro sont : l'Allemagne, l'Autriche, la Belgique, Chypre, la Croatie, l'Espagne, l'Estonie, la Finlande, la France, la Grèce, l'Irlande, l'Italie, la Lettonie, la Lituanie, le Luxembourg, Malte, les Pays-Bas, le Portugal, la Slovénie, la Slovaquie.

commerce et de coopération » établissant les relations entre les deux parties après le départ du Royaume-Uni[30]. Le Royaume-Uni a quitté l'Union européenne le 31 décembre 2020 à minuit.

2. Les objectifs de l'Union européenne

49. L'Union a deux grands objectifs.

Le premier est la création d'un *marché intérieur*, intégrant les économies des vingt-sept États membres et conçu comme un espace intérieur sans frontières. La réalisation du marché intérieur résulte de l'exercice de quatre libertés :

- la liberté de circulation des marchandises, grâce à l'abolition de tous les droits de douane et contingents à l'intérieur de l'Union (ce qui est acquis depuis 1970), à la disparition des frontières intérieures (effective depuis 1993) et à la suppression des obstacles non tarifaires aux échanges ;
- la libre circulation des capitaux, comportant la suppression du contrôle des changes, qui est effective depuis 1990 ;
- la libre circulation des personnes et des entreprises à l'intérieur de l'Union, ainsi que la libre prestation des services ;
- la libre concurrence.

Le second objectif est la mise en place de politiques communes : citons la politique commerciale commune, qui concerne le commerce avec les pays tiers, la politique agricole commune, la politique de protection des consommateurs, la politique de l'environnement et surtout la politique économique et monétaire liée à l'adoption de la monnaie unique.

3. Les caractères du droit de l'Union

50. Le droit de l'Union comprend plusieurs types de dispositions. À côté des dispositions des traités, il existe un *droit dérivé*, issu de l'activité des organes de l'Union, notamment du Conseil, droit foisonnant, souvent technique et complexe. Le droit dérivé comporte lui-même les règlements, qui sont directement applicables dans les États membres, les directives, qui lient les États membres quant au résultat à atteindre mais qui leur laissent le choix des formes et des moyens, et les décisions individuelles qui s'imposent à leurs destinataires. Il existe aussi des textes sans effet obligatoire (*soft law*) : recommandations, communications, « livres blancs », « lignes directrices », etc.

Aujourd'hui, des auteurs estiment que l'élaboration d'un Code européen des affaires permettrait de « faciliter la réalisation du marché unique, de rendre les règles européennes plus accessibles et constituerait un symbole fort de vitalité de la construction européenne »[31].

51. L'effectivité du droit de l'Union est assurée par la combinaison de l'effet direct et de la supériorité des normes européennes.

L'effet direct signifie que les règles européennes, dès lors qu'elles sont suffisamment précises et inconditionnelles, engendrent des droits et des obligations qui entrent dans le patrimoine des particuliers.

30. V. Décision n° 2020/2252 du Conseil du 29 déc. 2020, *Concurrences* 2021/1, p. 100, obs. L. I.

31. R. Cabrillac, « Un code européen des affaires, une chance pour la construction européenne », *D.* 2019, p. 1191.

La supériorité de la norme européenne permet au juge national de faire prévaloir toute norme européenne obligatoire sur n'importe quelle règle de droit interne. Ainsi, dans un procès, le juge écartera l'application d'une règle de droit interne qui est contraire au droit de l'Union.

52. Enfin la Cour de justice de l'Union européenne est en mesure d'assurer l'unité d'interprétation du droit de l'Union, grâce à la procédure du renvoi préjudiciel en interprétation. Toute juridiction d'un État membre peut demander à la Cour d'interpréter une disposition du droit de l'Union, lorsque cette juridiction estime que cela est nécessaire pour rendre son jugement. Lorsque la question d'interprétation est soulevée devant la Cour de cassation ou devant le Conseil d'État, cette juridiction est tenue de saisir la Cour de justice. Dans tous les cas, l'arrêt en interprétation s'impose à la juridiction saisissante (art. 267 TFUE).

§2. Les usages commerciaux

53. Les usages sont les règles non écrites du droit des affaires[32]. Ils naissent de la pratique répétée des professionnels[33]. L'usage constitue une véritable règle de droit, il a un caractère général et obligatoire[34]. Encore faut-il qu'il présente certains caractères qui le distinguent de la simple pratique professionnelle et là est toute la difficulté. À quel moment une pratique accède-t-elle à la dignité de la règle de droit ?

54. Les usages jouent un rôle important en droit des affaires, essentiellement dans le domaine des contrats d'affaires. On les rencontre dans les ventes de marchandises, les contrats de transport, les opérations de crédit, l'affacturage, la franchise. Ils peuvent être particuliers à un secteur professionnel, par exemple le commerce des grains ou le monde de la banque.

Ils sont particulièrement développés dans le commerce international. Il y a à cela une double raison : le manque de règles écrites comportant des dispositions de droit matériel et l'incertitude des règles de conflit de lois. Les opérateurs du commerce international tendent à délaisser les règles écrites et à forger leur propre droit, plus souple, mieux adapté à la pratique. Il se forme un droit des marchands, non écrit, une *lex mercatoria*[35]. Parfois les usages du commerce international sont rédigés. Ils se traduisent dans des contrats-types ou dans des recueils de définitions des termes techniques, les *incoterms*. Certains organismes privés, comme la Chambre de commerce internationale de Paris, jouent un rôle très actif dans la rédaction des usages. Cependant le fait qu'il soit rédigé ne modifie pas la nature juridique de l'usage, qui peut continuer à évoluer en fonction des nécessités. Enfin la pratique de

32. A. Kassis, *Théorie générale des usages du commerce*, LGDJ, 1984.- P. Mousseron (dir.), *Les usages en droit de l'entreprise*, LexisNexis, coll. « FNDE », 2010.- P. Deumier, *Le droit spontané*, Economica, 2002, préf. J.-M. Jacquet, L. Chatain, *Les usages, l'autre Droit de l'entreprise*, LexisNexis, 2014.- P. Mousseron, *Droit des usages*, LexisNexis, 2021. La Faculté de Montpellier met également en ligne une « Bibliothèque des usages », (http://bibliotheque-des-usages.cde-montpellier.com).- Adde : La chronique « Usages » au JCP E, par l'Institut des Usages de la Faculté de Montpellier.

33. Ex. CA Versailles, 12e ch., 18 mai 2020, n° 18/08069, *JCP* E 2020, 1494, n° 3, obs. P. Grignon.

34. M. Pédamon, « Y a-t-il lieu de distinguer les usages et les coutumes en droit commercial », *RTD com.* 1959. p. 335.

35. É. Loquin, « Où en est la *Lex mercatoria* ? », *Mélanges en l'honneur de Philippe Kahn*, Litec, 2000, p. 23.

l'arbitrage, qui est très développée dans les rapports internationaux, conforte les usages. L'arbitre international fait largement appel aux usages. Il contribue à leur formation et à la reconnaissance de leur autorité.

A. La nature de l'usage commercial

55. Ce qui fait la difficulté, c'est que les usages ne forment pas une catégorie homogène. D'abord, ils ont une portée variable. Ils peuvent concerner l'ensemble des professionnels ou au contraire une profession déterminée. Ils peuvent s'appliquer sur l'ensemble du territoire ou au contraire dans un lieu précis, comme une ville ou un port. Et surtout, l'usage est une réalité dynamique : il évolue entre le contrat et la règle objective.

Les auteurs ont souvent décrit la formation de l'usage. À l'origine il y a le contrat, la clause expresse. Si la clause donne satisfaction, elle devient pratique contractuelle. Elle s'inscrit dans les conditions générales d'affaires. Elle devient « clause de style ». On la recopie sans y songer. Puis la clause est tellement habituelle qu'elle devient sous-entendue dans les rapports contractuels. Elle est censée être connue de tous les membres de la profession. L'usage finit par s'imposer à eux, comme une règle d'habitude. Enfin il est consacré comme règle coutumière par les tribunaux et les arbitres. Parfois la loi écrite renvoie expressément à l'application des « usages du commerce »[36]. À la limite l'usage est recueilli par la loi écrite.

56. L'usage se trouve à un stade intermédiaire, au-delà de la clause de style, mais en deçà de la loi écrite. C'est ce qui conduit à reconnaître l'existence de deux sortes d'usage : l'usage conventionnel et l'usage de droit.

L'*usage conventionnel*, appelé parfois usage de fait, tire sa force de la volonté présumée des parties à un contrat. Dans le silence du contrat, les parties sont censées avoir accepté l'usage et s'y être référées[37]. Il est obligatoire en ce sens que, dans le silence de la convention, le juge devra l'appliquer.

L'*usage de droit*, appelé parfois usage impératif, tire sa force du fait que les professionnels de la branche sont convaincus de son autorité. Ce n'est plus une clause sous-entendue, c'est une règle objective. Au fond l'usage de droit a la même nature que la coutume[38]. Ainsi, par exemple, la règle coutumière selon laquelle la solidarité passive se présume entre commerçants ou encore celle qui admet la réfaction du contrat en cas d'inexécution partielle de la vente.

En pratique la différence consiste en ce que l'usage conventionnel ne s'impose qu'aux personnes qui sont censées l'avoir connu. Si l'on peut prouver que l'on ignorait l'usage, il ne s'appliquera pas. À l'inverse, l'usage de droit s'applique même lorsque les parties ignoraient son existence.

Mais il faut prendre garde, obligatoire ne signifie pas impératif et il est douteux qu'il existe des usages impératifs. Les parties peuvent toujours déroger à l'usage,

36. P. ex., l'art. L. 442-1, II, C. com. fixe la durée du préavis de rupture d'un contrat de distribution par référence aux usages du commerce.

37. Cass. com., 7 févr. 2012, n° 10-27716 : « le silence du contrat sur les tolérances n'exclut pas celles qui sont conformes aux normes usuelles ».

38. Sur la difficulté de distinguer entre la coutume commerciale et les usages du commerce, F. Terré, « Coutume et commerce », in *Le Code de commerce, Livre du bicentenaire*, Dalloz, 2007, p. 37.

qu'il soit conventionnel ou de droit, à condition de l'écarter par une clause expresse de leur contrat.

B. L'autorité des usages

57. L'usage conventionnel et l'usage de droit n'ont pas la même autorité. La différence se manifeste à propos de quatre questions.

Première question : La partie qui revendique l'application d'un usage doit-elle rapporter la preuve de son existence ? L'usage conventionnel, comme n'importe quelle stipulation contractuelle, doit être prouvé. Il peut l'être par tous moyens de preuve, car en droit commercial la preuve est libre. Au contraire, l'usage de droit n'a pas à être prouvé, le juge est censé le connaître. Dans les deux cas cependant l'on peut recourir aux *parères*, qui sont des attestations délivrées par les chambres de commerce et d'industrie ou par les organisations professionnelles et qui permettent d'établir l'existence de l'usage.

Deuxième question : Peut-on écarter l'usage en montrant que l'on ignorait ou que l'on était censé ignorer son existence ? Comme on l'a vu, l'usage conventionnel peut être écarté si l'une des parties démontre qu'elle l'ignorait. Au contraire, l'usage de droit s'impose même à ceux qui l'ignoraient. Mais il faut nuancer ce principe en rappelant qu'un usage, qu'il soit conventionnel ou de droit, n'a d'autorité que dans certaines limites tenant à la profession ou au lieu[39]. Il est donc indispensable de commencer par fixer, de façon objective, le domaine de l'usage. Il y a des usages communs à tous les commerçants, ainsi l'usage selon lequel, entre commerçants, les prix s'entendent hors taxes[40]. Il y a des usages particuliers à une profession. Si les deux parties n'appartiennent pas au même milieu professionnel ou ne résident pas dans le lieu où l'usage a cours, il n'est pas possible de leur appliquer cet usage, qu'il soit conventionnel ou de droit, qu'elles l'aient connu ou non[41].

Troisième question : L'usage peut-il prévaloir contre la loi écrite ? L'usage conventionnel a une autorité inférieure à celle de la loi impérative. En revanche, il prévaut sur la loi simplement supplétive de volonté, puisqu'il est censé exprimer la volonté des parties. Au contraire l'usage de droit a même valeur que la loi impérative (l'on parle alors d'usage *contra legem*). Comme le plus souvent l'usage de droit a un domaine d'application plus étroit que celui de la loi écrite, on le fera prévaloir en invoquant la règle d'interprétation selon laquelle la loi spéciale déroge à la loi générale. En somme, l'usage *contra legem* n'a pas une autorité supérieure à celle de la loi ; il a simplement un domaine d'application différent.

Quatrième question : Le non-respect d'un usage par un tribunal est-il sanctionné par la cassation ? L'interprétation de l'usage conventionnel relève de la souveraine appréciation des juges du fond et la Cour de cassation refuse d'en connaître et d'en

39. À propos du courtage en vins en Bordelais, Cass. com., 13 mai 2003, n° 00-21555 *D.* 2004. p. 414, note J.-M. Bahans et M. Menjucq.

40. Cass. com., 9 janv. 2001, n° 97-22212, *D.* 2001.550, obs. A. Lienhard.- Cass. com., 21 mars 2018, n° 17-12744.

41. À propos d'un usage dans le domaine de la publicité, Cass. com., 16 déc. 1997, n° 95-18586. Et, à propos d'un usage sur le marché de Rungis, CA Paris, 6 mars 2002, *BRDA* 2002, n° 10, p. 90. Une cour d'appel a également reconnu l'existence d'usages « en vigueur dans les réseaux de distribution » à propos de la rupture d'un contrat de franchise (CA Grenoble, 16 sept. 2010, *JCP* E 2011, 1267, note P. Mousseron).

contrôler l'application[42]. Au contraire la Cour de cassation contrôle l'application des usages de droit. La violation de l'usage de droit est un cas de violation de la loi[43].

Exemple (tiré de Cass. com., 27 avr. 1982, n° 81-11766). Une société X confie, par contrat, à une agence Y la gestion exclusive de la publicité de la revue qu'elle édite. Au terme du contrat, la société X décide de ne pas poursuivre son partenariat avec l'agence Y. Celle-ci se défend en réclamant à la société X une indemnité. Au soutien de sa prétention, l'agence Y invoque l'usage commercial en matière de publicité selon lequel une agence de publicité a droit à une indemnité lorsqu'elle a contribué au développement de la clientèle de celui qui a fait appel à ses services. De son côté, la société estime que cet usage ne lui est pas opposable. L'argument de la société X est mal fondé. En effet, en tant que professionnel du secteur (la publicité) couvert par l'usage, la société X était censée le connaître et l'avoir accepté. Elle aurait certes pu l'écarter dans une clause du contrat passé avec l'agence Y, mais ce ne fut pas le cas. En conséquence, l'usage était bien applicable en l'espèce.

§3. La jurisprudence et les autorités

A. La jurisprudence commerciale

58. Selon une définition classique, la jurisprudence résulte d'un ensemble de décisions concordantes, rendues par les tribunaux à propos d'un même problème de droit. La doctrine dominante considère aujourd'hui que la jurisprudence est une véritable source du droit. Mais il faut que la jurisprudence remplisse certaines conditions.

1) Elle doit émaner de juridictions supérieures. En principe, la jurisprudence est celle de la Cour de cassation. En l'absence d'arrêts rendus par celle-ci, l'on peut prendre en considération la jurisprudence des cours d'appel, mais avec prudence.

2) Il faut plusieurs décisions concordantes, un arrêt isolé ne suffit pas.

3) La règle déduite des arrêts doit avoir une certaine constance.

Il ne faut pas oublier que la jurisprudence évolue. Le droit français ignore le système anglo-saxon du « précédent ». Les tribunaux inférieurs ne sont pas liés par la jurisprudence de la Cour de cassation, même si elle est clairement établie. Ils peuvent statuer en sens contraire et une résistance des cours d'appel n'est pas rare. La Cour de cassation peut alors être amenée à revenir sur sa jurisprudence. Le juriste doit donc utiliser la jurisprudence avec la plus grande précaution.

La jurisprudence commerciale sera vraisemblablement de plus en plus influencée par ce que l'on appelle la justice prédictive[44]. Des start-up ont déjà commencé à exploiter des logiciels susceptibles d'annoncer la solution probable du litige. Pour l'instant, il ne s'agit que d'une aide à la décision, par exemple au choix d'agir ou non en justice. Demain, certains prédisent que la justice sera « robotisée ».

59. La jurisprudence commerciale ne présente pas de traits véritablement spécifiques. Il est vrai qu'à la base, les jugements sont rendus par les tribunaux de commerce, qui sont proches de la réalité des affaires et qui sont tentés de

42. Cass. com., 14 janv. 1975, n° 73-13221.

43. Cass. com., 14 oct. 1981, n° 80-12336, *D.* 1982., jur. p. 301, note M. Vasseur, à propos des usages en matière de crédit documentaire.

44. V. « La justice prédictive », *Archives de Philosophie du Droit*, t. 60, 2018.- S. Merabet, *Vers un droit de l'intelligence artificielle*, Dalloz, 2020, préf. H. Barbier.

donner satisfaction aux aspirations de la pratique. Mais à partir de l'instance d'appel, les affaires sont jugées par des magistrats professionnels. Les arrêts des cours d'appel et de la Cour de cassation atténuent les divergences d'interprétation qui pourraient survenir entre les décisions des juridictions civiles et les décisions des tribunaux de commerce. La chambre commerciale de la Cour de cassation hésite elle-même à se mettre en opposition avec les autres chambres. Il faut un puissant mouvement des tribunaux de commerce, répondant à une nécessité pratique particulièrement pressante, pour que la chambre commerciale s'en fasse l'écho. Mais il est vrai aussi que la chambre commerciale n'hésite pas, dans certaines occasions, à prendre des positions fortement novatrices, qui contribuent à l'autonomie du droit des affaires.

B. Les institutions administratives et professionnelles du commerce

60. Il existe traditionnellement en France de nombreuses institutions publiques ou privées, qui sont chargées d'encadrer et d'orienter la vie économique. Ces institutions relèvent soit de l'administration, qui a en charge l'intérêt général, soit d'organisations professionnelles, davantage axées sur la défense des entreprises. La matière relève d'une branche spéciale du droit, le *droit public économique*. Nous nous contenterons de quelques indications très générales.

Il faut souligner le rôle joué depuis une quarantaine d'années par les *autorités administratives indépendantes*, qui présentent un nouveau visage de l'administration. Composées de personnes qui ne relèvent pas du pouvoir hiérarchique de l'administration mais qui ont une expérience reconnue dans une branche de l'économie, elles ont pour mission de veiller au respect de la liberté économique et de la concurrence tout en assurant un certain pouvoir de contrôle au nom de l'intérêt public. Dans les secteurs économiques spéciaux, comme les télécommunications ou l'énergie, elles garantissent la mise en œuvre d'une réglementation spécifique en accord avec la libéralisation du secteur. Ainsi, l'Autorité des marchés financiers (AMF), l'Autorité de contrôle prudentiel et de résolution (ACPR), l'Autorité de la concurrence, l'Autorité de régulation des communications électroniques, des postes et de la distribution de la presse (ARCEP), la Commission de régulation de l'énergie (CRE) et l'Autorité de régulation de la communication audiovisuelle et numérique (ARCOM)[45].

1. L'intervention administrative

61. L'administration intervient de trois manières : par son pouvoir normatif, par son pouvoir de décision et par son rôle consultatif.

62. *Pouvoir normatif de l'administration.* Nous avons déjà parlé du pouvoir réglementaire du président de la République et du Premier ministre. Les ministres, et même le ministre chargé de l'économie, ne disposent pas, en matière économique, de la compétence réglementaire autonome. Ils ne peuvent pas de leur propre chef édicter des mesures générales qui s'imposeraient aux entreprises. Les ministres peuvent seulement prendre des arrêtés pour l'application

45. F. Pollaud-Dullian, *RTD com.* 2021, p. 835.

des lois et des décrets, lorsqu'ils en sont chargés. Les préfets et les maires peuvent prendre des mesures réglementaires, mais en principe dans le cadre de leurs pouvoirs de police uniquement.

Le pouvoir réglementaire peut être cependant délégué à des autorités administratives indépendantes, comme l'Autorité des marchés financiers ou l'Autorité de contrôle prudentiel et de résolution. Les règlements émanant de ces instances ont en fait une importance plus grande que celle de la plupart des arrêtés ministériels. Ils jouent un rôle déterminant dans les secteurs de la banque et des activités financières.

À côté des textes réglementaires, il existe des textes qui n'ont pas de force juridiquement contraignante, mais qui font connaître la pratique administrative. Tel est le cas des circulaires administratives et des réponses ministérielles aux questions des parlementaires. Ces normes, quoique dénuées d'effet contraignant, influencent la pratique du droit. Le juriste ne peut les ignorer.

63. *Pouvoir de décision de l'administration.* L'action administrative s'exprime le plus souvent sous la forme de décisions individuelles, qui appliquent les lois et règlements à des cas concrets. À la faveur de ces applications concrètes, il se crée une pratique administrative.

De même, certaines autorités administratives indépendantes prennent des décisions individuelles, qui sont publiées. C'est le cas notamment de l'Autorité de contrôle prudentiel et de résolution ainsi que de l'Autorité de la concurrence. Leurs décisions ne donnent pas naissance à une jurisprudence au sens strict du terme, mais à une « pratique décisionnelle ». Mais elles sont étudiées par les praticiens, qui en tiennent le plus grand compte.

Tout cela accentue la diversité des sources et rend difficile la connaissance du droit des affaires. Celui-ci devient de plus en plus une discipline de spécialistes et d'initiés, seuls capables de saisir, dans leurs moindres détails, les pratiques changeantes des autorités administratives. Comme l'administration procède au coup par coup, au gré de politiques soumises à des changements incessants, le droit perd de sa constance, de sa cohérence et de sa clarté. Il devient trop souvent obscur et bureaucratique, sans inspiration d'ensemble.

64. *Fonction consultative des autorités administratives.* La fonction consultative, qui s'exprime sous forme d'avis, de rapports et de recommandations, est normalement destinée à éclairer les autorités publiques. Cependant, il est fréquent que le contenu en soit officiellement publié. De cette façon, les instances consultatives exercent une certaine influence sur les milieux économiques.

À l'échelle nationale, deux institutions occupent à cet égard une place importante. Le Conseil économique, social et environnemental (CESE), dont l'existence est prévue par la Constitution, a une vocation consultative générale. C'est une assemblée, composée de représentants de tous les secteurs socio-économiques, désignés par les organisations professionnelles. L'autre institution est France Stratégie créée par le décret du 22 avril 2013, qui a fait suite à l'ancien Commissariat général au Plan.

65. Créé en 1984, le *Plan* fixait les grands objectifs de la nation pour les quatre ou cinq années à venir, ainsi que les moyens nécessaires d'exécution. Depuis 1947, onze plans s'étaient succédé sans interruption.

À l'origine, sans aller jusqu'à ressembler aux plans des pays socialistes, le Plan s'inscrivait délibérément dans un climat d'interventionnisme de l'État dans l'économie. D'où la relance vigoureuse mais éphémère de la planification en 1981. Bien qu'il fût adopté par une loi, le Plan n'a jamais comporté de règles juridiques contraignantes pour les entreprises. Il était purement indicatif. Désignant des objectifs de nature économique, il orientait les interventions de l'administration. Ces interventions consistaient traditionnellement en investissements publics, en avantages fiscaux, en subventions et en aides financières diverses.

En réalité, le Plan avait changé de caractère au fil des années. Ayant perdu sa fonction d'organe de direction de l'économie, le Commissariat au Plan était devenu un simple observatoire de la vie économique. Orientation que confirmait son remplacement par le Centre d'analyse économique, auquel a succédé aujourd'hui France Stratégie. Placée auprès du Premier ministre, France Stratégie apporte son concours au gouvernement pour déterminer les grandes orientations de l'avenir de la nation et des objectifs à moyen et long terme de son développement économique, social, culturel et environnemental. Il contribue, par ailleurs, à la préparation des réformes décidées par les pouvoirs publics.

Cependant, fin 2020, le Plan a connu une renaissance inattendue, dont la portée semble pour l'instant plutôt symbolique. Un « Haut-commissaire au plan » a été désigné (décret n° 2020-1101 du 1er septembre 2020 instituant un Haut-commissaire au plan). Il est chargé « d'animer et de coordonner les travaux de planification et de réflexion prospective conduits pour le compte de l'État et d'éclairer les choix des pouvoirs publics au regard des enjeux démographiques, économiques, sociaux, environnementaux, sanitaires, technologiques et culturels ». En fait, il devra recourir aux moyens de France Stratégie. Il ne semble pas que la nomination du Haut-commissaire ait eu un réel effet.

66. La fonction consultative est également exercée par les autorités spécialisées. Le Comité consultatif du secteur financier, l'Autorité de la concurrence, le Conseil national de la consommation, la Commission des clauses abusives, la Commission d'examen des pratiques commerciales sont appelés à donner des avis au gouvernement ou aux commissions parlementaires.

2. L'organisation professionnelle

67. En supprimant les corporations, la Révolution avait mis fin à l'organisation professionnelle du commerce. Il fallut attendre la loi du 9 avril 1898 pour que naissent les premières chambres de commerce et d'industrie. Elles sont aujourd'hui régies par le titre Ier du livre VII du Code de commerce (art. L. 710-1 à L. 713-18). Il existe au moins une chambre de commerce et d'industrie par département. Ce sont des établissements publics, composés de commerçants et de chefs d'entreprises, élus en même temps que les juges du tribunal de commerce. Les missions des chambres de commerce et d'industrie sont nombreuses : elles sont consultées par le gouvernement, notamment sur les projets de modification de la législation commerciale ; elles gèrent un certain nombre d'établissements comme les magasins généraux ou des entrepôts ; elles peuvent être concessionnaires de travaux publics et à ce titre gérer un port ou un aéroport ; elles peuvent mettre en place des établissements de formation professionnelle.

Le législateur a cherché à rationaliser le réseau des chambres de commerce. Les chambres territoriales (CCIT) assurent principalement les services de proximité aux entreprises. Elles sont regroupées en chambres de commerce et d'industrie de région (CCIR) et il existe une Assemblée des chambres françaises de commerce et d'industrie (art. L. 710-1, 7°, C. com.).

La liberté syndicale, recouvrée grâce à la loi du 21 mars 1884, avait ouvert la voie à la constitution des chambres syndicales. Les chambres syndicales sont des associations privées, ayant la forme du syndicat professionnel. Elles regroupent les entreprises d'un même secteur économique et sont chargées de la représentation et de la défense des intérêts professionnels de leurs membres. Elles sont ensuite regroupées en fédérations. Les fédérations se retrouvent à leur tour au sein de deux confédérations nationales, le Mouvement des entreprises françaises (MEDEF) et la Confédération des petites et moyennes entreprises (CPME).

C. La doctrine

68. En face des sources nombreuses et diverses du droit des affaires, il revient à la doctrine de faire œuvre de réflexion et de synthèse. La doctrine commercialiste s'est affirmée de façon brillante à la fin du XIXe siècle et dans la première moitié du XXe. Les travaux de grands juristes tels que Thaller, Lyon-Caen, Escarra, Ripert, Roubier, Hamel, Rodière, ont puissamment contribué à la formation du droit commercial et à l'affirmation de son autonomie. Leur tradition se perpétue aujourd'hui grâce à de nombreux ouvrages scientifiques, traités, articles de doctrine et thèses de doctorat de valeur, qui font le lien entre la pratique des affaires et la théorie du droit. Une réflexion critique, doublée d'un effort de conceptualisation constitue le seul rempart valable contre le dépérissement du droit.

Quelques grands noms de la doctrine commercialiste (1800-1950)[46]

– Jean-Guillaume LOCRÉ, 1758-1840. Il fut d'abord avocat au Parlement de Paris de 1787 à 1789. Après la Révolution, il occupe, de 1800 à 1815, le poste de secrétaire général du Conseil d'État, ce qui en fait un observateur privilégié des codifications napoléoniennes. Il publie de 1826 à 1832 les travaux préparatoires des codes. L'ouvrage comprend 31 volumes réunis sous le titre *La législation civile, commerciale et criminelle de la France*. De même, en 1829, il fait paraître *L'esprit du Code commerce* dans lequel il commente les articles de la nouvelle législation.

– Jean-Marie PARDESSUS, 1772-1853, fut le premier professeur de droit commercial de la faculté de droit de Paris. Il est d'ailleurs considéré comme le fondateur de cette discipline à laquelle il a consacré plusieurs ouvrages parmi lesquels un *Traité du contrat et des lettres de change* (1809), des *Éléments de jurisprudence commerciale* (1814) et surtout un *Cours de droit commercial* (1814). Son œuvre est plus vaste. Ainsi, son *Traité des servitudes* (1806) constitue toujours une référence. En 1821, il est nommé conseiller à la Cour de cassation, qu'il quittera à sa demande après la Révolution de 1830.

– Claude-Étienne DELVINCOURT, 1762-1831. Docteur agrégé à la faculté de droit de Paris en 1790, Delvincourt est nommé doyen en 1809. Il devra abandonner ses fonctions en 1830 au moment de la Révolution, du fait de ses idées royalistes. Il est l'auteur d'un *Cours de Code Napoléon* (1813) et des *Institutes de droit commercial* (1810).

46. P. ARABEYRE, J.-L. HALPÉRIN, J. KRYNEN, *Dictionnaire historique des juristes français (XIIe - XXe siècle)*, PUF, 2e éd., 2015.- P. NELIDOFF, « La naissance de la doctrine commercialiste au XIXe siècle », *in* C. SAINT-ALARY-HOUIN (dir.), *Qu'en est-il du Code de commerce 200 ans après ? États des lieux et projections*, Presses de l'Université des sciences sociales de Toulouse, 2009, p. 39-56.

– Charles Lyon-Caen, 1843-1935, et Louis Renault, 1843-1918, ont collaboré à la rédaction d'un *Précis de droit commercial* (1879) devenu un *Manuel* destiné aux étudiants (1887) puis un *Traité* qui comprendra 9 volumes et fera l'objet de 4 éditions (1889-1899). Charles Lyon-Caen fut doyen de la faculté de droit de Paris. Il a également présidé le comité juridique de la Banque de France. Louis Renault a obtenu le Prix Nobel de la paix en 1907 pour son implication dans le développement d'un droit international humanitaire.
– Edmond-Eugène Thaller, 1851-1918, fut un professeur reconnu de droit commercial. Agrégé en 1877, il est d'abord professeur à Dijon puis à Paris à partir de 1893. En 1886, il fonde les *Annales de droit commercial*. Son œuvre majeure est la direction du *Traité général et pratique de droit commercial* en 8 volumes auquel vont notamment collaborer Josserand, Ripert, Pic, Percerou, Hamel et Roblot. Les analyses de Thaller sur le compte courant ou sur les rapports du droit civil et du droit commercial (*Livre du centenaire* du Code civil) restent d'actualité. On lui doit également un livre intitulé *La vie juridique du Français* sous-titré *Introduction à l'étude philosophique et pratique du droit* (1808).
– Jean Escarra, 1885-1955, a écrit en collaboration avec son frère Édouard Escarra, président du Crédit Lyonnais, et Jean Rault, professeur à la faculté de droit de Lille, un *Traité théorique et pratique de droit commercial* publié à partir de 1950. Les quatre premiers volumes sont consacrés aux sociétés commerciales. Deux autres volumes traitent des contrats commerciaux. Jean Escarra fut par ailleurs conseiller du gouvernement chinois, avant la prise du pouvoir par Mao Zedong. Il a contribué à la loi de 1957 sur la propriété intellectuelle.
– Georges Ripert, 1880-1958, est l'auteur d'une œuvre juridique importante qui comprend plusieurs essais (*Aspects juridiques du capitalisme moderne*, 1946), des articles (« L'ordre économique et la liberté contractuelle » aux *Mélanges F. Gény* en 1935, « Ébauche d'un droit civil professionnel » aux *Mélanges H. Capitant*, 1939) et des ouvrages d'enseignement. En droit civil, Ripert a repris le *Traité* de Marcel Planiol. En droit commercial, outre la rédaction de la partie sur le droit maritime du *Traité* de Thaller, Ripert est l'auteur d'un *Traité de droit commercial* en 3 volumes aux éditions LGDJ, qui sera continué par René Roblot et, aujourd'hui, par M. Michel Germain.
– Joseph Hamel, 1889-1962, et Gaston Lagarde, 1899-1992, sont les auteurs d'un *Traité de droit commercial* aux éditions Dalloz en 1954. Joseph Hamel fut professeur à la faculté de droit de Paris. Il est également l'auteur du volume sur la vente et l'échange dans le *Traité pratique* de Planiol et Ripert. En 1933 et 1943 paraît son ouvrage sur les *Banques et les opérations de banque*, fruit de ses réflexions d'enseignant et de consultant. Joseph Hamel s'est également intéressé au droit comparé et a présidé le comité chargé de l'adaptation du droit français au Marché commun. Gaston Lagarde fut appelé à la faculté de droit de Paris après avoir enseigné à la faculté de droit de Rennes. Il a contribué au *Cours de droit civil* de Charles Beudant et dirigé l'Institut de droit des affaires.

En rappelant les principes qui sous-tendent les règles particulières, en découvrant les cohérences logiques qui justifient les systèmes et en soulignant les objectifs de justice et de sécurité, la doctrine contribue à la réalisation pratique du droit. Mais l'interprète et le praticien doivent l'utiliser avec prudence. Seule l'opinion concordante d'un nombre suffisant d'auteurs peut faire autorité. L'on ne peut du reste attendre de la doctrine un catalogue de solutions toutes faites. Elle est plutôt une invitation et une aide au raisonnement juridique.

Section 3
Définition et domaine du droit des affaires

69. Il n'y a guère de discussion sur le contenu du droit des affaires. Aujourd'hui, tout le monde est à peu près d'accord pour penser, avec la tradition universitaire, qu'il recouvre les matières suivantes.

Grands chapitres du droit des affaires

I. Les structures commerciales
- Statut des entreprises commerciales
- Sociétés commerciales

II. L'activité commerciale
- Droit de la concurrence et de la propriété industrielle
- Contrats commerciaux et distribution
- Opérations financières : effets de commerce et opérations de banque

III. Les sanctions
- Juridiction commerciale et arbitrage
- Procédures collectives de sauvetage, de redressement et de liquidation des entreprises

Le problème de frontière avec les branches voisines est plus aigu. Il faut dégager le critère rationnel qui permet de déterminer avec précision le domaine du droit des affaires. Pour cela il convient de le situer d'abord par rapport au droit civil (§ 1) puis par rapport au droit commercial (§ 2).

§1. Droit des affaires et droit civil

70. Le droit des affaires affirme sa spécificité par rapport au droit civil (A). S'il entretient avec lui des rapports de complémentarité (B), il exerce parfois sa domination (C).

A. La spécificité du droit des affaires

71. Quelles sont les raisons de cette spécificité ? Ce sont les exigences propres à la vie et au développement des affaires.

- Une exigence de rapidité et de simplicité des opérations d'affaires. Les hommes d'affaires sont amenés à prendre des décisions rapides lorsque des opportunités se présentent, par exemple l'achat d'un lot de marchandises à un cours intéressant. Par ailleurs, la gestion courante d'une entreprise ne doit pas être compliquée par un formalisme contraignant. En pratique, les contrats sont conclus par un simple échange de lettres ou de messages électroniques. Les transferts de créances ou de valeurs mobilières cotées en Bourse, se font selon des procédures informatiques très simplifiées. Il n'empêche que les grands contrats, par exemple pour la construction d'ensembles industriels, sont conclus par écrit, à la suite de négociations, parfois très longues.

- Une exigence de sécurité. Les obligations doivent être exécutées ponctuellement, car un retard de livraison ou de paiement produit des effets en cascade, tout au long de la chaîne de production ou de distribution. Ce n'est pas seulement l'intérêt du créancier qui est en jeu, mais le dynamisme d'un secteur économique. D'où l'importance des règles d'exécution.
- Une exigence de technicité. Les praticiens des affaires mettent au point des montages contractuels complexes, par exemple des combinaisons de sociétés, des prêts bancaires accordés par des consortiums de banques, des réseaux de magasins indépendants. Ces mécanismes requièrent l'intervention de juristes spécialisés, connaissant parfaitement la pratique des contrats et des sociétés, sans oublier le droit fiscal.
- Une exigence de confiance mutuelle. Au-delà des rivalités et des égoïsmes, il existe une certaine forme de solidarité entre professionnels. Cette confiance résulte de l'appartenance à un milieu d'affaires plus ou moins clos et de la connaissance des usages qui le gouvernent. Cette confiance se traduit dans le rôle de la bonne foi dans la conclusion et l'exécution des contrats et dans le recours spontané aux procédures de transaction et d'arbitrage.
- Une exigence de secret. Les entreprises détiennent fréquemment des informations commerciales, stratégiques, techniques, etc. qui ont une valeur marchande. Jusqu'à récemment, la protection du secret des affaires était assurée grâce aux règles du droit commun de la responsabilité civile et pénale[47]. Depuis, la loi n° 2018-670 du 30 juillet 2018, transposant la directive européenne n° 2016/943 du 8 juin 2016, a doté le droit français d'un régime spécifique de protection du secret des affaires. Selon ce texte, est protégée l'information qui, premièrement, n'est pas en elle-même connue ou aisément accessible, qui, deuxièmement, revêt une valeur commerciale et qui, troisièmement, fait l'objet de la part de son détenteur légitime de mesures de protection raisonnables pour en conserver le secret. Peu importe le support de l'information (art. L. 152-1 C. com.). L'action en responsabilité se prescrit par cinq ans à compter du jour où le détenteur légitime du secret des affaires a connu ou aurait dû connaître le dernier fait qui en est la cause (art. L. 152-2 C. com.). De plus, le juge peut, éventuellement sous astreinte, prescrire toute mesure proportionnée propre à faire cesser l'atteinte au secret des affaires (art. L. 152-3, I, C. com.). Par exemple, il peut ordonner la destruction de documents sur lesquels figure l'information confidentielle. Toutefois, dans certains cas énumérés par la loi, le secret des affaires n'est pas opposable : 1° il ne l'est pas dans les limites des pouvoirs d'enquête des autorités juridictionnelles ou administratives (art. L. 151-7 C. com.) ; 2° il ne l'est pas à

47. Ex. Cass. crim., 22 mars 2017, n° 15-85929.

l'occasion d'une instance en justice relative précisément à une atteinte au secret des affaires (art. L. 151-8 C. com.) ; 3° il ne l'est pas non plus lorsque les conditions du droit d'alerte (art. 6, L. n° 2016-1691 du 9 déc. 2016, modifié par la loi n° 2022-401 du 21 mars 2022[48]) sont réunies ; 4° il ne l'est pas enfin en cas de divulgation de l'information protégée par des salariés à leurs représentants du personnel, dans le cadre de leurs fonctions (art. L. 151-9 C. com.). On ajoutera qu'avant même la loi du 30 juillet 2018, la Cour de cassation a jugé valable la mesure d'instruction portant atteinte au secret des affaires dès lors que la production de celui-ci s'avère indispensable à l'exercice du droit à la preuve et ne constitue pas une atteinte disproportionnée au but poursuivi[49].

72. Ces exigences propres à la vie des affaires sont à l'origine de règles spéciales, qui dérogent au droit commun. Le droit commercial a toujours été conçu comme un *droit d'exception* et le droit des affaires se démarque des règles du droit civil.

Exemples. Le régime de la preuve. En droit civil, la règle est celle de la preuve préconstituée, tout acte dont l'objet a une valeur supérieure à 1 500 euros devant être passé par écrit. Au contraire, le droit commercial affirme le principe de la liberté de la preuve. Un contrat peut être prouvé par tous moyens.

La solidarité. En droit civil, la solidarité entre les débiteurs d'une même dette ne peut résulter que d'une stipulation expresse. À défaut, la dette est *conjointe*, ce qui signifie qu'elle se divise. Au contraire, la solidarité entre les codébiteurs ayant la qualité de commerçants se présume.

Les litiges entre commerçants sont portés devant une juridiction spéciale, le tribunal de commerce, composé de commerçants élus.

Cependant, malgré ses traits spécifiques, le droit des affaires n'est pas totalement indépendant du droit civil. Il entretient avec lui une relation de complémentarité.

73. La spécificité du droit des affaires soulève la question générale de son interprétation. D'un côté, le droit des affaires étant un droit d'exception par rapport au droit civil, qui est le droit commun, il devrait être soumis à une interprétation restrictive. Et chaque fois que le droit des affaires ne donne pas la solution d'un problème juridique, il faudrait se tourner vers le droit civil, dont l'application est résiduelle, pour trouver la réponse. Mais d'un autre côté, la spécificité du droit des affaires pousse à la reconnaissance de son *autonomie*. Le droit des affaires devrait se suffire à lui-même et se libérer de toute attache avec le droit civil.

La thèse de l'autonomie du droit des affaires ne l'a pas emporté. Certes, le droit des affaires n'est plus aujourd'hui conçu comme un droit d'exception. Il reste cependant pour partie tributaire du droit civil. L'on reconnaît plutôt que droit civil et droit des affaires sont complémentaires.

48. V. le dossier publié au *JCP* E 2022, 1213, avant-propos F. Drummond et J. Icard.- *Adde* J. Lassere Capdeville, *JCP* E 2022, 360.

49. Cass. 1re civ., 22 juin 2017, n° 15-27845.

B. Complémentarité du droit civil et du droit des affaires

74. Le droit des affaires présente des traits spécifiques, mais il ne se suffit pas à lui-même. Il ne constitue pas une branche absolument autonome du droit. Il a besoin des autres disciplines et principalement du droit civil.

Exemple 1. Le droit des sociétés. Le Code civil comporte, dans les articles 1832 et suivants, des dispositions générales concernant toutes les sociétés. Le livre II du Code de commerce ne concerne que les sociétés commerciales. Si un problème d'interprétation se pose à propos d'une société commerciale, l'on cherchera tout d'abord à le résoudre dans le cadre du Code de commerce. Si celui-ci ne permet pas de résoudre la difficulté, l'on se tournera vers les dispositions des articles 1832 et suivants du Code civil. Celui-ci est d'application subsidiaire : 1) Il comble les lacunes du Code de commerce et 2) Il éclaire les dispositions du Code de commerce.

Exemple 2. Le droit de la vente. La vente de marchandises relève en principe du droit des affaires. Mais cela ne veut pas dire qu'elle échappe à l'application du droit civil, bien au contraire. Le régime juridique de la vente commerciale est en effet régi, dans une très large mesure, par les textes du droit civil. Ainsi, pour tout ce qui concerne le consentement, l'exécution et les dommages et intérêts, l'on applique les règles du Code civil. Il en est de même pour la garantie des vices cachés, qui est régie par les articles 1641 et suivants du Code civil.

Toutefois, sur ce dernier point, il est intéressant de remarquer que la jurisprudence a posé une règle particulière à propos de la garantie due par le vendeur professionnel. Selon l'article 1646 du Code civil, le vendeur de bonne foi, qui au moment de la vente ignorait le vice de la chose vendue, est simplement tenu de restituer le prix à l'acheteur et ne peut être condamné à des dommages et intérêts. Mais la Cour de cassation a créé une présomption selon laquelle le vendeur professionnel est censé connaître les vices de la chose vendue[50]. Et cette présomption de mauvaise foi est irréfragable. Le vendeur professionnel sera donc, dans tous les cas, condamné à verser des dommages et intérêts à l'acheteur. Ainsi la jurisprudence a créé une règle spéciale aux *professionnels*, qui déroge à la règle civile.

C. Influence du droit des affaires sur le droit civil

75. Le droit des affaires est expansionniste. Les institutions du droit des affaires qui ont fait la preuve de leur efficacité sont volontiers reprises, au bout d'un certain temps, par la législation civile. On peut dire que le droit des affaires sert de laboratoire pour l'expérimentation de certaines règles nouvelles, qui sont ensuite adoptées et généralisées par le droit civil.

L'expansionnisme du droit des affaires s'est spécialement manifesté, par exemple, dans l'évolution, ces dernières années, du droit des procédures collectives de sauvegarde, de redressement et de liquidation judiciaires des entreprises. Traditionnellement, la procédure de la faillite, avec son cortège de sanctions, était réservée aux commerçants. Aujourd'hui, au fil des différentes réformes, elle s'applique « à toute personne exerçant une activité commerciale, artisanale ou une activité agricole définie à l'article L. 311-1 du Code rural et de la pêche maritime et à toute autre personne physique exerçant une activité professionnelle indépendante y compris

50. Cass. 1re civ., 19 janv. 1965, n° 61-10952, *RTD civ.* 1965, p. 665, obs. G. Cornu. La jurisprudence est constante.

une profession libérale soumise à un statut législatif ou réglementaire ou dont le titre est protégé, ainsi qu'à toute personne morale de droit privé » (art. L. 631-2 C. com.). C'est toute une institution du droit commercial qui a ainsi été étendue en dehors du droit commercial. Aujourd'hui, les procédures collectives de sauvegarde, de redressement et de liquidation s'appliquent à toutes les entreprises. Elles font partie du droit des entreprises.

76. Il est plus fréquent que, sans adopter purement et simplement une institution originale du droit commercial, le droit civil copie ou imite certaines règles de celui-ci. Ainsi lorsque la loi du 4 janvier 1978 a réformé la société civile, elle a emprunté au droit commercial la règle selon laquelle la personnalité morale s'acquiert par l'immatriculation au registre du commerce. Cette règle, qui jusqu'alors était spéciale aux sociétés commerciales, a été étendue à toutes les sociétés, aussi bien civiles que commerciales, et elle figure aujourd'hui à l'article 1842 du Code civil. Corrélativement il a fallu modifier le nom du registre du commerce qui est devenu le « registre du commerce et des sociétés ». De même, en 1989, le législateur s'est inspiré du droit des procédures collectives pour créer à destination des particuliers surendettés un régime de prévention et règlement de leurs situations.

Le droit commercial tend ainsi à déborder hors de son domaine traditionnel. Mais c'est évidemment au détriment de son identité.

§2. Droit des affaires et droit commercial

77. Les rapports entre le droit des affaires et le droit commercial sont paradoxaux. D'un côté les deux branches entretiennent un rapport de rivalité. Chacune prétend régir à elle seule l'ensemble de la matière, c'est-à-dire l'ensemble des relations professionnelles privées ayant un objet économique. Mais d'un autre côté, le droit des affaires et le droit commercial forment un tout inséparable.

Historiquement, le droit commercial est apparu le premier et il a un long passé. Il s'est affirmé comme discipline indépendante. Mais à partir de la Seconde Guerre mondiale, il s'est trouvé exposé à la concurrence de nouvelles branches du droit.

A. Les insuffisances du droit commercial classique

78. Le droit commercial, en tant que discipline scientifique, a été la cible de deux sortes de critiques doctrinales. Les unes visent son caractère et son esprit. Le droit commercial serait dogmatique et trop éloigné de la réalité. Les autres concernent davantage sa définition et son domaine.

1. Caractère et esprit du droit commercial

79. Selon une partie de la doctrine, le droit commercial traditionnel serait trop dogmatique. On lui reproche de privilégier l'étude des règles, plutôt que de s'intéresser aux situations concrètes, que sont les situations d'affaires.

Par exemple, le juriste qui doit mettre en place une cession d'entreprise, ne peut se contenter d'étudier les règles commerciales qui régissent la matière. Il doit aussi considérer les règles civiles de la vente, les règles du droit du travail concernant les droits des salariés, les règles de droit fiscal, etc., afin de trouver la forme juridique la plus appropriée à la cession envisagée. En combinant les différentes possibilités offertes et les différentes contraintes imposées par le droit, il pourra proposer aux parties une solution convenable ou un choix entre plusieurs formules. Bref, le travail du juriste d'affaires requiert, outre de l'imagination, la capacité de sortir de sa discipline propre. Comme l'a dit le professeur Champaud, *la vie des affaires ne se prête pas aux découpages disciplinaires*[51].

80. Il y a beaucoup de vrai dans cette critique du droit commercial conçu comme discipline. Mais à moins de bouleverser totalement l'enseignement universitaire, ce qui n'est pas réaliste, il faut bien commencer par enseigner les différentes branches du droit, afin d'inculquer aux étudiants les principes, les notions et les divisions fondamentales propres à chaque branche. C'est, en effet, à ce prix que le juriste est à même de trouver la règle applicable à un cas d'espèce. C'est seulement ensuite que l'on peut, à notre avis, parler de pluridisciplinarité. L'étude du droit ne saurait se ramener, dans les conditions actuelles du travail universitaire, à une série d'études de cas.

2. Définition et domaine du droit commercial

81. La définition du droit commercial est incertaine et, surtout, son domaine correspond à une conception de la vie économique qui est dépassée, car elle n'a plus de justification.

a. Une définition incertaine

82. La définition du droit commercial reste incertaine, car les rédacteurs du Code de commerce n'ont pas su choisir entre deux conceptions possibles du droit commercial, la conception subjective et la conception objective.

- Selon la théorie subjective, le droit commercial se définit comme le droit des commerçants, c'est-à-dire l'ensemble des règles applicables aux commerçants et à leurs rapports entre eux ou avec les tiers. Le critère d'application est celui de la personne : le commerçant agissant à des fins professionnelles.
- Selon la théorie objective, le droit commercial est le droit des actes de commerce, c'est-à-dire des opérations commerciales, même lorsqu'elles sont le fait de non-professionnels. Le critère d'application est alors une opération, qualifiée a priori de commerciale par nature.

Or l'ancien Code de commerce était sur cette question très ambigu. D'un côté, le Code débutait par une définition du commerçant qui figurait à l'article 1er. Il semblait donc se rallier à la conception subjective du droit commercial. Mais, d'un autre côté, il donnait dans ses articles 632 et 633 une liste des actes de commerce, ce qui n'a de sens que dans la théorie objective. De plus, l'article 631 du Code cumulait les deux critères. S'agissant de la compétence du tribunal de commerce, il disposait que celui-ci connaîtra des litiges entre commerçants (conception subjective) et des litiges relatifs « aux actes de commerce entre toutes personnes » (conception objective). Le nouveau Code de commerce ne pouvait pas mettre fin à cette ambiguïté puisqu'il reprenait les textes anciens sans les modifier. Les rédacteurs ont cependant cru bon de faire figurer la liste des actes de commerce en tête du nouveau code (art. L. 110-1), dans un titre Ier intitulé « De l'acte de commerce ». Cette nouvelle présentation tend, au prix d'un anachronisme, à privilégier la théorie objective du droit commercial.

51. C. Champaud, *Le droit des affaires*, PUF, coll. « Que sais-je ? », n° 1978, p. 49.

83. En France, les commercialistes du XIXe siècle, se sont généralement ralliés à la théorie objective. Au XXe, Ripert a remis en honneur la théorie subjective du droit commercial. Aujourd'hui beaucoup d'auteurs considèrent que la querelle est stérile et que le droit commercial est à la fois le droit des commerçants et le droit des actes de commerce. Mais il reste que l'absence, en doctrine, d'un critère ferme a sans doute nui au développement du droit commercial.

En réalité, la jurisprudence et les lois postérieures au Code de commerce, ont, sans le dire, consacré la conception subjective. Le concept de commerçant est aujourd'hui le critère à peu près exclusif de l'application du droit commercial. Les actes de commerce isolés ne sont plus que des survivances historiques.

b. Une conception dépassée du domaine du droit commercial

84. L'article L. 121-1 du Code de commerce définit le commerçant comme celui qui exerce des actes de commerce et en fait sa profession habituelle. Or la liste des actes de commerce, qui est donnée par les articles L. 110-1 et L. 110-2 du Code, est une liste *close*, qui correspond à l'idée que l'on se faisait du commerce en 1807.

C'est ainsi que les opérations immobilières, l'agriculture et les services faisant appel à une activité intellectuelle restaient en dehors du commerce et constituaient des activités civiles par nature. Il n'était pas possible, en l'absence d'une intervention législative, d'ajouter de nouvelles rubriques à celles de l'article L. 110-1 (ex-art. 632). Certes, la jurisprudence a interprété de manière extensive certaines des activités visées par l'ancien article 632, mais pas au point de tenir compte de tous les développements de l'activité économique professionnelle. De nombreuses entreprises sont apparues, qui sont restées en dehors du droit commercial. Un secteur d'activité économique s'est développé en marge du droit commercial classique. Le fait que ces activités pouvaient prendre la forme de la société civile n'a fait que conforter cet état de choses. Comme la frontière entre les activités commerciales et les activités civiles a été fixée essentiellement par la jurisprudence, au fil des espèces, elle est actuellement le fruit d'une casuistique compliquée et souvent artificielle.

85. Le monde de l'entreprise est aujourd'hui partagé, sans justification réelle, entre les entreprises commerciales et les entreprises civiles, alors que rien ne les sépare du point de vue des techniques de gestion, de leur financement et leur but lucratif.

Le domaine du droit commercial, au sens étroit du terme, est donc prisonnier d'une conception étroite, artificielle et dépassée des activités qu'il recouvre. Incapable de s'élargir pour tenir compte des réalités économiques, le droit commercial s'est vu concurrencer par de nouvelles branches du droit.

B. Propositions de reconnaissance de disciplines nouvelles

86. Afin de répondre aux insuffisances du droit commercial classique, la doctrine a proposé, après la Seconde Guerre mondiale, de nouvelles branches du droit, correspondant mieux aux tendances politiques et économiques d'aujourd'hui. Les propositions se sont faites dans plusieurs directions.

87. Le droit économique. Un mouvement s'est dessiné en faveur de la reconnaissance d'un droit économique[52]. Mais il s'est heurté à une difficulté de définition. Le droit économique devait-il rassembler la totalité des règles juridiques concernant l'activité économique ? Ou devait-il seulement être le droit des interventions de l'État dans le domaine économique ? Cette question n'a pas été clairement tranchée. La proposition du professeur Farjat, de voir dans le droit économique le droit de la *concentration économique*, aussi bien dans le secteur privé que dans le secteur public, était novatrice et riche d'enseignements[53]. Mais, ici encore, elle se heurtait par trop aux divisions traditionnelles du droit, spécialement à la distinction, toujours très forte en France, entre les disciplines de droit public et celles du droit privé. Elle n'a pas dépassé le stade des propositions[54].

88. Le droit de l'entreprise. Une tendance, d'origine plus privatiste, a préconisé la reconnaissance du droit de l'entreprise. Selon la doctrine du droit de l'entreprise, le droit commercial doit se reconstruire autour du concept d'entreprise, qui correspond à la réalité de l'économie contemporaine et à la vie des affaires. Le droit européen est venu puissamment renforcer ce mouvement car parmi les États membres de l'Union européenne, il en est plusieurs qui ignorent la séparation entre le droit civil et le droit commercial. Au contraire l'entreprise est un concept commun à tous les États de l'Union européenne.

89. Le droit des affaires. Puis est apparue l'appellation de droit des affaires[55]. L'appellation a été de mieux en mieux adoptée dans les milieux universitaires et éditoriaux où elle apparaît comme l'ensemble des règles de droit applicables aux entreprises et à leurs relations de droit privé. Le droit fiscal des affaires, le droit pénal des affaires et le droit civil des affaires s'en sont détachés et font l'objet de branches spéciales. Le droit des affaires ne se substitue pas au droit commercial, mais il vise à le dépasser.

90. Le droit du marché. Des travaux récents ont mis l'accent sur l'étroite relation qui unit les activités commerciales au fonctionnement des marchés. Le professeur Vogel a proposé de définir le droit commercial comme le droit du marché[56]. L'idée est très juste : le marché constitue aujourd'hui le cadre économique et juridique de l'activité des entreprises.

52. C. Champaud, « Contribution à la définition du droit économique », *D.* 1967, chron. 215.- J. Hauser, « L'apport du droit économique à la théorie générale de l'acte juridique », *Les activités et les biens de l'entreprise. Mélanges offerts à Jean Derruppé*, GNL-Joly, Litec, p. 1.- A. Jacquemin et G. Schrans, *Le droit économique*, PUF, coll. « Que sais-je ? », n° 1383.- F. Jeantet, « Aspects du droit économique », *Études de droit commercial offertes à J. Hamel*, Dalloz, 1961, p. 33.

53. G. Farjat, *Le droit économique*, PUF, 1982. Dans un ouvrage plus récent (*Pour un droit économique*, PUF, 2004), l'auteur a élargi son champ de réflexion, sans cependant trahir sa pensée originaire.

54. Par ex., en 2018, la Conférence générale des juges consulaires de France a suggéré de remplacer la notion de commercialité par celles d'activité et d'acteur économique.

55. Études du Creda, *Quel droit des affaires pour demain ? Essai de prospective juridique*, Litec, 1984.- C. Champaud, *Le droit des affaires*, PUF, coll. « Que sais-je ? », n° 1978, p. 49.- J. Paillusseau, « Le big-bang du droit des affaires à la fin du xxe siècle », *JCP* 1988.I.3330.

56. G. Ripert et R. Roblot, sous la dir. de M. Germain, *Traité de droit des affaires*, t. 1, *Du droit commercial au droit économique*, par L. Vogel, LGDJ, 21e éd., 2020.

C. Le domaine du droit des affaires

91. Le droit des affaires reconnaît la spécificité du droit commercial, au sens étroit, qui constitue encore aujourd'hui une réalité du droit positif. L'on ne peut en effet ignorer l'existence de règles dont l'application est réservée aux seuls *commerçants*, au sens précis et traditionnel du terme. Mais le droit des affaires dépasse le droit commercial, car il comporte aussi des règles applicables à toutes les *entreprises* en général, du moins à celles qui ont une activité relevant du droit privé.

Le droit positif connaît une évolution, qui n'est pas encore achevée. Il est encore tributaire de la conception traditionnelle du droit commercial. Dans cette mesure, il est encore le droit des commerçants. Mais le droit positif est déjà, pour une autre part, le droit de l'entreprise. Il est vraisemblable que l'évolution se poursuivra et que peu à peu le critère de l'entreprise se substituera entièrement au critère du commerçant. Ce n'est pas encore le cas aujourd'hui. L'on ne saurait nier cette réalité. Il faut tenir compte de l'existence des deux critères d'application.

92. Le présent ouvrage est divisé en trois parties.

- Dans une première partie, qui correspond au droit commercial *stricto sensu*, l'on s'attachera à l'étude de l'entreprise commerciale et de ses activités. Cette première partie a pour objet l'étude des règles applicables aux commerçants, et à eux seuls, dans l'exercice de leur activité professionnelle[57].
- Dans une deuxième partie, l'on étudiera les règles applicables à l'activité privée des entreprises, en général. Dans un contexte d'économie libérale, ces règles sont celles de la concurrence. Le critère de l'entreprise dépasse ici celui du commerçant.
- Enfin dans une troisième partie, l'on s'attachera à ce qui constitue l'une des activités essentielles des entreprises, la distribution des biens et des services. Il s'agit en définitive de la vieille notion de l'achat pour revendre, qui est au cœur du droit commercial, mais que l'on situera dans le contexte rénové de l'entreprise. Le droit de la distribution opère ainsi la synthèse du droit commercial et du droit de l'entreprise. Le droit commercial y apparaît sous une forme rénovée.

Les trois parties de l'ouvrage seront ainsi consacrées respectivement à *l'entreprise commerciale*, à la *concurrence* et à la *distribution*.

57. C'est pourquoi les relations entre les commerçants et les consommateurs ne sont pas étudiées à titre principal dans le présent manuel.

PREMIÈRE PARTIE

DROIT COMMERCIAL ET ENTREPRISES COMMERCIALES

93. Le droit commercial peut être défini comme la branche du droit privé applicable aux *entreprises commerciales*.

Historiquement, le droit commercial a été créé *par* et *pour* les commerçants. Il est l'œuvre des commerçants, puisqu'il s'est formé à partir des usages pratiqués par eux. Il est aussi le droit destiné aux commerçants. C'est pour eux que s'est forgée cette branche particulière du droit, appelée droit commercial.

La notion d'entreprise commerciale est le critère d'application des règles qui forment le droit commercial. Observons tout de suite deux choses. D'abord que toutes les entreprises ne sont pas commerciales. Il y a aussi des entreprises civiles et des entreprises publiques. Ensuite, que les entreprises commerciales comprennent non seulement celles qui exercent le commerce au sens courant du terme, mais aussi celles qui ont une activité industrielle et celles qui fournissent des services.

L'exposé du droit commercial commence donc nécessairement par la détermination des *entreprises commerciales* (titre 1). Les actes de commerce sont les actes accomplis par les entreprises commerciales. Le droit commercial comporte des règles spéciales relatives aux *actes de commerce* (titre 2), qui justifient la compétence de la *juridiction commerciale* (titre 3), et des règles régissant *l'organisation et la gestion de l'entreprise commerciale* (titre 4).

Titre 1
Détermination des entreprises commerciales

94. L'article L. 121-1 du Code de commerce définit les commerçants comme ceux qui exercent des actes de commerce et en font leur profession habituelle. Dans le Code de commerce, le commerçant est essentiellement défini par son activité professionnelle.

Exemple 1. Est commerçant celui dont l'activité professionnelle consiste à acheter et à revendre des produits ou des marchandises. Est également commerçant, l'industriel qui transforme des matières premières pour en faire des produits finis.

Jusqu'à la fin du XIXe siècle, l'activité commerciale a constitué le critère unique de la qualité de commerçant. Mais en 1893 le législateur a décidé qu'à l'avenir les sociétés anonymes seraient toujours commerciales, en raison de leur forme et quelle que soit leur activité.

Exemple 2. La société anonyme A a été constituée pour l'exploitation d'une carrière. Bien que l'exploitation des carrières soit une activité civile, la société A, en raison de sa forme juridique, se voit reconnaître la qualité de commerçant.

Depuis cette époque, le droit français connaît ainsi deux sortes d'entreprises commerciales : les entreprises commerciales en raison de leur activité, qui répondent à la définition de l'article L. 121-1 du Code de commerce, et les sociétés commerciales par la forme.

95. Au fil des années, la catégorie des sociétés commerciales par la forme a pris de plus en plus d'importance. Elle a été élargie pour englober, en 1925, les sociétés à responsabilité limitée et, en 1966, les sociétés en nom collectif et les sociétés en commandite. Aujourd'hui, toutes les entreprises d'une certaine importance, adoptent en pratique la forme de la société commerciale.

Les entreprises commerciales en raison de leur activité sont principalement les entreprises des commerçants personnes physiques, propriétaires de leur entreprise. La catégorie des entreprises commerciales en raison de leur activité est devenue une catégorie résiduelle, qui accueille les entreprises commerciales autres que les sociétés commerciales par la forme.

C'est pourquoi l'on présentera d'abord les *sociétés commerciales par la forme* (chapitre 1), avant d'étudier la catégorie des *commerçants en raison de l'objet de leur entreprise* (chapitre 2). Enfin il conviendra de situer les commerçants par rapport aux *professionnels non commerçants* (chapitre 3).

CHAPITRE 1

Les commerçants en raison de la forme de leur entreprise

> ***Art. L. 210-1 C. com.*** Le caractère commercial d'une société est déterminé par sa forme ou par son objet.
> Sont commerciales à raison de leur forme et quel que soit leur objet, les sociétés en nom collectif, les sociétés en commandite simple, les sociétés à responsabilité limitée et les sociétés par actions.

96. Après avoir rappelé l'origine et la notion de la commercialité par la forme (section 1), l'on verra quels sont les traits distinctifs des différentes sociétés commerciales par la forme (section 2), puis les conséquences juridiques de la commercialité par la forme (section 3).

Section 1
Origine et notion de la commercialité par la forme

97. La commercialité par la forme est apparue en droit français à la fin du XIXe siècle à l'occasion d'une affaire célèbre, la déconfiture de la société du Canal de Panama. Cette société, qui était une société par actions, avait été constituée pour le creusement du canal de Panama. Les travaux de terrassement étaient considérés à l'époque comme une activité civile[1]. La société du Canal de Panama avait par conséquent la qualité de société civile, en raison de son objet. Les travaux se révélèrent beaucoup plus onéreux que prévu car les études géologiques avaient été insuffisantes. La société se trouva dans une situation

1. *Infra*, n° 140.

financière désespérée et fut dans l'incapacité de rembourser ses créanciers, parmi lesquels de très nombreux petits épargnants qui avaient souscrit à ses emprunts. Mais comme la société était une société civile, il n'était pas possible de lui appliquer le régime de la faillite qui, à l'époque, était réservée aux seuls commerçants. Les créanciers étaient privés de la procédure collective, qui aurait permis leur représentation par un syndic et le respect de l'égalité de leurs droits.

Les milliers de créanciers obligataires auraient dû, soit agir individuellement contre la société, soit renoncer à faire valoir leur créance. Le scandale fut tel que le législateur dut prendre une mesure d'urgence, en déclarant la faillite applicable à la société[2].

Peu après, intervint la loi du 1er août 1893, modifiant l'article 68 de la loi du 24 juillet 1867, qui disposait : « Quel que soit leur objet, les sociétés en commandite[3] ou anonymes qui seront constituées dans les formes du Code de commerce ou de la présente loi seront commerciales et soumises aux lois et usages du commerce ».

98. Lorsque la loi du 7 mars 1925 créa un nouveau type de société, la société à responsabilité limitée, elle reprit, dans son article 3, la formule de la loi de 1893 : « Quel que soit leur objet, les sociétés à responsabilité limitée sont commerciales et soumises aux lois et usages du commerce ». La même règle fut retenue pour les sociétés professionnelles instituées par la loi du 17 novembre 1943. Enfin la loi du 24 juillet 1966 sur les sociétés commerciales, à l'article 1er (devenu art. L. 210-1 C. com.), a étendu la solution aux sociétés en nom collectif et aux sociétés en commandite simple.

99. Le critère de la qualité de commerçant, qui est attribuée à la société, est donc ici celui de la *forme*. Il faut entendre par là le type d'organisation sociale, choisi par les associés parmi ceux qu'offre la loi. Le critère formel prévaut sur le critère de l'objet, c'est-à-dire sur le critère de l'activité de la société.

Le critère formel présente un intérêt pratique certain. Il s'agit d'un critère simple qui ne prête guère à discussion. Il satisfait beaucoup mieux l'impératif de sécurité juridique que le critère de l'activité, qui soulève d'assez nombreuses contestations. Il est en pratique facile de savoir quelle est la forme de société que les associés ont entendu adopter, car elle figure obligatoirement dans les statuts. Elle doit aussi précéder ou suivre la dénomination de la société[4], et de ce fait elle apparaît dans les papiers d'affaires de la société.

Exemples. Les Éditions Universitaires Associées, SA au capital de 1 000 000 euros ; la société à responsabilité limitée Louis Gilet au capital de 8 000 euros.

100. Curieusement, la raison qui avait motivé à l'origine le recours à la technique de la commercialité par la forme a aujourd'hui disparu. Depuis la loi du 13 juillet 1967, toutes les personnes morales de droit privé, en particulier toutes les sociétés, aussi bien civiles que commerciales, sont soumises à la procédure

2. Loi du 1er juill. 1893.

3. Il fut reconnu par la suite que seules étaient visées les sociétés en commandite par actions (Cass. civ., 3 janv. 1912, *S.* 1912.1.129, note C. Lyon-Caen).

4. Art. L. 221-2, L. 223-1 et L. 224-1 C. com.

de la « faillite » lorsqu'elles se trouvent en cessation des paiements[5]. Les procédures collectives ne sont plus réservées aux seuls commerçants et il est indifférent, de ce point de vue, que la société soit commerciale ou civile[6]. Cependant le critère de la forme conserve tout son intérêt en raison de sa simplicité.

Section 2
Les différentes sociétés commerciales par la forme

101. On classe traditionnellement les sociétés commerciales par la forme en deux catégories : les sociétés de capitaux (§ 1) et les sociétés de personnes (§ 2). On étudiera à part le cas des sociétés commerciales du secteur public (§ 3).

§1. Les sociétés de capitaux

102. Les sociétés de capitaux se constituent en considération du capital social, c'est-à-dire de la somme d'argent qui est mise à la disposition de la société. La personnalité des associés joue un rôle secondaire. Certaines sont pluripersonnelles (A) ; d'autres sont unipersonnelles (B).

A. Les sociétés de capitaux pluripersonnelles

103. Les sociétés de capitaux pluripersonnelles sont, d'une part, la société à responsabilité limitée (SARL) et, d'autre part, les sociétés par actions.

1. La société à responsabilité limitée (ou SARL)

104. Selon l'article L. 223-1 du Code de commerce, « la société à responsabilité limitée est instituée par une ou plusieurs personnes qui ne supportent les pertes qu'à concurrence de leurs apports »[7]. Les associés de la SARL ne sont pas tenus personnellement du passif social et ils ne s'obligent qu'à libérer leur apport. C'est pourquoi ils n'ont pas nécessairement la qualité de commerçant. La loi n'exige aujourd'hui aucun capital minimum[8]. Il est donc très facile de constituer une SARL. Un autre avantage réside dans la souplesse de son organisation, la loi comportant assez peu de dispositions contraignantes. Toutefois, le gérant est nécessairement une personne physique. Enfin, tout associé peut sortir de la société s'il le désire. La cession des parts sociales est libre entre les

5. Aujourd'hui, les procédures de sauvegarde, de redressement et de liquidation judiciaire des entreprises, organisées par le livre VI du Code de commerce (art. L. 611-1 et s.), sont applicables, selon les articles L. 611-1, L. 620-2, L. 631-2 et L. 640-2, C. com. « ... à toute personne morale de droit privé ».

6. La distinction conserve cependant un intérêt pour la détermination de la juridiction compétente pour ouvrir la procédure collective.

7. En 2022, 82 100 SARL ont été créées (source INSEE).

8. Depuis la loi du 1er août 2003, l'article L. 223-2 du C. com. dispose que « le montant du capital est fixé par les statuts ».

associés. La cession à un tiers est soumise à l'approbation de la majorité des autres associés, mais, en cas de refus, les autres associés ou la société elle-même doivent acquérir les parts du sortant. La limitation de l'engagement des associés et la souplesse de l'organisation expliquent le très grand succès de cette forme de société, qui convient bien aux petites et moyennes entreprises. En France, leur nombre est de 1 330 000 environ.

2. Les sociétés par actions

105. Dans les sociétés par actions, le capital est divisé en actions et les associés s'appellent les actionnaires. L'action représente la participation de chaque actionnaire au capital de la société.

Exemple. A est propriétaire de 100 actions de la société Y constituée avec un capital de 150 000 euros, divisé en 1 000 actions au nominal de 150 euros chacune. La participation de A au capital social est de 1/10e. Cette proportion déterminera, notamment, sa part dans les dividendes et son droit de vote dans les assemblées générales.

L'action est en principe librement cessible et la cession se réalise selon un mode simplifié de transmission[9]. L'actionnaire peut à tout moment sortir de la société, à condition de trouver un acquéreur.

En raison de l'importance que revêt le capital social dans les sociétés par actions, la loi exige un capital d'un montant minimum. Il est aujourd'hui, sauf exceptions, de 37 000 euros[10].

Il existe plusieurs formes de société par actions : la société anonyme, la société européenne, la société en commandite par actions, la société par actions simplifiée et la société coopérative de production.

106. La société anonyme (SA) est le type même de la société de capitaux. L'article L. 225-1 du Code de commerce la définit comme « la société dont le capital est divisé en actions et qui est constituée entre des associés qui ne supportent les pertes qu'à concurrence de leurs apports ». Elle est constituée entre deux associés ou plus. Les formalités de constitution de la SA diffèrent selon que cette constitution comporte ou non une offre au public. La société est gérée selon l'un des deux modèles d'organisation offerts par la loi. Dans le modèle traditionnel, la gestion est confiée au président du conseil d'administration ou au directeur général, assisté par un conseil d'administration, lequel doit être composé en recherchant une représentation équilibrée des femmes et des hommes[11]. Dans le modèle nouveau, imité du droit allemand, la société est gérée par un directoire lui-même contrôlé par un conseil de surveillance. L'assemblée générale des actionnaires désigne les membres du conseil d'administration ou les membres du conseil de surveillance.

---

9. L'action n'est plus aujourd'hui représentée par un titre matériel consistant en une formule imprimée, mais par une simple inscription dans un compte tenu par la société émettrice ou par un intermédiaire habilité (art. L. 211-3 C. mon. fin.). Les actions inscrites en compte se transmettent par virement de compte à compte.

10. L'ancien article L. 224-2 du Code de commerce imposait un capital minimum de 225 000 euros aux sociétés par actions « faisant publiquement appel à l'épargne ». L'ordonnance 2009-80 du 22 janv. 2009 a supprimé cette exigence. Désormais, l'art. L. 224-2 instaure un capital minimum unique de 37 000 euros à toutes les sociétés par actions. La même ordonnance supprime la notion de société faisant publiquement appel à l'épargne et la remplace par celle, plus large, de société constituée avec offre au public.

11. Art. L. 225-17, C. com.

La forme de la société anonyme convient aux grandes entreprises, spécialement à celles qui doivent rassembler des capitaux considérables et qui s'accommodent d'une organisation complexe des pouvoirs. Le mécanisme de la société anonyme est trop lourd pour les PME, à qui la forme de la SARL devrait mieux convenir. Bien que leur nombre aille en décroissant, il y a encore en France environ 50 000 SA.

107. La société européenne. L'idée de proposer aux entreprises une forme nouvelle de société par actions, qui ne serait pas rattachée à l'ordre juridique d'un État membre particulier, mais qui serait véritablement « de droit européen », remonte à 1959. Par la suite le projet a été amplement discuté et modifié. Il a finalement abouti au règlement n° 2157/2001 du 8 octobre 2001, relatif au statut de la société européenne. Le règlement est accompagné d'une directive visant à impliquer les salariés dans les décisions affectant la vie sociale[12]. La société européenne est aujourd'hui régie par les articles L. 229-1 et suivants du Code de commerce. Les articles R. 229-1 et suivants du même code précisent les modalités de constitution et de transfert de siège de la SE.

108. La société en commandite par actions. Il s'agit d'une société hybride. Selon l'article L. 226-1 du Code de commerce, « la société en commandite, dont le capital est divisé en actions, est constituée entre un ou plusieurs commandités, qui ont la qualité de commerçant et répondent indéfiniment et solidairement des dettes sociales, et des commanditaires, qui ont la qualité d'actionnaires et ne supportent les pertes qu'à concurrence de leurs apports ».

La société en commandite par actions combine les avantages de la société anonyme et de la société de personnes : elle confère une grande stabilité aux commandités, car les parts des commandités ne peuvent être cédées qu'avec le consentement de tous les autres commandités et, en principe, de tous les commanditaires. Cependant, cette forme de société se rencontre assez rarement en pratique, puisque l'on en compte environ 350, sans doute à cause de l'engagement personnel et illimité des commandités.

109. La société par actions simplifiée (SAS)[13]. C'est une société qui s'apparente à la société anonyme : le capital est divisé en actions et les associés ne supportent les pertes qu'à concurrence de leurs apports. Mais l'organisation des pouvoirs est aménagée très librement par les statuts, alors que l'administration et la direction de la SA traditionnelle sont réglées de façon minutieuse par le livre II du Code de commerce. Les milieux d'affaires souhaitaient que soit reconnue une forme de société par actions moins lourde que la SA et laissant une plus grande place à la volonté des associés. À cette fin, la loi du 3 janvier 1994 a institué la SAS, dont les règles figurent aujourd'hui dans les articles L. 227-1 à L. 227-20 du Code de commerce.

Dans l'esprit du législateur de 1994, la SAS n'avait pas pour vocation de se substituer à la SA. Elle avait seulement pour but de fournir un cadre commode à la coopération entre grandes entreprises. C'était une société dont les actionnaires étaient uniquement des personnes morales et qui réunissait des entreprises d'une certaine importance. Mais la loi du 12 juillet 1999 a profondément changé l'esprit de l'institution. En effet, la SAS peut désormais être instituée par toute personne, physique ou morale. Elle peut même être constituée par une seule personne. La loi

12. Dir. n° 2001/86 du 8 oct. 2001.

13. En 2022, 190 384 SAS ont été créées (source INSEE).

LME du 4 août 2008 a encore allégé le régime de la SAS, en supprimant l'exigence d'un capital minimum, en permettant les apports en industrie et en ne rendant obligatoire la nomination d'un commissaire aux comptes que dans les sociétés dépassant certains seuils.

La SAS est ainsi devenue une forme concurrente de la SA et il est facile d'imaginer qu'en raison de sa très grande souplesse, elle a tendance à se substituer à elle. On en compte près de 140 000.

La SAS obéit aux conditions de constitution des sociétés anonymes ordinaires ; l'organisation des pouvoirs est très libre. Selon l'article L. 227-5 du Code de commerce, « les statuts fixent les conditions dans lesquelles la société est dirigée ». La loi exige seulement que la société soit représentée à l'égard des tiers par un président ou un directeur général[14]. La SAS demeure cependant *une société fermée* : elle ne peut pas procéder à une offre au public de titres financiers, elle n'est pas cotée en Bourse et les statuts peuvent prévoir que les actions seront inaliénables pendant une durée de dix ans. Si les statuts de la société le prévoient, les dirigeants de la SAS peuvent donc jouir d'une réelle stabilité.

110. Les sociétés coopératives de production. Ce sont des sociétés dont les membres ont une double qualité : ils sont en même temps salariés et associés. Une SCOP peut prendre la forme d'une SA, d'une SARL ou d'une SAS. Elle est alors commerciale par la forme. Les dirigeants sont nommés par les salariés associés. Ils perçoivent des indemnités compensatrices pour le temps qu'ils consacrent à la gestion de l'entreprise. Les bénéfices sont répartis en trois parts : une pour l'entreprise, une pour les salariés (qu'ils soient associés ou non) et une pour les associés versée sous forme de dividendes.

Le règlement communautaire n° 1435/2003 du 22 juillet 2003 a créé la société coopérative européenne (SEC). Une directive du même jour prévoit la participation des salariés à la gestion. Plusieurs lois de 2008 ont introduit dans le droit français le statut de la SEC[15]. Dans la mesure où le règlement communautaire renvoie au droit national des sociétés anonymes, il est permis de penser que la SEC est, comme cette dernière, une société commerciale par la forme.

B. Les sociétés de capitaux unipersonnelles

111. La société de capitaux unipersonnelle comporte la particularité d'être créée par une seule personne. Celle-ci est l'associé unique. La société unipersonnelle n'a pas sa source dans un contrat de société, mais dans un acte de volonté unilatérale. L'article 1832, al. 2, du Code civil dispose en ce sens : « Elle [la société] peut être instituée, dans les cas prévus par la loi, par l'acte de volonté d'une seule personne ».

1. Origine de la société unipersonnelle

112. Jusqu'en 2010, le commerçant personne physique, propriétaire de son entreprise, répondait personnellement, sur son patrimoine personnel, de toutes les dettes nées de l'activité de son entreprise. La règle était absolue. En raison du principe de l'unité du patrimoine, consacré par le droit français, (une

14. Qui peuvent d'ailleurs être une personne physique ou une personne morale.

15. C. Cathiard, « La société coopérative européenne », *JCP* E 2009, 1012.

personne, un patrimoine), il n'était pas possible de séparer le patrimoine de l'entreprise du patrimoine personnel. Les créanciers, dont la dette était née à l'occasion de l'exploitation de l'entreprise, pouvaient saisir ses biens personnels. Et les créanciers, dont la dette était née de son activité extraprofessionnelle, pouvaient saisir les biens de l'entreprise. Sur le patrimoine du commerçant, qui constituait le gage général de ses créanciers, ceux-ci, quelle que soit la cause de leur créance, venaient avec des droits égaux.

Il a fallu attendre l'année 2010 pour que le législateur admette la distinction des patrimoines professionnel et personnel (*infra*, n° 429).

En 1985 le législateur n'avait pas encore osé s'engager dans cette voie. Il préféra aménager la notion de société en reconnaissant la validité de la société créée par une seule personne.

L'innovation de la loi du 11 juillet 1985 a consisté à autoriser la constitution d'une société par une seule personne qui, dès l'origine, a la qualité d'associé unique. La société unipersonnelle est reconnue sous deux formes : l'entreprise unipersonnelle à responsabilité limitée (EURL)[16] et la société par action simplifiée avec associé unique.

2. Les deux formes de société unipersonnelle

a. L'entreprise unipersonnelle à responsabilité limitée (EURL)

113. C'est une variété de société à responsabilité limitée. Cela ressort de l'article L. 223-1 du Code de commerce dont le premier alinéa dispose : « La société à responsabilité limitée est instituée par une ou plusieurs personnes qui ne supportent les pertes qu'à concurrence de leurs apports ». Elle est donc toujours une société commerciale par la forme. Selon l'alinéa 2 du même article : « Lorsque la société ne comporte qu'une seule personne, celle-ci est dénommée "associé unique" ».

L'EURL est soumise à toutes les dispositions qui régissent les SARL. Seules sont spécifiques les dispositions dues à la présence d'un associé unique.

L'associé unique exerce les pouvoirs dévolus à l'assemblée des associés[17]. Par exemple, c'est l'associé unique qui approuve les comptes annuels, le cas échéant après rapport des commissaires aux comptes[18]. Les décisions de l'associé unique, prises à la place de l'assemblée, sont répertoriées dans un registre[19].

b. La société par actions simplifiée avec associé unique

114. La loi du 12 juillet 1999, qui a considérablement modifié le régime de la SAS, a prévu que celle-ci pourrait être l'œuvre d'une seule personne[20].

16. Il existe aussi l'entreprise agricole à responsabilité limitée (EARL), qui a pour objet l'exercice d'une activité agricole dans un cadre familial et qui a nécessairement un caractère civil.

17. Art. L. 223-1, al. 2, C. com.

18. Art. L. 223-31, al. 2, C. com.

19. Art. L. 223-31, al. 3, C. com.

20. Ce type de société attire les entrepreneurs. 60 % des sociétés créées en 2017 étaient des SAS.

> ***Art. L. 227-1 C. com., al. 1 et 2.*** Une société par actions simplifiée peut être instituée par une ou plusieurs personnes qui ne supportent les pertes qu'à concurrence de leur apport.
> Lorsque cette société ne comporte qu'une seule personne, celle-ci est dénommée « associé unique ». L'associé unique exerce les pouvoirs dévolus aux associés lorsque la présente section prévoit une prise de décision collective.

Nous avons déjà relevé, à propos de la SAS, que ce sont les statuts qui fixent les conditions dans lesquelles la société est dirigée. L'acte constitutif peut ainsi prévoir que l'associé unique assurera les fonctions de président de la société. Mais la présidence peut aussi être confiée à une personne autre que l'associé unique. L'article L. 227-7 du Code de commerce prévoit, contrairement à la règle qui prévaut dans la SA traditionnelle, que le président peut être une personne morale.

La SAS, dont l'associé unique est une personne physique qui assume personnellement la présidence, bénéficie de formalités de publicité allégées.

3. Utilité pratique de la société unipersonnelle

115. En pratique, la société unipersonnelle, qu'il s'agisse de l'EURL ou de la SAS, est utile dans trois cas.

D'abord lorsqu'un commerçant personne physique désire créer une société de capitaux dont il sera l'associé unique et à laquelle il apporte les biens affectés à son entreprise. Il réalise ainsi la séparation entre son patrimoine personnel et le patrimoine de l'entreprise tout en conservant à celle-ci le caractère d'une entreprise individuelle.

Ensuite, la société unipersonnelle peut être utilisée pour faciliter l'organisation d'un groupe de sociétés. Les filiales peuvent prendre la forme d'une EURL ou d'une SAS avec associé unique, dont la société mère est l'associé unique. Les filiales d'une société sont alors des personnes morales juridiquement indépendantes mais elles sont économiquement dominées par la société mère, qui, en qualité d'associé unique, détient la totalité de leur capital.

Enfin, une association peut créer une société unipersonnelle à qui elle confie la partie économique de son activité. Cette technique présente l'avantage de bien séparer l'activité de l'association, qui a un but non lucratif, de ses activités à but lucratif tout en lui garantissant la totale maîtrise de celles-ci.

§2. Les sociétés de personnes

116. Dans les sociétés de personnes, les associés se réunissent en considération de la personnalité de chacun des associés. Ce sont toutes des sociétés pluripersonnelles. Il n'y a pas de société de personnes unipersonnelle ; cela n'aurait guère de sens. L'*intuitu personae* est à la base de la société. Les sociétés de personnes commerciales par la forme sont la société en nom collectif (A) et la société en commandite simple (B).

A. La société en nom collectif

117. L'article L. 221-1 du Code de commerce définit la société en nom collectif de la façon suivante : « Les associés en nom collectif ont tous la qualité de commerçant et répondent indéfiniment et solidairement des dettes sociales ». La société en nom collectif se caractérise par deux traits essentiels.

Elle est une société de commerçants. Tous les associés ont ou acquièrent par leur adhésion à la société la qualité de commerçant. Ils sont tenus, à côté de la société elle-même, indéfiniment et solidairement du passif de la société, c'est-à-dire des dettes que la société personne morale contracte au cours de son activité. C'est ce qui assure son crédit.

C'est une société de personnes. Les associés sont unis par des liens étroits. En principe, le décès ou l'incapacité de l'un des associés met fin à la société. Les parts sociales ne peuvent être cédées. L'entrée d'un nouvel associé dans la société requiert l'unanimité des autres. Les associés en nom jouissent donc d'une grande stabilité. Enfin, les pouvoirs peuvent être organisés de façon très souple, car la loi est peu contraignante et laisse une grande liberté dans la rédaction des statuts.

En pratique, les sociétés en nom collectif sont très souvent des sociétés de famille. Mais la forme de la société en nom collectif peut aussi être adoptée pour constituer une société de sociétés, les associés étant d'autres personnes morales commerçantes. Le gérant peut être lui-même une société commerciale. Il existe en France environ 30 000 sociétés en nom collectif.

B. La société en commandite simple

118. Cette société se caractérise par la présence de deux sortes d'associés, les commandités et les commanditaires. Selon l'article L. 222-1 du Code de commerce, « les associés commandités ont le statut des associés en nom collectif. Les associés commanditaires répondent des dettes sociales seulement à concurrence du montant de leur apport ». Les commanditaires ne sont donc pas nécessairement des commerçants. Ils n'engagent pas leur patrimoine personnel et ils ne s'obligent qu'à libérer leur apport. Ce sont des bailleurs de fonds et ils ne peuvent faire aucun acte de gestion externe, c'est-à-dire qu'ils ne peuvent pas traiter avec les tiers. Mais la société en commandite simple reste une société de personnes et les parts de commandite ne sont pas en principe cessibles, sauf avec le consentement de tous les associés.

En dépit de l'avantage que présente leur grande souplesse d'organisation, les sociétés en commandite simple sont peu nombreuses. Elles sont au nombre d'environ 1 000.

§3. Les personnes morales du secteur public

119. Il existe en France un secteur public important et complexe, qui comporte de nombreuses entités ayant une activité économique. L'étude du secteur public n'a pas sa place dans un ouvrage de droit des affaires. Elle relève d'une branche spéciale du droit, le droit public économique. Il importe cependant de voir quelles sont les entreprises du secteur public qui ont la qualité de commerçant.

120. Il faut écarter tout d'abord une série de services et d'entreprises qui n'ont certainement pas la qualité de commerçant.

Ce sont, en premier lieu et malgré leur nom, les services publics à caractère commercial, appelés plus précisément *services publics industriels et commerciaux*. Ils sont exploités *en régie*, c'est-à-dire directement par l'État, et ils n'ont pas de personnalité morale propre. Par exemple la Documentation française. Comme, en vertu d'une règle traditionnelle, l'État ne peut pas être commerçant, ses services ne sauraient non plus être qualifiés de commerçants. En revanche ce sont des entreprises, car ils ont une activité économique qui ne nécessite pas le recours à des prérogatives de puissance publique. Dans cette mesure, le droit de la concurrence leur est applicable.

Ce sont ensuite les *établissements publics à caractère industriel et commercial* (EPIC). À l'inverse des précédents, ce sont des personnes morales, jouissant d'une autonomie certaine. Ainsi, les chambres de commerce et d'industrie, la SNCF ou la RATP. Leur situation est plus complexe. Leurs rapports avec les usagers sont en principe régis par le droit privé. Ils sont astreints au respect de certaines règles de droit commercial. Par exemple, ils doivent être immatriculés au registre du commerce et des sociétés, ils doivent tenir une comptabilité commerciale et relèvent, en ce qui concerne les litiges avec les usagers, de la juridiction du tribunal de commerce. Cependant comme ils sont soumis pour partie à des règles de droit public, la doctrine considère généralement qu'ils n'ont pas la qualité de commerçant.

121. En revanche sont des commerçants les *sociétés nationalisées*.

La France a connu deux vagues de nationalisations, d'abord en 1945 (la Banque de France, les grandes banques de dépôt, comme le Crédit Lyonnais, et les sociétés d'assurance), puis massivement en 1982 (5 sociétés industrielles, 39 banques de dépôt et 2 compagnies financières). Les sociétés nationalisées ont généralement conservé leur statut de sociétés anonymes, l'État ayant seulement acquis la totalité de leurs actions[21]. Elles restent soumises, du point de vue de leur gestion, au livre II du Code de commerce. Elles ont donc gardé leur qualification de *sociétés commerciales par la forme* et sont des commerçants. Théoriquement, elles pourraient être soumises aux procédures collectives de redressement et de liquidation judiciaires.

Quelques années plus tard, les sociétés nationalisées ont été progressivement rendues au secteur privé, notamment par le placement en bourse de leurs actions. Par exemple la direction des Télécommunications a été successivement transformée en établissement public, puis en société anonyme, avant d'être privatisée par la vente en bourse d'une partie des actions de cette dernière. Contrairement à ce qu'avaient déclaré les promoteurs des nationalisations de 1982 et dont l'exposé des motifs de la loi de nationalisation du 11 février 1982 se faisait l'écho, la capacité d'investissement des grandes entreprises privées est supérieure à celle des entreprises publiques. La loi de nationalisation sous-estimait des facteurs tels que l'appartenance aux groupes internationaux de sociétés et la possibilité de recourir aux marchés boursiers, ainsi qu'aux financements internationaux.

De même, *a fortiori*, sont des sociétés commerciales les *sociétés d'économie mixte*. Ce sont des sociétés anonymes, associant des capitaux publics, par l'intermédiaire de participations majoritaires de l'État, des collectivités et des établissements

21. Le décret n° 2004-963 du 9 sept. 2004 a créé l'Agence des participations de l'État. V. Malecki, « L'État actionnaire et la gouvernance des entreprises publiques », *D.* 2005, p. 1028.

publics, à des capitaux privés. Les sociétés d'économie mixte sont incontestablement des commerçants.

Section 3 Les conséquences de la commercialité par la forme

§1. Le principe

122. La société commerciale par la forme est une personne morale qui a la qualité de *commerçant*. Elle a tous les droits et elle est tenue de toutes les obligations propres aux commerçants. Par exemple, elle est soumise au régime de la preuve commerciale, elle doit tenir une comptabilité commerciale et elle peut être assignée devant le tribunal de commerce.

La société commerciale par la forme doit être immatriculée au registre du commerce et des sociétés. Cependant l'immatriculation des personnes morales revêt un caractère particulier : elle ne sert pas seulement à prouver la qualité de commerçant de la personne morale, comme dans le cas des personnes physiques. Elle donne aussi naissance à la personnalité morale. En tant que personne morale, la société n'existe qu'à compter de son immatriculation au registre du commerce et des sociétés. En effet, selon l'article 1842 du Code civil, « Les sociétés autres que les sociétés en participation visées au chapitre III jouissent de la personnalité morale à compter de leur immatriculation ». L'immatriculation n'a pas seulement une fonction probatoire, elle est une condition de l'existence de la personnalité de la société.

Application. Le commerçant personne physique a la qualité de commerçant avant son immatriculation. Il est déjà tenu de toutes les obligations propres aux commerçants. En revanche, avant son immatriculation la société commerciale n'a pas d'existence en tant que personne. Elle n'est pas liée par les engagements pris par ses fondateurs, à moins qu'après son immatriculation elle ne décide, par un acte exprès, de les reprendre rétroactivement à son compte. L'activité de la société commerciale par la forme est commerciale. Les actes qu'elle passe sont des actes de commerce *par accessoire*.

Exemple. Deux sociétés d'expertise comptable se constituent sous la forme de sociétés anonymes. Bien qu'elles aient un objet civil (l'expertise comptable est une activité civile), elles sont commerciales par la forme. Survient un litige entre les deux sociétés à propos d'une rétrocession de clientèle. Le litige relève de la compétence du tribunal de commerce[22].

22. Cass. com., 18 févr. 1975, n° 73-14763. La Cour de cassation a relevé dans cette affaire que le litige portait sur des actes de commerce. Elle aurait pu se contenter de constater qu'il s'agissait d'un litige entre commerçants (obs. R. Houin, *RTD com.* 1976, p. 124).- V. aussi Cass. com., 16 nov. 2004, n° 01-03304, *D.* 2004. p. 3141, obs. A. Lienhard.

§2. Limites concernant les sociétés à objet civil

123. La logique imposerait de tirer toutes les conséquences de la commercialité par la forme. La société ayant la qualité de commerçant, tous ses actes devraient être considérés comme des actes de commerce. Cependant le droit positif refuse de tirer toutes les conséquences du principe et réserve trois exceptions dans le cas des sociétés commerciales par la forme ayant un objet civil.

124. La première exception résulte de la jurisprudence relative au bail commercial. La Cour de cassation refuse en effet aux sociétés qui ont la forme commerciale mais dont l'objet est civil, le bénéfice du statut des baux commerciaux prévu par les articles L. 145-1 et suivants du Code de commerce[23]. La troisième chambre civile relève que les dispositions relatives au bail commercial s'appliquent aux baux des immeubles dans lesquels un fonds de commerce est exploité. Or elle estime qu'une société dont l'objet est civil n'a pas d'activité commerciale et ne peut être titulaire d'un fonds de commerce.

Exemple. La société anonyme A, spécialisée dans le conseil en informatique, a loué un local dans lequel elle exerce son activité. Au terme du contrat, elle demande le renouvellement prévu à l'article L. 145-8 du Code de commerce. Ce texte dispose : « Le droit au renouvellement du bail ne peut être invoqué que par le propriétaire du fonds qui est exploité dans les lieux ». L'activité de conseil est une activité civile. Bien qu'elle soit commerçante, la société A, société commerciale par la forme, se verra refuser le bénéfice du renouvellement car, ayant une activité civile, elle n'est pas censée exploiter un fonds de commerce[24].

Cette jurisprudence est déroutante. Les actes accomplis par un commerçant sont normalement considérés comme des actes de commerce. L'activité de la société commerciale par la forme est donc une activité commerciale et les biens qui sont affectés à cette activité devraient nécessairement constituer un fonds de commerce[25]. La Cour de cassation ne chercherait-elle pas plutôt à limiter le champ d'application du statut des baux commerciaux, dont les dispositions sont exorbitantes du droit commun ?

125. La deuxième exception provient du droit des procédures collectives. Le tribunal compétent pour ouvrir la procédure de sauvegarde, de redressement ou de liquidation judiciaire est le tribunal de commerce si le débiteur exerce « une activité commerciale ou artisanale ». C'est le rôle du tribunal judiciaire dans les autres cas[26]. Il en résulte que le tribunal de commerce n'est pas compétent pour ouvrir la procédure collective à l'encontre d'une personne morale de droit privé qui est commerciale par la forme, mais qui exerce une activité civile[27].

23. Cass. 3e civ., 10 nov. 1993, n° 91-12626, *RTD com.* 1994. p. 247, obs. M. Pedamon.

24. Cass. 3e civ., 5 mars 1971, n° 69-13118.

25. C'est pourquoi la doctrine critique généralement l'interprétation retenue par la jurisprudence. Voy. W. Jeandidier, « L'imparfaite commercialité des sociétés à objet civil et forme commerciale », *D.* 1979, chron. p. 7.

26. En 2016, le législateur a confié à des tribunaux de commerce spécialisés à ressort étendu la connaissance des procédures les plus importantes (art. L. 721-8, C. com.).

27. Art. L. 621-2, C. com.

126. La troisième exception permet aux membres des professions libérales de s'associer au sein d'une société appelée *société d'exercice libéral* (SEL). Les sociétés d'exercice libéral peuvent être des sociétés commerciales, par exemple des SARL ou des SA, régies par le livre II du Code de commerce.

Lorsque les sociétés d'exercice libéral sont des sociétés commerciales par la forme, elles ont la qualité de commerçant. Cependant le législateur n'est pas allé jusqu'au bout de son idée. Il n'a pas osé les soumettre à toutes les dispositions du droit commercial. En particulier, il n'a pas voulu qu'elles fussent soumises à la compétence de la juridiction commerciale. L'article L. 721-5 du Code de commerce prévoit que nonobstant toute disposition contraire, les tribunaux civils sont seuls compétents pour connaître des actions en justice dans lesquelles l'une des parties est une société constituée conformément à la loi n° 90-1258 du 31 décembre 1990, ainsi que les contestations survenant entre associés d'une telle société. Après avoir hésité, la Cour de cassation limite l'application du texte aux seules sociétés d'exercice libéral[28].

Toutes ces exceptions montrent que le législateur tend à faire prévaloir l'objet de l'activité de la société sur sa forme. Mais les solutions ainsi retenues sont une source de complexité regrettable. Une société est commerciale ou civile. Si elle est commerciale, elle devrait l'être pour le tout[29].

28. Cass. com., 16 nov. 2004, n° 01-03304, *D.* 2004, p. 3141, obs. A. Lienhard.

29. Certains auteurs ont émis l'idée que la technique de la commercialité des sociétés par la forme ne serait plus adaptée à la complexité des situations actuelles. On peut faire valoir en sens contraire que le retour à la commercialité par l'objet aurait pour résultat de réintroduire dans notre droit une fâcheuse insécurité juridique.

CHAPITRE 2

Les commerçants en raison de l'objet de leur entreprise

> ***Art. L. 121-1 C. com.*** – Sont commerçants ceux qui exercent des actes de commerce et en font leur profession habituelle.

127. La définition de l'article L. 121-1 constitue en droit français la définition de base, à laquelle il faut revenir, chaque fois que la qualification de commerçant ne résulte pas d'une disposition spéciale de la loi. En pratique, la définition de l'article L. 121-1 s'applique aujourd'hui aux personnes physiques, aux sociétés autres que les sociétés commerciales par la forme et aux autres groupements, comme le groupement d'intérêt économique.

128. L'article L. 121-1 reprend la disposition de l'ancien article 1er du Code de commerce de 1807, qui était resté inchangé depuis cette date. Il a conservé sa rédaction originaire qui correspondait aux conceptions du début du XIXe siècle. Il faut cependant interpréter le texte selon les réalités économiques d'aujourd'hui. Il est admis en doctrine que l'expression d'acte de commerce ne doit pas être prise dans son sens strict, mais plutôt dans le sens d'*activité économique*. De même, lorsque l'article L. 121-1 du Code précise que les commerçants font de l'exercice d'actes de commerce leur profession habituelle, l'on doit comprendre que les commerçants exercent leur activité dans le cadre d'une *entreprise*.

La définition du commerçant, selon l'article L. 121-1 du Code de commerce, suppose donc la réunion de deux conditions : une activité commerciale, d'une part (section 1), et l'exercice de cette activité dans un cadre d'entreprise, d'autre part (section 2).

Section 1
L'activité commerciale

129. L'article L. 121-1 du Code de commerce définit d'abord le commerçant par son activité : le commerçant est celui qui *exerce des actes de commerce*.

Quels sont ces actes ? Il faut se reporter à l'article L. 110-1 du Code de commerce pour en trouver la liste.

> ***Art. L. 110-1 C. com.*** La loi répute actes de commerce :
> 1° Tout achat de biens meubles pour les revendre, soit en nature, soit après les avoir travaillés et mis en œuvre ;
> 2° Tout achat de biens immeubles aux fins de les revendre, à moins que l'acquéreur n'ait agi en vue d'édifier un ou plusieurs bâtiments et de les vendre en bloc ou par locaux ;
> 3° Toutes opérations d'intermédiaire pour l'achat, la souscription ou la vente d'immeubles, de fonds de commerce, d'actions ou parts de sociétés immobilières ;
> 4° Toute entreprise de location de meubles ;
> 5° Toute entreprise de manufactures, de commission, de transport par terre ou par eau ;
> 6° Toute entreprise de fournitures, d'agence, bureaux d'affaires, établissements de vente à l'encan, de spectacles publics ;
> 7° Toute opération de change, banque, courtage, activité d'émission et de gestion de monnaie électronique et tout service de paiement ;
> 8° Toutes les opérations de banques publiques ;
> 9° Toutes obligations entre négociants, marchands et banquiers ;
> 10° Entre toutes personnes, les lettres de change ;
> 11° Entre toutes personnes, les cautionnements de dettes commerciales.

130. Le texte appelle trois remarques.

1° Le mot « acte » ne doit pas être pris dans son sens étroit : il ne s'agit pas d'actes juridiques, c'est-à-dire de manifestations de volonté destinées à créer des effets de droit, mais d'activités, au sens économique, qui sont qualifiées de commerciales par la loi. C'est ainsi que la doctrine interprète aujourd'hui l'article L. 110-1 : celui-ci donne une liste d'activités commerciales. Il s'agit d'ailleurs uniquement des activités commerciales terrestres[1].

2° L'article L. 110-1 ne fait que reprendre la disposition de l'ancien article 632 du Code de 1807. L'article 632 avait conservé en partie sa rédaction originaire. Les termes de manufacture et de vente à l'encan sont aujourd'hui désuets et ils le paraissent d'autant plus qu'ils figurent dans un code promulgué en l'an 2000. Telle est la conséquence de la codification « à droit constant ». En revanche, les rédacteurs du nouveau code ont fait preuve de désinvolture en plaçant en tête de celui-ci un texte qui figurait dans les ultimes dispositions de l'ancien code, à propos de la compétence du tribunal de commerce. Cette interversion de place confère à la disposition de l'ancien article 632 une importance qu'elle n'a sans doute pas.

3° On peut s'étonner que ce soit la loi qui définisse ce qu'est une activité commerciale. N'aurait-il pas été plus réaliste de renvoyer simplement à l'usage, en renonçant à établir une liste légale qui a toujours quelque chose d'artificiel ? C'est pour des raisons de sécurité juridique, afin d'éviter des contestations inutiles à

1. C'est l'article L. 110-2 du Code qui donne la liste des activités commerciales maritimes. Elles sont étudiées dans les ouvrages de droit maritime.

propos de la notion de commerce, que le législateur est intervenu. C'est pourquoi, selon les termes de l'article L. 110-2, la loi *répute* certains actes, actes de commerce. La loi ne prétend pas donner une image exacte de la réalité économique, mais poser une présomption irréfragable, en vue d'assurer la sécurité juridique. Cela se conçoit tout particulièrement lorsque l'on sait que les activités commerciales servent à définir la compétence d'attribution du tribunal de commerce.

131. Depuis longtemps, la doctrine s'est attachée à rechercher un *critère général de l'acte de commerce*. Un tel critère présenterait en effet un grand intérêt car il permettrait à la jurisprudence, en l'absence de réforme législative d'ensemble, de compléter la liste de l'ancien article 632 du Code de commerce. Au XIXe siècle, les auteurs ont insisté sur l'idée de *spéculation*, c'est-à-dire de la recherche du profit, qui caractériserait l'acte de commerce. Selon Lyon-Caen et Renault, « le commerce est l'ensemble des opérations ayant pour but de réaliser des bénéfices en spéculant sur la transformation des matières premières ou des produits manufacturés, sur leur transport ou leur échange. Ce qui caractérise des actes [de commerce], c'est qu'ils sont des actes de spéculation, c'est-à-dire des actes ayant pour but la réalisation d'un bénéfice en argent »[2]. Au XXe, la doctrine s'est plutôt tournée vers l'idée de circulation. Par exemple, pour Thaller, « le commerce consiste dans la circulation des produits, de l'argent, des titres fiduciaires. Chez le producteur, le produit n'est pas encore dans le commerce. Chez le consommateur, il n'y est plus ». Entre ces deux personnes « s'établit toute une filière d'actes. Ces actes constituent le commerce »[3]. Le professeur Paul Didier a brillamment renouvelé cette idée de circulation en montrant que l'activité commerciale correspondait à un cycle monétaire, le cycle « argent-marchandise-argent »[4]. M. Didier part de l'archétype des activités commerciales, à savoir l'achat pour revendre. Il y a d'abord un achat de marchandise, c'est-à-dire une sortie d'argent, puis une vente de cette marchandise, autrement dit une rentrée d'argent, « le tout réalisé de telle manière que la rentrée soit supérieure à la sortie ». Ce que M. Didier résumé dans le schéma : $A \rightarrow M \rightarrow A + a$ (A pour argent et M pour marchandise). M. Didier reprend ensuite les autres activités qualifiées de commerciales pour vérifier si elles correspondent bien toutes à ce schéma. Et, effectivement, c'est le cas. Par exemple, pour les activités industrielles : « L'industriel part d'un certain capital (A). Il l'investit en un certain outil de production (M^1), grâce auquel il fabrique des produits (M^2). La revente de ses produits lui assure des rentrées qui, sur la durée, doivent soit permettre le remboursement de ses investissements, autrement dit la récupération de son capital initial (A) et la réalisation d'un certain profit (a) »[5]. D'autres auteurs avaient vu dans l'*entreprise* le critère de la commercialité. L'acte de commerce serait caractérisé par le fait qu'il est accompli dans le cadre d'une entreprise.

Toutes ces théories ont une part de vérité. Elles mettent bien en lumière les caractères de l'activité commerciale, *en tant qu'activité économique*. Cependant les

2. Cité par P. Didier, *Droit des affaires I*, Les cours de droit (cours polycopié), 1983-1984, p. 46.
3. Cité par P. Didier, *Droit des affaires I*, Les cours de droit (cours polycopié), 1983-1984, p. 45.
4. P. Didier, « La compétence législative du droit commercial », *RTD com.* 1965, p. 535.
5. P. Didier, *Droit des affaires I*, Les cours de droit (cours polycopié), 1983-1984, p. 47.

caractères mis en lumière par la doctrine sont beaucoup trop imprécis pour constituer les critères de l'activité commerciale.

Finalement, il faut avouer qu'il n'y a pas de critère général de l'activité commerciale *stricto sensu.* La frontière entre l'activité commerciale et l'activité civile est trop arbitraire pour obéir à un critère logique et rigoureux. L'activité commerciale ne peut pas être définie, elle ne peut être que *décrite* au moyen d'une énumération.

Une réforme du domaine du droit commercial consisterait à remplacer la notion d'activité commerciale par celle d'activité économique et d'illustrer celle-ci par une liste d'exemples, de caractère ouvert.

Il est possible de regrouper les activités commerciales sous quatre grandes rubriques : les activités de distribution (§ 1), les activités industrielles (§ 2), les activités de services (§ 3) et les activités financières (§ 4).

§1. Les activités de distribution

132. Les activités de distribution recouvrent toutes les opérations qui s'insèrent entre la production et la consommation. Ce sont les opérations commerciales par excellence. L'on distingue les activités d'achat pour revendre, d'une part, et les activités d'intermédiaire, d'autre part.

A. L'achat pour revendre

Art. L. 110-1 C. com. La loi répute actes de commerce :
1° Tout achat de biens meubles pour les revendre, soit en nature, soit après les avoir travaillés et mis en œuvre ;
2° Tout achat de biens immeubles aux fins de les revendre, à moins que l'acquéreur n'ait agi en vue d'édifier un ou plusieurs bâtiments et de les vendre en bloc ou par locaux.

133. L'activité qui consiste à acheter des biens pour les revendre, correspond au *commerce*, au sens restreint, tel qu'on l'entend dans la langue courante.

1. Analyse théorique de l'opération d'achat pour revendre

134. Il existe une exégèse classique de l'achat pour revendre, qui part des deux éléments essentiels de l'opération : l'achat et l'intention de revendre.

- L'achat. Il faut entendre par là tout mode d'acquisition à titre onéreux. Ainsi, un contrat d'achat, au sens strict, ou un échange. Mais pas une acquisition par donation.

Il n'est pas nécessaire que l'acheteur acquière immédiatement la propriété de la chose. Il suffit que le contrat passé par l'acheteur conduise normalement à l'acquisition de la propriété. Il est fréquent, par exemple, qu'un commerçant achète des marchandises dont le vendeur conserve la propriété jusqu'au complet paiement du prix en vertu d'une clause « de réserve de propriété ». L'achat de ces marchandises pour les revendre n'en est pas moins une activité commerciale. Peu importe du reste l'ordre des opérations : la vente peut suivre ou précéder l'achat. Ainsi, le commerçant peut saisir une occasion de vendre des marchandises qu'il ne possède pas encore mais qu'il sait pouvoir se procurer sur le marché.

- L'intention de revendre est déterminante, car c'est elle qui confère le caractère commercial à l'ensemble de l'opération. L'intention de revendre est suffisante. L'achat reste commercial, même si en fait la revente n'a finalement pas lieu.

135. Normalement, c'est à celui qui prétend qu'une activité est commerciale qu'il incombe de faire la preuve de l'intention de revendre. Or la preuve d'une intention, qui peut rester cachée, est souvent difficile à faire. En fait, les tribunaux prennent en considération le caractère habituel et professionnel de l'opération. Constatant l'existence d'opérations d'achat et de vente effectuées de façon habituelle dans le cadre d'une entreprise, les juges présument, en raison des usages, l'intention de revendre.

2. La réalité économique de l'achat pour revendre

136. Les activités d'achat pour revendre sont toujours le fait de vendeurs professionnels, agissant dans un cadre d'entreprise. On distingue le commerce de gros et le commerce de détail ; le commerce spécialisé et le commerce généraliste. La production et la consommation de masse ont suscité l'apparition de la grande distribution en supermarchés et hypermarchés. Les grands distributeurs, ainsi que les chaînes de distributeurs moyens ou petits, ont constitué des centrales d'achat afin de rationaliser leurs approvisionnements.

Pour distribuer les appareils de haute technicité et les produits de luxe, les fabricants ont mis en place des réseaux de revendeurs indépendants. Le revendeur est alors lié au fabricant par un contrat-cadre de distribution exclusive, de distribution sélective ou de franchise.

La distribution ainsi que les rapports entre commerce et industrie sont étudiés dans la troisième partie de cet ouvrage.

3. Exclusion des activités de production

137. Il résulte de l'article L. 110-1 du Code de commerce, *a contrario*, que n'est pas commerciale, l'activité de celui qui vend sa propre production, même s'il l'a transformée. En effet il vend des produits qui n'ont pas été achetés.

138. La règle concerne en tout premier lieu les activités agricoles. La production agricole, l'élevage, la pêche et l'exploitation des forêts, ainsi que la vente des produits qui en sont issus, sont des activités civiles[6].

Le caractère civil des activités agricoles est confirmé par la loi du 30 décembre 1988. Le texte donne une définition de l'activité agricole qui peut paraître déroutante mais qui a sans doute le mérite de la précision : « la maîtrise d'un cycle biologique de caractère végétal ou animal... »[7].

De même l'extraction et la vente des produits d'une carrière sont des activités civiles. Cependant, par une étrange anomalie, la loi du 9 septembre 1919 fait de

6. Cass. civ., 30 nov. 1931, *DH* 1932.83.- À propos de la vente publique des vins des Hospices de Beaune, v. Cass. 1re civ., 21 avr. 1976 n° 74-14781 : « Les hospices de Beaune, lorsqu'ils vendent leur vin, se comportent comme un propriétaire récoltant et que le fait par un exploitant agricole, dont ils ont ainsi la qualité, d'écouler sa production est un acte civil ».

7. *Infra*, n° 181.

l'exploitation des mines une activité commerciale. La distinction qui est ainsi faite entre les carrières et les mines est totalement arbitraire.

Enfin, la production intellectuelle est toujours une activité civile : les auteurs et les artistes qui tirent un profit de leurs créations en concluant des contrats d'exploitation à titre onéreux ne font pas acte de commerce[8]. C'est aussi l'une des raisons pour lesquelles les membres des professions libérales n'ont pas non plus une activité commerciale.

4. Extension aux achats d'immeubles afin de les revendre

139. Dans sa rédaction initiale, l'article 632, alinéa 1er, de l'ancien Code de commerce ne visait que « l'achat de *denrées et marchandises* pour les revendre... ». On admettait, par généralisation, que tout achat de *meubles* pour les revendre avait un caractère commercial. En revanche, les opérations portant sur des *immeubles* avaient toujours, par nature, un caractère civil. Il a fallu attendre la loi du 13 juillet 1967, modifiant l'article 632, pour que l'achat d'immeuble en vue de la revente soit intégré à la liste des activités commerciales.

140. Historiquement, la distinction fondamentale entre les opérations mobilières, qui avaient un caractère commercial, et les opérations immobilières, qui conservaient un caractère civil, respectait une longue tradition. Sous l'ancien droit, le négoce ne portait que sur des marchandises ou des objets mobiliers corporels. La profession de négociant s'est formée uniquement à partir de l'achat et de la revente de marchandises, permettant un profit rapide mais risqué. En revanche, les immeubles étaient exclus du négoce. La raison en était sociale et politique. L'exploitation des terres était la source habituelle des revenus et assurait la stabilité des familles de possédants. En particulier, le pouvoir politique des familles nobles reposait sur la propriété foncière. La vente d'immeuble était donc une opération grave, entourée de formalités lourdes et protectrices qui n'étaient pas compatibles avec la rapidité nécessaire au commerce.

À partir de la seconde moitié du XIXe siècle, avec la croissance de l'urbanisation, le secteur de la construction s'est considérablement développé. Après la Seconde Guerre mondiale, l'accès à la propriété du logement individuel s'est popularisé. Ainsi est né un véritable marché de l'immobilier. La jurisprudence a retenu la qualité de commerçant de certains intermédiaires, spécialisés dans les opérations immobilières. Il s'agissait de moraliser la profession en soumettant ses membres aux procédures collectives qui, à l'époque, étaient réservées aux seuls commerçants. Cependant, la vente de logements et la promotion immobilière, c'est-à-dire le fait d'acheter un terrain, de bâtir et de revendre par appartements ou par parcelles, restaient, sans exception, des opérations civiles. La solution devenait choquante, car les professionnels de l'immobilier emploient les mêmes méthodes de gestion et de vente que les entreprises commerciales.

8. R. Saint-Alary, « Le caractère civil ou commercial des entreprises travaillant sur les œuvres de l'esprit », *JCP* 1946.I.494. L'auteur qui cède ses droits sur son œuvre ne fait donc pas acte de commerce. En revanche, la loi et la jurisprudence décident que tous ceux qui participent à la circulation et à la distribution des œuvres de l'esprit exercent une activité commerciale. Les productions intellectuelles sont des *richesses circulantes* (M. Vasseur, *Droit commercial*, Les cours du droit, 1979-1980, p. 75). L'article L. 110-1 lorsqu'il vise, dans son alinéa 7, les entreprises de spectacles publics, ne fait que consacrer cette idée. Il a ainsi été jugé que la Comédie française avait une activité commerciale (Trib. civ. Seine, 14 mai 1952, *D.* 1952, jur. p. 501). Par extension il est donc admis que les entreprises d'édition, les exploitants de journaux et périodiques (à moins que le rédacteur n'exploite lui-même le journal pour diffuser ses idées) et les entreprises de presse sont commerciales. Enfin les entreprises de publicité, outre qu'elles prêtent des services, participent à la circulation des idées et des créations intellectuelles. Leur caractère commercial n'est pas contestable.

Intervint alors la loi du 13 juillet 1967 qui réformait profondément le droit de la faillite et dont les rédacteurs désiraient étendre l'application à tous les professionnels opérant sur le marché de l'immobilier. Pour cela il fallait leur reconnaître la qualité de commerçants. L'article 151 de la loi nouvelle modifiait en ce sens l'article 632 de l'ancien Code de commerce, en ajoutant à la liste des activités commerciales *tout achat de biens immeubles aux fins de les revendre.*

141. Mais trois ans plus tard, la loi du 9 juillet 1970 introduisait une exception au principe nouvellement acquis en retirant la promotion immobilière des activités commerciales. Actuellement, l'article L. 110-1, 2° comporte donc un principe et une exception.

- Le principe : l'achat d'immeubles aux fins de les revendre est une activité commerciale. Ainsi, est commercial le fait d'acheter un terrain nu en vue de le revendre en l'état ou le fait d'acheter un immeuble bâti en vue de le revendre, soit en l'état, soit après l'avoir rénové ou transformé.
- L'exception : elle concerne le cas où l'acquéreur a acheté en vue d'édifier un ou plusieurs bâtiments et de les vendre en bloc ou par locaux. Il s'agit en pratique de la promotion immobilière, dont le caractère civil se trouve ainsi expressément affirmé par l'article L. 110-1, 2°, du Code de commerce.

142. La loi du 9 juillet 1970, qui a introduit cette exception, était une loi de circonstance, votée dans l'intérêt des sociétés civiles de promotion. Si l'on avait maintenu le caractère commercial de la promotion immobilière, tel que l'avait reconnu la loi du 13 juillet 1967, les sociétés de promotion auraient dû changer de forme et se transformer en sociétés commerciales, dont le régime, notamment le régime fiscal, leur était moins favorable. Le législateur a donc accepté de leur rendre leur nature civile. De plus, il a conféré à la loi du 9 juillet 1970 un caractère interprétatif. Une loi interprétative a généralement pour but d'éclairer une loi antérieure obscure ou ambiguë. Tel n'était pas le cas, car la disposition de la loi du 13 juillet 1967 qui déclarait commercial tout achat d'immeubles aux fins de les revendre était d'une parfaite clarté. En réalité, la loi du 9 juillet 1970 était purement et simplement une loi rétroactive déguisée.

Quoi qu'il en soit, la distinction ainsi faite entre les activités d'achat d'immeubles pour les revendre, d'une part, et les activités de promotion immobilière, d'autre part, est profondément illogique. Elle ne répond à aucune justification. Il est donc tout à fait légitime d'interpréter l'exception légale de façon restrictive et de ne l'appliquer qu'aux activités de promotion proprement dites. Ainsi, l'activité du promoteur-constructeur, qui construit lui-même, en qualité d'entreprise de construction, sur le terrain qu'il a acheté et qu'il revend, est considérée comme commerciale.

L'on remarquera que les sociétés civiles de promotion n'échappent plus aux procédures collectives de redressement et de liquidation. En effet, les procédures collectives sont applicables aujourd'hui non seulement aux commerçants, mais aussi à toutes les personnes morales de droit privé, même non commerçantes (art. L. 620-2 C. com.).

B. Les activités des intermédiaires du commerce

> ***Art. L. 110-1 C. com.*** La loi répute actes de commerce :
> ...
> 5° Toute entreprise... de commission...
> 7° Toute opération de... courtage

143. Dans le langage courant, le mot d'*intermédiaire* a un sens très large : il englobe tous ceux qui concourent à la distribution, soit comme revendeurs, soit comme auxiliaires des fournisseurs. La langue juridique est plus précise. Elle réserve le terme d'intermédiaire à ceux qui, contre rémunération, aident les vendeurs et les acheteurs dans la conclusion de leurs opérations. On distingue, traditionnellement, trois catégories d'intermédiaires.

144. Les commissionnaires. Le commissionnaire est celui qui passe un acte juridique en son nom propre mais pour le compte d'autrui (art. L. 132-1 C. com.). Il ne révèle pas à celui avec qui il traite l'identité de son commettant et l'on dit qu'il fait écran entre le commettant et le tiers. Par exemple, le commissionnaire-vendeur vend des marchandises en son nom personnel – il conclut le contrat de vente en qualité de vendeur – mais il agit pour le compte de son commettant, qui est le vrai propriétaire des marchandises et qui supporte le risque économique de l'opération[9].

L'activité du commissionnaire est toujours commerciale par nature. L'article L. 110-1 du Code de commerce vise en effet, parmi les activités commerciales, « ... toute entreprise de commission ».

145. Les courtiers. Le courtier a pour fonction de mettre en rapport des personnes qui ne se connaissent pas et qui désirent contracter[10]. Contrairement au mandataire et au commissionnaire, il n'intervient pas dans l'opération juridique elle-même, qui reste l'œuvre des parties. Il n'est pas un représentant, au sens juridique du terme. Les courtiers sont généralement spécialisés par types d'opérations : il y a des courtiers en marchandises, des courtiers d'assurance, des courtiers en publicité.

L'article L. 110-1 répute acte de commerce « ... toute opération de courtage ». L'activité du courtier est toujours commerciale, même si les actes en vue desquels le courtier intervient ont un caractère civil.

146. Les mandataires ou agents commerciaux. Le mandataire est celui qui passe un acte juridique au nom et pour le compte d'autrui (art. 1984 C. civ.). Il représente son mandant, dont il ne dissimule pas l'identité à celui avec lequel il traite. Il ne fait donc pas écran entre le mandant et son cocontractant. Lorsque le mandataire est un professionnel indépendant, qui a pour fonction habituelle de représenter les commerçants dans leurs affaires, on l'appelle agent commercial[11].

L'activité de l'agent commercial est-elle une activité commerciale ? La question peut surprendre. La façon dont on le désigne et la fonction qu'il exerce dans la conclusion des opérations commerciales conduisent tout naturellement à penser que son activité est, par définition, commerciale. C'est d'ailleurs l'avis de la majorité de la doctrine. Le fait que l'article L. 110-1 ne cite pas nommément les agences commerciales parmi les activités commerciales n'est pas un argument suffisant. Il est permis de raisonner par analogie. Cependant, la jurisprudence retient la solution inverse. Sous prétexte que le mandat est un contrat civil, elle décide que l'agent commercial n'est pas un commerçant. L'on verra par la suite en quoi cette solution est anachronique (*infra*, n° 1094).

9. L'opération de commission est étudiée *infra*, n° 1104 et s.

10. Curieusement, la loi ne définit pas l'opération de courtage. Il faut se référer à l'usage.

11. Voy. *infra*, n° 1091 et s.

147. L'article L. 110-1, 6° vise encore les *établissements de vente à l'encan*. Cette terminologie ancienne désigne aujourd'hui la vente volontaire de marchandises aux enchères publiques (art. L. 321-1 et s. C. com.). En fait, il s'agit de la vente de marchandises en gros, qui est annexée à la gestion des magasins généraux. Il s'agit aussi des ventes aux enchères réalisées à distance par voie électronique.

> ***Art. L. 110-1, 3°, C. com.*** La loi répute actes de commerce :
>
> ...
>
> Toutes opérations d'intermédiaire pour l'achat, la souscription ou la vente d'immeubles, de fonds de commerce, d'actions ou parts de sociétés immobilières.

148. Depuis la réforme du 13 juillet 1967, sont commerciales, toutes opérations d'intermédiaire pour l'achat, la souscription ou la vente d'immeubles, de fonds de commerce, d'actions ou parts de sociétés immobilières. La formule est très large. Elle s'applique à toutes les activités des intermédiaires professionnels, qu'ils agissent en qualité de mandataires, de courtiers ou de commissionnaires, voire d'entreprises de conseil[12]. La loi du 2 janvier 1970 détermine les conditions dans lesquelles sont exercées les activités des intermédiaires dans les opérations portant sur les immeubles et les fonds de commerce. On ne s'explique pas pourquoi cette loi n'a pas été intégrée dans le Code de commerce.

§2. Les activités industrielles

> ***Art. L. 110-1, 5° C. com.*** La loi répute actes de commerce :
>
> ...
>
> Toute entreprise de manufactures...

149. La langue courante, comme du reste celle des économistes, distingue le commerce de l'industrie. Au contraire l'industrie fait partie du commerce, au sens juridique du terme. L'activité industrielle est commerciale par nature.

L'article L. 110-1, 5° répute en effet acte de commerce « toute entreprise de manufactures ». Sous cette expression quelque peu désuète, il faut comprendre aujourd'hui toutes les entreprises industrielles, c'est-à-dire les entreprises qui transforment des matières premières et vendent les produits finis qui en sont issus.

150. Mais doctrine et jurisprudence sont d'accord pour entendre le terme manufacture de la façon la plus large. Ainsi sont commerciales par nature non seulement les activités industrielles de transformation de matières premières, mais aussi les activités de construction, d'assemblage et de réparation. Les entreprises du bâtiment, comme les entreprises de construction ou

12. Est une activité commerciale, l'offre permanente aux particuliers d'un site internet visant à favoriser les échanges d'immeubles (Cass. com., 14 févr. 2006, n° 05-13453).

d'aménagement d'immeubles, ainsi que les entreprises de travaux publics sont commerciales[13].

151. Très souvent les entreprises industrielles achètent les matières premières qu'elles transforment ou les produits qu'elles assemblent et leur activité est également commerciale au titre de l'article L. 110-1, qui vise l'achat de biens meubles pour les revendre « après les avoir travaillés et mis en œuvre ». Mais ce n'est pas toujours le cas. Celui qui travaille à façon sur les matières premières fournies par le client ou celui qui répare le bien d'autrui n'achètent pas pour revendre et pourtant leur activité est incontestablement commerciale.

§3. Les activités de services

> ***Art. L. 110-1 C. com.*** La loi répute actes de commerce :
> 4° Toute entreprise de location de meubles ;
> 5° Toute entreprise de transport par terre ou par eau ;
> 6° Toute entreprise de fournitures, d'agence, bureaux d'affaires... de spectacles publics.

152. Les économistes distinguent, à côté des activités de production et de distribution, les activités de services. Elles forment ce que l'on appelle le secteur tertiaire. L'article L. 110-1 du Code de commerce n'emploie pas l'expression de service, parce qu'elle n'était pas usitée en 1807 dans l'acception que nous lui reconnaissons aujourd'hui. Il donne cependant une liste des principaux services qui étaient alors offerts. Lorsque de nouveaux types de services sont apparus, par exemple la publicité[14] ou l'ingénierie, la jurisprudence a cherché à les ranger, par analogie, dans les catégories existantes d'activités commerciales. Aujourd'hui, l'on considère plutôt que les activités de services sont, *par principe*, des activités commerciales. Certains services cependant échappent à la commercialité, ce sont les services fournis par les professions libérales.

A. Principe de la commercialité des activités de service

153. L'article L. 110-1 cite d'abord trois sortes d'entreprises, qui ont un objet bien précis et que l'on peut appeler les entreprises de services spécialisées. Mais il vise aussi des activités dont l'objet est plus imprécis et qui jouent le rôle de notions résiduelles.

1. Les activités de services spécialisées

154. L'on remarquera que les activités des intermédiaires du commerce sont déjà des services. Mais l'article L. 110-1 cite encore trois autres activités de service : la *location de meubles*, le *transport* et les activités de *spectacles*. Ces catégories doivent être comprises dans leur sens le plus large.

13. Au XIXe siècle, la jurisprudence considérait que les activités de construction ou de réparation d'immeubles avaient la nature civile. Mais cette idée est aujourd'hui abandonnée pour les raisons que nous avons déjà indiquées, *supra*, n° 140.

14. Selon le Comité de coordination du RCS, la personne qui tient un blog diffusant de la publicité à titre habituel et lucratif est un commerçant. V. Avis CCRCS n° 2019-001 du 1er juill. 2019, *BRDA* 22/19, p. 22.

Les entreprises de location de meubles sont, par exemple, les entreprises de location de véhicules automobiles ou de matériel informatique. Cependant, comme l'article L. 110-1 ne vise que la location de meubles, il faut décider *a contrario* que la location d'immeuble, même à titre professionnel, n'est pas une activité commerciale. Ainsi, celui qui loue des places de garage pour les automobiles exerce une activité civile. Mais l'exploitation d'un hôtel est commerciale, car la location d'espace n'a qu'une importance secondaire par rapport aux autres services fournis par l'hôtelier.

L'article L. 110-1 vise toute « entreprise de transport par terre ou par eau ». En réalité, tous les transports, qu'ils soient de personnes ou de marchandises, sont des activités commerciales. L'article L. 110-2 du Code de commerce le dit pour les transports maritimes et le Code de l'aviation civile et commerciale pour les transports aériens. Les auxiliaires de transport ont également une activité commerciale.

De même, la notion de « spectacles publics » est interprétée de façon très large. Elle recouvre les activités du théâtre et du cinéma, les concerts publics et, de façon générale, toutes les représentations offertes au public, soit en direct, soit par télédiffusion. Les chaînes de télévision ou les plateformes de « streaming » ont une activité qui est donc incontestablement commerciale.

2. Les catégories générales

155. L'article L. 110-1 retient des catégories aux contours moins définis : les « entreprises de fournitures, d'agence et bureaux d'affaires ». Elles jouent le rôle de catégories résiduelles, dans lesquelles la jurisprudence range des activités non expressément visées par le Code.

Le terme de *fourniture* est assez imprécis. Il vise toutes les livraisons de produits ou de services qui ont un caractère continu ou périodique. Les livraisons périodiques de marchandises constituent déjà des achats pour revendre et en ce qui les concerne le rattachement à la catégorie de l'entreprise de fourniture ne présente pas d'intérêt. Lorsque la livraison porte sur des objets comme le gaz, l'électricité ou le chauffage, dont la qualification de biens meubles au regard de l'article L. 110-1, 1° est incertaine, la qualification de fourniture est plus commode. Mais c'est surtout pour les services que la catégorie d'entreprise de fournitures est utile. On a pu ainsi déclarer que sont commerciales les agences de publicité, l'industrie hôtelière, la gestion des cliniques, la mise à disposition de personnel temporaire, les services d'ingénierie ou les télécommunications et plus récemment l'activité d'expertise immobilière[15].

Les *agents d'affaires* ont pour profession de gérer les affaires d'autrui. Ici encore il s'agit d'une activité aux contours assez imprécis, qui constitue un cadre commode pour accueillir des services aussi variés que les entreprises de recouvrement de créances, les agents immobiliers, les gérants d'immeubles ou les généalogistes.

156. Finalement, en matière de services, les rubriques du Code de commerce ne sont que les applications d'un principe général selon lequel toutes les activités de services sont, en principe, des activités commerciales. Les seules limites à ce principe résultent du caractère civil de la location d'immeuble, comme on l'a vu précédemment, et surtout des professions libérales.

15. Cass. com., 5 déc. 2006, n° 05-17710, *JCP* E 2008, 1011, note B. Grimonprez.

B. Exclusion des professions libérales

157. Il est traditionnellement admis que l'exercice des professions libérales n'a pas un caractère commercial. Les médecins, les avocats, les experts-comptables, les architectes, par exemple, ne sont pas commerçants.

On a parfois cherché à justifier la règle par un argument de texte : l'activité des professions libérales n'entrerait pas dans les prévisions de l'article L. 110-1 du Code de commerce car elle ne consiste pas en achats pour revendre. Elle est une activité de production. Cet argument est cependant insuffisant. S'il est vrai que l'activité libérale ne s'analyse pas en un achat pour revendre, elle constitue en revanche une prestation de service et l'on admet aujourd'hui que les activités de service sont en principe commerciales. Une autre raison traditionnellement avancée en doctrine pour expliquer l'exclusion des professions libérales de l'activité commerciale, tient au caractère particulier de la relation qui s'établit entre le praticien et son client, marquée d'un certain désintéressement du côté du praticien et de confiance, du côté du client. Cela se traduirait en particulier dans le fait que la rémunération des actes ne consiste pas en un prix mais en *honoraires* dont le montant serait indépendant du coût de la prestation.

Ces divers arguments ont beaucoup perdu de leur force depuis que l'exercice de la profession nécessite l'emploi des techniques de gestion et de comptabilité modernes. L'exercice d'une profession libérale ressemble de plus en plus souvent à la gestion d'une entreprise[16].

Quoi qu'il en soit, le principe a survécu et il s'impose par la force de la coutume : l'activité libérale est fondamentalement civile. C'est également la coutume qui permet de dresser la liste des professions libérales.

§4. Les activités financières

> ***Art. L. 110-1 C. com.*** La loi répute actes de commerce :
>
> 7° Toute opération de change, banque, courtage, activité d'émission et de gestion de monnaie électronique et tout service de paiement ;
>
> 8° Toutes les opérations de banques publiques.

158. Les banquiers ont toujours été considérés comme étant des commerçants. Plus largement, l'on parle du commerce de l'argent pour désigner les activités financières. Il est donc normal que les dispositions de l'article L. 110-1, 7°, qui visent les opérations de change et de banque aient été interprétées de façon extensive et aient été étendues par analogie à toutes les autres activités ayant pour objet la monnaie et le crédit. Cependant la jurisprudence ne retient la commercialité de ces activités que lorsqu'elles sont exercées avec une intention spéculative.

16. N. Decoopman, *Entreprises libérales, entreprises commerciales*, *JCP* G 1993.I.3671.- M. Chaniot-Waline, *La transmission des clientèles civiles*, LGDJ, 1994, préf. J. Ghestin.- J.-J. Daigre, « Patrimonialité des clientèles civiles : du cabinet au fonds libéral », *Droit et patrimoine*, déc. 1995, p. 36 et s.

A. Caractère commercial des activités financières

159. Les opérations de banque. Traditionnellement, la banque était définie comme le fait de recevoir des fonds du public et de les employer pour son propre compte en opérations de crédit. Cette définition est trop étroite, car les établissements de crédit travaillent aussi avec des fonds qui ne sont pas reçus du public, notamment des fonds propres ou des fonds empruntés. Et si l'octroi de crédits constitue bien leur activité principale, ils assurent aussi bien d'autres services, comme les encaissements ou les paiements pour le compte de leurs clients.

Il est donc préférable de se reporter à l'article L. 311-1 du Code monétaire et financier qui, plutôt qu'une définition de l'opération de banque, donne une énumération : « Les opérations de banque comprennent la réception de fonds du public, les opérations de crédit, ainsi que les services bancaires de paiement ».

160. Les opérations de Bourse. Il existe deux sortes de bourses : les bourses de valeurs où se traitent les opérations sur les *valeurs mobilières*, et les bourses de marchandises où se traitent les opérations sur des produits de base et des matières premières. Les opérations de Bourse, spécialement les opérations à terme, obéissent aux conditions du marché réglementé.

161. Les opérations d'assurance. L'article L. 110-2 du Code de commerce répute actes de commerce, « toutes assurances et autres contrats concernant le commerce de mer ». En revanche, le texte ne mentionne pas expressément les assurances terrestres. La jurisprudence, raisonnant par analogie avec l'assurance maritime, a déclaré commerciales les opérations d'assurance terrestre[17]. La solution est aujourd'hui unanimement admise.

B. L'intention spéculative

162. Pour que les activités financières aient un caractère commercial, la jurisprudence exige souvent que celui qui les accomplit soit animé d'une intention lucrative ou spéculative.

Ainsi, à propos des opérations de banque, la jurisprudence a longtemps hésité à admettre le caractère commercial des activités des établissements à statut spécial, notamment les banques mutualistes comme les caisses de Crédit Agricole ou les caisses de crédit mutuel. Ces établissements ne rechercheraient pas le profit en spéculant sur l'argent et certains arrêts ont nié leur caractère commercial[18], alors que d'autres le reconnaissaient[19]. La Cour de cassation a finalement tranché en faveur de leur commercialité[20]. Il est cependant difficile de dire si la haute juridiction a abandonné la condition du but lucratif ou si elle a considéré que les établissements mutualistes recherchaient un profit, tout comme les banques commerciales ordinaires.

17. Cass. civ., 8 avr. 1928, Jur. gén., V° « Acte de commerce », n° 226.

18. Cass. 3e civ., 26 janv. 1982, n° 80-12327 : « La caisse de Crédit Agricole effectuant des opérations de change et de banque publiques, réputées actes de commerce, était par là même, titulaire d'un fonds de commerce et susceptible de bénéficier [du statut des baux commerciaux] », *RTD com.* 1982, p. 397, obs. J. Derruppé et p. 593, obs. M. Cabrillac et B. Teyssié.

19. Cass. 1re civ., 16 déc. 1980, n° 79-14544 : « La profession d'avocat est incompatible avec toutes les activités de caractère commercial ».

20. Cass. com., 24 janv. 1984, n° 82-11740, *RTD com.* 1984, p. 471, obs. J. Derruppé.- Pour les caisses de Crédit Agricole, v. Cass. com., 17 juill. 2001, n° 98-18435.

De même, les opérations de Bourse ont donné naissance à une jurisprudence spécifique, selon laquelle ces opérations ne sont commerciales que lorsqu'elles sont accompagnées d'une intention spéculative, c'est-à-dire de la volonté de réaliser un bénéfice en spéculant sur le mouvement des cours de la Bourse. La preuve d'une telle intention peut résulter, selon la jurisprudence, de l'importance et de la multiplicité des ordres de bourses[21].

163. En réalité, la jurisprudence confond l'activité et la qualité de celui qui l'exerce. Le but lucratif ne devrait pas être pris en considération lorsque l'on recherche si une activité a un caractère commercial. À ce stade, il faut s'attacher uniquement à l'objet économique de l'activité en cause. L'article L. 110-1 du Code de commerce donne en effet une liste d'opérations économiques, sans référence à l'intention spéculative de leur auteur. Le but de l'activité n'est utile que pour définir l'entreprise.

Section 2 L'exercice dans un cadre d'entreprise

164. L'article L. 121-1 du Code de commerce précise que le commerçant fait de l'exercice d'actes de commerce sa profession habituelle (§ 1). La doctrine et la jurisprudence ont analysé les deux notions d'habitude et de profession. Dans une perspective plus moderne, l'on constatera que ces deux conditions caractérisent en réalité une activité exercée dans le cadre d'une entreprise. La doctrine et la jurisprudence exigent encore une autre condition : l'exercice de l'activité doit être indépendant et personnel (§ 2). Enfin, il conviendra de voir quelles sont les différentes entreprises qui sont commerciales en raison de leur activité (§ 3).

§1. La profession habituelle

165. L'exercice habituel. Selon la conception traditionnelle, le commerçant accomplit des actes de commerce de façon habituelle. Il est certain que l'exercice d'un acte isolé ou de quelques actes épisodiques ne suffit donc pas à caractériser le commerçant[22]. Il faut un nombre indéterminé d'actes. Surtout, il faut interpréter la condition de l'habitude selon la finalité de l'article 121-1 du Code, qui est de définir la qualité de commerçant. La qualité de commerçant suppose nécessairement une certaine durée, une certaine stabilité de la profession dans le temps. La condition d'habitude de l'article 1er s'identifie en réalité à la continuité de l'exploitation.

166. L'exercice professionnel. La jurisprudence traditionnelle caractérise la profession par son but lucratif. Elle définit la profession comme le fait de tirer ses ressources ordinaires de l'exercice d'une activité. Ainsi, elle admet que celui qui tire ses ressources ordinaires de la spéculation en bourse, en vendant et en

21. Cass. civ., 7 mars 1922, *S.* 1922.1.5, note Ch. Lyon-Caen.
22. Ex. Cass. com., 2 oct. 1985, n° 84-10156.

achetant habituellement des valeurs mobilières en bourse, pour en tirer un revenu régulier, peut être qualifié de professionnel[23]. Cette jurisprudence est certainement critiquable. La spéculation en bourse ne constitue pas une profession. Cette extension de la notion de profession s'explique en réalité par le souci des tribunaux de soumettre les spéculateurs aux rigueurs de la faillite qui, dans le cas des personnes physiques, ne pouvait autrefois frapper que les commerçants.

La notion de profession devrait se définir plutôt par référence aux usages. Elle évoque l'appartenance à une catégorie sociale, répondant à une certaine fonction et reconnue comme telle par l'ensemble du corps social. L'épicier, l'entrepreneur de construction, le réparateur, le transporteur, sont considérés comme des professionnels.

Il faut encore remarquer deux choses. *En premier lieu*, la notion de profession est plus large que celle de commerçant. À côté des professions commerciales, il existe des professions civiles, des professions artisanales et des professions libérales. *En second lieu*, le législateur moderne, n'hésite pas à utiliser la notion de profession, dans un sens renouvelé, pour opposer les professionnels aux consommateurs. Deux textes sont particulièrement remarquables à cet égard. L'article L. 212-1 du Code de la consommation, déclare que sont abusives, dans les contrats conclus entre professionnels et non professionnels ou consommateurs, les clauses qui ont pour objet ou pour effet de créer, au détriment du non-professionnel ou du consommateur, un déséquilibre significatif entre les droits et obligations des parties au contrat. Les articles L. 313-23 et suivants du Code monétaire et financier organisent la cession et les nantissements des « créances professionnelles ». La loi définit ces créances comme étant celles dont le créancier et le débiteur sont soit des personnes morales, soit des personnes physiques « dans l'exercice de leur activité professionnelle ».

167. Les conditions d'habitude, de profession et d'activité indépendante et personnelle, qui servent à définir le commerçant, se ramènent en réalité à l'exigence d'une activité exercée *en entreprise*. La notion d'exercice habituel implique, on l'a vu, une stabilité et une continuité dans l'activité, qui caractérisent l'existence d'une entreprise. Tous les commerçants exercent leur activité dans le cadre d'une entreprise, c'est-à-dire un ensemble organisé de moyens humains, matériels et financiers, aussi réduits soient-ils.

§2. L'exercice à titre personnel et indépendant

168. Cette condition n'est pas prévue expressément par l'article L. 121-1 du Code de commerce. Elle a été ajoutée par la jurisprudence. En effet la qualité de commerçant est refusée aux personnes qui sont intégrées à l'entreprise d'autrui. Ces personnes forment trois catégories.

La catégorie des salariés, tout d'abord. Ils sont liés à leur employeur par un contrat de travail qui les place dans une position de subordination. Même lorsqu'ils disposent en fait d'une certaine autonomie dans l'accomplissement de leur fonction, ils n'ont pas l'indépendance juridique qui caractérise le commerçant. Ils sont liés par les directives que leur employeur a le pouvoir de leur adresser. Ainsi, ni les gérants salariés, ni les représentants de commerce salariés[24] ne sont des commerçants.

23. Cass. com., 20 sept. 2017, n° 16-15856.

24. Notamment ceux que l'on appelle les VRP (voyageurs, représentants, placiers), qui sont toujours des salariés.

La catégorie des mandataires, ensuite. Le mandataire est lié à son mandant par un contrat de mandat. Il agit au nom et pour le compte du mandant et, tant qu'il reste dans le cadre de sa mission, il ne s'engage jamais personnellement.

Les dirigeants des sociétés, enfin, car ils n'agissent pas en leur nom propre mais au nom de la société, personne morale, dont ils ne sont que les organes et les représentants légaux. Ainsi le gérant de la société à responsabilité limitée et le directeur général de la société anonyme ne sont pas des commerçants[25]. Ils exercent des actes de commerce, de façon habituelle, mais ils agissent alors au nom de la société commerciale qui, seule, a la qualité de commerçant.

169. La notion d'exercice personnel et indépendant doit être précisée.

L'on dit parfois que le commerçant est celui qui accomplit des actes de commerce en son nom et pour son compte. C'est inexact. Le commissionnaire, par exemple, agit en son nom mais pour le compte d'autrui. Or l'article L. 110-1 du Code de commerce range l'entreprise de commission dans les activités commerciales et personne ne doute que les commissionnaires soient des commerçants indépendants. À l'inverse, certains revendeurs professionnels, comme les franchisés, ou certains constructeurs, comme les sous-traitants, tout en étant juridiquement indépendants, se trouvent dans une position de subordination économique qui leur laisse, en fait, peu d'indépendance. On les considère cependant comme des commerçants. Il faut donc chercher ailleurs le critère de l'indépendance.

En réalité, le critère est celui du *pouvoir de s'engager juridiquement sur son patrimoine professionnel*[26]. Le commerçant n'est pas nécessairement celui qui exerce en fait l'activité commerciale, mais celui qui répond des engagements juridiques qui résultent de cette activité. À l'inverse, le mandataire et le salarié, lorsqu'ils agissent dans le cadre de leur mission, ne sont pas des commerçants car ils n'engagent pas leur patrimoine professionnel.

Exemple 1. A, propriétaire d'une entreprise de confection, laisse à B, son directeur salarié, l'entière responsabilité de la gestion de son entreprise. Bien que l'activité commerciale soit le fait de B, c'est A qui a la qualité de commerçant, car c'est lui qui répond seul sur son patrimoine professionnel des dettes nées de la gestion de l'entreprise.

Exemple 2. C, propriétaire d'une entreprise de transport, donne son fonds de commerce en location-gérance à D. D aura la qualité de commerçant, car le locataire-gérant d'un fonds de commerce l'exploite pour son propre compte et « à ses risques et périls » (art. L. 144-1 C. com.). Lui seul est tenu des dettes qui naissent de l'exploitation du fonds de commerce.

Le droit des sociétés confirme la justesse de ce critère. Ainsi, dans la société en nom collectif les associés sont personnellement et indéfiniment tenus du passif social à côté de la société et ils ont la qualité de commerçants. Les dirigeants de la société en nom collectif, lorsqu'ils sont choisis parmi les associés, conservent d'ailleurs leur qualité de commerçant. Bien qu'ils soient les représentants légaux de la société et qu'ils agissent au nom de celle-ci, ils répondent aussi des dettes de la société en leur qualité d'associé.

25. Cass. com., 29 janv. 2020, n° 19-12584.

26. Depuis la loi du 14 févr. 2022, le commerçant n'est responsable que sur son patrimoine professionnel.

§3. Les différentes entreprises commerciales par leur objet

170. Les entreprises qui ont une activité commerciale sont de deux sortes : les entreprises commerciales individuelles et les groupements commerciaux par l'objet.

A. L'entreprise commerciale individuelle

171. C'est l'entreprise qui est gérée par un *commerçant personne physique qui s'engage sur son patrimoine professionnel*. Parmi les commerçants de l'article L. 121-1 du Code de commerce, les commerçants personnes physiques constituent la catégorie la plus nombreuse.

Le plus souvent, le commerçant personne physique est à la fois propriétaire des biens qui constituent l'entreprise et exploitant de celle-ci. Mais il arrive qu'il y ait dissociation entre la propriété et la gestion. Dans ce cas, qui est le commerçant ? Comme nous l'avons dit précédemment, il faut rechercher qui perçoit les profits et supporte les pertes. Ainsi, dans le cas où le fonds de commerce est donné en location-gérance, c'est le gérant et non le propriétaire qui aura la qualité de commerçant. Le locataire-gérant fait le commerce pour son profit et à ses risques, mais à l'aide d'une entreprise qui appartient à un autre. Au contraire lorsque l'entreprise est gérée par un mandataire salarié, c'est le propriétaire qui conserve la qualité de commerçant.

B. Les groupements commerciaux par l'objet

1. Les sociétés commerciales par leur objet

172. L'article L. 210-1 C. com. dispose que le caractère commercial d'une société est déterminé par sa forme ou par son objet. En réalité, la commercialité par la forme n'est que l'exception. La plupart des sociétés sont en effet commerciales en raison de leur forme. Elles constituent d'ailleurs les entreprises les plus importantes, d'un point de vue économique. En fait l'on ne rencontre que deux cas de sociétés qui sont commerciales par leur objet.

a. La société en participation

173. L'article 1871 du Code civil définit la société en participation comme celle dont les associés conviennent qu'elle ne sera pas immatriculée au registre du commerce et des sociétés. Elle n'a donc pas la personnalité morale[27]. Les associés affectent à une entreprise commune des biens ou leur industrie en vue de partager le bénéfice ou de profiter de l'économie qui pourra en résulter. Les associés s'engagent à contribuer aux pertes. La société en participation se constitue de façon très simple. Il n'est même pas nécessaire qu'elle soit constatée par écrit. Elle est régie par les articles 1871 à 1872-2 du Code civil.

27. Suivant l'article 1842, al. 1er du Code civil : « Les sociétés autres que les sociétés en participation visées au chapitre III jouissent de la personnalité morale à compter de leur immatriculation ».

La société en participation est commerciale si elle a pour objet une activité commerciale. Elle est civile si son objet est civil.

174. La société en participation peut être *occulte* ou *ostensible.*

La société est dite *occulte* lorsqu'elle ne se révèle pas aux tiers. Seul le gérant de la participation traite avec les tiers et est connu d'eux. Les autres associés, que l'on appelle les participants, restent dans l'ombre. Ils n'interviennent que dans les rapports internes à la société. Si la société en participation est commerciale, le gérant a la qualité de commerçant et rien en apparence ne le distingue d'un commerçant individuel, personne physique. Les tiers ne connaissent même pas l'existence de la société.

La société est dite *ostensible*, lorsqu'elle se révèle aux tiers. Alors, si la société est commerciale par son objet, les participants qui, outre le gérant, agissent en qualité d'associés, au vu et au su des tiers, sont tenus personnellement et solidairement des dettes souscrites dans le cadre de l'activité de la société.

b. La société créée de fait

175. La loi ne la définit pas. Les associés de fait, sans avoir conclu un contrat de société, se comportent dans la réalité comme des associés[28]. Ils mettent des biens en commun et ils partagent les bénéfices et les pertes. Par exemple (c'est l'hypothèse-type) des concubins exploitent ensemble un fonds de commerce, en partagent le profit et contribuent aux pertes. Une telle société n'est ni constatée par écrit, ni immatriculée. Elle n'a pas la personnalité morale. Elle est commerciale si son objet est commercial. Les associés sont alors personnellement et solidairement tenus des dettes afférentes à l'exploitation.

Ce qui distingue la société créée de fait de la société en participation, c'est que dans l'hypothèse de la société créée de fait les associés n'ont pas eu la volonté consciente de conclure un contrat de société[29]. Ils se sont seulement comportés en fait comme des associés. Mais les deux hypothèses sont finalement assez proches. C'est pourquoi l'article 1873 du Code civil dispose que les règles de la société en participation sont applicables aux sociétés créées de fait.

2. Le groupement d'intérêt économique (GIE)

176. Selon l'article L. 251-1 du Code de commerce, le GIE a pour but de faciliter ou de développer l'activité économique de ses membres, d'améliorer ou d'accroître les résultats de cette activité. En fait le GIE prolonge certaines activités de ses membres en instituant une collaboration entre eux. C'est pourquoi, normalement, le GIE n'est pas appelé à réaliser personnellement un bénéfice.

Exemple. Le GIE « Carte bancaire » a été créé entre les établissements bancaires français, afin de développer l'usage des cartes de paiement et des cartes de crédit, en organisant l'interopérabilité des cartes. Le porteur d'une carte bancaire délivrée par un établissement de crédit peut utiliser la carte dans les billetteries ouvertes par les autres établissements bancaires ou s'en servir pour payer des commerçants ayant un compte dans un autre établissement. Des commissions interbancaires rémunèrent les établissements pour les services qu'ils se rendent mutuellement à cette occasion. Elles sont fixées et gérées par le GIE.

28. CA Paris, 23 mars 2017, n° 15/17091, *BRDA* 10/17 du 15 mai 2017, n° 7.

29. Cass. 3e civ., 17 juin 2021, n° 19-16640, *RTD com.* 2021, obs. A. Lecourt.

Un autre exemple célèbre était celui du GIE Airbus-Industrie, qui réunissait plusieurs sociétés européennes de construction aéronautique et dont le siège était en France. Par la suite, le GIE s'est transformé en un groupe de sociétés par actions.

Le GIE doit être immatriculé au registre du commerce et des sociétés et il jouit de la personnalité morale. Il est commercial si son activité est commerciale. Il est civil dans le cas contraire. Selon l'article L. 251-4 du Code de commerce le GIE peut faire habituellement et à titre principal tous actes de commerce pour son propre compte[30]. Il peut donc avoir la qualité de commerçant.

Le règlement européen du 25 juillet 1985 a créé le groupement européen d'intérêt économique (GEIE), calqué sur le modèle français du GIE. Ce groupement peut être constitué par des entreprises établies dans plusieurs États membres de l'Union européenne.

3. Le cas des associations

177. L'association est « la convention par laquelle deux ou plusieurs personnes mettent en commun et d'une façon permanente leurs connaissances ou leur activité dans un but autre que de partager des bénéfices ». Telle est la définition qu'en donne l'article 1er de la loi du 1er juillet 1901. Lorsque l'association est déclarée, elle acquiert la personnalité morale. La formalité est très simple, elle consiste en une déclaration à la préfecture, accompagnée du dépôt des statuts et de la liste des dirigeants. L'association peut avoir des buts très divers. Elle peut avoir un but désintéressé, non lucratif, par exemple philanthropique, culturel ou scientifique. Mais elle peut aussi avoir une activité économique. Elle peut fournir des services à ses membres, en leur faisant réaliser une économie, par exemple en gérant un centre technique. Mais elle peut aussi réaliser un profit, tirer des bénéfices de son activité. Ainsi beaucoup d'associations à but désintéressé ajoutent à leurs activités traditionnelles une activité commerciale de restauration, d'hospitalisation ou d'agence de voyages. La seule chose qui leur soit interdite, c'est de partager les bénéfices qui en résultent.

On s'est alors demandé si une association ne pouvait pas se voir reconnaître la qualité de commerçant.

En théorie, la question peut se discuter. Si l'association effectue habituellement et à titre professionnel des actes de commerce, bref si elle a une activité commerciale, elle répond à la définition de l'article L. 121-1 du Code de commerce. Et comme elle jouit de la personnalité morale, pourquoi ne pas la considérer comme une personne morale commerçante ? À côté des sociétés commerciales proprement dites, il y aurait des associations commerciales. Il y aurait ainsi deux formes d'organisation des entreprises[31].

Mais si le législateur a cru bon d'organiser deux sortes de groupements, la société et l'association, n'est-ce pas parce qu'il les destinait à des activités différentes ? L'on peut aussi s'interroger sur l'opportunité de permettre aux associations de cumuler les avantages de la forme associative et de la société commerciale et de faire aux entreprises commerciales une concurrence que l'on a pu parfois considérer

30. Un GIE est commercial dès lors que ses statuts l'autorisent à effectuer des opérations commerciales se rattachant à son objet (Cass. com., 15 juin 2010, n° 09-15130).

31. En ce sens, É. Alfandari, *RTD com.* 1979, p. 488.

comme déloyale[32]. Il conviendrait donc de cantonner les associations dans les activités à but non lucratif. Exceptionnellement, il leur serait permis de compléter leurs ressources, en se livrant à quelques opérations commerciales isolées et accessoires. Mais elles ne devraient pas avoir à titre principal et habituel une activité d'entreprise[33].

178. La législation est parfois hésitante. Ainsi, la loi n° 85-698 du 11 juillet 1985 (dont les dispositions essentielles sont aujourd'hui abrogées) autorisait certaines associations à émettre des valeurs mobilières, essentiellement des obligations. Il fallait alors que l'association ait une activité économique depuis au moins deux ans et qu'elle se fasse immatriculer au registre du commerce et des sociétés. Mais il s'agissait d'une exception aujourd'hui disparue.

Le législateur est intervenu à propos des clubs sportifs, qui traditionnellement prennent la forme de l'association. Faisant suite à une période d'hésitations, le Code du sport, aux articles L. 122-1 et suivants, prévoit que les associations sportives qui dépassent certains seuils financiers fixés par décret, doivent obligatoirement constituer, pour la gestion de leurs activités payantes, une société commerciale soumise au Code de commerce. En dessous de ces seuils, les associations peuvent constituer une *société sportive* ayant la forme de l'entreprise unipersonnelle sportive, de la société anonyme à objet sportif ou de la société anonyme sportive professionnelle, dont les statuts-types sont définis par décret. En prévoyant ainsi la création de sociétés commerciales adjointes aux associations sportives, la législation française ne va certainement pas dans le sens de la reconnaissance de la commercialité des associations. À l'origine, les sociétés anonymes sportives professionnelles ne pouvaient pas émettre des valeurs mobilières. Elles peuvent aujourd'hui procéder à une offre au public de leurs actions ou les faire admettre aux négociations sur un marché réglementé[34].

Enfin l'article L. 442-10 du Code de commerce dispose : « Aucune association (...) ne peut, de façon habituelle, offrir des produits à la vente, les vendre ou fournir des services si ces activités ne sont pas prévues par ses statuts ». Mais l'on ne peut pas en déduire *a contrario* que lorsque ces activités sont prévues dans les statuts, l'association a la qualité de commerçant. Le texte signifie seulement que l'activité de l'association est dans ce cas licite.

179. La *jurisprudence* refuse aux associations la qualité de commerçant, mais elle reconnaît qu'elles ont parfois une activité commerciale.

Avant de considérer ces deux propositions, il faut commencer par écarter deux hypothèses qui ne soulèvent pas de difficulté. La première est celle de l'association qui, ouvertement ou de façon déguisée, partage un profit entre ses membres. Dans ce cas, l'association est nulle en tant qu'association et elle survit comme société de fait. Ses membres sont tenus personnellement, indéfiniment et solidairement des dettes souscrites par l'association. La seconde est celle de l'association qui se livre à des activités commerciales accessoires dont elle affecte le profit à la réalisation de son but statutaire. De telles opérations sont alors civiles par accessoire.

Cela dit, la jurisprudence refuse la qualité de commerçant aux associations qui se livrent habituellement et de façon professionnelle à une activité commerciale importante. Elle s'appuie sur le fait que les textes relatifs au registre du commerce et des sociétés ne prévoient pas l'immatriculation des associations. Selon la jurisprudence, la liste des personnes pouvant requérir leur immatriculation ne peut être

32. Cass. crim., 19 oct. 1992, n° 91-86998, *Bull. Joly* 1993, p. 221, note Y. Mayaud et B. Sousi.

33. H. Blaise, « Esquisse de quelques idées sur la place des associations dans la vie économique », *Études R. Houin*, Dalloz-Sirey, 1983, p. 41.- M. Malaurie, « Plaidoyer en faveur des associations », *D.* 1992, chron. p. 274.

34. Art. L. 122-5 C. sport. et art. L. 122-8 C. sport.

étendue par analogie. Ne pouvant être immatriculée, l'association ne peut avoir la qualité de commerçant.

Ne pouvant se prévaloir de la qualité de commerçant, l'association ne peut prétendre à aucun des avantages qui profitent aux commerçants. Ainsi, elle n'a pas de fonds de commerce et ne peut pas le donner en location-gérance[35]. Elle ne peut pas se prévaloir du statut des baux commerciaux pour demander le renouvellement de son bail[36].

Mais la jurisprudence reconnaît que l'association peut exercer une activité commerciale. Elle dit aussi qu'une association peut agir en concurrence déloyale[37]. Dans cette mesure, elle ne peut pas se soustraire aux obligations légales qui pèsent sur les commerçants. L'association pourra ainsi être assignée devant le tribunal de commerce[38] et, contre elle, la preuve d'un contrat se fera par tous moyens[39].

En somme, elle a tous les inconvénients mais ne peut prétendre à aucun des avantages qui s'attachent à la condition de commerçant. Elle est assimilée à un « commerçant de fait »[40], non immatriculé au registre du commerce et des sociétés.

35. Cass. com., 19 janv. 1988, n° 85-18443, *RTD com.* 1988, p. 420, obs. J. Derruppé (affaire du *Foyer Léo Lagrange*).

36. CA Paris, 7 mars 1989, *RTD com.* 1989, p. 491, obs. É. Alfandari et M. Jeantin.

37. Cass. com., 12 mai 2021, n° 19-17942.

38. Cass. com., 12 févr. 1985, n° 83-10683 et n° 83-11286, *RTD com.* 1986, p. 67, obs. J. Derruppé.- Cass. com., 14 févr. 2006, n° 05-13453, *D.* 2006, p. 783, obs. É. Chevrier.

39. Cass. com., 17 mars 1981, n° 79-14117 : « Mais attendu que la cour d'appel ayant constaté que l'Institut musulman et son recteur ont exploité directement un établissement à but lucratif et fait ainsi de façon habituelle des actes de commerce, a pu en déduire qu'en raison de cette activité l'Institut musulman et son recteur pouvaient se voir opposer les livres de commerces », *D.* 1983, jur. p. 23, note R. Plaisant, *Rev. soc.* 1982, p. 124, note B. Sousi.

40. Selon l'heureuse expression due à M. Pédamon et H. Kenfack (*Droit commercial*, Dalloz, 2015, p. 144).

CHAPITRE 3

Les professionnels non commerçants

180. Le classement des professions n'obéit pas à des considérations logiques. Il est plutôt le produit de l'histoire. Les distinctions qui subsistent entre les diverses professions gardent la trace des corporations de l'ancien droit. C'est ainsi qu'il existe trois catégories de professionnels qui traditionnellement n'appartiennent pas au monde du commerce : les agriculteurs (section 1), les artisans (section 2) et les membres des professions libérales (section 3). Ils n'ont pas la qualité de commerçant. Pour les agriculteurs et les artisans, la règle découle de la coutume et de la loi. En ce qui concerne les membres des professions libérales, la règle est purement coutumière.

Cependant la frontière entre les professions commerciales et non commerciales tend en pratique à s'estomper, car les non-commerçants hésitent de moins en moins à utiliser les techniques du droit commercial, en particulier la forme de la société commerciale. La distinction disparaîtrait sans doute si l'on devait un jour remplacer les notions de commerçant et de profession par celle d'entreprise.

Section 1
Les professions agricoles

181. La production agricole, l'élevage, la pêche et l'exploitation des forêts, ainsi que la vente des produits qui en sont issus, ne sont pas des activités commerciales, mais des activités fondamentalement civiles. La règle est traditionnelle. Sous l'ancien droit, le travail de la terre et le négoce correspondaient à des états différents. De plus, tout ce qui touchait à la terre, qui fondait la puissance des familles nobles, était exclu du commerce. Ces conceptions ont inspiré la rédaction de l'ancien Code de commerce. Aujourd'hui encore, l'article L. 110-1 en réputant acte de commerce l'achat pour revendre, exclut, *a* *contrario,* les actes de production des activités commerciales[1] : n'est pas commerciale l'activité de celui qui tire les produits du sol et qui les vend[2], même s'il les a transformés. Il manque l'opération d'achat. D'ailleurs, l'article L. 721-6 du Code de commerce[3] exclut de la compétence des tribunaux de commerce « les actions intentées contre un propriétaire, cultivateur ou vigneron, pour vente de denrées provenant de son cru ».

Il est vrai que les techniques de l'agriculture ont beaucoup changé. Les agriculteurs achètent des engrais et des produits de traitement et ils transforment ou conditionnent leur production. Les éleveurs achètent les animaux et les aliments pour les nourrir. Les pépiniéristes achètent les plantes et les arbres qu'ils revendent. Les agriculteurs utilisent les méthodes commerciales de vente et de promotion. Ils font partie de filières de production. Ils sont liés par des contrats d'intégration. Ils se mettent en société[4].

Néanmoins le caractère civil des activités agricoles a été réaffirmé par la législation moderne. Depuis la loi du 30 décembre 1988, l'article L. 311-1 du Code rural et de la pêche maritime, dispose :

« Sont réputées agricoles toutes les activités correspondant à la maîtrise et à l'exploitation d'un cycle biologique de caractère végétal ou animal et constituant une ou plusieurs étapes nécessaires au déroulement de ce cycle ainsi que les activités exercées par un exploitant agricole qui sont dans le prolongement de l'acte de production ou qui ont pour support l'exploitation... Les activités agricoles ainsi définies ont un caractère civil ».

182. Avant que n'intervienne la loi du 30 décembre 1988, les tribunaux avaient été confrontés au problème des agriculteurs et des éleveurs qui effectuent des opérations commerciales en liaison avec la production agricole proprement dite. Ainsi, par exemple, lorsqu'un exploitant se livre à des achats pour revendre, il vend à la fois les produits de son sol et les produits qu'il a achetés ; ou encore un agriculteur adjoint à son exploitation une entreprise industrielle pour la transformation de ses produits.

La jurisprudence avait tranché ces difficultés en faisant appel à la théorie de l'*accessoire.* Tant que les actes de commerce restaient l'accessoire de l'activité agricole, ils étaient des actes civils par accessoire. À l'inverse, l'activité était commerciale et l'exploitant devenait commerçant lorsque les achats pour revendre ou l'activité de transformation prenaient une importance telle qu'ils constituaient l'activité principale de l'exploitant. Mais en raison de l'imprécision même de la notion d'accessoire, la jurisprudence était souvent incertaine. L'élevage industriel avait donné lieu à de nombreuses décisions[5]. Selon que l'éleveur utilisait en majeure partie les produits de son exploitation ou des aliments achetés à l'extérieur pour nourrir ses animaux, son activité était civile ou commerciale. Cependant, un autre courant de jurisprudence prenait aussi en considération l'importance de l'entreprise de l'éleveur, par exemple le fait qu'il employait de nombreux salariés et était en relation avec de nombreux fournisseurs et clients[6].

1. H. Cabrillac, « L'agriculture et le droit commercial », *Mélanges RIPERT,* t. II, LGDJ, 1950, p. 272.- P. Didier, « La terre et le droit commercial », *Études HENRI CABRILLAC,* Litec, 1968, p. 153.

2. Cass. civ., 30 nov. 1931, *DH* 1932, p. 83 : « La vente des produits d'un fonds rural par le propriétaire, fermier ou cultivateur de ce fonds constitue un acte civil. »

3. Ancien article 638 C. com.

4. Les articles L. 521-1 et s. du Code rural et de la pêche maritime organisent les sociétés coopératives agricoles.

5. Ex. Cass. com., 10 juill. 1985, n° 84-11730.

6. Cass. com., 27 mai 1975, n° 73-14788.

183. En définissant de façon précise l'activité agricole, la loi de 1988 a sensiblement simplifié la solution. Trois cas peuvent être distingués.

En premier lieu, celui de l'élevage industriel. L'article L. 311-1 du Code rural et de la pêche maritime met fin aux distinctions de la jurisprudence antérieure. Désormais, l'élevage a toujours, en principe, un caractère civil. Il suffit pour cela que l'activité de l'éleveur constitue une étape nécessaire au déroulement du cycle biologique de l'animal. Peu importe que les animaux eux-mêmes ou leur alimentation aient été achetés à l'extérieur[7]. Peu importe également la taille et l'organisation de l'entreprise. Ce qui compte, c'est que les animaux passent dans l'exploitation un temps minimum pour caractériser une étape de leur développement.

En deuxième lieu, le cas des activités de transformation des produits agricoles. Ici encore la théorie de l'accessoire est écartée. Selon l'article L. 311-1 du Code rural et de la pêche maritime, les activités exercées par un exploitant agricole qui sont dans le prolongement de l'acte de production ont un caractère civil. Cela s'applique certainement à la transformation, quelle que soit sa complexité. Il convient cependant de conserver la distinction fondée sur l'origine des produits transformés : si ceux-ci sont en majorité acquis à l'extérieur, l'activité sera industrielle et l'exploitant aura la qualité de commerçant[8].

En troisième lieu, le cas de l'agriculteur ou de l'horticulteur qui vend non seulement les produits de son exploitation mais aussi des produits achetés auprès de tiers. La règle de l'accessoire s'applique lorsque l'une des deux activités est marginale par rapport à l'autre. Mais le Code rural et de la pêche maritime n'exclut pas que, dans cette hypothèse, l'exploitant se voie reconnaître la double qualité d'agriculteur et de commerçant lorsque les deux activités sont relativement importantes.

184. Le législateur moderne tend d'ailleurs à soumettre les professions agricoles à un statut semblable ou même identique à celui des commerçants. C'est ainsi que l'article L. 311-2 du Code rural et de la pêche maritime prévoit leur immatriculation obligatoire au registre national des entreprises et que l'article L. 311-3 reconnaît l'existence du « fonds agricole », semblable au fonds de commerce des commerçants[9]. Les articles L. 620-2, L. 631-2 et L. 640-2 du Code de commerce étendent aux agriculteurs le régime de la sauvegarde, du redressement et de la liquidation judiciaires des entreprises, qui était autrefois réservé aux commerçants.

Section 2
Les professions artisanales

185. Trois traits caractérisent l'artisan : il est un professionnel juridiquement indépendant, son activité est principalement manuelle, il emploie un nombre réduit de personnes. Ainsi, le plombier, le menuisier, le boulanger, le

7. Cass. com., 11 avr. 1995, n° 93-16064, *RTD com.* 1995, p. 751, obs. J. Derruppé.

8. J. Derruppé, *RTD com.* 1989, p. 214.

9. L'individualisation du fonds agricole requiert une déclaration à la chambre d'agriculture compétente (art. L. 311-3 C. rur.).

maçon, le garagiste ou le chauffeur de taxi indépendant. En fait les artisans sont extrêmement diversifiés, puisque la nomenclature officielle recense plus de deux cent cinquante professions artisanales.

Le secteur de l'artisanat est économiquement important. Il existe environ 1 300 000 entreprises artisanales[10] représentant au total le tiers de l'ensemble des entreprises du commerce et de l'industrie.

186. Quel est le statut de l'artisan ? La difficulté vient de ce que très souvent l'artisan exerce de façon habituelle et professionnelle une activité commerciale, au sens de l'article L. 110-1 du Code de commerce. Le boulanger et le menuisier achètent de la matière première qu'ils transforment et revendent. Le chauffeur de taxi exploite une entreprise de transport, même s'il s'agit d'une très petite ou microentreprise. Il faudrait donc, en principe, les considérer comme des commerçants selon l'article L. 121-1 du Code de commerce. Mais il existe aussi des artisans qui n'exercent aucune activité commerciale. Tel le cas du coiffeur, car les soins donnés au corps humain, s'ils sont des services au sens économique, n'ont pas de caractère commercial. Tel est encore le cas de l'exploitant d'une auto-école, car l'enseignement n'est pas une activité commerciale.

Si le Code civil ne les ignore pas (art. 570, art. 1242, al. 6, C. civ.), le Code de commerce n'y fait aucune allusion. Tout au long du XIXe siècle, les tribunaux, par une interprétation littérale du code, les considéraient comme des commerçants et les soumettaient intégralement au droit commercial, spécialement aux rigueurs de la faillite, Ce n'est qu'à partir de la seconde moitié du XIXe siècle que les tribunaux ont commencé à décider que les artisans n'avaient pas la qualité de commerçants et qu'ils étaient soustraits à l'application du droit commercial. Le statut civil de l'artisan est donc une création de la jurisprudence.

Un peu plus tard, à partir de 1925, le législateur est intervenu pour organiser la profession et la représentation de ses intérêts. De nombreux textes ont peu à peu façonné le secteur des métiers. Ils ont été regroupés en 1952 dans un Code de l'artisanat. Mais ce texte méritait d'être repensé. Tel est l'objet de l'ordonnance n° 2023-208 du 28 mars 2023 portant partie législative du Code de l'artisanat.

§1. Les deux statuts de l'artisan

187. La notion d'artisan est différente selon que l'on considère le statut de droit privé ou le statut administratif. Certaines personnes relèvent du statut administratif et ont la qualité d'artisan au sens de ce statut tout en n'ayant pas la qualité d'artisan au sens du droit privé, et inversement.

Le statut fiscal et le statut social des artisans ont beaucoup perdu de leur spécificité. De ce point de vue, la notion de microentreprise tend à remplacer celle d'artisan.

A. Le statut de droit privé

188. C'est celui que la jurisprudence a élaboré en décidant que les artisans, même lorsqu'ils exercent des actes de commerce de façon habituelle, n'ont pas la qualité de commerçant.

10. Voy. la nomenclature d'activités françaises de l'artisanat (NAFA) sur le site du ministère de l'Économie. Source : http://www.entreprises.gouv.fr/secteurs-professionnels/artisanat.

Cette jurisprudence a son origine dans un arrêt fortement motivé de la Cour de cassation du 22 avril 1909[11].

En l'espèce, elle refusait la qualité de commerçant à un cordonnier en relevant que celui-ci n'employait aucun ouvrier, ne possédait pas de vitrine et travaillait sur commande, que ses achats à crédit de matière première étaient modiques, qu'il n'avait pas de stock et que son gain résultait de son travail manuel. La Cour poursuivait : « ... attendu que ces faits, exclusifs de toute spéculation sur l'achat et la vente des marchandises, sont caractéristiques de la profession d'artisan et non de celle de commerçant... ».

Par la suite, la Cour de cassation a élargi sa jurisprudence en subordonnant la qualité d'artisan à des conditions moins draconiennes. Ainsi, elle a admis que l'artisan est celui qui exerce un métier manuel et qui vend *principalement* le produit de son travail[12]. Enfin, elle a reconnu la qualité d'artisan à une modiste, alors que celle-ci employait quatre salariés ou apprentis, en relevant qu'elle ne spéculait ni sur les marchandises, ni sur le travail d'autrui[13].

Quel est le fondement de la distinction entre le commerçant et l'artisan ? La jurisprudence insiste sur le fait que l'artisan ne spécule ni sur les marchandises, ni sur les investissements, ni sur le travail d'autrui. En somme, il ne demande que le juste prix de son travail. Le critère de la distinction est celui de la spéculation qui caractérise par nature l'activité commerciale. On peut d'ailleurs se demander si cette vision de l'artisanat n'est pas quelque peu dépassée. Il est douteux que l'artisan ne soit pas lui aussi tenté par la maximisation de son profit. C'est ce qui explique sans doute que le statut de l'artisanat se rapproche du statut de la petite entreprise commerciale.

189. La jurisprudence retient une définition étroite de l'artisan. Deux conditions sont nécessaires :

- l'artisan effectue personnellement un travail manuel dont il tire ses moyens d'existence. Il ne doit pas se contenter d'acheter et de revendre. Comme le dit la Cour de cassation, il ne spécule pas sur les marchandises. La part du travail manuel doit rester prépondérante par rapport à l'utilisation des machines[14] ;
- l'artisan ne doit employer qu'un petit nombre de personnes : les membres de sa famille, quelques apprentis, quelques salariés[15].

En tout cas, la jurisprudence civile ne s'estime pas liée par les critères que retient la loi pour l'application du statut administratif de l'artisan. L'immatriculation au registre national des entreprises, en particulier, ne suffit pas à conférer la qualité d'artisan au point de vue du statut civil.

190. Le statut de l'artisan consiste alors en ce que l'activité artisanale, exercée dans les conditions que l'on vient de préciser, est considérée comme une activité purement civile et que l'artisan n'a pas la qualité de commerçant. Les règles du droit commercial, comme celles qui concernent la capacité commerciale, la preuve des actes ne lui sont pas applicables.

11. *DP* 1909.1.344.

12. Cass. req., 28 févr. 1933, *DP* 1933.1.103.

13. Cass. com., 12 mai 1969, n° 67-13532, in *Les grands arrêts de la jurisprudence commerciale*, Dalloz, 1976, n° 13, note R. Houin.- V. également Cass. com., 11 mars 2008, n° 06-20089, *JCP* E 2008, 2050, note C. Lebel.

14. Cass. com., 11 mars 2008, n° 06-20089.

15. Cass. com., 26 juin 1968, *Bull. civ.* IV, n° 205, p. 186.

B. Le statut administratif

191. La profession d'artisan – on dit plus volontiers aujourd'hui le secteur des métiers – est une profession réglementée et organisée. L'accès est soumis à des conditions légales et réglementaires précises. Le titre d'artisan est protégé. Il existe des assemblées professionnelles, les chambres des métiers[16] et un registre public, le registre national des entreprises.

La codification réalisée en 1952 fut insatisfaisante. De nombreux articles ont été abrogés et les nouveaux textes adoptés au fil des réformes n'ont pas été intégrés dans le Code existant. Pour remédier à cela, le Parlement a habilité le gouvernement à réécrire, à droit constant, le Code de l'artisanat et à y intégrer les dispositions législatives qui, au fil des réformes, n'y ont pas été insérées[17]. La partie législative a fait l'objet de l'ordonnance n° 2023-208 du 28 mars 2023.

1. L'immatriculation au registre national des entreprises

192. L'article L. 111-1 du Code de l'artisanat définit les personnes qui font partie du secteur des métiers et qui doivent être obligatoirement immatriculées au registre national des entreprises. Ce registre a remplacé en 2021 le répertoire des métiers pour simplifier la vie des entrepreneurs (*infra*, n° 351 et s.)[18].

Ce sont des personnes physiques ou des personnes morales. Elles exercent à titre principal ou secondaire une activité professionnelle indépendante. Cette activité est nécessairement l'une de celles qui figurent sur la liste des activités artisanales. Elles emploient moins de onze salariés[19].

L'on constate que la définition est à la fois plus large et plus précise que celle de la jurisprudence civile. Plus large, puisque l'entreprise artisanale, au sens administratif, comporte jusqu'à dix salariés ; plus précise puisque la liste des activités artisanales figure sur une liste officielle, établie par décret, qui comporte une centaine de rubriques[20]. Alors que la notion civile est incertaine, la définition administrative procure une grande sécurité juridique, d'autant plus que l'immatriculation au registre national des entreprises est obligatoire.

193. L'immatriculation ne constitue pas seulement une formalité administrative à des fins statistiques et informatives. Elle est aussi constitutive de droit en ce qu'elle entraîne l'affiliation aux régimes sociaux propres aux artisans et conditionne certains avantages, par exemple en matière de concours financiers et de formation professionnelle (art. L. 251 et s. C. art.). Bien que la loi ne le dise pas, elle emporte une présomption simple d'appartenance à la profession.

16. Les chambres de métiers et de l'artisanat sont organisées par les articles L. 311 et suivants du Code de l'artisanat. Ce sont des établissements publics placés sous la tutelle de l'État et administrés par des dirigeants et collaborateurs d'entreprises élus. Elles contribuent « au développement économique des entreprises du secteur des métiers et de l'artisanat immatriculées au registre national des entreprises ainsi qu'au développement des territoires, en remplissant en faveur des acteurs économiques et en partenariat avec les structures existantes toute mission d'intérêt général en faveur du secteur de l'artisanat » (art. L. 311-3 C. art.).

17. Art 8, L. n° 2022-172, 14 févr. 2022.

18. Ord. n° 2021-1189, 15 sept. 2021.

19. L'artisan peut rester immatriculé au registre national des entreprises s'il emploie plus de 10 salariés, à condition de pas dépasser le seuil de 250 employés (art. L. 112-1, C. art.).

20. En annexe du décret n° 98-247 du 2 avr. 1998.

2. Les conditions d'accès à la profession

194. Jusqu'à une époque récente, l'accès à la profession artisanale était libre, en ce sens qu'aucune condition de qualification ou de diplôme n'était requise. Il n'y avait que de rares exceptions, par exemple pour la profession de coiffeur.

La loi du 5 juillet 1996 a apporté à cet égard un changement considérable[21]. Certaines activités ne peuvent être exercées que par une personne qualifiée professionnellement ou sous le contrôle effectif et permanent de celle-ci. Ces activités, énumérées dans l'article L. 121-1 du Code de l'artisanat, sont essentiellement les activités liées à la santé et à la sécurité des personnes et elles couvrent en pratique un champ très large. Il s'agit par exemple de la réparation des véhicules, de la mise en place des installations électriques, de la fabrication des produits frais de la boulangerie et de la boucherie. Pour chacune de ces activités, un décret en Conseil d'État détermine les diplômes, les titres homologués et l'expérience professionnelle nécessaires à la qualification (art. L. 121-3, C. art.).

3. Les titres d'artisan, de maître artisan et d'artisan d'art

195. Pour pouvoir se dire artisan, il faut, précise l'article L. 211-1 du Code de l'artisanat : 1° justifier d'un diplôme, d'un titre ou d'une expérience professionnelle dans le métier ; 2° exercer effectivement le métier.

Les dirigeants sociaux des personnes morales relevant du secteur de l'artisanat peuvent se prévaloir de la qualité d'artisan dès lors qu'ils justifient d'un diplôme, d'un titre ou d'une expérience professionnelle dans le métier qu'ils exercent.

L'usurpation de la qualité d'artisan est pénalement sanctionnée d'une amende de 7 500 euros, voire d'une peine complémentaire consistant en la fermeture de l'établissement pour une durée de 5 ans (v. art. L. 151-2 et s. C. art.).

Le titre de *maître artisan* est délivré aux artisans qui ont obtenu un brevet de maîtrise ou un diplôme équivalent et qui justifient de deux ans de pratique professionnelle. Le titre d'artisan d'art peut être accordé aux artisans qui exercent une activité caractérisée par la maîtrise de gestes et de techniques en vue du travail de la matière et nécessitant un apport artistique (art. L. 221-1 C. art.).

§2. Les rapports entre les statuts d'artisan et de commerçant

196. Certaines personnes cumulent les qualités d'artisan (ils en ont le titre) et de commerçant (ils exercent professionnellement une activité commerciale, à titre personnel et de façon indépendante). Elles peuvent invoquer les droits des artisans et ceux des commerçants. Mais elles sont soumises aux obligations qui découlent des deux statuts.

Une situation identique se présente lorsque l'entreprise artisanale prend la forme d'une société commerciale. La société commerciale, par exemple une SARL ou une SAS, ne peut exister que par son immatriculation au registre du commerce et des

21. T. Revet, « Les qualifications artisanales (loi du 5 juill. 1996) au regard de la liberté du commerce et de l'industrie », *D.* 1998, chron. p. 51.

sociétés. Étant une société commerciale par la forme, elle a nécessairement la qualité de personne morale commerçante. Mais, en application de l'article L. 111-2 C. art., elle doit requérir son immatriculation au registre national des entreprises en tant que personnes relevant du secteur des métiers et de l'artisanat et son dirigeant pourra avoir le titre d'artisan ou de maître artisan.

Les hypothèses de double appartenance ne sont pas rares. De très nombreuses entreprises artisanales prennent la forme de la SARL. Il en résulte un écartèlement de l'artisan entre le droit civil et le droit commercial.

Exemple. X a ouvert une petite boutique, après avoir obtenu la qualification d'artisan cordonnier. Son activité a toujours été prospère, grâce à la qualité de son travail. Puis, X a bénéficié de l'ouverture d'une station de métro à proximité. De plus, il a investi le montant d'un héritage dans l'achat du local où il exerce. Il a également pu s'agrandir pour installer des machines-outils et rénové le magasin. Il fabrique désormais des chaussures en cuir grâce à un procédé technique nouveau qu'il a fait breveter. X est en conflit avec la SARL Y qui lui réclame la somme de 5 000 euros. Au début, X est artisan. Il en a la qualification. Et, il correspond aux critères des artisans : travail manuel, absence de spéculation sur les marchandises, pas d'employés (*v.* Cass. civ., 22 avr. 1909). Puis, il devient en plus commerçant : activité industrielle (fabrication de chaussures), exercée à titre professionnel et de façon indépendante. La SARL Y est commerçant par la forme. Le litige oppose donc deux commerçants.

197. De toute manière, le statut de l'artisanat se rapproche du statut commercial. Les artisans se sont vus reconnaître peu à peu la plupart des avantages dont profitaient traditionnellement les commerçants : ils peuvent prétendre au régime des baux commerciaux, qu'ils accomplissent ou non des actes de commerce, précise l'article L. 145-1 du Code de commerce ; ils peuvent donner leur fonds en location-gérance ; ils peuvent constituer un nantissement sur leur outillage et sur leur fonds artisanal (art. L. 133-1 C. art.) ; le conjoint, le partenaire pacsé et le concubin d'un artisan sont assimilés aux conjoints, partenaires pacsés et concubins des commerçants (art. L. 231-3 C. art.). De plus, dans le même sens, depuis la loi du 18 novembre 2016, dite loi de modernisation de la justice au XXIe siècle, les tribunaux de commerce sont compétents pour juger des litiges entre artisans (art. L. 721-3 C. com.).

Les artisans comme les commerçants bénéficient des procédures de sauvegarde (art. L. 620-1 C. com.), de redressement (art. L. 631-2 C. com.) et de liquidation (art. L. 640-2 C. com.) des entreprises. Plus remarquable encore est la règle selon laquelle le tribunal de commerce est toujours compétent lorsque l'entreprise en difficulté est artisanale, alors que l'on pourrait imaginer que le tribunal judiciaire soit compétent lorsque l'artisan n'a pas la qualité de commerçant.

L'évolution du statut de l'artisanat va dans le sens de la reconnaissance de la petite entreprise employant moins de dix salariés. En pratique, le critère de la taille devient prédominant. Le caractère civil ou commercial de l'exploitation, sans être totalement négligeable, ne présente plus qu'un intérêt secondaire même s'il a été maintenu à l'occasion de la réécriture du Code de l'artisanat en 2023.

Section 3
Les professions libérales

198. Comme on l'a vu précédemment, l'activité libérale est fondamentalement civile. Les membres des professions libérales ne sont pas commerçants[22]. Il s'agit d'une règle coutumière.

L'ordonnance n° 2023-77 du 8 février 2023 donne une définition de la profession libérale, qui n'est pas un modèle de concision : « Personnes exerçant à titre habituel, de manière indépendante et sous leur responsabilité, une activité ayant pour objet d'assurer, dans l'intérêt du client, du patient et du public, des prestations mises en œuvre au moyen de qualifications professionnelles appropriées » (art. 1er)[23].

La doctrine répartit généralement les professions libérales en quatre groupes. 1) Les professions juridiques, qui comprennent notamment les avocats, les officiers ministériels, les auxiliaires de justice et les commissaires aux comptes. 2) Les conseils et experts en matière technique comme les architectes, les géomètres, les experts-comptables, les conseils en propriété industrielle[24]. 3) Les professions médicales, notamment les médecins, les chirurgiens-dentistes, les vétérinaires. 4) Les établissements d'enseignement : écoles, pensionnats, auto-écoles.

En revanche, les pharmaciens sont commerçants car leur activité principale consiste essentiellement en achats suivis de reventes.

199. Aujourd'hui, les professions libérales n'hésitent plus à faire appel aux techniques de l'*entreprise*. Procédant à des investissements importants, notamment en matériel informatique, et employant des collaborateurs salariés, elles sont confrontées à des exigences d'organisation et de rentabilité. Plusieurs membres d'une profession libérale peuvent d'ailleurs se grouper avec des apporteurs de capitaux dans une société d'exercice libéral à forme commerciale[25], afin d'exercer la profession en commun. La forme l'emporte sur le fond et la société a la qualité de commerçant. Les associés, personnes physiques, qui exercent la profession libérale ne deviennent pas commerçants. Le législateur n'a pas prévu que les sociétés d'exercice libéral puissent prendre la forme d'une société en nom collectif ou d'une société en commandite simple, car dans ces sociétés, les associés ou certains d'entre eux prennent automatiquement la qualité de commerçants. La société d'exercice libéral ne peut être qu'une SARL ou une société par actions.

200. La doctrine et la jurisprudence reconnaissent l'existence du *cabinet libéral*, tout au moins lorsqu'il présente un certain degré d'organisation.

Jusqu'à une époque récente, la jurisprudence maintenait la solution traditionnelle selon laquelle était déclarée nulle toute cession de clientèle civile[26]. Mais par

22. D'ailleurs les règles qui régissent les ordres professionnels interdisent souvent l'exercice du commerce à leurs membres. Ainsi pour les avocats, les notaires et les architectes.

23. J.-J. Daigre, « Des professions libérales réglementées », *D.* 2023, p. 557.

24. Art. L. 422-12, C. prop. intell.

25. Art. 40, ord. n° 2023-77, 8 févr. 2023.

26. Cass. 1re civ., 19 oct. 1999, n° 97-17872, *Contrats, conc. consom.* 2000, n° 39, obs. L. Leveneur.

un important arrêt du 7 novembre 2000, la Cour de cassation est revenue sur sa jurisprudence, en déclarant que « si la cession de la clientèle médicale, à l'occasion de la constitution ou de la cession d'un fonds libéral d'exercice de la profession, n'est pas illicite, c'est à la condition que soit sauvegardée la liberté de choix du patient »[27]. Il n'y a donc plus d'obstacle à la reconnaissance du *fonds d'exercice libéral*, analogue au fonds de commerce, dont l'élément essentiel sera la clientèle. Le fonds libéral est aujourd'hui entré dans les mœurs. De même, devrait être confirmée la validité de la transmission d'une clause de non-concurrence à l'occasion de la cession du fonds d'exercice libéral à des acquéreurs successifs[28]. La reconnaissance de l'entreprise libérale paraît donc certaine[29].

Le conjoint (ou le partenaire pacsé) du chef d'une entreprise libérale qui y exerce de manière régulière une activité professionnelle doit choisir l'un des statuts suivants : collaborateur, salarié ou associé. À défaut de déclaration du statut choisi, le chef d'entreprise est réputé avoir déclaré le statut de conjoint salarié. Cette règle, inscrite dans l'article L. 121-4 du Code de commerce est la même pour les conjoints des entrepreneurs commerçants ou artisans.

201. Enfin, le Code de commerce applique les procédures de sauvegarde, de redressement et de liquidation « à toute autre personne physique exerçant une activité professionnelle indépendante, y compris une profession libérale soumise à un statut législatif ou réglementaire ou dont le titre est protégé »[30].

27. Cass. 1re civ., 7 nov. 2000, n° 98-17731 : « Si la cession de la clientèle médicale, à l'occasion de la constitution ou de la cession d'un fonds libéral d'exercice de la profession, n'est pas illicite, c'est à la condition que soit sauvegardée la liberté de choix du patient », *D.* 2001, jur. p. 2400, note Y. Auguet, *Defrénois* 2001, p. 431, note R. Libchaber, *RTD civ.* 2001, p. 130, obs. J. Mestre et B. Fages, *RTD civ.* 2001, p. 167, obs. T. Revet, *JCP* G 2001, I, 301, n° 16, obs. J. Rochfeld.- Y. Serra, « L'opération de cession de clientèle civile après l'arrêt du 7 nov. 2000 : dorénavant, on fera comme d'habitude », *D.* 2001, p. 2295.

28. Déjà avant l'arrêt Cass. 1re civ., 17 nov. 2000, préc. : Cass. 1re civ., 3 déc. 1996, n° 95-10913 : « La clause de non-concurrence souscrite par un membre d'une profession libérale au profit d'un confrère à l'occasion de la cession des éléments constitutifs de son cabinet, doit être, sauf clause contraire, présumée comprise parmi les droits transmis par le cessionnaire lorsqu'il vient, à son tour, à procéder à la même opération au profit d'un tiers », *JCP* E 1997.II.940, note J.-J. Daigre.

29. M. Chaniot-Waline, *La transmission des clientèles civiles*, LGDJ, 1994, préf. J. Ghestin.- J.-J. Daigre, « Du fonds libéral en général », *Études SAYAG*, Litec, 1998, p. 191.

30. Art. L. 620-2, L. 631-2 et L. 640-2 C. com.

Titre 2

Les actes de commerce

202. Dans la conception objective du droit commercial, qui a régné au XIXe siècle et durant la première moitié du XXe, la théorie de l'acte de commerce occupait une place centrale. Mais cette façon de considérer le droit commercial a perdu beaucoup de son audience. D'abord parce que l'attention se porte aujourd'hui sur l'entreprise, beaucoup plus que sur les actes considérés en eux-mêmes. Ensuite parce que les règles propres aux actes de commerce tendent à se raréfier. Ainsi, d'une part, c'est l'entreprise commerciale qui s'affirme comme le *déterminant* des actes de commerce (chapitre 1) et, d'autre part, c'est le *régime* même des actes de commerce qui est remis en cause (chapitre 2).

CHAPITRE 1

La détermination des actes de commerce

203. Après avoir montré que le concept d'entreprise constitue aujourd'hui le critère principal de l'acte de commerce (section 1), il conviendra de présenter une classification des actes de commerce (section 2).

Section 1
Recherche d'un critère de l'acte de commerce

204. Dans les années qui suivirent la promulgation du Code de commerce de 1807, la doctrine française consacra la théorie objective du droit commercial, dans laquelle l'acte de commerce était défini *a priori*, indépendamment de la personne qui l'effectue (§ 1). Cette théorie a dominé la doctrine jusqu'au milieu du xxe siècle[1]. Mais la conception subjective (§ 2), qui place l'entreprise commerciale au centre des préoccupations et en fait le critère de l'acte de commerce, s'est peu à peu imposée en jurisprudence. Reconnue aujourd'hui par une grande partie de la doctrine, la théorie subjective tend à prendre la première place. Elle n'a cependant pas totalement évincé la conception objective traditionnelle, de sorte que le droit positif consacre en réalité une théorie mixte ou dualiste, qui n'est pas complètement convaincante.

1. Voy. pour une défense de la conception objective du droit commercial, B. Brignon, « Conséquences de la commercialité des actes », *RTD com.* 2015, p. 671.

§1. La théorie objective de l'acte de commerce et son déclin

A. La notion objective de l'acte de commerce

205. La théorie objective détermine les actes de commerce, *a priori*, sans considération de la personne qui les effectue. Pour cela elle retient l'objet de l'acte, l'opération économique dont l'acte est la traduction juridique. La théorie, dans sa pureté originelle, constate ainsi l'existence d'**actes de commerce par nature, en raison de leur *objet*.** Par exemple, l'achat de marchandises pour les revendre, les opérations de banque ou les opérations de transport sont des actes de commerce par nature.

Cela conduit à deux observations.

1) Juridiquement, la théorie objective s'est appuyée sur l'ancien article 632 du Code de commerce (actuel art. L. 110-1 du Code de commerce), qui était censé donner une liste des actes de commerce par nature. Nous avons décrit précédemment le contenu de cet article et il n'est pas nécessaire d'y revenir. Mais l'on sait que l'énumération de l'ancien article 632 s'est vite révélée insuffisante et qu'il a fallu la compléter. La doctrine s'est efforcée de trouver, par induction, un critère général de l'acte de commerce, qui permettrait d'étendre l'ancien article 632 à de nouveaux types d'opérations. On ne peut pas dire que ces efforts ont véritablement abouti. Certes, les auteurs ont proposé des explications qui ont une grande part de vérité : il est exact, notamment, que l'acte de commerce participe de la circulation des richesses ; il est vrai également que, la plupart du temps, l'acte de commerce est inspiré par la spéculation et la recherche du profit. Mais ces idées sont restées trop générales pour que la jurisprudence y trouve un critère sûr.

2) À la considération de la nature de l'acte, la théorie objective a dû ajouter celle de la *forme* de l'acte. On a en effet observé que certains actes sont commerciaux non en raison du type d'opération qu'ils recouvrent, mais en vertu du mécanisme juridique utilisé pour leur faire produire effet. Longtemps, la lettre de change a constitué l'exemple type de l'**acte de commerce par la forme**. Quelle que soit l'opération réalisée au moyen de la lettre de change (payement, crédit, garantie, donation), quelle que soit la qualité des personnes intéressées, les engagements qui naissent de la signature de la lettre sont toujours des engagements commerciaux. Mais il a fallu attendre la loi du 7 juin 1894 pour que la solution, qui était jusqu'alors coutumière, entre dans l'article 632 de l'ancien Code de commerce (aujourd'hui art. L. 110-1, 10°, C. com.). Selon le texte, « La loi répute acte de commerce : ... Entre toutes personnes, les lettres de change ».

L'autre cas de commercialité par la forme est celui des principales sociétés commerciales. Cette catégorie d'actes de commerce a rencontré un succès extraordinaire. D'abord imposée par la loi du 1er août 1893 aux sociétés anonymes et aux sociétés en commandite par actions, la commercialité par la forme a été ensuite étendue aux SARL, en 1925, puis aux sociétés en nom collectif et en commandite simple en 1966. Elle signifie que, dans ces cas-là, l'acte juridique qui fonde la société est un acte de commerce, quel que soit l'objet de la société ou son activité réelle.

B. Les infléchissements de la théorie objective

206. Deux infléchissements majeurs ont été apportés à la théorie objective : l'application de la règle de l'accessoire et la reconnaissance des actes mixtes.

1. Les actes de commerce par accessoire

207. La jurisprudence puis la doctrine ont ajouté aux actes de commerce par nature et aux actes de commerce par la forme une troisième catégorie d'actes : les **actes de commerce par accessoire**. Ce sont des actes qui sont civils par nature, mais qui deviennent commerciaux lorsqu'ils sont accomplis par un commerçant dans l'exercice de sa profession.

Exemple. Un commerçant achète du matériel de bureau ou un véhicule automobile pour les besoins de son entreprise. Ces actes d'acquisition ne sont pas des actes de commerce par nature puisque les objets achetés ne sont pas destinés à la revente (art. L. 110-1, 1°, *a contrario*). Cependant ils seront considérés comme commerciaux car ils sont l'accessoire de l'activité professionnelle d'un commerçant.

La théorie de l'accessoire trouve une base juridique certaine dans l'article L. 110-1, 9°, du Code de commerce, qui répute acte de commerce « Toutes obligations entre négociants, marchands et banquiers ». En apparence, la théorie de l'accessoire restait dans la ligne de la théorie objective, puisqu'elle ne faisait qu'ajouter une nouvelle catégorie d'actes aux catégories déjà connues. Mais en réalité, en faisant dépendre la commercialité de l'acte de la qualité de son auteur, elle contredisait le fondement de la théorie objective.

Logiquement, la jurisprudence a été conduite, par symétrie, à reconnaître l'existence *d'actes civils par accessoire*. Il s'agit d'actes de commerce par nature qui deviennent civils parce qu'ils sont accomplis par un non-commerçant, dans le cadre de sa profession civile.

Exemple. Un particulier passe avec une entreprise un contrat de vente et d'installation d'un générateur solaire photovoltaïque. L'opération est financée par un emprunt contracté auprès d'un établissement de crédit. Le particulier espérait revendre l'électricité produite à un fournisseur d'énergie (ERDF), ce qui lui aurait permis de couvrir le remboursement des mensualités de son crédit. Mais, les choses ne se sont pas passées comme prévu. Le particulier a assigné, devant le TJ, le vendeur du générateur solaire et l'établissement de crédit en résolution des contrats de vente et de prêt. La cour d'appel a estimé que le TJ était incompétent, car la production par le particulier d'électricité et sa revente à ERDF était un acte de commerce (l'achat pour revendre est l'archétype de l'acte de commerce). Or, selon la cour d'appel, l'article L. 721-3, 3°, du Code de commerce dispose que les juridictions consulaires connaissent des contestations relatives aux actes de commerce entre toutes personnes, donc y compris entre des non-commerçants. L'arrêt est censuré par la Haute juridiction. La Cour de cassation estime que l'acte de revente d'électricité par le particulier ne constitue pas un acte de commerce, parce qu'il n'est que l'accessoire du contrat, de nature civile, d'installation photovoltaïque, laquelle est destinée à un usage personnel. En d'autres termes, l'acte d'un non-commerçant est un acte civil par accessoire[2].

2. Les actes mixtes

208. Une nouvelle entorse à la théorie objective allait apparaître avec la reconnaissance des actes mixtes. Il ne s'agit pas d'une nouvelle catégorie d'actes

2. Cass. 1re civ., 9 mars 2022, n° 20-20390, *JCP* E 2022, 1328, note M. Rakotovahiny.

de commerce mais d'une modalité qui affecte les actes de commerce par nature et les actes de commerce par accessoire. L'acte mixte est en effet un acte passé entre un commerçant et une personne non commerçante. L'acte mixte a un double visage : il est commercial du côté du commerçant et civil du côté du non-commerçant.

Exemple 1. Un établissement bancaire accorde un crédit à l'un de ses clients pour la construction de son habitation. L'opération de banque est un acte de commerce par nature et la banque accomplit un acte de commerce. Cependant le client n'est pas commerçant et, en tout cas, n'agit pas dans l'exercice d'une profession commerciale. À son égard l'acte sera considéré comme un acte civil.

Exemple 2. Une société commerciale commande du mobilier à un artisan menuisier, afin d'aménager un local de vente. La société accomplit un acte de commerce par accessoire, mais l'artisan effectue un acte civil.

Remarquons que l'acte est mixte non seulement lorsque l'une des deux parties n'a pas la qualité de commerçant, mais encore lorsque, les deux parties étant commerçantes, l'une d'elles n'agit pas dans l'exercice de sa profession commerciale.

C. Critique de la théorie objective

209. La théorie objective encourt trois ordres de critiques.

En premier lieu, elle repose sur un fondement ambigu. L'article L. 110-1 du Code de commerce, qui lui sert de base textuelle, vise non seulement des actes et des opérations mais également des *entreprises*. C'est le signe que l'acte de commerce ne se définit pas uniquement par son objet mais aussi par son rattachement à une activité économique, durable et organisée. En réalité, comme on l'a exposé précédemment, l'article L. 110-1 donne une liste d'activités d'entreprises beaucoup plus que d'opérations isolées.

En deuxième lieu, elle manque de cohérence logique. La jurisprudence, sous le prétexte de compléter l'énumération de l'ancien article 632 (actuel art. L. 110-1), a inventé la catégorie des actes de commerce par accessoire. Mais elle est alors entrée dans un cercle vicieux : l'acte de commerce sert à définir le commerçant qui, à son tour, sert à définir l'acte de commerce. D'ailleurs l'idée qu'elle donne de l'accessoire est trompeuse. Loin d'être des accessoires, certaines activités jouent au contraire un rôle essentiel pour l'exploitation d'une entreprise, par exemple les investissements mobiliers.

Enfin, en troisième lieu, la théorie objective a été gravement dénaturée par la reconnaissance des actes mixtes. Si un acte est objectivement commercial, il doit l'être pour les deux parties. On ne saurait admettre qu'il soit à la fois commercial et civil. La même observation peut être faite à propos des actes civils par accessoire : comment un acte objectivement commercial peut-il devenir civil parce qu'il est l'accessoire d'une profession civile ? La théorie objective est incapable d'apporter une réponse à ces questions.

Il faut se rendre à l'évidence : les déformations que l'on a dû faire subir à la théorie objective sont d'une ampleur telle, qu'elles aboutissent à sa négation. En vérité, la jurisprudence a consacré dans une large mesure la théorie subjective.

§2. La théorie subjective de l'acte de commerce

A. Fondements de la théorie subjective

210. Tout devient plus clair si l'on admet, avec la théorie subjective, que l'acte de commerce est tout simplement l'acte accompli par un commerçant dans l'exercice de sa profession. Dans une vision plus moderne, l'on dira que l'acte de commerce est l'*acte d'une entreprise commerciale.*

La théorie subjective trouve un appui dans l'histoire, dans le droit positif et dans la doctrine moderne.

Historiquement, elle correspond à la tradition de notre ancien droit. Dans les années qui ont suivi la promulgation du Code de commerce, il a semblé que le principe de l'égalité civile, né de la Révolution, s'opposait à ce que l'on reconnaisse un statut particulier à une catégorie de citoyens. Le souvenir des corporations était encore trop vif. Mais aujourd'hui, alors que les entreprises les plus puissantes sont des sociétés commerciales, le corporatisme n'est plus qu'une ombre lointaine. Le risque se trouverait plutôt dans la dépersonnalisation des grands groupes.

En droit positif, la théorie subjective correspond à l'interprétation moderne de l'article L. 110-1 du Code de commerce. D'une part, l'on admet aujourd'hui que cet article ne donne pas une liste d'actes, mais plutôt une liste d'activités caractérisant les entreprises commerciales. D'autre part, l'article L. 110-1, 9°, C. com. consacre expressément la théorie subjective en réputant acte de commerce toutes obligations entre négociants. Quant à l'article L. 721-3 du Code de commerce, qui détermine la compétence d'attribution du tribunal de commerce, il est significatif qu'il cite en premier lieu les contestations relatives aux engagements entre commerçants, entre établissements de crédit ou entre eux et non les contestations relatives aux actes de commerce.

Mais c'est encore la jurisprudence qui fournit à la théorie subjective son meilleur soutien. Certes, elle retient volontiers l'existence d'actes de commerce par nature lorsqu'il s'agit de justifier l'application de telle ou telle règle du droit commercial. Mais, parallèlement, elle consacre l'existence des actes de commerce par accessoire et surtout légitime le régime de l'acte mixte, qui n'est acte de commerce qu'à l'égard de la partie commerçante. Il est permis de dire que, de façon implicite, la jurisprudence donne la primauté à la conception subjective de l'acte de commerce.

En doctrine, au milieu du siècle dernier, Ripert a montré de façon magistrale que l'acte de commerce est un acte professionnel, accompli dans l'exercice du commerce. Il a puissamment contribué à l'évolution des conceptions et, à sa suite, les auteurs contemporains soit se réclament de la théorie subjective, soit reconnaissent le caractère dualiste du droit français qui cherche à combiner les deux théories.

B. Le critère de l'entreprise commerciale

211. Le critère de l'acte de commerce est donc le rattachement à une entreprise commerciale. L'acte de commerce est essentiellement un acte accompli pour les besoins d'une entreprise commerciale, que celle-ci soit définie par sa forme ou par son objet[3].

Pour les actes d'une société commerciale, dotée de la personnalité morale, la situation est simple : tous les actes accomplis par la société sont, en principe, actes de commerce.

3. C'est pourquoi n'est pas un acte de commerce la commande par un particulier d'un diagnostic environnemental en vue de l'achat éventuel d'un fonds de commerce. V. Cass. com., 8 déc. 2021, n° 20-10810.

Lorsque l'acte est le fait d'une entreprise commerciale individuelle, il y a davantage de difficulté, car il faut savoir si l'acte a été accompli pour les besoins de l'entreprise ou dans l'intérêt personnel du commerçant personne physique. Par exemple, le véhicule automobile acheté par le commerçant est-il destiné à l'entreprise, pour l'exercice du commerce, ou aux déplacements personnels de commerçant ? Pour résoudre la difficulté, la jurisprudence a créé une présomption, que l'on appelle la *présomption de commercialité.* Les tribunaux présument que l'acte est accompli pour les besoins de l'entreprise. C'est à celui qui prétend que l'acte était accompli à des fins non professionnelles qu'il appartient d'en rapporter la preuve.

C. Existence des actes de commerce isolés

212. Si, dans leur très grande majorité, les actes de commerce sont accomplis par des entreprises commerciales, il reste vrai que la jurisprudence reconnait encore l'existence d'actes de commerce accomplis occasionnellement par des non-commerçants et qui sont actes de commerce. On les appelle aussi *actes de commerce isolés*.

De nombreux auteurs estiment que le droit français connaît un système mixte. Le droit commercial serait à la fois un droit des actes et un droit des personnes. Mais c'est à notre avis donner trop de place aux actes de commerce *isolés*. D'une part, ces actes sont fort peu nombreux et, d'autre part, toutes les règles du droit commercial ne leur sont pas applicables, loin de là. Ce sont des actes de commerce de seconde zone. On peut les considérer comme les vestiges d'une conception dépassée, comme les derniers représentants d'une espèce en voie de disparition.

Section 2
Classification des actes de commerce

213. Les développements qui précédent conduisent à classer les actes de commerce en trois catégories : les actes des entreprises commerciales (§ 1), les actes de commerce par la forme (§ 2) et les actes de commerce isolés (§ 3).

§1. Les actes des entreprises commerciales

214. Tous les actes d'une entreprise commerciale sont en principe des actes de commerce. Le mot acte doit être entendu dans un sens large. Il ne s'agit pas seulement des actes juridiques, au sens précis du terme, mais aussi des faits juridiques.

A. Les contrats

215. *1) Principe.* Tous les contrats conclus pour les besoins d'une entreprise commerciale sont actes de commerce : achats, ventes, emprunts, contrats de service.

S'agissant des achats et des ventes, il n'est pas nécessaire, comme l'exigerait la théorie objective, de démontrer que l'achat est fait en vue de la revente ou que la vente porte sur une chose qui a été achetée en vue de la revente. Il suffit que l'achat ou la vente soit le fait d'une entreprise commerciale.

2) *Contrats commerciaux relevant d'un statut spécial.* Certains contrats sont incontestablement des actes de commerce, mais leur régime comporte souvent des règles impératives, qui dérogent au droit commun des actes de commerce.

Les litiges qui les concernent échappent notamment à la compétence du tribunal de commerce. Ainsi le bail commercial est certainement un acte de commerce, mais la qualification d'acte de commerce ne joue qu'un rôle très subsidiaire par rapport au statut d'ordre public qui le régit. De même, le contrat de travail que passe un commerçant avec un salarié échappe largement au statut commercial (en observant en outre qu'il constitue nécessairement un acte mixte, toujours civil du côté du salarié).

3) *Contrats qui conservent toujours leur nature civile.* Il s'agit de l'achat et de la vente d'immeuble. Selon une jurisprudence constante, ces contrats restent soumis au statut civil, alors même qu'ils sont accomplis par un commerçant pour les besoins de son commerce.

On aboutit de la sorte à une distinction peu rationnelle : – l'activité d'achat d'immeubles en vue de la revente est une activité commerciale et celui qui en fait profession est commerçant ; – mais le contrat par lequel on achète ou on vend l'immeuble est un contrat civil. Il faut distinguer entre l'activité économique et l'acte juridique.

B. Délits et quasi-délits

216. Après avoir hésité, la jurisprudence a fini par admettre qu'un délit ou un quasi-délit, engendrant la responsabilité de son auteur, pouvait tomber sous la qualification d'acte de commerce lorsqu'il se produisait à l'occasion de l'exploitation d'une entreprise commerciale.

La *terminologie juridique* habituelle rend difficilement compte de ce type d'actes. Fondamentalement ce sont des délits et des quasi-délits *civils* (par opposition aux infractions *pénales*) mais ils sont actes *de commerce*, notamment au point de vue de la compétence d'attribution du tribunal de commerce.

La solution a été reçue sans trop de difficulté pour les actes de *concurrence déloyale* commis par un commerçant, car leur rattachement à l'entreprise est alors évident. La jurisprudence a manifesté plus de réticence à l'égard des accidents causant un dommage corporel à la victime. Pour qualifier d'acte de commerce le fait générateur de la responsabilité, les tribunaux ont souvent exigé que soit rapportée la preuve d'un lien avec l'exploitation commerciale. Puis ils ont fini par admettre, en cas de doute, le jeu de la présomption de commercialité.

Qualifier d'actes de commerce les délits et quasi-délits qui se rattachent à l'exploitation d'une entreprise commerciale, a surtout pour conséquence pratique de justifier, en cas de litige, la compétence du tribunal de commerce. Les autres règles propres aux actes de commerce, concernent essentiellement les actes de commerce dont l'origine est contractuelle. Il convient d'ailleurs de noter que certaines actions en responsabilité échappent, en toute hypothèse, à la compétence du tribunal de commerce : ainsi, les actions en contrefaçon (qui relèvent généralement de la compétence exclusive du tribunal judiciaire) et les actions en réparation des dommages causés soit par un accident du travail, soit par un accident de la circulation mettant en cause un véhicule terrestre.

C. Obligations légales

217. Les dettes fiscales de l'entreprise sont considérées comme des dettes civiles. En revanche les dettes consistant en cotisations sociales sont des dettes commerciales.

§2. Les actes de commerce par la forme

218. Ces actes sont toujours actes de commerce, quel que soit leur objet et quelle que soit la personne qui accomplit l'acte. Il existe deux types d'actes de commerce par la forme : la lettre de change et la société commerciale par la forme.

A. La lettre de change

219. L'article L. 110-1, 10° du Code de commerce, répute acte de commerce « entre toutes personnes, les lettres de change ».

La lettre de change est un *titre* (un écrit) par lequel une personne, que l'on appelle le *tireur*, demande à une autre personne, le *tiré* (qui est généralement son débiteur), de payer une certaine somme d'argent, à une certaine date, à une troisième personne, le *bénéficiaire.*

La lettre de change permet d'effectuer un paiement simplifié, puisque, en payant la lettre à l'échéance, le tiré éteint deux dettes : sa propre dette à l'égard du tireur et la dette du tireur à l'égard du bénéficiaire. En même temps, la lettre de change permet de réaliser une opération de crédit.

Exemple. V a vendu à crédit des marchandises à A pour un prix de 1 000. V livre immédiatement les marchandises à A qui ne paiera le prix que dans trois mois). Comme, en attendant, V a besoin de liquidités, il obtient de sa banque B un crédit (également pour trois mois), d'un montant de 975 (équivalent au prix des marchandises, 1 000, diminué des frais et de la rémunération de la banque, 25). Pour concrétiser l'opération, V va tirer une lettre de change, pour une somme de 1 000, sur A qui, à l'échéance des trois mois, paiera sa dette à la banque B, bénéficiaire. Le paiement de la lettre de change par A permet d'éteindre sa propre dette à l'égard de V et de rembourser la banque B. De plus, la lettre réalise deux opérations de crédit : V a consenti un crédit à A *(crédit vendeur)* et la banque B a consenti un crédit à V *(crédit d'escompte).*

La lettre de change est toujours commerciale, et chacun des signataires souscrit un engagement commercial. Cette commercialité de la lettre de change s'explique par l'histoire. En effet l'opération de change a été longtemps réservée aux seuls commerçants. Par la suite, l'on a considéré que celui qui acceptait de signer une lettre de change (généralement en tant que tiré), bien qu'il n'ait pas la qualité de commerçant, se comportait comme un commerçant et se soumettait au droit commercial.

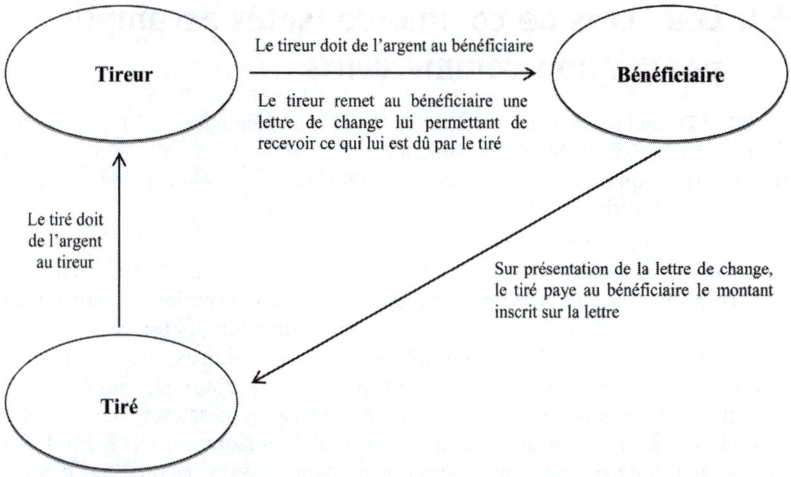

220. En fait, il est devenu très rare aujourd'hui qu'un non-commerçant s'engage par lettre de change. Il y a à cela deux raisons.

1) En pratique, les établissements de crédit ont renoncé à utiliser la lettre de change dans leurs relations avec leurs clients non commerçants. Ils préfèrent utiliser des procédés de recouvrement moins coûteux comme le prélèvement automatique sur compte.

2) Le droit de la consommation interdit, dans les opérations de crédit, de faire souscrire une lettre de change par un consommateur. L'article L. 314-21 du Code de la consommation sanctionne cette interdiction par la nullité de la lettre de change à l'égard du consommateur[4].

B. Les sociétés commerciales par la forme

221. On a vu précédemment que l'article L. 210-1 du Code de commerce déclare *commerciales à raison de leur forme et quel que soit leur objet*, les sociétés en nom collectif, les sociétés en commandite simple, les sociétés à responsabilité limitée et les sociétés par actions. Il en résulte : 1) Que la société acquiert automatiquement la qualité de commerçant ; 2) Que tous les actes relatifs à la création, au fonctionnement et à la dissolution de la société devraient être, en principe, des actes de commerce, justifiant la compétence du tribunal de commerce, alors même que les personnes qui participent à de tels actes n'ont pas elles-mêmes la qualité de commerçant.

4. En matière de lettre de change, le droit de la consommation assimile le consommateur à un mineur. En effet, l'article L. 314-21 C. consom. déclare applicables les dispositions de l'article L. 511-5 du Code de commerce aux lettres de change souscrites par des emprunteurs même majeurs à l'occasion des opérations de crédit régies par le Code de la consommation. Or l'article L. 511-5 C. com. dispose que « les lettres de change souscrites par des mineurs sont nulles à leur égard... ».

§3. Les actes de commerce isolés accomplis par des non-commerçants

222. Dans la conception *subjective* de la commercialité, de tels actes ne devraient pas exister. Si l'on en rencontre cependant, c'est à cause de la tradition et parce qu'il subsiste encore en jurisprudence quelques vestiges de la conception objective.

Il faut ajouter à cela deux considérations.

- L'article 632 ancien du Code de commerce (devenu art. L. 110-1 C. com.), qui a, comme on le sait, servi de point de départ à la conception objective, limitait déjà le domaine les actes de commerce isolés. En effet, parmi les actes dont il donnait la liste, l'article 632 visait des entreprises, par exemple les entreprises de manufacture et les entreprises de transport. Si, pour être commercial, un acte doit être accompli en entreprise, il ne saurait conserver son caractère lorsqu'il est isolé, donc occasionnel. Et lorsque l'article L. 110-1 vise des opérations, comme les opérations de banque, sans les qualifier d'entreprises, l'on constate que dans la pratique ces opérations sont toujours le fait de professionnels. Évidemment, l'on peut toujours imaginer un achat pour revendre ou une opération d'intermédiaire pour la vente d'un fonds de commerce, qui serait accompli occasionnellement par un non-commerçant. Mais il s'agit d'hypothèses d'école qui n'ont plus rien à voir avec la réalité des affaires.
- Très souvent, l'acte isolé est accompli par un professionnel non-commerçant, par exemple par un membre d'une profession libérale ou par un agriculteur, pour les besoins de sa profession. Mais alors, l'acte est civil par accessoire.

Finalement, ne peuvent constituer des actes de commerce isolés que les actes qui ne requièrent pas la condition d'entreprise et qui sont passés entre deux personnes non professionnelles.

223. Il existe trois catégories d'actes de commerce isolés, accomplis par des non-commerçants : la vente d'un fonds de commerce, les sûretés et la cession de parts sociales entraînant le transfert du contrôle d'une société. Dans les trois cas, la commercialité s'explique par le fait que l'acte passé par le non-commerçant se trouve tout de même dans une certaine relation avec l'exploitation d'une entreprise commerciale.

La doctrine parle volontiers d'un rapport d'accessoire à principal : l'acte accompli par le non-commerçant serait l'accessoire d'un autre acte de commerce qui, lui, est passé par un commerçant. Il ne faut pas confondre cet accessoire, appelé *objectif*, avec l'accessoire *subjectif*, selon lequel sont actes de commerce tous les actes accomplis par un commerçant dans l'exercice de son commerce. Il y a certainement quelque chose de juste dans l'idée d'accessoire objectif, mais à condition de reconnaître que l'acte passé par le non-commerçant est l'accessoire d'une exploitation commerciale et non pas d'un acte de commerce.

A. La vente d'un fonds de commerce

224. Il n'y a pas de difficulté lorsque la vente du fonds est consentie par le commerçant qui exploitait le fonds. La vente est un acte de commerce parce qu'elle est conclue par un commerçant et parce qu'elle se rattache à l'activité passée de celui-ci : elle constitue le dernier acte de l'exploitation du fonds. Par extension, on admet aussi que l'achat d'un fonds de commerce par celui qui n'est pas encore commerçant mais qui entend exploiter le fonds est un acte de commerce : c'est le premier acte de l'exploitation de l'entreprise. La chose est plus délicate lorsque la vente est consentie par un non-commerçant, par exemple par l'héritier du commerçant décédé. La doctrine dominante admet cependant que d'une façon générale, les actes portant sur un fonds de commerce sont des actes de commerce, quelle que soit la personne qui passe l'acte.

B. Les sûretés

225. Le gage est un contrat par lequel un débiteur remet une chose mobilière à son créancier afin de garantir l'exécution de sa dette. Le créancier gagiste peut conserver la détention de la chose jusqu'au complet paiement. À défaut, il peut la faire vendre et se payer sur le prix[5]. Le gage peut avoir pour objet des meubles immobilisés par destination[6].

Avant l'entrée en vigueur de l'ordonnance n° 2021-1192 du 15 septembre 2021 réformant le droit des sûretés, il existait dans le Code de commerce un article L. 521-1 sur le gage commercial. Ce texte disposait que le gage constitué soit par un commerçant, soit par un non-commerçant, pour garantir un acte de commerce se constatait conformément aux dispositions de l'article L. 110-3 du Code de commerce, c'est-à-dire conformément au principe de la liberté de la preuve, principe qui est propre aux actes de commerce[7] . En d'autres termes, lorsqu'un non-commerçant s'engageait en vertu d'un contrat de gage pour garantir une dette commerciale, il accomplissait un acte de commerce. L'ordonnance précitée ayant abrogé l'article L. 521-1 C. com.[8], la question se pose aujourd'hui de l'existence de gages commerciaux dans le droit positif. On peut considérer que le poids de la tradition conduira la jurisprudence à maintenir la qualification d'acte de commerce aux gages passés par un non-commerçant pour garantir une dette commerciale[9]. Mais une telle interprétation paraît difficilement conciliable avec l'abrogation de l'article L. 521-1. C'est pourquoi il paraît préférable de défendre l'idée que, désormais, seuls les gages passés par un commerçant dans l'exercice de sa profession seront commerciaux, comme le postule d'ailleurs la théorie subjective de l'acte de commerce. Autrement dit, le gage conclu par un non-commerçant, même pour garantir une dette commerciale, ne fera plus partie des actes de commerce. Sa preuve ne sera donc plus libre et obéira aux règles du Code civil.

5. Art. 2333 et s. C. civ.
6. Art. 2334, al. 1er, C. civ.
7. Ex. Cass. com., 11 juin 1974, n° 73-10597.
8. C. Sejean-Chazal, « Le gage du Code civil retrouve ses lettres de noblesse », *JCP* G 2021, 30006.
9. D. Houtcieff, *Droit commercial*, Sirey, 2022, n° 199.

226. Le cautionnement est le contrat par lequel une personne, appelée caution, s'engage envers un créancier à payer à la place du débiteur principal, au cas où celui-ci n'exécuterait pas son obligation[10]. Le cautionnement donné pour garantir le paiement d'une dette commerciale n'a pas automatiquement un caractère commercial. Il faut en effet distinguer :

- Si la caution a elle-même la qualité de commerçant, par exemple une société commerciale par la forme, et si le cautionnement est en relation avec son activité commerciale, le cautionnement est un acte de commerce. De même, le cautionnement bancaire est commercial quelle que soit la nature de la dette garantie[11].
- Si la caution n'est pas commerçante. Cela concerne les cautionnements souscrits par les dirigeants d'une société commerciale débitrice principale. De tels cautionnements sont extrêmement fréquents en pratique. Les établissements de crédit exigent quasi-systématiquement l'engagement personnel des dirigeants d'une société en qualité de caution avant de consentir un crédit. Avant l'ordonnance n° 2021-1192 du 15 septembre 2021 portant réforme du droit des sûretés, il fallait, pour que le cautionnement consenti par un non-commerçant soit un acte de commerce, que la dette garantie soit commerciale et, condition supplémentaire ajoutée par la jurisprudence, que la caution ait un intérêt patrimonial dans la dette garantie. Cette condition était d'ailleurs présumée lorsque la caution était le dirigeant de la société tenue de la dette principale[12]. En 2021, à l'occasion de la réforme précitée, le législateur a supprimé la condition d'un intérêt patrimonial, estimant que cette exigence était incertaine et une source de litiges[13]. Pour opérer ce changement, les rédacteurs de l'ordonnance du 15 septembre 2021 ont inséré dans la liste des actes de commerce de l'article L. 110-1 un 11° ainsi rédigé : « La loi répute acte de commerce : (...) 11° Entre toutes personnes, les cautionnements de dettes commerciales »[14]. Désormais, le caractère commercial d'un cautionnement donné par un non-commerçant (ex. le dirigeant d'une SA, d'une SARL...) dépend du point de savoir si la dette garantie est commerciale[15]. Sur la forme, la rédaction du 11° de l'article L. 110-1 est critiquable : l'expression « entre toutes personnes » est démentie par « dette commerciale ». Sur le fond, la qualification d'acte de commerce va donc dépendre exclusivement de la nature commerciale de la dette garantie. Mais alors, qu'en sera-t-il lorsque cette dette principale constituera un acte mixte, c'est-à-dire un acte conclu entre un commerçant et un non-commerçant ? Le cautionnement sera-t-il civil ou commercial ? Ce n'est pas une hypothèse d'école. Par exemple, le cautionnement souscrit pour garantir un prêt immobilier est commercial du côté de la banque, mais civil du côté de

10. Art. 2288, C. civ.

11. P. Simler, *Cautionnement et garanties autonomes*, 5e éd., Litec, 2015, n° 97.

12. Cass. com., 18 janv. 2000, n° 97-12741, *RD banc. fin.* 2000, n° 19, obs. D. Legeais.- Sur le régime de la preuve du cautionnement consenti par un dirigeant, v. *infra*, n° 248.

13. A. Gouezel, *Le nouveau droit des sûretés*, Dalloz, 2023, p. 534.

14. Le nouveau texte ne s'applique qu'aux cautionnements passés après le 1er janv. 2022 (art. 37, II de l'ord. du 15 sept. 2021).

15. L. Aynes, « Le nouveau cautionnement commercial », *RLDA* 2021/175, supplément, p. 4 et s.- B. Saintourens, « Le cautionnement de dettes commercial : le nouvel acte de commerce », *RTD com.* 2022, p. 29.

l'emprunteur. Les premières décisions jurisprudentielles permettront vraisemblablement de préciser les choses. Malgré ses défauts rédactionnels, le nouveau texte répond à une considération pratique. On y reviendra plus loin : l'acte de commerce commande la compétence du tribunal de commerce. En conséquence, le tribunal de commerce sera compétent pour juger à la fois de la dette commerciale (puisqu'il s'agit d'un acte de commerce) et du cautionnement de celle-ci (*idem*). Si le cautionnement donné par un non-commerçant pour garantir une dette commerciale avait été qualifié d'acte civil, le tribunal de commerce n'aurait été compétent que pour trancher le litige relatif à la dette commerciale garantie, mais pas celui relatif au cautionnement. C'est le juge civil qui aurait été compétent. Cette dissociation, source de lenteur et de décisions contradictoires, aurait été contraire à l'exigence d'une bonne administration de la justice.

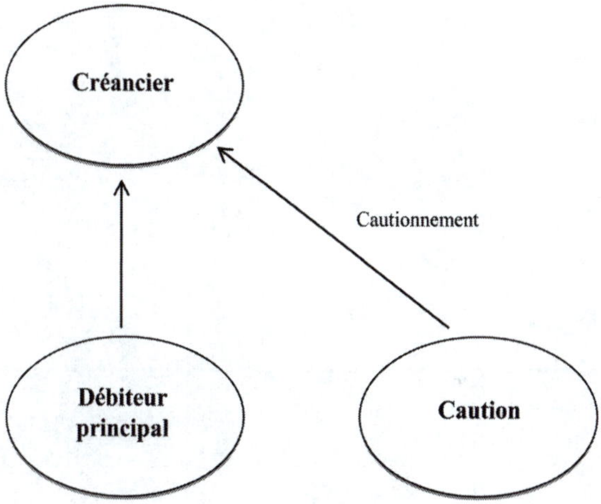

C. La cession de parts sociales entraînant le transfert du contrôle de la société

227. Normalement la cession de parts sociales n'a pas de conséquence directe sur le fonctionnement de la société. Consentie entre associés, la cession opère une modification de la répartition du capital. Consentie au profit d'un tiers, elle a pour conséquence l'entrée d'un nouvel associé dans la société. Mais de telles modifications n'atteignent généralement pas la vie de la société elle-même. Et comme les associés n'ont pas ordinairement la qualité de commerçant, la cession est considérée comme un acte civil. Il en va différemment lorsque la cession porte sur un nombre de parts sociales tel, qu'il donne le contrôle de la société, notamment en assurant la majorité des voix dans les assemblées générales. Alors, la jurisprudence admet que la cession devient un acte de commerce, car elle est directement liée au fonctionnement de la société.

La Cour de cassation décide, sur le fondement de l'article L. 721-3, 2°, du Code de commerce, que les litiges nés à l'occasion d'une cession de titres d'une société commerciale relèvent de la compétence du tribunal de commerce[16]. Cette jurisprudence se limite à la question de la compétence juridictionnelle. Si le litige ne porte pas sur un bloc d'actions conférant le contrôle de la société, la cession conserve un caractère civil et échappe, sauf en ce qui concerne la compétence du tribunal de commerce, au régime dérogatoire des obligations commerciales[17].

16. Cass. com., 10 juill. 2007, n° 06-16548.

17. CA Paris, 29 mai 2008, *BRDA* 2008/17, n° 2.

CHAPITRE 2

Le régime des actes de commerce

228. Le régime des actes de commerce comprend un ensemble de règles spéciales, qui sont propres à ces actes et qui dérogent au droit civil des obligations et des contrats.

Le *particularisme* des actes de commerce s'explique par les exigences de la vie des affaires (section 1) : la rapidité, la simplicité et la rigueur d'exécution des opérations commerciales ne s'accommodent pas des règles trop protectrices du droit civil. Mais ces exigences n'ont pas été assez fortes cependant pour que l'on ait pu fonder sur elles une construction d'ensemble, homogène et cohérente.

Le régime des actes de commerce n'a donc aucun caractère systématique. Il est composé de règles disparates, sans grand rapport les unes avec les autres, qui sont apparues au fil du temps, pour répondre à des nécessités pratiques. Un inventaire rapide montre qu'elles concernent principalement la preuve des actes de commerce, le délai de prescription, la solidarité et la compétence du tribunal de commerce. Pour le reste, elles laissent une large part à l'application résiduelle des règles du droit civil. C'est ainsi, par exemple, que tout ce qui touche à la formation des actes de commerce ou au régime de la garantie dans la vente commerciale relève intégralement du droit commun des contrats.

Le caractère hétérogène du régime des actes de commerce est encore plus marqué depuis que la conception objective est en recul. Les règles spéciales aux actes de commerce ne s'appliquent dans leur intégralité qu'aux actes passés entre commerçants. Elles ne s'appliquent que partiellement aux actes mixtes et aux actes de commerce isolés, passés par des non-commerçants.

Aujourd'hui le particularisme des actes de commerce tend à *s'affaiblir*, car les règles spéciales sont moins nombreuses qu'autrefois. Un certain nombre de règles qui traditionnellement étaient propres au droit commercial, ont été étendues à toutes les opérations, civiles ou commerciales, et ont perdu leur caractère dérogatoire (section 2).

Section 1
L'affirmation du particularisme des actes de commerce

229. Les règles spéciales aux actes de commerce sont relativement peu nombreuses. Elles n'en sont pas moins d'une grande importance pratique car elles s'écartent profondément des solutions du droit commun. Le régime des actes de commerce tranche de façon nette sur celui des actes civils. Ainsi, le particularisme des actes de commerce continue-t-il à s'affirmer en droit positif.

Le contentieux des actes de commerce ressortit à la compétence du tribunal de commerce. Il en sera traité plus loin (*infra*, n° 286 et s.). Les autres règles peuvent être regroupées sous deux rubriques, selon qu'elles concernent la *preuve* (§ 1) ou le *régime* des obligations commerciales (§ 2).

§1. La preuve des actes de commerce

> ***Art. L. 110-3 C. com.*** À l'égard des commerçants, les actes de commerce peuvent se prouver par tous moyens à moins qu'il n'en soit autrement disposé par la loi.

230. La rédaction actuelle de l'article L. 110-3 date de la loi du 12 juillet 1980, qui a donné au texte sa formulation générale. L'ancien article 109 ne visait que les achats et les ventes et il admettait « la preuve testimoniale, dans le cas où le tribunal croirait devoir l'admettre ». L'on reconnaissait cependant que le texte consacrait, d'une façon générale, le principe de liberté des preuves en matière commerciale, déjà connu dans l'ancien droit.

Alors que le droit civil exige pour les actes juridiques la preuve *écrite* et *préconstituée*, le droit commercial admet au contraire la preuve *par tous moyens*. On dit que la preuve est libre. Ce principe de la liberté de la preuve est traditionnel en droit commercial français.

A. Le principe de la liberté de la preuve en droit commercial

231. Cette plus grande facilité dans la production de la preuve s'explique par des considérations pratiques. La rapidité des opérations commerciales commande que l'on ne s'encombre pas de formes trop lourdes. Il est d'usage que de nombreux contrats soient conclus par téléphone ou par internet. On ajoute que le commerçant est un professionnel généralement averti et que, dans son cas, la fonction protectrice de la forme écrite, ne se justifie plus. D'ailleurs tout commerçant est obligé de tenir une comptabilité et de conserver une copie de sa correspondance, ce qui, dans une certaine mesure, supplée à l'absence d'acte écrit.

Le contraste entre la règle civile et la règle commerciale est ici particulièrement frappant.

1) En droit civil : le Code civil, aux articles 1353 et suivants, retient le système de la *preuve légale* : c'est la loi qui fixe par avance les modes de preuve qui pourront être reçus par le juge (question de la recevabilité du mode de preuve) ; c'est la loi qui détermine de façon autoritaire la force probante de chaque mode de preuve (question de la hiérarchie des modes de preuves). Ainsi, en droit civil, pour prouver un acte juridique, il faut produire un écrit. Le législateur exige une preuve littérale. La notion d'écrit a évolué ces dernières années, notamment grâce à la loi du 13 mars 2000[1], pour tenir compte des nouvelles technologies de l'information, spécialement de l'écriture électronique. Aujourd'hui, depuis l'entrée en vigueur de l'ordonnance du 10 février 2016 portant réforme du droit des contrats, du régime général et de la preuve des obligations, un écrit « consiste en une suite de lettres, de caractères, de chiffres ou de tous autres signes ou symboles dotés d'une signification intelligible, quel qu'en soit leur support » (art. 1366 C. civ.), sous-entendu peu importe que l'écrit soit sur un support papier traditionnel ou sur un support électronique. L'article 1367 C. civ. précise que l'écrit n'est un mode de preuve parfait que s'il est signé. La signature électronique est admise dès lors qu'elle est sécurisée, selon les modalités prévues par l'article 1367, al. 2, C. civ.

2) En droit commercial : l'article L. 110-3 du Code de commerce retient, au contraire du droit civil, le système de la *preuve morale* : la preuve est libre, elle peut être faite par tous moyens[2]. Ce qui importe, dans le procès commercial, c'est de gagner l'intime conviction du juge.

1. Recevabilité de tous les modes de preuve

232. L'article 1359 du Code civil exige en principe la preuve par écrit, c'est-à-dire par acte authentique ou sous seing privé, pour établir l'existence de tous les actes juridiques, notamment des contrats, dont l'objet excède une valeur fixée par décret. Cette somme est actuellement de 1 500 euros.

L'article L. 110-3 du Code de commerce admet au contraire tous les modes de preuve et cela quelle que soit la valeur de l'acte. Ainsi peuvent être produits non seulement des actes en bonne et due forme, mais encore des écrits quelconques, des documents comptables, des témoignages, des indices ou des présomptions. De même, la preuve par l'écrit électronique est recevable, même si les conditions posées par le Code civil ne sont pas remplies (art. 1365 et s. C. civ.). Celles-ci, rappelons-le, ne concernent que le régime de la preuve civile.

Certes, même au-dessus de 1 500 euros, le Code civil admet des dérogations à l'exigence de l'écrit. La preuve par tous moyens est recevable lorsqu'il existe un commencement de preuve par écrit (art. 1362 C. civ.) ou lorsqu'est reconnue l'impossibilité matérielle ou morale de se procurer un écrit (art. 1360 C. civ.). Comme les notions de commencement de preuve par écrit et d'impossibilité sont souvent interprétées de façon extensive par la jurisprudence, l'on est tenté de conclure

1. P. Catala et *alii*, « L'introduction de la preuve électronique dans le Code civil », *JCP* 1999.I.182.- Avant cette loi, la Cour de cassation avait pris l'initiative d'interpréter largement la notion de preuve en y intégrant les documents électroniques (Cass. com., 2 déc. 1997, *Bull. civ.* IV, n° 315, in *Les grandes décisions de la jurisprudence civile,* PUF, 2011, n° 5, comm. R. Desgorces).

2. Affirmation très nette dans Cass. com., 21 juin 1994, n° 92-18630 : « À l'égard de la banque, en sa qualité de commerçante, les actes de commerce peuvent se prouver par tous moyens ».

que, dans la pratique, il n'y aurait finalement guère de différence entre la preuve d'un acte civil et celle d'un acte de commerce.

En réalité, il reste une différence essentielle entre les deux systèmes. En droit civil, la liberté de la preuve, lorsqu'elle est admise par la loi dans les cas ci-dessus, est soumise à une *condition de recevabilité* : il faut présenter un commencement de preuve par écrit[3] ou établir l'impossibilité matérielle ou morale de se procurer un sous seing privé. L'existence de cette condition préalable pourra être discutée devant le juge. Au contraire, en droit commercial, le problème de la recevabilité de la preuve par tous moyens ne se pose pas, il est écarté du débat.

2. Absence de hiérarchie entre les modes de preuve

233. L'article 1359 du Code civil comporte une autre règle, qui s'applique quelle que soit la valeur de l'acte : *il n'est reçu aucune preuve contre et outre le contenu aux actes* (al. 2). À partir du moment où l'une des parties produit un acte écrit, authentique ou sous seing privé, son adversaire ne peut prouver par témoins ou par indices ni que l'acte renferme des inexactitudes (interdiction de prouver contre), ni qu'il comporte des omissions (interdiction de prouver outre). Au contraire, le principe de la liberté de la preuve en matière commerciale conduit à ne reconnaître aucune hiérarchie entre les divers modes de preuve. Contre un acte sous seing privé, l'on peut prouver par tous moyens.

Exemple 1. Preuve contre l'acte. Le bordereau, établi par le transporteur chargé de la livraison de sacs de ciment, fait état de la prise en charge de 200 sacs. Le destinataire constate que 160 sacs seulement lui ont été livrés. L'expéditeur réclame le paiement du prix des 200 sacs. Le destinataire pourra, grâce à des témoignages, démontrer contre le bordereau que, en fait, 160 sacs de ciment seulement avaient été chargés au départ[4].

Exemple 2. Preuve outre l'acte. S'agissant de l'exécution d'un contrat de travail conclu entre un commerçant et un salarié, le salarié pourra prouver par témoins, contre son employeur commerçant, l'existence d'un accord verbal précisant la portée de l'acte écrit[5].

Il en résulte une différence considérable au point de vue de la *qualification de la preuve*. Le droit civil oblige le juge à qualifier le moyen de preuve : placé en face d'un document écrit, il doit dire si cet écrit a la valeur d'un acte sous seing privé, d'un commencement de preuve par écrit ou d'un simple indice. Cela est indispensable pour le situer dans la hiérarchie des preuves. Au contraire, la question de qualification est indifférente en droit commercial, puisque celui-ci ne reconnaît aucune hiérarchie entre les modes de preuve : seule compte la force démonstrative du moyen produit.

C'est pourquoi l'*admissibilité* des modes de preuve modernes, liés à l'informatique ou aux télécommunications, ne soulève guère de difficultés lorsqu'il s'agit de faire la preuve d'un acte de commerce à l'égard d'un commerçant. Ainsi, par exemple, peu importe de savoir si un document informatique peut être assimilé à un écrit, dans les conditions prévues par le Code civil ou à un commencement de preuve par écrit, rendant admissible la preuve par simple présomption. Ces

3. Le commencement de preuve par écrit est : 1°/*un écrit*, par exemple un acte rédigé en vue de faire la preuve, mais auquel il manque l'une des conditions exigées par la loi (celles des articles 1325 et 1326 du Code civil) ; 2°/un écrit *émanant du défendeur à l'allégation* ; 3°/un écrit *rendant vraisemblable le fait allégué* (point soumis à l'appréciation souveraine des juges du fond). Voy. art. 1362 C. civ.

4. Cass. com., 23 mai 1970, n° 69-10396.

5. Cass. soc., 9 mai 1973, n° 72-40074.

questions-là ne se posent pas en droit commercial. En revanche, elles ont une grande importance en droit civil, en particulier lorsqu'un commerçant doit faire la preuve contre un consommateur non commerçant.

3. Force probante des différents modes de preuve

234. Même si en théorie le droit commercial ignore la hiérarchie des preuves, il n'en reste pas moins que les différents modes de preuve ne procurent pas, en fait, la même sécurité juridique. Il faut, dans la pratique, en apprécier la force probante en fonction, notamment, des risques de fraude ou de falsification. Au cours du procès, la valeur de la preuve donnera lieu le cas échéant à un débat contradictoire, mais sans que le juge soit tenu par les dispositions du Code civil.

a. Les écrits

235. L'article 1365 du Code civil définit désormais (ord. du 10 février 2016) l'écrit : « L'écrit consiste en une suite de lettres, de caractères, de chiffres ou de tous autres signes, symboles dotés d'une signification intelligible, quel qu'en soit le support. » Selon l'art. 1366, *nouveau*, « L'écrit électronique a la même force probante que l'écrit sur support papier, sous réserve que puisse être dûment identifiée la personne dont il émane et qu'il soit établi et conservé dans de conditions de nature à en garantir l'intégrité. »

La loi n'exige aucune technique d'écriture pour la rédaction d'un acte sous seing privé, qui peut être manuscrit, tapé à la machine ou imprimé. Sa force probante résulte essentiellement de la signature manuscrite. L'acte doit normalement comporter la signature de toutes les parties. Mais la preuve résultera très souvent de la correspondance commerciale. La jurisprudence admet, dans le cas d'un acte civil, qu'une lettre constitue un sous seing privé lorsque deux conditions sont réunies : que la lettre comporte la signature de la partie à qui on l'oppose et qu'elle soit invoquée par la partie à qui elle a été remise[6]. La règle vaut *a fortiori* dans les rapports entre commerçants.

b. Les témoignages

236. L'article 199 CPC prévoit que les témoignages sont recueillis soit par *enquête*, c'est-à-dire à l'audience du tribunal, soit par *attestation*, c'est-à-dire par écrit, sans déplacement physique du témoin. En pratique, en matière commerciale, c'est toujours la forme de l'attestation qui est retenue. L'article 202 CPC dispose, notamment, que « l'attestation est écrite, datée et signée de la main de son auteur » et que « celui-ci doit lui annexer, en original ou en photocopie, tout document officiel justifiant de son identité et comportant sa signature ». L'article 203 précise que « le juge peut toujours procéder par voie d'enquête à l'audition de l'auteur d'une attestation ».

c. Les copies

237. Quelle est la valeur des copies ? Depuis l'ordonnance du 10 février 2016 réformant le droit des contrats, du régime général et de la preuve des obligations, le principe est qu'une copie fiable a la même force probante que l'original (art. 1379 C. civ.). Il n'y a plus de hiérarchie entre l'original et sa copie (ex. un document scanné), à condition que la copie soit « fiable ». 1/ La copie d'un acte sous seing privé est présumée fiable. C'est une présomption simple destinée à alléger la charge de la preuve. Lorsque la copie n'est pas fiable, il est, semble-t-il, nécessaire de présenter l'original. 2/ La copie exécutoire ou authentique d'un acte authentique est réputée fiable. Elle fait foi jusqu'à inscription de faux. C'est la qualité du rédacteur de la copie (un officier public) qui justifie cette règle. Ces solutions valent *a fortiori* dans les rapports entre commerçants.

6. Cass. civ., 30 avr. 1970, n° 69-10237.

d. Les données numériques

238. L'ordinateur, en combinaison avec les moyens modernes de télécommunication, a bouleversé les échanges traditionnels d'informations. Des opérations juridiques de plus en plus nombreuses sont aujourd'hui traitées par informatique (conclusion de contrats par correspondance, échange de documents commerciaux, transfert de fonds et de créances, retrait d'espèces, paiement à distance[7]), qui ne laissent pas nécessairement de traces écrites sur papier et qui, au mieux, figurent dans des mémoires d'ordinateurs, sur des supports magnétiques du type CD-ROM ou des clés USB. Il est devenu usuel d'englober ces opérations sous le terme d'*échange de données informatisées* et, plus précisément, de *commerce électronique*.

L'ordonnance du 10 février 2016, qui a réformé le droit civil de la preuve, assimile l'écrit sous forme électronique à l'écrit sur support papier : « L'écrit électronique a la même force probante que l'écrit sur support papier, sous réserve que puisse être dûment identifiée la personne dont il émane et qu'il soit établi et conservé dans de conditions de nature à en garantir l'intégrité. » Cette équivalence entre la force probante de l'écrit traditionnel et celle de l'écrit électronique remonte à la loi du 13 mars 2000 (anc. art. 1316-4 C. civ.).

On peut également ajouter que le législateur admet largement le recours à l'écrit électronique, au-delà des seules questions de preuve. En effet, la loi du 21 juin 2004 pour la confiance dans l'économie numérique a introduit dans le Code civil un *corpus* de textes consacrés aux contrats passés sous forme électronique (art. 1125 à 1127-6[8])[9]. Elle a également créé une disposition qui reconnaît la forme électronique lorsqu'un écrit est exigé pour la *validité* d'un acte juridique (art. 1174 C. civ.[10]). L'ensemble a été complété par deux décrets du 10 août 2005 qui réglementent l'acte authentique électronique[11].

B. Le domaine d'application du principe

239. Le principe de la liberté de la preuve reçoit deux sortes de limitations. D'une part, il ne s'applique qu'à l'égard des commerçants et, d'autre part, il est lui-même écarté par une série de lois qui sont spéciales à certains actes.

1. Le principe ne vaut qu'à l'égard des commerçants

240. L'article L. 110-3 du Code de commerce précise en effet que c'est *à l'égard des commerçants* que les actes de commerce se prouvent par tous moyens. Pour que la preuve soit libre il faut donc que deux conditions soient remplies :

- que le défendeur à la preuve soit un commerçant (a) ;
- que la preuve ait pour objet un acte accompli par ce commerçant dans l'exercice de son commerce (b).

7. Tout cela relève de ce que l'on nomme aujourd'hui le *e-commerce*.

8. Il s'agissait en 2004 des art. 1369-1 et suivants, lesquels ont été repris dans les art. 1125 et 1127-6 par l'ordonnance du 10 févr. 2016.

9. L. Grynbaum, « Après la loi "économie numérique", pour un Code européen des obligations... raisonné », *D.* 2004, p. 2213.

10. L'article 1174 (issu de l'ordonnance du 10 févr. 2016) est la reprise à l'identique de l'article 1108-1.

11. J. Huet, « L'acte authentique électronique, petit mode d'emploi (décrets n° 2005-972 et 973 du 10 août 2005) », *D.* 2005, p. 2903.

a. Le défendeur à la preuve doit avoir la qualité de commerçant

241. Si l'acte a été passé **entre deux commerçants**, le principe de la liberté de la preuve s'applique intégralement, chacune des parties pouvant l'opposer à l'autre.

Dans le cas d'un **acte mixte**, passé entre un commerçant et un non-commerçant, le non-commerçant peut faire la preuve par tous moyens contre le commerçant. À l'inverse, le commerçant doit, contre le non-commerçant, rapporter la preuve selon les règles du droit civil[12].

Avant la loi du 12 juillet 1980, la solution avait été admise en jurisprudence, mais après des hésitations. Elle résulte aujourd'hui de l'article L. 110-3 du Code de commerce[13].

L'on observera que très souvent les actes mixtes sont des actes courants, passés avec les consommateurs pour des sommes inférieures à 1 500 euros et dont la preuve est de toute manière libre à l'égard des deux parties. Ce système est raisonnable : c'est uniquement en ce qui concerne les actes les plus importants, que les commerçants, lorsqu'ils traitent avec des non-commerçants, doivent se ménager une preuve par écrit.

Enfin le principe de la liberté de la preuve ne s'applique pas aux **actes de commerce isolés**, accomplis occasionnellement par des non-commerçants. L'acte est intégralement soumis au régime civil de la preuve. Mais, on le sait, de tels actes sont rares. La question ne concerne guère aujourd'hui que la preuve du cautionnement.

b. L'objet de la preuve doit être un acte accompli par le commerçant dans l'exercice de sa profession

242. L'article L. 110-3 ne s'applique pas à tous les actes d'un commerçant mais seulement aux actes de commerce. Cependant, en raison de la présomption de commercialité, tous les actes accomplis par le commerçant sont réputés faits pour les besoins de son entreprise[14]. C'est donc au commerçant désireux d'écarter la preuve par tous moyens, qu'il appartient d'établir le caractère non commercial de l'acte.

Exemple. Un commerçant consent à l'un des membres de sa famille un prêt sans intérêt, en prélevant les fonds sur ses deniers personnels. L'emprunteur signe une reconnaissance de dette. Lorsque le prêteur lui réclame le remboursement de la somme prêtée, l'emprunteur prétend que les fonds ne lui ont jamais été versés et il offre d'en rapporter la preuve par témoins. Sa prétention est irrecevable. Le prêt a bien été consenti par un commerçant, mais pas dans l'exercice de son commerce. Il s'agit d'un acte civil et non d'un acte de commerce et, en droit civil, la preuve par témoins n'est pas admise contre l'écrit[15].

2. Le principe est parfois écarté par des lois spéciales

243. En dépit du principe de liberté des preuves, le droit des affaires accorde une place de plus en plus grande au respect de certaines formes

12. Cass. com., 12 juin 2019, n° 18-13846, *Contrats, conc. consom.* 2019, comm. 152, obs. L. Leveneur.

13. Cass. 1re civ., 2 mai 2001, n° 98-23080 : « Attendu que dans un acte mixte, les règles de preuve du droit civil s'appliquent envers la partie pour laquelle il est de caractère civil », *D.* 2001, p. 1950, obs. A. Lienhard.

14. V. cependant Cass. com., 12 mai 1998, n° 95-15355.

15. Comp. Cass. 1re civ., 23 mai 1977, n° 76-10156, *RTD com.* 1977, p. 711, obs. J. Derruppé.

particulières, afin de renforcer la sécurité juridique dans certaines transactions commerciales. La doctrine n'a pas manqué de relever cette renaissance du formalisme dans le droit contemporain. Mais, la liberté de la preuve constituant le principe, les exceptions qui lui sont apportées ne peuvent résulter que de la loi.

De nombreuses opérations juridiques, même passées entre commerçants, doivent être, en vertu de lois spéciales, constatées par écrit, la plupart du temps pour la preuve de l'acte (forme *ad probationem*). Il est impossible de les recenser toutes. C'est le cas par exemple du nantissement de fonds de commerce (art. L. 142-3 C. com.), du contrat de transport terrestre de marchandises (art. L. 132-8 C. com.) ou du contrat de société (art. 1835 C. civ.). Dans certains cas, l'écrit est exigé pour la validité de l'acte, (forme *ad validitatem*). Ainsi la lettre de change doit comporter les mentions prévues par l'article L. 511-1 du Code de commerce. À défaut, elle ne vaut pas comme lettre de change. Il en est de même du chèque et du bordereau de cession de créances. De même, les contrats de coopération commerciale conclus entre fournisseurs et distributeurs doivent être rédigés par écrit (art. L. 441-3 C. com.). Dans d'autres cas enfin, la loi prévoit une formalité de publicité pour rendre l'opération opposable aux tiers et par là même elle impose de façon indirecte la rédaction d'un écrit. Ainsi, par exemple, dans le cas de la location-gérance du fonds de commerce (art. L. 144-7 C. com.). Quant aux sociétés commerciales, elles doivent être immatriculées pour obtenir la personnalité morale.

Enfin les actes mixtes, lorsqu'ils sont passés avec des consommateurs, sont soumis à des formes protectrices du consentement, souvent prescrites à peine de nullité. Ainsi, par exemple, les contrats conclus hors établissement (art. L. 242-1 C. consom.), le crédit à la consommation (art. L. 312-18 C. consom.) ou le crédit immobilier (art. L. 313-24 C. consom.).

C. Conséquences de la liberté de la preuve en matière commerciale

1. La preuve de la date à l'égard des tiers

244. Les règles de preuve s'appliquent essentiellement dans les relations entre les parties au contrat. Mais il peut arriver que l'on ait besoin de faire la preuve d'une convention à l'égard d'un tiers. Dans ce cas, l'article 1377 du Code civil protège le tiers contre le risque d'antidate. La date figurant dans l'acte lui est en effet inopposable. L'acte sous seing privé n'acquiert *date certaine* à l'égard des tiers que par la survenance de l'un des événements prévus à l'article 1377 : l'enregistrement de l'acte, la mort de l'un des signataires, la mention de l'acte dans un acte authentique. Mais ici encore, le principe de la liberté de la preuve conduit, en matière commerciale, à écarter la règle du droit civil. La preuve de la date de l'acte peut être faite, à l'égard des tiers, par tous moyens. Ainsi peu importe que l'acte n'ait pas été enregistré, la date indiquée dans l'acte fera foi à l'égard des tiers[16]. Mais comme l'article L. 110-3 du Code de commerce précise que c'est *à l'égard des commerçants* que la preuve peut se faire par tous moyens, l'exclusion de l'article 1377 du Code civil ne joue que si le tiers a lui-même la qualité de commerçant[17].

Exemple. P est propriétaire d'un terrain. À quelques jours d'intervalle, il en concède l'usage, successivement, à deux commerçants concurrents, A et B, pour y implanter des panneaux publicitaires. Le commerçant A pourra opposer son contrat, antérieur en date

16. Cass. com., 17 mars 1992, n° 90-10694, *RTD com.* 1993, p. 147, obs. B. Bouloc.

17. Cass. 3e civ., 31 mai 2012, n° 11-17534.

mais non enregistré, à B (qui est un tiers par rapport au contrat entre P et A). Il obtiendra l'enlèvement du panneau publicitaire apposé par B[18].

2. Les formalités propres à certains actes

a. Contrats synallagmatiques

245. Lorsqu'il s'agit de prouver l'existence d'un contrat synallagmatique, hypothèse fréquente en pratique, l'article 1375 du Code civil exige que l'acte sous seing privé soit fait en autant d'originaux qu'il y a de parties ayant un intérêt distinct. La règle du double exemplaire est justifiée par le bon sens : il est prudent d'y recourir, afin que chaque partie dispose d'une preuve certaine.

En droit civil, la disposition de l'article 1375 est sanctionnée par la nullité de l'acte sous seing privé, qui ne peut plus, à lui seul, faire la preuve du contrat. L'article L. 110-3 du Code de commerce permet au contraire de négliger la formalité du double original. Conformément au principe de liberté de la preuve, un contrat commercial synallagmatique, une vente commerciale par exemple, peut être prouvé par tous moyens. Mais si l'on a pris la précaution de rédiger un écrit, un seul exemplaire suffit.

b. Actes unilatéraux

246. Les actes sous seing privé constatant une promesse unilatérale de payer une somme d'argent ou une certaine quantité d'un bien fongible, sont soumis, en droit civil, à une formalité particulière. Selon l'article 1376 du Code civil, l'acte doit comporter, « ... la signature de celui qui souscrit cet engagement ainsi que la mention, *par lui-même*, de la somme ou de la quantité en toutes lettres et en chiffres ». En effet, comme l'acte constatant un engagement unilatéral est rédigé en un seul exemplaire, qui est détenu par le créancier, il y a un risque de voir celui-ci, s'il est malhonnête, modifier à son profit la teneur de l'acte. La formalité de l'article 1376 protège ainsi le débiteur contre une fraude éventuelle[19]. La jurisprudence considère d'ailleurs que l'article 1376 du Code civil pose une règle de preuve, pour la protection du débiteur, et non une règle pour la validité de l'acte.

S'agissant de faire la preuve de l'acte, l'article L. 110-3 du Code de commerce déroge à l'article 1376 du Code civil[20]. L'utilité de la règle se manifeste surtout, en pratique, à propos du cautionnement. En matière commerciale, la preuve du cautionnement se fait par tous moyens, nonobstant l'absence, totale ou partielle, des mentions requises par l'article 1376 du Code civil. Mais pour que l'article L. 110-3 du Code de commerce s'applique au cautionnement, il faut que deux conditions soient réunies : que la caution ait la qualité de commerçant et que le cautionnement garantisse le paiement d'une dette commerciale.

---

18. Comp. Cass. com., 25 avril 1983, n° 81-16804.

19. Dans le cas d'un cautionnement souscrit par une personne physique à l'égard d'un créancier professionnel, l'article L. 331-1 C. consom. prescrit une mention spéciale sanctionnée par la nullité du cautionnement.

20. Cass. com., 15 nov. 1988, n° 87-11626.

Exemple. Mme D. a cédé son fonds de commerce ainsi que le bail commercial dont elle était titulaire. En même temps, elle s'est portée caution envers le bailleur du paiement des loyers par le nouveau locataire. Assignée en paiement par le bailleur, elle a prétendu que le cautionnement qu'elle avait souscrit était nul, faute de mention manuscrite indiquant l'étendue de son engagement. Elle sera cependant condamnée à payer les loyers. La Cour de cassation rejette le pourvoi formé contre l'arrêt d'appel : « Attendu... qu'il est constant que Mme D. était propriétaire et exploitante du fonds de commerce objet de la vente ; qu'il en résulte qu'en sa qualité de commerçante, les règles énoncées à l'article 1376 C. civ. n'étaient pas applicables à l'acte signé par elle et contenant la convention de cautionnement litigieuse »[21].

247. Concernant la preuve du cautionnement, la question est un peu plus complexe lorsque la caution *n'a pas la qualité de commerçant*. En effet, si le cautionnement donné pour garantir une dette commerciale est un acte de commerce, la caution n'a pas nécessairement la qualité de commerçant. Par exemple, le dirigeant de société qui se porte caution n'est pas commerçant, alors même que le cautionnement qu'il a conclu est un acte de commerce parce que la dette principale est commerciale (art. L. 110-1, 11°, C. com.).

L'article L. 110-3 du Code de commerce n'admet la liberté de la preuve des actes de commerce *qu'à* l'égard des commerçants. La preuve d'un cautionnement contre une caution non commerçante se fait donc selon les modes du droit civil. Et, le cautionnement étant un acte unilatéral, les formalités de l'article 1376 du Code civil doivent être respectées. Cependant la jurisprudence admet que l'acte de cautionnement qui ne contient pas les énonciations requises par l'article 1376 constitue un commencement de preuve par écrit qui peut être complété par d'autres éléments de preuve.

248. Ce système trouve sa principale application dans le cas du cautionnement donné par un *dirigeant de société*. Il est fréquent, on le sait, qu'un établissement bancaire, avant d'accorder un crédit à une société, demande au dirigeant de cette société de se porter personnellement caution du remboursement[22]. Bien que les dirigeants de sociétés, par exemple les gérants de SARL ou les présidents de SA, n'aient pas en général la qualité de commerçant, ils ne peuvent pas, la plupart du temps, selon la jurisprudence, se soustraire à leur engagement sous le prétexte que les formalités de l'article 1376 n'auraient pas été respectées. L'acte de cautionnement, dont les mentions sont incomplètes, vaut comme commencement de preuve par écrit. Ce commencement de preuve doit être complété par des éléments de preuve extrinsèques. Ceux-ci peuvent être trouvés dans la fonction du dirigeant qui s'est porté caution. Selon la chambre commerciale, « le commencement de preuve par écrit que constitue la signature, donnée à la fois en qualité de représentant de la société et de caution, complété par l'élément extrinsèque résultant de la qualité de gérant, rend

21. Cass. com., 11 déc. 1990, n° 89-15048.

22. De plus, en ce qui concerne la protection de la caution dirigeante, deux textes applicables aux personnes physiques, donc y compris aux dirigeants sociaux méritent d'être signalés. 1° L'article 2297 C. civ., texte issu de la réforme des sûretés de 2021, impose, à peine de nullité, que la caution personne physique, donc y compris le dirigeant social, « appose elle-même la mention qu'elle s'engage en qualité de caution à payer au créancier ce que lui doit le débiteur en cas de défaillance de celui-ci ». Cette mention peut être manuscrite ou incluse par voie électronique ; 2°Selon l'article 2300 du C. civ. : « Si le cautionnement souscrit par une personne physique envers un créancier professionnel était, lors de sa conclusion, manifestement disproportionné aux revenus et au patrimoine de la caution, il est réduit au montant à hauteur duquel elle pouvait s'engager à cette date ». V. C.-A. Michel, « Le cautionnement consenti par le dirigeant social et la réforme du cautionnement », *Gaz. Pal.* 14 déc. 2021, p. 52.

parfaite la preuve de l'acte de cautionnement »[23]. En revanche, la simple qualité d'associé ou de conjoint d'un dirigeant ne constitue pas un élément de preuve extrinsèque suffisant[24].

§2. Les règles spéciales aux obligations commerciales

249. L'acte de commerce donne naissance à une obligation commerciale qui, à certains égards, diffère de l'obligation civile. Des règles spéciales intéressent la pluralité de débiteurs, l'exécution de l'obligation et son extinction.

A. Pluralité de débiteurs : la solidarité passive

250. Il y a solidarité passive lorsque plusieurs débiteurs sont tenus de la même dette, à l'égard du même créancier, chacun pour le tout. Le créancier peut à son gré, soit réclamer l'intégralité de la dette à l'un quelconque des codébiteurs solidaires, soit diviser ses recours entre certains ou entre tous. Celui qui a payé dispose ensuite d'un recours contre les autres codébiteurs, mais il doit alors diviser ses poursuites.

Exemple. A est créancier d'une obligation de 3 000 euros. Il y a trois débiteurs : X, Y et Z. Si l'obligation n'est pas solidaire (on dit que l'obligation est *conjointe*), le créancier A doit diviser ses poursuites entre les trois débiteurs ; il ne peut exiger que 1 000 de la part de X, 1 000 de la part de Y et 1 000 de la part de Z. Si l'obligation est *solidaire*, le créancier peut réclamer à l'un quelconque des débiteurs (X ou Y ou Z) le paiement intégral de la créance, soit 3 000 à X ou 3 000 à Y ou 3 000 à Z. Ensuite, dans les rapports des codébiteurs entre eux (on parle de « contribution à la dette » pour désigner les rapports entre les débiteurs), chacun n'est tenu de la charge définitive de la dette que « pour sa part et portion » (art. 1317 C. civ.), à moins que la convention n'ait prévu une répartition inégale. Le poids des 3 000 euros est donc, en principe, divisé en trois, soit 1 000 chacun. Supposons que c'est le débiteur X qui a payé les 3 000 euros au créancier. X dispose d'un recours[25] contre les deux autres pour leur demander le remboursement des 2 000 euros qu'il a payés en plus de la part lui incombant.

23. Cass. com., 23 mai 2000, n° 97-12493, *Contrats, conc. consom.* 2000, n° 138, obs. L. Leveneur.

24. De même l'existence de liens familiaux entre le débiteur principal et la caution : Cass. 1re civ., 10 mai 2000, n° 98-11345, *D.* 2001, somm. p. 691, obs. L. Aynès.

25. Plus exactement, le débiteur *solvens* (*i.e.* qui a payé) a un recours personnel, car il a payé la dette de ses codébiteurs, et un recours subrogatoire, car il bénéficie de la subrogation légale de l'article 1346 C. civ.

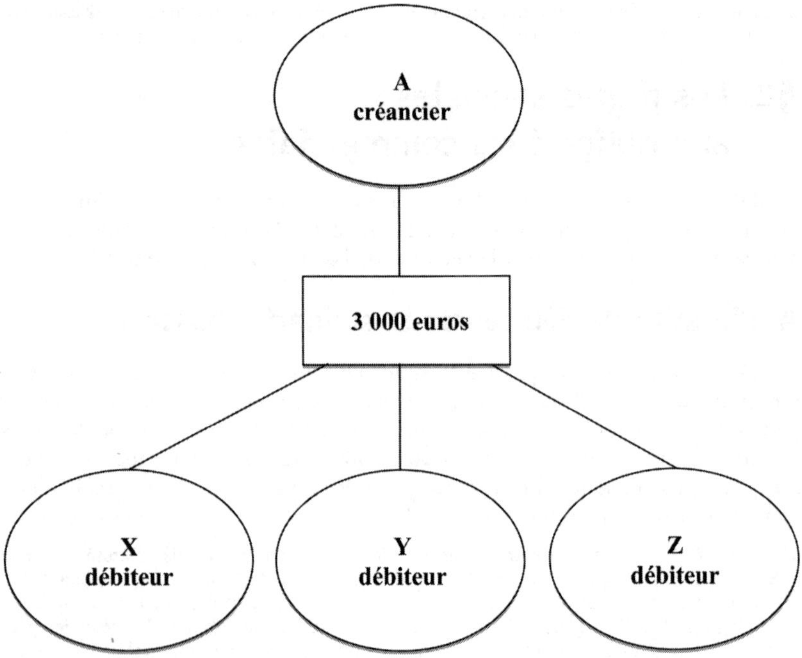

1. Principe : la solidarité se présume dans les affaires commerciales

251. La solidarité constitue une garantie très solide pour le créancier, puisqu'il peut exiger le paiement intégral de celui qui est le plus solvable. C'est une forme de sûreté personnelle. À l'inverse, elle représente une charge très lourde pour le débiteur, qui se trouve ainsi garantir l'insolvabilité de ses codébiteurs. C'est pourquoi le droit civil la considère comme une situation anormale. L'article 1310 du Code civil dispose : « La solidarité ne se présume pas ». Au contraire, la solidarité est normale entre commerçants lorsque, à l'occasion d'une affaire, ils s'engagent envers le même créancier. Une règle coutumière veut que la solidarité passive se présume en droit commercial[26]. La jurisprudence a consacré la règle :

> ***Cass. Req. 20 octobre 1920***[27]**.** Attendu que selon un usage antérieur à la rédaction du Code de commerce et maintenu depuis, les tribunaux de commerce sont conduits à considérer que la solidarité entre débiteurs se justifie par l'intérêt commun du créancier, qu'il incite à contracter, et des débiteurs, dont il augmente le crédit.

26. V. Forti, « Le domaine de la présomption de solidarité en matière commerciale », *RTD com.* 2021, p. 257.

27. Cass. req., 20 oct. 1920, *S.* 1922.1.201, note J. Hamel.

Remarque : La solidarité commerciale est parfois expressément consacrée par la loi. Ainsi, entre les associés en nom collectif pour les dettes de la société (art. L. 221-1 C. com.), entre le propriétaire du fonds de commerce et le locataire-gérant (art. L. 144-7 C. com.), entre signataires d'une lettre de change (art. L. 511-44, al. 1er, C. com.).

2. Champ d'application de la présomption de solidarité

252. La présomption de solidarité s'applique d'abord lorsque plusieurs commerçants sont tenus de la même dette, née à l'occasion de leur commerce[28].

Exemple. Un commerçant a commandé des marchandises et un autre s'est engagé personnellement à les payer. Ils sont tenus solidairement du paiement du prix à l'égard du vendeur, car ils sont tenus l'un et l'autre de la même dette[29].

La présomption de solidarité s'applique également à des personnes non commerçantes lorsqu'elles se sont engagées à l'occasion d'un même acte de commerce. C'était le cas dans l'arrêt de référence de la chambre des requêtes de 1920 où les débiteurs condamnés solidairement étaient deux administrateurs de société, autrement dit deux personnes n'ayant pas la qualité de commerçant.

Exemple. A et B ont vendu à C et D la totalité des parts sociales de la SARL Y, à la suite de quoi C a été nommé gérant de la société. Ni les vendeurs ni les acheteurs n'ont la qualité de commerçant. C et D n'ayant pas acquitté en totalité le prix de cession des parts, A et B les ont assignés en paiement et dommages et intérêts. C et D, malgré le silence du contrat de cession, seront condamnés solidairement. En effet, bien qu'ils ne soient pas commerçants, leur dette a son origine dans un même acte de commerce. La cession de parts sociales a un caractère commercial lorsqu'elle transfère le contrôle de la société[30].

Ainsi, la présomption de solidarité a un champ d'application large puisqu'elle couvre à la fois la commercialité subjective (la présomption s'applique lorsque les débiteurs sont commerçants) et la commercialité objective (la présomption s'applique aux débiteurs d'un acte de commerce)[31].

3. Force de la présomption

253. Il ne suffit pas, pour renverser la présomption de solidarité, de prouver que les codébiteurs n'avaient pas en réalité l'intention de s'engager solidairement. Il faut aussi prouver que le créancier avait renoncé à invoquer la solidarité. L'apparence de la communauté d'intérêts joue contre les codébiteurs qui ont contribué à la créer.

Exemple. Plusieurs sociétés, représentées par un mandataire commun, font appel à une entreprise pour la préparation de programmes de construction. Bien que les sociétés aient eu l'intention de s'engager séparément, elles seront tenues solidairement du

28. Il semble cependant que, selon la jurisprudence, la qualité de commerçant des signataires ne suffise pas et que la dette doive présenter un caractère commercial « par nature » (c'est-à-dire autre que commercial par accessoire). V. Cass. com., 30 oct. 2007, *BRDA* 3/2008, n° 17.

29. Cass. com., 21 avr. 1980, n° 78-14765 : « La société C. avait personnellement promis le paiement des fournitures commandées, (...) qu'elle se trouvait ainsi tenue commercialement envers la société P. de la même dette que la société J., la cour d'appel (...) a justifié de la sorte la condamnation solidaire qu'elle a prononcée sans enfreindre les dispositions de l'article 1202 du Code civil qui ne sont pas applicables en matière commerciale ».

30. Comp. Cass. com., 16 janv. 1990, *JCP* 1991.II.21748, note C. Hannoun.

31. B. Dondero, « La présomption de solidarité en matière commerciale : une rigueur à modérer », *D.* 2009, p. 1097.

remboursement des frais avancés par l'entreprise. En effet, aux yeux de celle-ci, tout laissait penser que les sociétés s'étaient engagées ensemble dans la même opération et étaient tenues d'une dette commune de remboursement[32].

B. Règles relatives à l'exécution des actes de commerce

254. Ces règles ne concernent pas l'ensemble des actes de commerce mais seulement certains d'entre eux. Elles sont doublement spéciales : d'une part, elles dérogent au droit civil des contrats et, d'autre part, elles sont particulières à certains types d'opérations commerciales, comme, par exemple, la vente de marchandises ou le compte courant.

Il existait, jusqu'à une époque récente, des règles applicables à l'exécution des actes de commerce, pris en général, par exemple les règles concernant la mise en demeure ou le taux de l'intérêt légal. Mais en devenant communes aux actes civils et aux actes de commerce, ces règles ont perdu leur originalité.

L'existence d'une règle spéciale s'explique tantôt par le souci d'accentuer la rigueur d'exécution de l'obligation, tantôt, au contraire, par la volonté de sauver une opération en tolérant une plus grande souplesse dans son exécution.

1. Rigueur d'exécution de l'obligation cambiaire

255. On a parfois soutenu que les obligations commerciales devaient être exécutées avec plus de rigueur que les obligations civiles. Les débiteurs d'obligations commerciales seraient tenus d'un strict respect des échéances et ne devraient pas bénéficier d'un délai de grâce. En réalité, la rigueur d'exécution ne caractérise plus, en droit positif, que les obligations *cambiaires*, c'est-à-dire les obligations qui naissent d'une lettre de change. Le débiteur cambiaire doit payer ponctuellement à l'échéance prévue. L'article L. 511-81 du Code de commerce, relatif au paiement de la lettre de change, dispose en effet qu'aucun jour de grâce ni légal ni judiciaire ne peut être admis, sauf cas de force majeure. La même règle s'applique au paiement des autres effets de commerce, billet à ordre ou chèque. La règle déroge à l'article 1343-5, al. 1er, du Code civil, qui autorise, d'une façon générale, l'octroi par le juge d'un délai de grâce au débiteur[33].

2. Facilité d'exécution de la vente commerciale

256. De droit commun, en cas d'inexécution du contrat de vente, l'acheteur peut demander, par application de l'article 1610 du Code civil, soit l'exécution forcée, soit la résolution judiciaire de la vente. Dans les ventes de marchandises, le droit commercial tempère cette alternative trop rigide, grâce à deux règles particulières, fondées sur l'usage : la *faculté de remplacement* et la *réfaction de la vente*. Ces règles s'expliquent par le souci de ne pas bouleverser les prévisions de l'acheteur qui, très souvent, a l'intention de revendre les marchandises ou se trouve même déjà engagé dans une opération de revente.

L'acheteur qui n'obtient pas la délivrance des marchandises dispose de la *faculté de remplacement*. Elle consiste en ce que l'acheteur, au lieu de demander en justice

32. Comp. Cass. com., 1er juill. 1974, n° 73-11630.

33. Mais il reste possible d'obtenir un délai de grâce pour l'exécution d'une obligation commerciale autre que cambiaire : Cass. com., 14 nov. 1970, *Bull. civ.* III, n° 445.

l'exécution forcée, peut, après avoir mis le vendeur en demeure de livrer, acheter à un autre commerçant des marchandises de même qualité et quantité. Le vendeur initial sera alors tenu de lui en payer les frais et le prix, calculé au jour de la mise en demeure. L'ordonnance de 2016 sur le droit des contrats a repris cette mesure. Le nouvel article 1222 du Code civil dispose : « Après mise en demeure, le créancier peut aussi, dans un délai et à un coût raisonnables, faire exécuter lui-même l'obligation ou, sur autorisation préalable du juge, détruire ce qui a été fait en violation de celle-ci. Il peut demander au débiteur le remboursement des sommes engagées à cette fin. Il peut aussi demander en justice que le débiteur avance les sommes nécessaires à cette exécution ou à cette destruction. »

L'acheteur qui reçoit des marchandises d'une quantité ou d'une qualité différente de celle qui était convenue au contrat peut, au lieu de demander la résolution, obtenir la *réfaction de la vente*. Il conservera les marchandises livrées, mais le juge lui accordera une diminution du prix. Le montant de la réfaction est apprécié souverainement par le tribunal, au besoin en se référant aux usages[34]. La réfaction est d'ailleurs admise par les conventions internationales relatives aux ventes de marchandises, notamment par l'article 50 de la Convention de Vienne du 11 avril 1980[35]. Le législateur s'en est inspiré lors de la rénovation du droit des contrats en 2016. En effet, selon le nouvel article 1223 du Code civil : « En cas d'exécution imparfaite de la prestation, le créancier peut, après mise en demeure et s'il n'a pas encore payé tout ou partie de la prestation, notifier dans les meilleurs délais au débiteur sa décision d'en réduire de manière proportionnelle le prix. L'acceptation par le débiteur de la décision de réduction de prix du créancier doit être rédigée par écrit. » D'un point de vue théorique, il est intéressant de noter que ce sont des règles spéciales qui ont influé sur le droit commun.

3. Autres règles particulières

257. La capitalisation des intérêts dans le cadre du *compte courant*. En droit civil, l'*anatocisme*, c'est-à-dire le fait d'ajouter au capital les intérêts échus afin qu'ils portent à leur tour intérêt, est soumis par l'article 1343 du Code civil à des conditions restrictives. Il ne peut s'agir que d'intérêts dus pour au moins une année entière et il faut que l'anatocisme résulte d'une convention spéciale ou soit réclamée dans une demande en justice. Ces conditions sont sanctionnées par une nullité d'ordre public[36]. Au contraire, en droit commercial, la capitalisation des intérêts est d'usage lorsqu'elle s'effectue dans le cadre d'un compte courant. Les intérêts produisent intérêt sans condition de délai, à des échéances beaucoup plus brèves.

34. La réfaction, lorsqu'elle est accordée, n'exclut pas l'allocation de dommages et intérêts réparant les conséquences dommageables de la non-conformité (Cass. com., 22 janv. 2008, n° 07-11375).

35. L'article 50, 1re phrase, de la Convention de Vienne stipule : « En cas de défaut de conformité des marchandises au contrat, que le prix ait été déjà ou non payé, l'acheteur peut réduire le prix proportionnellement à la différence entre la valeur que les marchandises effectivement livrées avaient au moment de la livraison et la valeur que des marchandises conformes auraient eue à ce moment. » La différence avec le droit interne provient de ce que, dans la Convention de Vienne, l'acheteur opère la réfaction lui-même, de façon unilatérale, le juge ou l'arbitre n'intervenant éventuellement qu'*a posteriori*.- Voy. B. Audit, *La vente internationale de marchandises, Convention des Nations unies du 11 avr. 1980*, LGDJ, 1990, n° 138 et s.- Plus généralement, Ph. Kahn, *La vente commerciale internationale*, Sirey, 1961, p. 148.

36. Cass. 1re civ., 10 juill. 2014, n° 13-21144.

C. L'extinction de l'obligation commerciale : la prescription

258. Il s'agit de la prescription que l'on appelle *extinctive* ou *libératoire*. Lorsque le créancier n'exerce pas son droit, la prescription, à l'expiration d'un certain délai, éteint le droit et interdit d'agir en justice pour en obtenir l'exécution. L'ensemble de la matière a été refondu par la loi du 17 juin 2008. La prescription extinctive fait l'objet des articles 2219 à 2254 du Code civil. Cependant le droit commercial institue des délais de prescription particuliers : l'un de cinq ans, pour la prescription ordinaire, l'autre de deux ans, dans le cas de la vente.

1. Prescription quinquennale

> ***Art. L. 110-4, I. C. com.*** Les obligations nées à l'occasion de leur commerce entre commerçants ou entre commerçants et non-commerçants se prescrivent par cinq ans si elles ne sont pas soumises à des prescriptions spéciales plus courtes.

259. Le délai était auparavant de dix ans. Il est passé à cinq ans, à compter de l'exigibilité de la créance[37]. La règle de la prescription décennale était d'ailleurs apparue assez tardivement en droit positif puisque c'est la loi du 18 août 1948 qui l'avait introduite dans l'ancien Code de commerce, à l'article 189 *bis*. La loi du 3 janvier 1977 avait ensuite modifié l'article 189 *bis* et celui-ci était passé sans changement dans l'article L. 110-4 du nouveau Code de commerce.

a. Fondement de la prescription quinquennale

260. La prescription *quinquennale* répond à un besoin de *sécurité juridique* par la consolidation des situations apparentes. Elle est fondée sur une idée d'ordre et non sur une présomption de paiement.

Jusqu'à la réforme opérée par la loi du 17 juin 2008, le délai de prescription était différent en matière (trente ans) et en matière commerciale (dix ans). Pour expliquer cette différence, l'on faisait valoir les nécessités liées à la rapidité des opérations commerciales et la durée de l'obligation de conserver les documents comptables.

Depuis la réforme de 2008, les délais en matière civile et en matière commerciale ont été raccourcis et sont les mêmes, à savoir cinq ans (art. 2224 C. civ. et L. 110-4 C. com.) la prescription commerciale a donc beaucoup perdu de sa spécificité. De même, le calcul du délai de prescription se fait pareillement en droit civil et en droit commercial : le délai commence à courir à partir du jour où le titulaire du droit a connu ou aurait dû connaître les faits lui permettant de l'exercer (art. 2224 C. civ.)[38], peu importe la date d'établissement de la facture[39]. Et, aucune action ne peut être engagée 20 ans après le jour de la naissance du droit (art. 2232 C. civ.).

37. Cass. com., 5 déc. 2018, n° 17-16282.

38. J. Klein, *Le point de départ de la prescription*, Economica, 2013, préf. N. Molfessis. – Ex. Cass. 3e civ., 26 oct. 2022, n° 21-19898.

39. Cass. com., 26 févr. 2020, n° 18-25036.

Enfin, les causes d'interruption (exemple : la citation du débiteur en justice) et de suspension (exemple : la force majeure) sont aussi identiques.

b. Domaine d'application de la prescription quinquennale

261. Le domaine d'application de l'article L. 110-4, I, est très large. Les conditions d'application du texte sont au nombre de quatre.

1) Il faut une *obligation*. Le terme doit être compris dans son sens technique : un lien de droit entre un créancier et un débiteur. Peu importe la source de l'obligation : contrat, responsabilité délictuelle ou quasi délictuelle. Peu importe également la forme de l'acte constatant la créance : le fait que celle-ci soit constatée par un acte authentique ne modifie pas la durée de la prescription. En effet celle-ci est commandée par la nature de la créance et non par la forme du titre.

2) L'une des deux parties au moins doit avoir la qualité de commerçant. Il faut en effet que l'obligation soit née entre *commerçants* ou entre *un commerçant et un non-commerçant*. La prescription commerciale s'applique donc aux obligations issues d'un acte mixte[40].

3) Il faut que l'obligation soit née *à l'occasion du commerce*. Selon l'interprétation dominante, cette condition est entendue largement : il suffit que le lien d'obligation ait un rapport avec l'activité professionnelle de la partie commerçante. En cas de doute, la présomption de commercialité joue en faveur de la prescription commerciale.

4) Il ne faut pas que l'obligation soit atteinte par une prescription plus courte.

Exemples. En matière de transport, l'article L. 133-6 du Code de commerce soumet à une prescription d'un an les actions contre le transporteur pour avaries, pertes ou retard. L'article L. 145-60 du Code de commerce, relatif au bail commercial, dispose que « toutes les actions exercées en vertu du présent chapitre se prescrivent par deux ans ».

2. Prescription de l'action en paiement contre un acheteur non commerçant

Art. L. 218-2 C. consom. L'action des professionnels, pour les biens ou les services qu'ils fournissent aux consommateurs, se prescrit par deux ans.

262. Les ventes de biens ou les prestations de service aux particuliers sont souvent d'une importance minime et ne donnent pas lieu à l'établissement d'un écrit et d'une quittance. Pour éviter des procès difficiles parce que tardifs, la loi vient au secours du débiteur non professionnel et le libère au bout de deux années[41].

La loi du 17 juin 2008, réformant la prescription, a abrogé l'ancien article 2272, alinéa 4, du Code civil qui disposait : « Les actions des marchands, pour les marchandises qu'ils vendent aux particuliers non marchands, se prescrit par deux ans ». Elle

40. Par exemple, dans le cas de la créance d'un avocat contre une société commerciale (Cass. 2e civ., 4 janv. 2006, n° 04-20136, *D.* 2006, p. 303, obs. É. Chevrier).

41. La prescription biennale n'est pas applicable aux non-professionnels (*i.e.* aux personnes morales, p. ex. un syndicat de copropriétaires). Cela n'est pas contraire aux principes constitutionnels d'égalité devant la loi et devant la justice. V. Cass. 3e civ., 17 févr. 2022, n° 21-19829 (QPC).

a élargi les conditions d'application du texte et l'a fait passer dans le Code de la consommation, à l'article L. 218-2. Elle a maintenu le court délai de deux ans. La disposition déroge par conséquent à l'article L. 110-4 du Code de commerce. Comme beaucoup de professionnels sont commerçants, la disposition de l'article L. 218-2 du Code de la consommation est importante en pratique.

Section 2
L'affaiblissement du particularisme des actes de commerce

§1. L'unification de certaines règles

263. Les différences entre le régime des actes de commerce et celui des actes civils tendent aujourd'hui à s'estomper. Sur plusieurs points importants, des règles nouvelles ont unifié les solutions, mettant fin au particularisme qui avait longtemps caractérisé l'acte de commerce. Cette unification du droit commercial et du droit civil s'est réalisée dans trois domaines : le taux de l'intérêt légal, l'imputation des paiements et la mise en demeure du débiteur.

A. Le taux de l'intérêt légal

264. Les intérêts que l'on appelle *moratoires* sont destinés à compenser le retard dans le paiement d'une somme d'argent. Les intérêts moratoires courent en principe à compter de la mise en demeure. Leur taux peut être fixé par avance dans la convention. Cependant, lorsque les parties ne l'ont pas envisagé, la loi vient à leur secours en prévoyant un *intérêt légal*, dont elle détermine le taux.

Traditionnellement, le taux de l'intérêt légal était différent en droit civil et en droit commercial. Ainsi, un décret-loi du 8 août 1935 le fixait à 4 % en matière civile et à 5 % en matière commerciale. La distinction reposait sur l'idée que le retard dans le paiement cause un préjudice plus grave aux commerçants, car ils sont tenus eux-mêmes à des échéances précises. La loi du 11 juillet 1975, ne faisait plus de différence entre les dettes civiles et les dettes commerciales, le taux de l'intérêt légal étant le même dans les deux cas. Aujourd'hui, l'article L. 313-2 du Code monétaire et financier prévoit que le taux « est, en toute matière, fixé par décret pour la durée de l'année civile ». Le taux est calculé en fonction du taux directeur de la Banque centrale européenne et des taux pratiqués par les établissements de crédit et les sociétés de financement (art. 313-2, al. 3).

Mais les lois modernes ont réintroduit pour le calcul des intérêts moratoires *un taux spécial aux opérations entre professionnels et un taux spécial aux opérations entre particuliers non professionnels*. Pour le premier semestre de l'année 2023, par exemple, le taux de l'intérêt légal pour les sommes dues par un professionnel à un autre professionnel est de 2,06 %.

L'article L. 441-10, II, du Code de commerce dispose que les conditions générales de vente doivent obligatoirement préciser le taux d'intérêt des pénalités de retard et que, à défaut, ce taux est égal au taux d'intérêt « appliqué par la Banque centrale européenne à son opération de refinancement la plus récente majoré de 10 points de pourcentage ». Les pénalités de retard sont exigibles sans qu'un rappel soit nécessaire.

B. L'imputation des paiements

265. Selon une jurisprudence ancienne, la règle de l'article 1342-10 du Code civil, relative à l'imputation des paiements, ne s'appliquait pas en matière commerciale. Mais cette jurisprudence est aujourd'hui abandonnée depuis l'arrêt de la chambre commerciale du 22 juillet 1986[42].

C. Les formes de la mise en demeure

266. Jusqu'en 1991, la mise en demeure d'un débiteur s'effectuait selon des formes différentes en droit civil et en droit commercial. Le débiteur d'une dette civile ne pouvait être mis en demeure que par une citation en justice ou un acte extrajudiciaire, ce qui requérait l'appel à un huissier. Au contraire, la mise en demeure d'un débiteur commerçant pouvait se faire par tout moyen exprimant la volonté d'exiger le paiement, tel qu'une simple lettre recommandée. Mais cette différence a disparu avec la loi du 9 juillet 1991 portant réforme des procédures civiles d'exécution : en matière civile comme en matière commerciale, la mise en demeure peut résulter d'une « lettre missive, lorsqu'il ressort de ses termes une interpellation suffisante » (anc. art. 1139 C. civ.). L'ordonnance du 10 février 2016 réformant le droit des contrats et des obligations n'a pas repris dans le nouvel article 1344 C. civ. les mêmes termes que ceux employés dans l'ex-article 1139. Néanmoins, le législateur a conservé le principe antérieur selon lequel une lettre, simple ou recommandée, constitue un acte équivalent à une citation en justice ou à un commandement de payer, quelle que soit la nature, civile ou commerciale, de la dette, dès lors que l'interpellation du débiteur est suffisante. De plus, le nouveau texte (art. 1344) ajoute *in fine* que les parties ont la faculté d'écarter contractuellement l'exigence d'une mise en demeure. Dans ce cas, le débiteur sera mis en demeure du fait de la seule exigibilité de l'obligation.

§2. Un régime éclaté

267. Le régime des actes de commerce n'est plus unitaire. Les actes mixtes et les actes isolés relèvent d'un régime, qui combine, de façon variable et sans véritable rationalité, des règles de droit commercial et des règles de droit civil.

A. Le régime plénier

268. Il s'applique aux actes passés entre des personnes qui ont toutes la qualité de commerçant et qui agissent pour les besoins de leur entreprise. Ces

42. *Bull. civ.* IV, n° 180.

actes, que l'on peut qualifier aussi de purement commerciaux, sont intégralement soumis aux règles du droit commercial[43]. Par exemple, les règles commerciales relatives à la preuve, à la solidarité, à la prescription et à la compétence du tribunal de commerce s'appliquent sans réserve aux obligations nées de tels actes.

B. Le régime des actes mixtes

269. C'est en revanche un régime hétérogène, à plusieurs points de vue.

L'acte mixte, généralement un contrat, est passé entre un commerçant qui agit pour les besoins de son entreprise et un non-commerçant. C'est un acte qui a deux faces : il est acte de commerce pour le commerçant et acte civil pour le non-commerçant. En principe, on applique dans ce cas le système appelé *dualiste* ou *distributif* : le commerçant se voit appliquer les règles spéciales du droit commercial et le non-commerçant, les règles du droit civil. C'est la solution qui est retenue dans les matières de la preuve et de la compétence d'attribution du tribunal de commerce. Mais, en dehors de ces deux hypothèses, on ne trouve pas d'autres applications du système distributif.

Dans les autres cas, l'acte mixte retrouve un régime unitaire. Parfois c'est la règle commerciale qui s'applique aux deux parties. Ainsi en est-il de la prescription quinquennale qui éteint de la même façon l'obligation du commerçant et celle du non-commerçant. Parfois, à l'inverse, c'est la règle civile qui s'applique à l'acte mixte. Tel était le cas de la nullité de la clause compromissoire, qui, selon la jurisprudence, était une nullité absolue et qui pouvait être invoquée par les deux parties.

270. Enfin, le caractère hétérogène du régime des actes mixtes est encore aggravé par le fait qu'il interfère avec celui des *contrats de consommation* conclus entre un professionnel et un consommateur.

Le Code de la consommation édicte, pour la protection des consommateurs, des règles impératives, relatives à certaines formes de vente. Par exemple, dans le cas de la vente à distance, le contrat obéit à un formalisme rigoureux, en imposant une série de mentions obligatoires (art. L. 221-11 et s. C. consom.). La loi permet aussi à l'acheteur de renoncer à sa commande et de se rétracter dans un délai de quatorze jours (art. L. 221-18 C. consom.). Il faut également évoquer l'interdiction des clauses abusives dans les contrats conclus entre professionnels et non-professionnels ou consommateurs, qui figure à l'article L. 212-1 du Code de la consommation.

Dans les actes mixtes, les règles impératives du Code de la consommation, lorsqu'elles sont applicables, se substituent aux règles correspondantes du droit civil et du droit commercial. Mais si, en fait, beaucoup d'actes mixtes sont en même temps des contrats de consommation, ce n'est pas toujours vrai. La notion de non-commerçant est plus large que celle de consommateur ou de non-professionnel. Il existe de nombreux professionnels non-commerçants, ainsi les sociétés civiles, les agriculteurs et les artisans. Lorsqu'ils traitent avec des commerçants, ils concluent un acte mixte et celui-ci ne relève pas du droit de la consommation.

Toutes ces distinctions sont d'autant plus regrettables que la théorie de l'acte mixte et le droit de la consommation visent au fond un but identique : protéger le contractant inexpérimenté contre le professionnel rompu aux techniques commerciales et contractuelles. Le droit gagnerait non seulement en clarté et en cohérence mais encore en justification sociale si l'on repensait les notions fondamentales de commerçant et de consommateur par référence à l'entreprise.

43. L'expression de régime *plénier*, par opposition au régime *composite* des actes mixtes, est utilisée par M. Pédamon et H. Kenfack, *Droit commercial*, Dalloz, 2015, p. 210.

C. Le régime des actes de commerce isolés

271. Le régime des actes de commerce isolés passés par des personnes dont aucune n'a la qualité de commerçant, est encore différent. C'est le cas, on le sait, du cautionnement commercial, de la vente de fonds de commerce et des cessions de parts sociales entraînant transfert du contrôle. Le régime commercial de ces actes est à la fois plus affirmé, mais moins étendu dans son application.

Certaines règles du droit commercial sont applicables à l'acte isolé. Ainsi, le tribunal de commerce connaît des litiges relatifs à la conclusion et à l'exécution de l'acte. De même la présomption de solidarité doit jouer entre les codébiteurs. L'on constate que le droit commercial s'applique alors de façon particulièrement rigoureuse, puisque la partie non commerçante ne peut pas invoquer à son profit l'application de la règle civile, comme elle pourrait le faire normalement dans un acte mixte. La nature commerciale de l'acte est donc plus affirmée que dans l'acte mixte. Ainsi, la caution non commerçante ayant souscrit un cautionnement commercial et qui agit contre un commerçant doit saisir le tribunal de commerce.

En revanche, ni la règle de l'article L. 110-3 C. com., relative à la preuve, ni celle de l'article L. 110-4, I, C. com. relative à la prescription, ne peuvent jouer, puisque leur application dépend de la qualité de commerçant de l'auteur de l'acte.

Le régime des actes de commerce est d'une complexité excessive, que rien ne justifie véritablement et qui signe le déclin inexorable de la notion de l'acte de commerce et de son utilité. Le régime des actes de commerce, qui ne présente plus aucune unité a-t-il encore une justification ? On peut en douter. Il serait souhaitable d'abandonner une fois pour toutes l'acte de commerce considéré comme critère d'application de la règle commerciale.

Titre 3
La juridiction commerciale

272. L'existence d'une juridiction spéciale, le tribunal de commerce, chargée de trancher les litiges entre commerçants, a beaucoup fait pour que le droit commercial soit reconnu comme branche du droit distincte du droit civil. Il n'est pas certain en effet que le droit commercial aurait pu se maintenir en l'absence d'une juridiction chargée de l'appliquer.

Ce qui caractérise le tribunal de commerce, c'est qu'il est traditionnellement composé de commerçants et de représentants des entreprises élus par leurs pairs. Cela lui donne un caractère professionnel marqué.

En droit des affaires, les plaideurs recourent assez souvent à un autre mode de solution des litiges, qui est l'arbitrage. Ils demandent à un ou plusieurs arbitres, qu'ils choisissent librement, de trancher le différend qui les oppose. Là aussi le caractère professionnel de la juridiction est très marqué, car les arbitres sont généralement choisis parmi les juristes et les praticiens accoutumés aux affaires.

273. L'on étudiera successivement le tribunal de commerce (chapitre 1) et l'arbitrage commercial (chapitre 2).

CHAPITRE 1

Le tribunal de commerce

274. L'institution est ancienne. Les tribunaux de commerce ont été créés officiellement à Paris par un édit royal de 1563. Mais dans certaines villes, leur existence était plus ancienne[1]. Les magistrats du commerce portaient alors souvent le nom de *consuls*. C'est en souvenir de cette origine lointaine que l'on appelle, aujourd'hui encore, les juges du tribunal de commerce, les *juges consulaires*.

Les tribunaux de commerce ont traversé sans encombre la période révolutionnaire, sans doute parce que, étant composés de juges élus, leur existence s'accordait avec l'idéologie de l'époque. Les rédacteurs du Code de commerce de 1807 les ont maintenus et leur ont consacré les articles 631 et suivants du Code[2].

Après avoir figuré dans le Code de l'organisation judiciaire, les textes qui régissent l'organisation du tribunal de commerce et sa compétence se trouvent dans le Code de commerce au titre II du livre VII. Les règles de procédure restent exposées dans le Code de procédure civile. Par ailleurs, les droits fondamentaux du procès s'appliquent devant les tribunaux de commerce. Les juridictions consulaires sont, comme n'importe quel autre tribunal, tenues de garantir aux justiciables un procès équitable. En ce sens, l'article L. 721-1, alinéa 2, du Code de commerce dispose que « les tribunaux de commerce sont soumis aux dispositions, communes à toutes les juridictions, du livre Ier du Code de l'organisation judiciaire », c'est-à-dire essentiellement l'indépendance et l'impartialité du juge. L'article R. 721-1 C. com. renchérit : « Les tribunaux de commerce appliquent les principes directeurs du procès civil ».

Il conviendra d'examiner successivement l'organisation des tribunaux de commerce (section 1), leur compétence (section 2) puis la procédure qui a cours devant eux (section 3).

1. À Lyon en 1419, à Toulouse en 1549.

2. Depuis 2018, il existe au sein du tribunal de commerce de Paris une chambre internationale compétente lorsqu'une clause contractuelle lui attribue compétence. L'anglais peut être utilisé pendant l'audience, sans obligation de traduction. Mais le jugement doit obligatoirement être rédigé en français. Il peut toutefois être accompagné d'une traduction en anglais à la demande des parties.

Section 1
L'organisation des tribunaux de commerce

275. Exclusivement composé de commerçants et de représentants d'entreprises élus par leurs pairs, le tribunal de commerce juge en principe tous les litiges en matière commerciale (§ 1). Ce caractère exclusivement professionnel lui est parfois reproché (§ 2). Les inconvénients qui peuvent en résulter n'ont pas été vraiment corrigés par la présence du ministère public auprès du tribunal de commerce (§ 3).

§1. Constitution du tribunal de commerce

> ***Art. L. 721-1 C. com.*** Les tribunaux de commerce sont des juridictions du premier degré, composées de juges élus et d'un greffier. Leur compétence est déterminée par le présent code et les codes et lois particuliers.
>
> Les tribunaux de commerce sont soumis aux dispositions, communes à toutes les juridictions, du livre Ier du Code de l'organisation judiciaire.

276. La matière a été reprise par l'ordonnance du 8 juin 2006, qui en a introduit les dispositions dans le livre VII du Code de commerce. Les conditions pour être électeur et pour exercer les fonctions de juge au tribunal de commerce ont été renforcées afin de prévenir toute suspicion qui pourrait peser sur la moralité des juges consulaires. Des conditions spéciales d'ancienneté sont exigées des juges chargés des procédures de sauvegarde, de redressement et de liquidation des entreprises.

277. En principe, il devrait exister un tribunal de commerce par arrondissement. En réalité, ce n'est pas le cas. Comme les tribunaux de commerce sont créés au cas par cas, par décret pris en Conseil d'État, leur répartition territoriale est très inégale. L'une des critiques adressées à l'institution portait justement sur le nombre des tribunaux de commerce, jugé excessif, et sur la trop petite taille du ressort territorial de certains d'entre eux. Le nombre total des tribunaux de commerce a été ramené à 134. Il subsiste néanmoins une très grande disparité entre le tribunal de commerce d'une grande ville comme Paris et le tribunal de commerce d'une petite localité dont l'effectif est beaucoup plus faible.

Dans les circonscriptions où il n'est pas prévu de tribunal de commerce, c'est le tribunal judiciaire[3] qui connaît des matières attribuées aux tribunaux de commerce (art. L. 721-2 C. com.).

Dans les grands tribunaux, les juges sont répartis en chambres. La formation de jugement comporte en principe au moins trois juges. Elle est présidée par le

3. La loi n° 2019-222 du 23 mars 2019 de programmation 2018-2022 et de réforme pour la justice a remplacé le tribunal de grande instance (TGI) par le tribunal judiciaire (TJ) depuis le 1er janv. 2020. Le tribunal judiciaire est désormais la juridiction de droit commun compétente pour toutes les affaires civiles et commerciales pour lesquelles la compétence n'est pas attribuée à une autre juridiction (art. L. 211-3 COJ).

président du tribunal de commerce ou par un juge ayant exercé ses fonctions pendant au moins trois ans.

278. Les juges du tribunal de commerce sont élus, selon des règles assez complexes.

Les juges d'un tribunal de commerce sont élus dans le ressort de la juridiction par un collège composé : 1° des membres élus des chambres de commerce et d'industrie et des chambres de métiers et de l'artisanat ; 2° des juges du tribunal de commerce ainsi que des anciens membres du tribunal, à la condition, pour ces derniers, qu'ils y aient exercé leurs fonctions pendant au moins six années (art. L. 723-1 C. com.).

Pour être éligible, il faut être âgé de plus de trente ans et justifier de plus de cinq années d'exercice de la profession. Les cadres qui exercent des fonctions impliquant des responsabilités de direction commerciale, technique ou administrative sont éligibles (art. L. 723-4 C. com.). Les juges sont élus une première fois pour deux ans (ils sont alors juges suppléants) puis pour quatre ans (ils deviennent juges titulaires). À leur tour, les juges du tribunal élisent le président du tribunal de commerce (art. L. 722-6 C. com.).

Le législateur a voulu rapprocher le statut de juges de tribunaux de commerce de celui des magistrats professionnels. Pour cela, le texte a d'abord prévu un certain nombre d'incompatibilités. Par exemple, les juges des tribunaux de commerce ne peuvent exercer les professions d'avocat, de notaire ou d'huissier de justice (art. L. 722-6-1 C. com.). De même, le mandat de juge consulaire est incompatible avec un mandat de représentant au Parlement européen, de conseiller régional, de conseiller départemental ou de conseiller municipal (art. L. 722-6-2 C. com.). Le législateur a ensuite inscrit dans le droit positif l'obligation pour les juges des tribunaux de commerce de suivre une formation initiale et une formation continue (art. L. 722-17 C. com.). Enfin, la loi pose un certain nombre d'obligations déontologiques. L'article L. 722-18 énonce : « Les juges des tribunaux de commerce exercent leurs fonctions en toute indépendance, dignité, impartialité, intégrité et probité et se comportent de façon à prévenir tout doute légitime à cet égard. ». Le contraire constitue une faute disciplinaire (art. L. 724-1 et s. C. com.). Le législateur veut surtout éviter les conflits d'intérêts. Ainsi, dans un délai de deux mois à compter de leur prise de fonction, les juges des tribunaux de commerce doivent remettre, sous peine de sanction pénale, une déclaration exhaustive, exacte et sincère de leurs liens et intérêts de nature à influencer ou à paraître influencer l'exercice indépendant et impartial de leurs fonctions juridictionnelles (art. L. 722-21 C. com.).

Il faut encore remarquer, c'est important, que la fonction est honorifique (art. L. 722-16 C. com.). Les juges du tribunal de commerce ne sont pas rémunérés. C'est la force de l'institution.

§2. Critiques et propositions de réforme

279. Les tribunaux de commerce ont été l'objet de critiques plus ou moins sévères. Plusieurs reproches ont été adressés soit à l'institution, soit parfois au corps des magistrats consulaires.

280. La conformité du tribunal de commerce à la Constitution a parfois été mise en doute. On s'est demandé si les règles du Code de commerce régissant le statut des juges des tribunaux de commerce respectaient les principes d'indépendance et d'impartialité. Le 6 mars 2012, la Cour de cassation a considéré que la question était sérieuse et elle a transmis une question prioritaire de constitutionnalité au Conseil constitutionnel. Par sa décision du 4 mai 2012, le Conseil a reconnu que les dispositions régissant les tribunaux de commerce étaient conformes aux principes constitutionnels d'impartialité et d'indépendance[4].

281. Le reproche le plus ancien concerne le manque de formation juridique des membres des tribunaux de commerce. À l'origine, la juridiction consulaire connaissait surtout des litiges relatifs à des contrats commerciaux et l'institution se justifiait parfaitement parce que les juges avaient une bonne connaissance des usages du commerce. Mais le droit commercial comprend aujourd'hui des matières souvent très techniques, comme le droit des sociétés, le droit des procédures collectives ou le droit financier. Il n'est pas sûr que dans les petits tribunaux l'on trouve toujours des juges familiers de ces affaires. Une solution consiste à réserver le contentieux de certaines matières à un nombre limité de tribunaux. C'est ainsi que le contentieux commercial de la concurrence est confié à huit tribunaux de commerce (v. *infra*, n° 918).

Une autre solution, prônée depuis longtemps, consisterait à généraliser le système de l'*échevinage*, qui existe en Alsace-Lorraine et qui donne de bons résultats : l'échevinage associe un magistrat professionnel, qui occupe la place de président, et deux commerçants élus, qui sont assesseurs. Une autre formule encore consisterait à laisser la présidence à un commerçant élu et à lui associer un ou deux magistrats professionnels. Le moins que l'on puisse dire est que ces propositions n'ont pas été accueillies avec enthousiasme par le monde des affaires. Les commerçants et chefs d'entreprise restent très attachés à la formule traditionnelle. Ils font d'ailleurs valoir, d'une part, qu'en appel les affaires vont devant la cour d'appel qui est exclusivement composée de magistrats professionnels et, d'autre part, que le taux de réformation en appel des jugements des tribunaux de commerce n'est pas supérieur à celui des jugements des tribunaux judiciaires.

282. Un autre reproche, d'ordre plus politique, a été adressé à la juridiction consulaire à l'occasion d'une réforme, en 1985, des procédures collectives de redressement et de liquidation judiciaires des entreprises. Le but de la réforme était de s'efforcer de sauver l'entreprise et l'emploi. Certains ont alors fait valoir qu'il était injuste de laisser la décision entre les mains du tribunal de commerce, qui ne comprend que des chefs d'entreprise et, évidemment, aucun représentant des salariés. On a donc proposé de retirer aux tribunaux de commerce la compétence en matière de redressement des entreprises et de la confier à des juridictions spéciales, exclusivement composées de magistrats professionnels. Mais le projet a échoué. Le législateur a conservé la compétence du tribunal de commerce en matière de procédures collectives. La seule mesure a consisté à confier les procédures de redressement des entreprises de plus de 50 salariés à certains grands tribunaux de commerce. Mais par la suite, la liste de ces tribunaux de commerce spécialisés a été allongée pour satisfaire des revendications locales.

Enfin des critiques plus graves sont apparues en 1998, à la suite du rapport d'une commission d'enquête de l'Assemblée nationale[5]. Cette fois c'est la moralité et l'impartialité de certains magistrats consulaires qui étaient mises en cause. Le ton polémique en affaiblissait le propos, mais, devant l'émotion causée, le gouvernement entreprit une réforme de l'organisation des tribunaux de commerce.

283. Il ne faut d'ailleurs jamais oublier que toute réforme en profondeur de la juridiction commerciale aurait des incidences budgétaires : les fonctions des

4. Cons. const., 4 mai 2012, n° 2012-241 QPC, *D.* 2012, p. 1626, note N. Fricero.- J.-L. Vallens, « L'honneur est sauf : les tribunaux de commerce ne sont pas contraires à la Constitution », *D.* 2012, p. 1413.- J. Vallansan, « La pérennité constitutionnelle des tribunaux consulaires, à propos de Cons. const. 4 mai 2012 », *JCP* E 2012, 1365.

5. F. Colcombet et A. Montebourg, *Les tribunaux de commerce : une justice en faillite ?*, Rapport AN n° 1038, Michel Lafon, 1998.

juges consulaires sont honorifiques. Ceux-ci ne coûtent rien au budget de l'État. Il faudrait trouver des ressources supplémentaires si l'on voulait rémunérer des magistrats professionnels.

Un Conseil national des tribunaux de commerce a été créé par le décret n° 2005-1201 du 23 septembre 2005. Présidé par le garde des Sceaux et composé de vingt membres, choisis parmi les membres des tribunaux de commerce et les personnalités du monde judiciaire, il donne des avis en matière de déontologie et de diffusion des « bonnes pratiques » de la magistrature consulaire.

§3. Le ministère public

284. Jusqu'en 1970, le ministère public n'était pas représenté devant le tribunal de commerce. Cela correspondait à la vieille idée selon laquelle les litiges commerciaux portaient essentiellement sur des relations contractuelles entre commerçants et n'intéressaient pas l'ordre public. Mais il est apparu que certains litiges en matière de sociétés commerciales, en matière de concurrence et surtout les procédures de faillites mettaient en jeu des règles d'ordre public. C'est pourquoi la loi du 10 juillet 1970 a prévu que le ministère public exerce ses attributions devant les juridictions commerciales qui fonctionnent dans le ressort du tribunal judiciaire[6]. Le procureur de la République peut donc intervenir chaque fois qu'une affaire concerne l'ordre public. Le législateur de 1985, puis de 2005, a donné un rôle important au ministère public dans les procédures de redressement des entreprises. Il peut par exemple demander l'ouverture de la procédure ou l'allongement des délais. Le ministère public devrait assurer une surveillance permanente de la procédure collective, afin de contrebalancer les pouvoirs étendus du tribunal de commerce. Malheureusement, les moyens du parquet sont insuffisants et l'attente du législateur a été largement déçue. Pour y remédier, la loi n° 2013-1115 du 6 décembre 2013 a créé un procureur de la République financier, placé auprès du TJ de Paris. Il s'agit d'un procureur spécialisé qui est doté d'une compétence nationale sur des affaires fiscales, économiques et financières (art. L. 217-1 COJ)[7].

Section 2
La compétence du tribunal de commerce

285. On distingue la compétence d'attribution (§ 1) et la compétence territoriale du tribunal de commerce (§ 2).

6. L'art. R. 722-5 C. com. dispose que le ministère public est représenté devant le tribunal de commerce dans les conditions fixées aux art. L. 122-2 et R. 212-12 à R. 212-15 du COJ.

7. M.-A. Nicolas et G. Roche, « Les nouvelles lignes directrices du PNF : quand politique pénale rime avec stratégie commerciale », *BRDA* 8/23, n° 24.

§1. La compétence d'attribution du tribunal de commerce

> ***Art. L. 721-3 C. com.*** Les tribunaux de commerce connaissent :
> 1° Des contestations relatives aux engagements entre commerçants, entre artisans, entre établissements de crédit, entre sociétés de financement ou entre eux ;
> 2° De celles relatives aux sociétés commerciales ;
> 3° De celles relatives aux actes de commerce entre toutes personnes.

286. On appelle compétence d'attribution celle qui désigne l'ordre de juridiction devant lequel un litige sera porté. Par exemple le litige sera porté devant un tribunal judiciaire, un conseil de prud'hommes ou un tribunal de commerce.

Traditionnellement, c'était l'article 631 du Code de commerce de 1807 qui fixait la compétence du tribunal de commerce. Lors de la refonte du Code de commerce par l'ordonnance du 18 septembre 2000, l'on découvrit avec embarras que la loi du 17 décembre 1991 avait abrogé l'article 631 de l'ancien Code de commerce. L'article 127 de la loi du 15 mai 2001, relative aux nouvelles régulations économiques, dut réparer l'erreur avec effet rétroactif[8].

L'article L. 721-3 du Code de commerce constitue le texte de base concernant la compétence d'attribution du tribunal de commerce. Celle-ci peut cependant résulter de textes particuliers[9].

A. Les litiges entre commerçants

287. La compétence du tribunal de commerce est à la fois personnelle et réelle. D'abord *personnelle* : elle est déterminée par la qualité des parties au litige. Celles-ci doivent être des commerçants[10] ou des artisans. Cependant, le tribunal de commerce ne connaît pas de tous les litiges entre commerçants ou entre artisans, mais seulement de ceux qui sont relatifs à leur activité professionnelle[11]. Dans cette mesure, la compétence est dite *réelle*, parce qu'elle concerne l'objet du litige.

Lorsque le litige porte sur un contrat, la qualité de commerçant ou d'artisan des parties s'apprécie au jour de la conclusion de l'acte. Peu importe que l'une des parties ait perdu ensuite la qualité de commerçant ou d'artisan et qu'elle ait été radiée de son registre au moment où le tribunal a été saisi[12].

La compétence du tribunal de commerce joue à l'égard de tous les commerçants, personnes physiques ou morales et, en particulier à l'égard des sociétés commerciales par la forme. Mais l'article L. 721-5 du Code de commerce admet une exception concernant les

8. Sur la validité de la régularisation, Cass. com., 14 déc. 2004, n° 01-10780, *D.* 2005, p. 146, obs. A. Lienhard.

9. Voy., p. ex., *infra*, n° 297.

10. Exemple : Cass. com., 27 oct. 2009, n° 08-20384, *D.* 2009, p. 2682, *JCP* E 2010.1037, note C. Lebel (litige entre deux sociétés commerciales). La référence faite par l'art. L. 721-3 C. com. aux établissements de crédit est maladroite puisque les établissements de crédits sont des commerçants.

11. Sur la *présomption de commercialité*, v. *supra*, n° 211.

12. Cass. com., 12 mars 2013, n° 12-11765.

sociétés d'exercice libéral. Bien que ces sociétés soient des sociétés commerciales[13], les litiges auxquels elles sont parties sont obligatoirement portés devant les tribunaux civils. En somme, les sociétés d'exercice libéral sont des commerçants, mais que l'on ne soumet pas intégralement au droit commercial.

288. La difficulté concerne les litiges portant sur *les actes mixtes*. Il s'agit des litiges qui opposent un commerçant, qui a traité dans l'exercice de son commerce, à un non-commerçant. Situation très fréquente, mais qui n'est pas envisagée par le Code de commerce. C'est la jurisprudence qui, dans le cas particulier, a dû préciser les règles de compétence. D'une façon générale, la jurisprudence a retenu la solution la plus favorable au non-commerçant. Il faut distinguer selon que le demandeur est le commerçant ou au contraire le non-commerçant.

Première situation : le *commerçant est le demandeur*, celui qui prend l'initiative du procès. En principe il ne peut saisir que la juridiction civile. Il ne peut pas en effet obliger son adversaire, qui n'est pas commerçant, à plaider devant une juridiction professionnelle, composée uniquement de commerçants. Mais la règle est une règle de protection, posée dans l'intérêt du non-commerçant. La compétence de la juridiction civile n'est donc pas, dans le cas particulier, d'ordre public. Le non-commerçant peut accepter la compétence du tribunal de commerce, s'il y trouve avantage. Cette acceptation peut être tacite, il lui suffit de comparaître[14] et de ne pas soulever l'exception d'incompétence de la juridiction commerciale.

Deuxième situation : c'est le *non-commerçant qui est demandeur*. Il a une option. Il peut porter le litige soit devant la juridiction civile, soit devant le tribunal de commerce.

289. La question rebondit lorsque les parties ont convenu d'avance, dans une clause du contrat ou dans les conditions générales de vente acceptées par le client, que seul le tribunal de commerce sera compétent pour juger d'un éventuel litige. La *clause attributive de compétence* est-elle valable ?

Certains estiment que la clause est nulle parce qu'elle déroge à la compétence d'attribution qui, en principe, est d'ordre public.

D'autres admettent la validité de la clause. En effet, entre le tribunal de commerce et la juridiction civile, l'attribution de compétence ne serait pas conçue de manière aussi rigoureuse qu'elle l'est à l'égard des autres ordres de juridiction, et l'on pourrait y déroger. Par exemple, le tribunal de commerce ne pourrait pas connaître d'un litige en matière de contrat de travail, qui est de la seule compétence du conseil de prud'hommes. Le tribunal de commerce serait radicalement incompétent.

On a proposé une troisième solution, plus nuancée. La clause ne serait pas nulle mais seulement inopposable au non-commerçant. Ainsi, le commerçant qui est demandeur et qui prend l'initiative du procès ne pourrait pas invoquer la clause pour contraindre son adversaire, non-commerçant, à comparaître devant le tribunal de commerce. En revanche, le non-commerçant qui est demandeur et qui prend l'initiative du procès serait lié par la clause. Il a renoncé à son option et il devrait assigner le commerçant devant le tribunal de commerce, exclusivement.

13. *Supra*, n° 126.

14. Il ne s'agit pas de la comparution personnelle. Comparaître veut seulement dire que le défendeur accepte le débat devant le tribunal de commerce et s'y fait représenter.

La jurisprudence, après des hésitations, a consacré, en termes nets, cette troisième interprétation[15].

290. Certains litiges entre commerçants échappent exceptionnellement à la compétence du tribunal de commerce. Cela provient de l'existence de compétences exclusives reconnues à certaines juridictions. Ainsi, les actions relatives aux brevets d'invention et aux marques de fabrique sont de la compétence exclusive du tribunal judiciaire. Certains litiges en matière de bail commercial sont de la compétence du président du tribunal judiciaire. En matière de droit de la consommation, la compétence est souvent attribuée au tribunal judiciaire. Les litiges relatifs aux sociétés coopératives agricoles relèvent de la compétence des juridictions civiles[16].

B. Les litiges relatifs aux sociétés commerciales

291. L'article 631 de l'ancien Code de commerce attribuait compétence au tribunal de commerce pour connaître des contestations « entre associés, pour raison d'une société de commerce ». La formulation retenue par l'article L. 721-3 du nouveau Code de commerce est plus générale[17]. Le tribunal de commerce est compétent non seulement pour connaître de tous les litiges qui opposent soit les associés entre eux[18], soit un ou plusieurs associés à la société, et qui ont pour objet l'existence, le fonctionnement[19] ou la liquidation de la société, mais encore les litiges nés à l'occasion d'une cession des droits sociaux[20].

Exemple 1 : l'un des associés d'une société en participation, dont l'objet est commercial, assigne l'autre en résolution et dissolution de la société. Cette action sera portée devant le tribunal de commerce.

Exemple 2 : est de la compétence du tribunal de commerce, l'action par laquelle la société réclame à un associé le paiement de la fraction de l'apport en numéraire qu'il a promis mais non encore versé.

Exemple 3 : de même, l'action en responsabilité intentée par un groupe d'actionnaires contre les dirigeants de la société qui ont commis des fautes de gestion. Il suffit que les faits constitutifs de la responsabilité aient un lien direct avec la gestion de la société[21].

Exemple 4 : est de la compétence du tribunal de commerce un différend entre une société et le titulaire d'un droit d'option de souscription d'actions (*stock-options*) devenu actionnaire[22].

La compétence du juge commercial pour les contestations relatives aux sociétés commerciales n'est pas exclusive. Elle peut être concurrencée par celle du juge civil lorsque le demandeur est un non-commerçant exerçant son option de compétence[23].

15. Cass. com., 10 juin 1997, n° 94-12316, *D.* 1998, p. 2, note F. Labarthe et F. Jault-Seseke.
16. Art. 521-5 du Code rural et de la pêche maritime.
17. Ex. Cass. com., 14 nov. 2018, n° 16-26115.
18. CA Paris, 6 nov. 2018, n° 18/05571, à propos d'un pacte d'actionnaires.
19. Cass. com., 18 mars 2020, n° 17-24039, *D.* 2020, p. 1444, note Q. Nemoz-Rajot.
20. Cass. com., 10 juill. 2007, *JCP* E 2007, 2383, note J.-P. Legros.
21. Cass. com., 27 oct. 2009, n° 08-20384, *JCP* E 2010, 1017, note J.-P. Legros.
22. Cass. soc., 16 sept. 2008, n° 07-20444.
23. Cass. com., 18 nov. 2020, n° 19-19463.

Récemment, le législateur[24] a dû intervenir pour préciser que l'appréciation du manquement d'une société mère à son devoir de vigilance, lequel est destiné à prévenir les risques d'atteintes graves aux droits humains, aux libertés fondamentales ainsi qu'à l'environnement (art. L. 225-102-4 et L. 225-102-4 C. com.), relevait de la compétence exclusive du tribunal judiciaire de Paris (art. L. 211-21 COJ)[25].

C. Les contestations relatives aux actes de commerce entre toutes personnes

292. Cette disposition fameuse est à l'origine de la grande querelle entre la conception objective et la conception subjective du droit commercial.

L'idée des rédacteurs du Code de commerce était en réalité que les personnes qui n'avaient pas le statut de commerçant mais qui se lançaient dans des opérations spéculatives puissent être soumises à la compétence du tribunal de commerce et aux sanctions de la faillite.

En fait, comme nous l'avons déjà souligné, les actes de commerce accomplis à titre isolé par deux personnes non-commerçantes sont relativement rares et il est encore plus rare que ces personnes choisissent la compétence commerciale. En effet, les non-commerçants ne sont pas, sauf exception, obligés de comparaître devant le tribunal de commerce.

Exemple : un étudiant achète à un retraité une automobile, avec l'intention de la réparer (pendant les vacances universitaires) et de la revendre. Survient un litige. Théoriquement, il s'agit d'un acte de commerce et le tribunal de commerce serait compétent. Mais il est plus vraisemblable que les parties choisiront d'aller devant le tribunal judiciaire.

293. Il reste cependant quelques vestiges de la conception objective. Dans deux cas, en effet, le litige est obligatoirement porté devant le tribunal de commerce.

Il s'agit en premier lieu des litiges, entre toutes personnes, portant sur les *lettres de change*. La lettre de change est commerciale par sa forme et elle relève de la compétence exclusive du tribunal de commerce. Mais, en pratique, il est de plus en plus rare qu'une personne non-commerçante souscrive une lettre de change. Il faut ajouter à cela que les textes modernes, relatifs à la protection des consommateurs, interdisent le plus souvent le recours à la lettre de change dans les opérations de crédit consenties aux consommateurs.

Il s'agit en second lieu des actes de commerce par accessoire, dans le cas de *l'accessoire objectif*. L'hypothèse concerne la vente de fonds de commerce et le cautionnement donné pour garantir une dette commerciale. Les litiges qui naissent de ces opérations sont obligatoirement portés devant le tribunal de commerce. Il en est de même des cessions de parts sociales qui contribuent à donner au cessionnaire le contrôle de la société.

24. L. n° 2021-1729 du 22 déc. 2021 de confiance dans l'institution judiciaire.

25. Sur les hésitations jurisprudentielles, v. not. *RTD com.* 2022, p. 33 et *JCP* E 2022, 1067.

§2. La compétence territoriale du tribunal de commerce

> ***Art. 42 CPC.*** La juridiction territorialement compétente est, sauf disposition contraire, celle du lieu où demeure le défendeur.
>
> S'il y a plusieurs défendeurs, le demandeur saisit, à son choix, la juridiction du lieu où demeure l'un d'eux.
>
> Si le défendeur n'a ni domicile ni résidence connus, le demandeur peut saisir la juridiction du lieu où il demeure ou celle de son choix s'il demeure à l'étranger.
>
> ***Art. 43 CPC.*** Le lieu où demeure le défendeur s'entend :
>
> – s'il s'agit d'une personne physique, du lieu où celle-ci a son domicile ou, à défaut, sa résidence,
>
> – s'il s'agit d'une personne morale, du lieu où celle-ci est établie.

294. La compétence territoriale permet de désigner, parmi les tribunaux de commerce, celui devant qui le litige sera effectivement porté.

Exemple : un litige survient entre deux commerçants, à propos d'une vente de matériel de bureau. L'acheteur prétend que le matériel livré n'est pas conforme à la commande. Le litige relève incontestablement de la compétence du tribunal de commerce. Mais lequel ? Le vendeur est établi à Valenciennes. L'acheteur est une société dont le siège social est à Marseille, mais qui possède une succursale au Havre. Le tribunal de commerce compétent sera-t-il celui de Valenciennes, de Marseille ou du Havre ?

Les règles de compétence territoriale sont énoncées dans les articles 42 et suivants du Code de procédure civile. La question se pose également de savoir si l'on peut déroger aux règles légales par des conventions particulières prévoyant la compétence du tribunal de telle ou telle ville.

A. Les règles légales de compétence territoriale

295. Il existe en matière de compétence territoriale un grand principe qui est celui de la compétence du *tribunal du défendeur*. Plus précisément, selon les articles 42 et 43 du Code de procédure civile, combinés, la juridiction compétente est celle du ressort dans lequel le défendeur a son domicile. Si le défendeur est une personne morale, le ressort dans lequel la société est établie est en principe le lieu de son siège social statutaire.

Cependant une jurisprudence traditionnelle admet que le défendeur, lorsqu'il entretient des succursales, peut être valablement assigné devant le tribunal du lieu de son établissement *secondaire*[26]. Comme cette jurisprudence est née à l'occasion de litiges qui opposaient des usagers aux compagnies de chemin de fer, elle a pris le nom de « jurisprudence des gares principales ». Pour que le tribunal du lieu de l'établissement secondaire soit compétent, il faut que deux conditions soient remplies : 1) que le litige ait sa source dans une opération traitée par l'établissement secondaire ; 2) que l'établissement secondaire soit dirigé par une personne habilitée à représenter la société.

26. Cass. civ., 6 août 1929, *Gaz. Pal.* 1929.2.837.

296. Le Code de procédure civile lui-même admet des exceptions au principe de la compétence du tribunal du domicile ou du siège social du défendeur. Selon l'article 46 :

- est également compétent, en matière contractuelle, le tribunal du lieu de la livraison de la chose vendue ou du lieu de l'exécution de la prestation de service ;
- en matière délictuelle ou quasi délictuelle, la compétence est reconnue au tribunal du lieu où s'est produit le fait dommageable ou à celui dans le ressort duquel le dommage a été subi[27].

297. Il faut encore souligner la tendance du législateur moderne à spécialiser un petit nombre de tribunaux de commerce, seuls habilités à connaître de certaines matières. Ainsi, les actions en justice en matière de brevets d'invention, de certificats d'utilité, de certificats complémentaires de protection et de topographies de produits semi-conducteurs sont de la compétence exclusive du tribunal judiciaire de Paris (art. D. 211-6 COJ)[28]. Autre exemple : les litiges relatifs à l'application de l'article L. 442-1 C. com. sont exclusivement attribués aux tribunaux énumérés à l'article D. 442-3 C. com.[29] et à la cour d'appel de Paris[30]. De même, seuls les tribunaux de Bordeaux, Fort-de-France, Lille, Lyon, Marseille, Nancy, Paris et Rennes (art. R. 420-4 C. com.) sont compétents pour statuer sur les litiges relatifs à l'application des règles contenues dans les articles L. 420-1 à L. 420-5 du Code de commerce (art. L. 420-7 C. com.). Enfin, la loi *Macron* du 6 août 2015 réserve à certains tribunaux de commerce la connaissance des procédures collectives concernant les entreprises importantes ou transfrontalières (art. L. 721-8, 1°, C. com.)[31].

B. La clause attributive de compétence territoriale

Art. 48 CPC. Toute clause qui, directement ou indirectement, déroge aux règles de compétence territoriale est réputée non écrite à moins qu'elle n'ait été convenue entre des personnes ayant toutes contracté en qualité de commerçant et qu'elle n'ait été spécifiée de façon très apparente dans l'engagement de la partie à qui elle est opposée.

298. Cette clause, qui désigne d'avance le tribunal de commerce qui sera territorialement compétent pour connaître de tous les litiges relatifs au contrat dans lequel elle est insérée, est fréquente dans les contrats commerciaux et

27. Ex. Cass. 2e civ., 6 oct. 2005, n° 03-20187, *D.* 2005, p. 2677, obs. É. Chevrier, en cas de rupture brutale des relations commerciales.

28. À noter que les actions en contrefaçon ou en nullité d'un brevet européen relèvent de la compétence de la Juridiction Unifiée du Brevet (accord n° 2013/C 175/01) du 20 juin 2013.

29. À savoir, les tribunaux de commerce et les TJ de Fort-de-France, Paris, Lyon, Marseille, Bordeaux, Nancy, Rennes, Tourcoing et Lille. V. art. D. 442-3 C. com. et l'annexe 4-2-2.

30. La méconnaissance de ces dispositions est sanctionnée par une fin de non-recevoir qu'il appartient au juge de relever d'office. V. Cass. com., 1er déc. 2021, n° 19-25936, Cass. com., 10 nov. 2021, n° 19-24961 et Cass. com., 1er déc. 2021, n° 19-25938.

31. Il s'agit des tribunaux de Bobigny, Bordeaux, Dijon, Évry, Grenoble, Lyon, Marseille, Montpellier, Nanterre, Nantes, Nice, Orléans, Paris, Poitiers, Rennes, Rouen, Toulouse, Tourcoing et Strasbourg. V. art. D. 721-19 C. com. et les annexes 7-1-1 et 7-1-2.

dans les conditions générales d'affaires[32]. Elle avait par le passé soulevé de nombreux problèmes. Elle figurait souvent en petits caractères, dans des bons de commande ou même dans des factures. Pouvait-on admettre qu'elle avait été acceptée par l'autre partie ? Pouvait-on l'opposer à la partie non-commerçante ?

299. Pour mettre fin à ces incertitudes, l'article 48 du Code de procédure civile a posé une règle stricte. La clause n'est valable que si deux conditions sont réunies.

Tout d'abord une *condition de fond*. La clause doit être convenue[33] entre deux commerçants. Elle est nulle et réputée non écrite dans les actes mixtes ou dans les actes de commerce isolés[34]. Par exemple, elle est nulle dans un acte de cautionnement souscrit personnellement par un dirigeant de société qui n'a pas lui-même la qualité de commerçant, ainsi un gérant de SARL. Il semble que la nullité de la clause ne concerne que l'attribution de compétence territoriale. Elle ne porte pas atteinte à l'attribution de compétence à la juridiction commerciale, en général, dont on a vu qu'elle était opposable au commerçant par le non-commerçant.

Ensuite, une *condition de forme*. La condition est double : elle doit être stipulée de façon apparente, ce qui paraît condamner non seulement les attributions tacites, mais encore celles qui sont rédigées en caractères peu visibles[35] ; elle doit figurer dans l'engagement de la personne à qui elle est opposée. La simple mention dans une facture ou un document non signé par celui qui accepte l'attribution de compétence territoriale, est sans valeur.

Cependant le tribunal saisi ne peut pas soulever d'office la nullité de la clause et par suite son incompétence. Si le défendeur ne soulève pas la nullité de la clause, le tribunal restera valablement saisi.

Par ailleurs, la jurisprudence a précisé qu'une clause attributive de compétence au profit du tribunal de commerce de Paris (la solution aurait été la même si le tribunal de commerce désigné avait été celui d'une autre ville) était autonome par rapport à la convention principale, en l'espèce un pacte d'associés. En conséquence, la clause n'est pas affectée par l'inefficacité (nullité, caducité, résolution, etc.) de cette convention. Il n'en irait autrement que si les parties révoquaient mutuellement la clause attributive de compétence[36].

32. Une clause attributive de compétence territoriale ne devient pas caduque si le tribunal qu'elle désigne est supprimé. V. Cass. com., 15 sept. 2015, n° 14-18389.

33. Si la clause est insérée dans les CGV, il faut que celles-ci aient été acceptées par l'autre partie.

34. Cass. com., 28 oct. 2008, *BRDA* 23/2008, n° 13.

35. La clause n'a pas été jugée suffisamment apparente lorsqu'elle était imprimée verticalement et en petits caractères (Cass. com., 16 nov. 1983, n° 79-17031), à la dernière ligne du verso d'un contrat et en petits caractères (CA Aix-en-Provence, 22 janv. 1992, *D.* 1993, p. 26, note B. Beignier) ou en caractères difficilement lisibles (Cass. 2e civ., 7 juin 2012, n° 11-13105).

36. Cass. com., 5 juill. 2017, n° 15-21894.

Section 3
La procédure devant le tribunal de commerce

300. D'une façon générale, la procédure suivie devant les tribunaux de commerce est plus simple et plus rapide qu'en matière civile (§ 1). De plus, il existe des procédures spéciales, dans lesquelles ces caractères sont encore renforcés (§ 2).

§1. La procédure ordinaire

301. La procédure obéit aux principes fondamentaux de la procédure : elle est publique, et contradictoire. Le Code de procédure civile énonce également que la procédure devant le tribunal de commerce est orale (art. 860-1 CPC), tout en reconnaissant expressément la place de l'écrit[37].

L'assignation[38] doit être délivrée par écrit et généralement les parties échangent des conclusions écrites afin de développer leurs moyens avant l'audience. Les conclusions doivent être communiquées aux parties et au tribunal. Après une première audience, les parties peuvent ne pas se présenter aux audiences suivantes et présenter leurs moyens uniquement par écrit si le juge l'accepte (art. 861-1 CPC). Aujourd'hui, le portail « Tribunal Digital » permet aux commerçants un accès dématérialisé aux juridictions commerciales[39].

302. L'*assignation* doit préciser, à peine d'irrecevabilité, les diligences entreprises en vue de parvenir à une résolution amiable du litige[40], à moins que le montant de la demande soit supérieur à 5 000 euros (art. 750-1 CPC) ou qu'il existe un motif légitime tenant à l'urgence ou à la matière considérée, en particulier lorsqu'elle intéresse l'ordre public (art. 56 CPC). Le caractère obligatoire de la conciliation devant les tribunaux de commerce est contesté. Premier argument : « Chacun a droit à un procès et à voir son affaire jugée par un juge ». Deuxième argument : en pratique, un grand nombre d'entreprises se rendent devant le conciliateur sans l'intention de céder sur quoique ce soit, mais juste pour obtenir leur « passeport » pour poursuivre leur litige devant un juge. Elles encombrent ainsi les conciliateurs[41]. L'idée que l'on puisse terminer un litige à

37. H. Croze, « La communication électronique procédurale devant les tribunaux de commerce », *JCP* E 2012, n° 1659.

38. À côté de l'assignation (art. 855 CPC), il y a la possibilité de saisir le tribunal de commerce par la remise au greffe d'une requête conjointe (art. 859 CPC).

39. M. Dochy, *La dématérialisation des actes du procès civil*, Dalloz, 2021, préf. M. Nicod, n° 121.- L'objectif à terme est de renforcer la numérisation de la procédure devant les juridictions consulaires, v. B. Deffains et D. Musson, *Numériser la justice commerciale française : l'outil et l'esprit*, LexisNexis, 2022.

40. C. Arens et N. Fricero, « Médiation et conciliation : modes premiers de règlement des litiges ? », *Gaz. Pal.* 2015, n° 114 et 115, p. 13.- La Cour EDH a jugé compatible avec l'article 6 de la Conv. EDH (droit à un procès équitable) la disposition législative instaurant, à peine d'irrecevabilité de la demande, l'obligation de recourir à un mode amiable de résolution des litiges (Cour EDH, 26 mars 2015, *Moncilovic c/ Croatie*, n° 11239/11).

41. Arg. tirés de l'entretien de la *Revue des Juristes de Sciences Po* avec M. P.-L. Netter, n° 20, févr. 2021, 19.

l'amiable vient des pays de *Common Law*, sous le nom d'*Alternative Dispute Résolution*, traduit par l'expression de modes alternatifs de règlement des conflits (MARC)[42]. Par exemple, les services d'intermédiation en ligne et les moteurs de recherche proposent, dans leurs conditions générales, aux vendeurs qui utilisent leurs plateformes des médiations[43]. Le « droit collaboratif » est la version la plus récente des procédés de règlement amiable. D'abord appliqué au contentieux familial, le droit collaboratif s'étend depuis peu au droit social, au droit des affaires ainsi qu'au droit international[44]. La perspective de rapprocher des adversaires qui s'opposent est aujourd'hui considérée comme « le degré de justice le plus élaboré car les deux parties s'estiment satisfaites »[45]. Ainsi, le juge peut « proposer aux parties qui ne justifieraient pas de diligences entreprises pour parvenir à une résolution amiable du litige une mesure de conciliation ou de médiation » (art. 127 CPC). L'enthousiasme actuel pour les règlements amiables[46] ne doit pas être aveugle, la multiplication des offres de règlements amiables[47] est aussi le symptôme d'une institution judiciaire en crise[48] qui n'arrive pas à rendre la justice dans des délais raisonnables. De plus, les dénouements des procédures de règlement amiable ne sont pas toujours à la hauteur des espérances du législateur. Les grandes entreprises préfèrent parfois développer leur propre régime de médiation[49].

303. Traditionnellement, devant le tribunal de commerce, le ministère d'avocat n'était pas obligatoire. Les parties pouvaient comparaître en personne ou se faire représenter par le mandataire de leur choix. Mais, l'article 853, al. 1er, CPC impose désormais de constituer avocat. Des dispenses sont prévues, « lorsque la demande porte sur un montant inférieur ou égal à 10 000 euros ou qu'elle a pour origine l'exécution d'une obligation dont le montant n'excède pas 10 000 euros, dans le cadre des procédures instituées par le livre VI du Code de commerce ou pour les litiges relatifs à la tenue du registre du commerce et des sociétés » (art. 853, al. 3, CPC). Dans ces cas, les parties peuvent se faire représenter par toute personne de leur choix (art. 853, al. 4 CPC).

Le débat peut avoir lieu devant un seul juge, appelé aujourd'hui le *juge chargé d'instruire l'affaire* (art. 857 CPC)[50]. C'est une pratique ancienne des tribunaux de

42. J.-P. Tricoit, *Droit de la médiation et des modes amiables de règlement des différends*, Gualino, 2019.

43. Règlement UE 2019/1150 du 20 juin 2019, art. 11 et 12.

44. Université Paris-Panthéon-Assas, *Le droit collaboratif dans l'UE. Symposium en l'honneur de Catherine Kessedjian*, 3 mars 2017.- C. Kessedjian, *Le droit international collaboratif*, Pedone, 2016, introduction F. Latty.

45. Ch. Jarrosson, *La notion d'arbitrage*, LGDJ, 1987, préf. B. Oppetit, n° 346, p. 176.

46. Depuis 2016, il existe, au sein du ministère de l'Économie, un médiateur des entreprises « à disposition des chefs d'entreprise pour répondre aux questions concernant le comportement à adopter avec les partenaires commerciaux ou encore pour orienter leurs demandes vers les services compétents dans le cadre des mesures de soutien ».

47. Un décret n° 2019-1089 du 25 oct. 2019 précise les modalités d'obtention d'une certification des plateformes de médiation et d'arbitrage. Parallèlement, le ministère de la Justice a lancé en janvier 2021 la marque « Certilis » destinée à garantir la qualité des services en ligne de conciliation, de médiation et d'arbitrage (*JCP* E 2021, act. 108).

48. M. Malaurie-Vignal, « La Cour suprême mondiale de Facebook : co-régulation ou défaite des États ? », *Contrats, conc. consom.* 2020, études n° 13.

49. Cass. com., 11 mai 2022, n° 20-23298, *JCP* E 2022, 1365, note V. Lassere.

50. Le décret n° 2012-1451 du 24 déc. 2012 a substitué cette nouvelle appellation à celle de *juge rapporteur*, employée jusqu'ici.

commerce consacrée par le CPC. Ce juge entend les explications des parties ou de leurs représentants[51]. Il s'efforce de les concilier. L'article 21 du CPC dispose en ce sens : « il entre dans la mission du juge de concilier les parties ». En cas de non-conciliation, il fait rapport au tribunal, qui rend son jugement sans entendre à nouveau les plaideurs. Mais il faut que cette procédure recueille le consentement des deux parties. Si l'une ne comparaît pas, elle peut faire opposition au rapport du juge chargé d'instruire l'affaire et l'instance reprend dans son intégralité devant le tribunal.

L'article 860-2 du Code de procédure civile prévoit que le tribunal peut aussi désigner un conciliateur de justice. Si la conciliation réussit, un constat est signé par les parties et par le conciliateur (art. 863 CPC). Le constat peut être homologué (art. 1541 CPC).

L'ordonnance n° 2020-304 du 25 mars 2020 portant adaptation des règles applicables aux juridictions de l'ordre judiciaire statuant en matière non pénale a prévu que, dans le contexte sanitaire lié à la Covid-19, le président du tribunal de commerce puisse, dans toutes les affaires, décider que l'audience sera tenue par l'un des membres de la formation de jugement et que le juge rende compte au tribunal dans son délibéré (art. 5). L'ordonnance n° 2020-1400 du 18 novembre 2020 a prolongé ces mesures de crise jusqu'à l'expiration d'un délai d'un mois après la cessation de l'état d'urgence sanitaire. Si ces dispositions exceptionnelles ne sont plus, pour la plupart, en vigueur, le juge peut toujours proposer aux parties la tenue de l'audience en visioconférence.

304. Dans tous les cas, le jugement, lorsqu'il a lieu, est rendu par au moins trois juges. Le jugement est rendu en premier et dernier ressort lorsque le montant de la demande n'excède pas 5 000 euros. Dans ce cas il n'est pas susceptible d'appel (art. R. 721-6 C. com.). Seul le pourvoi en cassation est recevable. Au-dessus de 5 000 euros, le jugement est susceptible d'appel. Depuis le décret du 28 décembre 2012, l'établissement des jugements sur support électronique est possible. Les procédés utilisés devront garantir l'intégrité et la conservation du jugement (art. 456 CPC).

Les décisions des juridictions consulaires peuvent être signées électroniquement (arrêté du 9 avril 2019).

§2. Les procédures spéciales

305. Nous laissons de côté la procédure relative à la sauvegarde des entreprises qui a son régime propre. En dehors de cela, il existe deux procédures spéciales, qui sont fréquentes. Elles occupent une place croissante dans la procédure. Le législateur espère, grâce à elles, accélérer le règlement des litiges commerciaux.

A. La procédure simplifiée de recouvrement des créances

306. Appelée aussi procédure *d'injonction de payer*, elle est prévue par les articles 1405 et suivants du Code de procédure civile. Elle suppose des

51. Dans leur ouvrage, MM. B. Deffains et D. Musson (*Numériser la justice commerciale française : l'outil et l'esprit*, LexisNexis, 2022, préc.) proposent de généraliser la visioconférence lors des audiences de la mise en état.

conditions strictes : il faut que le litige porte sur le paiement d'une créance qui a sa source dans un contrat et dont le montant est déterminé. La procédure est alors simplifiée. Le créancier n'est pas tenu de procéder à une assignation de son adversaire. Il adresse simplement une requête au président du tribunal de commerce du lieu où demeure le débiteur poursuivi[52], seul compétent lorsque la dette est commerciale, en joignant les pièces justificatives de sa créance. Le débiteur n'est pas appelé. Le président, s'il estime la demande fondée, rend immédiatement une ordonnance portant injonction de payer. Cette ordonnance est revêtue de la formule exécutoire (art. 1410, al. 2, CPC)[53]. L'ordonnance est signifiée au débiteur. Celui-ci a un délai d'un mois pour faire opposition (art. 1416 CPC). Si le débiteur garde le silence, l'ordonnance autorise une saisie. L'ordonnance n'est pas susceptible d'appel. Si au contraire le débiteur fait opposition, l'on revient à la procédure ordinaire devant le tribunal.

307. La loi du 6 août 2015 a créé une nouvelle procédure simplifiée de recouvrement de petites créances (art. L. 125-1 C. pr. exéc.). La nouvelle procédure ne s'applique qu'aux créances qui ont une cause contractuelle ou qui résultent d'une obligation de caractère statutaire (art. L. 125-1, al. 1er, C. pr. exéc.) d'un montant en principal et intérêts inférieur à 4 000 euros (art. R. 125-1 C. pr. exéc.). Le créancier prend contact avec un huissier. Celui-ci envoie une lettre recommandée au débiteur dans laquelle il l'invite à participer à la procédure simplifiée. Si le débiteur accepte, il va rencontrer l'huissier qui lui proposera un accord sur le montant de la somme due et les modalités de paiement (art. R. 125-4 C. pr. exéc.). L'huissier constate les termes de l'accord et délivre, sans autres formalités, un titre exécutoire (art. L. 125-1, al. 3, C. pr. exéc.). En cas d'échec (le débiteur refuse l'invitation de l'huissier ou bien conteste le montant dû et/ou les modalités de paiement), le créancier doit agir devant le tribunal. La procédure simplifiée dure un mois à compter de l'envoi de la lettre par l'huissier. Pendant ce temps, le délai de la prescription aura été suspendu. Il reprendra à partir de la date du refus du débiteur (art. L. 125-1, al. 2, C. pr. exéc.).

B. Le référé commercial

308. La procédure du référé est très utilisée en pratique, car elle est rapide[54]. Elle est prévue par les articles 872, 873 et 873-1 du CPC. Elle se déroule devant le président du tribunal de commerce. Elle est possible dans trois cas.

- En cas d'urgence. Le président peut alors prendre toute mesure utile, si l'affaire ne soulève pas une contestation sérieuse, par exemple la nomination d'un expert ou d'un administrateur provisoire (art. 872 CPC).

52. La loi n° 2019-222 du 23 mars 2019 avait prévu la création d'une juridiction nationale des injonctions de payer. Cette réforme devait entrer en vigueur le 1er sept. 2021. Mais le législateur est revenu sur son projet dans la loi n° 2021-1729 du 22 déc. 2021. V. P. Casson, « Les avatars de la réforme de la procédure d'injonction de payer », *JCP* E 2021, 1544.

53. Il s'agit d'une nouveauté depuis le décret n° 2021-1322 du 11 oct. 2021. Auparavant, l'ordonnance ne comprenait la formule exécutoire qu'après l'expiration du délai d'opposition du débiteur. Le changement est destiné à simplifier le travail du greffe du tribunal de commerce.

54. C. Lefeuvre, *Le référé en droit des sociétés*, PUAM, 2006.

- Même en présence d'une contestation sérieuse, le président peut prescrire des mesures conservatoires ou de remise en état, lorsqu'il s'agit de prévenir un *dommage imminent* ou de faire cesser un *trouble manifestement illicite*. On parle en pratique du référé-sauvegarde (art. 873, al. 1er CPC).
- Le président peut aussi accorder une provision au créancier, l'on parle alors du référé-provision, ou ordonner provisoirement l'exécution de l'obligation dont l'existence n'est pas contestée (art. 873, al. 2 CPC).

CHAPITRE 2

L'arbitrage commercial

309. L'arbitrage est un mode de résolution des litiges qui consiste à porter un différend devant une ou plusieurs personnes que les parties choisissent librement comme juges.

L'arbitrage présente une double nature. D'un côté, il a une nature conventionnelle. L'arbitre tire sa compétence et son pouvoir d'un contrat conclu entre les parties en litige, qui s'appelle la *convention d'arbitrage* (section 1). D'un autre côté, il est de nature juridictionnelle, car l'arbitre est investi de la fonction de juger. Il constate et qualifie les faits. Il dit le droit. Il rend une *sentence* qui met fin au litige et qui a l'autorité de la chose jugée (section 2).

Le droit de l'arbitrage a été remanié et modernisée par le décret n° 2011-48 du 13 janvier 2011, qui a modifié les articles 1442 à 1527 du Code de procédure civile.

310. Le recours à l'arbitrage est fréquent en droit des affaires, spécialement en droit international[1]. Quels sont ses avantages ? On dit parfois que la procédure d'arbitrage est plus rapide que la procédure devant les tribunaux étatiques. C'est partiellement inexact. Les procédures sont parfois aussi longues. On dit aussi que la procédure arbitrale serait moins coûteuse. C'est encore inexact, car il faut rétribuer les arbitres. En revanche, la supériorité de l'arbitrage s'affirme, d'une part, dans la possibilité de choisir les arbitres parmi des personnes spécialement au courant des usages de la branche et ayant une bonne connaissance des questions techniques, spécifiques au litige, et, d'autre part, dans le caractère confidentiel de la procédure. La procédure n'est pas publique et la sentence n'est pas publiée. Le recours à l'arbitrage permet de préserver le secret des affaires.

1. C. Jallamion, « Le juge français au service de l'investissement. Le développement de l'arbitrage commercial international (xixe-xxe s.) », *in* L. Brunori, S. Dauchy, O. Descamps et X. Prevost (dir.), *Le droit face à l'économie sans travail*, t. 1, *Sources intellectuelles, acteurs, résolution des conflits*, Garnier, 2019, p. 387-404.

Section 1
La convention d'arbitrage

311. C'est la convention qui oblige les parties à recourir à l'arbitrage et qui organise la procédure d'arbitrage. Traditionnellement, le droit français a toujours fait une distinction fondamentale entre deux conventions : le *compromis d'arbitrage* et la *clause compromissoire* (§ 1). Le décret du 13 janvier 2011 a conservé la distinction, mais en unifiant leur régime (§ 2).

§1. Clause compromissoire et compromis d'arbitrage

> ***Art. 1442 CPC.*** La convention d'arbitrage prend la forme d'une clause compromissoire ou d'un compromis.
> La clause compromissoire est la convention par laquelle les parties à un ou plusieurs contrats s'engagent à soumettre à l'arbitrage les litiges qui pourraient naître relativement à ce ou à ces contrats.
> Le compromis est la convention par laquelle les parties à un litige né soumettent celui-ci à l'arbitrage.

312. Le compromis d'arbitrage est la convention par laquelle les parties à un litige déjà né conviennent de le porter devant un ou plusieurs arbitres qui seront chargés de le trancher.

Le mot « compromis » doit être entendu dans son sens juridique strict. Il ne se confond pas avec la transaction, qui est le contrat par lequel les parties mettent fin elles-mêmes au litige, grâce à des concessions réciproques, sans le porter devant une instance étatique ou arbitrale (art. 2044). Il faut également distinguer le compromis d'arbitrage du compromis de vente, qui est un sous seing privé précédant la rédaction d'un acte de vente notarié.

313. La clause compromissoire est la convention par laquelle les parties à un contrat décident par avance que seront portés à l'arbitrage les litiges futurs, *non encore nés*, qui seraient relatifs à un contrat.

Traditionnellement, le droit civil se montrait méfiant à l'égard de la clause compromissoire en raison des dangers qu'elle présente pour les signataires. En effet, en acceptant la clause, les parties s'engagent par avance dans la voie de l'arbitrage alors qu'elles ne connaissent pas l'objet précis du litige qui pourra les opposer.

C'est pourquoi l'article 2061 du Code civil disposait de façon catégorique : « La clause compromissoire est nulle s'il n'est disposé autrement par la loi ». La nullité de principe de la clause ne pouvait être écartée que par un texte spécial. Tel était le cas de l'article 631 de l'ancien Code de commerce qui, après avoir fixé la compétence du tribunal de commerce ajoutait : « les parties pourront, au moment où elles contractent, convenir de soumettre à des arbitres les contestations ci-dessus énumérées, lorsqu'elles viendront à se produire ».

Ainsi, nulle en matière civile, la clause compromissoire était au contraire valable en droit commercial. La jurisprudence avait été amenée à préciser la portée exacte de l'article 2061 du Code civil. Elle avait ainsi décidé que la clause était nulle dans les actes mixtes[2]. La rigueur du droit français était l'objet de fréquentes critiques. On lui reprochait d'être nuisible aux entreprises françaises et de freiner le développement de la place de la France dans l'arbitrage international.

Répondant à l'attente de la pratique, la loi du 15 mai 2001 sur les nouvelles régulations économiques (loi NRE) a modifié l'article 2061 du Code civil. Sous l'empire de cette loi, l'article 2061 disposait : « Sous réserve des dispositions législatives particulières, la clause compromissoire est valable dans les contrats conclus à raison d'une activité professionnelle ». L'article 2061 du Code civil réservait la clause compromissoire aux seuls rapports entre professionnels. Il en résultait que la clause était nulle lorsqu'elle était stipulée entre un professionnel et un non-professionnel[3]. Cette nullité était relative et ne pouvait être invoquée que par celui qui n'avait pas agi dans le cadre de son activité professionnelle[4].

Récemment, la loi n° 2016-1547 du 18 novembre 2016, dite loi Justice XXIe siècle, a supprimé la nullité des clauses compromissoires passées entre un professionnel et un non-professionnel. En conséquence, depuis le 20 novembre 2016, date d'entrée en vigueur de la loi du 18 novembre 2016, les clauses compromissoires sont valables, qu'elles aient été passées entre deux professionnels ou entre un professionnel et un non-professionnel, *dès lors qu'elles ont été acceptées*[5]. L'article 2061 modifié du Code civil envisage désormais autrement, sur le terrain de *l'opposabilité*, la question de l'application des clauses compromissoires. Le professionnel ne peut contraindre le non-professionnel à aller devant une juridiction arbitrale si celui-ci ne le souhaite plus. Et, inversement, le non-professionnel peut soit saisir l'arbitre en mettant en œuvre la clause compromissoire, soit agir devant la juridiction étatique compétente alors qu'il avait accepté le principe d'un arbitrage en consentant à la clause compromissoire. Autrement dit, une clause compromissoire a pu être valablement acceptée par le non-professionnel, il faudra qu'au moment du procès celui-ci réitère son accord à soumettre le litige à un arbitre pour que la clause s'applique concrètement[6].

Par ailleurs, lorsque le contrat a un caractère *international*, la jurisprudence a toujours été plus souple. La clause compromissoire est valable dans les actes mixtes[7] et, plus largement, dans les contrats entre un professionnel et un non-professionnel. Sur ce point le droit interne et le droit international se rejoignent. En revanche, dans le cadre d'un arbitrage international, il est improbable que la clause ne puisse être opposée au non-professionnel s'il ne le souhaite plus, comme le prévoit le nouvel article 2061 C. civ.

§2. Régime de la convention d'arbitrage

314. La convention d'arbitrage est soumise à des conditions de validité.

2. Arrêt de principe : Cass. civ., 20 juin 1957, *JCP* 1957.II.10773, note H. Motulsky.

3. Cass. 1re civ., 29 févr. 2012, n° 11-12782, *JCP* E 2012, 1314, obs. J. Monéger.

4. En ce sens, Ph. Fouchard, « La laborieuse réforme de la clause compromissoire par la loi du 15 mai 2001 », *Rev. arb.* 2001, p. 397, spéc. p. 413.

5. Sauf dans les contrats de consommation où elles sont présumées abusives (art. R. 212-2 C. consom.). De même, lorsque la clause compromissoire figure dans un contrat d'adhésion, elle pourra être réputée non écrite si elle crée un déséquilibre significatif entre les parties (art. 1171 C. civ.).

6. T. Clay, « L'arbitrage, les modes alternatifs de règlement des différends et la transaction dans la loi "Justice du XXIe siècle" », *JCP* 2016, 1295.

7. Cass. 1re civ., 4 juill. 1972, arrêt *Hecht*, *JDI* 1972, 843, note B. Oppetit.- Cass. 1re civ., 5 janv. 1999, n° 96-21430, *Rev. arb.* 1999, p. 260, note Ph. Fouchard.

- Lorsque l'arbitrage est interne, la convention doit être rédigée par écrit. Mais, lorsque l'arbitrage est international, la convention n'est soumise à aucune condition de forme[8].
- Elle doit désigner, le cas échéant, par référence à un règlement d'arbitrage, le ou les arbitres, ou prévoit les modalités de leur désignation. À défaut de désignation, la convention n'est pas nulle. Les articles 1451 à 1454 organisent la désignation du tribunal arbitral par un tiers, notamment par le « juge d'appui ». Le juge d'appui est en principe le président du tribunal judiciaire[9].
- Le compromis détermine, à peine de nullité, l'objet du litige.
- La convention d'arbitrage ne peut pas porter sur des matières qui intéressent l'ordre public. Cette disposition est prévue par l'article 2060 du Code civil et elle est sanctionnée par une nullité absolue, d'ordre public. La jurisprudence a été conduite à faire une distinction. Certaines matières sont dans leur totalité considérées comme d'ordre public. Ainsi les procédures de redressement et de liquidation judiciaire des entreprises, le statut des baux commerciaux ou le contentieux de la validité des droits de propriété industrielle. D'autres matières, les plus nombreuses, contiennent certaines dispositions d'ordre public. Dans ce cas, le recours à l'arbitrage est permis, mais l'arbitre ne doit pas enfreindre les dispositions d'ordre public. Tel est le cas d'un litige portant sur une pratique commerciale abusive. Il peut être soumis à l'arbitrage même si le droit de la concurrence relève, en principe, de l'ordre public économique[10].

315. Une difficulté particulière apparaît lorsqu'une clause compromissoire figure dans un contrat dont la validité est contestée. Avant la réforme de 2011, par faveur pour l'arbitrage, la jurisprudence avait posé deux règles. D'une part, la clause compromissoire échappait en principe à la nullité frappant le contrat dans lequel elle était incluse[11]. La clause compromissoire avait un caractère « autonome »[12]. D'autre part on admettait que l'arbitre était compétent pour statuer sur sa propre compétence[13] (règle dite de « compétence-compétence »). Aujourd'hui, la loi a consacré ces solutions. Le nouvel article 1447 du Code de procédure civile dispose aujourd'hui, sans ambiguïté, que « la convention d'arbitrage est indépendante du contrat auquel elle se rapporte. Elle n'est pas affectée par l'inefficacité de celui-ci »[14]. Quant à l'article 1465, il pose en principe que « le tribunal arbitral est seul compétent pour statuer sur les contestations relatives à son pouvoir juridictionnel ».

---

8. Art. 1443 et 1507 CPC.

9. Art. 1459 CPC.

10. Cass. 1re civ., 21 oct. 2015, n° 14-25080, *RTD com.* 2016, p. 693, note É. Loquin.

11. Cass. 1re civ., 7 mai 1963, *Bull. civ.* I, n° 246.

12. Cass. 2e civ., 20 mars 2003, n° 01-02253 : « Qu'en statuant ainsi, alors que l'éventuelle nullité du contrat de sous-traitance était sans incidence sur la validité de la clause compromissoire, la cour d'appel a violé le texte susvisé ».

13. Le tribunal arbitral est seul compétent pour statuer sur l'existence, la validité et l'étendue de la convention d'arbitrage, à moins que celle-ci ne soit manifestement nulle ou inapplicable. V. Cass. 1re civ., 9 juill. 2008, *BRDA* 17/2008, n° 19.

14. À propos de l'efficacité d'une clause compromissoire contenue dans un contrat dont l'existence n'est pas prouvée. V. Cass. 1re civ., 14 mai 2014, n° 13-15825, *RTD com.* 2015, p. 63, obs. É. Loquin.

316. La convention d'arbitrage rend les tribunaux étatiques radicalement incompétents. L'article 1448 du Code de procédure civile énonce en effet que « Lorsqu'un litige relevant d'une convention d'arbitrage est porté devant une juridiction de l'État, celle-ci se déclare incompétente »[15]. Cependant la juridiction étatique ne peut relever d'office son incompétence. L'une des parties au moins doit soulever l'exception d'incompétence.

Lorsque la clause compromissoire est souscrite par une société, la jurisprudence admet assez facilement l'opposabilité de la clause au dirigeant et principal associé de cette société, même s'il n'a pas lui-même signé la clause[16].

Section 2
Le tribunal arbitral et l'instance

§1. Le tribunal arbitral

317. Seule une personne physique peut être arbitre. Les personnes morales peuvent seulement être chargées par les parties d'organiser l'arbitrage, de désigner le ou les arbitres et de fixer les règles de procédure. On parle alors d'un *arbitrage institutionnel*. Il existe des associations privées qui sont spécialisées dans cette tâche, par exemple la Chambre de commerce internationale. Le recours à l'arbitrage institutionnel facilite la rédaction de la clause compromissoire. Il suffit, par exemple de stipuler dans le contrat que « tout litige survenant à propos du présent contrat sera tranché par voie d'arbitrage, selon les règles de la chambre X... ».

Sinon l'arbitrage est dit arbitrage *ad hoc*. Les parties désignent elles-mêmes les arbitres et fixent leur nombre, qui doit être impair. Elles peuvent désigner un arbitre unique. Suivant une pratique fréquente, les parties désignent chacune un arbitre, les deux arbitres ainsi nommés désignant ensuite un troisième arbitre. La désignation des arbitres doit respecter un principe d'égalité entre les parties[17].

Le tribunal arbitral est constitué lorsque le ou les arbitres ont accepté la mission qui leur est confiée[18]. Parce que le tribunal arbitral n'est pas une juridiction étatique, la Convention européenne des droits de l'homme ne s'applique pas à l'arbitrage[19]. Toutefois si, formellement, la Convention européenne ne concerne pas l'arbitrage, matériellement, les principes du procès équitable qu'elle contient s'imposent aux arbitres. Ainsi, dans un arrêt du 20 février 2001, la Cour de cassation a commencé par exclure l'application de la Convention EDH, puis a, dans le même attendu,

15. Cependant, la juridiction étatique reste saisie, à deux conditions : que le tribunal arbitral ne soit pas encore saisi et que la convention d'arbitrage soit manifestement nulle ou manifestement inapplicable (art. 1448 CPC).

16. Cass. 1re civ., 22 oct. 2008, *BRDA* 2008/21, n° 3.

17. Cass. 1re civ., 9 nov. 2022, n° 21-17203.

18. Art. 1456, al. 1er, CPC.

19. Ch. Jarrosson, « L'arbitrage et la Convention européenne des droits de l'Homme », *Rev. arb.* 1989, p. 573 et s.

relevé qu'en l'espèce les parties n'avaient pas été privées des garanties d'un procès équitable[20].

318. Parmi les garanties d'un arbitrage équitable, il y a notamment l'indépendance et l'impartialité des arbitres. D'ailleurs, l'article 1456 du Code de procédure civile, issu du décret n° 2011-48 du 13 janvier 2011, fait aujourd'hui expressément référence à l'indépendance et l'impartialité des arbitres[21]. Par exemple, « l'arbitre qui a été désigné dans 51 affaires pour le groupe auquel appartient une des parties » manque d'indépendance, car « la fréquence et la régularité de ces désignations [ont] créé les conditions d'un courant d'affaires entre lui et cette partie »[22]. Pour éviter ce genre de problème, l'arbitre doit, avant d'accepter sa mission, révéler toute circonstance de nature à provoquer dans l'esprit des parties un doute raisonnable sur son indépendance et son impartialité[23]. Il est également fait obligation aux arbitres de relever sans délai toute circonstance de même nature qui pourrait naître après l'acceptation de sa mission[24].

§2. L'instance arbitrale

A. Le droit applicable

319. Les arbitres sont tenus de respecter les principes généraux de la procédure, en particulier le principe du contradictoire et l'exigence de motivation de la sentence. Pour le reste, les parties aménagent librement la procédure. À défaut, l'article 1460 CPC dispose que les arbitres la règlent eux-mêmes, tout en respectant les principes directeurs du procès (énumérés dans les art. 4 à 11 et 13 à 21 du CPC).

Au fond, les arbitres doivent appliquer le droit en vigueur. Si l'arbitrage est interne, ils appliquent le droit positif français.

Si l'arbitrage est international, ils appliquent les règles de droit que les parties ont choisies ou, à défaut, les règles qu'ils estiment appropriées. Ils tiennent compte, dans tous les cas, des usages du commerce. L'article 1504 du Code de procédure civile consacre la formule admise depuis longtemps par la jurisprudence : « Est international l'arbitrage qui met en cause des intérêts du commerce international ».

La convention d'arbitrage peut stipuler que les arbitres statueront en *amiables compositeurs*[25] (art. 1478 CPC). L'arbitre est alors habilité à statuer en équité, en écartant les règles du droit, mais sans cependant méconnaître les dispositions d'ordre public. Il est tenu de faire ressortir dans sa sentence qu'il a pris en compte l'équité[26].

20. Cass. 1re civ., 20 févr. 2001, n° 99-12574.- Voy. à propos de l'accès effectif au juge : Cass. 1re civ., 28 sept. 2022, n° 21-21738.

21. Ph. Fouchard, « Le statut de l'arbitre dans la jurisprudence française », *Rev. arb.* 1996, p. 325.- D. Cohen, « Indépendance des arbitres et conflits d'intérêts », *Rev. arb.* 2011, p. 611.

22. CA Paris, 23 févr. 2021, n° 18/03068, *JCP* E 2021, 1405, n° 6, obs. P. Giraud.

23. Cass. 1re civ., 18 déc. 2014, n° 14-11085, *RTD com.* 2015, p. 53, obs. É. Loquin.

24. Cass. 1re civ., 20 oct. 2010, n° 09-68131, *JCP* E 2010, 1109, obs. C. Séraglini.- C. Derache, « Indépendance et impartialité de l'arbitre en droit français », *JCP* E 2012, 1480.

25. É. Loquin, *L'amiable composition en droit comparé et international. Contribution à l'étude du non-droit dans l'arbitrage commercial*, Litec, 1980, préf. P. Fouchard.

26. Cass. 1re civ., 1er févr. 2012, n° 11-11084.

Le décret du 13 janvier 2011 a renforcé les pouvoirs du tribunal arbitral (art. 1467 et 1468 CPC). Celui-ci procède aux actes d'instruction nécessaires. Il peut entendre toute personne. Si une partie détient un élément de preuve, le tribunal arbitral peut lui enjoindre de le produire selon les modalités qu'il détermine et au besoin à peine d'astreinte.

Le tribunal arbitral peut également ordonner aux parties, au besoin à peine d'astreinte, toute mesure conservatoire ou provisoire qu'il juge opportune.

B. La sentence arbitrale

320. Elle a la nature d'un jugement. Elle est obligatoire pour les parties. Elle met fin au litige et elle est pourvue de l'autorité de la chose jugée (art. 1484 CPC). Il n'est plus possible d'intenter une action en justice qui porterait sur le même litige. Cependant, puisque les arbitres sont des personnes privées, la sentence est dépourvue de la force exécutoire. En cas de difficulté d'exécution, il faudra obtenir du tribunal judiciaire, statuant à juge unique, une ordonnance d'*exequatur* de la sentence, permettant l'exécution forcée par le recours à la force publique (art. 1487 et 1488 CPC). L'exequatur ne peut être accordé si la sentence est « manifestement contraire à l'ordre public ».

La loi n° 2019-222 du 23 mars 2019 (art. 4) dispose qu'une sentence arbitrale peut être rendue sous forme électronique.

C. Les voies de recours

321. Jusqu'à la réforme de 2011, la sentence arbitrale pouvait être attaquée devant la cour d'appel, mais les parties pouvaient y renoncer à l'avance. Cette renonciation était même présumée, sauf clause contraire, en cas d'amiable composition. Le décret du 13 janvier 2011 a inversé la règle : désormais, la sentence n'est plus susceptible d'appel, sauf volonté contraire des parties.

Mais, lorsque la voie de l'appel n'a pas été prévue par les parties, un *recours en annulation* est ouvert devant la cour d'appel contre la sentence. L'article 1492 du Code de procédure civile énumère les cas d'annulation. Ils sont au nombre de six dont l'incompétence et la contrariété à l'ordre public.

Si l'arbitrage est international, la sentence rendue en France ne peut faire l'objet que d'un recours en annulation. Il est même admis par l'article 1522 que les parties peuvent à tout moment renoncer au recours en annulation, à condition que la renonciation soit expresse.

Titre 4

L'entreprise commerciale

322. L'entreprise est la notion clé du droit des affaires. Il faut commencer par rechercher ce que recouvre exactement la notion (sous-titre 1). Il conviendra ensuite d'étudier les règles qui régissent les *relations externes* de l'entreprise commerciale (sous-titre 2), puis le *statut des biens* qui sont affectés à l'activité de l'entreprise (sous-titre 3). Il ne sera pas traité des *relations internes* de l'entreprise, qui ressortissent au droit des sociétés et au droit du travail.

Sous-titre 1
La notion d'entreprise

323. L'entreprise est une notion centrale du droit des affaires. Pourtant ni le Code de commerce ni aucune loi particulière n'en donnent la définition. Après avoir constaté que la notion d'entreprise se définit essentiellement par ses caractères économiques (section 1), l'on verra que le droit positif reconnaît son existence et lui attache des effets de droit (section 2), mais sans pour autant lui reconnaître la personnalité juridique (section 3). Aujourd'hui, la responsabilité sociale et sociétale des entreprises (RSE) est indissociable de la notion d'entreprise (section 4).

Section 1
L'entreprise, réalité du monde économique

§1. La notion économique de l'entreprise

324. L'entreprise est d'abord une réalité du monde économique. Une réalité qui se présente sous les formes les plus diverses : entreprise artisanale, commerce de détail, PME, grande entreprise industrielle, entreprise publique, groupe international de sociétés, mais aussi entreprise agricole, profession libérale, coopérative ou association[1]. L'article 51 de la loi 2008-776 du 4 août 2008, intitulée loi de modernisation de l'économie, prévoit que « pour les besoins de l'analyse statistique et économique, les entreprises peuvent être distinguées selon les quatre catégories suivantes : les microentreprises ; les petites et moyennes entreprises ; les entreprises de taille intermédiaire ; les grandes entreprises ».

Pour les économistes, l'entreprise constitue, en dépit de cette extraordinaire variété de formes et de moyens, une notion essentielle de la science économique. Ils l'étudient plus spécialement sous deux angles. En premier lieu comme *unité de production*, c'est-à-dire unité de production de biens ou de services. L'entreprise est

1. En 2017, il y a eu 197 000 créations de sociétés commerciales, 151 000 créations d'entreprises individuelles et 241 000 créations de microentreprises.

alors considérée comme un agent économique, qui intervient sur un marché et entretient des échanges avec d'autres entreprises ou avec des consommateurs. En second lieu, l'entreprise est considérée comme une *organisation*, un système social complexe[2].

325. Lorsqu'à leur tour les juristes se sont intéressés à l'entreprise, surtout à partir des années 1950, ils ont intuitivement retenu ces deux aspects[3]. Ils ont noté que l'entreprise se caractérise par une *activité* économique de production ou de prestation de services et par une *organisation* de moyens matériels et humains, ce que M. Mousseron et M. Teyssié expriment sous une forme condensée : « une organisation au service d'une action »[4].

On notera que l'article 1er du décret 2008-1354 du 18 décembre 2008, pris en application de l'article 51 de la loi du 4 août 2008 (précitée), c'est-à-dire « pour les besoins de l'analyse statistique et économique », retient également l'autonomie de gestion parmi les critères distinctifs. Le texte dispose que l'entreprise est « une unité organisationnelle de production de biens et de services jouissant d'une certaine autonomie de décision, notamment pour l'affectation de ses ressources courantes ».

§2. Les éléments de l'entreprise

326. De ce qui précède, il ressort que l'entreprise comporte nécessairement deux éléments : un ensemble organisé de moyens de production et une activité économique[5].

327. L'entreprise requiert un *ensemble organisé de moyens de production*. Ce sont tout d'abord des moyens humains. L'entreprise rassemble une collectivité de personnes qui œuvrent à l'exploitation : salariés, dirigeants, représentants non-salariés. Ensuite des moyens matériels, immeubles, machines, moyens de transport, mais aussi immatériels, c'est-à-dire des biens incorporels, comme des créances, un fonds de commerce ou des droits de propriété industrielle. Enfin des capitaux. Ces capitaux sont soit des fonds propres, apportés par le chef d'entreprise ou par les actionnaires de la société qui gère l'entreprise, soit des concours financiers apportés par des établissements bancaires ou des intermédiaires financiers. Il faut d'ailleurs remarquer qu'il n'est nullement nécessaire que l'entreprise réunisse tous les moyens que l'on vient de citer. Il existe des entreprises sans salariés et dont le personnel consiste dans le seul chef d'entreprise. Il existe aussi des entreprises qui fonctionnent avec des moyens matériels extrêmement réduits. À l'inverse, les grandes entreprises industrielles rassemblent des moyens considérables et un nombreux personnel. Les situations sont très variables.

2. G. Triolaire, *L'entreprise et son environnement économique*, Sirey, 1988, n° 10, qui parle d'une « zone de coordination ou de communication hiérarchique ».

3. M. Despax, *L'entreprise et le droit*, LGDJ, 1956, préf. G. Marty.

4. J.-M. Mousseron et B. Teyssie, *Dix ans de droit de l'entreprise*, Litec, 1978, avant-propos, p. I.- Voy. aussi la définition donnée par le *Vocabulaire juridique H. Capitant* : l'entreprise est, en droit commercial, « un organisme se proposant essentiellement de produire pour les marchés certains biens ou services, financièrement indépendant de tout autre organisme ».

5. CJCE, 23 avr. 1991, *Höfner et Elser*, aff. C-41/90.

328. L'entreprise est une *organisation hiérarchique.* L'entreprise comporte une direction qui décide de ses orientations, qui répartit les tâches entre des unités opérationnelles et qui coordonne l'ensemble. Toute entreprise constitue un pôle de décision autonome.

Généralement, le pouvoir de direction appartient aux propriétaires des moyens de production. Cela apparaît très clairement dans le cas de l'entreprise individuelle, appartenant à une personne physique. La même personne physique est à la fois propriétaire des moyens de production et chef de l'entreprise. Mais cela est vrai, également, dans le cas d'une entreprise appartenant à une personne morale, par exemple une société. Les associés apportent les capitaux nécessaires à l'acquisition des moyens de production et, en assemblée générale, ils nomment les dirigeants.

Cependant, dans la pratique, le principe reçoit des tempéraments. Tel est le cas, notamment, lorsque les salariés sont associés à la gestion de l'entreprise. Tel est le cas encore lorsque, en raison du très grand nombre des associés, quelques dirigeants constituent une technostructure qui dispose en fait d'un pouvoir autonome de décision.

329. Le deuxième élément est *l'exercice d'une activité.* L'entreprise doit, pour exister, se livrer à des opérations de production, de distribution ou de prestation de services. Cette activité doit présenter elle-même trois caractères[6].

Elle doit être *autonome*[7], c'est-à-dire exercée par l'entreprise pour son propre compte et pour son profit. L'entreprise est un centre de profit. Ce profit n'est d'ailleurs pas obligatoirement pécuniaire (c'est-à-dire exprimé en somme d'argent), ce peut être un avantage économique quelconque. Le profit n'est pas nécessairement réinvesti dans l'entreprise, il peut être redistribué, par exemple entre les associés qui participent à l'entreprise.

Elle est *habituelle,* c'est-à-dire qu'elle se traduit par une répétition d'actes de production ou de prestation de services répondant à un programme. Quelques actes isolés ne constituent pas une activité d'entreprise.

Enfin, troisième caractère, l'activité d'entreprise est *économique.* Elle consiste en opérations de production, de distribution ou de prestation de services constituant une offre sur un marché. Cette constatation conduit à faire deux remarques importantes.

1) L'activité économique peut être très diverse : commerciale, agricole, artisanale ou civile. Toutes les entreprises ne sont pas des entreprises commerciales. Pour être commerciale, l'activité doit remplir d'autres conditions (*supra*, n° 93 et s.).

2) L'existence d'une offre sur un marché, qui caractérise l'activité économique, a pour conséquence que ne sont pas des activités d'entreprise les prestations de service répondant à une exigence sociale (par exemple les prestations de sécurité sociale) ou humanitaire. De telles prestations ne donnent pas lieu à une offre sur un marché.

6. B. Mercadal, « La notion d'entreprise », *Mélanges Derruppé,* GNL-Joly, Litec, 1991, p. 9.

7. E. Claudel, « Autonomie et notion d'entreprise », *Contrats, conc. consom.* 2020, dossier n° 7.

Section 2
La reconnaissance de l'entreprise par le droit

330. L'entreprise a fait une apparition tardive dans le monde du droit. Certes, le Code de commerce ne l'ignorait pas, puisque l'article 632 du Code (art. L. 110-1 nouveau) retenait le terme d'*entreprise* pour qualifier certains des actes de commerce qu'il énumérait. Par exemple, l'article 632 du Code de commerce, dès 1807, réputait acte de commerce « toute entreprise de manufacture, de commission, de transport... ». Mais ensuite le terme a disparu du vocabulaire juridique. Pendant un siècle et demi, l'entreprise est restée absente des lois et ignorée des juristes[8]. Le premier texte se référant expressément à l'entreprise est sans doute la loi du 19 juillet 1928, concernant le maintien des droits des travailleurs en cas de modification de la forme juridique de l'entreprise. Après la Seconde Guerre mondiale, un autre texte important, qui se situe également dans le domaine du droit du travail, l'ordonnance du 22 février 1945, institue le comité d'entreprise (devenu le 1er janvier 2020 le comité social et économique)[9]. Puis des textes de plus en plus nombreux se réfèrent à l'entreprise qui devient une notion clé de plusieurs branches du droit[10]. Il serait fastidieux de donner la liste complète des lois et des règlements qui consacrent ainsi la notion d'entreprise (§ 1). Il suffit de relever les plus significatifs d'entre eux. L'on verra ensuite quels enseignements on peut en tirer (§ 2).

§1. La consécration de l'entreprise par les textes

A. En droit du travail

331. Il faut évidemment évoquer l'article L. 1224-1 du Code du travail : « Lorsque survient une modification dans la situation juridique de l'employeur, notamment par succession, vente, fusion, transformation du fonds, mise en société de l'entreprise, tous les contrats de travail en cours au jour de la modification subsistent entre le nouvel employeur et le personnel de l'entreprise »[11].

On y a vu volontiers une première reconnaissance de l'entreprise par le droit. Le salarié est lié à l'entreprise beaucoup plus qu'à la personne de l'employeur. Le principe du maintien des droits des travailleurs en cas de transfert de l'entreprise a été ensuite consacré par la directive n° 77-187 du Conseil des Communautés européennes du 14 février 1977. Statuant en interprétation, la CJUE a adopté une conception

8. En droit civil, l'appellation de contrat d'entreprise, synonyme de louage d'ouvrage, seule expression utilisée par le Code civil, semble être une création de la doctrine du xxe siècle.

9. Art. L. 2321-1 et s. du C. trav.

10. Rapport « Rocher », 19 oct. 2021. V. *JCP* E 2021, act. 732.

11. Ce texte célèbre figurait à l'article L. 122-12, al. 2, du Code du travail, issu lui-même de la loi du 19 juill. 1928 déjà mentionnée.

très large du transfert d'entreprise, en soulignant que la directive doit s'appliquer chaque fois que l'*entité économique* en question garde son identité[12]. Puis, conformément à l'interprétation de la CJUE, la Cour de cassation a jugé à son tour que l'article L. 1224-1, du Code du travail devait s'appliquer à *tout transfert d'une entité économique conservant son identité et dont l'activité est poursuivie ou reprise*[13].

Il faudrait encore évoquer tous les textes contemporains qui organisent la participation des salariés à la vie de l'entreprise. D'autres textes enfin organisent la participation des salariés aux résultats de l'entreprise[14] et à son capital.

B. Dans le droit des successions

332. L'article 831 du Code civil permet à un héritier de demander, lors du partage d'une succession, l'attribution préférentielle de l'entreprise agricole, commerciale, industrielle, artisanale ou libérale. L'idée est d'assurer à l'héritier qui participait à l'exploitation avant le décès de l'entrepreneur, le maintien de ses conditions de travail. Pour cela, la loi protège l'intégrité de l'entreprise en évitant qu'elle ne soit démantelée au hasard du partage.

C. Les obligations comptables et fiscales relatives à l'entreprise

333. Le droit commercial oblige les commerçants à tenir une comptabilité. Mais il s'agit uniquement de la comptabilité de leur entreprise. L'article L. 123-12 du Code de commerce est très clair sur ce point, puisque l'alinéa 1er, dispose : « Toute personne physique ou morale ayant la qualité de commerçant doit procéder à l'enregistrement comptable des mouvements affectant le patrimoine de son entreprise... ». De même, l'article L. 123-13, alinéa 1er, du Code de commerce dispose que le bilan décrit séparément les éléments actifs et passifs de l'entreprise... L'entreprise est donc l'objet des obligations comptables. L'entreprise constitue aussi l'assiette de plusieurs impôts : taxe professionnelle, impôt sur les sociétés, impôt sur le revenu au titre des bénéfices.

D. En droit de la concurrence

334. Le droit de la concurrence s'adresse principalement aux entreprises. Cela est particulièrement net en ce qui concerne le droit européen de la concurrence. L'article 101 TFUE interdit les *accords entre entreprises* qui ont pour objet ou pour effet de restreindre le jeu de la concurrence à l'intérieur du marché commun. L'article 102 TFUE interdit le fait *pour une ou plusieurs entreprises* d'exploiter de façon abusive une position dominante sur le marché commun. L'article 23 du règlement n° 1/2003 du Conseil prévoit que la Commission peut infliger aux entreprises ayant commis une infraction aux articles 101 et 102 TFUE des amendes pouvant aller jusqu'à 10 % du chiffre d'affaires annuel de chacune des entreprises ayant participé à l'infraction.

12. CJCE, 10 févr. 1988, *Tellerup*, aff. 324/86, *Dr. social* 1988, p. 455, concl. M. Darmon, note G. Couturier.

13. Cass. ass. plén., 16 mars 1990, *Dr. social* 1990, p. 399, concl. H. Dontenwille, note G. Couturier et X. Prétot.

14. Art. L. 3321-1 et s. C. trav.

335. Quant au droit interne de la concurrence, il s'est peu à peu rapproché, sur ce point, des solutions du droit de l'Union. L'article L. 420-2 du Code de commerce prohibe l'exploitation d'une position dominante sur le marché intérieur *par une entreprise* ou *un groupe d'entreprises*. De même, à propos du contrôle des opérations de concentration, l'article L. 430-1 du Code de commerce évoque les *entreprises qui sont parties à l'acte* de concentration. En droit européen, la CJUE a appliqué le principe de la responsabilité personnelle à une entreprise constituant une entité économique, pourtant dépourvue de personnalité juridique[15]. Et, l'ordonnance n° 2021-649 du 26 mai 2021 transposant la directive UE 2019/1 dite *ECN+* définit l'entreprise comme une entité qui, quels que soient sa forme juridique ou son mode de financement, exerce une activité de production, de distribution et de services (art. L. 410-1 C. com.).

E. Les procédures collectives de sauvegarde, de redressement et de liquidation des entreprises en difficulté

336. Les mutations du droit des procédures collectives de sauvegarde, de redressement et de liquidation des débiteurs en difficulté (ce que l'on appelle par tradition et de façon plus brève le « droit de la faillite ») traduisent de façon spectaculaire la prise en considération de l'entreprise par le droit contemporain.

Jusqu'en 1967, les procédures collectives avaient essentiellement pour but le payement des créanciers d'un commerçant qui se trouvait dans l'impossibilité de faire face à ses engagements. Mais aujourd'hui la législation française s'est orientée vers un autre objectif : la survie de l'entreprise pour la sauvegarde de l'emploi.

Déjà la loi du 13 juillet 1967 s'était efforcée de dissocier, en cas de faillite, le sort de l'entreprise de celui de ses dirigeants. Lorsque la cessation des paiements était imputable à des fautes de gestion commises par les dirigeants de l'entreprise, ceux-ci pouvaient être personnellement sanctionnés, notamment par une interdiction de diriger à l'avenir une entreprise commerciale. Mais les sanctions frappant les dirigeants n'entraînaient pas forcément la liquidation de l'entreprise. Celle-ci pouvait survivre lorsqu'elle était économiquement saine. La loi du 13 juillet 1967 a été remplacée par la loi du 25 janvier 1985 puis par la loi du 26 juillet 2005 (livre VI, C. com.), qui va beaucoup plus loin dans la voie précédemment ouverte. Ces textes ont été plusieurs fois modifiés et complétés, en particulier par l'ordonnance n° 2021-1193 du 15 septembre 2021 transposant en droit français la directive UE 2019/1023 relative aux restructurations préventives.

Le titre I du livre VI du Code de commerce marque clairement son orientation puisqu'il s'intitule *de la prévention des difficultés des entreprises*. L'article L. 631-1, al. 3, C. com. déclare de façon éloquente : « La procédure de redressement judiciaire est destinée à permettre la poursuite de l'activité de l'entreprise, le maintien de l'emploi et l'apurement du passif ».

§2. L'entreprise, notion fonctionnelle

337. Si le droit se réfère ainsi, dans des hypothèses de plus en plus nombreuses, à l'entreprise, il n'en donne pourtant aucune définition. Bien plus, il semble que la notion d'entreprise à laquelle se réfère le législateur diffère

15. CJUE, gde ch., 6 oct. 2021, *Sumal / Mercedes Benz Trucks EspanaSL*, aff. C-882/19.

d'une loi à l'autre et qu'il soit nécessaire pour la comprendre de la replacer chaque fois dans son contexte.

Dans certains cas, la loi fait de l'entreprise un simple groupement de biens mobiliers et immobiliers, formant un élément d'actif, à l'exclusion des dettes. L'entreprise est alors un outil de production. Telle est la situation lorsque l'entreprise est envisagée par la loi comme l'objet de l'attribution préférentielle ou l'objet de la cession en vue du redressement. Le droit social au contraire considère l'entreprise sous son aspect humain. L'entreprise apparaît alors comme une collectivité organisée, constituant le cadre du travail. Quant au droit de la concurrence, il voit surtout dans l'entreprise un opérateur du marché, un centre de décision et d'activité. Enfin dans d'autres cas encore, la loi semble considérer l'entreprise comme une personne. C'est ainsi que plusieurs textes visent les droits et obligations de l'entreprise ou même son patrimoine.

338. En somme la notion d'entreprise est *variable*. C'est pourquoi les juristes éprouvent tant de difficultés à en préciser la nature. Le droit retient, selon le cas, tels ou tels éléments de l'entreprise. Il déplace le centre de gravité de la notion en fonction du but qui est assigné à la règle de droit. La notion d'entreprise est essentiellement *fonctionnelle* : elle est l'outil par lequel la règle juridique s'ajuste à la réalité économique.

Section 3
Le problème de la personnalité de l'entreprise

339. L'entreprise, telle qu'on vient de la décrire, est-elle pourvue de la personnalité juridique ? Peut-on aller jusqu'à la considérer comme une personne morale ? La question a été très débattue.

§1. Le débat en doctrine

340. Il est vrai que bien des textes que nous avons cités semblent personnifier l'entreprise : le législateur n'hésite pas à utiliser des expressions telles que celles de « patrimoine de l'entreprise » ou de « droits et obligations de l'entreprise ». La question est de savoir si de telles expressions ont un contenu juridique précis ou s'il ne s'agit que d'une commodité de langage.

341. Si l'on considère le *droit positif*, force est de reconnaître que l'entreprise ne constitue pas actuellement une personne juridique. Elle est un objet de droit mais en aucun cas un sujet de droit. Les seules personnes juridiques reconnues par le droit sont aujourd'hui les personnes physiques et les groupements auxquels la loi attribue expressément la personnalité morale : sociétés, associations, groupements d'intérêt économique et entreprises publiques.

Il est vrai que, selon la jurisprudence, la personnalité morale n'est pas une création de la loi et qu'elle appartient en principe à tout groupement pourvu d'une possibilité d'expression collective pour la défense d'intérêts licites, dignes d'être juridiquement protégés[16]. Mais justement, la loi ne s'est pas souciée d'organiser, de façon générale, l'expression collective des intérêts de l'entreprise. Qui en effet exprime les intérêts de l'entreprise ? Les apporteurs de capitaux ? Les dirigeants formant la technostructure ? Les représentants des salariés ? La loi organise le système de représentation des intérêts des sociétés, des GIE et des associations, mais nullement celui des intérêts de l'entreprise, en général.

En l'état actuel du droit positif l'entreprise n'est donc pas une personne. Elle n'est ni titulaire de droits réels, ni créancière, ni débitrice. Elle n'a pas de patrimoine. C'est par commodité de langage, que les textes utilisent les expressions de droits, d'obligations et de patrimoine de l'entreprise.

342. Cependant l'on peut se demander, *de lege ferenda*, s'il ne serait pas souhaitable de reconnaître à l'entreprise la personnalité morale. La loi en ferait un *sujet de droit*, une nouvelle catégorie de personnes morales.

Effectivement, certains auteurs estiment que l'entreprise ne peut pleinement jouer son rôle que « si elle accède à la dignité de sujet de droit »[17]. Ils soutiennent que l'évolution du droit ira en tout cas en ce sens et que les textes actuels, qui personnifient l'entreprise, ne font qu'anticiper cette évolution future. Ainsi, dans une thèse célèbre, Michel Despax[18] a montré que, sans être pleinement une personne, l'entreprise avait un commencement de personnalité juridique. L'entreprise serait un sujet de droit naissant, une personne en devenir.

Mais l'on peut aussi se demander si une telle évolution serait vraiment utile. Comme le montre la reconnaissance de l'entrepreneur individuel par la loi du 14 février 2022[19] (*infra*, n° 439 et s.), il est parfaitement possible de séparer le patrimoine de l'entreprise du patrimoine personnel de l'entrepreneur sans aller jusqu'à reconnaître la personnalité juridique de l'entreprise.

D'une façon plus générale, si l'on veut reconnaître la personnalité morale à l'entreprise il faudra que l'on puisse l'identifier avec une certaine précision. Il faudra en définir les conditions d'existence. Or il est à craindre qu'en enfermant l'entreprise dans un cadre juridique trop précis l'on nuise à ce qui fait sa principale qualité, sa vocation à traduire une réalité économique.

§2. Complémentarité des notions d'entreprise et de personne juridique

343. Les deux notions d'entreprise et de personne juridique sont parfaitement distinctes, mais elles sont complémentaires. En effet, l'entreprise a toujours besoin d'une personne juridique, personne physique ou personne morale, qui assure la représentation de ses intérêts sur la scène du droit.

Ainsi, dans le cas de l'entreprise individuelle, appartenant à une personne physique, l'entreprise n'a pas de personnalité mais elle intervient dans l'ordre juridique par l'intermédiaire de la personne de l'entrepreneur. C'est lui et lui seul qui est titulaire des droits et des obligations qui naissent à l'occasion de l'exploitation de

16. Cass. 2e civ., 28 janv. 1954, *D.* 1954, p. 217, note G. Levasseur.

17. C. Champaud, *Le droit des affaires*, PUF, 1981, p. 29.

18. M. Despax, *L'entreprise et le droit*, LGDJ, 1957, préface G. Marty.

19. Et précédemment par la loi du 15 juin 2010 créant l'EIRL (v. *infra* n° 436 et s.).

l'entreprise[20]. De même, dans les sociétés commerciales, c'est la société, personne morale, seule titulaire de droits et d'obligations, qui est l'expression de l'entreprise dans l'ordre juridique. L'on dira alors que la société constitue la *forme juridique* de l'entreprise.

344. Lorsque la loi personnalise l'entreprise, c'est par un raccourci de langage. La loi vise en réalité la personne physique ou la personne morale qui a en charge les intérêts de l'entreprise.

L'article L. 123-12 du Code de commerce, en fournit un bon exemple. Le texte dispose, comme on l'a vu précédemment, que toute personne physique ou morale ayant la qualité de commerçant doit procéder à l'enregistrement comptable des mouvements affectant le patrimoine de son entreprise. On voit bien que l'obligation ne pèse pas ici sur l'entreprise elle-même mais sur la personne physique ou morale qui en assure la représentation.

De même, lorsque le droit de la concurrence interdit les ententes entre entreprises ou l'exploitation abusive par une entreprise de sa position dominante, il faut comprendre que l'entreprise n'est que l'instrument de l'infraction, mais n'en est pas la responsable, car seules des personnes peuvent être juridiquement responsables. La responsabilité pèse sur la personne juridique qui représente l'entreprise sur le terrain du droit et c'est cette personne qui, par exemple, sera tenue du paiement d'une sanction pécuniaire.

345. Finalement, lorsqu'une règle de droit se réfère à l'entreprise, celle-ci n'y figure pas en tant que personne *destinataire de la règle*, mais simplement comme une *condition d'application* de cette règle.

Par exemple, l'article L. 420-2 du Code de commerce interdit l'abus par une entreprise de sa position dominante. L'interdiction s'adresse en réalité à des personnes morales, notamment des sociétés, mais elle suppose pour son application que l'abus et la position dominante soient le fait d'une entreprise.

Par exemple encore, le commerçant, personne physique, est obligé de tenir une comptabilité. L'obligation pèse sur la personne. Mais l'objet de l'obligation se limite aux biens et aux dettes qui servent à l'entreprise.

§3. Les différents types d'entreprises

346. L'entreprise est dite *individuelle*, lorsqu'elle est exploitée par une personne physique qui exerce en son nom propre une ou plusieurs activités professionnelles indépendantes (art. L. 526-22, al. 1er, C. com.). Depuis la loi du 14 février 2022 cet entrepreneur a deux patrimoines distincts : son patrimoine professionnel composé des éléments d'actif et de passif utiles à son activité professionnelle et son patrimoine personnel composé des éléments d'actif et de passif non compris dans le patrimoine professionnel (art. L. 526, al. 2, C. com.). Ainsi, les créanciers professionnels ne peuvent saisir que les biens (*i.e.* l'actif) du patrimoine professionnel et les créanciers personnels, les biens (*id.*) du patrimoine personnel[21].

20. L'on peut dire que ces droits et ces obligations sont la traduction juridique des relations économiques externes de l'entreprise.

21. V. *infra* n° 439 et s.

Remarquons que le statut de *microentrepreneur* (ex. autoentrepreneur) ne constitue pas une forme particulière d'entreprise. Il s'agit uniquement d'un allégement des charges administratives, sociales et fiscales pesant sur l'entrepreneur personne physique, lorsqu'il exploite une microentreprise[22].

347. L'entreprise est dite *sociale* ou *sous forme de société*, lorsqu'elle est exploitée par une personne morale, la plupart du temps une société. Dans ce cas, le patrimoine de la société ne comprend que les droits et les dettes nées de l'exploitation de l'entreprise. Une personne morale n'a pas de vie privée. L'exploitation de l'entreprise se confond avec l'activité de la personne morale.

Cependant il se peut ici encore que l'entreprise soit dissociée de la personne morale. Ainsi une même personne morale, une société, peut gérer plusieurs entreprises. À l'inverse, une seule et même entreprise peut être gérée par plusieurs personnes morales. Cette dernière hypothèse se rencontre dans le cas des groupes de sociétés. Le groupe peut former une unité économique, donc une seule entreprise, alors que, sur le plan juridique, il est constitué de plusieurs personnes morales : la société mère et ses filiales.

Section 4
La responsabilité sociale et sociétale des entreprises

348. Depuis le début des années 2000, un nouveau concept (une nouvelle discipline ?[23]) est apparu : la responsabilité sociale et sociétale des entreprises (RSE)[24]. L'idée générale est d'imposer aux entreprises et à leurs dirigeants[25] une conduite éthique et morale, conforme aux droits de l'homme[26], au-delà de la seule performance financière[27]. La dimension écologique dans la RSE est importante et essentielle. Il s'agit en d'autres termes de rendre l'entreprise citoyenne, d'attendre d'elle quelque chose de plus que la stricte exécution de ses engagements juridiques[28], quelle que soit sa taille[29]. Il existe d'ailleurs un code de gouvernance Afep-Medef[30].

Au titre de la RSE, la loi n° 2017-399 du 27 mars 2017 a créé un devoir de vigilance des sociétés françaises employant au moins 5 000 salariés en France ou 10 000

22. V. *infra*, n° 355.

23. M. Tirel, « Prendre le droit de la RSE au sérieux », *Bull. Joly Droit des affaires* nov. 2022, p. 41.

24. J. Ferrari, Jurisclasseur Travail. Traité, Fasc. 1-50.

25. M. Brochier, « Responsabilité civile de l'entreprise et des dirigeants face aux actions judiciaires environnementales », *JCP* E 2022, 1314.

26. V. *JCP* E 2021, 695.

27. R. Family, « La responsabilité sociétale de l'entreprise : du concept à la norme », *D.* 2013, chron. p. 1558.

28. J. Carbonnier, *Droit civil. Introduction*, PUF, 25e éd., 1997, n° 16.

29. Rapport AMF 2022 sur le gouvernement d'entreprise et la rémunération des dirigeants des sociétés cotées. V. *BRDA* 1/23, n° 22.

30. *BRDA* 2/23, n° 3.

dans le monde (art. L. 225-102-4 et L. 225-102-5 C. com.)[31]. Une autre date importante dans les sources de la RSE est la loi PACTE n° 2019-486 du 22 mai 2019. Ce texte a notamment modifié l'article 1833 du Code civil afin quc l'objet des sociétés commerciales intègre les enjeux sociaux et environnementaux[32].

Toujours au titre de la RSE, le législateur a voté la loi n° 2021-1104 du 22 août 2021 portant lutte contre le dérèglement climatique et renforcement de la résilience face à ses effets. L'Union européenne a adopté la directive UE 2022/2464 du 14 décembre 2022 relative à la publication d'informations en matière de durabilité par les entreprises. L'idée générale est d'imposer aux grandes sociétés de présenter, chaque année, une déclaration de performance extra-financière (ex. l'art. L. 225-102-1 du C. com.)[33]. Les documents de gestion deviennent des outils de la RSE[34].

On peut ajouter la loi n° 2021-1774 du 24 décembre 2021 visant à accélérer l'égalité économique et professionnelle.

On a longtemps cru que le numérique permettrait aux entreprises d'être écologiquement responsables. Mais les outils numériques « ne s'opère(nt) pas sans "dégâts environnementaux" »[35]. C'est pourquoi la loi n° 2021-1485 du 15 novembre 2021 a pris un certain nombre de mesures visant à réduire l'empreinte environnementale du numérique. La transformation numérique du commerce[36] doit aller de pair avec la protection de l'environnement et la transition écologique.

Grâce à cet ensemble législatif, dont il n'a été donné dans cette section qu'un aperçu, la France occupe la troisième place sur le podium du « Score Global RSE ». Mais, comme le souligne M. Teyssié : « Les pouvoirs publics, avant de céder, parfois pour des motifs qui sont avant tout de l'ordre de la communication politique, à la tentation de l'accumulation normative, doivent mesurer les risques, d'ordre économique et social, qu'ils font courir aux entreprises françaises s'ils devaient apparaître que leur sont imposées des contraintes d'un poids nettement supérieur à celui des obligations mises à la charge de leurs concurrents présents dans un État (...) moins soucieux (...) de prescriptions environnementales »[37].

31. V. la proposition de directive sur le devoir de vigilance des entreprises en matière de durabilité au *JCP* E 2022, act. 213.

32. A. Couret, « Les résolutions climatiques », *BRDA* 8/23, n° 25.

33. B. Teyssie, « La déclaration de performance extra-financière », *JCP* E 2021, 1356.

34. N. Lenoir, « Bref aperçu de la directive UE 2022/2464 du 14 décembre 2022 relative à la publication d'informations en matière de durabilité par les entreprises (CSRD) », *D.* 2023, p. 184.- F. Danos et L. Yemal, « La nouvelle directive CSRD en matière d'information de durabilité », *BRDA* 4/23, n° 21.

35. B. Teyssie, « La responsabilité sociale et sociétale de l'entreprise », *JCP* S 2022, 1025, n° 7.

36. M. Bourgeois, « La transformation numérique du commerce », *JCP* E 2021, 1372.

37. B. Teyssie, art. préc., n° 9.

Sous-titre 2

Les relations externes de l'entreprise commerciale

349. Il existe un ensemble de règles applicables à toutes les entreprises sans distinction. Ces règles concernent de la même façon les sociétés commerciales et les entreprises individuelles, exploitées par des commerçants personnes physiques (chapitre 1). Les règles spéciales aux sociétés commerciales ne seront pas étudiées ici, car elles relèvent d'une branche particulière du droit des affaires, le droit des sociétés. En revanche, nous étudierons les règles qui sont particulières aux entreprises commerciales individuelles (chapitre 2).

CHAPITRE 1

Les règles communes à toutes les entreprises commerciales

350. L'entreprise entretient des relations avec ses fournisseurs, ses clients et ses financiers. Les relations externes consistent essentiellement en des contrats et parfois en des obligations nées de la responsabilité. Nous les avons examinées à propos du régime des actes de commerce. Pour le surplus, leur étude relève du droit des obligations et du droit des contrats spéciaux.

Le droit commercial impose aussi des obligations générales à toutes les entreprises commerciales, quelle que soit leur forme. Il impose une obligation légale de *publicité*, destinée à informer les tiers : l'entreprise doit procéder à des mesures de publicité au registre du commerce et des sociétés (section 1). De même, l'entreprise commerciale doit tenir une *comptabilité*, faisant état de toutes les opérations qu'elle passe avec les tiers (section 2). Enfin, dans ses relations avec les tiers, l'entreprise commerciale est représentée par ses dirigeants. Ceux-ci sont soumis à un ensemble de règles formant le *statut du dirigeant* (section 3).

Section 1
La publicité au registre du commerce et des sociétés

351. Créé en France en 1919, le Registre du commerce a été longtemps une institution réservée aux seuls commerçants. Lorsqu'en 1978 l'obligation fut faite aux sociétés civiles de se faire immatriculer, le registre devint le *registre du commerce et des sociétés (RCS)*. Les dispositions du décret n° 84-406 du 30 mai 1984 sont passées dans la partie législative du Code de commerce (art. L. 123-1 et s.) et dans la partie réglementaire de ce code (art. R. 123-31 et s.). La loi PACTE (Plan d'action pour la croissance et la transformation des entreprises) n° 2019-

486 du 22 mai 2019 avait prévu le regroupement dans un seul registre dématérialisé du RCS, du registre des métiers et du registre des actifs agricoles. C'est chose faite grâce à l'ordonnance nº 2021-1189 du 15 septembre 2021. Le nouveau registre s'appelle le « registre national des entreprises » (RNE)[1]. Il est entré en vigueur le 1er janvier 2023. Mais si le registre des métiers et le registre de l'agriculture ont bien disparu pour se fondre dans le RNE, le RCS tenu par les greffiers des tribunaux de commerce a été maintenu, ce qui constitue une exception importante, probablement provisoire, par rapport à l'ambition du législateur.

Le registre du commerce et des sociétés est un registre obligatoire, officiel et public. Il est *obligatoire* (§ 1) : tout commerçant personne physique et toute société pourvue de la personnalité morale est tenue de se faire immatriculer au registre du commerce et des sociétés. Il s'agit d'une obligation légale, pénalement sanctionnée. Les mêmes personnes doivent ensuite publier certains actes relatifs à la vie de leur entreprise. Elles doivent se faire radier lorsqu'elles cessent leur activité. Le registre est *officiel*, car il est tenu par le greffier[2] du tribunal de commerce, sous la surveillance d'un juge. Le registre est *public*, car toute personne a accès aux informations qui y figurent[3] (§ 2).

Le registre du commerce et des sociétés revêt une importance pratique considérable. Il est une source d'information concernant les entreprises françaises. Il a une fonction de police de la profession, en empêchant l'immatriculation des personnes auxquelles l'exercice du commerce est interdit. Surtout, la publicité au registre a des *conséquences civiles* : elle constitue une preuve de la condition de commerçant et elle rend certains actes opposables aux tiers (§ 3).

§1. L'obligation de publier

352. Le Code de commerce distingue entre les déclarations auxquelles doivent procéder les personnes physiques et celles qui incombent aux personnes morales.

A. Les déclarations incombant aux personnes physiques

1. L'immatriculation des personnes physiques

> ***Art. L. 123-1, I, C. com.*** Il est tenu un registre du commerce et des sociétés auquel sont immatriculés, sur leur déclaration,

1. B. Saintourens, « La création du registre national des entreprises », *RTD com.* 2021, p. 765.

2. Les greffiers des tribunaux de commerce sont titulaires d'un office. Le Conseil constitutionnel a eu à se prononcer sur la constitutionnalité de leur droit de présenter au garde des Sceaux leur successeur. Le Conseil constitutionnel a estimé que ce droit ne méconnaissait pas le principe de l'égal accès aux dignités, places et emplois public (art. 6 de la Déclaration des DDHC de 1789). V. Cons. const., 26 mars 2015, nº 2015-459 QPC.

3. Ce qui peut poser une difficulté eu égard au droit à l'oubli. V. CJUE, 9 mars 2017, *Camera du commercio, industria et agricoltura di Lecce*, aff. 398/15.

> 1° Les personnes physiques ayant la qualité de commerçant, même si elles sont tenues à immatriculation au registre national des entreprises.
>
> ***Art. R. 123-32 C. com.*** Dans le mois qui précède la date déclarée du début de l'activité commerciale et, au plus tard, dans le délai de quinze jours à compter de la date du début de cette activité, toute personne physique ayant la qualité de commerçant demande son immatriculation, par l'intermédiaire de l'organisme unique mentionné à l'article R. 123-1, au greffe du tribunal dans le ressort duquel est situé : 1° Soit son principal établissement ; 2°Soit, dans les cas prévus aux deuxième et troisième alinéas de l'article L. 123-10, son local d'habitation ; 3°Soit, à défaut d'établissement ou de local d'habitation déclaré dans les cas prévus à l'article L. 123-10, l'organisme auprès duquel elle a fait élection de domicile dans les conditions prévues à l'article L. 264-1 du Code de l'action sociale et des familles.

353. Tout commerçant qui exerce son activité sur le territoire français doit obligatoirement se faire immatriculer au Registre du commerce.

Le commerçant personne physique doit demander son immatriculation, en principe, au greffe dans le ressort duquel est situé son *principal établissement*. Il faut sans doute entendre par là son principal établissement *commercial*.

L'article R. 123-31 du Code de commerce précise que l'immatriculation a un *caractère personnel* et que nul ne peut être immatriculé plusieurs fois à un même registre. Si un commerçant personne physique possède plusieurs entreprises individuelles, il ne procède qu'à une seule immatriculation principale et à des immatriculations complémentaires ou secondaires.

L'établissement secondaire donne lieu à une *immatriculation secondaire* lorsque cet établissement se trouve dans le ressort d'un tribunal autre que celui de l'établissement principal. Il donne lieu à une *immatriculation complémentaire* lorsqu'il est situé dans le même ressort que celui de l'établissement principal[4].

L'immatriculation doit être demandée impérativement, au plus tard, dans le délai de quinze jours à partir du début de l'activité commerciale. Mais elle peut être demandée, au plus tôt, dans le mois qui précède le début de cette activité.

354. Les articles R. 123-37 et R. 123-38 du Code de commerce énumèrent les mentions qui figurent dans la déclaration. Elles sont de deux sortes. Les premières concernent l'état civil du commerçant[5] et certaines déclarations ayant une incidence patrimoniale. Les secondes sont relatives à l'établissement : objet de l'activité, adresse de l'établissement ou à défaut du local d'habitation, nom commercial et enseigne, mentions relatives au fonds de commerce (indivision, location-gérance), nom des personnes ayant le pouvoir d'engager à titre habituel le commerçant.

4. Ex. Cass. crim., 28 mars 2017, n° 16-81944.

5. Traditionnellement, le régime matrimonial du commerçant marié (régime légal ou contrat de mariage) devait obligatoirement être mentionné au RCS. L'ordonnance du 6 mai 2005 et le décret du 24 mai 2005 ont supprimé cette obligation et, à cette fin, ont respectivement modifié les art. 1394 et s. C. civ. et plusieurs articles du décret du 30 mai 1984 (passés aujourd'hui dans la partie réglementaire du Code de commerce). Le décret 2007-750 du 9 mai 2007, modifiant l'art. R. 123-37 C. com., a parachevé l'évolution en mettant fin à l'obligation de publier les mentions relatives au mariage et au régime matrimonial des commerçants. V. J. Leprovaux et F. Petit, « L'indication de la situation matrimoniale du commerçant au registre du commerce et des sociétés après le décret du 9 mai 2007 », *JCP* E 2008, 1855.

Doivent également être publiées, dans le délai d'un mois, toutes les *modifications* concernant les informations déjà publiées, qu'il s'agisse de l'état civil du commerçant, par exemple la survenance d'une incapacité, ou de la situation juridique de l'entreprise, par exemple la mise en location-gérance du fonds de commerce.

Ces modifications sont en principe faites à la demande du commerçant. Mais ce n'est pas toujours le cas. Si la cession du fonds de commerce est constatée par acte notarié, c'est au notaire qu'il incombe de faire procéder à la publicité. Quant aux décisions prises dans le cadre d'une procédure de redressement judiciaire et de liquidation des biens, elles font l'objet d'une publication d'office par le greffe.

Enfin les personnes physiques doivent demander leur radiation dans le mois qui précède ou qui suit la cessation de l'activité commerciale. En cas de décès, la demande est présentée par les héritiers, mais le maintien provisoire de l'immatriculation, pendant le délai d'un an, est autorisé si l'exploitation se poursuit.

2. La suppression de la dispense d'immatriculation des microentrepreneurs (ex autoentrepreneurs)

355. La loi *LME* du 4 août 2008 dispensait les autoentrepreneurs, devenus depuis le 1er janvier 2016 les microentrepreneurs, de l'obligation de se faire immatriculer au RCS (ancien art. L. 123-1-1 C. com.)[6]. La loi Pinel n° 2014-626 du 18 juin 2014 a mis fin à cette faveur (art. 27-II). Les autoentrepreneurs qui ont commencé leur activité commerciale avant le 19 décembre 2014 avaient jusqu'au 19 décembre 2015 pour demander leur immatriculation au RCS.

De plus, dans les douze mois à compter de la déclaration de la création de leur entreprise, les microentrepreneurs ont, depuis la loi n° 2016-1691 du 9 décembre 2016, l'obligation d'avoir un compte bancaire dédié à leur activité professionnelle (art. L. 133-6-8-4 du Code de la Sécurité sociale).

B. Les déclarations incombant aux personnes morales

356. Les déclarations concernent, d'une part, l'immatriculation des sociétés et groupements pourvus de la personnalité morale et, d'autre part, les actes se rapportant à la vie de ces sociétés.

1. L'immatriculation des personnes morales

Art. L. 123-1, I, C. com. Il est tenu un registre du commerce et des sociétés auquel sont immatriculés, sur leur déclaration :

...

2° Les sociétés et groupements d'intérêt économique ayant leur siège dans un département français et jouissant de la personnalité morale conformément à l'article 1842 du code civil ou à l'article L. 251-4 ;

3° Les sociétés commerciales dont le siège est situé hors d'un département français et qui ont un établissement dans l'un de ces départements ;

4° Les établissements publics français à caractère industriel ou commercial ;

6. L. Nurit-Pontier, « Dispense d'immatriculation de l'autoentrepreneur : une simplification non dénuée de risques », *D.* 2009, p. 585.

> 5° Les autres personnes morales dont l'immatriculation est prévue par les dispositions législatives ou réglementaires ;
> 6° Les représentations commerciales ou agences commerciales des États, collectivités ou établissements publics étrangers établis dans un département français.

357. La demande d'immatriculation doit être faite au greffe du tribunal dans le ressort duquel est situé le siège social.

Les deux notions de siège social et d'établissement doivent être distinguées. Le siège social est le lieu où siègent les organes de la société et où sont prises les décisions les plus importantes, notamment les délibérations des assemblées. Le siège social se confond en général avec le siège statutaire, qui est le siège indiqué dans les statuts de la société[7]. L'établissement est le lieu d'implantation d'une unité de production ou de commercialisation. Alors que la société n'a qu'un seul siège social, elle peut avoir un établissement principal et des établissements secondaires.

358. Alors que les commerçants personnes physiques doivent obligatoirement demander leur immatriculation dans un délai de quinze jours à compter du début de leur activité, aucun délai n'est imposé aux sociétés ni aux GIE. Leur immatriculation doit simplement avoir lieu « au plus tôt après l'accomplissement des formalités de constitution et notamment des formalités de publicité »[8]. Et encore faut-il observer que cette obligation ne comporte pas de sanction. Cela se comprend parfaitement car les sociétés et les GIE acquièrent la personnalité morale à compter de leur immatriculation. Jusque-là, la société ou le GIE n'existe pas en tant que personne juridique et ne peut pas, en cette qualité être engagée à l'égard des tiers. L'absence d'immatriculation ne nuit donc pas aux tiers. C'est la raison pour laquelle la loi laisse les fondateurs de la société ou du GIE libres de décider du moment de cette immatriculation.

Le Code de commerce impose également l'immatriculation des établissements secondaires des personnes morales, les demandes d'inscriptions modificatives et la radiation de l'immatriculation. Les sociétés étrangères (c'est-à-dire les sociétés qui ont leur siège social à l'étranger) et qui ouvrent une succursale en France sont soumises à déclaration et à un dépôt d'actes.

359. Les articles R. 123-53 et suivants du Code de commerce énumèrent les mentions devant figurer dans la demande d'immatriculation : notamment, la raison ou la dénomination sociale, la forme de la société, le montant du capital social, l'adresse du siège et la durée de la société. La transmission d'indications inexactes ou incomplètes en vue d'une immatriculation est punie d'une amende de 4 500 euros et d'un emprisonnement de six mois (art. L. 123-38 C. com.).

L'article L. 123-11 précise que toute personne morale demandant son immatriculation au registre du commerce et des sociétés doit justifier de la jouissance du ou des locaux où

7. Le siège social de la personne morale peut être fixé au domicile de son représentant légal, soit lors de l'immatriculation, soit ultérieurement par transfert du siège (art. L. 123-11-1 C. com.). Cette disposition a évidemment pour but de faciliter la création de petites entreprises.

8. Art. R. 123-36 C. com. Les formalités de publicité qui sont ici visées consistent essentiellement dans la publication dans un support (publication « papier » ou en ligne) d'annonces légales. En effet la publication au *BODACC* n'intervient qu'après l'immatriculation au RCS.

elle installe, seule ou avec d'autres, la domiciliation d'une personne morale dans des locaux occupés en commun par plusieurs entreprises est autorisée. En revanche, une société ne peut pas être domiciliée au lieu où elle possède une simple boîte postale. Des actes judiciaires qui seraient adressés à cette boîte postale seraient irrecevables.

2. La publication des actes concernant les personnes morales

360. Les actes et les pièces se rapportant aux personnes morales de droit privé doivent être *déposés en annexe* au registre du commerce et des sociétés. Il s'agit tout d'abord, en application des articles R. 123-103 et suivants du Code de commerce, des actes constitutifs des personnes morales : statuts, acte de nomination des organes de la personne morale ainsi que différents actes constatant la réalité du capital social. Mais l'article R. 123-111 du Code de commerce prévoit également à la charge des sociétés commerciales une autre mesure de publicité, qui est en pratique très importante : le dépôt des *comptes annuels*, c'est-à-dire le bilan, le compte d'exploitation et le compte de résultat, le rapport de gestion, le rapport des commissaires aux comptes et différents comptes et rapports relatifs aux groupes de sociétés. Le dépôt des comptes annuels peut être effectué par voie électronique (art. L. 232-21 à L. 232-23 C. com.). Ainsi sont publiés chaque année les documents les plus importants concernant la gestion, la situation financière et la croissance des sociétés et des groupes.

§2. Les modalités de la publication

A. Le registre du commerce

1. L'organisation du registre

361. Le registre du commerce et des sociétés est double : il comprend un *registre local* et un *registre national.*

362. *Le registre local* est tenu par le greffe de chaque tribunal de commerce, sous la surveillance du président ou d'un juge commis à cet effet. C'est auprès du registre local que les commerçants et personnes morales doivent déposer les déclarations auxquelles ils sont assujettis.

Le registre comprend : un fichier alphabétique des personnes immatriculées ; des dossiers individuels d'immatriculation ; pour les personnes morales, les dossiers annexes des dépôts des actes et des pièces. Un numéro d'immatriculation (n° SIREN) est attribué par l'INSEE à chaque personne immatriculée.

Le greffier s'assure de la *régularité* des déclarations. L'on verra ultérieurement quelle est l'étendue de son contrôle (*infra*, n° 368). Si le greffier accepte la demande, il doit procéder à l'inscription au registre dans les cinq jours ouvrables suivant la réception de la demande. Mais s'il l'estime irrégulière, il réclame la rectification de la demande. À défaut, il prend une décision de rejet, qui doit être motivée, et en informe le demandeur.

Le demandeur peut saisir *le juge commis à la surveillance du registre* dans deux cas : lorsque le greffier accepte la demande mais ne procède pas à l'inscription dans le délai de cinq jours et lorsque le demandeur conteste une décision de rejet. D'une façon générale, les contestations entre l'assujetti et le greffier sont portées devant le juge commis[9] ou

9. Art. R. 123-139 C. com.

devant le président du tribunal[10]. Le juge commis ou le président statuent par ordonnances, susceptibles d'appel devant la cour d'appel.

Le juge commis à la surveillance du registre dispose d'un *pouvoir d'injonction*. Si un commerçant, personne physique ne demande pas son immatriculation dans le délai de quinze jours, le juge commis peut, par ordonnance, enjoindre à l'intéressé d'y procéder. Il en est de même lorsqu'une personne physique ou une société ne fait pas procéder dans le délai de quinze jours aux rectifications nécessaires ou à la radiation. Le juge statue soit d'office, soit à la requête du procureur de la République, soit à la demande de toute personne y ayant intérêt. L'intéressé peut faire appel de l'ordonnance devant la cour d'appel.

En cas d'erreur du greffe sur l'identification d'une société, l'État engage sa responsabilité et doit réparer le dommage causé par le fonctionnement défectueux du service public de la justice. Les conséquences dommageables pour la victime de l'erreur peuvent être très importantes et révéler une faute lourde[11].

Depuis la loi de simplification du droit du 22 mars 2012, le respect des injonctions n'est plus *sanctionné pénalement*. Mais le juge peut assortir son injonction d'une astreinte[12].

363. Le *registre national*. Depuis l'ordonnance n° 2021-1189 du 15 septembre 2021, le registre national du RCS s'est fondu dans le registre national des entreprises (RNE). Il est tenu par l'Institut de la propriété industrielle à Paris à qui les greffiers communiquent d'office des doubles des déclarations et des actes. L'INPI réalise ainsi une centralisation des informations concernant les commerçants et les sociétés. L'INPI doit diffuser et mettre *gratuitement* à la disposition du public les informations techniques, commerciales et financières contenues dans le registre national du commerce et des sociétés (art. L. 411-1 C. prop. intell.).

L'Union européenne s'efforce de réaliser une interconnexion des registres centraux du commerce et des sociétés[13].

2. Publication des déclarations

364. Le Code de commerce prévoit une triple publicité pour l'information des tiers. Tout d'abord, il convient de rappeler que le registre est public. S'il n'est pas possible de consulter directement les registres au greffe, toute personne a en revanche le droit de demander au greffier qui tient le registre local ou à l'INPI, en ce qui concerne le registre national des entreprises, une copie intégrale d'une inscription ou d'un acte déposé, un extrait indiquant l'état de l'immatriculation ou un certificat attestant qu'une personne n'est pas immatriculée. Les extraits sont désormais accessibles en ligne et gratuitement.

Le développement des communications électroniques a considérablement simplifié l'accès aux informations publiées. Il existe de nombreux sites internet spécialisés dans la diffusion des informations délivrées par les greffes[14].

10. Art. R. 123-143 et s. C. com.

11. Cass. 1re civ., 2 sept. 2020, n° 19-19098.

12. Art. L. 123-3 C. com.

13. Directive n° 2012/17 du 13 juin 2012. La directive institue une plate-forme centrale européenne. Des copies électroniques des actes et des indications publiées par les sociétés sont rendues publiques grâce au système d'interconnexion des registres. Les États membres veillent à ce que les sociétés disposent d'un identifiant unique.

14. G. Chiron, « Le droit des sociétés à l'ère des nouvelles technologies ? », *JCP* E 2012, 1756.

L'INPI transmet ces différentes informations au *Bulletin des annonces civiles et commerciales* (*BODACC*), qui relate, sous forme d'extraits, toutes les déclarations faites au registre du commerce et des sociétés.

Toute personne immatriculée doit indiquer sur ses papiers d'affaires (correspondance, factures, bons de commande, tarifs et documents publicitaires), son numéro d'identification[15] et le nom de la ville où se trouve le greffe auprès duquel elle est immatriculée[16].

Dans ses relations avec l'administration, le commerçant n'est plus obligé de fournir un extrait d'immatriculation, mais seulement son numéro d'identification délivrée par l'INSEE[17].

B. Les mesures destinées à faciliter les créations d'entreprises

365. Les pouvoirs publics cherchent à faciliter la création d'entreprises nouvelles, spécialement des petites entreprises qui sont considérées comme créatrices d'emplois. À cette fin, les textes s'efforcent de simplifier les formalités requises des entreprises, au moment de leur création, en remplaçant par une déclaration unique l'ensemble des déclarations qui étaient jusqu'alors exigées par les différentes administrations. Un décret du 18 mars 1981 avait ainsi créé les *centres de formalités des entreprises (CFE)*. La loi n° 2019-486 du 22 mai 2019 (loi PACTE, art. L.123-33 C. Com.) a prévu de remplacer les Centres des formalités des entreprises par un *Guichet unique des entreprises*.

Un communiqué du ministère de l'Économie de juin 2023 prévoit que toutes les formalités pourront être réalisées via le Guichet unique à partir du 30 juin 2023, mais que celui-ci deviendra obligatoire à la fin de 2023.

En pratique, les déclarations qu'une entreprise doit remettre, au moment de sa création, aux différentes administrations et organismes chargés d'un service public (INSEE, registre du commerce et des sociétés, services fiscaux, organismes de sécurité sociale et d'allocations familiales, inspection du travail...) seront réunies dans un dossier unique, déposé auprès du guichet unique des entreprises. Le guichet communique ensuite les renseignements à chacun des organismes destinataires selon sa compétence. Le dépôt du dossier unique libère l'entreprise de ses obligations à l'égard des différentes administrations et interrompt les délais impartis pour y satisfaire.

Il ne sera donc plus nécessaire de s'adresser au greffe du tribunal pour demander l'immatriculation au registre du commerce et des sociétés ou pour demander une inscription modificative. Il suffit de passer par le guichet unique.

L'article R. 123-77 du Code de commerce précise que les demandes d'inscription et les dépôts d'actes au registre du commerce sont, sauf cas particuliers, effectués par voie électronique. Le même article R. 123-77 admet également l'utilisation de la signature électronique sécurisée[18].

15. Art. D. 123-235 C. com.
16. Art. R. 123-237 C. com.
17. Arr. 4 janv. 2022.
18. Dans les conditions prévues par l'art. 1367, al. 2, C. civ.

§3. Les effets de la publicité au registre du commerce et des sociétés

A. Généralités

366. Quelle autorité faut-il reconnaître aux mentions qui ont été publiées ? D'une façon générale, la réponse dépend de la combinaison de trois ordres de considérations : la fonction que l'on assigne au registre, le rôle de l'autorité publique dans le contrôle des déclarations et l'effet attaché à l'absence de publicité.

1. Les fonctions du registre

367. Le législateur, lorsqu'il organise la publicité à un registre public, peut assigner à celle-ci une fonction plus ou moins étendue. Dans une conception minimale, la publicité n'est exigée qu'à des fins de police administrative (le recensement des entreprises et leur contrôle) et d'information du public. Mais le droit français, à l'exemple de certains droits étrangers, va plus loin et confère à la publicité des *effets civils* (c'est-à-dire dans les rapports juridiques entre particuliers).

L'on observe alors que l'intensité des effets de la publicité dépend d'un choix de politique juridique. Dans le système le plus simple, la publicité a une fonction purement *probatoire* : elle est un moyen de prouver la qualité de commerçant ou l'existence d'un acte. Elle facilite la preuve en ayant la valeur d'une présomption simple, qui peut être renversée par la preuve contraire.

Exemple. La personne immatriculée est présumée commerçante et peut opposer sa qualité aux tiers. Mais ceux-ci peuvent rapporter la preuve contraire en démontrant par tout moyen que leur adversaire ne remplit pas toutes les conditions requises pour être commerçant[19].

L'on peut aussi faire produire un effet renforcé à la publicité en considérant qu'elle crée une *situation apparente* à laquelle les tiers doivent pouvoir se fier. Dans ce cas, la publicité a pour fonction la protection des tiers de bonne foi (c'est-à-dire de ceux qui ignoraient la situation réelle). Les mentions publiées peuvent alors être invoquées contre le déclarant par les tiers de bonne foi, sans que le déclarant puisse leur opposer la preuve contraire.

Exemple. Un tiers de bonne foi invoque l'immatriculation d'une personne au RCS afin d'établir que cette personne a la qualité de commerçante. La preuve contraire n'est pas recevable. Le tiers de bonne foi est protégé car il a pu faire confiance au registre[20].

Nous verrons que le droit positif français confère à la publicité, selon le cas, l'une ou l'autre des deux fonctions précédentes.

Enfin, la fonction du registre est plus ambitieuse encore lorsque la publicité a pour but la *sécurité juridique*, en conférant aux mentions publiées une autorité absolue. Une présomption irréfragable de vérité est alors attachée au fait de la publicité et celle-ci est constitutive de droit. Le fait publié peut être invoqué par tous, sans

19. Art. L. 123-7, 1re phrase, C. com.

20. Art. L. 123-7, 3e phrase, C. com.

possibilité de preuve contraire. Le droit français ne retient cette conception que dans des cas exceptionnels.

Exemple. Une irrégularité dans la nomination du gérant d'une SARL, ainsi la désignation par une assemblée incompétente ou irrégulièrement convoquée, ne peut plus être invoquée, ni par la société ni par les tiers, lorsque l'acte de nomination a été régulièrement publié[21]. La publicité purge les vices de la nomination.

2. Le contrôle des déclarations par le greffier

368. La question de l'étendue du contrôle auquel se livre le greffier, lorsqu'il reçoit les déclarations, est fondamentale. De la réponse dépendent en effet la crédibilité et la force du système de publicité. Dans une conception minimale, le greffier se contente de recevoir et d'enregistrer les déclarations qui lui sont faites. L'on ne saurait dans ce cas attacher des effets civils considérables à la publicité. Tout au plus peut-on en déduire une présomption simple de vérité des informations publiées. À l'inverse, l'on peut concevoir que le greffier, sous l'autorité du tribunal, contrôle non seulement la régularité formelle mais encore l'exactitude matérielle des déclarations (c'est le système du registre allemand du commerce). Alors il est possible de tenir pour vrai ce qui a été enregistré et publié à la suite du contrôle opéré. Une présomption irréfragable de vérité s'attache à la publication[22].

Le droit français retient une conception moyenne, à mi-chemin entre le contrôle de la régularité formelle et la vérification de l'exactitude matérielle. L'article R. 123-94 du Code de commerce dispose en effet : « Le greffier, sous sa responsabilité, s'assure de la régularité de la demande ». Et l'article R. 123-95 : « Il vérifie que les énonciations sont conformes aux dispositions législatives et réglementaires, correspondent aux pièces justificatives et actes déposés en annexe et sont compatibles, dans le cas d'une demande de modification ou de radiation, avec l'état du dossier ».

Ainsi le greffier vérifie, 1) que sont présentées les déclarations et les pièces justificatives exigées par la loi ; 2) que le contenu des déclarations est conforme aux dispositions légales et réglementaires ; 3) que l'ensemble du dossier est cohérent. Mais en aucun cas il ne peut enquêter sur l'exactitude matérielle des déclarations. Dès lors il est normal que, dans le système français du Registre du commerce, la publication n'entraîne en principe qu'une *présomption simple* de vérité, susceptible de preuve contraire. Exceptionnellement, la loi lui attache un effet renforcé au profit des tiers de bonne foi et parfois même à l'égard de tous.

3. Publicité positive et publicité négative

369. Lorsqu'un fait ou un acte a été régulièrement publié au RCS et que la loi attache à la publicité une présomption de vérité, l'on peut parler de publicité positive. Mais le législateur peut faire un pas de plus et attacher un effet civil à *l'absence de publicité* : dans le silence du registre, les tiers sont fondés à croire que la situation apparente n'a pas changé. Le fait ou l'acte non publiés ne sauraient alors être opposés aux tiers de bonne foi. L'on peut parler de publicité négative.

21. Art. L. 210-9 C. com.

22. C'est ainsi qu'en droit allemand la qualité de commerçant d'une personne enregistrée au registre du commerce ne peut plus être contestée.

B. Les effets de l'immatriculation au RCS

1. Immatriculation des personnes physiques

> ***Art. L. 123-7 C. com.*** L'immatriculation d'une personne physique emporte présomption de la qualité de commerçant. Toutefois, cette présomption n'est pas opposable aux tiers et administrations qui apportent la preuve contraire. Les tiers et administrations ne sont pas admis à se prévaloir de la présomption s'ils savaient que la personne immatriculée n'était pas commerçante.

370. Selon l'article L. 123-7, l'immatriculation d'une personne physique au RCS emporte présomption simple de la qualité de commerçant. La présomption peut être renversée par la preuve contraire. Cette question sera étudiée plus précisément à propos de la preuve de la qualité de commerçant (*infra*, n° 412 et s.). La règle vaut, par analogie, pour les inscriptions complémentaires et secondaires. Elle vaut aussi en principe pour la radiation (sauf ce qui est dit *infra*, n° 416 et s.).

2. Immatriculation des personnes morales

371. Avant 1966, les sociétés commerciales se trouvaient pourvues de la personnalité morale dès leur constitution et avant même leur immatriculation. La loi du 24 juillet 1966 a posé une règle entièrement nouvelle : la personnalité morale prend naissance avec l'immatriculation au RCS. La règle a été étendue aux GIE puis introduite, en 1978, dans le Code civil.

> ***Art. 1842, al. 1er C. civ.*** Les sociétés autres que les sociétés en participation visées au chapitre III jouissent de la personnalité morale à compter de leur immatriculation.

Il s'agit d'une règle de fond et non d'une présomption. L'immatriculation est la condition de l'existence de la personne morale. Elle est constitutive de droit[23]. Cependant, le droit français ne va pas jusqu'à décider que l'immatriculation couvre tous les vices de la constitution de la société ou du groupement. En cas d'irrégularité grave de constitution, la société pourra être déclarée nulle, bien qu'elle ait été immatriculée. Cela s'explique par le caractère limité du contrôle préalable effectué par le greffier.

La règle s'applique de la même façon aux modifications de l'immatriculation. En revanche la radiation de la société du RCS n'entraîne pas *ipso facto* la disparition de la personne morale. Selon une règle coutumière, la personne morale survit à la dissolution pour les besoins de la liquidation.

23. Cass. com., 19 janv. 2022, n° 20-13719 : le contrat conclu par une société avant son immatriculation est nul ; la nullité est absolue et ne peut être couverte par un avenant.

C. Les effets de la publication des faits et des actes

> ***Art. L. 123-9 C. com.*** La personne assujettie à immatriculation ne peut, dans l'exercice de son activité, opposer ni aux tiers ni aux administrations publiques, qui peuvent toutefois s'en prévaloir, les faits et actes sujets à mention que si ces derniers ont été publiés au registre.
>
> En outre, la personne assujettie à un dépôt d'acte ou de pièces en annexe au registre ne peut les opposer aux tiers ou aux administrations, que si la formalité correspondante a été effectuée. Toutefois, les tiers et administrations peuvent se prévaloir de ces actes ou pièces.
>
> Les dispositions des alinéas précédents sont applicables aux faits ou actes sujets à mention ou à dépôt même s'ils ont fait l'objet d'une autre publicité légale. Ne peuvent toutefois s'en prévaloir les tiers et administrations qui avaient personnellement connaissance de ces faits et actes.

1. Les faits et les actes visés

372. Il s'agit tout d'abord des faits et des actes qui sont soumis à publicité, notamment le nom commercial, l'adresse du siège de l'entreprise, la nature des activités, la mise en location-gérance du fonds de commerce. Il s'agit aussi du dépôt d'acte ou de pièces en annexe au registre.

2. Publicité positive

373. L'article L. 123-9 ne précise pas la portée de la publicité, ce qui relève manifestement d'une maladresse de rédaction. L'on peut cependant estimer, par analogie avec les effets de l'immatriculation, que la publicité des faits et des actes emporte en principe une *présomption simple* de vérité qui peut être renversée par la preuve contraire (sauf disposition légale ou réglementaire contraire).

3. Publicité négative

374. La personne physique ou morale qui n'a pas procédé à la publicité des faits et des actes ne peut pas s'en prévaloir à l'égard des tiers de bonne foi. La bonne foi du tiers doit sans doute être présumée. Sont de mauvaise foi les tiers dont il est prouvé qu'ils avaient une connaissance personnelle des faits et des actes en question (art. L. 123-9, al. 3). Dans le silence du texte, il n'est pas possible de considérer de mauvaise foi le tiers qui, en raison de sa situation, aurait dû connaître les faits et les actes, mais qui ne les a pas connus.

Les tiers peuvent opposer le défaut de publicité à la personne qui était tenue de publier les faits et les actes. Ils peuvent cependant se prévaloir de la situation réelle, en opposant les faits et les actes non publiés dont ils ont eu connaissance (art. L. 123-9, al. 1er). L'apparence ne peut pas leur nuire.

Section 2
L'obligation de tenir une comptabilité

Art. L. 123-12 C. com. Toute personne physique ou morale ayant la qualité de commerçant doit procéder à l'enregistrement comptable des mouvements affectant le patrimoine de son entreprise. Ces mouvements sont enregistrés chronologiquement.

Elle doit contrôler par inventaire, au moins une fois tous les douze mois, l'existence et la valeur des éléments actifs et passifs du patrimoine de l'entreprise.

Elle doit établir des comptes annuels à la clôture de l'exercice au vu des enregistrements comptables et de l'inventaire. Ces comptes annuels comprennent le bilan, le compte de résultat et une annexe : ils forment un tout indissociable.

375. La tenue d'une comptabilité précise et exacte des biens et des opérations de l'entreprise est indispensable.

Juridiquement, elle constituc une obligation légale, imposée par l'article L. 123-12 du Code de commerce. En cas de litige, elle fournit la preuve des actes souscrits par le commerçant. Elle permet aussi de révéler les difficultés financières de l'entreprise et de déclencher la procédure d'alerte permettant de prévenir le redressement ou la liquidation.

Elle est un instrument de la gestion, car elle donne une image précise de la rentabilité et de la trésorerie de l'entreprise.

Elle est fiscalement nécessaire car elle fixe l'assiette de diverses impositions comme l'impôt sur les bénéfices industriels et commerciaux et l'impôt sur les sociétés.

376. L'obligation faite aux commerçants de tenir une comptabilité est très ancienne puisqu'elle date de l'ordonnance de 1673. Elle fut reprise par le Code de commerce. Peu à peu, une réglementation parallèle complexe se développa en marge des dispositions du Code, accusant le caractère vieilli de celles-ci. Mais en 1978, le Conseil de la Communauté européenne adoptait une directive relative aux comptes des sociétés par actions et des SARL. Le législateur français devait modifier le droit interne pour se conformer à la directive européenne. Il saisit l'occasion pour reprendre l'ensemble de la matière. Ce fut l'œuvre de la loi du 30 août 1983, qui allait au-delà des prévisions de la directive de 1978 et qui précisait les obligations comptables de tous les commerçants. La loi nouvelle prit la forme d'une modification des articles 8 à 17 de l'ancien Code de commerce.

Avec la codification, les articles 8 à 17 sont devenus les articles L. 123-12 à L. 123-28-2 du Code de commerce. Les mesures d'application se trouvent aujourd'hui dans la partie réglementaire du Code de commerce, aux articles R. 123-172 et suivants.

La directive européenne de 1978 a été abrogée et remplacée par la directive 2013/34 du 26 juin 2013 transposée en droit français par l'ordonnance n° 2015-900 du 23 juillet 2015 relative aux obligations comptables des commerçants.

§1. Analyse de l'obligation légale

A. Les destinataires de l'obligation

377. Ce sont tous les *commerçants, personnes physiques ou personnes morales*. Très longtemps, l'obligation de tenir une comptabilité s'appliquait de la même façon à tous les commerçants. La loi ne faisait à cet égard aucune différence entre le petit commerçant individuel et la grande société anonyme. En ce sens, l'obligation comptable des commerçants était générale. C'est d'ailleurs ce qui semble ressortir des termes de l'article L. 123-12, alinéa 1er. En réalité, la généralité de l'obligation comptable connaît aujourd'hui d'importantes exceptions, remettant en cause la conception unitaire de la comptabilité. En effet, dans certains cas les obligations comptables sont simplifiées, dans d'autres elles sont augmentées.

378. Les cas de simplification des obligations comptables concernent essentiellement les petites entreprises. Elles peuvent, selon l'article L. 123-16 du Code de commerce, adopter une présentation simplifiée de leurs comptes annuels. Ainsi, pour les commerçants personnes physiques qui sont sous le régime fiscal du réel simplifié : en cours d'exercice comptable, ils peuvent se contenter d'un enregistrement journalier des encaissements et des paiements (art. L. 123-25) ; à la fin de l'exercice comptable, ils ont la faculté de s'en tenir à une évaluation simplifiée des stocks et des productions en cours (art. L. 123-27) ; et la présentation du bilan et du compte de résultat est également simplifiée (sous réserve de respecter les critères des articles L. 123-16 et D. 123-200 C. com.).

379. À l'inverse, les sociétés réalisant un chiffre d'affaires de 18 millions d'euros ou employant 300 salariés sont tenues d'établir une situation de l'actif réalisable et disponible et du passif exigible, ainsi qu'un compte de résultat prévisionnel, un tableau de financement en même temps que le bilan annuel et un plan de financement prévisionnel (art. L. 232-2 C. com.). Cette obligation de publier les choix opérés par les organes de la société contraint les sociétés concernées à rendre davantage compte de leur gouvernance et de leurs affaires, donc à une plus grande transparence. Dans le même sens d'une augmentation des contraintes comptables, les SA dont les titres sont admis aux négociations sur un marché financier doivent fournir une déclaration de performance extra-financière[24].

Par ailleurs, les groupes de sociétés doivent présenter des comptes consolidés[25], c'est-à-dire regroupant les comptabilités de la société mère et de ses filiales, et un rapport de gestion du groupe (art. L. 233-16 C. com.)[26].

Par ailleurs, les entreprises de l'UE faisant appel à l'épargne publique sont contraintes de présenter leurs comptes en se servant de la standardisation IFRS[27], et ce afin de favoriser la comparaison entre ces grands groupes.

380. L'obligation commerciale et l'obligation fiscale de tenir une comptabilité, sont juridiquement distinctes. Elles ne s'adressent pas aux mêmes

24. J.-L. Navarro, « Chronique de droit comptable », *JCP* E 2021, 1453, n° 10.

25. Cass. crim., 17 févr. 2021, n° 20-82068, *JCP* E 2021, 1346, note J.-L. Navarro.

26. L'art. L. 233-17 accorde cependant une dérogation à certaines sociétés.

27. *International Financial Reporting Standards.*

personnes : alors que l'obligation commerciale ne pèse que sur les commerçants, l'obligation fiscale s'applique à tous les professionnels. Elles n'ont pas le même contenu : certaines exigences du CGI ne correspondent pas nécessairement aux règles de la comptabilité commerciale. Elles ne sont pas assorties des mêmes sanctions : l'absence de comptabilité commerciale est sanctionnée par la faillite personnelle du commerçant ou par les peines de la banqueroute, mais uniquement lorsque l'entreprise est mise en redressement ou en liquidation judiciaires. Au contraire, la méconnaissance de l'obligation fiscale est pénalement sanctionnée par l'article 1743 du CGI[28].

Cependant les deux obligations tendent à se rapprocher. Comme on l'a vu ci-dessus, l'application du régime simplifié de comptabilité commerciale dépend de critères tirés du droit fiscal. L'article 1743 du CGI se réfère expressément aux articles L. 123-12 à L. 123-14 du Code de commerce pour définir l'infraction fiscale. D'ailleurs la plupart des commerçants tiennent une seule comptabilité qui satisfait en même temps à l'obligation commerciale et à l'obligation fiscale. C'est pourquoi les règles fiscales, par exemple les règles relatives aux amortissements et aux provisions, exercent une influence inévitable sur la comptabilité commerciale et la gestion des entreprises.

B. L'objet de l'obligation : l'enregistrement comptable

381. L'article L. 123-12 du Code de commerce exige de tout commerçant qu'il procède à l'enregistrement comptable des mouvements affectant le patrimoine de son entreprise. Nous avons vu précédemment que le Code de commerce utilise un raccourci de langage, puisque l'entreprise n'est pas une personne juridique. Par patrimoine de l'entreprise, il faut comprendre l'ensemble des biens affectés à l'entreprise (l'actif) et l'ensemble des ressources et des dettes nées à l'occasion de l'exploitation de l'entreprise (le passif).

Dans le cas de l'entreprise d'un commerçant personne physique, le patrimoine de l'entreprise est une notion purement comptable et fiscale. Dans le cas de la société, au contraire, le patrimoine de l'entreprise se confond avec le patrimoine de la personne morale.

382. La comptabilité donne une image chiffrée du patrimoine de l'entreprise et de son évolution.

383. Cette image peut tout d'abord être *instantanée*. À un moment donné, généralement à la fin de l'exercice comptable annuel, par exemple le 31 décembre de chaque année, la comptabilité indique la situation de l'actif, c'est-à-dire la liste des biens de l'entreprise, et du passif, c'est-à-dire la liste de ses ressources et de ses dettes. Cette image instantanée constitue ce que l'on appelle le **bilan** de l'entreprise.

Le bilan, fait apparaître séparément les éléments actifs et passifs de l'entreprise.

L'actif comprend tous les biens de l'entreprise : immeubles, matériel, stocks de marchandises et, notamment, les créances.

Le passif correspond aux ressources financières de l'entreprise. Il comporte d'abord le montant du capital. Celui-ci est constitué des apports effectués par l'entrepreneur,

28. Sur le thème du droit pénal et de la comptabilité, v. le n° 36 du *JCP* E du 8 sept. 2022, avant-propos F. Molins.

lorsqu'il est une personne physique, ou par les associés, lorsque l'entreprise est une société. Du point de vue comptable, l'entreprise est en effet considérée comme étant fictivement débitrice à l'égard de l'exploitant ou des associés des apports que ceux-ci lui ont consentis. Le passif comporte aussi les sommes mises en réserve, les provisions et les dettes envers les tiers. Les dettes résultent des crédits accordés par les établissements bancaires ou par d'autres entreprises, comme les fournisseurs. Les dettes, quelle que soit leur origine, sont considérées comme des ressources financières de l'entreprise. Elles correspondent à des crédits accordés à l'entreprise.

Le passif fait également apparaître le résultat de l'exercice : bénéfices non distribués ou pertes. Dans le cas de l'entreprise d'un commerçant, personne physique, les bénéfices sont considérés fictivement comme des dettes de l'entreprise à l'égard de l'exploitant. Dans le cas d'une personne morale, les bénéfices distribuables constituent des dettes, au sens propre du terme, de la personne morale à l'égard des associés.

Le total du passif doit refléter l'exacte valeur de l'actif.

On peut résumer le bilan, de façon simplifiée, comme suit :

BILAN			
ACTIF (emplois)		PASSIF (ressources)	
ACTIF IMMOBILISÉ		CAPITAUX PROPRES	
Immeubles et fonds de commerce	1.000.000	Capital	1.500.000
Matériels	500.000	Réserves	200.000
Prêts	200.000	Résultat bénéficiaire	150.000
ACTIF CIRCULANT		DETTES	
Stocks	300.000	Emprunts à long et moyen terme	300.000
Valeurs mobilières	150.000	Dettes d'exploitation	200.000
Créances	200.000	Fournisseurs	100.000
Banque et caisse	100.000	Impôts et charges sociales	
Total de l'actif	**2.450.000**	Total du passif	**2.450.000**

384. La comptabilité donne aussi une image *dynamique* de la gestion : elle répertorie les opérations effectuées au cours de l'exercice comptable, qui s'étend en principe sur une année ; achats, ventes, versements des salaires, etc. Ces opérations sont répertoriées dans les **comptes d'exploitation**. Le compte de résultat résume les profits et les charges[29] qui en résultent et permet de connaître le bénéfice ou le déficit de l'exercice.

29. Le résultat comptable de l'exercice est égal à la différence entre les produits et les charges, et à la variation des capitaux propres entre le début et la fin de l'exercice (sauf s'il s'agit d'opérations affectant directement le montant des capitaux propres). Au titre d'un exercice comptable, le résultat qui figure au compte de résultat est repris au passif du bilan comptable.

COMPTE DE RÉSULTAT			
DÉBIT (Charges)		CRÉDIT (Produits)	
CHARGES D'EXPLOITATION		PRODUITS D'EXPLOITATION	
Achats de marchandises	600.000	Ventes	1.000.000
Frais de transport	50.000	Services rendus	300.000
Assurances	40.000	Production non vendue	200.000
Salaires et charges sociales	500.000	PRODUITS FINANCIERS	
Impôts et taxes	120.000	Intérêts des sommes prêtées	50.000
Dépenses d'administration	30.000		
CHARGES FINANCIÈRES			
Intérêts des emprunts	50.000		
CHARGES EXCEPTIONNELLES			
Amendes et pénalités	10.000		
RÉSULTAT BÉNÉFICIAIRE	150.000	TOTAL	1.550,000
TOTAL	1.550,000		

Le solde du compte de résultat (bénéficiaire ou déficitaire, dans l'exemple ci-dessus 150 000) se retrouve à l'identique au passif du bilan. En effet, toutes les opérations de l'exercice figurent à un moment ou à un autre dans un compte d'exploitation et dans un compte de bilan. Les soldes des comptes d'exploitation et du bilan sont donc identiques.

385. Le bilan et le compte de résultat constituent, avec l'annexe, ce que l'article L. 123-12 du Code de commerce appelle les **comptes annuels**[30]. Selon cette disposition, en effet, tout commerçant doit « établir des comptes annuels à la clôture de l'exercice au vu des enregistrements comptables et de l'inventaire. Ces comptes annuels comprennent le bilan, le compte de résultat et une annexe, qui forment un tout indissociable ».

L'annexe est un document explicatif qui commente les deux documents précédents. Les informations qui doivent figurer dans l'annexe sont celles dont l'importance sur la situation patrimoniale et financière et sur le résultat de l'entreprise est significative (art. R. 123-195 C. com.). Cependant, le nombre des informations à

30. C. Barrillon, « La confidentialité des comptes annuels dans les groupes de sociétés », *BRDA* 1/23, n° 24.

mentionner dans l'annexe varie selon la taille de l'entreprise. Ainsi, les microentreprises sont dispensées de l'annexe (art. L. 123-16-1 C. com.). Les petites entreprises peuvent ne présenter qu'une annexe abrégée (art. L 123-25 C. com.). Les moyennes et les grandes entreprises présentent l'annexe de base ou éventuellement l'annexe abrégée.

Dans le cas des sociétés, les textes désignent généralement les comptes annuels sous l'appellation de *comptes sociaux*.

§2. La comptabilité

A. Les livres comptables

386. Il ne faut pas confondre la *comptabilité*, au sens large du terme, avec les *comptes annuels, dont nous avons parlé précédemment*. Alors que les comptes annuels sont des comptes de synthèse de fin d'exercice, la comptabilité est la traduction comptable des opérations courantes.

La **comptabilité** est constituée par les **livres comptables**. Selon l'article R. 123-173, *tout commerçant tient obligatoirement un livre-journal, un grand livre et un livre d'inventaire*. Ces termes, qui sont traditionnels en la matière, quoiqu'un peu désuets, doivent être mis en rapport avec les techniques comptables modernes.

Le **livre-journal**, ou plus simplement le journal, enregistre chronologiquement, au jour le jour, toutes les opérations de l'entreprise : achats, ventes, paiements, emprunts, etc. Les grandes entreprises tiennent des journaux divisionnaires, correspondant aux grandes catégories d'opération et regroupés mensuellement dans un journal-centralisateur.

Le terme de **grand livre** désigne l'ensemble des comptes de l'entreprise. Chaque compte correspond soit aux opérations juridiques passées avec une même personne (par exemple le compte du client X, du fournisseur Y ou de la banque Z), soit à une catégorie d'opérations de même nature (par exemple, le compte achat, le compte vente, le compte immobilisations...).

Avant l'ordonnance n° 2015-900 du 23 juillet 2015 et le décret n° 2015-903 du même jour, il existait aussi le livre d'inventaire. Il a été supprimé pour les exercices ouverts à compter du 1er janvier 2016. Toutefois, un inventaire annuel reste obligatoire pour contrôler l'existence et la valeur de tous les éléments d'actif et de passif à la date de la clôture de l'exercice (art. R. 123-177 C. com.).

387. Les documents comptables sont établis et tenus en euro, sans blanc ni altération (art. L. 123-22 C. com.). De plus en plus souvent la comptabilité est informatisée. Les documents informatiques doivent alors être identifiés, numérotés et datés dès leur établissement par des moyens offrant toute garantie en matière de preuve (art. R. 123-173 C. com.).

388. Les sociétés par actions et les SARL sont soumises à l'obligation de dépôt au greffe de leurs documents comptables, quelle que soit leur importance (art. L. 232-23 C. com.). Le dépôt doit être effectué dans le mois qui suit l'approbation des comptes annuels par l'assemblée générale des actionnaires ou des associés. Ce délai est porté à deux mois lorsque le dépôt est effectué par voie électronique (art. L. 232-21 à L. 232-23 C. com.)[31]. Lorsque les dirigeants d'une société commerciale ne procèdent pas au dépôt des comptes annuels dans les délais prévus par les textes applicables, le président du tribunal peut leur adresser une injonction de le faire à bref délai sous astreinte (art. L. 611-2 C. com.)[32]. Le lieu du dépôt est le greffe du tribunal de commerce où la société est immatriculée au registre du commerce et des sociétés, c'est-à-dire au greffe du tribunal de commerce du lieu du siège social. Un seul dépôt suffit même s'il existe des établissements secondaires.

B. La méthode comptable

1. La comptabilité « en partie double »

389. La liste des comptes qui forment le grand livre est établie par le **plan comptable général**. Actuellement, le plan comptable général est l'œuvre d'un règlement nº 2014-03 de l'Autorité des normes comptables homologué par arrêté ministériel du 8 septembre 2014.

Chaque compte permet de suivre l'évolution, en termes monétaires, d'un élément du patrimoine ou de l'activité de l'entreprise. Il comprend deux volets, le volet des débits et le volet des crédits.

COMPTE X			
DÉBIT		CRÉDIT	
Opération	Montant	Opération	Montant

Le principe de la comptabilité en partie double veut que toute opération donne lieu à deux écritures dans deux comptes différents, au débit de l'un et au crédit de l'autre. D'une façon générale, les ressources financières sont inscrites au crédit d'un compte et les emplois de ces ressources sont inscrits au débit d'un autre compte.

Exemple 1. L'entreprise E emprunte à la banque B 100 000 euros, remboursables en quatre ans.

Traduction comptable :

Emploi (acquisition de 100 000 disponibles)

COMPTE BANQUE B					
DÉBIT			CRÉDIT		
Date 1.10.	Libellé Emprunt	Montant 100.000	Date	Libellé	Montant

Ressource (prêt de la banque B à E)

COMPTE EMPRUNTS à moyen terme	
DÉBIT	CRÉDIT

31. Cass. com., 3 mars 2021, nº 19-10086.

32. Cass. com., 24 juin 2020, nº 19-14098, *RTD com.* 2021, p. 419, obs. F. Macorig-Venier.

Date	Libellé	Montant	Date 1.10	Libellé Prêt de la banque B	Montant 100.000

Exemple 2. L'entreprise E achète à crédit au fournisseur F des marchandises pour un montant de 10 000 euros à 45 jours.

L'opération comporte deux phases.

Phase 1 : Achat

ACHATS DE MARCHANDISES					
DÉBIT			CRÉDIT		
Date 1.10.	Libellé Fournisseur F	Montant 10.000	Date	Libellé	Montant

FOURNISSEUR F					
DÉBIT			CRÉDIT		
Date	Libellé	Montant	Date 1.10.	Libellé Achat de marchandises	Montant 10.000

Phase 2 : Paiement

FOURNISSEUR F					
DÉBIT			CRÉDIT		
Date	Libellé	Montant	Date	Libellé	Montant
			1.10.	Achat de marchandises	10.000
15.11	Paiement par virement	10.000			

COMPTE BANQUE B					
DÉBIT			CRÉDIT		
Date	Libellé	Montant	Date	Libellé	Montant
1.10.	Emprunt	100.000	15.11		
				Virement à F	10.000
				Solde débiteur	90.000

Ainsi le total des débits des comptes sera égal au total des crédits. C'est ce que l'on appelle la **balance**. La balance permet de vérifier l'exactitude des écritures comptables.

2. Les principes comptables

390. À la suite de la directive européenne, le droit français, formalisé dans le Plan comptable général de 2014, retient trois principes qui doivent gouverner l'établissement de la comptabilité.

- La comptabilité doit être *régulière*, c'est-à-dire conformes aux règles légales (art. L. 121-3 C. com.). Celles-ci figurent, d'une part, dans le Code de commerce et, d'autre part, dans un document officiel, le plan comptable, qui énumère la liste des comptes et précise leur emploi.
- La comptabilité doit être *sincère*, c'est-à-dire établie de bonne foi, en fonction des informations dont dispose le comptable de l'entreprise (art. L. 123-14 C. com.).
- La comptabilité doit donner une *image* fidèle de la réalité de l'entreprise (art. L. 121-1 C. com.). Cela signifie que le comptable doit s'employer à donner l'image la plus proche possible de la vérité. Au besoin, une règle comptable devra être écartée si elle aboutit à donner une image déformée de la situation de l'entreprise. Mais il faut alors donner une explication motivée dans l'annexe.

Les articles L. 123-15 et suivants du Code de commerce précisent encore d'autres règles, comme la règle de prudence et la règle de continuité des méthodes.

§3. Valeur probante de la comptabilité commerciale

Art. L. 123-23, al. 1er C. com. La comptabilité régulièrement tenue peut être admise en justice pour faire preuve entre commerçants pour faits de commerce.

391. Le respect des règles légales confère à la comptabilité une fiabilité incontestable. Ainsi, par exemple, que le livre journal soit rédigé de façon continue et chronologique, sans blanc ni ratures, interdit pratiquement toute écriture qui serait antidatée. C'est pourquoi, en vertu d'une règle très ancienne, la comptabilité constitue un mode de preuve admis dans les procès commerciaux.

L'on comprend les deux conditions auxquelles est soumise la production de la comptabilité. Il faut tout d'abord que la comptabilité ait été tenue de *façon régulière*, c'est-à-dire dans le respect des règles comptables légalement reconnues. Il faut ensuite que le défendeur (celui contre qui l'on veut prouver) ait la qualité de commerçant. Dans un procès opposant un commerçant à un non-commerçant, la comptabilité ne pourra pas être utilisée contre le non-commerçant.

La comptabilité du commerçant peut être invoquée contre lui par son adversaire. Mais alors celui qui l'invoque ne peut pas la diviser : il ne peut pas retenir certaines écritures et en rejeter d'autres.

Mais surtout, la comptabilité peut être invoquée par le commerçant qui l'a tenue. Cette règle déroge au principe selon lequel l'on ne peut se constituer une preuve à soi-même. Encore une fois, cela s'explique par les règles strictes qui gouvernent la tenue des documents comptables. Cependant la preuve par la comptabilité ne s'impose pas au juge d'une façon absolue. Celui-ci conserve un pouvoir d'appréciation.

Section 3
Le statut des dirigeants

392. Il existe un certain nombre de règles communes à tous les dirigeants d'entreprises, qu'il s'agisse des dirigeants des entreprises individuelles ou des dirigeants de sociétés. Ces règles obéissent à un souci de moralisation du commerce. D'une part, la loi prive certaines personnes de la faculté de diriger une entreprise. Elle édicte des incompatibilités, des incapacités et des interdictions (§ 1). D'autre part, la loi fait peser une responsabilité particulière sur les dirigeants d'entreprises (§ 2), spécialement lorsque l'entreprise est l'objet d'une procédure collective de redressement ou de liquidation judiciaire.

§1. Les incompatibilités, incapacités et interdictions

393. Le principe est celui de la liberté de diriger une entreprise. Les règles édictant des incompatibilités, interdictions et déchéances constituent des exceptions et doivent être interprétées de façon restrictive. Les incompatibilités ont un but préventif. Elles cherchent à éviter que le cumul de certaines fonctions n'incite une personne à commettre des actes répréhensibles. Les incapacités d'exercer et les interdictions ont un caractère répressif : elles frappent les personnes de l'interdiction de diriger une entreprise, en raison de certaines condamnations pénales ou professionnelles[33].

A. Les incompatibilités

394. Toute personne est en principe libre d'exercer simultanément plusieurs professions. C'est une des conséquences du principe de la liberté d'entreprendre. Exceptionnellement, il arrive que la loi interdise de cumuler *l'exercice d'une profession et la direction d'une entreprise commerciale.* L'explication traditionnellement avancée est que l'incompatibilité a pour but la protection de la profession. Plus précisément, l'incompatibilité évite d'éventuels conflits d'intérêts auxquels certaines personnes pourraient, du fait de leur fonction, se trouver exposées.

Les cas d'incompatibilité résultent des lois spéciales à certaines professions : les deux cas les plus importants concernent, d'une part, les fonctionnaires[34] et, d'autre part, les officiers ministériels[35] ainsi que les membres de la plupart des professions libérales[36].

---

33. T. Bortole, C. Monkam et M. Seraille, « Pratiques contractuelles encadrant les situations d'incapacité ou d'inaptitude du dirigeant », *BRDA* 11/21, n° 27.

34. Art. L. 123-1 du Code général de la Fonction publique : « L'agent public ne peut exercer, à titre professionnel, une activité privée lucrative de quelque nature que ce soit ».

35. Pour les notaires : art. 13 du décret du 19 déc. 1945.

36. Pour les avocats : art. 111 du décret n° 91-1197 du 27 nov. 1991 (mod. par le décret n° 2016-882 du 29 juin 2016) : « La profession d'avocat est incompatible : a) Avec toutes les activités de caractère commercial, qu'elles soient exercées directement ou par personne interposée ; b) Avec les fonctions d'associé dans une société en nom collectif, d'associé commandité dans les sociétés en commandite simple et par actions,

Les sanctions sont de deux sortes. Celui qui dirige une entreprise commerciale, qu'il s'agisse d'une entreprise individuelle ou d'une société, au mépris d'une incompatibilité, encourt les sanctions pénales et disciplinaires édictées par les textes spéciaux régissant sa profession.

De plus, celui qui exerce personnellement et habituellement une activité commerciale au mépris de l'incompatibilité, ne peut pas se prévaloir de la qualité de commerçant. En revanche, il doit en supporter les inconvénients.

B. Les interdictions d'exercer la profession commerciale

395. Elles ont pour but la moralisation de la vie des affaires. Il s'agit d'écarter de la direction des entreprises certaines personnes au passé douteux. Elles sont donc à la fois la sanction d'une faute passée et le moyen de prévenir les infractions futures que permettrait l'utilisation d'une entreprise, comme les infractions en matière de société ou les délits financiers.

Ici encore, l'interdiction ne peut résulter que d'une loi expresse, car elle constitue une dérogation au principe de la liberté d'entreprendre. La loi prévoit trois séries de cas d'interdiction.

1. Les interdictions résultant de certaines condamnations pénales

396. Les articles L. 128-1 à L. 128-6 du Code de commerce, introduits dans le Code par une ordonnance du 6 mai 2005, formaient un chapitre, intitulé « Des incapacités d'exercer une profession commerciale ou industrielle ». Ils reprenaient pour l'essentiel les dispositions de l'ancienne loi du 30 août 1947 relative à l'assainissement de la profession commerciale. Ces textes frappaient d'une peine accessoire, consistant en une incapacité d'exercer le commerce, les auteurs d'infractions pénales telles que le vol, l'escroquerie ou l'abus de confiance. La loi de modernisation de l'économie du 4 août 2008 a abrogé les articles L. 128-1 à L. 128-6 du Code de commerce, pour permettre « une meilleure individualisation de la sanction » et pour donner une deuxième chance « aux personnes ayant purgé une peine criminelle ou [délictuelle] de se réinsérer par une création d'entreprise »[37]. En 2008, le législateur a remplacé la peine automatique de l'interdiction d'exercer une profession commerciale par une peine complémentaire que les tribunaux peuvent prononcer au cas par cas, lorsqu'une disposition pénale la prévoit. Tel est le sens de l'article 131-27, al. 2, du Code pénal.

de gérant dans une société à responsabilité limitée, de président du conseil d'administration, membre du directoire ou directeur général d'une société anonyme, de gérant d'une société civile à moins que celles-ci n'aient pour objet la gestion d'intérêts familiaux ou l'exercice de la profession d'avocat ».

37. B. Bouloc, « Le droit nouveau des incapacités commerciales », *Rev. soc.* 2008, p. 763.

> ***Art. 131-27, al. 2, Code pénal.*** L'interdiction d'exercer une profession commerciale ou industrielle[38], de diriger, d'administrer, de gérer ou de contrôler à un titre quelconque, directement ou indirectement, pour son propre compte ou pour le compte d'autrui, une entreprise commerciale ou industrielle ou une société commerciale est soit définitive, soit temporaire ; dans ce dernier cas, elle ne peut excéder une durée de quinze ans.

397. L'on peut s'interroger sur le sort des actes passés par la personne interdite. Traditionnellement, la jurisprudence avait tendance à déclarer de tels actes valables, en dépit de l'interdiction frappant leur auteur[39]. Mais un arrêt postérieur a admis que le cocontractant pouvait demander la nullité du contrat passé avec une personne qui exerçait sa profession au mépris d'une interdiction[40]. En effet l'interdiction protège non seulement l'intérêt général, mais aussi celui des personnes qui traitent avec l'interdit, en renforçant leur confiance dans la probité des dirigeants d'entreprise. La nullité est relative et ne peut être invoquée que par le cocontractant.

2. Les interdictions liées à la faillite personnelle

398. L'on sait que les entreprises en état de cessation des paiements sont soumises à une procédure collective de sauvegarde, de redressement ou de liquidation judiciaires. Les titres III et IV du livre VI du Code de commerce qui régissent ces procédures, distinguent le sort de l'entreprise de celui de ses dirigeants. L'entreprise, selon ses possibilités de rétablissement, est maintenue en activité ou est liquidée. Indépendamment du sort de l'entreprise, qu'il s'agisse d'une entreprise individuelle ou d'une société, ses dirigeants, lorsqu'ils sont des personnes physiques, peuvent être frappés d'une déchéance particulière que l'on appelle la *faillite personnelle*. La faillite personnelle est prononcée par le tribunal lorsque les dirigeants ont commis certaines fautes : par exemple, poursuite abusive d'une exploitation déficitaire, détournement d'actif ou augmentation frauduleuse du passif (art. L. 653-3 et s. C. com.).

La faillite personnelle entraîne l'interdiction de diriger, directement ou indirectement, toute entreprise commerciale et toute personne morale ayant une activité économique[41]. Le tribunal peut aussi ne pas prononcer la faillite personnelle mais seulement l'interdiction de diriger[42]. La transgression de l'interdiction est pénalement sanctionnée[43].

---

38. Remarque : l'expression de « profession commerciale ou industrielle » est défectueuse puisque, selon le Code de commerce, les industriels sont par définition des commerçants.

39. Cass. com., 11 mai 1976, *JCP* 1976.II.18452, note R. Rodière, par analogie, dans le cas d'un commissionnaire de transport qui n'était pas titulaire de la licence spéciale exigée par la réglementation administrative.

40. Cass. com., 19 nov. 1991, 3 arrêts, *Banque* 1992, p. 426, obs. J.-L. Rives-Lange. Ces arrêts ont été rendus dans le cas de personnes qui avaient conclu des opérations de crédit alors qu'elles n'avaient pas la qualité d'établissement de crédit. Mais il n'y a pas de raison de ne pas étendre la solution à l'hypothèse des interdictions de diriger une entreprise. Dans les deux cas la nullité est justifiée par la même raison : la protection du cocontractant.

41. Art. L. 653-2 C. com.

42. Art. L. 653-8 C. com.

43. Art. L. 654-15 C. com. Emprisonnement de deux ans et amende de 375 000 euros.

Le tribunal fixe la durée de la faillite personnelle ou de l'interdiction de gérer. Une procédure de relevé de la déchéance est prévue lorsque le dirigeant a apporté une contribution suffisante au paiement du passif.

3. L'interdiction pour fraude fiscale

399. L'article 1750 du Code général des impôts permet au tribunal correctionnel, lorsqu'il prononce une condamnation pour certains délits fiscaux, d'infliger à titre de peine complémentaire l'interdiction d'exercer une profession commerciale.

§2. La responsabilité du dirigeant d'entreprise

A. Responsabilité pénale du dirigeant d'entreprise

400. Le dirigeant d'entreprise, qu'il s'agisse d'une entreprise individuelle ou d'une entreprise sous forme de société, encourt personnellement une *responsabilité pénale* particulière. Le dirigeant (entrepreneur individuel, gérant ou dirigeant de société) est responsable des infractions commises à l'occasion du fonctionnement de l'entreprise. Il s'agit généralement des infractions à la réglementation relative à l'activité de l'entreprise, par exemple les infractions liées à la répression des fraudes sur les marchandises : s'il y a tromperie sur la qualité, la composition ou l'origine des produits vendus, l'infraction est imputable au dirigeant de l'entreprise. Les dirigeants peuvent aussi être pénalement responsables des infractions à la législation du travail, à la législation sur la protection de l'environnement, à la réglementation des transports ou à la législation pénale économique, par exemple du délit de publicité de nature à tromper les consommateurs.

Il convient, pour être clair, de distinguer selon la nature de l'entreprise.

- Dans le cas d'une entreprise individuelle, dépourvue de personnalité morale, la responsabilité pénale pèse sur celui qui, par ses actes de gestion, engage son patrimoine. Ainsi, le propriétaire de l'entreprise, en cas d'exploitation personnelle, ou le gérant, en cas de location-gérance du fonds de commerce.
- Dans le cas d'une personne morale, la responsabilité pénale pèse à la fois sur la personne morale elle-même et sur son dirigeant. L'article 121-2, alinéa 1er, du Code pénal dispose que « les personnes morales, à l'exclusion de l'État, sont responsables pénalement des infractions commises, pour leur compte, par leurs organes ou représentants ». Et, selon l'alinéa 3 du même article 121-2, « la responsabilité pénale des personnes morales n'exclut pas celle des personnes physiques auteurs ou complices des mêmes faits... ». Le chef d'entreprise peut toutefois s'exonérer en démontrant qu'il avait délégué ses pouvoirs à un subordonné disposant de la compétence et de l'autorité nécessaires, mais cette preuve, lorsqu'elle est admise, est difficile à rapporter.

B. Responsabilité civile du dirigeant d'entreprise

401. Les dirigeants répondent *civilement* de leurs fautes de gestion[44]. Ici encore, la responsabilité ne joue pas de la même manière, selon que le dirigeant est un entrepreneur individuel ou un dirigeant de société.

Dans le premier cas, celui de l'entrepreneur individuel, la faute de gestion engage la responsabilité de l'entrepreneur à l'égard des tiers, lorsqu'elle leur cause un préjudice. Les tiers victimes pourront demander directement à l'entrepreneur responsable la réparation de leur préjudice. Mais l'entrepreneur individuel ne peut évidemment être responsable à l'égard de son entreprise, puisque celle-ci n'a pas de personnalité morale. La solution est différente lorsque le chef d'entreprise est un locataire-gérant ou un gérant mandataire. Alors le dirigeant peut être responsable de ses fautes de gestion à l'égard du propriétaire de l'entreprise. Ainsi, lorsque la faute est telle qu'elle entraîne la perte de l'entreprise ou une diminution de sa valeur.

Dans le second cas, celui du dirigeant de société, la faute de gestion du dirigeant n'engage pas en principe sa responsabilité à l'égard des salariés et des tiers. C'est la société, personne morale, qui est civilement responsable, sur son patrimoine, des fautes de ses dirigeants. Cependant le dirigeant peut être déclaré responsable à l'égard de la société lorsque sa mauvaise gestion cause un préjudice à celle-ci. C'est alors la société, personne morale, qui agit contre son ancien dirigeant en intentant une action en responsabilité civile appelée *action sociale*[45]. Le dirigeant peut également être déclaré civilement responsable à l'égard des tiers faisant valoir un préjudice personnel, lorsqu'il commet une faute séparable de ses fonctions, qui lui est personnellement imputable[46].

Enfin, lorsqu'une personne morale est mise en redressement ou en liquidation judiciaires, le tribunal peut, en cas d'insuffisance d'actif pour payer les créanciers, mettre les dettes de la personne morale à la charge des dirigeants qui ont commis une faute de gestion ayant contribué à l'insuffisance d'actif (art. L. 651-2 et L. 652-1 C. com.)[47].

---

44. N. Jullian, « Les sanctions des fautes de gestion du dirigeant », *BRDA* 20/22, n° 22.

45. L'article 1843-5 C. civ. pose un principe général selon lequel un ou plusieurs associés peuvent intenter l'action sociale en représentation de la société.

46. J. Abras, « Responsabilité extracontractuelle des dirigeants sociaux. L'exigence d'une faute séparable des fonctions entendue restrictivement : présent offert aux dirigeants ou nécessité ? », *JCP* E 2008, 1912.

47. Cass. 2e civ., 29 sept. 2022, n° 21-10989, *JCP* E 2022, 1388, note A. Cerati : « La condamnation à paiement, sur le fondement de l'article L. 651-2 du Code de commerce, du dirigeant d'une société placée en liquidation judiciaire en raison d'une faute de gestion ayant contribué à l'insuffisance d'actif ne correspond pas à un engagement de cautionner ou d'acquitter solidairement la dette de la société, de sorte que l'impossibilité de faire face à cette dette ne peut caractériser, en application de ces dispositions, une situation de surendettement ».

CHAPITRE 2

L'entreprise commerciale individuelle

402. À côté des règles applicables à toutes les entreprises commerciales, il existe des règles spéciales aux entreprises individuelles. Elles forment ce que l'on appelle traditionnellement le *statut du commerçant* (section 1). On étudiera ensuite le statut des commerçants étrangers (section 2). Puis, l'on fera une comparaison des avantages respectifs de l'entreprise individuelle et de l'entreprise sous forme de société. Cette comparaison éclaire en effet le choix du passage en société (section 3).

Section 1
Le statut du commerçant personne physique

403. L'entreprise commerciale individuelle est exploitée par une personne physique ayant la qualité de commerçant. Pour être commerçant, il faut tout d'abord être capable (§ 1). La loi pose traditionnellement des règles de capacité particulières aux commerçants. Il faut ensuite que le commerçant soit en mesure de faire la preuve de sa qualité (§ 2). Les textes relatifs au registre du commerce et des sociétés comportent des règles particulières concernant les seuls commerçants personnes physiques. Enfin, l'organisation de la gestion de l'entreprise individuelle présente quelques traits particuliers (§ 3).

§1. La capacité commerciale

404. L'exercice du commerce exige une capacité spéciale que l'on appelle la capacité commerciale. Il existe deux causes d'incapacité : la minorité et, pour les majeurs, l'altération des facultés mentales.

Il ne faut pas confondre ces incapacités, au sens classique du terme, qui sont des *incapacités d'exercice* ayant pour but la protection de l'incapable, avec les interdictions de diriger une entreprise commerciale, qui sont des *incapacités de jouissance.*

A. L'incapacité du mineur

> ***Art. L. 121-2 C. com.*** Le mineur émancipé peut être commerçant sur autorisation du juge des tutelles au moment de la décision d'émancipation et du président du tribunal judiciaire s'il formule cette demande après avoir été émancipé.

405. Le Code de commerce a toujours comporté des règles de capacité propres aux commerçants qui s'ajoutaient à celles du droit commun.

1. L'incapacité du mineur non émancipé de faire le commerce

406. L'incapacité du mineur non émancipé de faire le commerce se déduit *a contrario* de l'article L. 121-2 du Code de commerce.

Selon une règle traditionnelle, il n'est pas possible de faire le commerce par représentation. Personne ne peut faire le commerce à la place du mineur, pas même ses représentants légaux. L'incapacité se traduit par une impossibilité absolue de gérer une entreprise en qualité de commerçant personne physique.

407. Si un mineur non émancipé recueille un fonds de commerce par succession, il se trouve dans l'impossibilité de l'exploiter ou de le faire exploiter en son nom. Quelles sont alors les solutions envisageables ?

- Le parent survivant pourrait exploiter le fonds en qualité de commerçant. En effet les père et mère ont un droit de jouissance légal sur les biens du mineur, c'est dire qu'ils en ont l'usufruit. L'usufruitier d'un fonds de commerce, peut l'exploiter lui-même et à ce titre avoir la qualité de commerçant. Cependant le procédé n'est pas commode car le droit de jouissance légal prend fin lorsque le mineur atteint l'âge de seize ans (art. 386-2, 1°, C. civ.).
- Le représentant légal du mineur peut donner le fonds en location-gérance[1] en attendant que le mineur parvienne à sa majorité.
- Le représentant légal peut aussi autoriser le mineur âgé de seize ans, non émancipé, à accomplir seul les actes d'administration nécessaires à la création et à la gestion d'une entreprise individuelle à responsabilité limitée ou d'une société unipersonnelle. L'article 388-1-2 du Code civil limite l'autorisation aux seuls actes d'administration que l'acte d'autorisation énumère. Les actes de disposition ne peuvent être effectués que par le représentant légal.
- Il peut le vendre, en observant les règles particulières à la vente des biens des mineurs. Ce n'est pas forcément une mauvaise solution, surtout si le mineur se destine à une autre profession.

1. En effet, le loueur du fonds de commerce n'a pas nécessairement la qualité de commerçant. C'est le locataire-gérant qui exploite le fonds en son nom et pour son compte et qui a seul la qualité de commerçant.

- Enfin s'il y a plusieurs héritiers, le fonds de commerce peut être laissé en indivision. L'un des indivisaires majeurs pourra l'exploiter et aura seul la qualité de commerçant.

408. On s'était demandé si le mineur émancipé, sans être commerçant, ne pourrait cependant pas accomplir des actes de commerce isolés[2]. Avant la réforme de 1974, l'ancien article 3 du Code de commerce subordonnait à l'autorisation parentale l'accomplissement d'actes de commerce isolés par un mineur émancipé. Aujourd'hui, l'article L. 121-2 du Code de commerce ne fait aucune allusion aux actes de commerce isolés. Comme les incapacités sont de droit strict, il faut admettre, dans le silence des textes, que le mineur émancipé peut cependant passer des actes de commerce isolés et que ces actes ne sont pas nuls.

2. Sanction de l'incapacité

409. L'incapacité consiste tout d'abord, on l'a vu, dans l'impossibilité d'avoir la qualité de commerçant. L'incapacité a pour but la protection du mineur. Lui seul ou son représentant légal pourra se prévaloir de l'incapacité pour éviter les obligations qui pèsent sur les commerçants. Par exemple, il échappera aux procédures collectives de redressement et de liquidation. De même il pourra refuser la compétence du tribunal de commerce.

Il est cependant admis que les autres intéressés peuvent invoquer le défaut de qualité du mineur lorsqu'ils y ont intérêt. En effet, ils n'agissent pas en nullité d'un acte juridique (action qui serait effectivement réservée au mineur ou à son représentant, car il s'agit d'une action en nullité relative), mais ils font valoir un défaut de qualité du mineur.

410. Les actes juridiques passés par le mineur sont nuls de nullité relative. L'action en nullité obéit aux règles du droit commun, le droit commercial ne comportant ici aucune particularité. Ainsi, seul le mineur ou son représentant légal peut demander la nullité, l'action en nullité se prescrit par un délai de cinq ans à compter de la majorité, par application de l'article 1152 du Code civil, et l'action en nullité ne peut aboutir que si le mineur a été lésé par l'acte qu'il a passé.

B. L'incapacité des majeurs

411. Le Code de commerce n'a jamais comporté de disposition particulière aux incapables majeurs. Il faut appliquer les solutions du droit civil. Trois situations sont alors à distinguer.

Dans le cas où le majeur est déclaré en tutelle[3], parce qu'il est en état d'aliénation mentale, il faut lui appliquer la même règle qu'au mineur. Ne pouvant passer aucun acte juridique et personne ne pouvant faire le commerce à sa place, il lui est radicalement impossible d'exercer une profession commerciale et d'avoir la qualité de commerçant. Si, au moment où survient la tutelle, le majeur était commerçant, le jugement de tutelle sera publié au registre du commerce et des sociétés[4]. Le sort du fonds de commerce posera les mêmes difficultés que lorsqu'il s'agit d'un mineur.

2. Sur cette catégorie d'actes, v. *supra*, n° 212.
3. Art. 473 et s. C. civ.
4. Art. R. 123-46, 1°, C. com.

Le majeur placé sous sauvegarde de justice peut théoriquement être commerçant. Mais un risque grave pèse sur ceux qui traiteront avec lui, puisque les actes passés pourront être rescindés ou réduits[5].

Quant au majeur en curatelle, il peut passer lui-même des actes de commerce qui sont des actes d'administration, mais, pour les actes de commerce les plus graves, qui sont des actes de disposition, il a besoin de l'autorisation de son curateur[6]. Par ailleurs, lorsque le majeur protégé passe seul un acte de commerce relevant de l'administration de son activité commerciale, l'acte est susceptible d'être rescindé pour lésion ou réduit pour excès sur le fondement de l'article 465, 1°, du Code civil. Autant d'éléments qui font que le majeur sous curatelle est quasiment privé *en fait* de l'exercice du commerce.

§2. La preuve de la qualité de commerçant

412. Théoriquement, une personne physique peut prouver par tous moyens qu'elle a la qualité de commerçant : écrits, indices et témoignages démontrant que l'intéressé exerce une activité commerciale à titre habituel et professionnel. En effet, l'exercice de l'activité commerciale constitue un fait juridique, dont la preuve peut être établie par tous moyens. La même règle vaudrait lorsqu'il s'agit d'opposer à une personne sa qualité de commerçant.

Par exemple, dans le cas d'un litige portant sur la qualité de commerçant de l'adversaire, le demandeur va établir devant le tribunal que le défendeur avait un établissement ouvert à la clientèle, qu'il y revendait les marchandises qu'il avait achetées, qu'il encaissait les chèques remis par ses clients, etc.

Cependant, en pratique, l'immatriculation au registre du commerce et des sociétés va considérablement faciliter le problème de la preuve. L'immatriculation rend inutile la preuve de la qualité de commerçant, car elle entraîne une présomption d'existence de cette qualité. Ainsi, en droit français, l'immatriculation au registre du commerce et des sociétés n'est pas une condition nécessaire de la qualité de commerçant. Elle ne sert qu'à faire la *preuve* de cette qualité.

La présomption qui s'attache à l'immatriculation est en principe une *présomption simple*. Exceptionnellement, elle peut avoir un caractère *irréfragable*.

A. Présomption simple de la qualité de commerçant

413. En principe, l'immatriculation au RCS crée une présomption simple de la qualité de commerçant de la personne physique immatriculée.

Il faut alors distinguer deux situations, selon que la personne est immatriculée (ce que nous appellerons la « publicité positive ») ou non (ce que nous appellerons la « publicité négative »).

1. La publicité positive

> ***Art. 123-7 C. com.*** L'immatriculation d'une personne physique emporte présomption de la qualité de commerçant. Toutefois, cette présomption n'est

5. Art. 435 C. civ.
6. Art. 467 C. civ.

pas opposable aux tiers et administrations qui apportent la preuve contraire. Les tiers et administrations ne sont pas admis à se prévaloir de la présomption s'ils savaient que la personne immatriculée n'était pas commerçante.

414. L'article L. 123-7 emporte une double conséquence.

1) *La personne immatriculée* peut se prévaloir à l'égard des tiers de sa qualité de commerçant. Il s'agit cependant d'une *présomption simple* et les tiers peuvent apporter la preuve contraire en démontrant par tous moyens que la personne immatriculée n'est pas en réalité commerçante.

Le terme de tiers doit être compris dans le sens le plus large. Il s'agit de toutes les autres personnes, y compris les ayants cause à titre particulier de la personne immatriculée. L'article L. 123-7 vise aussi les administrations. La précision est inutile car les administrations sont des tiers.

Exemple. A, expert-comptable, est parvenu à se faire immatriculer au registre du commerce et des sociétés. Il conclut avec B un contrat de bail portant sur les locaux nécessaires à son activité. À l'expiration du bail, A invoque le statut des baux commerciaux pour exiger le renouvellement du bail. Le bailleur B peut faire valoir que A n'est pas en réalité commerçant car il exerce une profession civile et qu'il ne bénéficie pas du statut des baux commerciaux.

2) *Les tiers* peuvent opposer la présomption à la personne immatriculée. Celle-ci ne peut pas rapporter la preuve contraire, c'est-à-dire établir qu'elle n'est pas en réalité commerçante[7]. L'article L. 123-7 met fin de la sorte à la solution qui était admise auparavant par la jurisprudence : le faux commerçant qui était arrivé à se faire immatriculer pouvait renverser la présomption en montrant qu'il n'avait pas en réalité la qualité de commerçant. Désormais, la personne immatriculée par erreur se voit opposer sa qualité de commerçant, sans pouvoir apporter la preuve contraire.

Encore faut-il que le tiers soit de bonne foi. S'il savait que la personne immatriculée n'était pas en réalité commerçante, il ne peut pas faire valoir la présomption résultant de l'immatriculation. La présomption ne joue qu'à l'égard des tiers de bonne foi (art. L. 123-7, troisième phrase)[8].

2. La publicité négative

Art. L. 123-8, al. 1er C. com. La personne assujettie à immatriculation qui n'a pas requis cette dernière à l'expiration d'un délai de quinze jours à compter du commencement de son activité, ne peut pas se prévaloir, jusqu'à immatriculation, de la qualité de commerçant tant à l'égard des tiers que des administrations publiques. Toutefois, elle ne peut invoquer son défaut d'inscription au registre pour se soustraire aux responsabilités et aux obligations inhérentes à cette qualité.

7. Cass. com., 17 févr. 2015, n° 13-27508, *RTD com.* 2015, p. 227, note B. Saintourens.
8. Cass. com., 27 sept. 2016, n° 14-21964, *RTD com.* 2016, p. 679, obs. B. Saintourens.

415. Le texte vise la situation du commerçant, personne physique, au sens de l'article L. 121-1 du Code de commerce, qui ne s'est pas fait immatriculer au RCS. Le texte emporte une double conséquence.

1) Le commerçant non immatriculé ne peut pas se prévaloir de sa qualité de commerçant à l'égard des tiers. Il ne peut réclamer aucun des avantages qui s'attachent à cette qualité.

Exemple. Le commerçant, personne physique, qui ne s'est pas fait immatriculer, ne peut pas se prévaloir du statut des baux commerciaux. Il ne peut pas non plus invoquer la prescription quinquennale de l'article L. 110-4 du Code de commerce.

2) Cependant le commerçant non immatriculé ne peut pas invoquer son défaut d'immatriculation pour se soustraire aux obligations légales et réglementaires qui pèsent sur les commerçants. Il supporte tous les inconvénients inhérents à la condition de commerçant. En pratique, cela signifie que les tiers pourront renverser la présomption qui résulte de l'absence d'immatriculation et démontrer, par tous moyens de preuves, qu'il a la qualité de commerçant, au sens de l'article L. 121-1 du Code de commerce, afin qu'il en supporte les conséquences.

Certains auteurs qualifient le commerçant non immatriculé de *commerçant de fait*, L'expression est juste. Le commerçant de fait est bien commerçant et il subit les conséquences qui s'attachent à cette qualité, mais sans pouvoir cependant en revendiquer les avantages.

B. Présomption irréfragable de la qualité de commerçant

416. Un commerçant régulièrement immatriculé au RCS cesse son activité, mais omet de se faire radier du registre. La présomption liée à l'immatriculation continue à jouer et, en principe, elle conserve son caractère de présomption simple, susceptible de la preuve contraire.

Exemple. Un commerçant a cessé toute activité, mais n'a pas pris soin de se faire radier. Possède-t-il encore un fonds de commerce, après la cessation de son activité ? Il faut répondre par la négative : le fonds de commerce disparaît avec la cessation de l'activité commerciale. L'immatriculation du commerçant n'a que la valeur d'une présomption simple, qui cède devant la preuve contraire.

417. Cependant, dans une hypothèse particulière, la présomption de la qualité de commerçant qui s'attache à l'immatriculation au RCS, présente un caractère renforcé. En effet, elle n'admet pas la preuve contraire, même contre les tiers de mauvaise foi.

Tel est le cas du commerçant qui cède son fonds de commerce ou le donne en location-gérance, puis se retire des affaires, *mais omet de se faire radier du RCS.*

Art. L. 123-8, al. 2 C. com. Sans préjudice de l'application de l'article L. 144-7, le commerçant inscrit qui cède son fonds ou qui en concède l'exploitation notamment sous forme de location-gérance ne peut opposer la cessation de son activité commerciale, pour se soustraire aux actions en responsabilité dont il est l'objet du fait des obligations contractées par son successeur dans l'exploitation du fonds, qu'à partir du jour où a été opérée la radiation ou la mention correspondante.

On remarquera que le texte est rédigé de façon particulièrement maladroite[9]. En réalité, le législateur a voulu dire que le commerçant non radié *est tenu des obligations contractées par son successeur*.

418. La règle peut paraître étrange, car l'on ne voit pas comment le nouveau propriétaire du fonds de commerce ou le locataire-gérant, qui sont des commerçants indépendants, agissant pour leur propre compte, peuvent engager le vendeur du fonds ou le loueur à l'égard des tiers. La règle ne peut pas s'expliquer par le souci d'assurer la sécurité juridique des tiers, car elle joue même lorsque la vente du fonds de commerce ou la location-gérance sont publiées au RCS. En effet les tiers sont alors suffisamment protégés par la publicité.

En réalité, la règle de l'article L. 123-8, alinéa 2, a le caractère d'une *sanction* frappant les commerçants qui omettent de se faire radier. L'obligation de payer les dettes contractées par le successeur dans l'exploitation du fonds de commerce n'est pas attachée à la qualité de commerçant mais à l'absence de radiation.

C'est sans doute pourquoi la jurisprudence estime que la règle a un caractère absolu et ne souffre pas la preuve contraire : l'ancien commerçant ne peut pas se soustraire à son obligation en prouvant qu'il a cessé son activité commerciale[10].

§3. La gestion de l'entreprise individuelle

A. Généralités

419. Comme nous l'avons déjà souligné, il est très fréquent que l'entrepreneur individuel soit à la fois le propriétaire et l'exploitant de l'entreprise. Il a alors le pouvoir, non seulement d'assurer la gestion courante, mais encore de procéder à tous les investissements qu'il juge utiles et de vendre les biens de l'entreprise lorsque cela lui paraît opportun.

Il arrive cependant que la propriété et la gestion soient séparées. C'est le cas lorsque le fonds de commerce (qui constitue l'essentiel des biens de l'entreprise) est donné en location-gérance. En effet le locataire-gérant, appelé aussi gérant libre, est un commerçant indépendant qui exploite le fonds de commerce pour son profit et à ses risques.

B. Gestion de l'entreprise individuelle par deux époux

420. Selon l'article R. 123-37 du Code de commerce, le commerçant personne physique doit, lors de sa demande d'immatriculation indiquer les noms, prénoms, date et lieu de naissance, domicile et nationalité de son conjoint, ou de la personne qui lui est liée par un pacte civil de solidarité, qui collabore

9. Une personne ne peut pas être l'*objet* d'une action en responsabilité. En outre le commerçant n'est pas, en l'hypothèse, responsable, mais tenu d'une obligation contractuelle.

10. Cass. com., 9 févr. 1971, n° 69-13209, *D.* 1972, jur. p. 600, note A. Jauffret (arrêt rendu sous l'empire de l'article 16, al. 2 du décret du 27 déc. 1958, dont les dispositions se retrouvent aujourd'hui dans l'article 123-8 C. com.). Selon l'arrêt, la règle selon laquelle la perte de la qualité de commerçant ne peut être opposée aux tiers qu'à partir de la radiation ne souffre pas de preuve contraire.

effectivement à son activité commerciale. Mais ce texte n'exige plus, depuis le décret 2007-750 du 10 mai 2007, que le régime matrimonial soit mentionné.

421. Le commerçant immatriculé au RCS marié sous un régime de communauté, et plus largement l'entrepreneur individuel immatriculé au registre national des entreprises, doit informer son conjoint des conséquences sur les biens communs des dettes contractées dans l'exercice de sa profession (art. L. 564-4 C. com.).

422. Il arrive assez fréquemment que l'entreprise, surtout s'il s'agit d'une petite entreprise, soit exploitée en commun par deux époux[11].

Autrefois, lorsque deux époux exerçaient le commerce en commun, l'article 4, alinéa 2, de l'ancien Code de commerce disposait, selon une formule devenue célèbre, que la femme mariée « n'était pas réputée marchande publique si elle ne faisait que détailler les marchandises du commerce de son mari ». Cette mesure discriminatoire se voulait protectrice des intérêts de la femme mariée. La femme mariée qui participait au commerce du mari ne pouvant pas être considérée comme commerçante, elle échappait aux obligations des commerçants et en particulier elle ne pouvait pas être déclarée en faillite. Cependant la jurisprudence écartait l'application de l'article 4, alinéa 2, lorsque la femme exerçait, dans ses rapports avec les tiers, les mêmes fonctions que le mari. Alors les deux époux étaient considérés l'un et l'autre comme commerçants et ils s'engageaient solidairement.

L'article 4 du Code de commerce a été modifié par la loi du 10 juillet 1982, dans le sens d'une plus grande égalité des époux. La disposition est passée dans l'actuel article L. 121-3 du Code de commerce.

> ***Art. L. 121-3 C. com.*** Le conjoint d'un commerçant n'est réputé lui-même commerçant que s'il exerce une activité commerciale séparée de celle de son époux.

423. L'article L. 121-3 a-t-il pour conséquence que le conjoint du commerçant immatriculé, dans le cas de l'exploitation en commun d'une entreprise individuelle, n'aura jamais lui-même la condition de commerçant ? Selon une première interprétation, l'article L. 121-3 du Code de commerce poserait une règle absolue : le conjoint qui participe à l'exploitation ne pourrait jamais avoir la qualité de commerçant. Mais selon une interprétation plus souple, l'article L. 121-3 n'instituerait qu'une présomption simple de non-commercialité. Le conjoint, lorsqu'il participe à la gestion dans les mêmes conditions que son époux et traite avec les tiers, devrait être considéré comme commerçant. Les deux époux seraient l'un et l'autre commerçants et ils seraient tenus à l'égard des tiers personnellement et solidairement. La jurisprudence semble plutôt favorable à la deuxième interprétation[12].

---

11. Le régime matrimonial adopté par les époux (régime de séparation ou régime de communauté) a des incidences non négligeables sur la gestion de l'entreprise exploitée en commun. Cette question relève du droit civil des régimes matrimoniaux.

12. Cass. com., 15 juill. 1987, n° 85-17220.

424. L'article L. 121-4 du Code de commerce donne au conjoint du commerçant, lorsqu'il participe de manière régulière à l'exploitation de l'entreprise individuelle, le choix entre trois régimes. La même possibilité est offerte au concubin et au partenaire pacsé d'un commerçant (art. L. 121-8 C. com.). L'article L. 121-4, IV, alinéa 2, du Code de commerce oblige l'entrepreneur à déclarer auprès des organismes habilités à enregistrer l'immatriculation de leur entreprise (le RCS pour un commerçant) lequel des trois statuts ci-dessous a été choisi. À défaut, désormais, c'est le statut de salarié, qui est le plus protecteur, qui s'appliquera (art. L. 121-4, IV, al. 2 et 3, C. com.).

- Le statut de *collaborateur*. L'un des conjoints est alors seul commerçant, l'autre est collaborateur. Il participe effectivement à l'exploitation de l'entreprise individuelle mais sans être rémunéré. Il doit être mentionné au RCS. Il peut accomplir les actes de gestion courante, sans s'engager personnellement (l'article 121-6 C. com. pose une présomption légale de mandat). Mais les avantages de la situation de collaborateur sont limités. Par exemple, le conjoint collaborateur n'est pas titulaire des contrats conclus par son époux[13].
- Le statut de *conjoint salarié*. À condition que son activité soit effective, le conjoint est alors lié à son époux par un contrat de travail. Il perçoit un salaire, au moins égal au SMIC, et il bénéficie des avantages sociaux des salariés.
- Le statut du *conjoint associé*. Les époux constituent alors une société commerciale à laquelle ils apportent le fonds de commerce. L'entreprise n'est plus une entreprise individuelle mais une entreprise en société. Le conjoint est associé et peut être gérant. Il perçoit sa part dans les bénéfices.

425. Une autre disposition légale, introduite dans l'article 1387-1 nouveau du Code civil, est destinée à protéger le conjoint du chef d'entreprise qui s'est porté caution. Le texte énonce que « Lorsque le divorce est prononcé, si des dettes ou sûretés ont été consenties par les époux, solidairement ou séparément, dans le cadre de la gestion d'une entreprise, le tribunal judiciaire peut décider d'en faire supporter la charge exclusive au conjoint qui conserve le patrimoine professionnel ou, à défaut, la qualification professionnelle ayant servi de fondement à l'entreprise ». Le texte a suscité des critiques doctrinales. On lui a reproché d'instituer une expropriation du créancier, dépendant de la seule volonté du juge et d'autant plus dangereuse que la formulation en est imprécise[14].

C. L'exercice de commerces séparés

426. Bien entendu, de nos jours, les époux peuvent en toute liberté exploiter des *commerces séparés*, chacun gérant une entreprise distincte. Chacun a alors la qualité de commerçant et répond des dettes nées de sa propre exploitation.

Il n'en a pas toujours été ainsi. Il faut se rappeler que jusqu'en 1938 la femme mariée était frappée d'incapacité et que jusqu'en 1942, elle devait obtenir une autorisation de son

13. Cass. 3e civ., 17 sept. 2020, n° 19-18435, *JCP* E 2021, 1003, note S. Tisseyre.

14. V. not. P. Crocq, « "Les bons sentiments ne font pas les bons textes", à propos du nouvel article 1387-1 du Code civil », *D.* 2005, p. 2025.- S. Piédelièvre, « Le nouvel article 1387-1 du Code civil, ou de l'utilisation d'un pavé par un ours », *D.* 2005, p. 2138.- Mais on a fait valoir que le nouveau texte pouvait très bien ne concerner que l'obligation à la dette et non la contribution à celle-ci, J.-P. Chazal et S. Ferré-André, « L'incroyable destin de l'article 1387-1 du Code civil », *D.* 2006, p. 316.

mari pour exercer une profession commerciale. Entre 1942 et 1965, la femme mariée pouvait entreprendre une activité commerciale, mais le mari pouvait s'y opposer, sauf un recours possible devant le tribunal civil. Il a fallu attendre les lois du 13 juillet 1965 et du 23 décembre 1985 pour que soit réalisée la complète égalité des époux.

Section 2 Le statut du commerçant étranger personne physique

427. Il faut immédiatement distinguer selon l'origine de l'étranger. S'il est ressortissant d'un État membre de l'Union européenne, il bénéficie, au nom de la liberté d'établissement, de la possibilité de créer, d'acquérir et d'exploiter un commerce en France, et ce dans les mêmes conditions que les nationaux. Leurs droits sont identiques à ceux des commerçants français. L'article 49 du TFUE dispose en ce sens : « Les restrictions à la liberté d'établissement des ressortissants d'un État membre dans le territoire d'un autre État membre sont interdites ».

En revanche, si l'étranger est ressortissant d'un pays tiers à l'UE, son installation en France en tant que commerçant est soumise aux conditions que fixe la France, seule compétente pour régler l'établissement de ressortissants des pays tiers. En effet, d'une part, pour pouvoir exercer une profession commerciale en France ou y diriger une société, l'étranger doit être titulaire :

- Soit d'une carte de séjour temporaire portant la mention « Entrepreneur/Profession libérale ». Pour en bénéficier, l'étranger aura dû prouver que l'activité non salariée qu'il envisage est économiquement viable et qu'elle lui donnera des moyens d'existence suffisants, dans le respect de la législation en vigueur (art. L. 421-5 CESEDA)[15]. La carte de séjour temporaire n'est valable qu'une année. L'étranger a ensuite la possibilité de demander une carte de séjour pluriannuelle valable quatre ans (art. L. 421-6 CESEDA). Pour cela, il doit continuer de remplir les conditions qui avaient permis la délivrance de la précédente carte de séjour temporaire (celle valable un an) et justifier de son assiduité. Par dérogation, un étranger peut obtenir directement la carte de séjour pluriannuelle (sans avoir préalablement obtenu la carte de séjour d'un an). La carte délivrée porte alors le nom de « passeport talent ». Les cas d'octroi sont limités et énoncés à l'article L. 421-7 du CESEDA. Par exemple, rentre dans ce cadre l'étranger qui a un projet économique innovant reconnu par un organisme public.
- Soit d'une carte de résident, valable dix ans et renouvelable de plein droit. Grâce à cette carte, l'étranger peut exercer la profession de son choix, dans le cadre de la législation en vigueur.

428. Le statut du commerçant étranger non ressortissant d'un État membre de l'UE est progressivement aligné sur celui du commerçant français grâce à l'influence des droits fondamentaux, lesquels irriguent toutes les branches du droit. Pour preuve, l'ancien article L. 145-23 C. com. qui excluait du bénéfice du droit au renouvellement du bail commercial les commerçants étrangers, sauf conventions internationales en sens contraire. Mais la Cour de cassation a d'abord paralysé

15. Remarque : les dirigeants sociaux, les mandataires sociaux, les associés de société civile ou en nom collectif, les associés commandités d'une société en commandite simple ou par actions ainsi que les administrateurs de GIE doivent également posséder cette carte de séjour temporaire « Entrepreneur/ profession libérale ».

cette restriction au nom du droit au respect des biens inscrit (art. 1er du 1er protocole additionnel de la Conv. EDH) et du principe de non-discrimination (art. 14 Conv. EDH) dans un arrêt de sa troisième chambre civile du 9 novembre 2011[16]. Puis, la loi 2014-626 du 18 juin 2014, réformant le statut des baux commerciaux, a entériné cette jurisprudence et a abrogé l'art. L. 145-23.

Section 3
Le choix de la forme juridique de l'entreprise

429. Celui qui crée une entreprise commerciale ou qui veut la développer est placé devant un choix : doit-il donner à son entreprise la forme de l'entreprise individuelle ou doit-il la mettre en société ? Dans le cas des entreprises grandes ou moyennes, il n'y a pas d'hésitation possible. La forme sociale s'impose. La question se pose essentiellement pour les petites et très petites entreprises. Quels sont les avantages et les inconvénients respectifs des deux formes ? Il faut distinguer entre les conséquences du choix, selon qu'elles sont d'ordre juridique (§ 1) ou économique (§ 2).

§1. Les conséquences juridiques du passage en société

430. Avant la loi n° 2022-172 du 14 février 2022, lorsque l'entreprise individuelle n'était pas mise en société, les biens qui étaient affectés à l'exploitation restaient la propriété personnelle de l'entrepreneur, personne physique. De même, les dettes qui naissaient de l'exploitation étaient des dettes personnelles de l'entrepreneur personne physique.

L'unité du patrimoine pouvait avoir des effets désastreux pour le commerçant personne physique. Si, à la suite de difficultés financières graves, son entreprise était mise en liquidation judiciaire, c'était l'ensemble de ses biens qui était liquidé pour payer les créanciers.

En revanche, lorsqu'une entreprise est exercée dans le cadre d'une société commerciale, les avantages de la *société* se rattachent à une idée simple : la société disposant de l'autonomie patrimoniale, elle est une personne distincte de la personne des associés et son patrimoine est distinct de ceux des associés. Donc, les créanciers sociaux ont pour gage général les biens de la société. Ils ne peuvent pas saisir les biens personnels des associés – ou de l'associé unique lorsque la société est unipersonnelle.

16. Cass. 3e civ., 9 nov. 2011, n° 10-30291 : « Mais attendu que l'article L. 145-13 du Code de commerce, en ce qu'il subordonne, sans justification d'un motif d'intérêt général, le droit au renouvellement du bail commercial, protégé par l'article 1er du 1er protocole additionnel de la Convention de sauvegarde des droits de l'homme et des libertés fondamentales, à une condition de nationalité, constitue une discrimination prohibée par l'article 14 de cette même Convention », *D.* 2012, p. 532, note J. Monéger, *RCDIP* 2012, p. 568, note F. Jault-Seseke.

Dans les années 70, les petits commerçants ont demandé que soit abandonné le principe de l'unité du patrimoine et que soit reconnue la séparation des biens personnels du patrimoine de l'entreprise. Mais le législateur demeurait réticent, sans doute par crainte de nuire au crédit des petites entreprises. Après quelques avancées prudentes, la loi a fini par admettre, en 2010, sous certaines conditions, la séparation du patrimoine de l'entreprise du patrimoine personnel de l'entrepreneur individuel. La loi du 15 juin 2010 a créé *l'entreprise individuelle à responsabilité limitée* ou EIRL. Mais, le système mis en place n'a pas bien fonctionné, probablement en raison de sa lourdeur et de sa complexité. Aussi, le législateur a-t-il décidé par la loi n° 2022-172 du 14 février 2022, d'une part, de mettre en extinction le statut de l'EIRL et, d'autre part, de séparer automatiquement le patrimoine personnel du patrimoine professionnel d'un entrepreneur.

Il convient d'examiner les conséquences juridiques qui découlent de ces formes d'organisation de l'entreprise : l'entreprise individuelle et la société pourvue de la personnalité morale.

A. L'entreprise individuelle

1. Avant la réforme du 14 février 2022

431. Dans l'entreprise individuelle classique antérieure aux réformes de 2010 et 2022, l'entrepreneur répondait sur l'ensemble de son patrimoine des dettes qui étaient nées de l'exploitation de son entreprise. On appliquait le principe de *l'unité du patrimoine* exposé par Aubry et Rau au XIXe siècle dans leur *Cours de droit civil* : toute personne a un patrimoine et une personne ne peut avoir qu'un seul patrimoine. Mais, les conséquences de l'unité du patrimoine étaient désastreuses pour le commerçant personne physique, lorsque, à la suite de difficultés financières graves, son entreprise était insolvable. C'était l'ensemble de ses biens qui étaient liquidé pour payer les créanciers professionnels.

432. Au cours des trente dernières années, le législateur est intervenu à plusieurs reprises en vue de protéger les biens personnels de l'entrepreneur individuel.

433. La loi du 11 février 1994, relative à l'initiative et à l'entreprise individuelle, dite *loi Madelin*, a tenté de soustraire les biens personnels de l'entrepreneur à l'action des créanciers dont la créance est née à l'occasion de l'exploitation de l'entreprise. Les dispositions de cette loi n'ont pas toutes totalement disparues. On retrouve par exemple l'une d'entre elles dans l'article L. 313-21 du Code monétaire et financier. Ce texte envisage le cas d'un banquier qui accorde un crédit à l'entrepreneur individuel mais en exigeant la constitution d'une sûreté réelle sur un bien non nécessaire à l'exploitation ou personnelle. La banque doit, par écrit, informer l'entrepreneur de la possibilité qui lui est offerte de proposer une garantie sur les biens nécessaires à l'exploitation de l'entreprise ou de solliciter une garantie auprès d'un autre établissement de crédit. Cependant, le banquier n'est pas tenu d'accepter la proposition. S'il l'estime insuffisante, il a la faculté de refuser le crédit.

La loi du 11 février 1994 n'a eu qu'une portée pratique très limitée. Le législateur n'est pas allé jusqu'au bout de l'idée initiale qui était d'encourager la création d'entreprises individuelles en mettant à l'écart des poursuites des créanciers les biens personnels de l'entrepreneur. La loi n'a fait qu'esquisser de façon maladroite le patrimoine de l'entreprise.

434. La loi nº 2003-721 du 1er août 2003 pour l'initiative économique a marqué une étape supplémentaire dans la protection des biens personnels de l'entrepreneur individuel. Elle a créé dans le Code de commerce un chapitre nouveau, intitulé « De la protection de l'entrepreneur individuel » et comportant les articles L. 526-1 et suivants. À l'origine, la protection n'avait qu'un objet limité, puisqu'elle ne concernait que l'immeuble où était fixée la résidence principale d'un professionnel, personne physique. Mais elle était plus efficace que la loi Madelin en ce qu'elle déclarait cet immeuble *insaisissable*.

435. La loi *LME* du 4 août 2008 a étendu l'insaisissabilité à « tout bien foncier bâti ou non bâti » que le titulaire des droits n'a pas affecté à son usage professionnel (art. L. 526-1, al. 2, C. com.). Cette mesure perdure en droit positif. Elle figure dans l'articles L. 526-1, alinéa 2, Code de commerce. Elle conserve toute son utilité même après l'entrée en vigueur de la loi du 14 février 2022.

En cas de cession des droits, la loi a également prévu l'insaisissabilité du prix de cession et des biens acquis en remploi, dans le délai d'un an, du bien cédé (art. L. 526-3 C. com.).

L'insaisissabilité résulte d'une *déclaration notariée* du professionnel titulaire des droits sur l'immeuble. Il faut une manifestation de volonté de l'entrepreneur. Bien souvent, son souhait de rendre ses biens fonciers insaisissables intervient trop tard, une fois que les difficultés financières ont commencé.

Pour être opposable aux tiers, la déclaration d'insaisissabilité doit être publiée au fichier immobilier. Elle n'a d'effet qu'à l'égard des créanciers dont les droits naissent postérieurement à la publication. La déclaration faite par un commerçant est en outre publiée au RCS (art. L. 526-2 C. com.).

L'insaisissabilité ne protège pas seulement les commerçants, mais, d'une façon plus générale, toute personne physique « immatriculée à un registre national des entreprises » (art. 526-1, al. 1er, C. com.). La cessation d'activité d'un entrepreneur ne met pas fin à l'insaisissabilité de son logement[17].

En 2015, le législateur a rendu la résidence principale de l'entrepreneur individuel de droit[18] insaisissable à l'égard des créanciers professionnels (art. L. 526-1, al. 1er, C. com.)[19]. Le législateur a précisé que lorsque la résidence principale est utilisée en partie pour un usage familial et en partie pour un usage professionnel, la partie familiale est de droit insaisissable, « sans qu'un état descriptif de division soit nécessaire ». Même remarque que pour l'article L. 526-1, al. 2, C. com., cette disposition continue d'exister en droit positif où elle conserve tout son intérêt, malgré l'adoption de la loi du 14 février 2022.

436. La véritable dérogation à l'unicité du patrimoine est venue de la loi nº 2010-568 du 15 juin 2010 qui a créé le statut de l'entrepreneur individuel à responsabilité limitée (EIRL). La réforme est entrée en vigueur le 1er janvier

17. Cass. com., 17 nov. 2021, nº 20-20821.

18. Cass. com., 13 avr. 2022, nº 20-23165.

19. D. Bert et S. Kherbouche, « L'insaisissabilité de droit de la résidence principale de l'entrepreneur individuel : une réforme insaisissable ? », *RTD com.* 2016, p. 241.

2011 et a été plusieurs fois modifié, notamment par les lois n° 2016-1691 du 9 décembre 2016 (loi *Sapin 2*) et n° 2019-486 du 22 mai 2019 (loi *PACTE*) qui ont essayé de rendre le régime de l'EIRL un peu plus attractif. On y reviendra : la loi du 14 février 2022 n'a pas fait disparaître l'EIRL de l'ordonnancement juridique. Le statut prévu par la loi de 2010 continuera à régir les EIRL existants. Mais il n'est plus possible de créer de nouveaux EIRL[20].

Le texte de référence sur les EIRL est l'article L. 526-6 du Code de commerce. Il dispose : « Pour l'exercice de son activité en tant qu'entrepreneur individuel à responsabilité limitée, l'entrepreneur individuel affecte à son activité professionnelle un patrimoine séparé de son patrimoine personnel, sans création d'une personne morale, dans les conditions prévues à l'article L. 526-7. / Ce patrimoine est composé de l'ensemble des biens, droits, obligations ou sûretés dont l'entrepreneur individuel est titulaire, nécessaires à l'exercice de son activité professionnelle. Il peut comprendre également les biens, droits, obligations ou sûretés dont l'entrepreneur individuel est titulaire, utilisés pour l'exercice de son activité professionnelle, qu'il décide d'y affecter et qu'il peut ensuite décider de retirer du patrimoine affecté. Un même bien, droit, obligation ou sûreté ne peut entrer dans la composition que d'un seul patrimoine affecté ».

437. Le statut de l'EIRL fut ouvert à toutes les entreprises individuelles, non seulement aux commerçants, mais encore aux artisans, aux agriculteurs et aux membres des professions libérales. La condition impérative était que l'entrepreneur soit une personne physique. Le statut n'était pas applicable aux personnes morales.

L'entrepreneur devait déclarer s'il choisissait d'exercer son activité sous le statut d'entrepreneur individuel (donc avec un seul patrimoine) ou sous celui d'EIRL (donc avec deux patrimoines, l'un personnel et l'autre professionnel) (art. L. 526-5-1, al. 1er, C. com.).

La constitution de l'EIRL obéissait à deux conditions.

1) L'entrepreneur devait d'abord affecter certains biens au patrimoine de l'EIRL : d'une part les biens, droits et obligations qui sont nécessaires à l'exercice de l'activité professionnelle ; d'autre part, les biens, droits et obligations qui, sans être nécessaires à l'exploitation, sont utilisés à cette fin et dont l'affectation est décidée par l'entrepreneur. Chaque élément d'actif affecté au patrimoine de l'EIRL devait être évalué. L'entrepreneur évaluait lui-même les biens, en se référant à leur valeur vénale ou, en l'absence de marché, à leur valeur d'utilité (art. L. 526-8, I, C. com.).

2) L'entrepreneur devait ensuite déposer une déclaration d'affectation auprès d'un registre spécial des EIRL. L'affectation des biens au patrimoine de l'EIRL n'est opposable qu'aux créanciers dont les droits sont nés postérieurement au dépôt de la déclaration d'affectation (art. L. 526-12, I, C. com.).

438. L'EIRL n'a pas reçu un bon accueil, en dépit de toutes les améliorations que le législateur a imaginées depuis la loi de 2010. La complexité des règles de création et de fonctionnement de l'EIRL y a été pour beaucoup. À peine 100 000 entrepreneurs ont, de 2010 à 2022, opté pour ce statut, ce qui est peu au regard des deux millions d'entreprises individuelles qui existent en France en 2022. En comparaison, le statut de microentreprise a connu, dans le même temps, une

20. Art. 6, II, loi du 14 févr. 2022.

grande réussite, sans doute à cause de la grande simplicité des formalités d'adoption.

2. Depuis la réforme du 14 février 2022

439. La réforme précitée du 14 février 2022 se veut simple et efficace[21]. Les entrepreneurs individuels, c'est-à-dire les personnes physiques qui exercent personnellement une activité professionnelle indépendante (art. L. 526-22, al. 1er, C. com.), ont désormais automatiquement deux patrimoines, l'un personnel et l'autre professionnel, comprenant chacun son actif et son passif[22]. Les personnes concernées n'ont aucune formalité ou déclaration à accomplir. Cela permet d'éviter le risque que l'entrepreneur ne réalise que trop tard que ses biens personnels ne sont pas protégés.

En conséquence, le droit de poursuite des créanciers professionnels est cantonné aux biens (l'actif) professionnels. L'article L. 526-22, al. 4, C. com. dispose en ce sens : « Par dérogation aux articles 2284 et 2285 du Code civil et sans préjudice des dispositions légales relatives à l'insaisissabilité de certains biens (...) l'entrepreneur individuel n'est tenu de remplir son engagement à l'égard de ses créanciers dont les droits sont nés à l'occasion de son exercice professionnel que sur son seul patrimoine professionnel ». Parallèlement, le droit de poursuite des créanciers personnels est limité aux biens (l'actif) personnels. L'article L. 536-22, al. 6, C. com. le dit en ces termes : « Seul le patrimoine personnel de l'entrepreneur individuel constitue le gage général des créanciers dont les droits ne sont pas nés à l'occasion de son exercice professionnel ».

440. La séparation des deux patrimoines prend effet à partir de l'immatriculation au registre national des entreprises ou au registre du commerce et des sociétés lorsque l'entrepreneur est un commerçant (art. L. 526-23 C. com.). Donc, seules les créances nées postérieurement sont concernées par la séparation des patrimoines.

441. L'actif du patrimoine professionnel est composé, selon l'article L. 526-22, al. 2, C. com. des « biens droits, obligations et sûretés dont l'entrepreneur individuel est titulaire et qui sont utiles à son activité ». Le même texte ajoute logiquement que « les éléments du patrimoine de l'entrepreneur individuel non compris dans le patrimoine professionnel constituent son patrimoine personnel ». On notera l'importance du critère de l'utilité.

L'article R. 526-26, I, du Code de commerce donne une liste non exhaustive de biens utiles : le fonds de commerce[23], le fonds artisanal, le fonds agricole et tous les biens corporels et incorporels qui les constituent, les marchandises, le matériel et l'outillage, les moyens de mobilité pour les activités itinérantes et les immeubles servant à l'activité. Par ailleurs, l'article R. 526-26, I, 5° présume que les sommes inscrites sur les comptes bancaires dédiés à l'activité professionnelle font partie de l'actif professionnel.

---

21. J.-F. Hamelin et N. Jullian (dir.), La réforme du statut de l'entrepreneur individuel, LGDJ, 2022.- J.-D. Pellier, « Regard sur le nouveau statut de l'entrepreneur individuel », *JCP* 2022, 345.- B. Saintourens, « Le statut de l'entrepreneur individuel après la loi du 14 février 2022 », *RTD* com. 2022, p. 447.- C. Favre-Rochex, « Le nouveau patrimoine professionnel », *JCP* E 2022, 1136.

22. En cas de pluriactivité, l'entrepreneur n'a qu'un seul patrimoine professionnel. Celui-ci ne peut être scindé en plusieurs parties (art. L. 526-30 C. com.).

23. J.-J. Daigre, « Le fonds de commerce va-t-il se diluer dans l'entreprise individuelle ? », *BRDA* 17/22, n° 24.

En cas de contestation, la preuve de l'utilité d'un bien, autrement dit de son appartenance au patrimoine professionnel, incombe à l'entrepreneur individuel. Cette règle, qui est inscrite dans l'article L. 526-22, al. 7, C. com., est favorable aux créanciers professionnels.

442. Du fait même de l'exercice d'une activité professionnelle, la composition du patrimoine professionnel est amenée à évoluer régulièrement. Les biens utiles à l'activité de l'entrepreneur entreront, sans formalité ni déclaration, dans le patrimoine professionnel. Le recours à la technique de la subrogation réelle ne devrait pas être nécessaire. C'est l'entrepreneur qui gère son entreprise ; c'est donc logiquement lui le maître de la composition de son patrimoine. Mais c'est aussi un risque pour les créanciers qui se verront opposer une masse de biens (l'actif professionnel). Ils pourront toutefois agir en invoquant la fraude paulienne.

443. Dans des cas exceptionnels, les droits des créanciers sont étendus sur l'autre patrimoine ou sur une partie de celui-ci.

1° Les créanciers personnels peuvent saisir les éléments d'actif du patrimoine professionnel lorsque le patrimoine personnel est insuffisant *et* seulement dans la limite du montant du bénéfice réalisé lors du dernier exercice clos (art. L. 526-22, al. 6, C. com.). Cela suppose que l'activité du patrimoine professionnel soit bénéficiaire. De plus, il convient de souligner que seuls les bénéfices peuvent être saisis. Les autres biens professionnels ne peuvent l'être. Et, il sera peut-être parfois difficile d'identifier le bénéfice du dernier exercice clos pour les entrepreneurs, en particulier les microentrepreneurs, bénéficiant d'un allégement des obligations comptables.

2° L'administration fiscale et les organismes de sécurité sociale peuvent saisir les biens personnels et les biens professionnels en cas de manœuvres frauduleuses ou d'inobservation grave et répétée par l'entrepreneur de ses obligations fiscales et du paiement des cotisations et contributions sociales (art. L. 526-24 C. com.)

444. Pour les entrepreneurs qui ont commencé leur activité professionnelle avant l'entrée en vigueur de la loi du 14 février 2022 (*i.e.* le 15 mai 2022) et qui avaient antérieurement adopté le statut de l'EIRL, il n'y a pas de changement. Le régime de l'EIRL continuera de s'appliquer[24]. Pour les entrepreneurs qui ont commencé leur activité avant l'entrée en vigueur de la loi (*id.*) mais sans adopter le statut d'EIRL, il faut distinguer :

- si la créance est née avant l'entrée en vigueur de la loi, le droit de gage comprend les biens personnels et professionnels, à l'exclusion de la résidence individuelle et des biens que l'entrepreneur aura protégés grâce à une déclaration d'insaisissabilité ;
- si la créance est née après l'entrée en vigueur de la loi, le droit de gage ne comprend, pour les créanciers professionnels que l'actif du patrimoine professionnel et, pour les créanciers personnes, que l'actif du patrimoine personnel.

445. L'entrepreneur individuel a la faculté de renoncer au bénéfice de division des patrimoines. Le plus souvent il le fera sous la pression de créanciers

24. Art. 6, II, loi du 14 févr. 2022.

estimant que leur droit de gage est insuffisant ou bien envisageant de mettre fin à leur crédit ou de ne pas en accorder un. Aussi le législateur a-t-il pris quelques précautions. Le créancier qui demande à l'entrepreneur de renoncer doit le faire par écrit. Sa demande ne peut valoir que pour un « engagement spécifique dont il doit rappeler le terme et le montant, qui doit être déterminé ou déterminable » (art. L. 526-25, al. 1er, C. com.). Corrélativement, l'entrepreneur qui souhaite obtenir un crédit auprès d'un de ses créanciers a la possibilité de consentir une sûreté réelle. En revanche, il lui est interdit de se porter caution en garantie d'une dette dont il est le débiteur principal (art. L. 526-22, al. 3, C. com.). Le législateur s'est inspiré d'un arrêt de la Cour de cassation de 1964 dans lequel la Haute juridiction estimait que « celui qui est débiteur d'une obligation à titre principal ne peut être tenu de la même obligation comme caution »[25]. Certes, à l'époque et dans cette espèce, il n'y avait qu'un seul patrimoine en cause. Toute personne n'avait qu'un seul patrimoine. C'est l'idée que l'on ne peut s'auto-cautionner qui est à retenir de cette décision et qui a, semble-t-il, été reprise par les rédacteurs de la loi du 14 février 2022[26].

446. L'entrepreneur a la possibilité de céder à titre onéreux (ex. une vente), de transmettre à titre gratuit (ex. une donation) ou d'apporter en société l'intégralité de son patrimoine professionnel (art. L. 526-27 C. com.)[27]. Si le patrimoine cédé comprend un fonds de commerce, les conditions spécifiques à la cession d'un fonds (art. L. 141-12 à L. 141-22 C. com.) n'ont pas besoin d'être accomplies (art. L. 526-29, 3°, C. com.). C'est une simplification très importante qui est ainsi opérée par le législateur. Les créanciers de l'entrepreneur ont la possibilité de former opposition. Le juge ne peut interdire la cession ; il peut soit rejeter l'opposition, soit l'accepter et, dans ce cas, il ordonne à l'entrepreneur de rembourser le montant de l'obligation due au créancier opposant (art. L. 526-28 C. com.). L'entrepreneur est alors tenu sur l'ensemble de ses biens de ce remboursement (art. L. 526-28, al. 4, C. com.).

B. La société pourvue de la personnalité morale

1. Le principe

447. Si l'entreprise est exploitée en société, c'est uniquement la société personne morale qui, en cas de difficultés, sera mise en liquidation judiciaire et c'est uniquement le patrimoine de la société qui sera liquidé. Les créanciers de la société ne pourront pas saisir les biens personnels de l'associé. Il y a donc un avantage évident à adopter la forme d'une société.

Exemple 1. Le commerçant A, propriétaire de son entreprise, fonde avec deux amis consentants une SARL à laquelle il apporte son entreprise. En contrepartie, il reçoit 98 % des parts sociales. Les deux autres associés ne font que des apports symboliques. A est nommé gérant de la SARL et il reste en fait le seul maître de l'entreprise. Désormais la

25. Cass. com., 28 avr. 1964, *Bull. civ.* IV, n° 215.

26. J.-F. Hamelin et N. Jullian (dir.), *La réforme du statut de l'entrepreneur individuel*, LGDJ, 2022, spéc. p. 103.

27. J.-P. Mattei et M. Menjucq, « Le transfert du patrimoine professionnel de l'entrepreneur individuel », *BRDA* 10/22, n° 24.- N. Jullian, « La transmission du patrimoine de l'entrepreneur, de nouvelles opérations au service des entrepreneurs individuels », *JCP* E 2022, 1137.

SARL, personne morale, sera seule tenue, sur ses biens, des dettes nées de l'exploitation : ce seront des dettes de la SARL. Le patrimoine de A, associé-gérant, sera à l'abri des poursuites des créanciers sociaux.

Exemple 2. Plus simplement encore, le commerçant A va instituer une EURL, par déclaration unilatérale. Il apportera son entreprise à l'EURL dont il sera l'associé unique et le gérant. Ici encore, les dettes de l'exploitation seront des dettes de l'EURL et le patrimoine de l'associé unique sera à l'abri des poursuites des créanciers de l'EURL.

2. Les tempéraments

448. Il existe des formes de sociétés qui n'assurent pas de façon absolue la séparation des patrimoines. Ainsi en est-il de la société en nom collectif. Dans ce type de société, les associés sont personnellement, indéfiniment et solidairement tenus du passif social. Les créanciers sociaux peuvent donc saisir, en cas de besoin, les biens personnels de l'associé. Il en est de même dans la société en commandite, lorsque l'associé est commandité. Pour assurer la séparation des patrimoines, il faut donc choisir la forme d'une SARL ou d'une société par actions.

Et, quelle que soit la forme de la société, si celle-ci rencontre des difficultés financières et se trouve en état de cessation des paiements parce qu'elle ne dispose plus des liquidités nécessaires pour payer ses dettes, et si le tribunal de commerce la déclare en redressement ou en liquidation judiciaires, le tribunal peut décider, à la demande d'un créancier, que les dettes de la personne morale seront supportées, en tout ou en partie, par les dirigeants, de droit ou de fait, qui ont commis des fautes de gestion ayant contribué à l'insuffisance d'actif[28]. Dans ce cas, le dirigeant de l'entreprise en société répondra des dettes de la société sur son patrimoine personnel.

L'existence de cette action, dite en comblement du passif, ne suffit cependant pas à priver d'intérêt l'adoption de la forme de la société de capitaux. L'action en comblement suppose en effet la réunion de deux conditions particulières : l'ouverture d'une procédure collective et la preuve d'une faute de gestion commise par le dirigeant.

449. Lorsque la SARL ou la SA dispose d'un capital relativement limité, les établissements de crédit demandent, avant d'accorder un crédit à la société, un engagement personnel du dirigeant. La banque fait davantage crédit à la personne du dirigeant qu'à la société elle-même. En pratique, le crédit sera subordonné à un cautionnement consenti par le dirigeant. Celui-ci sera tenu sur son patrimoine personnel de la dette de la société. L'opération sera particulièrement dangereuse.

La banque peut également demander à une personne physique, généralement un proche, de cautionner la dette de l'entrepreneur individuel. Mais dans ce cas, la loi prévoit des règles spéciales pour la protection de la caution[29].

28. Art. L. 651-1 et s. C. com.

29. Art. 2302 et s. C. civ.

§2. Les conséquences économiques du passage en société

A. Le coût de l'opération

450. Le passage en société nécessite un certain investissement. Les frais de l'opération sont de deux sortes.

Toute société doit se constituer avec un capital social. L'entrepreneur individuel qui met son entreprise en société pourra faire un apport en nature consistant dans son fonds de commerce ou dans les immeubles affectés à l'exploitation.

Les frais de constitution. Il s'agit tout d'abord des honoraires du conseil juridique qui aide à la constitution de la société (conseils et rédaction des actes). Il s'agit ensuite des charges fiscales, qui consistent en droits d'apport.

Les apports faits à une personne morale passible de l'impôt sur les sociétés par une personne non soumise à cet impôt sont assimilés à des mutations à titre onéreux dans la mesure où ils ont pour objet un immeuble ou des droits immobiliers, un fonds de commerce, une clientèle, un droit à un bail ou une promesse de bail[30].

Enfin il faut compter avec les frais d'immatriculation de la société au registre du commerce et des sociétés.

Finalement les frais de constitution, même s'ils ont été allégés dans la période récente, ne sont pas totalement négligeables et leur charge peut faire hésiter un petit commerçant à changer la forme juridique de son entreprise.

D'une façon plus générale, le fonctionnement d'une société est toujours plus contraignant que l'exercice à titre individuel. Il faut tenir le registre des assemblées, parfois nommer un commissaire aux comptes et déposer les comptes annuels au RCS.

B. L'avantage : la capacité d'endettement

451. Si la société est constituée avec un capital relativement important, elle obtiendra plus facilement des crédits bancaires et des taux généralement moins élevés.

Le crédit d'une société, à condition que son capital et ses fonds propres ne soient pas symboliques, est généralement supérieur à celui d'une entreprise individuelle. Cela s'explique par la règle de la fixité du capital social qui rend difficile les opérations de *désinvestissement* de la part de la société. Dans l'entreprise individuelle de type classique, l'exploitant peut à tout moment effectuer des prélèvements d'espèces ou vendre des biens qui étaient affectés à l'entreprise. Aucune disposition légale ne lui interdit de désinvestir. Le gage des créanciers est donc fragile. Au contraire, dans le cas des sociétés, les règles légales rendent très difficiles le désinvestissement. Le capital minimum doit être conservé. Les détournements au profit du dirigeant sont constitutifs d'une infraction pénale, le délit d'abus des biens sociaux, qui est sévèrement réprimé. Tout prélèvement sur le patrimoine de la société qui excéderait le montant des bénéfices distribuables serait considéré comme un dividende fictif, constitutif d'une infraction pénale.

30. Art. 809, I, 3°, CGI.

Il faut ajouter que seules les SA sont autorisées à faire des offres publiques en plaçant des actions dans le public ou en lançant un emprunt obligataire. Pratiquement, la réunion de capitaux importants nécessite le recours à cette forme de société.

Sous-titre 3

Les biens affectés à l'entreprise commerciale

452. Parmi les éléments de l'entreprise figurent les biens qui sont nécessaires à l'exploitation. Des biens corporels : immeubles, machines et matériel, marchandises. Mais aussi des biens incorporels : marques de fabrique, brevets d'invention, moyens financiers qui s'expriment juridiquement en créances monétaires. Certains de ces biens n'appellent aucune remarque particulière, car le fait qu'ils soient mis au service d'une entreprise commerciale ne confère aucune originalité à leur statut, qui ne diffère pas du statut civil. Ainsi en est-il des biens corporels, mobiliers et immobiliers, des créances et des dettes de sommes d'argent. En revanche, d'autres biens, qui sont des biens incorporels, tirent leur originalité du fait qu'ils servent à l'exploitation commerciale.

453. La relation des biens avec l'entreprise commerciale à laquelle ils sont affectés est plus ou moins intense. Il est tout d'abord un bien qui ne se conçoit qu'en relation avec une exploitation commerciale, c'est le fonds de commerce. Celui-ci est en effet défini comme un ensemble d'éléments corporels et incorporels placés au service de l'activité d'un *commerçant*. Le droit du fonds de commerce fait intégralement partie du droit des commerçants. Ensuite il est un bien qui, sans ressortir au seul droit commercial, présente une originalité marquée lorsqu'il sert à l'exploitation commerciale : c'est le *droit au bail*, qui relève d'un statut particulier lorsque le bail est conclu par un commerçant en vue de son exploitation commerciale. En revanche, les *droits de propriété industrielle* ne sont pas propres aux commerçants. Nous les étudierons dans la deuxième partie de l'ouvrage (*infra*, n° 662 et s.).

Les deux chapitres de ce sous-titre seront donc consacrés au fonds de commerce (chapitre 1) et au bail commercial (chapitre 2).

CHAPITRE 1

Le fonds de commerce

454. Le fonds de commerce peut être défini comme un *ensemble de biens mobiliers affectés à l'exploitation d'une entreprise commerciale.* Il faut immédiatement remarquer que le fonds de commerce ne réunit pas la totalité des biens de l'entreprise. Les immeubles n'en font pas partie et certains meubles, comme les créances de sommes d'argent, en sont même exclus. Le fonds de commerce ne constitue qu'un sous-ensemble à l'intérieur de l'ensemble plus vaste des biens affectés à l'entreprise. Les biens qui sont compris dans le fonds de commerce sont de nature diverse : ce sont des biens corporels, comme les marchandises composant le stock, mais aussi des biens incorporels, comme une marque de fabrique.

Cependant cet ensemble de biens passablement disparates présente une réelle unité résultant de leur affectation à l'exploitation de l'entreprise commerciale. L'on dit aussi qu'ils sont destinés à capter et à retenir une *clientèle.* Nous verrons par la suite que la clientèle est à la fois la condition de l'existence du fonds et le lien qui en assure l'unité.

455. Le Code de commerce de 1807 a ignoré le fonds de commerce. Il est vrai qu'à l'époque, l'expression de fonds de commerce, bien qu'elle fût connue de la pratique, ne visait, semble-t-il, que les éléments corporels de l'exploitation commerciale, essentiellement le matériel et les marchandises. Ce n'était pas encore une institution juridique. Mais au cours du XIXe siècle, les commerçants prirent peu à peu conscience de la valeur que les éléments incorporels et surtout l'existence d'une clientèle, pouvaient conférer à leur entreprise[1]. La première loi concernant le fonds de commerce fut, en 1872, une loi fiscale qui assujettissait les cessions de fonds de commerce à un régime semblable à celui des mutations d'immeubles. Puis une loi du 1er mars 1898 consacra le droit pour un commerçant de constituer au profit d'un créancier un nantissement sur son fonds de commerce.

La loi du 17 mars 1909, *relative à la vente et au nantissement des fonds de commerce,* était d'une tout autre ampleur. Ses dispositions sont passées aujourd'hui dans les articles L. 141-2 et suivants du Code de commerce, (sous le titre IV du livre Ier). La loi, qui répondait surtout à des préoccupations pratiques, ne donne aucune définition du fonds de commerce et, ce qui est peut-être plus regrettable, ne se soucie pas

1. J. Hilaire, J. Turlan, « Les contingences historiques du fonds de commerce », *in* A. Sayag (dir.), *L'entreprise personnelle,* t. 2, *Critique et prospective,* Litec, 1981, p. 125-162.

de son insertion dans le cadre plus général du droit des biens. Elle se contente d'organiser les deux opérations les plus courantes, la cession et le nantissement, afin d'en assurer l'efficacité pratique, tout en assurant la protection des tiers.

La loi de 1909 a été plusieurs fois modifiée, mais sur des points secondaires. En dehors d'elle, sont intervenus des textes qui portent sur des aspects parfois importants en pratique. Ainsi, la loi du 29 juin 1935, qui visait la protection des acheteurs de fonds de commerce, et la loi du 20 mars 1956 relative à la location-gérance de fonds de commerce.

456. Cet ensemble législatif a, pour l'essentiel, satisfait la pratique. L'on peut cependant lui adresser deux reproches. Tout d'abord, la loi du 17 mars 1909 en consacrant une conception quelque peu étriquée du fonds de commerce, sans véritable justification théorique, n'a pas permis à la notion d'évoluer. En s'élargissant, le fonds de commerce aurait pu s'identifier au patrimoine de l'entreprise. Mais la jurisprudence n'a pas trouvé le moyen de dépasser la notion analytique du fonds de commerce, qui était celle des textes et qui se ramenait à une énumération limitée de ses éléments. Un autre reproche porte sur la place sans doute excessive que la jurisprudence a donnée à la clientèle, considérée comme élément essentiel du fonds de commerce. Les règles relatives au fonds de commerce profitent surtout au petit commerce de détail, car la clientèle est un facteur de valorisation de la petite entreprise. Si l'on excepte le contrat de location-gérance, la technique du fonds de commerce ne présente qu'un intérêt limité pour les moyennes et grandes entreprises. Leurs actifs ont une valeur si considérable que la prise en compte de la clientèle n'apporte pas grand-chose à leur valorisation.

Aussi l'institution reste-t-elle propre au droit français et ne trouve pas d'homologue dans les droits étrangers. Certes, il existe un point commun aux différents droits nationaux : tous cherchent, d'une manière ou d'une autre, à reconnaître l'apport supplémentaire de valeur que réalise l'organisation des éléments de l'entreprise et qui fait qu'une entreprise a normalement un prix supérieur à la somme des éléments qui la composent. Mais ils le font par des voies différentes. Le droit allemand, qui ignore la notion de fonds de commerce, a élaboré la théorie de la *firma*, c'est-à-dire de la transmission du nom commercial, support de la valeur économique de l'entreprise. Les droits anglo-saxons ne retiennent pas non plus la notion de fonds de commerce mais celle, plus plastique, de *goodwill*. C'est pourquoi il est peu vraisemblable qu'une harmonisation des législations nationales s'impose dans le cadre européen.

Après avoir présenté la notion de fonds de commerce (section 1), il conviendra d'étudier les principaux contrats dont il est l'objet : la vente (section 2) et la location-gérance (section 3) ainsi que les sûretés réelles dont il peut constituer l'assiette (section 4).

Section 1
La notion de fonds de commerce

457. Le Code de commerce ne donne pas de définition synthétique du fonds de commerce. Il se contente d'en énumérer les éléments à propos de deux opérations, la vente et le nantissement du fonds. La jurisprudence et la doctrine ont suppléé cette absence en décidant que la clientèle constitue le ciment du fonds de commerce, dont elle assure l'unité. Connaissant la *composition* du fonds de commerce (§ 1) et la *fonction de la clientèle* (§ 2), il sera possible de se prononcer sur la *nature juridique* et les *caractères* du fonds de commerce (§ 3).

§1. Le fonds considéré comme ensemble de biens : la composition du fonds de commerce

458. Le fonds de commerce comporte certains biens qui sont affectés à l'entreprise commerciale. Mais d'autres biens, tout aussi importants, quoique soumis à la même affectation, en sont exclus. La notion de fonds de commerce est ainsi marquée d'une contradiction fondamentale. D'un côté, l'affectation à l'exploitation de l'entreprise commerciale est le critère qui commande la composition et l'unité du fonds. Mais, d'un autre côté, le droit positif exclut du fonds certains éléments qui ont la même affectation. On verra quelles sont les raisons de cette contradiction.

A. Les biens compris dans le fonds de commerce

459. Le Code de commerce énumère les éléments susceptibles de faire partie du fonds de commerce. Cependant l'énumération diffère selon qu'elle est faite à propos de la vente ou du nantissement.

S'agissant de la vente, l'article L. 141-5, alinéa 2, pose un principe.

> ***Art. L. 141-5, al. 2, C. com.*** Le privilège du vendeur d'un fonds de commerce... ne porte que sur les éléments du fonds énumérés dans la vente et dans l'inscription, et à défaut de désignation précise, que sur l'enseigne et le nom commercial, le droit au bail, la clientèle et l'achalandage.

Il résulte de l'article L. 141-5, alinéa 2, que la composition du fonds est laissée en principe à la volonté des parties. Elles peuvent y inclure tel ou tel élément de leur choix. Cependant le texte suggère qu'elles doivent au minimum y faire figurer, lorsqu'ils existent, l'enseigne et le nom commercial, le droit au bail et l'achalandage.

Mais, à propos du nantissement du fonds, le Code donne une énumération non seulement différente mais encore limitative de ses éléments.

> ***Art. L. 142-2 C. com.*** Sont seuls susceptibles d'être compris dans le nantissement soumis aux dispositions du présent chapitre comme faisant partie d'un fonds de commerce : l'enseigne et le nom commercial, le droit au bail, la clientèle et l'achalandage, le mobilier commercial, le matériel ou l'outillage servant à l'exploitation du fonds, les brevets d'invention, les licences, les marques, les dessins et modèles industriels, et généralement les droits de propriété intellectuelle qui y sont attachés.

La liste des éléments est ici une liste close, comme le montre la phrase « sont seuls susceptibles d'être compris dans le nantissement... ».

460. On en conclut que l'article L. 142-2 constitue l'exception, propre au nantissement du fonds de commerce, et que la disposition de l'article L. 141-5, alinéa 2, fait figure de principe. D'une part, l'énumération de l'article L. 141-5, alinéa 2, vaut non seulement pour la vente, mais aussi, d'une façon générale, pour toutes les opérations autres que le nantissement, comme la location-gérance, le bail commercial ou l'apport en société du fonds de commerce. D'autre part, les parties à la vente ou à une autre opération peuvent évidemment inclure dans le fonds de commerce, si elles le souhaitent, les éléments que l'article L. 142-2 cite à propos du nantissement.

Sur cette base textuelle, il est possible d'énumérer les éléments pouvant être compris dans le fonds de commerce.

1. Les éléments corporels

461. Ce sont d'abord le mobilier, le matériel et l'outillage servant à l'exploitation du fonds, en fait tous les meubles corporels destinés à l'exploitation, par exemple les véhicules et moyens de transport. Il faut y ajouter les marchandises constituant le stock de matières premières et de produits finis ou semi-finis, mais seulement dans le cas de la vente du fonds.

2. Les éléments incorporels

462. Il résulte textuellement des articles L. 141-5, alinéa 2, et L. 142-2 du Code de commerce que peuvent faire partie du fonds de commerce certains éléments incorporels. Il s'agit plus précisément de droits sur des valeurs immatérielles et de certains droits de créance.

- L'enseigne et le nom commercial. Le nom commercial est la dénomination sous laquelle se fait connaître une entreprise commerciale et qui sert à la distinguer des entreprises concurrentes. Le nom commercial peut être le nom patronymique du commerçant personne physique ou la dénomination sociale de la société commerciale qui exploite l'entreprise. Il peut être également une dénomination de fantaisie. L'enseigne est une appellation ou un emblème qui indique au public le lieu où l'entreprise est exploitée. Le plus souvent l'enseigne est apposée de façon visible sur l'immeuble qui abrite un point de vente ou une activité commerciale.
- Le droit au bail. Il est fréquent que les commerçants exploitent leur fonds de commerce dans des locaux dont ils n'ont pas la propriété mais qu'ils ont pris en location. Le droit au bail, c'est-à-dire l'ensemble des droits du locataire commerçant contre son bailleur, présente une certaine valeur. En effet l'emplacement du fonds ainsi que la qualité des locaux peuvent jouer un rôle déterminant dans la conquête de la clientèle. De plus, comme nous le verrons plus tard (*infra*, n° 572), la loi confère une stabilité particulière au locataire commerçant en lui reconnaissant le droit au renouvellement du bail, ce qui accroît évidemment la valeur du droit au bail. Enfin, le contrat de bail est cessible, nonobstant toute clause contraire, à condition que la cession accompagne celle du fonds de commerce.

- Les droits de propriété intellectuelle. Ce sont les brevets d'invention, les marques, les dessins et modèles et les droits de propriété littéraire et artistique.

À cette énumération classique, l'article L. 142-2 du Code de commerce ajoute les *licences*. Le terme est équivoque. Il peut s'agir, au sens strict, de la licence d'un droit de propriété industrielle, comme une licence de marque de commerce, qui confère au commerçant la jouissance d'une marque dont il n'est pas propriétaire. Un tel droit de jouissance est évidemment compris dans le fonds de commerce. Mais au sens large, il peut aussi s'agir d'une licence portant sur autre chose qu'un monopole légal, comme une licence de savoir-faire ou même un contrat de franchise. Rien ne semble s'opposer à ce qu'une licence de savoir-faire ou un contrat de franchise puisse être compris dans le fonds de commerce. Enfin, les textes visent expressément, comme inclus dans le fonds de commerce, la *clientèle* et l'*achalandage*. Nous verrons plus loin dans quel sens il faut comprendre cette disposition.

463. La doctrine estime que l'énumération légale (qui est faite à propos du seul nantissement du fonds de commerce) n'a pas dans le cas des autres opérations un caractère limitatif. Doivent également faire partie du fonds de commerce des droits qui sont nécessaires ou utiles à l'exploitation commerciale[2]. Il en est ainsi des autorisations administratives qui conditionnent juridiquement l'exploitation du fonds, comme l'autorisation d'ouverture d'un débit de boissons ou la licence d'un transporteur routier. Elles sont nécessaires à l'exploitation du fonds. Allant plus loin, il est admis en jurisprudence que certains droits de créances sont rattachés au fonds lorsqu'ils sont économiquement utiles à son exploitation. Il en est ainsi des droits résultant d'un contrat d'assurance. Mais les autres créances ne sont pas comprises dans le fonds de commerce. La Cour de cassation a décidé qu'un contrat de concession exclusive de vente conclu avec un fournisseur n'était pas transmis de plein droit avec le fonds de commerce[3].

B. Les éléments qui ne font pas partie du fonds de commerce

464. De façon paradoxale, le fonds de commerce ne comprend pas tous les biens qui sont affectés à l'exploitation de l'entreprise commerciale. Bien que la jurisprudence ait estimé que l'énumération légale n'avait pas un caractère limitatif, elle en a exclu, par principe, certains éléments. Elle s'est appuyée pour cela sur la théorie générale des biens, ce qu'avait omis de faire le législateur de 1909 lorsqu'il avait introduit dans notre droit la protection des propriétaires de fonds de commerce.

2. La question s'est posée de savoir si le droit d'exploiter une terrasse sur le domaine public faisait partie des éléments constitutifs du fonds. Interrogé à ce sujet, le ministre de l'Économie a répondu par la négative en se fondant sur le caractère personnel et précaire du droit (art. L. 2122-1 à 2122-4 Code général de la propriété des personnes publiques). V. la réponse ministérielle n° 36869 et son commentaire à la *RTD com.* 2014, p. 305, obs. B. Saintourens. Cette réponse n'est guère convaincante. Le droit d'exploiter une terrasse sur le domaine public a une influence considérable sur la clientèle. Et, le chiffre d'affaires en dépend directement.

3. Cass. com., 23 oct. 2012, n° 11-24033.

1. L'exclusion des immeubles

465. La jurisprudence a toujours estimé que les immeubles, même lorsqu'ils étaient affectés à l'exploitation commerciale, n'étaient pas compris dans le fonds de commerce. Ainsi en est-il des fonds de terre et des constructions dont le commerçant est propriétaire.

Pour des raisons historiques, les immeubles ont été traditionnellement exclus de l'activité commerciale. Certes, cette raison a aujourd'hui beaucoup perdu de sa force et l'on a vu que l'achat d'immeuble en vue de la revente est maintenant considéré comme une activité commerciale. En théorie pure, rien ne s'y opposait, car le fonds de commerce, considéré comme un ensemble, reste distinct des éléments qui le composent. Mais la force de la tradition l'a emporté. La jurisprudence n'a pas osé interpréter trop largement le texte de la loi et transgresser la distinction fondamentale entre les meubles et les immeubles. Elle a considéré que le fonds de commerce, auquel elle reconnaît une nature essentiellement mobilière, ne pouvait pas inclure les immeubles.

La jurisprudence a même décidé que les immeubles par destination ne faisaient pas partie du fonds de commerce[4]. Ainsi, le matériel, l'outillage et les véhicules, lorsqu'ils sont affectés à l'exploitation de l'immeuble, ne sont pas compris dans le fonds de commerce. La destination immobilière l'emporte sur la destination mobilière du fonds de commerce.

Conséquence. Si le commerçant est propriétaire des locaux dans lesquels est exploitée son entreprise, en cas de vente de celle-ci, il doit passer deux actes différents : la vente de l'immeuble, d'une part, et la vente de son fonds de commerce, d'autre part, les deux actes relevant de régimes différents.

2. L'exclusion des créances et des dettes

466. Le fonds de commerce n'est pas un patrimoine d'affectation. Il ne comporte pas les créances, nées de l'exploitation. Il ne comporte pas non plus le passif de l'entreprise. Il en résulte que, en cas de cession du fonds, le cessionnaire n'acquiert pas les créances et ne prend pas en charge les dettes nées à l'occasion de l'exploitation[5].

Influencée par la théorie de l'unicité du patrimoine, la jurisprudence n'a pas admis que les créances et les dettes, nées de l'exploitation, puissent faire partie du fonds de commerce. Elle a refusé la logique de l'affectation à l'activité commerciale et s'en est tenue à la conception de l'énumération arbitraire des éléments du fonds de commerce, voulue par la loi de 1909[6].

Il en résulte que les contrats conclus par l'exploitant du fonds de commerce, à l'occasion de son activité commerciale, ne sont pas non plus des éléments du fonds et ne sont pas transmis avec lui[7]. Des lois spéciales admettent cependant quelques

4. Solution réaffirmée par Cass. com., 31 mars 2009, n° 08-14180, *JCP* E 2009, 1899, note F. Planckeel.

5. Ex. Cass. 3e civ., 7 déc. 2005, n° 04-14180 : « Qu'en statuant ainsi, alors qu'en l'absence de clause expresse, la vente d'un fonds de commerce n'emporte pas de plein droit cession à la charge de l'acheteur du passif des obligations dont le vendeur pourra être tenu en raison des engagements initialement souscrits par lui, la cour d'appel a violé les textes susvisés ».

6. Cass. com., 9 déc. 2008, n° 06-14414 : « Attendu qu'en statuant ainsi, alors que, sauf clause expresse de l'acte de location-gérance, le locataire-gérant, qui n'est pas l'ayant cause à titre universel du propriétaire du fonds, n'est pas tenu des obligations personnelles de ce dernier, la cour d'appel a violé le texte susvisé (art. L. 144-1 C. com.) ».

7. Cass. com., 3 oct. 2006, n° 04-13247, à propos d'un engagement d'approvisionnement exclusif souscrit au profit d'un fournisseur, exploitant du fonds de commerce.

exceptions limitées dans le cas du contrat de travail[8], du contrat d'assurance, du contrat d'édition et du bail commercial.

467. Depuis la loi du 14 février 2022, le patrimoine d'un entrepreneur individuel est divisé en deux : son patrimoine personnel et son patrimoine professionnel dans lequel figure son fonds de commerce. L'entrepreneur individuel peut transmettre l'intégralité de son patrimoine professionnel, fonds de commerce compris. Dans ce cas, le fonds de commerce sera cédé avec le patrimoine professionnel (art. 526-29 C. com.)[9].

§2. L'élément unificateur du fonds de commerce : la clientèle

468. Parmi les éléments du fonds de commerce, le Code de commerce cite *la clientèle et l'achalandage*. L'achalandage n'est qu'une variété de la clientèle : c'est la clientèle qui est spécialement attirée par l'emplacement géographique du fonds. Mais la distinction est de peu de portée et, pour simplifier, nous n'utiliserons par la suite que le terme de clientèle, qui est le terme général.

A. Notion de clientèle

469. Littéralement, le Code de commerce fait de la clientèle un élément du fonds de commerce. De même, la jurisprudence y voit l'élément essentiel, « celui sans lequel un fonds ne saurait exister »[10]. Il reste alors à définir la clientèle.

Si l'on définit la clientèle comme étant, dans son sens propre, l'ensemble des clients, actuels ou même potentiels d'un commerçant, il est impossible d'en faire un élément du fonds de commerce. Les clients ne sauraient être un objet de propriété et le commerçant n'a aucun droit sur eux. Il ne peut leur interdire de le quitter et de s'adresser à la concurrence. L'idée de clients qui feraient durablement partie du fonds de commerce est proprement insoutenable.

C'est la raison pour laquelle une partie de la doctrine interprète la notion de clientèle dans un sens figuré : elle serait le but ou mieux encore la *qualité essentielle* du fonds. Et comme cette qualité a une valeur, il n'est pas impossible de considérer la clientèle comme un élément du fonds : une valeur supplémentaire venant s'ajouter à celle des autres éléments. Le fait que le fonds soit exploité, qu'il soit immédiatement apte à attirer des clients, confère aux autres éléments corporels ou incorporels une plus-value. C'est cette plus-value qu'exprime finalement la notion de clientèle.

Cette réalité de la clientèle se traduit par l'existence d'un marché des fonds de commerce, marché qui confronte une offre et une demande de fonds de commerce actuellement exploités, pourvus d'une clientèle, et qui aboutit à la formation d'un prix.

8. Cass. soc., 11 févr. 2009, n° 07-18509.

9. J.-P. Mattei et M. Menjucq, « Le transfert du patrimoine professionnel de l'entrepreneur individuel », *BRDA* 10/22, n° 24. N. Jullian, « La transmission du patrimoine de l'entrepreneur, de nouvelles opérations au service des entrepreneurs individuels », *JCP* E 2022, 1137.

10. Cass. req., 15 févr. 1937, *Rev. gén. dr. com.* 1938, p. 164, note G. Lagarde.

D'ailleurs, la clientèle fait l'objet d'une certaine protection juridique. L'action en concurrence déloyale permet à l'exploitant du fonds de commerce de s'opposer à un détournement de clientèle par des moyens illégitimes. Les tribunaux reconnaissent la validité des clauses de non-concurrence, lorsqu'elles sont destinées à valoriser la clientèle. La clientèle constitue donc une valeur reconnue et, dans une certaine mesure, protégée.

470. Comme la clientèle est inséparable des autres éléments du fonds de commerce, puisqu'elle en est l'élément fédérateur, elle ne saurait exister sans eux. Cependant, selon les circonstances, le lien peut être plus ou moins fort avec certains éléments. Dans certains cas, la clientèle sera attachée à l'emplacement de l'entreprise (on parle de clientèle de proximité), notamment au droit au bail. Dans d'autres, elle sera plutôt attachée à la marque du produit vendu par un commerçant. Certains éléments sont déterminants pour le rattachement de la clientèle. Ce sont les *éléments essentiels* du fonds de commerce.

471. Récemment, la notion de clientèle virtuelle est apparue pour désigner la clientèle d'un fonds de commerce électronique (ou numérique)[11]. En effet, les sites web marchands constituent de véritables fonds de commerce, qui valent parfois très chers. De nouveaux éléments attractifs de la clientèle sont nés par la même occasion, par exemple le référencement (l'équivalent de l'emplacement géographique) ou le nom de domaine (l'équivalent de l'enseigne).

B. Fonction de la clientèle

472. La clientèle est en premier lieu la condition d'existence du fonds de commerce. Pour exister, être acheté, vendu, donné en gérance ou constituer l'objet d'un nantissement, le fonds doit être exploité. Dès que cesse l'activité, le fonds disparaît en tant que tel, car il n'a plus de clientèle et n'a plus de valeur[12]. Son unité est rompue. Seuls subsistent des éléments corporels ou incorporels séparés[13].

Exceptionnellement, le fonds peut toutefois exister avant d'être en activité, s'il existe déjà une clientèle potentielle mais *certaine*. Tel est le cas, par exemple, des stations-service situées sur les autoroutes. La jurisprudence considère que la clientèle constituée par les conducteurs de véhicules (dont les possibilités de choix sont limitées) préexiste à l'ouverture du fonds de commerce[14]. Selon la Cour de cassation, dans ces circonstances, la clientèle n'est pas seulement potentielle ou en puissance, mais réelle et certaine.

473. La clientèle a en second lieu une fonction de qualification de certaines opérations juridiques.

---

11. A. Tonnellier, *Le statut juridique du site internet*, Th. Paris 2, 2011.- B. Dubos, *Essai sur la notion de fonds de commerce électronique*, Th. Toulouse 1, 2008.- O. Seidowsky, *Le fonds de commerce numérique*, Th. Paris 2, 2006.- R. Desgorces, « Notion de fonds de commerce et internet », *Comm. com. électr.* mars 2000, § 6.

12. La Cour de cassation précise d'ailleurs que la cessation d'exploitation ne constitue la cause de la disparition du fonds de commerce que si elle a entrainé la perte de la clientèle. V. Cass. com., 17 janv. 2012, n° 11-10468.

13. Cass. com., 24 janv. 2006, n° 04-15175. Cependant la disparition de la clientèle est une question de fait, qui doit être appréciée dans son cadre réel : CA Paris, 30 sept. 2004, *BRDA* 2004/23, n° 20 et la jurisprudence citée.- Pour un cas de cessation temporaire d'activité, v. Cass. 3e civ., 15 sept. 2010, n° 09-68521, *JCP* E 2010, 2065, note P.-H. Brault.

14. Cass. com., 27 févr. 1973, 2 arrêts, *D.* 1974, jur. p. 283, note J. Derruppé.

Dans le cas de la vente, le contrat sera qualifié de vente de fonds de commerce, soumise aux règles spéciales à ce genre de contrat, si, parmi les éléments qui sont l'objet de la vente, figurent un ou plusieurs éléments essentiels, propres à retenir la clientèle. À l'inverse, la vente ne sera pas une vente de fonds de commerce, mais une vente d'éléments isolés, si, parmi les éléments vendus ne figure aucun élément essentiel, propre à retenir la clientèle. Si, par exemple, la clientèle est attachée à la marque de fabrique et si celle-ci n'est pas comprise dans la vente, le contrat ne pourra pas être qualifié de vente de fonds de commerce. Ce sera une vente d'éléments séparés. Par exemple encore, si la clientèle est attachée à l'emplacement des locaux loués et si le droit au bail n'est pas compris dans la vente, le contrat ne sera pas une vente de fonds de commerce.

Dans un cas extrême, la vente d'un seul élément, si celui-ci est l'élément essentiel, pourra être qualifiée de vente de fonds de commerce. Par exemple la cession du seul droit au bail pourra constituer une vente du fonds si, à lui seul, l'emplacement suffit à rallier la clientèle[15].

C. Attribution de la clientèle

474. Il y a plusieurs années, la question de l'attribution de la clientèle s'est posée à propos des relations entre les compagnies pétrolières, fournisseurs d'hydrocarbures, et les gérants de stations-service distribuant l'essence au détail. Très souvent, la compagnie pétrolière est propriétaire des locaux, des pompes et des cuves de stockage, qu'elle met à la disposition du gérant, commerçant indépendant qui revend sous la marque de la compagnie pétrolière. Quelle est alors la nature du contrat qui unit la compagnie au gérant de la station ? Les gérants des stations-service soutenaient que le contrat ne portait que sur les locaux et les installations et que le contrat était un bail commercial. En somme, les gérants des stations-service estimaient qu'ils étaient des commerçants propriétaires de leur fonds de commerce, simples locataires des locaux et des installations. Ils pouvaient alors prétendre à l'application du statut protecteur des baux commerciaux qui leur assurait un bail de neuf ans et le renouvellement à l'expiration de chaque période contractuelle. À l'inverse, les compagnies pétrolières soutenaient qu'elles étaient propriétaires non seulement des locaux et des installations, mais encore du fonds de commerce dont la clientèle était attachée à leur marque. Dès lors, selon elles, le gérant avait la qualité de locataire-gérant du fonds de commerce. Or le contrat de location-gérance est généralement un contrat à durée indéterminée, pouvant prendre fin à tout moment par la volonté unilatérale de l'une des parties et n'ouvrant aucun droit au renouvellement.

La qualification du contrat, bail de locaux à usage commercial régi par les articles L. 145-1 et suivants ou contrat de location-gérance de fonds de commerce soumis aux articles L. 144-1 et suivants, dépendait de l'attribution de la propriété du fonds de commerce, et par conséquent de l'attribution de la clientèle de la station-service. Les tribunaux ont recherché, très logiquement, à qui devait être attribuée la clientèle : à l'exploitant, en raison de son activité personnelle, ou à la compagnie pétrolière, en raison de la marque lui appartenant ? Finalement, la jurisprudence a retenu que la clientèle, constituée par les automobilistes empruntant une

15. Ex. Cass. com., 10 mars 1970, *D.* 1970, p. 586, dans le cas de la vente du matériel et du droit au bail.

autoroute, était liée à l'emplacement de la station et à la marque de la compagnie pétrolière plutôt qu'à l'activité personnelle du gérant. Celui-ci n'était pas propriétaire du fonds de commerce de la station mais seulement locataire-gérant du fonds il ne pouvait pas prétendre à la protection résultant du statut des baux commerciaux[16].

475. Une question analogue s'est posée à propos du contrat de franchise commerciale. Elle oppose le propriétaire des locaux au franchisé qui exploite le fonds de commerce dans les lieux. Le propriétaire des locaux soutient que le franchisé ne dispose pas d'une autonomie suffisante pour lui permettre de s'attacher une clientèle et que celle-ci appartient au franchiseur. Le franchisé soutient au contraire qu'il est propriétaire du fonds de commerce, créé par son activité personnelle, qu'il est titulaire d'un bail commercial et qu'il peut prétendre à une indemnité d'éviction. Dans un premier temps, la cour de Paris avait admis que la clientèle est en principe attachée au franchiseur, sauf au franchisé à démontrer qu'il a créé et développé la clientèle par son activité personnelle et grâce au contrat de bail[17]. Puis la même juridiction est revenue sur sa jurisprudence et a décidé, dans deux arrêts du 4 octobre 2000, que le franchisé disposait d'une clientèle autonome par rapport à celle du franchiseur, et qu'il était propriétaire du fonds exploité dans les lieux[18]. À son tour, dans un arrêt *Trévisan* du 27 mars 2002, la Cour de cassation a pris clairement parti en donnant raison à une cour d'appel d'avoir jugé que « la clientèle n'existait que par le fait des moyens mis en œuvre par le franchisé » et que cette clientèle faisait partie « du fonds du franchisé ». La Cour de cassation retient trois arguments principaux : 1° le franchisé exploite son entreprise à ses risques et périls ; 2° les éléments attractifs de la clientèle appartiennent certes au franchiseur, mais le franchisé en a la maîtrise (dans le contrat de franchise, le franchiseur confère au franchisé, moyennent le paiement d'un droit d'entrée dans le réseau et de redevances, le droit d'utiliser sa marque, son savoir-faire, etc. ; 3° le franchisé a une clientèle qui est locale et le franchiseur a, de son côté, une clientèle nationale[19].

Enfin une question identique s'est posée à propos de la clientèle du commissionnaire-affilié. La Cour de cassation[20], dans l'affaire *Chattawak*, a cassé l'arrêt par lequel la cour d'appel avait qualifié le commissionnaire-affilié d'agent commercial, sans rechercher s'il n'était pas titulaire d'un contrat de bail commercial en vue de l'exploitation de son fonds de commerce. Ici encore, l'attribution d'une clientèle commandait la qualification du contrat.

---

16. Cass. 3e civ., 13 févr. 1980, n° 78-14553, *RTD com.* 1980, p. 760, obs. J. Derruppé.

17. CA Paris, 6 févr. 1996, *JCP* 1997.II.22818, note B. Boccara.

18. CA Paris, 4 oct. 2000, 2 arrêts, *D.* 2001, p. 380, note A.-L. Monéger-Dupuis.

19. Cass. 3e civ., 27 mars 2002, n° 00-20732, *D.* 2002, p. 1487, obs. É. Chevrier, *D.* 2002, p. 2400, note H. Kenfack, *JCP* G 2002.II.10112, note F. Auque.

20. Cass. com., 29 juin 2010, n° 09-66773, *JCP* E 2010, 1694, note N. Dissaux, *D.* 2010, p. 1703, obs. É. Chevrier, *JCP* G 2010, 876, note C. Grimaldi, cassant CA Paris, 9 avr. 2009, *JCP* E 2009, 1842, note N. Dissaux.- *Adde* : F. Auque, « La propriété commerciale du commissionnaire-affilié, à propos de l'arrêt *Chattawak 2* », *JCP* E 2010, 1860.

§3. La nature juridique du fonds de commerce : une universalité de fait

476. Selon la théorie traditionnelle du droit des biens, ceux-ci sont soit des choses, qui se confondent avec le droit de propriété dont elles sont l'objet, soit des droits, droits réels démembrés ou droits de créance. Comme les monopoles d'exploitation tels les brevets ou les marques, ne trouvaient leur place dans aucune de ces catégories, la doctrine du xxe siècle en a fait une catégorie à part, celle des droits intellectuels ou droits de clientèle, intermédiaire entre le droit réel et le droit de créance. Il était tentant d'y faire entrer le fonds de commerce, qui, semblable aux monopoles légaux, n'est ni une chose, ni un droit de créance.

Les *droits intellectuels* présentent la particularité de protéger des créations de l'esprit, comme une invention, une marque distinctive ou une création littéraire. La protection consiste en un droit exclusif d'exploitation que la loi reconnaît au créateur. Mais il faut reconnaître que le fonds de commerce entre difficilement dans la catégorie des droits intellectuels. D'une part, il résulte davantage d'une activité commerciale que d'une création de l'esprit. D'autre part, la loi ne reconnaît aucun monopole d'exploitation au titulaire du fonds de commerce.

La notion de *droit de clientèle* a été inventée par Roubier[21] pour désigner des biens incorporels qui ont pour but la conquête et la conservation d'une clientèle. Ainsi, les droits de propriété industrielle : brevet d'invention, marque ou dessins et modèles protégés. Le fonds de commerce se caractérisant lui-même par sa clientèle, il était légitime de le placer dans la même catégorie. Poussant l'idée à l'extrême, Ripert a même soutenu que le fonds de commerce était un *droit à la clientèle*, reconnu et protégé par le droit positif, notamment par la reconnaissance d'une action en concurrence déloyale, accordée au titulaire du fonds contre tous ceux qui détournent la clientèle à leur profit par des moyens illégitimes. Mais le rapprochement du fonds de commerce et des droits de propriété industrielle au sein d'une même catégorie a quelque chose d'artificiel. Les droits de propriété industrielle sont des droits exclusifs reconnus par la loi. Au contraire, le fonds de commerce ne confère aucun droit exclusif à son titulaire.

477. La doctrine contemporaine a tendance à penser que les droits intellectuels et les droits de clientèle sont des catégories inutiles. Il suffit d'adopter une définition élargie du droit réel, notamment du droit de propriété, en reconnaissant que celui-ci ne porte pas nécessairement sur une chose corporelle mais qu'il peut tout aussi bien se concevoir comme ayant un objet immatériel reconnu par la loi. Ainsi, rien ne s'oppose à ce que le fonds de commerce, valeur immatérielle, soit l'objet d'un droit de propriété, d'un droit d'usufruit ou d'un nantissement. Il faut donc distinguer le droit qui porte sur le fonds de commerce et le fonds lui-même, qui n'est pas un droit mais une valeur reconnue par le droit.

478. On comprend mieux dès lors quels sont les caractères du fonds de commerce.

En premier lieu, le fonds de commerce est un ensemble d'éléments divers, corporels et incorporels. C'est une universalité de fait, affectée à l'exploitation d'une activité commerciale.

En deuxième lieu, le fonds de commerce est un bien distinct des éléments qui le composent. C'est un bien incorporel, alors même qu'il comprend des biens corporels. Au sein de l'ensemble, les éléments peuvent varier. Certains peuvent

21. P. Roubier, « Droits intellectuels et droits de clientèle », *RTD civ.* 1935, p. 286.- P. Roubier, « Unité et synthèse des droits de propriété industrielle », *Mélanges Plaisant*, Sirey, 1959, p. 171.

disparaître, d'autres, qui n'y figuraient pas à l'origine, peuvent y entrer au cours de l'exploitation. Le stock de marchandises et l'outillage se renouvellent. Au sein de l'universalité de fait, joue le mécanisme de la subrogation réelle, un élément prenant automatiquement la place d'un autre parce qu'il reçoit la même affectation. Le fonds conserve ainsi son identité dans la durée.

En troisième lieu, le fonds de commerce est un meuble. Dans la conception civiliste traditionnelle, les immeubles constituent une catégorie fermée, car leur énumération légale est fixée de façon limitative. Lorsque sont apparus de nouveaux biens, inconnus du Code civil, ce qui était le cas du fonds de commerce, il fallut les ranger, tant bien que mal, dans la catégorie des meubles.

Pourtant, le statut mobilier s'applique imparfaitement au fonds de commerce. Étant un meuble incorporel, il n'est pas susceptible de possession et l'article 2276 lui est inapplicable. La Cour de cassation l'a dit explicitement dans un important arrêt rendu par la chambre commerciale le 7 mars 2006 : « l'article 2279 [2276 aujourd'hui] du Code civil ne s'applique qu'aux seuls meubles corporels individualisés ; que la licence d'exploitation d'un débit de boissons ayant la même nature de meuble incorporel que le fonds de commerce dont elle est l'un des éléments et ne se transmettant pas par simple tradition manuelle, c'est à bon droit que la cour d'appel a écarté pour ladite licence d'exploitation la présomption prévue par ce texte »[22]. Pourtant, l'application de la maxime de l'article 2276 C. civ. « En fait de meubles, possession vaut titre » aux fonds de commerce aurait son utilité. En effet, le fonds de commerce ne fait pas l'objet d'une publication (la publication de la vente du fonds est seulement à destination des créanciers), de sorte qu'en cas de litige entre deux acquéreurs successifs du fonds, le conflit se règle selon la date de la vente, solution qui peut se révéler injuste lorsque l'un de ces deux acquéreurs est en possession de bonne foi du fonds.

De plus, le statut juridique mobilier du fonds de commerce est économiquement inadapté. La fonction économique du fonds le rapproche des immeubles. D'ailleurs, des lois spéciales écartent souvent sa condition mobilière. Ainsi, la vente du fonds de commerce ressemble à bien des égards à la vente d'immeuble.

Section 2
La vente du fonds de commerce

479. La vente du fonds de commerce a d'abord été organisée par la loi du 17 mars 1909. Le législateur avait alors deux préoccupations. Il voulait en premier lieu protéger le vendeur à crédit d'un fonds de commerce. La vente à crédit est relativement fréquente, car l'achat d'un fonds représente un investissement important, surtout pour celui qui veut se lancer dans le commerce. L'acheteur compte financer son acquisition à l'aide des bénéfices de l'exploitation. Pour faciliter ce type d'opération, il fallait donner des garanties au vendeur. C'est pourquoi la loi aménageait, dès son article 1er, le privilège du vendeur de fonds de commerce. En second lieu, le législateur de 1909 voulait protéger les créanciers du propriétaire contre la vente inopinée du fonds. Le fonds de commerce constitue souvent l'essentiel du gage des créanciers. La vente du fonds, si elle est suivie d'une dilapidation du prix, rend leur situation

22. Cass. com., 7 mars 2006, n° 04-13569, *RTD civ.* 2006, p. 348, note T. Revet, *D.* 2006, p. 2363, note B. Mallet-Bricout – Sur l'ensemble de la question, v. B. Parance, *La possession des biens incorporels*, LGDJ, Bibliothèque de l'Institut André Tunc, t. 15, 2008, préf. L. Aynès.

dangereuse. La loi de 1909 visait à renforcer le crédit des commerçants en protégeant leurs créanciers au moment de la vente du fonds.

Par la suite le législateur s'est soucié de la protection des acheteurs. Mal informés de la valeur exacte des fonds de commerce, exposés à des manœuvres dolosives, des apprentis commerçants se lancent trop souvent dans des opérations aventureuses en espérant réaliser des gains rapides. La loi du 29 juin 1935 a donc organisé l'information des acheteurs de fonds de commerce.

Les dispositions des deux lois du 17 mars 1909 et du 29 juin 1935 ont été incorporées dans le nouveau Code de commerce, dans un chapitre intitulé « De la vente du fonds de commerce » (art. L. 141-2 et s. ; art. R. 141-1 et s.). Cependant, lorsque le fonds de commerce est compris dans le patrimoine professionnel d'un entrepreneur individuel, les dispositions des articles L. 141-12 à L. 141-22 sont déclarées inapplicables par l'article L. 526-29, 3°, du Code de commerce. Toute clause contraire venant rétablir l'application des articles L. 141-12 à L. 141-22 est réputée non écrite.

On examinera successivement les conditions de formation du contrat de vente (§ 1), les effets du contrat entre les parties (§ 2), puis la protection des créanciers du vendeur (§ 3)[23].

§1. Les conditions de formation du contrat de vente

480. Il faut d'abord qu'un fonds de commerce existe, donc qu'il y ait une clientèle. La question s'est posée à propos de la vente de l'activité de location de bateaux (modèles réduits) sur le bassin du jardin du Luxembourg. Le cédant estimait avoir vendu un fonds de commerce. Mais cette qualification fut contestée par l'acquéreur poursuivi pour défaut de paiement du prix. En effet, il n'y avait pas de clientèle propre, autonome, donc pas de fonds, étant donné que les locataires de bateaux étaient les visiteurs du jardin du Luxembourg[24].

Par ailleurs, il convient de rappeler que le fonds vendu ne comprend pas l'immeuble dans lequel le fonds est exploité, ni les immeubles par destination (art. 524 C. civ.)[25].

Sinon, les conditions de formation de la cession[26] sont de deux sortes : les conditions de validité des contrats en général et les conditions de validité spéciales à la vente de fonds de commerce.

A. Conditions générales de validité des contrats

481. Il convient d'examiner les conditions tenant au consentement, à la capacité et à l'objet.

23. B. Saintourens, « La vente de fonds de commerce après l'ordonnance n° 2016-131 du 10 févr. 2016 portant réforme du droit de contrats », *RTD com.* 2016, p. 419.

24. Cass. 3e civ., 5 avr. 2018, n° 17-10466.

25. Cass. com., 12 nov. 2020, n° 17-31713, *RTD civ.* 2021, p. 174, obs. W. Dross.

26. S. Rezek, *Achat et vente de fonds de commerce*, LexisNexis, 10e éd., 2022, préf. B. Saintourens.

1. Le consentement des parties

482. Le consentement de chacune des parties doit être exempt de vice[27]. Celui du vendeur ne soulève pas de difficulté particulière. En revanche, il peut arriver que l'acheteur se trompe sur la valeur réelle du fonds de commerce. Il est en effet difficile d'apprécier l'étendue d'une clientèle et les chances de profits qui sont liées à l'exploitation.

L'acheteur trompé peut-il invoquer l'*erreur* pour demander la nullité du contrat de vente ? Le droit civil retient, comme cause de nullité du contrat, l'erreur sur la substance de la chose, mais non l'erreur sur sa valeur. Cependant la jurisprudence commerciale, comme on l'a vu, voit dans la clientèle un élément essentiel, donc la substance du fonds de commerce. L'erreur sur l'importance de la clientèle est considérée comme une erreur sur la substance, entraînant la nullité de la vente. Encore faut-il que l'erreur ait été déterminante[28].

Dans la ligne de ce raisonnement, la jurisprudence admet aussi que l'acheteur trompé puisse agir en *garantie* contre son vendeur. Le fait que la clientèle soit manifestement moins importante que ne l'avait fait croire le vendeur est assimilé à un vice caché de la chose vendue. L'acheteur peut alors obtenir soit la résolution du contrat, soit une diminution du prix.

Enfin, si le vendeur a volontairement trompé l'acheteur par de fausses déclarations sur le chiffre d'affaires, par la dissimulation de documents comptables ou par l'omission du fait que le fonds n'avait pas été exploité pendant une certaine période, en raison de la défaillance d'un locataire-gérant[29], il commet un dol[30]. Ici encore l'acheteur peut demander l'annulation de la vente[31].

2. La capacité

483. Du côté du vendeur, la capacité requise est celle qui est exigée pour passer un acte de disposition. La capacité pour consentir une aliénation mobilière devrait en principe suffire. Mais, en raison de la valeur que représente le fonds de commerce, des dispositions particulières du Code civil exigent souvent la capacité requise pour consentir les aliénations d'immeubles.

Quant à l'acheteur, la capacité commerciale est requise, car il doit, en principe, exploiter lui-même le fonds qu'il acquiert.

3. L'objet des obligations

484. L'obligation du vendeur a pour objet le fonds de commerce. Les parties déterminent librement les éléments qui sont compris dans la vente. Il n'est pas nécessaire que tous les éléments y figurent. Cependant les éléments essentiels, ceux qui sont nécessaires à la conservation de la clientèle, doivent être compris

27. À propos du dol par réticence du cédant d'un fonds de bar-pub-brasserie qui n'a pas informé l'acquéreur de l'existence d'une expertise judiciaire déclarant que l'immeuble dans lequel est exploité le fonds est mal équipé pour empêcher les nuisances sonores, v. Cass. com., 1er mars 2017, n° 15-22866.

28. Cass. com., 18 juin 1996, n° 93-19645.

29. Cass. com., 9 janv. 2015, n° 13-27340.

30. Cass. com., 6 janv. 2021, n° 18-25098. En l'espèce, le vendeur n'avait pas informé l'acquéreur de l'existence d'une clause du règlement de copropriété interdisant la réception de clients après 20 heures.

31. Cass. com., 19 févr. 2008, n° 06-22014.

dans la vente. Sinon, la cession ne serait pas une vente de fonds de commerce, avec les conséquences qu'y attache le Code de commerce, mais une vente d'éléments séparés.

L'obligation de l'acheteur a pour objet le paiement du prix. Celui-ci doit être déterminé ou déterminable. L'article L. 141-5, al. 3, du Code de commerce prévoit que des prix distincts sont établis pour les éléments incorporels, le matériel et les marchandises. Cette ventilation du prix est nécessaire pour que naisse le privilège du vendeur. Elle n'est cependant pas une condition de la validité de la vente.

Il arrive que, pour des raisons fiscales, les parties soient tentées de dissimuler une partie du prix. La dissimulation est frappée de peines correctionnelles[32].

B. Conditions spéciales aux ventes de fonds de commerce

485. Jusqu'à ce qu'intervienne la loi du 19 juillet 2019, qui a purement et simplement abrogé l'article L. 141-1 du Code de commerce, cet article imposait la présence de certaines mentions dans l'acte de vente. Ces *mentions obligatoires* avaient pour but d'informer l'acheteur sur la réalité et la valeur du fonds. Il s'agissait : 1) des renseignements relatifs à une précédente vente, comme le nom du vendeur, la date de la vente et le prix ; 2) de l'état des privilèges et nantissements grevant le fonds ; 3) du chiffre d'affaires et du résultat d'exploitation réalisés au cours des trois dernières années ; 4) des renseignements relatifs au bail, lorsque le fonds est exploité dans des lieux qui sont loués. La sanction de l'omission de ces mentions obligatoires était alors la nullité relative de la vente.

486. Il reste une formalité. L'article L. 141-2 du Code de commerce qui prévoit qu'au « jour de la cession, le vendeur et l'acquéreur visent un document présentant les chiffres d'affaires mensuels réalisés entre la clôture du dernier exercice comptable et le mois précédant celui de la vente »[33]. En cas d'inexactitude, le vendeur est, nonobstant toute stipulation contraire, tenu de la garantie dans les conditions prévues par les articles 1645 et 1646 du Code civil (art. L.141-3 C. com.).

Les articles 1645 et 1646 C. civ. sont relatifs à la garantie des vices cachés dans la vente. Le législateur considère que la référence inexacte aux chiffres d'affaires mensuels (art. L. 141-2) constitue un vice caché susceptible d'entraîner, de la part de l'acquéreur, soit une action rédhibitoire, soit une action estimatoire. Le vendeur pourra toutefois écarter l'action en garantie en démontrant que l'acheteur connaissait la valeur réelle du fonds (laquelle dépend du chiffre d'affaires).

§2. Les effets de la vente du fonds de commerce

487. Comme tout contrat de vente, la vente du fonds de commerce produit un double effet : elle transfère la propriété du fonds de commerce et elle fait naître des obligations à la charge des parties.

32. Art. 1837 CGI.

33. Cette obligation résulte de la loi n° 2016-1691 du 9 déc. 2016, dite loi *Sapin 2*. Auparavant, le vendeur et l'acheteur devaient viser les livres de comptabilité tenus par le vendeur durant les trois derniers exercices et en dresser un inventaire. Mais cette formalité n'était pas respectée en pratique. C'est pourquoi le législateur l'a remplacée.

A. Le transfert de propriété

488. Le fonds de commerce est, on l'a vu, un ensemble, une universalité, objet d'un droit de propriété. Logiquement, le contrat de vente devrait suffire à transférer la propriété de l'ensemble des éléments du fonds[34]. En réalité, les choses ne sont pas aussi simples car la loi n'a pas osé tirer toutes les conséquences de l'universalité du fonds. Elle s'en tient à une demi-mesure, de sorte que les règles spéciales au transfert de certains éléments doivent également être respectées.

La vente entraîne indubitablement transfert de l'ensemble, c'est-à-dire du bien incorporel, que constitue le fonds de commerce. Comme la vente du fonds est un contrat consensuel et non un contrat solennel, le transfert de propriété s'opère entre les parties dès qu'elles sont d'accord sur la chose et sur le prix (art. 1583 du Code civil).

La vente est également opposable aux tiers. Il faut cependant signaler deux exceptions : – la vente n'est opposable aux créanciers du vendeur qu'après l'accomplissement des formalités de publicité prévues par l'article L. 141-12 du Code de commerce (*infra*, n° 493 et s.) ; – tant que le vendeur ne s'est pas fait radier du registre du commerce, il reste solidairement tenu des dettes souscrites par l'acheteur à l'occasion de l'exploitation du fonds.

Le transfert de certains éléments du fonds de commerce exige, pour être opposable aux tiers, que soient respectées les formalités propres à ces éléments. Tel est le cas, en particulier, du transfert des droits de propriété industrielle. Pour être opposable aux tiers, la cession des brevets et des marques doit être inscrite à l'INPI. Le fait que ces biens soient inclus dans le fonds de commerce ne dispense pas de cette formalité spéciale. Les droits de propriété industrielle conservent une certaine individualité au sein du fonds. De même, le transfert de la propriété des éléments corporels suppose, pour être opposable aux tiers, que l'acheteur ait été mis en possession (art. 1198, al. 1er, C. civ.). Enfin, le transfert du droit au bail n'est opposable au bailleur qu'après la signification qui lui est faite de la cession du fonds.

489. Récemment, la Cour de cassation a rappelé que la vente d'un fonds de commerce n'emportait pas de plein droit transmission à l'acquéreur du passif des obligations dont le vendeur est tenu en vertu d'engagements passés par lui avant la vente[35]. Il s'agit d'une confirmation d'une jurisprudence classique[36]. Notons qu'il est possible de stipuler le contraire.

B. Les obligations des parties

490. Les obligations du vendeur. Le vendeur doit la délivrance et la garantie. La délivrance : il doit mettre tous les éléments compris dans la vente à la

34. Cass. com., 12 nov. 2020, n° 17-31713.

35. Cass. com., 2 févr. 2022, n° 20-15290.- De même, « la cession d'un fonds de commerce comprenant la cession de la propriété des droits sur des marques n'emporte pas cession du contrat de distribution exclusive des produits revêtus de ces marques », v. Cass. com., 19 oct. 2022, n° 21-16169, *D.* 2022, p. 2283, note J. BOST.

36. Cass. 3e civ., 7 déc. 2005, n° 04-12931.- Cass. com., 13 janv. 2009, n° 07-21380.

disposition de l'acheteur. L'obligation de garantie est double[37]. Tout d'abord, le vendeur doit la garantie des vices cachés[38]. Il garantit l'existence de la clientèle. Si la clientèle est moindre que ce que prévoit l'acte de vente et, spécialement, si les mentions obligatoires de l'acte sont inexactes, l'acheteur pourra demander la résolution ou la diminution du prix. Le vendeur doit également la garantie de son fait personnel. Cette obligation se traduit par une obligation de non-concurrence. Le vendeur ne doit pas se rétablir dans des conditions qui le conduiraient à faire concurrence à son acheteur. Il ne doit pas non plus se mettre au service d'un concurrent de l'acheteur. En pratique, l'obligation légale de non-concurrence est précisée par une clause particulière du contrat de vente. La créance de non-concurrence fait partie du fonds de commerce, car elle est l'expression de la clientèle du fonds. Elle se transmet automatiquement avec lui, de sorte que les acquéreurs successifs du fonds pourront la faire valoir à l'égard du vendeur originaire.

De plus, le vendeur d'un fonds de commerce doit informer les salariés. L'article L. 141-23 du Code de commerce dispose : « dans les entreprises qui n'ont pas l'obligation de mettre en place un comité d'entreprise en application de l'article L. 2322-1 du Code du travail, lorsque le propriétaire d'un fonds de commerce veut le vendre, les salariés en sont informés, et ce au plus tard deux mois avant la vente, afin de permettre à un ou plusieurs salariés de l'entreprise de présenter une offre pour l'acquisition du fonds. » L'information peut être réalisée par tout moyen, par exemple une lettre recommandée AR. En cas de non-respect de cette formalité, le vendeur s'expose au paiement d'une amende civile dont le montant ne peut excéder 2 % du prix de vente (art. L. 143-23, al. 5, C. com.).

491. Les obligations de l'acheteur. La principale obligation de l'acheteur est de payer le prix convenu. Si le prix est payable au comptant, en tout ou en partie, nous verrons plus loin qu'il faut tenir compte du droit d'opposition que la loi reconnaît aux créanciers du vendeur (*infra*, n° 498). Il est recommandé en pratique de consigner la somme chez un intermédiaire.

Si la vente est à crédit, l'article L. 141-5 du Code de commerce renforce la protection du vendeur en lui reconnaissant un privilège[39]. Enfin, le vendeur qui n'est pas payé dispose d'une action en résolution de la vente. Cette action résolutoire est cependant soumise à l'accomplissement de deux formalités. Il faut d'abord que le vendeur ait régulièrement publié son privilège (art. L. 141-6 C. com.). Il faut ensuite que l'action en résolution ait été notifiée aux créanciers inscrits (art. L. 141-8 C. com.). En effet, ceux-ci ont parfois intérêt à dédommager le vendeur afin d'éviter une résolution de la vente.

37. La garantie peut aussi être contractuelle. Un arrêt (Cass. 3e civ., 17 sept. 2020, n° 17-14407) en fournit un exemple. En l'espèce, le vendeur s'est engagé à garantir l'exécution du démontage d'une structure métallique avec des baies vitrées contraires aux règles de l'urbanisme.

38. Ex. Cass. com., 3 déc. 2013, n° 12-20991, *JCP* E 2014, 1178, note L. Leveneur, *RTD com.* 2014, p. 308, obs. B. Saintourens, à propos de la vente d'un fonds de commerce de camping et d'hôtellerie de plein air dont les installations d'assainissement présentaient des dysfonctionnements. – Cass. com., 17 sept. 2020, n° 17-14407.

39. Le privilège du vendeur sera étudié avec l'ensemble des sûretés grevant le fonds de commerce, v. *infra*, n° 514.

§3. La protection spéciale des créanciers du vendeur

492. Le fonds de commerce constitue souvent l'essentiel de la fortune du commerçant. Les créanciers chirographaires peuvent craindre qu'une mutation occulte, suivie de la dilapidation du prix, ne les prive de leur gage général. Afin d'assurer leur protection, la loi du 17 mars 1909 avait prévu une mesure de publicité. Celle-ci est organisée aujourd'hui par l'article L. 141-12 du Code de commerce. Une fois prévenus de la vente, les créanciers peuvent faire opposition au payement du prix par l'acheteur.

A. La publicité de la vente

1. Les formes de la publicité

493. Elles sont prévues par l'article L. 141-12 du Code de commerce. Elles doivent être accomplies dans les quinze jours à compter de la date de la vente. La publicité est double[40].

- Il faut d'abord procéder à la publication de la vente, sous forme d'extrait ou d'avis, sur un support (publication « papier » ou en ligne) d'annonces légales.

L'article L. 141-13 du Code de commerce précise les énonciations qui doivent figurer dans l'extrait ou l'avis. Il faut également souligner un point qui est très important en pratique : l'article L. 141-13 dispose que la publicité doit être obligatoirement précédée de la formalité fiscale de l'enregistrement et cette obligation est prescrite à peine de nullité de la publication. L'enregistrement donne lieu à la perception du droit progressif prévu par l'article 719 CGI. L'enregistrement n'est pas exigé lorsque la vente a été conclue par acte authentique.

- Il faut ensuite procéder à la publication d'un avis au *Bulletin officiel des annonces civiles et commerciales* (*BODACC*)[41]. Ce bulletin est consultable par voie électronique.

Cette double publication est importante en pratique. Tant qu'elle n'a pas été régulièrement accomplie, dans le délai de quinze jours imparti, les créanciers du vendeur conservent leur droit d'opposition au paiement du prix (art. L. 141-14 C. com.)[42].

2. Domaine de la publicité

494. L'article L. 141-12 du Code de commerce utilise une formule très large : « toute vente ou cession de fonds de commerce, consentie même sous condition ou sous la forme d'un autre contrat, ainsi que toute attribution de fonds de

40. La loi du 6 août 2015 avait supprimé la publication dans un journal habilité à recevoir des annonces légales, ne maintenant que la publication d'un avis au *BODACC*. Mais, cette publication a été rétablie par la loi du 14 novembre 2016. Elle s'applique donc, à nouveau, pour les ventes intervenues depuis le 16 novembre 2016, date d'entrée en vigueur de la loi.

41. La publication au *BODACC* devait autrefois intervenir dans les quinze jours de l'insertion dans un support (publication « papier » ou en ligne) d'annonces légales, mais cette exigence a été supprimée par l'art. 3 de la loi de simplification du droit du 22 mars 2012. Les deux annonces au *JAL* et au *BODACC* peuvent donc être concomitantes, ce qui réduit le délai d'opposition.

42. Cass. com., 24 mai 2005, n° 02-18096, *D.* 2005, p. 1698, obs. É. Chevrier.

commerce par partage ou licitation... ». Il faut donc rechercher, le cas échéant, sous l'acte apparent la réalité de la cession. Par exemple, il se peut qu'une cession de bail commercial dissimule une vente de fonds de commerce parce qu'elle s'accompagne de la cession de la clientèle et d'un engagement de non-rétablissement souscrit par le cédant. Il faut alors procéder à la publicité de la cession.

495. La question s'est posée en particulier dans le cas d'un fonds de commerce appartenant à une société de capitaux. Il arrive que toutes les parts sociales se trouvent réunies entre les mains d'un seul associé, à la suite du rachat par celui-ci des parts détenues par ses associés ou encore à la suite d'une succession héréditaire. Si, ensuite, l'associé unique cède la totalité des parts sociales à un acquéreur, peut-on dire que l'opération est assimilable à une cession du fonds de commerce ? En effet, d'un point de vue économique, la cession de la totalité ou de la quasi-totalité des parts sociales confère la maîtrise de la société et, par suite, la maîtrise de l'entreprise et du fonds.

En droit strict, la réponse ne fait pas de doute : la cession des parts sociales n'équivaut pas à une cession du fonds de commerce appartenant à la société. La cession des parts sociales et la cession du fonds ont des objets différents. Les parts sociales sont des droits contre la société mais ne donnent aucun droit sur l'actif de la personne morale. La cession des parts sociales n'a aucune répercussion sur le patrimoine de la personne morale. La personnalité morale fait écran entre l'associé et le patrimoine de la société. C'est la société, personne morale, qui est seule propriétaire du fonds et qui le reste. Le fonds de commerce n'est pas cédé pour cette raison qu'il ne sort pas du patrimoine de la société. Sur la base de ces principes, la Cour de cassation a, à de nombreuses reprises, refusé d'assimiler une cession de parts sociales, même si elle porte sur la totalité des parts, à une cession de fonds de commerce[43]. Il faut cependant réserver le cas de la simulation voulue par les parties, lorsqu'il est établi que la cession des parts a pour seul but de tourner les règles relatives à la vente du fonds de commerce[44].

3. Fonction de la publicité

496. La publicité de la vente du fonds de commerce assure une fonction très précise qui la distingue d'autres publicités prévues par le droit commercial.

Elle a seulement pour but de protéger les *créanciers du vendeur* du fonds.

Les créanciers de l'acheteur sont protégés d'une autre manière : selon l'article L. 123-8, alinéa 2, du Code de commerce, le vendeur reste tenu, solidairement avec l'acheteur, des dettes souscrites par ce dernier pour l'exploitation du fonds et cela jusqu'à ce que le vendeur se soit fait radier du registre.

La publicité ne sert pas à trancher le conflit entre deux acquéreurs successifs du même fonds de commerce. Dans ce cas, en effet, ce n'est pas l'acheteur qui a procédé le premier à la publicité qui l'emporte et qui est réputé légitime propriétaire. Remarquons que ce conflit n'est pas non plus tranché par application de l'article 2276 du Code civil, car celui-ci est inapplicable aux meubles incorporels. C'est donc l'acheteur dont le titre est le plus ancien qui sera propriétaire.

B. Les droits des créanciers du vendeur

497. L'article L. 141-14 du Code de commerce a pour seul but la protection des *créanciers chirographaires* du vendeur. Il ne protège pas les créanciers du

43. Cass. com., 22 janv. 1974, n° 72-14113.

44. Cass. com., 29 nov. 1971, *Rev. soc.* 1972, p. 703, note B. Oppetit.

vendeur qui sont titulaires d'une sûreté réelle sur le fonds de commerce. Car, bénéficiant d'un privilège ou d'un nantissement sur le fonds de commerce, ils sont suffisamment protégés par le droit de suite qui est attaché à leur sûreté. Le texte ne protège donc que les créanciers chirographaires du vendeur, ceux dont la créance n'est pas garantie par une sûreté réelle. Ils bénéficient d'une prérogative particulière : le droit d'opposition au paiement du prix[45].

498. Tout créancier du précédent propriétaire du fonds peut former opposition au versement du prix, par acte extrajudiciaire (c'est-à-dire par exploit d'huissier) ou par lettre recommandée AR. L'opposition doit intervenir dans le délai bref de dix jours à compter de la dernière des deux publications de la vente (art. L. 141-14 C. com.). Elle est adressée à l'acheteur, puisque c'est lui qui doit payer le prix. L'opposition est un acte conservatoire qui rend provisoirement le prix indisponible[46].

L'opposition a un double effet :

- Elle immobilise le prix entre les mains de l'acheteur (ou de l'intermédiaire dépositaire des fonds) ; le vendeur ne peut plus en disposer et l'acheteur ne peut plus payer[47] ;
- Elle fixe définitivement le prix au montant déterminé au jour de l'opposition.

Le prix est alors réparti entre les créanciers, à l'amiable ou selon une procédure de distribution. L'on comprend la portée de l'opposition : le prix est désormais réservé au paiement des créanciers. C'est pourquoi l'acheteur doit absolument se garder de payer avant que les publications n'aient lieu puis pendant un délai de dix jours[48]. Sinon, il s'expose à devoir payer deux fois.

Si le prix de vente est supérieur au total des créances, le vendeur peut demander, par une action en référé, de consigner une somme suffisante pour désintéresser les créanciers afin de disposer du surplus (art. L. 141-15 C. com.).

45. Avant la loi du 6 août 2015, les créanciers du vendeur pouvaient aussi former une surenchère du sixième lorsqu'ils estimaient que le prix de vente n'était pas suffisant à les désintéresser. La surenchère était signifiée à l'acheteur et au vendeur, avec assignation devant le tribunal de commerce de la situation du fonds. Le tribunal vérifiait la validité de la surenchère, ordonnait la mise aux enchères et désignait le notaire chargé de la vente. Le fonds était vendu aux enchères publiques. Le créancier opposant avait sans doute quelque raison de penser que le prix figurant dans l'acte de vente, était sous-estimé. Les enchères publiques devaient révéler le juste prix du fonds et assurer la meilleure rémunération aux créanciers. À défaut d'enchère, le créancier opposant était déclaré adjudicataire. Il devait payer le prix prévu à l'acte augmenté du sixième du principal et des frais. Le matériel et les marchandises faisaient l'objet d'une estimation par voie d'expertise. La surenchère du sixième a été supprimée parce qu'elle était très peu appliquée.

46. Cass. com., 2 déc. 2020, n° 18-14272.

47. En pratique le contrat de vente contient presque toujours une « clause de séquestre du prix », ce qui retarde la perception du prix pendant cinq ou six mois. La protection jugée excessive des créanciers a été critiquée en doctrine. V. F. Chalvignac, « Libérez le prix de vente du fonds de commerce ! Appel à une réforme de la protection des créanciers », *JCP* E 2008, 1771. La loi de simplification du droit du 22 mars 2012 s'est efforcée de réduire la durée du séquestre. Mais son effet semble plus symbolique que réel, puisque la durée totale d'immobilisation du prix serait réduite d'une quinzaine de jours seulement. V. T. Allain, « La durée de séquestre du prix de cession d'un fonds de commerce après la loi dite *Warsmann IV* du 22 mars 2012 », *JCP* E 2012, 1277.

48. Le paiement fait prématurément, par exemple le jour de la vente, avant toute publication est inopposable aux créanciers du vendeur, *qu'ils aient fait opposition ou non*. V. Cass. com., 24 mai 2005, n° 01-15337, *RTD com.* 2006, p. 294, obs. B. Saintourens.- *Adde* : Cass. com., 8 mars 2023, n° 21-18677.

L'opposition ne confère aucun droit de préférence au créancier qui a fait opposition. Les créanciers chirographaires sont placés dans une situation d'égalité. L'opposition a un effet *collectif* et elle profite à tous.

Si l'opposition au paiement du prix est irrégulière, le vendeur du fonds peut demander en référé au président du tribunal de commerce sa mainlevée. Si parmi les oppositions, certaines sont régulières et d'autres irrégulières, et si le total des oppositions régulières est inférieur au prix de vente du fonds, le vendeur peut demander en référé, au président du tribunal de commerce, l'autorisation d'encaisser la différence, en dépit de l'opposition (art. L. 141-15 et L. 141-16 C. com.).

Section 3
La location-gérance du fonds de commerce

499. Il existe deux façons d'exploiter une entreprise commerciale, la gestion directe et la gestion dérivée.

500. Dans le cas de la gestion *directe*, le propriétaire exploite lui-même son entreprise. Cela ne signifie d'ailleurs pas qu'il accomplit lui-même tous les actes de gestion. Le propriétaire, personne physique ou personne morale, peut se faire aider par un gérant salarié ou un gérant mandataire. Mais, même s'il n'accomplit pas les actes nécessaires à la gestion, le propriétaire assume les risques de l'entreprise. Depuis la loi du 14 février 2022, il ne répond des pertes que sur son patrimoine professionnel, et non plus sur tous ses biens.

Le législateur a créé un statut des gérants-mandataires de fonds de commerce ou de fonds artisanal (art. L. 146-1 à L. 146-4 C. com.). Selon l'article L. 146-1, le gérant-mandataire est une personne physique ou morale qui gère un fonds de commerce pour le compte d'un propriétaire, lequel « supporte les risques liés à son exploitation ». Le gérant-mandataire est immatriculé au RCS ou au registre national des entreprises en tant qu'entreprise du secteur de l'artisanat. Il dispose d'une très large autonomie dans l'exercice de sa mission. Il est rémunéré par une commission sur le chiffre d'affaires[49]. Toutefois, il ne devrait pas avoir la qualité de commerçant, car il n'assume pas les risques de l'entreprise.

501. Dans le cas de la gestion *dérivée*, le propriétaire, personne physique ou personne morale, confie la gestion à un gérant-libre, qui est un commerçant, qui fait le commerce pour son propre compte et qui assume les risques de l'entreprise. Le gérant est alors appelé locataire-gérant et le contrat par lequel le propriétaire confie l'exploitation au gérant est le contrat de location-gérance.

La location-gérance présente divers avantages. Lorsqu'un commerçant, personne physique, se retire des affaires, il peut confier la gestion de son fonds à un locataire-gérant. L'ancien commerçant conserve ainsi une source de revenus. En cas de décès d'un commerçant, lorsqu'il ne laisse que des héritiers mineurs ou qui ne désirent pas continuer le commerce, la location-gérance permet de ne pas partager le fonds. En cas de redressement judiciaire d'une entreprise en difficulté, l'entreprise

49. L'article L. 146-3 C. com. institue une commission minimale garantie, dont le montant est prévu dans un accord-cadre conclu entre le mandant et ses gérants-mandataires. À défaut d'accord-cadre, l'article L. 146-3, al. 2, prévoit que le montant de la commission est fixé par le ministre chargé des PME.

peut être reprise par un locataire-gérant, qui peut d'ailleurs être une société commerciale. Le locataire-gérant n'a pas à faire les frais de l'acquisition d'une entreprise. De plus il ne reprend pas les dettes du propriétaire en difficulté. Les textes relatifs au redressement des entreprises en difficulté font de la location-gérance le prélude au rachat de l'entreprise.

L'on peut également utiliser le contrat de location-gérance pour mettre en place un réseau de distribution. Le fabricant crée des points de vente qu'il équipe et qu'il donne en location-gérance à ses distributeurs.

Enfin la location-gérance peut s'insérer dans une opération de crédit-bail. Un commerçant ne dispose pas des capitaux suffisants pour acheter un fonds de commerce. Un établissement de crédit achète le fonds et le donne en location-gérance au commerçant qui rembourse le crédit en versant les loyers. L'établissement de crédit reste propriétaire du fonds, ce qui lui procure une certaine garantie. À la fin du contrat de location-gérance, le locataire a la faculté d'acheter le fonds en payant la partie résiduelle du prix.

502. Longtemps la location-gérance est restée ignorée de la loi. L'on se contentait d'appliquer les règles de droit commun du contrat de bail. Puis le législateur est intervenu en réglant de façon autoritaire le contrat de location-gérance. Ce fut l'œuvre du décret du 22 septembre 1953, remplacé quelques années plus tard par la loi du 20 mars 1956. Le législateur de l'époque voulait surtout éviter les opérations spéculatives qui pesaient sur les coûts de la distribution. On a craint que des capitalistes ne placent leur argent en achetant des fonds de commerce qu'ils auraient fait exploiter par d'autres, contre rémunération, le prix du loyer étant répercuté sur les consommateurs. On n'a pas vu que l'opération pouvait aussi faciliter la création d'entreprises par des exploitants ne disposant pas des fonds nécessaires. Le législateur de 1956 a donc soumis la location-gérance à des conditions particulièrement restrictives. Depuis quelques années cependant la loi a été modifiée dans un sens plus libéral.

Les dispositions de la loi de 1956 sont aujourd'hui incorporées dans les articles L. 144-1 et suivants du Code de commerce.

§1. La formation du contrat de location-gérance

A. Les conditions de validité

1. Conditions relatives au loueur du fonds

503. Par le terme de *loueur*, le Code de commerce vise le propriétaire du fonds qui le donne en location-gérance.

Dans le souci d'éviter l'utilisation de la location-gérance à des fins purement spéculatives, la loi de 1956 la réservait au commerçant qui exploitait le fonds de façon effective au moment de la conclusion du contrat. La loi soumettait la conclusion du contrat de location-gérance à une double condition : – le loueur devait avoir été commerçant (ou artisan ou dirigeant d'entreprise) pendant sept ans au moins ; – il devait avoir exploité le fonds pendant au moins deux ans. L'ordonnance du 25 mars 2004 a supprimé la première de ces conditions. Il restait la seconde condition. Elle était inscrite dans l'article L. 144-3 du Code de commerce : « Les personnes physiques ou morales qui concèdent une location-gérance doivent avoir exploité pendant deux années au moins le fonds ou l'établissement artisanal mis en gérance ». Mais cette condition a, elle aussi, été abrogée, par la loi n° 2019-744 du 19 juillet 2019.

Dès 1956, le législateur avait dû tempérer la rigueur des conditions en admettant plusieurs exceptions, soit dans la loi initiale, soit à la faveur de modifications ultérieures. Les exceptions figuraient aux articles L. 144-4 et L. 144-5 du Code de commerce, lesquels ont été abrogés par la loi du 19 juillet 2019.

– L'article L. 144-5 énumérait tout d'abord une série d'exceptions particulières. Ainsi, étaient dispensés de la condition d'exploitation effective du fonds, notamment, les héritiers du commerçant décédé ainsi que le conjoint attributaire du fonds de commerce. Une autre exception importante concernait les contrats de location-gérance qui avaient pour objet principal d'assurer, sous contrat d'exclusivité, l'écoulement au détail des produits fabriqués ou distribués par le loueur. Cette exception avait pour but de permettre la création d'un réseau de distributeurs exclusifs ayant la qualité de locataires-gérants des points de vente au détail.

– Selon la disposition générale de l'article L. 144-4 du Code de commerce, le président du tribunal judiciaire, statuant par ordonnance, pouvait supprimer ou réduire le délai de l'article L. 144-3, notamment lorsque le loueur justifiait qu'il était dans l'impossibilité d'exploiter personnellement le fonds ou par l'intermédiaire de préposés. Il fallait invoquer une raison grave, comme la maladie, qui empêchait d'exploiter personnellement le fonds de commerce.

La condition d'exploitation du fonds par le loueur, pendant deux années au moins, était sanctionnée par la *nullité* du contrat de location-gérance (art. L. 144-10 C. com.).

2. Conditions relatives au locataire-gérant

504. L'article L. 144-2 du Code de commerce rappelle que le locataire-gérant « a la condition de commerçant » (ou d'artisan) et « qu'il est soumis à toutes les obligations qui en découlent ». Il doit avoir la capacité commerciale et ne pas être frappé d'interdiction. Il doit se faire immatriculer au RCS (ou au registre national des entreprises).

3. Conditions relatives à l'objet du contrat

505. Le contrat de location-gérance a pour objet un fonds de commerce. Il faut donc que le fonds existe réellement au moment de la conclusion[50]. En particulier, il doit être pourvu d'une clientèle actuelle, ce qui veut dire qu'il doit être effectivement exploité. Un fonds dont l'exploitation aurait cessé, ne peut pas être donné en location-gérance. Il en va de même d'un fonds dont l'exploitation n'aurait pas encore débuté, à moins que la clientèle soit d'ores et déjà réelle et actuelle.

Un cas voisin se rencontre lorsque le dol du loueur porte sur un élément substantiel du fonds de commerce, qui entraîne l'annulation de la location-gérance[51].

Il est parfois difficile de savoir si le contrat a pour objet un fonds de commerce, appartenant au loueur, ou des locaux commerciaux. Nous avons déjà rencontré cette difficulté. Elle doit être résolue en recherchant à quels éléments la clientèle est rattachée. Si la clientèle est attachée à la marque et au nom commercial du loueur, il y a location-gérance de fonds de commerce. Si la clientèle a été créée par le locataire, il y a contrat de bail commercial[52].

Exemple. X a donné en location-gérance un fonds de commerce à Y. Dans le contrat de location-gérance figure une promesse unilatérale de vente du fonds en faveur de Y (le

50. Cass. 3e civ., 7 juill. 2016, n° 15-16101, *RTD com.* 2016, p. 680, obs. B. Saintourens.

51. Cass. com., 16 déc. 2008, n° 07-19922.

52. Cass. 3e civ., 25 janv. 2023, n° 21-24394.

locataire-gérant). Au cours de l'exécution du contrat de location-gérance, le bailleur du fonds (X) fait l'acquisition des murs commerciaux dans lesquels le fonds est exploité. À l'expiration du contrat de location-gérance, le locataire-gérant Y lève l'option et, donc, achète le fonds à X. Y est désormais propriétaire du fonds qu'il exploite dans un local appartenant à X. Y ne loue plus le fonds à X (Y est devenu propriétaire du fonds), mais les murs commerciaux de X. Le contrat qui les lie est un bail commercial[53].

B. Les conditions de publicité

506. Le contrat de location-gérance doit être publié, sous forme d'extrait, dans un support (publication « papier » ou en ligne) d'annonces légales, dans la quinzaine suivant la conclusion du contrat (art. R. 144-1 C. com.). Le locataire-gérant doit, de son, côté, demander son immatriculation au registre du commerce et des sociétés, en mentionnant le contrat de location-gérance ainsi que le nom et le domicile du loueur.

Parallèlement, les mêmes formalités de publicité doivent être accomplies à la fin de la location-gérance.

Les conditions de publicité sont sanctionnées par une inopposabilité de la location-gérance aux tiers. Le loueur, en cas de défaut de publicité, reste tenu, solidairement avec le locataire-gérant, des dettes contractées par celui-ci dans l'exploitation du fonds.

§2. Les effets de la location-gérance

A. Les effets entre les parties

507. Le loueur du fonds de commerce doit la *garantie*. Il s'agit essentiellement de la garantie du fait personnel. Le loueur ne doit pas faire concurrence au locataire-gérant. Les clauses du contrat précisent généralement l'étendue de cette obligation, sans cependant mettre fin à l'obligation légale de garantie, qui subsiste.

Quant au locataire-gérant, il doit exploiter le fonds et en conserver la substance. En pratique, l'obligation du locataire-gérant est précisée par des clauses du contrat qui prévoient le remplacement du matériel et la conservation du volume des stocks. Le locataire-gérant doit payer le loyer stipulé au contrat. En pratique le loyer comporte une rémunération fixe et une rémunération proportionnelle au chiffre d'affaires. Les clauses d'échelle mobile sont usuelles[54]. Leur jeu est réglé aux articles L. 144-11 et L. 144-12 du Code de commerce.

À l'expiration du contrat conclu pour une durée déterminée, celui-ci peut être renouvelé par accord entre les parties ou tacitement reconduit. Il peut également prendre fin. Mais en aucun cas le locataire-gérant n'a droit au renouvellement et il ne peut pas non plus prétendre à une indemnité d'éviction. Sa condition diffère totalement de celle du locataire commerçant. Il est donc essentiel, en pratique, de bien distinguer le contrat de location-gérance du contrat de bail commercial.

53. Cass. com., 9 sept. 2014, n° 13-19753.

54. Cass. com., 8 déc. 2015, n° 14-24818 (validité de l'indexation sur le coût de la construction).- Cass. com., 18 mars 2020, n° 18-22050 (nullité de l'indexation excluant la réciprocité de la variation).

508. La situation du locataire-gérant appelle quelques explications. En principe, il est commerçant, car il exploite le fonds pour son propre compte et à ses risques et périls (art. L. 144-1 C. com.)[55]. Cependant, en fait, le locataire-gérant se trouve parfois dans une situation de dépendance économique par rapport au loueur du fonds. Ainsi lorsque le loueur est un fournisseur puissant alors que le locataire-gérant, qui gère une petite entreprise de distribution, est lié, parallèlement au contrat de location-gérance, par une clause d'approvisionnement exclusif et une clause de non-concurrence. Nous verrons que le droit de la concurrence sanctionne les abus de dépendance qui pourraient être le fait du loueur. En outre, la jurisprudence décide que, dans les rapports entre les parties, le locataire-gérant peut être considéré comme un salarié et bénéficier du statut social propre aux salariés. Cette protection du locataire a provoqué une réaction de la part des grands fournisseurs. Ils exigent souvent que leur distributeur emprunte la forme d'une société commerciale, généralement une SARL, et ils substituent un contrat de mandat au contrat de location-gérance.

B. Les effets à l'égard des tiers

509. Il s'agit des effets à l'égard des créanciers des parties. Les créanciers subissent les fluctuations du patrimoine de leur débiteur. Mais le droit commercial leur assure une certaine protection : tous les actes du débiteur ne leur sont pas opposables.

510. Effets de la location-gérance à l'égard des créanciers du loueur. Les tiers sont ici les créanciers dont la créance est née à l'occasion de l'exploitation du fonds par le loueur avant la conclusion du contrat de location-gérance. Certes, le fonds de commerce reste la propriété du loueur et il continue de faire partie du gage général de ses créanciers. Cependant le changement d'exploitant peut avoir pour conséquence une rapide dégradation du fonds et de sa valeur. C'est pourquoi l'article L. 144-6 du Code de commerce dispose que les créanciers du loueur peuvent demander au tribunal de commerce de prononcer la déchéance du terme s'il estime que la location-gérance met en péril le recouvrement de leurs créances. Les créances à terme deviendront alors immédiatement exigibles. L'action doit être intentée dans les trois mois de la publication de la location-gérance dans le support (publication « papier » ou en ligne) d'annonces légales.

511. Effets de la location-gérance à l'égard des créanciers du locataire-gérant. Les tiers sont ici les créanciers qui ont traité avec le locataire-gérant au titre de l'exploitation postérieure à la conclusion du contrat de location-gérance. En principe, les dettes souscrites par le locataire-gérant lui sont personnelles et n'engagent que lui. Cependant, avant la loi de 1956, la jurisprudence avait parfois condamné le propriétaire du fonds au paiement des dettes du locataire-gérant lorsqu'il avait créé une fausse apparence en laissant croire que le gérant n'était qu'un salarié ou un mandataire agissant pour le compte de l'exploitant. La jurisprudence se fondait sur la théorie de l'apparence.

55. Cass. 3e civ., 7 déc. 2017, n° 16-25083.

La loi du 20 mars 1956 a consacré et systématisé la solution jurisprudentielle. La solution est reprise par l'article L. 144-7 du Code de commerce[56].

> ***Art. L. 144-7 C. com.*** Jusqu'à la publication du contrat de location-gérance, le loueur du fonds est solidairement responsable avec le locataire-gérant des dettes contractées par celui-ci à l'occasion de l'exploitation du fonds.

Le texte est interprété de façon restrictive par la jurisprudence, car il déroge au principe de la relativité des conventions. Ainsi la disposition ne s'applique qu'aux dettes qui étaient *nécessaires* à l'exploitation du fond[57]. De même, seuls les tiers de bonne foi peuvent l'invoquer[58].

Remarquons que la jurisprudence antérieure à la loi de 1956 n'est pas périmée. Elle peut encore s'appliquer, après la publication du contrat, si le loueur a créé une confusion entre son exploitation personnelle et celle du fonds donné en location-gérance.

À la fin du contrat de location-gérance, les dettes du locataire-gérant, nées de l'exploitation du fonds, deviennent immédiatement et de plein droit exigibles à son encontre (art. L. 144-9 C. com.). Les créanciers n'ont pas à demander la déchéance du terme. Elle est automatique.

Exemple. X exploite une pharmacie que Y lui a donné en location-gérance. Le contrat n'a jamais été publié. X a négligé de s'acquitter des cotisations de retraite complémentaire (23 150 euros) dont il est redevable auprès de la Caisse de retraite Z. L'art. L. 144-7 met à la charge du loueur et du locataire-gérant le paiement solidaire des dettes nées de l'exploitation du fonds de commerce jusqu'à la publication du contrat de location-gérance. Encore faut-il qu'il s'agisse d'une dette née de l'exploitation du fonds. Ce n'est pas le cas des cotisations de retraite du locataire-gérant. Cette dette lui incombe personnellement (v. Cass. com., 4 mai 1999, n° 97-14031).

Section 4
Les sûretés grevant le fonds de commerce

512. La sûreté réelle confère à un créancier un droit sur un bien de son débiteur. Si ce créancier n'est pas payé, il peut faire vendre le bien et se faire payer sur le prix. Il sera payé par préférence et passera ainsi avant les créanciers chirographaires. L'on comprend que les dispensateurs de crédit, notamment les banquiers, lorsqu'ils accordent un prêt à un commerçant, demandent la constitution d'une telle sûreté. Comme le fonds de commerce est souvent le seul bien important du débiteur, il a fallu organiser une sûreté dont le fonds peut constituer l'assiette.

56. La loi n° 2016-1691 du 9 déc. 2016 (loi *Sapin 2*) a modifié le texte. Avant, le loueur et la locataire étaient tenus solidairement des dettes contractées par le locataire-gérant jusqu'à la publication du contrat de location-gérance *et* pendant six mois à compter de cette publication. La solidarité ne vaut plus désormais que jusqu'à la publication du contrat de location-gérance.

57. CA Paris, 17 janv. 2008, *BRDA* 10/2008, n° 16.

58. CA Paris, 28 juin 2002, *BRDA* 2002/19, n° 15.

Mais l'on se heurtait à une difficulté. En effet, en droit civil, les sûretés réelles sont traditionnellement organisées de façon très différente selon qu'elles portent sur un immeuble ou sur un meuble. Les sûretés immobilières, dont le type est l'hypothèque, font l'objet d'une publicité par inscription dans un registre. C'est l'inscription qui les rend opposables aux tiers. Les sûretés mobilières, comme le gage, ne donnent pas lieu, en principe, à une inscription. Mais le bien donné en gage doit être remis au créancier, qui en conserve la détention jusqu'au remboursement de la dette.

Le système du droit civil ne pouvait convenir à une sûreté sur le fonds de commerce. Le fonds est un meuble, mais le commerçant ne peut pas en abandonner la détention, puisqu'il s'agit d'un meuble incorporel. Il a fallu transposer au fonds de commerce le mécanisme de l'hypothèque des immeubles. C'est finalement ce qu'a fait la loi du 17 mars 1909. Elle a créé, sous le nom de *nantissement*, une véritable hypothèque mobilière sur le fonds de commerce et un *privilège* qui s'apparente au privilège du vendeur d'immeuble.

Les sûretés sur le fonds de commerce n'avaient pas été modifiées, ou très peu, lors de la réforme des sûretés de 2006 (ord. 23 mars 2006). Plusieurs aspects du régime du privilège du vendeur d'un fonds de commerce et du nantissement sur un fonds de commerce nécessitaient une révision. Aussi la loi PACTE du 22 mai 2019 a-t-elle autorisé le gouvernement à « simplifier et moderniser les règles relatives aux sûretés mobilières spéciales dans (...) le Code de commerce » (art. 60). Le gouvernement a travaillé en ce sens et adopté l'ordonnance n° 2021-1192 du 15 septembre 2021[59].

Par ailleurs, la loi du 6 janvier 1986, dont les dispositions se retrouvent à l'article L. 313-7 du Code monétaire et financier, a organisé le *crédit-bail du fonds de commerce* qui, s'il ne constitue pas une sûreté réelle au sens strict, utilise la technique de la propriété à titre de garantie.

On examinera les différentes sûretés grevant le fonds de commerce (§ 1), avant de rechercher qu'elle est leur efficacité (§ 2). Enfin l'on présentera le crédit-bail du fonds de commerce (§ 3).

§1. Les différentes sûretés pouvant grever le fonds de commerce

513. Le Code de commerce institue deux sûretés réelles : le privilège du vendeur et le nantissement du fonds de commerce.

A. Le privilège du vendeur de fonds de commerce

514. Ce privilège est particulièrement utile lorsque le vendeur du fonds consent un crédit à l'acquéreur pour le paiement du prix. Selon le droit commun, le vendeur de meuble dispose d'un privilège, mais celui-ci est peu efficace car, en cas de redressement ou de liquidation judiciaire, le vendeur perd son privilège. Le Code de commerce déroge donc au droit commun en

59. A. Gouezel, *Le nouveau droit des sûretés*, Dalloz, 2023, n° 817 et s.

reconnaissant au vendeur un privilège qui s'apparente au privilège du vendeur d'immeuble.

Le vendeur du fonds de commerce ne bénéficie d'un tel privilège que si la vente est constatée par acte authentique ou sous seing privé dûment enregistré (art. L. 141-5, al. 1er, C. com.). L'acte doit indiquer les éléments du fonds sur lesquels portera le privilège s'il est mis en œuvre. Si cette précision fait défaut, le privilège ne portera que sur l'enseigne et le nom commercial, le droit au bail, la clientèle et l'achalandage (art. L. 141-5, al. 2, C. com.).

De plus, le privilège doit être inscrit, et donc publié, sur le registre des sûretés mobilières et autres opérations connexes tenu par le greffier du tribunal de commerce dans le ressort duquel l'acquéreur du fonds est immatriculé au registre du commerce et des sociétés (art. R. 521-5 C. com.). Il s'agit d'une condition d'opposabilité du privilège. Lorsque l'inscription sur ce registre des sûretés mobilières est effectuée dans les trente jours[60] après la conclusion de la vente : 1) le privilège du vendeur de fonds de commerce prime les autres inscriptions qui seraient intervenues pendant ce délai, par exemple l'inscription d'un nantissement ; 2) le privilège est opposable aux créanciers de l'acquéreur en sauvegarde, en redressement ou en liquidation judiciaire (art. L. 141-6 C. com.).

515. Le privilège confère au vendeur un *droit de préférence* lors de la distribution du prix entre les divers créanciers. Il s'exerce séparément sur le prix de vente de chacune des trois catégories d'éléments (ce que l'on appelle le *fractionnement* du privilège). Les sommes versées au vendeur s'imputent d'abord sur le prix des marchandises, puis sur le prix du matériel et enfin sur le prix des éléments incorporels (art. L. 141-5, al. 5, C. com.). Le but de cette disposition, dérogatoire au principe d'indivisibilité des sûretés réelles, est de libérer le plus rapidement les marchandises, qui ont vocation à être revendues, puis le matériel.

Exemple. Un fonds de commerce est vendu pour un prix de 100 000 euros (matériels = 20 000 ; marchandises = 10 000 ; éléments incorporels = 70 000), dont 75 000 euros payés comptant et 25 000 euros payables à terme (ex. dans 3 mois). Les 75 000 euros payés comptant s'imputent d'abord sur le montant du matériel (20 000), puis sur celui des marchandises (10 000) et enfin sur la valeur des éléments incorporels (45 000). Reste les 25 000 à payer dans 3 mois. L'assiette du privilège du vendeur portera sur les éléments incorporels, puisque le prix des autres biens (matériels et marchandises) a déjà servi au paiement du créancier.

B. Le nantissement conventionnel

516. Alors que le privilège du vendeur a sa source dans la loi, le nantissement a sa source dans le contrat. Le créancier, dispensateur de crédit, demande à l'emprunteur, son débiteur, de lui accorder un nantissement sur le fonds dont il est propriétaire. Techniquement, le nantissement est organisé comme une hypothèque mobilière. Il est rendu opposable aux tiers par une inscription. Le propriétaire n'est pas tenu de se dessaisir du fonds, ce qui serait antiéconomique, et il peut continuer à l'exploiter.

60. Avant l'ordonnance du 15 sept. 2021, l'inscription du privilège devait être faite au greffe du tribunal de commerce. Il s'agissait non pas d'une condition d'opposabilité de la sûreté (comme aujourd'hui), mais de validité. V. A. Gouëzel, préc., n° 823.

L'expression de *nantissement du fonds de commerce* est en parfaite harmonie avec les principes civilistes du droit des sûretés. L'article 2355 du Code civil définit le nantissement comme « l'affectation, en garantie d'une obligation, d'un bien meuble incorporel ou d'un ensemble de biens incorporels, présents ou futurs »[61].

1. Constitution du nantissement

517. Le nantissement doit être constaté par acte authentique ou sous seing privé (art. L. 142-3 C. com.). Quels sont les éléments sur lesquels porte le nantissement (ce que l'on appelle l'assiette du nantissement) ? L'article L. 142-2 du Code de commerce fait une distinction.

- Certains éléments incorporels sont obligatoirement compris dans l'assiette : ce sont l'enseigne et le nom commercial, le droit au bail, la clientèle et l'achalandage. Remarquons que si le propriétaire du fonds l'exploite dans l'immeuble qu'il possède, il ne peut être titulaire d'un droit au bail contre lui-même. Si par la suite le fonds est vendu à la demande du créancier nanti, l'adjudicataire ne pourra pas prétendre avoir un droit au bail contre le propriétaire des lieux.
- Les marchandises sont toujours exclues du nantissement. La raison en est qu'elles ne constituent pas une valeur assez stable. Le commerçant peut les vendre à tout moment et ne pas reconstituer son stock. De toute manière, le droit de suite du créancier nanti serait paralysé par le jeu de l'article 2276 du Code civil qui interdit la revendication contre un possesseur de bonne foi.
- Les autres éléments du fonds de commerce sont compris dans le nantissement lorsque les parties le prévoient expressément. Tel est le cas pour le mobilier commercial, le matériel ou l'outillage et les droits de propriété industrielle (brevets, licences, marques, dessins et modèles industriels, etc.). Mais le matériel et les éléments incorporels n'ont pas à être évalués séparément. C'est une différence avec le privilège du vendeur.

518. Traditionnellement, le nantissement ne pouvait porter sur un fonds de commerce futur. Le fonds devait exister pour que le nantissement soit valable[62]. Mais, cette restriction a disparu avec la réforme des sûretés du 15 septembre 2021. En effet, le nouvel article 2414 du Code civil dispose qu'une hypothèque (et le nantissement est une hypothèque mobilière) peut « être consentie sur des immeubles présents et futurs »[63]. Comme l'écrivent MM. Dissaux et Legeais : « Aucune disposition n'interdit expressément le nantissement d'un fonds futur, ni ne permet exclusivement le nantissement d'un fonds préexistant »[64].

2. Publicité du nantissement

519. Le nantissement n'est opposable que s'il a été publié au registre des sûretés mobilières tenu par le greffe du tribunal de commerce (art. L. 142-3, al. 2, C. com.) du lieu d'immatriculation du constituant (art. R. 521-5 C. com.).

61. À la différence de l'ancien art. 2071 C. civ. qui définissait le nantissement comme « un contrat par lequel un débiteur remet une chose à son créancier pour sûreté de la dette ».

62. Cass. req., 30 janv. 1934, *S.* 1935. 1. 12.

63. A. Gouezel, préc., n° 826, p. 550.

64. N. Dissaux et D. Legeais, *JCL Commercial*, fasc. 206, « Fonds de commerce – Nantissement », 2022, n° 22.

Auparavant, c'est-à-dire avant l'ordonnance de 2021, le délai de publication était de 30 jours, à peine de nullité. Aujourd'hui, il ne s'agit que d'une formalité d'opposabilité du nantissement et non de validité de celui-ci. De plus, le délai de 30 jours a été supprimé[65].

À la différence de l'inscription du privilège, l'inscription du nantissement ne rétroagit pas au jour de l'acte constitutif. Si une procédure collective de redressement a été ouverte entre-temps, le nantissement sera inopposable à la procédure collective (art. L. 142-4 C. com.). S'il y a plusieurs créanciers nantis, leur rang est déterminé par la date de leurs inscriptions (art. L. 142-5 C. com.).

C. Le nantissement judiciaire

520. C'est un nantissement qui est ordonné par jugement du tribunal afin de garantir une créance que menace l'insolvabilité du débiteur. C'est en 1955 que ce nantissement a été organisé pour la première fois. La matière a été refondue par la loi du 9 juillet 1991 portant réforme des procédures d'exécution. La constitution du nantissement se réalise en deux temps : l'inscription provisoire, puis l'inscription définitive.

Premier temps, l'inscription provisoire. L'on suppose que le créancier ne possède pas de titre exécutoire (acte notarié ou jugement). Alors il demande au juge l'autorisation de prendre l'inscription provisoire. Il faut pour cela que deux conditions soient remplies : la créance semble fondée dans son principe[66] ; le recouvrement de la créance est menacé en raison des difficultés financières que connaît le débiteur (art. L. 511-1 C. proc. civ. exéc.). Le président du tribunal de commerce est compétent pour autoriser l'inscription provisoire, du moins lorsque la créance est commerciale. Dans les trois mois de l'ordonnance autorisant l'inscription, le créancier requiert l'inscription au greffe du tribunal de commerce. Le débiteur peut demander le cantonnement du nantissement pris sur un fonds dont la valeur excède le montant de la créance garantie. En effet, selon l'article R. 532-9 du Code des procédures civiles d'exécution : « Lorsque la valeur des biens grevés est manifestement supérieure au montant des sommes garanties, le débiteur peut faire limiter par le juge les effets de la sûreté provisoire s'il justifie que les biens demeurant grevés ont une valeur double du montant de ces sommes ».

Deuxième temps, *l'inscription définitive*. Dès que le créancier dispose d'un titre exécutoire (par exemple il a obtenu un jugement établissant sa créance et le jugement est passé en force de chose jugée), il peut demander l'inscription définitive du nantissement sur le fonds de commerce (art. L. 511-2 C. com.). Alors l'inscription définitive produit ses effets au jour de l'inscription provisoire, avec effet rétroactif.

§2. L'efficacité des sûretés

521. Les sûretés réelles qui sont constituées sur le fonds de commerce présentent une relative fragilité. Le fonds, par suite de difficultés diverses d'exploitation tenant à la conjoncture économique ou à des fautes de gestion, peut rapidement perdre de sa valeur. Le législateur a prévu certaines mesures de précaution, mais elles ne sont pas toujours efficaces. De plus, la réalisation de la sûreté en cas de défaut de paiement par le débiteur, est assez peu pratique. La vente du fonds aux enchères publiques est généralement malaisée.

65. A. Gouezel, préc., n° 828, p. 552.

66. Cass. 2e civ., 29 janv. 2004, n° 01-17161.

A. Les mesures de protection

522. Elles sont au nombre de trois.

1. La protection contre le déplacement du fonds de commerce

523. Le déplacement géographique du fonds de commerce n'est pas interdit. Mais le débiteur doit faire connaître son projet aux créanciers inscrits (les titulaires de privilèges et de nantissements), au moins quinze jours avant la réalisation du déplacement (art. L. 143-1 C. com.). La loi organise deux types de sanctions.

1) Si les créanciers inscrits n'ont pas été avertis, leurs créances à terme deviennent immédiatement exigibles. La déchéance du terme joue de plein droit. 2) Si les créanciers sont avertis et s'ils s'opposent au déplacement, le tribunal peut rendre les créances à terme exigibles, du moins s'il estime que le déplacement va entraîner une dépréciation du fonds de commerce. Si les créanciers ne s'opposent pas au déplacement, ils font modifier leur inscription en conséquence.

2. La protection contre la résiliation du bail

524. L'on suppose que le commerçant est locataire des locaux et qu'il ne paye pas ses loyers. Le bailleur demande la résiliation du bail commercial pour défaut d'exécution. Selon l'article L. 143-2 du Code de commerce, le propriétaire des locaux doit notifier sa décision à tous les créanciers inscrits et le jugement prononçant la résiliation ne peut pas intervenir avant le délai d'un mois. Les créanciers inscrits ont ainsi le temps d'envisager des mesures protectrices. Par exemple, ils pourront décider de payer les loyers afin de ne pas laisser le fonds se déprécier, sinon disparaître.

3. La protection contre un changement d'exploitation

525. Le commerçant locataire envisage de changer d'activité. La loi, dans ce cas, organise ce que l'on appelle la *déspécialisation* du fonds de commerce et l'autorise nonobstant les clauses contraires du contrat de bail à procéder au changement (*infra*, n° 563 et s.). Le locataire doit tout de même adresser au bailleur une demande formelle de déspécialisation et il doit aussi notifier cette demande aux créanciers inscrits. Ceux-ci ne peuvent pas s'opposer à la déspécialisation mais peuvent demander des mesures « sauvegardant leurs intérêts », par exemple demander à leur débiteur, propriétaire du fonds grevé de sûreté, une garantie supplémentaire.

B. La mise en œuvre de la sûreté

526. Le titulaire d'une sûreté réelle sur le fonds de commerce, privilège ou nantissement, dispose tout d'abord du *droit de suite*. Il peut saisir le fonds entre les mains de tout acquéreur (art. L. 143-12, al. 1er, C. com.). Il adresse à celui-ci une sommation de payer et peut provoquer la vente du fonds aux enchères publiques.

Pour éviter cela, l'acquéreur peut proposer que le prix d'achat du fonds soit réparti entre les créanciers. Ceux-ci peuvent accepter son offre et, en conséquence, renoncer à leur droit de suite. Mais il y a une autre éventualité à prendre en compte : il se peut qu'un créancier inscrit estime que le prix d'achat est insuffisant. Dans ce cas, ce créancier doit requérir la mise aux enchères publiques du fonds « en offrant de porter le prix principal, non compris le matériel et les marchandises, à un dixième en sus » (C. com., art. L. 143-13 C. com.).

La procédure de saisie d'un fonds de commerce est en fait assez rare. En général, le fonds reste dans le patrimoine du débiteur. Celui-ci se trouvant dans des difficultés qui entraînent sa mise en redressement ou en liquidation judiciaire, c'est dans le cadre de la procédure collective que les créanciers inscrits seront payés.

527. Les créanciers inscrits jouissent également d'un droit de préférence. Sur le prix du fonds de commerce que grève leur sûreté, ils sont payés avant tous autres créanciers, mais malheureusement pour eux après le Trésor public, qui dispose d'un privilège général, et dont la créance fiscale peut en fait absorber l'essentiel de l'actif réalisé.

§3. Le crédit-bail portant sur le fonds de commerce

528. Le crédit-bail confère à l'établissement prêteur, créancier de l'exploitant du fonds de commerce, une garantie efficace : la propriété à titre de garantie. L'opération a été aménagée par la loi du 6 janvier 1986, dont les dispositions figurent aujourd'hui à l'article L. 313-7 et suivants du Code monétaire et financier.

L'opération de crédit-bail est normalement une opération faisant intervenir trois personnes : le vendeur du fonds de commerce ; l'établissement financier qui achète le fonds, en devient propriétaire et le donne en location-gérance à l'exploitant ; le commerçant, locataire-gérant, qui exploite le fonds pour son compte. Le commerçant verse les loyers à l'établissement de crédit. Au terme de l'opération, le commerçant dispose d'une option : renouveler le crédit-bail et la location-gérance, ne pas les renouveler et abandonner la gestion du fonds, enfin acquérir le fonds contre le versement d'une somme résiduelle correspondant au capital non encore remboursé.

Tout se passe en fait comme si l'établissement de crédit avait consenti un crédit au commerçant pour l'acquisition du fonds, mais en conservant la propriété de celui-ci. Il est propriétaire mais à titre de garantie. La garantie est efficace, car, en cas de redressement ou de liquidation judiciaires du commerçant, l'établissement de crédit peut opposer son droit de propriété à la procédure collective et revendiquer le fonds, sans subir le concours des autres créanciers du commerçant.

Pour rendre possible l'opération, le législateur avait dû aménager le régime de la location-gérance et, en particulier, déroger à la condition d'exploitation posée par l'article L. 144-3 du Code de commerce (cette condition a été supprimée par la loi n° 2019-744 du 19 juillet 2019). Cependant l'opération est peu pratiquée. Elle reste compliquée et accumule les formalités de publicité (publicité de la vente et publicité de la location-gérance). En outre, la garantie donnée à l'établissement de crédit reste fragile. Si le commerçant ne paie plus ses loyers, c'est en général parce que ses affaires vont mal. Cela veut dire que le fonds de commerce perd de sa valeur et qu'il se vendra difficilement. Tout cela montre la relative fragilité des biens incorporels, dont la valeur tient en grande partie aux qualités de l'exploitant. Il est assez illusoire de les assimiler à des biens corporels et d'en faire le siège de garanties réelles.

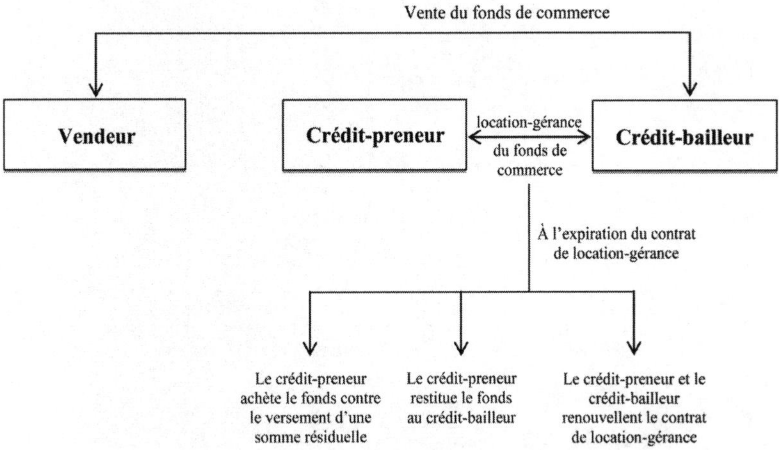

529. Enfin, il est possible de mettre en place une *cession-bail* du fonds de commerce. Le propriétaire du fonds de commerce vend son fonds à un établissement de crédit qui lui verse le prix et lui concède immédiatement le fonds en location-gérance. Au terme de l'opération, le locataire-gérant pourra récupérer la propriété de son fonds en versant le prix résiduel, non encore remboursé au titre du crédit. Ici encore, et de façon encore plus visible, l'opération a la nature d'une opération de crédit, le crédit étant consenti par l'établissement qui acquiert la propriété du fonds à titre de garantie. Les loyers afférents à la location-gérance servent à rembourser le crédit et par conséquent à payer, partiellement, le rachat futur du fonds. L'opération est finalement assez onéreuse, mais elle permet à une entreprise de disposer à un moment donné de liquidités importantes. Malheureusement, l'opération n'est pas opposable aux créanciers du commerçant, ce qui la rend aléatoire pour l'établissement de crédit.

CHAPITRE 2

Le bail commercial

530. De nombreux commerçants ne sont pas propriétaires des locaux dans lesquels ils exploitent leur entreprise. Ils occupent les lieux en vertu d'un contrat de bail commercial. Ils sont alors commerçants locataires.

Le bail commercial peut être défini comme le contrat[1] conclu entre le *bailleur*, propriétaire de l'immeuble, et le *preneur*, qui est le locataire commerçant, exploitant le fonds de commerce dans les lieux loués.

Le contrat de bail présente un risque pour le locataire. Lorsque le contrat prend fin, le locataire doit quitter les lieux et, s'il est commerçant, il risque de perdre sa clientèle. À moins de retrouver un local dans le voisinage, ce qui est tout de même aléatoire. C'est pourquoi, au début du xxe siècle, les commerçants ont réclamé le droit au renouvellement du bail, chaque fois que le bailleur, en l'absence de motifs graves, mettait fin au bail ou refusait le renouvellement. Après la Première Guerre mondiale, cette revendication s'est amplifiée à cause de la pénurie des locaux. Les commerçants locataires ont invoqué ce qu'ils ont appelé la *propriété commerciale*. L'expression est pour le moins équivoque, car le locataire n'a évidemment aucun droit de propriété sur les locaux qu'il occupe. Il n'est titulaire d'aucun droit réel et il a seulement un droit de créance contre le bailleur. Il est créancier de la jouissance paisible. Mais en invoquant la propriété commerciale, les locataires voulaient sans doute faire entendre qu'ils avaient un *droit sur la clientèle* acquise grâce à l'emplacement du fonds de commerce, c'est-à-dire un droit à la protection de la valeur du fonds de commerce, justifiant le maintien dans les lieux. Le droit au renouvellement du bail devenait l'accessoire du droit de clientèle.

531. Le législateur n'a pas accordé le droit au renouvellement automatique du bail. Cependant, il a prévu une indemnité, dite *indemnité d'éviction*, versée par le bailleur au locataire en cas de refus non justifié de renouvellement du bail commercial[2]. Le droit à l'indemnité d'éviction fut d'abord reconnu par une loi de 1926, puis après la Seconde Guerre mondiale, par le décret du 30 septembre 1953 sur les baux commerciaux, dont les dispositions ont été incorporées

1. Sur les rapports entre le droit commun des contrats et le droit spécial du bail commercial, v. J. Moneger, *RTD com.* 2016, p. 427.

2. Cass. 3e civ., 11 mars 2021, n° 20-13639, *Loyers et copropriété* 2021, Repère 4, comm. J. Moneger.

dans le nouveau Code de commerce, dans le chapitre V du titre IV du livre Ier, comprenant les articles L. 145-1 à L. 145-60[3].

D'une façon passablement hypocrite, le législateur avait cependant intitulé le titre II du décret du 30 septembre 1953 « Du renouvellement du bail » et l'article 4 utilisait l'expression de « droit au renouvellement », alors qu'il était évident que le décret ne prévoyait qu'un droit à indemnité et non un droit au renouvellement. Le droit positif continue d'utiliser l'expression « droit au renouvellement du bail ».

Peu à peu, répondant à la demande des locataires commerçants, des décrets, postérieurs à 1953, ont précisé et complété le dispositif par de nombreuses dispositions d'ordre public, concernant notamment la fixation des loyers et la procédure de rupture. Il en est résulté un *statut des baux commerciaux*, impératif, qui laisse peu de place à la liberté contractuelle et qui est l'image même du dirigisme en matière contractuelle. Des réformes incessantes, introduites tantôt par la voie législative, tantôt par la voie réglementaire, ont progressivement enrichi et compliqué le texte. À force de vouloir tout prévoir, l'on a mis en place une réglementation bureaucratique, parfois obscure. La dernière grande réforme en date, qui n'échappe d'ailleurs pas à ces critiques, résulte de la loi n° 2014-626 du 18 juin 2014 (dite loi *Pinel*) et de son décret d'application n° 2014-1317 du 3 novembre 2014. Un contentieux important est né de l'ensemble de ces textes incertains. Il relève de la compétence du tribunal judiciaire (art. R. 211-4, 2°, COJ), et non du tribunal de commerce. Une jurisprudence nombreuse s'est développée, concourant à la complexité de l'ensemble.

532. Il est permis de se demander si cette législation n'est pas antiéconomique et s'il ne conviendrait pas de l'abroger purement et simplement pour revenir aux principes de la liberté contractuelle[4]. Il convient, pour juger, de se placer au point de vue de l'intérêt général et de l'intérêt particulier.

Au point de vue de *l'intérêt général*, l'indemnité d'éviction présente des inconvénients certains. Les droits du locataire contre son bailleur, qui sont essentiellement des droits de créance, se sont patrimonialisés. Le droit au bail, qui comporte le droit de percevoir l'indemnité d'éviction à la fin du contrat, peut être librement cédé avec le fonds de commerce contre un prix de cession relativement élevé. Or bien souvent le droit au bail constitue le seul élément important du fonds de commerce. Sous l'habillage juridique du fonds de commerce, le droit à l'indemnité d'éviction s'est transformé en un bien négociable, ayant une valeur marchande. Cela renchérit le prix des fonds de commerce car, dans la perspective de devoir payer un jour l'indemnité d'éviction, les propriétaires ont tendance, malgré tous les freins posés par la législation, à augmenter le montant des loyers. En période de pénurie des locaux, le statut des baux crée une double barrière à l'entrée pour ceux qui veulent se lancer dans une activité commerciale : le prix des fonds de commerce est considérable, à l'achat, et le prix des loyers est ensuite élevé. En outre, le système pèse sur le niveau des prix, car le commerçant est obligé de répercuter sur les consommateurs le montant de ses loyers.

3. V. aussi, pour la partie réglementaire, les art. R. 145-1 à R. 145-38 C. com.

4. La constitutionnalité du statut des baux commerciaux par rapport à la liberté contractuelle, à la liberté de la concurrence et au droit de propriété, a été posée dans le cadre d'une QPC. Mais la Cour de cassation a refusé de transmettre au Conseil constitutionnel, arguant de la trop grande généralité de la question posée. V. Cass. 3e civ., 5 mai 2014, n° 14-40013 QPC.

Du point de vue de *l'intérêt particulier* du locataire, le bilan est plus difficile à établir. En soi, le recours au bail commercial peut présenter des avantages : il dispense le commerçant, lorsqu'il se lance dans les affaires et crée son entreprise, de financer un investissement lourd, en acquérant la propriété des locaux. La formule du bail commercial est plus souple. Il est vrai que le commerçant pourrait recourir à un crédit bancaire pour financer son acquisition, à un taux de remboursement mensuel peut-être inférieur au loyer du bail. Cependant en empruntant à la banque le prix d'acquisition des locaux, il s'engage dans une opération à long terme, qui le lie pour dix ou quinze ans. Au contraire, s'il conclut un bail commercial, il peut mettre fin à celui-ci au bout de la première période triennale. Il faut faire un bilan des avantages-inconvénients, à propos de chaque situation particulière.

Nous étudierons successivement le domaine d'application du statut des baux commerciaux (section 1), les droits et les obligations des parties pendant le bail (section 2) et la fin du bail commercial (section 3).

Section 1
Le domaine d'application du statut des baux commerciaux

533. Les dispositions des articles L. 145-1 et suivants du Code de commerce constituent un statut d'ordre public[5]. Les clauses qui tendraient à y déroger sont soit nulles, soit réputées non écrites[6]. Le réputé non écrit concerne plus précisément les clauses, stipulations et arrangements qui ont pour effet de faire échec au droit de renouvellement (art. L. 145-15 C. com.)[7].

Il est donc indispensable d'en déterminer précisément les conditions d'application. Les articles L. 145-1 à L. 145-3 du Code de commerce sont relatifs à cette question. Quant à la jurisprudence, elle a tendance à interpréter de façon restrictive les conditions légales d'application du statut.

Le domaine d'application est limité à un triple point de vue : la nature des locaux (§ 1), le type d'exploitation exercée dans les lieux loués (§ 2) et la nature du contrat (§ 3).

§1. La nature des locaux

534. Selon l'article L. 145-1 du Code de commerce, les dispositions du présent chapitre s'appliquent aux baux des immeubles ou locaux dans lesquels un fonds est exploité.

5. S'il constate que les parties ont voulu éluder le statut des baux commerciaux, le juge requalifie le contrat en bail commercial. V. F. Kenderian, *RTD com.* 2016, p. 47. Ex. Cass. 3e civ., 8 sept. 2016, n° 15-17955, à propos de baux saisonniers successifs.

6. Cass. 3e civ., 21 avr. 2022, n° 21-10375, rectifié par Cass. 3e civ., 23 nov. 2022, n° 21-10375.

7. La sanction du réputé non écrit date de la loi n° 2014-626 du 18 juin 2014. Auparavant, il s'agissait d'une nullité. La Cour de cassation estime que l'article L. 145-15 C. com. est d'application immédiate. V. Cass. 3e civ., 19 nov. 2020, n° 19-20405.

Art. L. 145-1, I, C. com. Les dispositions du présent chapitre s'appliquent aux baux des immeubles ou locaux dans lesquels un fonds est exploité, que ce fonds appartienne, soit à un commerçant ou à un industriel immatriculé au registre du commerce et des sociétés, soit à un chef d'une entreprise du secteur des métiers et de l'artisanat immatriculée au registre national des entreprises, accomplissant ou non des actes de commerce...

On remarquera la maladresse de la rédaction. Il est évident qu'un industriel est un commerçant et qu'à ce titre il doit être immatriculé au registre du commerce et des sociétés. Il était inutile de le dire.

Le Code fait alors une distinction entre les immeubles bâtis et les terrains nus.

535. Le statut s'applique aux baux portant sur des *immeubles bâtis*[8]. Encore faut-il que l'immeuble soit propre à l'exercice d'une activité commerciale[9]. Une construction légère, facilement démontable et mobile n'est pas un local[10]. Un emplacement réservé à l'intérieur d'un supermarché n'est pas un local. Une vitrine d'exposition, un emplacement publicitaire, destiné à l'affichage, encore moins. Dans le même sens, le bénéfice du statut des baux commerciaux a été refusé à un stand de crêpes en annexe d'un café[11], mais accordé à un manège dans un centre commercial[12].

En revanche, il n'est nullement nécessaire que le local soit aménagé pour accueillir la clientèle. Tous les locaux affectés à l'exploitation bénéficient du statut : bureaux, ateliers, entrepôts, hangars, surfaces industrielles. Le statut s'applique aussi au bail des locaux accessoires : habitation de l'exploitant, garages, local de gardiennage, places de parking permettant au preneur d'équiper les voitures de ses clients[13]. Il suffit qu'ils soient nécessaires à l'exploitation[14].

536. En principe, le statut ne s'applique pas au bail portant sur un *terrain nu*, c'est-à-dire non bâti. Mais l'article L. 145-1, I, 2°, C. com. admet une exception, qui suppose une double condition : une construction à usage commercial a été édifiée par le locataire, qui en est resté propriétaire ; le propriétaire du terrain a donné son consentement exprès à la construction ou à son utilisation commerciale. Si ces deux conditions sont remplies, le bail du terrain supportant la construction est un bail commercial.

8. Il n'y a pas, au titre de la législation sur les baux commerciaux, d'obligation pour le bailleur de fournir un diagnostic de l'amiante. Mais « comme tout propriétaire d'un immeuble bâti, le bailleur est tenu de faire réaliser un repérage des matériaux concernant l'amiante » (*BRDA* 18/18, n° 20).

9. Les parties (une cave, un logement) qui dépendent du local commercial sont également soumises au statut de baux commerciaux. V. L. Maupas, « La soumission de locaux "accessoires" au bail commercial », *RTD com.* 2016, p. 365.

10. Cass. 3e civ., 10 mai 1989, n° 87-16595.

11. Cass. 3e civ., 1er oct. 2003, n° 02-11239.

12. Cass. 3e civ., 20 mars 2014, n° 13-24439, *JCP* E 2015, 1130, obs. H. Kenfack.

13. CA Versailles, 12 janv. 2016, n° 14/00097, *BRDA* 7/2016, n° 19.

14. Cass. 3e civ., 15 févr. 2018, n° 16-19522.

§2. L'exploitation d'un fonds de commerce dans les lieux loués

537. La règle est claire : le statut ne s'applique qu'au bail de l'immeuble dans lequel un fonds de commerce est exploité. Le bail a pour cause l'exploitation d'un fonds de commerce.

A. Existence du fonds de commerce

538. Le bail n'est commercial que si un fonds de commerce est effectivement exploité dans les lieux. Il en résulte plusieurs conséquences.

Il faut tout d'abord que le locataire soit titulaire d'un fonds de commerce. La jurisprudence fait une application stricte de ce principe[15]. Pendant longtemps, par exemple, elle a refusé aux GIE le bénéfice du statut, au motif que le GIE prolongeant l'activité de ses membres et n'ayant pas d'activité propre, il ne pouvait avoir un fonds de commerce. Il a fallu que le législateur intervienne pour briser cette jurisprudence (art. L. 251-4 C. com.). De même, la jurisprudence refuse le bénéfice du statut aux sociétés commerciales par la forme, lorsqu'elles ont un objet civil.

539. Ensuite, pour exister, le fonds de commerce doit comporter une clientèle réelle et autonome.

À propos du caractère autonome de la clientèle, une jurisprudence célèbre s'est établie dans le cas particulier dit de la *buvette des champs de courses*. Le tenancier de la buvette, qui était un locataire du local réservé à la buvette, bénéficiait-il du statut des baux commerciaux ? La Cour de cassation a répondu par la négative : la buvette n'avait pas une clientèle autonome, distincte de la clientèle constituée par les personnes fréquentant le champ de course et admise dans son enceinte. Il a fallu cependant un arrêt de l'Assemblée plénière pour que le principe en soit posé[16].

La question s'est posée plus récemment à propos des locaux séparés, aménagés à l'intérieur ou à proximité d'un supermarché. La clientèle de ces boutiques est-elle distincte de la clientèle du supermarché ? En général, la réponse est négative[17]. Pour prouver le contraire, il faut établir le fait qu'il existe une clientèle autonome[18]. En outre, le locataire doit jouir d'une autonomie de gestion suffisante[19]. Cependant, sur ce point particulier, la jurisprudence semble assouplir sa position traditionnelle, en prévoyant un renversement du fardeau de la preuve. C'est au bailleur qu'il appartient de démontrer que les contraintes imposées au locataire par sa présence dans un ensemble plus vaste font obstacle à une exploitation commerciale effective[20]. De même, à la suite d'un revirement de jurisprudence, la Cour de cassation n'exige

15. Cass. 3e civ., 25 janv. 1983, n° 81-13588.

16. Cass. ass. plén., 24 avr. 1970, n° 68-10914, *JCP* 1970.II.16489, note B. Boccara.

17. Ex. Cass. 3e civ., 5 juill. 1995, n° 93-17647, « la cour d'appel, qui, ayant relevé l'absence de gestion indépendante et de clientèle propre et exactement retenu que l'espace délimité, sur le sol de l'hypermarché par des cloisons légères à hauteur d'homme, ne constituait pas un local au sens de l'article 1er du décret du 30 septembre 1953 ».

18. Ex. CA Paris, 17 déc. 2008, *BRDA* 8/2009, n° 16.

19. Cass. 3e civ., 5 févr. 2003, n° 01-16672, *RTD com.* 2003, p. 275, obs. J. Monéger.

20. Cass. 3e civ., 19 nov. 2015, n° 14-13882, *D.* 2016, p. 1626, obs. M.-P. Dumont-Lefrand.

plus que la clientèle autonome soit prépondérante par rapport à celle du supermarché[21].

540. Il faut enfin que le locataire soit le propriétaire du fonds de commerce exploité dans les lieux.

La question peut se poser de savoir qui est le titulaire du fonds de commerce. Si c'est le locataire, il peut prétendre à l'application du statut. Mais si le propriétaire des locaux est en même temps propriétaire du fonds de commerce, l'exploitant est un locataire-gérant du fonds qui ne saurait bénéficier du statut des baux commerciaux.

Ce problème de qualification du contrat est apparu, en particulier, à propos des exploitants de stations-service, qui distribuent l'essence d'une compagnie pétrolière et plus récemment à propos des commerçants qui exploitent un fonds de commerce dans le cadre d'un contrat de franchise (*supra*, n° 474).

B. Qualité de commerçant du locataire

541. Le locataire a la qualité de commerçant lorsqu'il exploite lui-même son fonds de commerce. Il doit être immatriculé au RCS (art. L. 145-1 C. com.). Cependant, cette condition d'immatriculation s'apprécie au moment où le statut est invoqué, c'est-à-dire en pratique au jour de la délivrance du congé[22]. En effet, si à cette date le locataire n'est pas immatriculé, il perd son droit au renouvellement ou, à défaut, à une indemnité d'éviction[23].

Toutefois, la condition d'immatriculation n'est pas exigée en cas de soumission *volontaire* des parties au statut des baux commerciaux. En effet, dans cette hypothèse, les contractants peuvent stipuler que le locataire bénéficiera de l'indemnité d'éviction même s'il n'est pas immatriculé au RCS[24].

Si le locataire est nécessairement le propriétaire du fonds de commerce, il n'en est pas toujours l'exploitant. L'exploitation du fonds peut avoir été confiée par son propriétaire à un locataire-gérant[25]. La situation est alors la suivante : le propriétaire des locaux consent un bail commercial, soumis au statut, à un locataire propriétaire d'un fonds de commerce, qui lui-même a concédé l'exploitation du fonds à un locataire-gérant. Le locataire des lieux n'a pas la qualité de commerçant et n'a pas à être immatriculé au RCS[26]. Quant au locataire-gérant du fonds de commerce, il a la qualité de commerçant, mais il n'est pas un sous-locataire.

21. Cass. 3ᵉ civ., 19 mars 2003, n° 01-17679, *D.* 2003, p. 2749, note H. Kenfack. En l'espèce, les locataires exerçaient dans les lieux loués un commerce de vente de « casse-croûte » et de boissons. Le local se situait sur les pistes de ski de fond. La Cour de cassation a estimé que les locataires bénéficiaient du statut des baux commerciaux, car ils possédaient, en dehors de la clientèle de la régie des remontées mécaniques, une clientèle propre constituée des skieurs, des randonneurs et des amateurs d'équitation.

22. Cass. 3ᵉ civ., 20 avr. 2023, n° 22-12937.

23. Cass. 3ᵉ civ., 23 janv. 2020, n° 19-11215, *D.* 2020, p. 1543, obs. M.-P. Dumont-Lefrand, à propos d'un terrain nu sur lequel sont édifiées des constructions.

24. Cass. 3ᵉ civ., 28 mai 2020, n° 19-15001.

25. Cass. com., 27 févr. 1973, n° 71-10797, *D.* 1974, jur. p. 283, note J. Derrupé. En l'espèce, il s'agissait d'une station-service. Celle-ci était propriétaire du fonds de commerce et l'exploitant avait la qualité de locataire-gérant. Il ne pouvait prétendre au bénéfice du statut des baux commerciaux.

26. Mais si le contrat de location-gérance est annulé, le propriétaire du fonds de commerce doit se faire immatriculer pour pouvoir revendiquer le renouvellement (Cass. 3ᵉ civ., 10 nov. 2010, n° 09-16927).

542. Le bénéfice du statut a été accordé au fil des années à une série de personnes qui n'ont pas la qualité de commerçant et ne sont pas propriétaires d'un fonds de commerce. D'abord le statut a été étendu aux artisans qui exploitent un fonds artisanal dans les lieux loués. Puis les établissements d'enseignement, les EPIC, les sociétés coopératives de crédit et les artistes admis à cotiser à la caisse de sécurité sociale de la maison des artistes. L'article L. 145-2 du Code de commerce en donne la liste. Cette extension n'obéit à aucun principe rationnel. Le législateur accorde ses faveurs à qui il lui plaît !

543. Les personnes auxquelles le statut n'est pas normalement applicable, parce que les conditions n'en sont pas remplies, peuvent cependant placer volontairement leur contrat sous l'empire des dispositions relatives au bail commercial (art. L. 145-1 et s. C. com.). Il faut évidemment que leur volonté soit expresse et non équivoque[27].

§3. La nature du contrat

544. Le statut des baux commerciaux est contraignant pour les bailleurs. Aux obligations traditionnelles s'ajoutent aujourd'hui celles liées à la protection de l'environnement[28]. Aussi peuvent-ils chercher à y échapper en trouvant une autre formule contractuelle. Deux possibilités leur sont ouvertes : conclure une convention n'ayant pas la nature du contrat de bail ou conclure un bail de courte durée.

A. Les conventions autres que le bail

545. Ces conventions échappent à la qualification de bail. En effet les obligations des parties et le but économique de l'opération ne correspondent pas au contrat de bail. Ces conventions sont les suivantes.

- Le bail emphytéotique, dont la durée est supérieure à 18 ans (art. L. 145-3 C. com.) et peut aller jusqu'à 99 ans.
- Le crédit-bail immobilier, qui est plus une opération financière qu'un bail.

Un établissement de crédit achète un immeuble dont il reste propriétaire. Il le donne en jouissance à un commerçant, contre paiement d'un loyer. Mais à l'expiration du contrat, le locataire a la faculté d'acheter l'immeuble contre une soulte. L'opération est en réalité un prêt pour l'acquisition de l'immeuble mais avec attribution, à l'établissement prêteur, pendant la durée du prêt, de la propriété de l'immeuble à titre de garantie. L'application du statut n'aurait pas de sens.

27. CA Paris, 29 oct. 1999, *BRDA* 2000, n° 2, p. 7.

28. En effet : 1) La passation du contrat de bail peut supposer l'établissement de diagnostics (amiante, termites, plomb, installation de gaz, performance énergétique). De même, le propriétaire de locaux doit joindre au contrat un état des risques naturels et technologiques (art. L. 125-5 C. env.). Et, si le local fait plus de 2 000 m², le bail doit comprendre une annexe environnementale (art. L. 125-9 C. env. rappelé par l'art. D. 145-34 C. com.). En cas de non-fourniture de ces documents, le locataire peut demander la résolution du bail aux torts du bailleur sans avoir besoin de justifier d'un quelconque préjudice (CA Paris, 2 févr. 2022, n° 20/14673, *BRDA* 9/22, n° 16). 2) Les bailleurs de locaux d'une surface supérieure ou égale à 1000 m², et le cas échéant les preneurs à bail, sont soumis à une obligation d'action en réduction de la consommation d'énergie afin de parvenir à une baisse d'au moins 40 % en 2030, 50 % en 2040 et 60 % en 2050, par rapport à 2010 (art. L. 174-1 C. const. hab.). 3). De plus, la loi n° 2021-1104 du 22 août 2021 Climat et résilience impose aux bailleurs de renseigner les preneurs sur les risques de recul du trait de côté (art. L. 125-23 C. env.).- Sur ces questions environnementales, v. M. Laisne, « Protection de l'environnement et baux commerciaux », *AJDI* 2022, p. 807, F. Planckeel, « La multiplication des obligations d'information environnementale (droit commun, amiante, état des risques et pollutions) », *Actes pratiques et ingénierie immobilière* 2022, n° 3, doss. 20.

- La concession immobilière de la loi n° 67-1253 du 30 décembre 1967.
- La location-gérance de fonds de commerce. L'opération suppose que la même personne est propriétaire de l'immeuble et propriétaire du fonds de commerce. Bien qu'en concluant un contrat de location-gérance du fonds de commerce le propriétaire confère au locataire-gérant la jouissance des locaux, le contrat n'est pas un bail commercial.

B. Les baux de courte durée

546. À l'origine, le décret du 30 septembre 1953 ne comportait aucune exception. Le bail commercial avait obligatoirement une durée de neuf ans. Mais sous la pression des nécessités pratiques, la loi et la jurisprudence ont dû admettre des assouplissements[29].

1. Le bail de moins de trois ans

547. Cette possibilité se trouve dans l'article L. 145-5 du Code de commerce. Jusqu'à la loi n° 2014-626 du 18 juin 2014, ces baux dérogatoires ne devaient pas dépasser deux ans. Désormais, ils peuvent être conclus pour une durée maximale de trois ans.

> ***Art. L. 145-5, al. 1er, C. com.*** Les parties peuvent, lors de l'entrée dans les lieux du preneur, déroger aux dispositions du présent chapitre à la condition que la durée totale du bail ou des baux successifs ne soit pas supérieure à trois ans.

Il résulte donc de ce texte que les parties (bailleur, locataire) peuvent conclure plusieurs baux de courte durée sur le même local, lors de l'entrée en possession des lieux du preneur[30], dès lors que la durée totale n'excède pas trois ans. En d'autres termes, un bail de courte durée peut être renouvelé et garder un régime dérogatoire, à condition que le (ou les) renouvellement(s) (successifs), entre les mêmes parties, ne conduisent pas à une durée supérieure à trois ans[31].

Il est important que les contractants rédigent un écrit stipulant expressément que le bail aura une durée égale ou inférieure à trois ans. À défaut, le bail aurait obligatoirement une durée de neuf ans et serait alors automatiquement soumis au statut des baux commerciaux[32]. Une fois passé le délai de trois ans, les parties ne peuvent plus conclure un nouveau bail dérogatoire pour exploiter le même fonds dans les mêmes locaux (art. L. 154-5, al. 1er, C. com.).

29. Il y a une tendance à recourir à des modes d'occupation précaire de locaux commerciaux. V. S. Legrix de La Salle, « Magasins éphémères, pop-up stores, locaux vacants... : des outils pour un nouveau modèle économique », *BRDA* 12/17, n° 27.

30. Cass. 3e civ., 30 mars 2017, n° 16-10786.- Les parties peuvent même conclure un bail dérogatoire portant sur les locaux qui ont auparavant fait l'objet d'un bail commercial, v. Cass. 3e civ., 1er févr. 2018, n° 16-23122.

31. Cass. 3e civ., 11 mai 2022, n° 21-15389.

32. Cass. 3e civ., 17 sept. 2020, n° 19-18435 : l'action en requalification d'un bail saisonnier en bail commercial se prescrit par deux ans.

Le locataire d'un bail de trois ans (ou moins) n'a droit à aucune indemnité en cas de non-renouvellement, sauf convention contraire.

Si, à l'expiration du terme du bail dérogatoire (ou des baux dérogatoires s'il y en a eu plusieurs), et même si la durée de ce bail (ou des baux) est inférieure à trois ans (à compter de la date d'effet du premier bail dérogatoire), le locataire reste dans les lieux et si le bailleur ne proteste pas, le bail se transforme automatiquement en bail de neuf ans soumis au statut des baux commerciaux (art. L. 145-5, al. 2, C. com.)[33].

2. La convention d'occupation précaire

548. Elle ne doit pas être confondue avec l'hypothèse précédente. Ici, la convention est conclue sans stipulation de durée : elle peut prendre fin à tout moment et sans préavis. De plus, et le législateur a apporté cette précision dans la loi nº 2014-626 du 18 juin 2014, la convention d'occupation précaire se caractérise par le fait que « l'occupation des lieux n'est autorisée qu'à raison de circonstances particulières indépendantes de la volonté des parties » (art. L. 145-5-1 C. com.)[34]. Il en va ainsi, par exemple, du bail d'un local commercial dans un immeuble en cours d'expropriation ou dans un immeuble vétuste et dangereux.

La précarité est un critère objectif, qui doit être prouvé et qui ne peut dépendre de la volonté des parties[35]. En cas de fraude, la convention d'occupation précaire est requalifiée de bail commercial[36].

Section 2 Les droits et les obligations des parties pendant le bail

549. Les dispositions du statut dérogent au droit commun du contrat de bail. Par exemple, les actions exercées en application du statut de baux commerciaux se prescrivent par deux ans (art. L. 145-60)[37]. Dans le silence du Code de commerce, il faut se référer à la volonté commune des parties et, à défaut, aux dispositions du Code civil, qui sont généralement de nature supplétive (art. 1713 et s. C. civ.). En outre le bail commercial constitue un acte de commerce, en tout cas du côté du preneur. Il y a lieu d'appliquer les règles spéciales aux actes de commerce, sauf disposition contraire.

33. Cass. 3e civ., 15 févr. 2023, nº 21-12698.

34. Cass. 3e civ., 12 déc. 2019, nº 18-23784.

35. Cass. 3e civ., 12 déc. 2019, nº 18-23784, *D.* 2020, p. 1541, obs. M.-P. Dumont-Lefrand.

36. Cass. 3e civ., 1er avr. 2009, nº 07-21833.

37. Cass. 3e civ., 20 oct. 2016, nº 15-19940, *JCP* E 2017, 1613, obs. B. Brignon (action en fixation du loyer du bail renouvelé).- Concernant le point de départ du délai : à propos d'une affaire relative à la requalification d'un contrat de location-gérance en bail commercial, la Cour de cassation a jugé que le point de départ était celui de la conclusion du contrat. V. Cass. 3e civ., 3 déc. 2013, nº 14-19146, *D.* 2016, p. 1625, obs. M.-P. Dumont-Lefrand.

Cela dit, le statut des baux commerciaux déroge profondément au droit commun sur trois points : la durée du bail (§ 1), le montant du loyer (§ 2), l'utilisation des lieux par le locataire commerçant (§ 3).

§1. La durée du bail

> ***Art. L. 145-4 C. com.*** La durée du contrat de location ne peut être inférieure à neuf ans. / Toutefois, le preneur a la faculté de donner congé à l'expiration d'une période triennale, dans les formes et délai de l'article L. 145-9.

550. La durée de neuf ans est impérative pour le bailleur. Les clauses qui dérogent à cette durée minimale sont réputées non écrites (art. L. 145-15 C. com.). C'est l'un des plus beaux exemples du recul de la liberté contractuelle devant l'ordre public de protection.

La durée minimale de neuf ans est une conséquence de l'application du statut et non, comme on le croit parfois, une condition d'application de celui-ci. Dès lors qu'un fonds de commerce est exploité dans les lieux, la durée est impérativement de neuf ans, nonobstant toute stipulation contraire.

Une durée supérieure à neuf ans est possible, par exemple, dix, onze ou douze ans (art. L. 145-12, al. 1er, C. com.). Dans ce cas, le contrat de location sera renouvelable pour neuf ans, sauf accord pour une nouvelle durée plus longue.

Le bailleur peut interrompre le bail à tout moment dans trois hypothèses :

- en cas de faute du locataire entraînant la résolution du bail ;
- pour exécuter des travaux nécessitant l'évacuation des lieux (art. L. 145-6 C. com.)[38] ;
- si les deux parties se mettent d'accord.

Le bailleur peut aussi interrompre le bail à l'expiration d'une période triennale pour : 1) construire, reconstruire ou surélever l'immeuble existant ; 2) exécuter des travaux prescrits dans le cadre d'une opération de restauration immobilière ; 3) démolir l'immeuble dans le cadre d'un projet de renouvellement urbain (art. L. 145-4, al. 3, C. com.).

551. La règle n'est pas la même pour le preneur. Il peut mettre fin au bail à l'expiration de chaque période triennale (art. L. 145-4, al. 2, C. com.). Il doit alors donner congé six mois avant la fin de la période en cours (art. L. 145-9 C. com.), sans avoir besoin de justifier sa décision. De plus, il peut mettre fin au contrat à toute époque s'il prend sa retraite (art. L. 145-4, al. 4). Cette prérogative appartient également aux ayants droit en cas de décès du locataire. Le locataire doit, si nécessaire, remettre le local en état. À défaut, il devra indemniser le bailleur[39].

Avant la loi 2014-626 du 18 juin 2014, une clause du bail pouvait valablement empêcher le locataire de résilier le contrat à une période triennale. La réforme a supprimé cette possibilité, sauf si le bail a été conclu pour une durée supérieure à neuf ans (art. L. 145-4, al. 2, C. com.).

38. Dans ce cas, le bailleur doit offrir de reporter le bail sur un local équivalent.

39. Cass. 3e civ., 6 févr. 2020, n° 19-10117.

§2. La détermination du loyer

552. Le principe est que les parties, au moment de la conclusion du bail, déterminent librement, d'un commun accord, le montant du loyer. C'est un élément essentiel du bail qui ne peut être fixé judiciairement en l'absence d'accord des parties[40].

Si l'on appliquait le droit commun, le montant du loyer serait intangible pendant toute la durée du contrat. Cela est évidemment impossible, surtout en période de forte dévaluation monétaire. C'est pourquoi le législateur a dû prévoir une révision périodique du loyer. De plus les parties peuvent introduire dans le bail une clause d'indexation, mais les effets en sont limités.

La crise sanitaire liée au Covid-19 a touché le paiement des loyers commerciaux. En effet, pendant la période de protection prévue par les textes sur l'état d'urgence sanitaire, le législateur a suspendu certaines sanctions contractuelles : l'astreinte, la clause résolutoire et la clause de déchéance du terme. Mais, le législateur n'a pas remis en cause l'exigibilité des loyers commerciaux, ni les autres sanctions (l'exécution forcée en justice, la réduction du prix, la résolution judiciaire, la responsabilité civile)[41]. Aussi, des bailleurs impayés ont réclamé le paiement des loyers commerciaux impayés alors même que le locataire était contraint de fermer son commerce[42]. Les preneurs attaqués se sont défendus en invoquant principalement trois arguments : la force majeure, l'imprévision et la bonne foi. Reprenons-les successivement avant de voir ce qu'a décidé la Cour de cassation.

La force majeure n'est d'aucune utilité ici. La Cour de cassation rappelle régulièrement que : « Le débiteur d'une obligation contractuelle de somme d'argent inexécutée ne peut s'exonérer de cette obligation en invoquant un cas de force majeure »[43].

L'argument tiré de l'imprévision est bien difficile à mettre en œuvre. En effet, d'une part, il faut que le bail ait été conclu après le 1er octobre 2016, date d'entrée en vigueur de l'article 1195 C. civ. admettant l'imprévision. D'autre part, à supposer que l'exécution du bail soit devenue excessivement onéreuse pendant la période de fermeture administrative des commerces, le juge ne peut intervenir qu'après l'échec d'une tentative de règlement amiable. Ce n'est pas tout : pendant cette phase de renégociation, la partie qui invoque la théorie de l'imprévision doit avoir continué d'exécuter ses obligations, ce qui, par hypothèse, n'est pas le cas.

Quant à la bonne foi, elle semble avoir rencontré un certain écho favorable devant les premiers juges saisis. Par exemple, le tribunal judiciaire de Paris a estimé dans un jugement du 10 juillet 2020 que « selon l'article 1134, devenu l'article 1104 du Code civil, les contrats doivent être exécutés de bonne foi, ce dont il résulte que les parties sont tenues, en cas de circonstances exceptionnelles, de vérifier si ces circonstances ne rendent pas nécessaire une adaptation des modalités

40. Cass. 3e civ., 26 janv. 2012, n° 71-10304.

41. O. Deshayes, « La prorogation des délais en période de Covid-19 : quels effets sur les contrats ? », *D.* 2020, p. 831.- F. Kenderian, « Le droit civil des contrats et le bail commercial en temps de crise : l'exemple de la Covid-19 », *RTD com.* 2020, p. 269.

42. V., pour le premier confinement, l'ordonnance n° 2020-316 du 25 mars 2020 et, pour le deuxième, l'art. 14 de la loi n° 2020-1379 du 14 nov. 2020 (G. Allard-Kohn et T. Brault, « Baux commerciaux et Covid-19 au fil des saisons », *BRDA* 24/20, n° 25).

43. Ex. Cass. com., 16 sept. 2014, n° 13-20306.

d'exécution »[44]. Mais, ne serait-ce pas ouvrir une boîte de Pandore que de permettre à un débiteur, parce qu'il est de bonne foi, de ne plus être tenu de payer ses dettes ? De plus, dans le grand arrêt du 10 juillet 2007, *Les Maréchaux*, la Cour de cassation a précisé que la bonne foi permettait uniquement de contrôler l'exercice des prérogatives contractuelles, et pas de remettre en cause le contenu contractuel, conformément au principe de la force obligatoire[45]. Or, dispenser le débiteur de payer son loyer revient précisément à toucher au contenu contractuel en « supprimant » l'obligation de payer le loyer.

Il existait peut-être deux voies plus prometteuses pour les locataires[46]. L'une aurait consisté à invoquer la perte du local pendant la période de fermeture. Cet argument a d'ailleurs été retenu par quelques décisions[47]. Mais leur portée est limitée car les juges n'ont fait que reconnaître l'existence d'une contestation sérieuse et donc leur compétence en tant que juge des référés[48]. L'autre aurait découlé de l'exception d'inexécution. Le bail commercial est un contrat synallagmatique. Les loyers dus par le locataire sont la contrepartie de la jouissance du local que bailleur doit permettre. Lorsque le bailleur n'est plus en mesure d'exécuter son obligation, par cas fortuit (art. 1722 C. civ.) ou pour une raison quelconque, le locataire cesse de devoir payer les loyers. Voici ce qu'écrivait Marcadé au XIXe siècle : « Si, en temps de peste, il (le locataire) ne peut pas venir occuper la maison qu'il a louée dans une ville parce que la police sanitaire l'empêche d'entrer... le preneur pourra suivant les circonstances, tantôt faire résilier le bail, tantôt obtenir soit une diminution du loyer, soit la cessation momentanée du paiement de ce loyer »[49].

La Cour de cassation a clos le débat par trois arrêts du 30 juin 2022[50] : les loyers dus pendant la période de fermeture administrative pour cause de Covid-19 sont bien exigibles par le bailleur. La Haute juridiction reprend les différents arguments exposés ci-dessus pour les écarter un à un.

1) L'exception d'inexécution de la part du locataire ne peut jouer car il n'y a pas eu d'inexécution de l'obligation de délivrance de la part du bailleur.
2) L'interdiction de recevoir du public ne peut être considérée comme une perte du local loué.
3) L'argument de la force majeure est inopérant. D'une part, classiquement, la force majeure ne s'applique pas aux obligations de payer une somme d'argent. D'autre part, « ce n'est pas parce qu'une partie n'a pas obtenu la contrepartie promise qu'elle peut invoquer la force majeure pour suspendre » l'exécution de sa propre obligation. En d'autres termes, « ce n'est pas parce que les preneurs n'ont pas pu exploiter les lieux loués » en raison des mesures administratives de

44. TJ Paris, 18e ch., 10 juill. 2020, n° 20/04516, *AJDI* 2020, p. 616, obs. M.-P. Dumont.- *Adde* : TJ Paris, 26 oct. 2020, n° 20/55901, *D.* 2021, p. 313, obs. M. M.

45. Cass. com., 10 juill. 2007, *Les Maréchaux*, *GAJ civ.*, t. 2, n° 164.

46. F.-X. Testu, « La dette de loyers commerciaux pendant la période de fermeture ordonnée par le gouvernement », *D.* 2020, p. 885.

47. TJ La Rochelle, 23 mars 2021, n° 20/02428, *BRDA* 8/21, n° 15.

48. Ex. CA Versailles, 4 mars 2021, réf. n° 20/02572, *BRDA* 7/21, n° 18.

49. La citation est prise dans l'article précité de M. Testu, spéc. p. 886.

50. Cass. 3e civ., 30 juin 2022, n° 21-20190, n° 21-20127, n° 21-19889, *RTD com.* 2022, p. 435, obs. F. Kenderian, *JCP* E 2022, 1376, note O. Deshayes, T. Genicon et Y.-M. Laithier.- Dans le même sens, v. Cass. 3e civ., 23 nov. 2022, n° 21-21867 et Cass. 3e civ., 23 nov. 2022, n° 22-753.

fermeture, « qu'ils peuvent pour autant se prévaloir de la force majeure pour ne pas payer leurs loyers »[51].

Toutefois, la Cour de cassation laisse entendre que si les bailleurs avaient été de mauvaise foi, la solution aurait pu éventuellement être différente. Mais, en l'espèce, les juges du fond ont souverainement estimé que les bailleurs avaient été de bonne foi.

A. La révision légale

553. Le mécanisme de révision est organisé par les articles L. 145-33 et suivants du Code de commerce. Deux sortes de révisions sont prévues.

1. La révision triennale

554. Le principe est que la révision est possible tous les trois ans à compter de la date d'entrée en jouissance ou après le point de départ du bail renouvelé (art. L. 145-38, al. 1 et 2, C. com.). Mais il faut qu'elle soit demandée par l'une ou l'autre des parties (art. L. 145-37 C. com.). Généralement ce sera par le bailleur qui demandera une augmentation du loyer.

Le calcul de la révision obéit à des règles complexes[52].

1) Le principe est posé à l'article L. 145-33 : le loyer doit être égal à la *valeur locative*. La valeur locative est fixée : soit à l'amiable, par accord entre les parties, soit, à défaut, par le juge (art. R. 145-20 C. com.).

Les principaux critères pour évaluer la valeur locative sont les caractéristiques du local, la destination des lieux, les obligations respectives des parties, les facteurs locaux de commercialité et les prix couramment pratiqués dans le voisinage.

2) Cependant pour éviter de trop fortes variations du loyer, le législateur pose une limite, appelée *plafonnement du loyer*. Selon l'article L. 145-38, alinéa 3, la majoration ou la diminution de loyer consécutive à une révision triennale ne peut excéder la variation de l'indice trimestriel des loyers commerciaux (ILC) ou de l'indice trimestriel des loyers des activités tertiaires (ILAT)[53] intervenue depuis la dernière fixation amiable ou judiciaire du loyer.

3) Cette dernière règle souffre elle-même une exception. Dans certaines circonstances il est possible de « *déplafonner* » le loyer, et donc de l'ajuster à la valeur locative[54]. Tel est le cas lorsqu'est rapportée la preuve d'une modification matérielle des facteurs locaux de commercialité ayant entraîné une variation de plus de 10 % de la valeur locative (art. L. 145-38 C. com.). La preuve d'une modification des

51. K. Kenderian, obs. *RTD com.* 2022, p. 435, spéc. n° 8.

52. Qui cependant ne sont pas d'ordre public. Les parties peuvent d'un commun accord, par une clause particulière du bail, déterminer les conditions de fixation du prix du bail renouvelé. V. Cass. 3e civ., 10 mars 2004, n° 02-14998, *RTD com.* 2005, p. 256, obs. J. Moneger.

53. Un décret n° 2022-357 du 14 mars 2022 a modifié la formule du calcul de l'ILC. Avant ce décret, l'ILC était composé de trois éléments : 1) l'indice des prix à la consommation pour 50 % ; 2) l'indice du coût de la construction pour 25 % ; 3) l'indice du chiffre d'affaires du commerce de détail pour 25 %. Désormais, l'ILC est calculé en prenant en compte l'évolution des prix à la consommation pour 75 % et l'indice du coût de la construction pour 25 %. Le chiffre d'affaires du commerce de détail disparaît de la formule. L'objectif de ce changement est, selon le communiqué de presse du ministère de l'Économie, de modérer les revalorisations. V. F. Kenderian, RTD com. 2022, p. 236.

54. Ex. Cass. 3e civ., 24 mai 2017, n° 16-15043.

facteurs locaux de commercialité incombe logiquement à celui qui s'en prévaut. La modification des facteurs de commercialité doit présenter un intérêt pour l'activité exercée dans les lieux[55]. Exemples : l'ouverture d'une station de métro, l'augmentation des nombres de places de stationnement, l'ouverture d'un marché, la fermeture de concurrents, l'accroissement de la population d'un quartier, l'implantation d'enseignes commerciales de prestige, l'adjonction d'une terrasse ouverte sur le domaine public[56], l'ouverture d'une voie piétonne, etc. Il s'agit d'une question de fait relevant du pouvoir souverain des juges du fond[57]. En pratique, le déplafonnement peut entraîner des augmentations très élevées[58]. Pour éviter cela, la loi 2014-626 du 18 juin 2014 a prévu que le déplafonnement « ne peut conduire à des augmentations supérieures, pour une année, à 10 % du loyer acquitté au cours de l'année précédente » (art. L. 145-38, al. 3, *in fine*, C. com.)[59].

555. Les contestations sont portées devant le président du tribunal judiciaire du lieu de la situation de l'immeuble (art. R. 145-23 C. com.). Le nouveau loyer est fixé par le président au terme d'une procédure fixée par décret (art. R. 145-20 et s.). Pendant la durée du procès, le locataire doit payer les loyers exigibles au prix ancien ou, éventuellement, au prix fixé à titre provisionnel par le président du TJ.

556. Il arrive parfois qu'au moment de la conclusion du bail, le bailleur demande au locataire le versement d'une somme d'argent appelée *pas-de-porte*. Juridiquement, le pas-de-porte peut s'analyser soit comme une contrepartie de l'obligation pour le propriétaire des locaux de poursuivre le bail aussi longtemps que le locataire souhaitera se maintenir dans les lieux, soit comme un supplément de loyer. Dans cette dernière hypothèse, le montant du pas-de-porte devra être imputé de 1/9e par an sur le loyer révisé (puisque le bail commercial dure neuf ans).

2. La révision au moment du renouvellement du bail

557. Il est fréquent qu'à l'expiration du bail, le bailleur accepte le principe de son renouvellement, pour une nouvelle période de neuf ans, mais sous la condition d'une révision du loyer. Le bailleur doit faire connaître au preneur le loyer qu'il propose (art. L. 145-11 C. com.). Cette proposition enclenche la procédure de révision pendant laquelle le locataire doit continuer de payer les loyers échus[60]. La fixation du nouveau loyer, à l'amiable ou par décision judiciaire, doit correspondre à la valeur locative (art. L. 145-33, al. 1er, C. com.)[61]. L'article L. 145-35 prévoit l'intervention d'une commission départementale de

55. Ex. Cass. 3e civ., 4 janv. 2012, n° 10-23532.

56. Cass. 3e civ., 13 oct. 2021, n° 20-12901, *RTD com.* 2021, p. 780, obs. J. Moneger.

57. Cass. 3e civ., 16 déc. 1963, *Bull. civ.* III, n° 545.

58. L'échéancier du lissage du déplafonnement ne relève pas de la compétence du juge des loyers commerciaux. V. Cass. 3e civ., 25 janv. 2023, n° 21-21943.

59. Le Conseil constitutionnel, interrogé dans le cadre d'une QPC (Cass. 3e civ., 3 févr. 2020, n° 19-19503), a estimé que le plafonnement de l'augmentation d'un loyer déplafonné ne portait pas une atteinte disproportionnée au droit de propriété et, qu'en conséquence, il était conforme à la Constitution. V. Cons. const., 7 mai 2020, n° 2020-837 QPC, *D.* 2020, p. 1564, obs. M.-P. Dumont-Lefrand.

60. Cass. 3e civ., 16 mars 2023, n° 21-19707.

61. Cass. 3e civ., 9 mars 2022, n° 20-19188, *JCP* E 2022, 1175, note P.-H. Brault.

conciliation composée en nombre égal de bailleurs et de locataires[62]. Si le juge est saisi parallèlement à la commission, il ne peut statuer tant qu'elle n'a pas rendu son avis.

Les améliorations réalisées au cours du bail ne sont prises en considération pour la fixation du loyer du bail renouvelé que si elles ont été financées par le bailleur, par exemple par un loyer réduit pendant la durée du bail (art. R. 145-8 C. com.)[63].

B. Les clauses d'indexation

558. Lors de la conclusion du contrat, les parties peuvent prévoir une clause d'indexation du loyer, appelée encore *clause d'échelle mobile*. Les parties conviennent que les loyers varieront périodiquement en fonction d'un indice choisi par elles. Les parties peuvent choisir n'importe quel indice à condition qu'il soit en relation directe avec l'activité d'une des parties ou avec le contrat de bail (art. L. 112-2 C. mon. fin.). De plus, la période de variation de l'indice ne doit pas être supérieure à la durée s'écoulant entre chaque révision (art. L. 112-1 C. mon. fin.)[64]. L'indice des loyers commerciaux (ILC) et l'indice des loyers des activités tertiaires (ILAT) sont réputés, selon l'art. L. 112-2 du Code monétaire et financier, être en relation directe avec l'objet d'une convention relative à un immeuble bâti, ce qui est effectivement le cas d'un bail commercial. L'indexation conventionnelle du loyer dans un contrat de bail commercial est parfaitement licite. Elle est expressément admise par l'article L. 145-39 du Code.

559. Les clauses d'indexation sont souvent stipulées dans les baux commerciaux. Elles suscitent un contentieux important. La question de leur licéité s'est posée lorsqu'elles ne jouent qu'en cas de variation de l'indice à la hausse. À plusieurs reprises, la Cour de cassation a jugé que de telles stipulations qualifiées d'asymétriques étaient illicites[65]. Certes, *a priori*, ces clauses ne sont pas interdites par l'article L. 112-2 du Code monétaire et financier. Elles sont bien en relation directe avec l'activité de l'une des parties ou avec l'objet de la convention. Mais, en réalité, ces clauses dénaturent le mécanisme normal de l'indexation : la logique d'une clause d'indexation est de pouvoir faire varier l'obligation monétaire à la hausse ou à la baisse. L'illicéité de ces clauses est sanctionnée de la façon suivante : elles sont réputées non écrites sur le fondement de l'article L. 145-15 du Code de commerce[66].

560. La jurisprudence admet la validité de la clause dite *clause-recettes*, par laquelle les parties conviennent que le loyer est fixé chaque année en fonction du chiffre d'affaires réalisé par le locataire. La clause déroge alors en totalité au mécanisme de révision prévu par les dispositions du Code de commerce[67]. La Cour de cassation estime même qu'en cas de désaccord des parties sur le

62. Mais la saisine de la commission est facultative (Cass. 3e civ., 10 mars 2010, n° 09-10344).

63. Les travaux peuvent entraîner un déplafonnement à l'occasion du second renouvellement. V. Cass. 3e civ., 17 sept. 2020, n° 19-21713.

64. Cass. 3e civ., 6 févr. 2020, n° 18-24599, *JCP* E 2020, 1243, note B. Brignon.

65. Cass. 3e civ., 14 janv. 2016, n° 14-24681, *RTD com.* 2016, p. 56, obs. J. Moneger

66. Cass. 3e civ., 30 juin 2021, n° 19-23038, *RTD com.* 2021, p. 771, obs. F. Kenderian.

67. Cass. 3e civ., 5 mars 2013, n° 11-28461.

montant du loyer (variable en fonction du chiffre d'affaires du preneur) au moment du renouvellement du bail, le juge est incompétent pour le fixer[68].

Il existe aussi une variante appelée « le loyer binaire ». Le loyer comporte un loyer fixe minimum et un loyer calculé sur le chiffre d'affaires du locataire, par exemple 8 %. Dans ce cas, lors du renouvellement du bail, le juge des loyers commerciaux peut, si le contrat de bail le prévoit, fixer le loyer minimum à la valeur locative, selon les critères de l'article L. 145-33 du Code de commerce[69].

561. De plus, la Cour de cassation a admis la validité d'une clause prévoyant une augmentation forfaitaire du loyer commercial (par exemple 5 % par an le 1er juillet de chaque année). On a vu précédemment que les clauses d'indexation stipulées dans un bail étaient réputées non écrites lorsqu'elles n'étaient pas réciproques, c'est-à-dire lorsqu'elles ne permettaient qu'une augmentation du loyer et jamais une diminution. Mais cette sanction n'est pas applicable aux clauses d'augmentation forfaitaire. La logique des clauses d'indexation veut que le loyer puisse augmenter ou diminuer, et c'est précisément parce que cette logique n'est pas respectée qu'elles sont non écrites. La logique des clauses d'augmentation forfaitaire est le contraire. C'est pourquoi elles sont licites[70].

§3. Les droits et obligations des parties relatifs à l'utilisation des locaux loués

562. Une remarque pour commencer : le bailleur doit délivrer un local en état de servir à l'usage pour lequel il est loué[71], sauf clause expresse contraire[72]. Le locataire peut d'ailleurs contraindre son bailleur à effectuer les travaux nécessaires à la délivrance du bien loué[73]. Ceci étant rappelé, on étudiera successivement : la déspécialisation (A), les charges (B), la cession de bail et la sous-location (C) et le droit de préemption du locataire (D).

A. La déspécialisation

563. Il faut partir de cette idée que le bail commercial a pour cause l'exploitation d'un fonds de commerce par le locataire dans les lieux loués. Il en résulte que :

- le locataire doit exploiter le fonds pour le maintenir en activité ; la cessation d'activité est une cause de résiliation du bail[74] ;
- le locataire doit respecter la destination des lieux[75].

68. Cass. 3e civ., 9 sept. 2014, n° 13-14448. M. Kenfack critique cette solution, car le pouvoir du juge de statuer sur « les contestations relatives à la fixation du prix du bail renouvelé sont portées, quel que soit le montant, devant le président du TGI » (art. R. 145-23 C. com.). V. *JCP* E 2015, 1130.

69. Cass. 3e civ., 29 nov. 2018, n° 17-27798.

70. Cass. 3e civ., 22 juin 2022, n° 21-16042.

71. Cass. 3e civ., 4 mars 2021, n° 19-13240.

72. Cass. 3e civ., 18 janv. 2018, n° 16-26011.

73. Cass. 3e civ., 21 févr. 2019, n° 18-11553.

74. CA Versailles, 27 févr. 2020, n° 18/02634, *BRDA* 10/20, n° 14.

75. Cass. 3e civ., 26 mars 2020, n° 18-25893, *JCP* E 2020, 1269, n° 14, obs. A. Mbotaingar.

Si le contrat ne prévoit pas le type de commerce qui sera exercé dans les lieux loués, le locataire détermine librement cette activité. Il peut à tout moment changer d'activité sans être lié par celle qu'il exerçait au moment de la conclusion du bail. Mais cette situation est rare en pratique. Généralement, le contrat de bail prévoit quelle sera l'activité exercée dans les lieux loués. Par exemple un commerce d'alimentation, une industrie de fabrication de machines agricoles ou une agence de voyages. Selon le droit commun de l'article 1728, 1°, du Code civil, le locataire ne peut alors changer d'activité sans l'autorisation du bailleur. La règle est devenue très contraignante à une époque où les commerçants doivent s'adapter aux mutations de la technique et de l'économie. Elle interdit toute possibilité de reconversion si le bailleur s'y oppose.

Le législateur est intervenu pour faciliter un changement de l'activité exercée par le locataire sous le nom de *déspécialisation* (art. L. 145-47 et s. C. com.). L'expression de « déspécialisation », empruntée à la pratique, est peu heureuse ; elle traduit simplement la possibilité pour le locataire de changer son activité malgré l'opposition du bailleur.

1. Les types de déspécialisation

Le Code de commerce prévoit deux types de changement d'activité : l'extension et la transformation.

a. L'extension d'activité

564. On l'appelle aussi la *déspécialisation partielle*. Elle est prévue par l'article L. 145-47 du Code de commerce. À son activité originaire, le locataire désire ajouter des activités connexes ou complémentaires.

Exemple. La vente de boissons non alcoolisées, de quiches, de croque-monsieur et pizzas entre, selon la Cour de Versailles, dans la conception moderne d'une boulangerie-pâtisserie[76]. De même, il a été jugé que la vente de billets d'accès au château de Versailles par l'exploitant d'un café situé à proximité constitue une déspécialisation partielle car ce service correspond à l'évolution des usages commerciaux aux abords du château[77].

Si les parties ne se mettent pas d'accord, le locataire fait connaître son intention au bailleur par acte extrajudiciaire. Le bailleur dispose de deux mois pour donner sa réponse. Mais il ne peut que contester le caractère connexe ou complémentaire de l'activité envisagée[78]. Le tribunal judiciaire tranche souverainement le litige. Si le caractère connexe ou complémentaire est reconnu par le tribunal, le locataire pourra procéder à l'extension désirée. Cependant le bailleur pourra demander une augmentation du loyer lors de la prochaine révision triennale[79]. Une hausse immédiate du loyer ne pourrait s'appliquer[80].

Le recours à la procédure instituée par les articles L. 145-47 et suivants du Code de commerce est obligatoire. Si le locataire passe outre et entreprend de lui-même

76. CA Versailles, 12 janv. 1995, *JCP* 1995, IV, 2324.

77. Cass. 3e civ., 16 sept. 2015, n° 14-18708.

78. Le bailleur n'est pas tenu de motiver sa contestation. V. Cass. 3e civ., 9 févr. 2017, n° 15-28759.

79. Sur ce point, v. J. Monéger, *RTD com.* 2005, p. 53, n° 4.

80. Cass. 3e civ., 19 mai 2004, n° 03-11303.

sa nouvelle activité, il est fautif. Il s'expose à voir son bail résolu et à être condamné à des dommages et intérêts[81].

b. La transformation d'activité

565. On l'appelle aussi la *déspécialisation plénière.* Elle est prévue par l'article L. 145-48 C. com. Le changement est plus radical, car il y a alors substitution ou adjonction d'une nouvelle activité à l'activité originaire. Elle est assez peu utilisée en pratique.

Si les parties sont d'accord, il n'y a évidemment pas de difficulté. Au cas contraire, le locataire fait connaître son intention et ses motifs au bailleur par acte extrajudiciaire[82]. Le bailleur dispose d'un délai de trois mois pour répondre[83]. Deux situations peuvent alors se présenter.

1) Le propriétaire conteste l'opportunité du changement d'activité. Le tribunal judiciaire décide souverainement et autorise ou refuse la déspécialisation, compte tenu des circonstances.

2) Le bailleur ne conteste pas la déspécialisation mais demande une augmentation de loyer. Le président du tribunal judiciaire procède alors, s'il y a lieu, à la révision. Il n'est pas lié par les règles relatives à la fixation du loyer prévues pour la révision triennale.

2. L'incidence des règles relatives à la déspécialisation sur les clauses de non-concurrence

566. La clause de non-concurrence, par laquelle le bailleur s'engage à ne pas exercer lui-même une activité concurrente de celle du locataire et à ne pas consentir un contrat de bail à des concurrents du locataire, ne va-t-elle pas se heurter aux règles relatives à la déspécialisation des baux commerciaux, qui sont d'ordre public ?

En principe le bail ne fait naître par lui-même aucune obligation de non-concurrence à la charge du bailleur[84]. Son obligation de garantie se limite à *la jouissance des locaux*. Il ne garantit pas la rentabilité du fonds de commerce. Pour éviter au locataire de subir la concurrence soit du bailleur lui-même, soit des autres locataires, il est donc nécessaire d'introduire une clause de non-concurrence dans le contrat de bail. De son côté, le locataire s'engage à ne pas entreprendre une activité qui ferait concurrence aux autres locataires. Au regard du principe de la liberté d'entreprendre, la validité de la clause de non-concurrence accessoire au contrat de bail ne soulève pas de difficulté. Elle remplit en effet les conditions de validité posées par la jurisprudence (*infra*, n° 624).

Confrontée au problème de l'incidence du droit de la déspécialisation sur la validité de la clause de non-concurrence, la Cour de cassation distingue entre deux types de clauses[85].

- La clause de non-concurrence insérée dans le contrat de bail ou *inséparable de la convention locative* est nulle. En effet le droit du locataire de demander la

81. Cass. 3e civ., 28 mai 2003, n° 02-11155.

82. Cass. 3e civ., 23 mars 2010, n° 09-13441.

83. Cass. 3e civ., 11 juin 2008, n° 07-14551.

84. Sur l'obligation de non-concurrence, v. *infra*, n° 608 et s.

85. Cass. ass. plén., 26 janv. 1973, n° 71-10583, *Gaz. Pal.* 1973.1.463, *JCP* 1973.II.17462, note B. Boccara, *RTD com.* 1973, p. 213, obs. M. Pedamon.

déspécialisation est conçu comme un droit *contre le bailleur*. Ce droit fait partie du statut des baux, qui régit les rapports entre bailleur et locataire. Dans ce cadre, la clause ne peut faire obstacle au droit de déspécialiser.

- En revanche, la clause détachable du rapport locatif, ne porte pas directement atteinte aux règles de la déspécialisation. Elle est licite, en particulier, lorsqu'elle est conclue entre les locataires d'un même bailleur.

B. Les charges

567. Les charges recouvrent les dépenses relatives à l'immeuble dans lequel le locataire exploite son fonds de commerce. Elles se divisent en deux. D'une part, les charges dites normales : ce sont celles provenant de l'exploitation du local (l'eau, le gaz, l'électricité, etc.) et de l'entretien des parties communes (l'ascenseur, les poubelles, les canalisations, etc.). D'autre part, les charges dites exorbitantes telles que l'impôt foncier, l'assurance de l'immeuble et les grosses réparations au sens de l'article 606 du Code civil.

Jusqu'à la loi n° 2014-626 du 18 juin 2014, le principe était la liberté contractuelle[86]. Le bailleur et le locataire décidaient de la répartition des charges, non seulement des charges normales mais aussi des charges exorbitantes. La Cour de cassation avait seulement posé une limite dans un arrêt du 9 juillet 2008 : le bailleur ne pouvait faire supporter au preneur le paiement des « travaux rendus nécessaires par les vices affectant la structure de l'immeuble »[87].

La loi n° 2014-626 du 18 juin 2014 a modifié ce tableau. L'article L. 145-40-2 prévoit qu'un décret en Conseil d'État précise « les charges, les impôts, taxes et redevances qui, en raison de leur nature, ne peuvent être imputés au locataire »[88]. Ce décret (n° 2014-1317) a été pris le 3 novembre 2014. Il énonce que les dépenses relatives à des grosses réparations, les dépenses de mise en conformité d'un immeuble, les impôts, taxes et redevances dont le redevable légal est le propriétaire de l'immeuble ainsi que les honoraires de gestion des loyers perçus par le bailleur, ne peuvent être attribués conventionnellement au locataire. C'est au bailleur de les payer (art. R. 145-35 C. com.). La règle est impérative.

Chaque année, le bailleur rédige un état récapitulatif faisant l'inventaire des charges et des taxes (art. L. 140-45-2 C. com.). S'il apparaît que le bailleur a payé, par provision, des sommes incombant au preneur, il peut en demander le remboursement, à condition d'être en mesure d'établir sa créance[89].

En plus, la loi 2014-626 du 18 juin 2014 impose, dans un souci de transparence, la rédaction d'un inventaire des charges revenant au bailleur et au locataire. Ce document devra être annexé au bail (art. L. 145-40-2, al. 1er, C. com.). La portée de cette nouvelle disposition sera peut-être limitée, étant donné qu'aucune sanction n'est prévue.

86. H. Kenfack, « Liberté contractuelle et clauses de transfert de charges », *AJDI* 2014, p. 101.

87. Cass. 3e civ., 9 juill. 2008, n° 07-14631.

88. J. Attard, « Répartition des travaux, charges et impôts dans le cadre de la loi *Pinel* du 18 juin 2014 », *JCP* 2014, 778.

89. Cass. 3e civ., 17 sept. 2020, n° 19-14168, *JCP* E 2020, p. 1547, note B. Brignon.

C. La cession de bail et la sous-location

568. Selon le droit commun, le locataire ne peut ni céder son droit, ni consentir une sous-location s'il n'a pas obtenu l'accord du bailleur. Mais, soucieux de favoriser la mobilité des fonds de commerce, qui est un facteur de leur valorisation, le législateur autorise la cession ou la sous-location lorsqu'elle est l'accessoire d'une cession du fonds de commerce ou d'une mise en location-gérance.

569. La *cession de bail* a pour effet de substituer un nouveau locataire au preneur initial. Le droit au bail fait partie du fonds de commerce, qui est lui-même librement cessible. La cession du droit au bail est donc permise lorsqu'elle accompagne la cession du fonds. Le bailleur doit la supporter[90] ; il engage sa responsabilité civile à l'égard du locataire s'il la fait échouer en étant de mauvaise foi[91]. Il ne peut modifier le loyer ou toute autre clause à cette occasion, puisque c'est *le même contrat de bail qui se poursuit* avec un nouveau locataire[92]. L'article L. 145-16 du Code de commerce répute non écrites les stipulations contraires. En revanche, la clause qui interdit la cession du bail indépendamment du fonds de commerce est licite[93].

Le locataire peut aussi faire apport de son fonds de commerce à une société commerciale. Dans ce cas encore, le droit au bail est compris dans l'apport, nonobstant toute clause contraire, et le bailleur ne peut pas s'y opposer.

Le locataire qui cède son droit au bail reste tenu du paiement des loyers envers le bailleur, à moins que celui-ci ait donné son accord à la cession. En pratique les parties à la cession prennent la précaution d'insérer une clause prévoyant que le cédant restera solidairement garant du paiement des loyers.

Lorsque le locataire est une société qui fusionne avec une autre, la fusion entraîne transmission du patrimoine de la société absorbée à la société absorbante, y compris le fonds de commerce et le droit au bail. Mais comme la société absorbée disparaît, elle ne peut rester garante de l'exécution du bail par la société absorbante, nouveau locataire. L'article L. 145-16, alinéa 2, prévoit alors que le tribunal peut accorder des garanties suffisantes au bailleur.

570. La *sous-location* n'entraîne pas substitution de locataire. Le locataire principal reste en principe seul tenu à l'égard du bailleur. L'article L. 145-31 du Code de commerce interdit la sous-location, sauf clause contraire. À l'inverse, le code n'interdit pas, sauf clause contraire[94], la mise en location-gérance de son

90. En droit commun, la cession de contrat est soumise à l'accord du bailleur (le cédé). V. art. 1216 C. civ. : « Un contractant, le cédant, peut céder sa qualité de partie au contrat à un tiers, le cessionnaire, avec l'accord de son cocontractant, le cédé ».

91. CA Paris, 27 juin 2018, n° 16/20048, *BRDA* 18/18, n° 15.

92. La jurisprudence n'admet pas la pratique consistant à mettre fin au bail entre le bailleur et le locataire puis à la conclusion d'un nouveau bail entre le même bailleur et un nouveau locataire. Au lieu qu'il y ait *cession* du bail, ce qui impliquerait pour le bailleur l'obligation de poursuivre le contrat de location dans les mêmes conditions, il y aurait extinction du bail entre le bailleur et l'ancien locataire (celui qui souhaitait céder son bail), puis conclusion d'un bail différent, intégrant les modifications voulues par le bailleur, avec le nouveau locataire (celui qui voulait acquérir le bail). V. Cass. 3e civ., 22 oct. 2015, n° 14-20096, *D.* 2016, p. 1617, note M.-P. Dumont-Lefrand.

93. Cass. 1re civ., 11 déc. 2001, *D.* 2002, p. 488, obs. Y. Rouquet.

94. La clause interdisant la mise en location-gérance est licite, mais elle doit être expresse et non équivoque (CA Paris, 12 oct. 2005, *BRDA* 2006/2, n° 24).

fonds par le preneur. Dans ce cas, le locataire-gérant va occuper les locaux, mais il n'est pas considéré comme un sous-locataire. Il occupe les lieux en vertu du contrat de location-gérance et aucun lien juridique n'existe entre lui et le bailleur[95].

D. Le droit de préemption du locataire

571. L'article L. 145-46-1 du Code de commerce prévoit en faveur du locataire d'un local commercial un droit de préemption[96]. Concrètement, lorsque le bailleur décide de vendre le local loué[97], il doit en informer le locataire[98]. Cette notification doit comporter, pour être valable, le prix et les conditions de la vente. Elle vaut alors offre de contracter et le locataire bénéficie d'un délai d'un mois, à compter de la réception, pour l'accepter ou la refuser.

La Cour de cassation a précisé dans un arrêt du 28 juin 2018 que ce droit de préemption était d'ordre public[99]. Les parties ne peuvent donc pas l'écarter dans le contrat de bail.

Par ailleurs, la question se pose de savoir si le locataire peut invoquer le droit de préemption après la cessation du bail commercial ? Par exemple, un bailleur donne congé avec refus de renouvellement. Il doit une indemnité d'éviction au locataire. Toutefois, celui-ci reste dans les lieux loués, comme il en a le droit, parce que le bailleur ne lui a pas versé l'indemnité d'éviction. De son côté, le propriétaire du local décide de le vendre à un tiers. Le locataire peut-il se prévaloir du droit de préemption ? *A priori*, la réponse semble négative car, pour pouvoir bénéficier du droit de préemption, il faut être titulaire du bail. Or, par hypothèse, après le congé donné par le bailleur, le locataire n'est plus titulaire du bail. Il a certes un droit au maintien dans les lieux tant que l'indemnité d'éviction ne lui a pas été payée, mais ce droit ne lui confère pas la qualité de locataire ; le bail a pris fin[100].

Section 3
Les droits et les obligations des parties à l'expiration du bail

572. C'est ici sans doute que le statut des baux commerciaux manifeste sa plus grande originalité. Il faut d'ailleurs se rappeler que le souci de protéger le

95. Cass. 3e civ., 19 mars 2008, n° 07-11805.

96. Toutefois, ce droit de préemption ne joue pas lorsque les locaux commerciaux sont susceptibles d'être préemptés par une collectivité territoriale sur le fondement du droit de préemption urbain. V. art. L. 213-9 et L. 213-11 C. urb.

97. La Cour de cassation a précisé que ce droit de préemption ne s'appliquait pas en cas de vente judiciaire. V. Cass. 3e civ., 17 mai 2018, n° 17-16113.

98. G. Allard-Kohn, « Le droit de préemption du locataire commercial à l'épreuve de la pratique », *BRDA* 11/2018, n° 22.

99. Cass. 3e civ., 28 juin 2018, n° 17-14605.

100. V. en ce sens CA Paris, 28 mars 2018, n° 16/13272, cité par G. Allard-Kohn, art. préc.

locataire commerçant à l'expiration du bail est à l'origine du statut. Les commerçants réclamaient le droit au renouvellement automatique du bail commercial. Sans aller jusque-là, le législateur a accordé au locataire une protection renforcée, qui déroge profondément aux règles de droit commun du bail (§ 1).

Le propriétaire peut consentir un renouvellement aux mêmes conditions ou à des conditions différentes. Le bail peut aussi se prolonger par tacite reconduction (§ 2).

Le statut des baux commerciaux, au contraire, reconnaît au preneur, en cas de non-renouvellement, le droit à une *indemnité d'éviction*[101]. Telle est l'idée principale. De plus, le statut oblige les parties au respect d'une procédure formaliste et contraignante (§ 3).

§1. La situation des parties au terme du contrat de bail

573. Le Code de commerce prévoit trois situations possibles.

- Première situation. Le locataire prend l'initiative de demander le renouvellement. Dans les six mois qui précèdent l'arrivée du terme il signifie sa demande au bailleur par acte extrajudiciaire ou par lettre recommandée avec demande d'avis de réception (art. L. 145-10 C. com.). S'ouvre alors un délai de trois mois dans lequel le bailleur doit prendre parti : ou bien il accepte le renouvellement ou bien il le refuse. S'il garde le silence, il est censé accepter le renouvellement.
- Deuxième situation. Le bailleur prend l'initiative de *donner congé*. Soit parce qu'il refuse le renouvellement, soit parce qu'il entend en renégocier les conditions. Le congé doit être donné six mois avant la date d'expiration du bail. Le congé est délivré par acte extrajudiciaire et il doit, à peine de nullité, être motivé et indiquer que si le locataire veut contester le refus de renouvellement ou demander une indemnité d'éviction, il doit saisir le TJ dans les deux ans (art. L. 145-10 C. com.)[102].
- Troisième situation. Aucune des deux parties ne manifeste ses intentions. Le preneur reste dans les lieux et continue de payer les loyers. Le bailleur accepte le paiement. Il y a tacite reconduction du bail, aux mêmes conditions, jusqu'à ce que l'une des deux parties sorte de son silence[103]. On revient alors aux deux cas précédents.

§2. Le renouvellement

574. Si les parties acceptent le renouvellement, deux cas peuvent se présenter.

101. L'art. L. 145-13 qui refusait le bénéfice du renouvellement aux étrangers non ressortissants de l'UE a été abrogé par la loi 2014-626 du 18 juin 2014. Voy. *supra*, n° 428.

102. Sinon le congé est nul et le locataire peut se prévaloir du renouvellement par tacite-reconduction, Cass. 3e civ., 9 mars 2005, n° 03-15734.

103. Le bail reconduit est à durée indéterminée et peut prendre fin par un congé conformément à l'article L. 145-9 : Cass. 3e civ., 11 mars 2002, n° 00-22392.

- L'ancien bail est renouvelé aux mêmes conditions ou à des conditions différentes si les parties se sont mises d'accord[104].
- Les parties sont d'accord sur le principe du renouvellement, mais l'une d'elles conteste le loyer. Le loyer est alors soumis à la révision des baux renouvelés. Le président du tribunal fixe le loyer, comme il a été vu précédemment (*supra*, n° 557). Cependant le bailleur, s'il trouve le loyer insuffisant dispose d'une faculté de rétractation. Il peut refuser le renouvellement en manifestant sa volonté dans le mois de la signification du nouveau loyer et en supportant les frais de l'instance (art. L. 145-57 C. com.).

Le bailleur qui a délivré un congé avec offre de renouvellement peut se rétracter, et donc refuser le renouvellement, s'il peut prouver un motif grave et légitime, par exemple une infraction au bail. Naturellement, ce motif doit avoir été inconnu du bailleur au moment où il a accepté le renouvellement. On peut s'interroger sur le délai de prescription pour pouvoir exercer ce droit de rétractation. Même si le législateur n'a rien précisé, il semble assez logique d'appliquer le délai spécifique de deux ans du statut des baux commerciaux.

§3. Le refus de renouvellement et l'indemnité d'éviction

575. Comme on l'aura compris, le bailleur a toujours, s'il le désire la possibilité de refuser le renouvellement du bail[105] : soit en donnant congé dans des délais et selon les conditions posées par l'article L. 145-9 du Code de commerce, soit en refusant la demande de renouvellement présentée par le preneur[106].

Mais en principe, le bailleur devra alors verser au locataire une indemnité d'éviction[107].

> ***Art. L. 145-14, al. 1er, C. com.*** Le bailleur peut refuser le renouvellement du bail. Toutefois, le bailleur doit, sauf exceptions prévues aux articles L. 145-17 et suivants, payer au locataire évincé une indemnité dite d'éviction égale au préjudice causé par le défaut de renouvellement.

A. Les exceptions : les cas de reprise sans indemnité

576. Dans un certain nombre de cas, le bailleur peut refuser le renouvellement du bail, sans avoir à verser l'indemnité d'éviction.

Tout d'abord, selon l'article L. 145-17, 1°, lorsque le bailleur invoque une *cause grave et légitime* à l'encontre du locataire : inexécution de l'une de ses obligations

104. Cass. 3e civ., 15 avr. 2021, n° 19-24231.

105. Mais il peut par avance prendre l'engagement de renouveler le bail et renoncer à son droit de refuser le renouvellement (Cass. 3e civ., 12 déc. 2012, n° 11-20727).

106. Cass. 3e civ., 24 sept. 2020, n° 19-13333.

107. En cas de démembrement de la propriété, seul l'usufruitier a la qualité de bailleur et, donc, lui seul est débiteur de l'indemnité d'éviction. V. Cass. 3e civ., 19 déc. 2019, n° 18-26162, *JCP* E 2020, 1143, note P. Lemay.

par le locataire[108], par exemple le défaut de paiement des loyers ou la cessation de l'exploitation du fonds sans raison sérieuse et légitime[109]. Cependant, la preuve de l'inexécution ou de la cessation obéit à des règles spéciales : le bailleur doit mettre en demeure le locataire, par acte extrajudiciaire motivé, d'avoir à faire cesser « l'infraction ». C'est seulement si l'inexécution ou la cessation d'exploitation est poursuivie ou renouvelée plus d'un mois après la mise en demeure, que la reprise des locaux pourra être faite par le bailleur.

Lorsque le refus de renouvellement n'est pas motivé par le bailleur, le locataire peut soit invoquer la nullité du congé et poursuivre le bail, soit exiger le versement de l'indemnité d'éviction[110].

Il arrive fréquemment que les parties aient prévu une clause résolutoire dans leur contrat[111]. Le bailleur peut l'invoquer à condition, selon une jurisprudence constante, qu'il soit de bonne foi[112]. De son côté, le preneur peut demander au juge de lui accorder des délais de paiement (art. 1345-5 C. civ.)[113]. De plus, le bailleur doit notifier aux créanciers titulaires d'un privilège ou d'un nantissement sur le fonds qu'il met en œuvre la clause résolutoire (art. L. 143-2 C. com.). Dans un arrêt remarqué rendu par la troisième chambre civile de la Cour de cassation le 11 mars 2021, la Haute juridiction a précisé que la clause résolutoire d'un bail commercial mettait certes fin au contrat, et donc aux perspectives de renouvellement ou, à défaut, d'indemnité d'éviction, qu'avait le locataire, mais que, pour autant, elle n'était pas contraire à la Convention EDH, plus particulièrement à l'article 1er du premier Protocole additionnel sur le respect des biens[114].

Ensuite, le Code de commerce prévoit différents cas dans lesquels le bailleur peut refuser le renouvellement et reprendre les locaux sans indemnité, même en l'absence de toute faute du locataire[115] :

- Démolition de l'immeuble loué en raison de son caractère insalubre ou dangereux (art. L. 145-17, 2°). Le locataire dispose alors d'un droit de priorité pour louer un local commercial dans l'immeuble reconstruit. Lorsque l'immeuble n'est pas insalubre ou ne menace pas ruine, le propriétaire peut refuser le renouvellement pour le reconstruire, mais il doit alors payer au locataire soit une indemnité d'éviction, soit lui offrir un local équivalent (art. L. 145-18).
- Reprise des locaux d'habitation accessoires au local commercial, pour les habiter lui-même ou les faire habiter par les membres de sa famille et à condition que le bénéficiaire de la reprise « ne dispose pas d'une habitation correspondant à ses besoins normaux » (art. L. 145-22, al. 1er).

---

108. Cass. 3e civ., 10 sept. 2020, n° 19-14254.

109. Cass. 3e civ., 10 déc. 2008, n° 07-15241. Autre exemple de refus de renouvellement sans indemnité : le manquement du locataire aux règles d'hygiène et de sécurité (Cass. 3e civ., 13 mai 1971, n° 70-10339), la réalisation de travaux non autorisés (Cass. 3e civ., 11 mai 1993, n° 91-16791).

110. Cass. 3e civ., 28 juin 2018, n° 17-18756.

111. F. Kenderian, « La clause résolutoire du bail commercial », *JCP* E 2020, 1341.

112. Cass. 3e civ., 1er févr. 2018, n° 16-28684.

113. Cass. 3e civ., 22 oct. 2020, n° 19-19542.

114. Cass. 3e civ., 11 mars 2021, n° 20-13639, *RTD com.* 2021, p. 29, note F. Kenderian.

115. À propos de la résiliation du bail commercial dans le cadre d'une procédure collective ouverte à l'encontre du locataire, v. l'art. L. 622-14, 2°, C. com.

On peut ajouter qu'en cas de destruction en totalité du local loué, le bail est résilié de plein droit, en application de l'article 1722 du Code civil[116].

B. Montant de l'indemnité d'éviction

577. Si les deux parties se mettent d'accord sur le montant de l'indemnité due au locataire[117], il n'y a pas de difficulté. Sinon, c'est le tribunal judiciaire qui fixe l'indemnité.

Quel est le fondement de l'indemnité d'éviction ? L'article L. 145-14 du Code de commerce, donne la réponse : l'indemnité répare le préjudice causé par le défaut de renouvellement. La loi édicte ainsi un cas de responsabilité civile sans faute : le bailleur qui a tiré profit de la location de l'immeuble doit réparer le préjudice que cause au locataire la perte de la jouissance des locaux, en fin de bail.

Le Conseil constitutionnel, saisi d'une QPC par la Cour de cassation a estimé que la législation sur l'indemnité d'éviction était conforme à la Constitution. En effet, d'une part, elle poursuit un objectif d'intérêt général en évitant de mettre en péril la viabilité des entreprises commerciales et artisanales. D'autre part, elle ne porte pas une atteinte disproportionnée au droit de propriété du bailleur[118].

578. Il faut donc pour calculer le montant de l'indemnité, déterminer le *préjudice subi*. L'article L. 145-14, alinéa 2, fournit des éléments d'appréciation. L'indemnité comprend[119] notamment :

- la valeur marchande du fonds de commerce[120], déterminée suivant les usages de la profession,
- les frais normaux de déménagement et de réinstallation[121],
- les frais et droit de mutation à payer pour un fonds de même valeur, sauf dans le cas où le propriétaire fait la preuve que le préjudice est moindre.

Il n'est pas très difficile de chiffrer les frais de déménagement, de réinstallation et d'acquisition d'un fonds de remplacement[122].

En revanche, le préjudice résultant de la perte de clientèle qu'entraîne le non-renouvellement du bail est plus difficile à évaluer. L'article L. 145-14, alinéa 2, pose une présomption : le départ du locataire entraîne la perte totale de la clientèle et la disparition du fonds de commerce. L'ancien locataire devra, comme le laisse entendre l'article L. 145-14, procéder à l'acquisition d'un *fonds de même valeur*. En principe, l'indemnité doit comprendre la valeur du fonds de commerce qui était exploité dans les lieux loués. Mais cette présomption est une présomption simple. Le

116. Cass. 3e civ., 8 mars 2018, n° 17-11439, *D.* 2018, p. 1117, note N. Damas.

117. Si le locataire cède son fonds de commerce (y compris le droit au bail), la créance d'indemnité est transmise à l'acquéreur. V. Cass. 3e civ., 7 déc. 2017, n° 15-12452.

118. Cons. const., 5 mars 2021, n° 2020-887 QPC, *JCP* E 2021, 1318, note P. Lemay.

119. B. Robine, « Indemnité d'éviction due au locataire commercial évincé », *BRDA* 19/19, n° 24.

120. Cass. 3e civ., 3 nov. 2021, n° 20-20739, *JCP* E 2022, 1073, note B. Brignon.

121. Cass. 3e civ., 28 mars 2019, n° 17-17501. En revanche, les frais de dépollution d'une station-service sont à la charge du dernier exploitant, donc du locataire, qui ne peut en obtenir le remboursement au titre de l'indemnité d'éviction. V. Cass. 3e civ., 22 juin 2022, n° 20-20844.

122. Lorsque le bail contient une clause d'accession gratuite en faveur du propriétaire, la Cour de cassation décide que le locataire conserve le droit d'être indemnisé « des frais de réinstallation dans un nouveau local bénéficiant d'aménagements et équipements similaires à celui qu'il a été contraint de quitter ». V. Cass. 3e civ., 13 sept. 2018, n° 16-26049.

propriétaire peut prouver que le préjudice est moindre, par exemple, parce que le locataire a la possibilité de se réinstaller à proximité de son ancien local et de conserver ainsi une partie de sa clientèle. Ou encore, par exemple, parce que la clientèle du locataire n'est pas liée à l'emplacement de son exploitation[123].

De plus, pour établir la valeur du fonds de commerce, la jurisprudence décide qu'il faut tenir compte non seulement du chiffre d'affaires réalisé dans les lieux, mais encore du potentiel de développement du fonds, en raison de son emplacement[124]. Cela revient à dire que l'indemnité doit être calculée en tenant compte de la valeur de l'emplacement des locaux. Une indemnité supérieure à la valeur actuelle de la clientèle pourra être accordée si les locaux jouissent d'un emplacement spécialement favorable.

579. Le Code de commerce pose encore deux règles favorables au locataire.

En premier lieu, l'article L. 145-58 du Code de commerce accorde au propriétaire un *droit de repentir*. S'il estime que l'indemnité fixée par le tribunal est trop élevée[125], il peut revenir sur sa décision et accorder le renouvellement du bail. Mais il doit se décider rapidement. Il ne dispose que d'un délai de quinze jours, à compter du jour où la décision est passée en force de chose jugée, pour faire connaître son intention par acte d'huissier[126] – et encore faut-il que le locataire occupe encore les lieux et n'ait pas encore loué ou acheté un autre immeuble destiné à sa réinstallation. L'exercice du droit de repentir entraîne la formation d'un nouveau bail[127]. En conséquence, le bailleur ne pourrait reprendre la procédure antérieure de résiliation interrompue lors de la mise en œuvre du droit de repentir[128].

En second lieu, selon l'article L. 145-28, alinéa 1er, du Code de commerce, le locataire a le droit de se maintenir dans les lieux jusqu'au paiement de l'indemnité d'éviction[129]. Il se maintient aux conditions et clauses du bail expiré. Mais il devra cependant une indemnité d'occupation[130] qui est fixée à la valeur locative.

123. Selon une jurisprudence constante, les juges du fond apprécient souverainement la valeur marchande du fonds de commerce et le préjudice subi. Ex. Cass. 3e civ., 15 oct. 2008, no 07-17727.

124. Ex. CA Versailles, 2 juin 2005, *BRDA* 2005/15-16, no 22. Mais la venue d'enseignes de luxe dans le quartier ne suffit pas à accroître la clientèle d'un fonds ordinaire (CA Paris, 21 mars 2005, *BRDA* 2005/10, no 20).

125. Cass. 3e civ., 9 juill. 2020, no 18-25329 : l'exercice du droit de repentir pour éviter le paiement de l'indemnité d'éviction ne constitue pas une faute.

126. Mais le bailleur peut faire valoir son droit de repentir avant tout jugement sur le principe ou le montant de l'indemnité. Voy. Cass. 3e civ., 30 nov. 2005, no 04-19703, *RTD com.* 2006, p. 43, obs. J. Moneger. La Cour de cassation a refusé de transmettre une QPC relative à la constitutionnalité du droit de repentir. Le délai de 15 jours ne porte pas atteinte au droit de propriété du bailleur (Cass. 3e civ., QPC, 13 nov. 2011, no 11-19043, *BRDA* 2011/24, no 19).

127. Cass. 3e civ., 12 sept. 2019, no 18-18218, *AJDI* 2019, p. 899, obs. J.-P. Blatter.

128. Cass. 3e civ., 24 janv. 2019, no 17-11010.

129. Mais à condition d'être toujours immatriculé au registre du commerce et des sociétés, Cass. 3e civ., 27 mars 2002, *D.* 2002, p. 1423, obs. Y. Rouquet.

130. Cass. 3e civ., 5 sept. 2012, no 11-19200.

DEUXIÈME PARTIE

LA CONCURRENCE

580. Au cours des soixante-dix dernières années, le droit de la concurrence a pris en France une importance considérable.

Le droit de la concurrence, entendu au sens large, comporte deux branches bien distinctes, dont les règles répondent à des fonctions différentes.

581. Les règles qui composent la première branche ont pour but de *maintenir la concurrence dans de justes limites*, de veiller à ce qu'elle s'exerce de façon loyale, raisonnable, tempérée. Sous cet angle, le droit de la concurrence considère la concurrence comme une donnée acquise et il se préoccupe surtout d'en limiter les excès. Ainsi le *droit de la concurrence déloyale* sanctionne la concurrence excessive, celle qui utilise des moyens contraires à une certaine éthique commerciale. Par exemple, les règles sanctionnant la concurrence déloyale condamnent le dénigrement d'un concurrent, la publicité mensongère ou le détournement de la clientèle d'un concurrent par des méthodes commerciales contraires aux usages. Il a pour but la protection de l'entreprise contre les agissements déloyaux ou injustifiés d'un concurrent. De même, le droit de la concurrence admet que, par contrat, un commerçant s'engage à ne pas faire concurrence à un autre, pendant un temps et sur un territoire limités. Quant aux droits de propriété industrielle, ils confèrent au titulaire d'un brevet d'invention ou d'une marque de fabrique un monopole d'exploitation qui le protège contre ses concurrents.

Les règles qui appartiennent à cette première branche s'appliquent à une relation entre deux entreprises concurrentes afin d'aménager leurs rapports concurrentiels. L'on peut parler d'une *relation individuelle de concurrence.* Cette première branche est restée très vivace et elle constitue un bloc indispensable du droit positif. Elle n'a cependant pas connu les mêmes développements que la seconde branche.

582. Les règles qui composent la seconde branche du droit de la concurrence ont pour fonction de *protéger la concurrence* et d'en *favoriser le développement*. Ces règles condamnent non pas les excès mais les limitations de concurrence qui résultent de certains comportements d'entreprises, ce que l'on appelle les pratiques anticoncurrentielles. Ainsi le droit de la concurrence, entendu dans ce sens, va-t-il interdire les accords, les *ententes*, par lesquelles les entreprises limitent la concurrence qu'elles pourraient se faire entre elles ou que pourraient leur livrer des entreprises tierces. De même le droit de la concurrence va empêcher que les fusions et les concentrations d'entreprises n'aboutissent à la constitution de *positions dominantes* susceptibles de paralyser la concurrence. Et si l'apparition d'une entreprise dominante ne peut être évitée, du moins le droit de la concurrence va-t-il en interdire les abus.

Vu sous cet angle, le droit de la concurrence, au sens strict, est constitué par l'ensemble des normes qui visent à garantir le bon fonctionnement des marchés, en économie concurrentielle. Ce droit de la concurrence n'a pas pour but immédiat la protection de l'entreprise, mais bien la protection des conditions de la concurrence. Les règles qui le composent s'appliquent à l'ensemble des relations qui constituent le marché. L'on peut parler alors de *relations collectives de concurrence.*

Cette seconde branche du droit de la concurrence, appelée aussi le *droit antitrust,* est sous-tendue par les idées du libéralisme économique. Sans avoir été totalement ignorée du XIXe siècle, elle ne s'est vue longtemps reconnaître qu'une place modeste. C'est à partir de 1960 que le droit de la concurrence s'est peu à peu affirmé en

France comme garant de l'économie de marché. Son rôle éminent a été consacré par l'ordonnance du 1er décembre 1986 relative à la liberté des prix et de la concurrence, incorporée aujourd'hui dans le Code de commerce. Le droit de l'Union européenne, par le traité de Rome de 1957, en a fait une pièce maîtresse du marché intérieur.

583. Les deux branches du droit de la concurrence reposent sur un principe commun, celui de la liberté du commerce et de l'industrie, que l'on désigne plus couramment aujourd'hui sous le nom de la *liberté d'entreprendre.*

En premier lieu, la liberté d'entreprendre ne saurait être absolue. Elle n'autorise pas tous les débordements et tous les coups ne sont pas permis. Il faut rechercher un équilibre entre la liberté économique et la préservation des intérêts de l'entreprise.

En second lieu, la liberté d'entreprendre doit être protégée contre elle-même. L'exercice d'une liberté sans limites conduirait à la disparition de la concurrence en autorisant des comportements d'entente entre entreprises ou la constitution de situations de monopole. C'est en ce sens que l'on dit souvent que la concurrence tue la concurrence. L'interdiction des restrictions de concurrence est indispensable à la préservation de la liberté d'entreprendre et il en découle de façon logique.

584. Le droit de la concurrence, qu'il s'agisse de sa première ou de sa seconde branche, a pour destinataire les *entreprises*. Par-là, il se distingue du droit commercial qui s'applique essentiellement aux commerçants, au sens du Code de commerce. Le droit de la concurrence ne distingue pas entre les entreprises commerciales et non commerciales. Ainsi sont soumises au droit de la concurrence non seulement les entreprises commerciales, mais aussi les artisans, les sociétés civiles et les membres des professions libérales. Quant aux entreprises publiques, elles sont également soumises aux règles de concurrence lorsqu'elles ont une activité économique, détachable de leurs prérogatives de puissance publique.

Le droit interne et le droit de l'Union européenne se retrouvent pour admettre la même notion d'entreprise : toute entité exerçant une activité économique de production, de distribution ou de prestation de service.

En introduisant dans le Code de commerce de 2000 les règles de concurrence qui figuraient dans l'ordonnance du 1er décembre 1986, les codificateurs ont fait en réalité du Code de commerce un code des entreprises.

L'entreprise constitue ainsi *le critère d'application du droit de la concurrence.*

585. L'étude du droit de la concurrence, au sens large, nécessite que l'on aborde successivement ses trois composantes. La première composante est la liberté d'entreprendre. Un *titre I* sera consacré à la présentation de celle-ci. La deuxième composante concerne la protection de l'entreprise contre la concurrence injustifiée. Elle sera l'objet d'un *titre II.* Enfin la protection des marchés contre les restrictions de concurrence sera l'objet du *titre III.*

Titre 1
Le principe de la liberté d'entreprendre

586. La liberté d'entreprendre, proclamée en 1791 sous l'intitulé de la liberté du commerce et de l'industrie, est aujourd'hui reconnue comme règle constitutionnelle. Le principe n'a jamais été remis en question.

Les deux expressions de « liberté du commerce et de l'industrie » et de « liberté d'entreprendre » sont à notre avis synonymes. Il s'agit d'une seule et même liberté.

Avec la naissance de la Communauté économique européenne en 1958, la liberté d'entreprendre a pris une dimension européenne. Le traité de Rome l'a consacrée sous la forme de la liberté d'établissement, reconnue à tous les ressortissants de l'Union européenne. La liberté d'établissement implique la possibilité de créer, d'acquérir ou de transférer une entreprise dans tout État membre, sans se heurter à aucune discrimination en raison de la nationalité ou du lieu de l'établissement.

L'on abordera successivement la liberté d'entreprendre en droit interne (section 1), puis la liberté d'établissement en droit européen (section 2).

Section 1
La liberté d'entreprendre en droit interne

587. La liberté d'entreprendre, qui sous-tend le régime de l'économie de marché, comprend principalement la liberté pour toute personne de créer ou d'acquérir une entreprise, dans le domaine de son choix, et de la gérer au mieux de ses intérêts. La création d'entreprise est libre, l'acquisition d'une entreprise est libre, le choix du mode d'organisation et de gestion est libre. Cette liberté individuelle ne peut pourtant pas être totale et le droit lui apporte des limites. Mais celles-ci, aussi nombreuses et importantes soient-elles, ne sont jamais que des exceptions par rapport au principe.

La Cour de cassation, se fondant sur la loi des 2-17 mars 1791, rappelle d'ailleurs que « le démarchage de la clientèle d'autrui est libre dès lors qu'il ne s'accompagne pas d'un acte déloyal »[1].

S'il est relativement aisé de définir ce qu'est la liberté d'entreprendre, il est beaucoup plus difficile en revanche de trouver la justification des très nombreuses limitations que la loi et les règlements lui imposent. Pour y voir clair, il convient, tout d'abord de rechercher les fondements de la liberté d'entreprendre (§ 1), puis, à partir de ceux-ci, d'étudier la portée et le contenu du principe (§ 2).

§1. Le fondement de la liberté d'entreprendre

A. Le fondement légal : la loi des 2-17 mars 1791

588. La loi de 1791 proclame ce que l'on nomme traditionnellement *la liberté du commerce et de l'industrie.*

> ***Art. 7 de la loi des 2-17 mars 1791.*** À compter du 1er avril prochain, il sera libre à toute personne de faire tel négoce ou d'exercer telle profession, art ou métier qu'elle trouvera bon ; mais elle sera tenue de se pourvoir auparavant d'une patente, d'en acquitter le prix, et de se conformer aux règlements de police qui sont ou pourront être faits.

589. Pendant plus de sept siècles, l'ancien droit avait connu un encadrement pesant des activités économiques. L'activité était divisée entre des *métiers* dont les contours étaient étroitement délimités. Un artisan n'avait droit en principe qu'à un seul atelier. Le nombre des apprentis et compagnons était fixé de façon stricte. Les procédés de fabrication étaient régis par des règlements contraignants.

Il y avait, dans le système des corporations, une idée juste, celle du partage du travail, à une époque qui était souvent marquée par la pénurie. Le régime des corporations était un facteur de paix sociale et l'on comprend que le pouvoir royal lui ait accordé sa protection.

Mais ce système de production, qui freinait les initiatives individuelles, était de moins en moins bien supporté par la bourgeoisie commerçante, surtout à partir de la deuxième moitié du XVIIIe siècle. Favorisées par une certaine reprise de l'économie, les idées libérales se répandaient et finirent par former un puissant courant. En 1776, Turgot, Premier ministre de Louis XVI, obtenait un édit supprimant les corporations, mais les protestations furent telles qu'il fallut le rapporter quelques mois plus tard.

Curieusement, la suppression des corporations ne figurait pas au programme des constituants de 1789. La Déclaration des droits ne reconnaît pas expressément le droit de faire le commerce. Elle consacre essentiellement des droits politiques et n'affirme pas la liberté des activités économiques. Cependant, l'on peut penser que la liberté d'entreprendre était implicitement comprise dans la Déclaration.

1. Cass. com., 14 févr. 2018, n° 15-25346, *Contrats, conc. consom.*, mai 2018, n° 88, obs. M. Malaurie-Vignal.

En effet, celle-ci consacrait expressément les principes de liberté et de propriété. Or que seraient la liberté et la propriété, sans la liberté d'entreprendre ?

590. Il faudra attendre la loi des 2 et 17 mars 1791, pour que le principe de la liberté des activités économiques fasse une prudente entrée dans le Droit français. Cette loi, appelée étrangement le *décret d'Allarde*, du nom de l'auteur du projet, avait surtout un but fiscal : il s'agissait d'instituer un impôt nouveau, prélevé sur les commerçants et les artisans. Cet impôt, dénommé la *patente*, qui allait se maintenir jusqu'en 1976, constituait la contrepartie de la liberté de créer une exploitation commerciale.

591. La liberté du commerce et de l'industrie allait trouver appui dans deux règles fondamentales du Code civil, le caractère absolu du droit de propriété (art. 544 C. civ.) et l'autonomie de la volonté (art. 1102 et 1103 C. civ.). La liberté du commerce, la propriété privée et la force des contrats conclus entre personnes privées se conjuguaient pour assurer que l'activité économique était essentiellement confiée aux personnes privées.

L'article 7 de la loi des 2-17 mars 1791 n'a jamais été abrogé et l'on a toujours considéré que le principe de la liberté du commerce et de l'industrie avait au moins la valeur d'une loi ordinaire. Curieusement, le texte n'a pas été incorporé dans le nouveau Code de commerce. Cela eût pourtant été logique, car le principe ne s'applique pas seulement dans les rapports entre les particuliers et l'administration, mais aussi dans les rapports de droit privé. Cet oubli, volontaire ou non, n'affecte cependant pas la positivité du principe.

B. Le fondement constitutionnel de la liberté d'entreprendre

592. Le Conseil constitutionnel a reconnu de façon formelle, dans sa décision du 16 janvier 1982[2], puis dans de nombreuses autres décisions, que le principe de la liberté d'entreprendre avait bien la valeur d'une disposition constitutionnelle.

La décision du 16 janvier 1982 a été prise à la suite de la loi de nationalisation du 18 décembre 1981[3].

Le Conseil constitutionnel avait à répondre à une double question. La liberté d'entreprendre avait-elle valeur constitutionnelle ? Les nationalisations en cause étaient-elles contraires à la liberté d'entreprendre ?

593. À la première question, qui était véritablement la question de principe, le Conseil a répondu par l'affirmative : la liberté d'entreprendre est un *principe de valeur constitutionnelle*. Pour aboutir à une telle solution, le Conseil constitutionnel ne s'est d'ailleurs pas référé aux principes fondamentaux reconnus par les lois de la République et il n'a pas pris en considération la loi des 2-17 mars 1791 pour y trouver un tel principe fondamental. Mais plus directement, il s'est fondé sur les articles 2 et 4 de la Déclaration des droits, qui posent respectivement les principes de liberté et de propriété. Il a considéré que les trois

2. Cons. const., 16 janv. 1982, n° 81-132 DC, *D.* 1983, p. 169, note L. Hamon.

3. Cette loi portait nationalisation d'un très vaste secteur de l'économie : la quasi-totalité des établissements bancaires et quatre grandes sociétés financières contrôlant des entreprises industrielles de premier rang.

principes de la liberté, de la propriété et de la liberté d'entreprendre étaient liés. Plus récemment, le Conseil a fondé la valeur constitutionnelle de la liberté d'entreprendre sur le seul article 4 de la Déclaration de 1789, selon lequel « la liberté consiste à pouvoir faire tout ce qui ne nuit pas à autrui : ainsi, l'exercice des droits naturels de chaque homme n'a de bornes que celles qui assurent aux autres membres de la société la jouissance de ces mêmes droits. Ces bornes ne peuvent être déterminées que par la loi »[4]. La Conseil a précisé « qu'il est loisible au législateur d'apporter à cette liberté des limitations liées à des exigences constitutionnelles ou justifiées par l'intérêt général, à la condition qu'il n'en résulte pas d'atteintes disproportionnées au regard de l'objectif poursuivi ».

> ***Décision n° 81-132 DC du 16 janvier 1982, § 16.*** La liberté qui, aux termes de l'article 4 de la Déclaration, consiste à pouvoir faire tout ce qui ne nuit pas à autrui, ne saurait elle-même être préservée si des restrictions arbitraires ou abusives étaient apportées à la liberté d'entreprendre.

À la seconde question – les nationalisations décidées en l'espèce contrevenaient-elles au principe constitutionnel de la liberté d'entreprendre ? –, le Conseil a répondu par la négative. Malgré leur ampleur, les nationalisations de 1981 n'étaient pas d'une importance telle qu'elles restreignaient le champ de la liberté d'entreprendre. Elles laissaient une place suffisante à l'initiative privée.

Dans plusieurs décisions, le Conseil constitutionnel a réaffirmé, depuis, la valeur constitutionnelle de la liberté d'entreprendre, notamment dans la décision n° 2014-422 QPC du 17 octobre 2014[5].

§2. La portée de la liberté d'entreprendre

594. Le principe de la liberté d'entreprendre a une triple portée. Il est d'abord un principe de nature constitutionnelle et à cet égard, il s'impose au Parlement. Mais il conserve aussi le caractère d'une liberté publique et sous cet angle, il limite les pouvoirs d'intervention de l'administration. Enfin, comme toute loi ordinaire, il s'impose aux particuliers.

A. Le principe constitutionnel de la liberté d'entreprendre s'impose au Parlement

595. La liberté d'entreprendre n'a pas un caractère absolu. Le législateur peut lui apporter des limitations, pour des raisons d'intérêt général. Selon le Conseil constitutionnel lui-même, « il est loisible au législateur d'apporter à la liberté d'entreprendre qui découle de l'article 4 de la Déclaration de 1789, des limitations liées à des exigences constitutionnelles ou justifiées par l'intérêt général, à la condition qu'il n'en résulte pas d'atteinte disproportionnée au

4. Cons. const., 20 avr. 2018, n° 2018-702 QPC.

5. Voy. A. Haquet, « Taxis contre VTC devant le Conseil constitutionnel : victoire de la liberté d'entreprendre », *AJDA* 2015, p. 226.

regard de l'objectif poursuivi »[6]. Ces limitations sont nombreuses et l'on ne peut ici qu'en donner quelques exemples. On peut les classer en trois grandes catégories.

En premier lieu, sans interdire la création d'une entreprise, la loi peut la soumettre à une autorisation administrative.

Par exemple la création et l'extension d'un magasin de grande surface sont soumises à une autorisation administrative répondant à des conditions rigoureuses (*infra*, n° 1117 et s.). Par exemple encore, la création d'un établissement de crédit requiert l'agrément de la Banque centrale européenne (art. L. 511-10 C. mon. et fin.)[7].

En deuxième lieu, la loi peut limiter la liberté d'exploiter. Elle peut poser des conditions d'exploitation, comme dans le cas des établissements insalubres. Elle peut aussi imposer des conditions de fabrication, pour garantir la qualité des produits et la protection de l'environnement ou encore des conditions de prestation de services, par exemple dans le cas des services bancaires, d'assurance ou de communication audiovisuelle. Elle peut encore poser les conditions de la distribution des produits ou des services.

En troisième lieu, la loi peut soustraire certaines activités du secteur privé, pour les confier à des monopoles d'État. Ce fut longtemps en France le cas de la production et de la distribution de l'électricité et du gaz ou des services de la poste. Il faut cependant souligner que sous l'influence du droit européen, ces monopoles sont en voie de disparition et que les entreprises d'État doivent de plus en plus fréquemment être mises en concurrence avec les entreprises privées, sauf à leur accorder un régime spécial dans la mesure où elles assurent un service d'intérêt général[8]. Le droit impose également la séparation étanche des activités de normalisation technique et des activités commerciales de l'entreprise publique.

596. Cependant le principe constitutionnel de la liberté d'entreprendre conduit à poser deux limites à l'action du Parlement.

D'abord, le Parlement ne pourrait pas décider de transférer au secteur public la totalité des moyens de production. Il ne pourrait pas décider une nationalisation totale de l'économie ou d'une branche substantielle de l'activité économique. Surtout, il ne pourrait pas imposer une planification, par voie administrative, de l'ensemble ou d'une partie significative de l'activité économique nationale.

Ensuite, il ressort de la décision du Conseil constitutionnel du 16 janvier 1982, précitée, que le Parlement ne pourrait pas procéder à des nationalisations d'une ampleur telle qu'elles laisseraient une place insuffisante à l'initiative privée dans un secteur important de l'économie. Où se trouve exactement la limite ainsi imposée au Parlement ? Il est difficile de le dire. C'est au Conseil constitutionnel lui-même qu'il appartiendrait, le cas échéant, de dire si le Parlement a outrepassé ses pouvoirs en commettant une erreur manifeste d'appréciation.

6. Cons. const., 20 avr. 2018, n° 2018-702 QPC.

7. Autre ex. : art. L. 33-1 C. postes et communications électroniques.

8. Art. 106, § 2, TFUE.

B. Le principe de la liberté d'entreprendre s'impose à l'administration

597. La liberté d'entreprendre constitue, selon la jurisprudence du Conseil d'État, une *liberté publique*. Il en résulte que les limitations qui peuvent être apportées à la liberté d'entreprendre font partie du domaine de la loi, tel que déterminé par l'article 34 de la Constitution. Le Parlement est seul compétent pour édicter des limitations à la liberté d'entreprendre. Le pouvoir exécutif ne peut pas, de son propre chef, édicter des limites à celle-ci. Vu sous cet angle, le principe révèle une double signification.

En premier lieu, la liberté d'entreprendre commande le libre accès aux professions et à la création d'entreprises. C'était déjà le sens de la loi des 2 et 17 mars 1791 : toute personne est libre, en principe, de choisir sa profession et de créer l'entreprise de son choix. L'administration n'a pas compétence pour limiter la création d'entreprise, sauf lorsqu'elle intervient pour l'application d'une loi votée par le Parlement.

En second lieu, le principe de la liberté d'entreprendre conduit, selon la jurisprudence administrative, à réserver au secteur privé l'exercice des activités économiques. L'administration ne peut pas, en principe et sauf application d'une loi, créer des entreprises publiques qui feraient concurrence aux entreprises privées. Cependant, le principe reçoit ici des exceptions autorisant l'administration à intervenir de son propre chef. D'abord, l'administration peut créer des entreprises publiques soumises au régime de droit privé et ne disposant pas de prérogatives de puissance publique. Ensuite, l'administration peut développer des activités complémentaires des services publics existants. Enfin, l'administration peut intervenir pour pallier les carences de l'initiative privée, afin de répondre à un besoin d'intérêt public[9]. À cet égard, l'initiative des collectivités locales a pu se développer, particulièrement dans le domaine des activités de santé ou d'hygiène publique, plus rarement dans le domaine de la production de biens ou de la prestation de services ordinaires.

C. Le principe de la liberté d'entreprendre s'impose aux personnes privées

598. Le principe conduit à interdire la convention par laquelle une personne s'interdirait d'exercer une activité économique ou renoncerait à l'exercice de sa profession. Une telle convention serait frappée d'une nullité absolue, car c'est l'ordre public qui serait en cause. La jurisprudence civile admet les conventions de non-concurrence et de non-rétablissement, mais à condition qu'elles soient limitées, justifiées par un intérêt légitime et proportionnées à leur objectif (*infra*, n° 608 et s.).

Le principe conduit également à ce qu'un opérateur économique puisse choisir en toute indépendance ses partenaires commerciaux.

9. CE, 30 mai 1930, *Chambre syndicale du commerce de détail de Nevers*, *GAJA*, 23e éd., n° 40.

Section 2
La liberté d'établissement dans l'Union européenne

599. Les ressortissants des États membres de l'Union européenne bénéficient de la citoyenneté de l'Union, instituée par l'article 20 TFUE. En France, ils ne sont pas soumis au régime spécial des commerçants étrangers[10].

Le traité de Rome a posé les principes de libre établissement et de libre prestation de services à l'intérieur du marché commun. Ces deux libertés, qualifiées de fondamentales par la Cour de justice, sont aujourd'hui prévues par les articles 49 et 56 TFUE.

De plus, la Charte des droits fondamentaux de l'Union européenne consacre la liberté d'entreprendre. Selon l'article 16 de la Charte, « La liberté d'entreprise est reconnue conformément au droit communautaire et aux législations et pratiques nationales ».

Cela dit, il importe de donner deux précisions.

600. La liberté d'établissement est la liberté de créer ou de transférer une entreprise dans un État membre autre que l'État d'origine. La liberté d'établissement suppose la création d'une implantation suffisamment stable.

La libre prestation de service, au contraire, se caractérise par l'absence d'établissement stable dans l'État membre où le service est rendu. Par exemple, une banque ou une compagnie d'assurances peut proposer ses services à des utilisateurs qui se trouvent dans d'autres États membres, sans qu'elle-même ait un établissement stable dans ces États.

Si, en droit, les deux concepts d'établissement et de service sont bien distincts, en fait, il n'en va pas toujours ainsi car il existe des situations intermédiaires. Ainsi une entreprise qui offre des prestations de services dans un autre État membre aura souvent besoin d'y avoir au moins un bureau et un représentant permanent sans que l'on puisse forcément parler d'établissement stable et durable. En fait, l'on passe insensiblement de la prestation de service à l'établissement.

601. Pour le droit européen, la liberté ne signifie pas la disparition de toute réglementation et de toute contrainte administrative. Les réglementations nationales restent nécessaires, notamment pour la protection des consommateurs et les besoins de la sécurité et de la santé publiques. La liberté d'établissement et de prestation de service consiste dans la suppression de toutes les *discriminations* entre les nationaux et les ressortissants des autres États membres. C'est le droit à l'égalité de traitement. Mais il ne suffit pas, pour réaliser la liberté d'établissement et de prestation de service, de supprimer les discriminations de nature juridique, il faut aller plus loin et s'attaquer aussi aux discriminations de fait, ce qui peut aller dans certains cas jusqu'à traiter le ressortissant étranger de façon plus favorable que le national.

10. Sur la situation des commerçants étrangers, Voy. *supra*, n° 427.

Deux exemples peuvent aider à le comprendre. *Premier exemple :* Lorsqu'un État membre réserve l'exercice d'une profession à ses ressortissants, l'on est en présence d'une discrimination sur la base de la nationalité, ce qui est le type même de la discrimination de nature juridique. Le droit de l'Union européenne interdit purement et simplement de telles discriminations, sauf quelques exceptions justifiées, par exemple, par l'ordre public (art. 52 et 62 TFUE). *Deuxième exemple :* lorsqu'un État membre impose pour l'exercice d'une profession une condition de diplôme ou de stage, sa réglementation s'applique de la même façon aux nationaux et aux autres ressortissants européens. Elle n'est pas juridiquement discriminatoire. L'on comprend cependant que le médecin ou l'avocat qui veut s'établir dans un État membre autre que son État d'origine ne puisse pas, *en fait*, recommencer sa formation dans le pays d'établissement et y obtenir les titres et diplômes requis, en raison du temps très long qui lui serait nécessaire. De même l'établissement bancaire qui voudrait offrir ses services dans toute l'Union ne peut pas, en fait, se soumettre à vingt-sept procédures d'agrément différentes. La suppression de ces discriminations de fait, suppose que l'on accorde un traitement *plus favorable* au ressortissant étranger en l'autorisant à faire valoir le diplôme, le titre ou l'agrément qu'il a obtenu dans son pays. C'est ce que l'on appelle le principe de la reconnaissance mutuelle des titres et agréments. Lorsque le droit de l'UE prévoit la reconnaissance mutuelle, il impose, par définition, l'application, tout au moins partielle, de la loi du pays d'origine.

Comment parvenir à la suppression des discriminations de droit ou de fait ? Le traité ouvre deux voies : l'harmonisation des législations (§ 1) et l'application directe du principe de libre circulation (§ 2).

§1. L'harmonisation des législations nationales

602. La reconnaissance mutuelle, par les différents États membres, des conditions requises pour l'établissement ou pour la prestation de service dans l'État d'origine, constitue une solution satisfaisante en théorie. Elle se heurte cependant à la réticence des États lorsque trop de différences séparent les législations les unes des autres. La seule solution pour supprimer les discriminations est alors de rapprocher les législations nationales en les harmonisant par rapport à un modèle européen. Le procédé de la *directive européenne* est alors tout à fait indiqué. Les législations et réglementations nationales harmonisées restent distinctes les unes des autres, mais pour l'essentiel, elles ont des contenus très proches. Il n'y a plus alors d'obstacle à la reconnaissance mutuelle. Ici encore quelques exemples permettent de mieux le comprendre.

603. Ainsi, s'agissant de l'établissement des membres des *professions médicales*, des directives ont prévu le contenu et la durée des études ainsi que les exigences propres à chaque spécialisation. Depuis que les directives ont été incorporées dans les droits nationaux, les diplômes délivrés dans les différents États membres ont une valeur sensiblement égale. C'est pourquoi les directives en question ont pu imposer la reconnaissance mutuelle des diplômes exigés des médecins et des autres professionnels de santé. S'agissant des *professions juridiques*, la difficulté est plus grande car l'organisation des études universitaires, les procédures judiciaires et les habitudes sont très différentes d'un État à un autre. L'Union a finalement opté, avec la directive 98-5 du 16 février 1998, pour la voie plus radicale, celle de la reconnaissance mutuelle des titres permettant d'exercer la profession d'avocat dans tout pays de l'Union européenne, mais avec l'obligation d'exercer dans l'État d'établissement en faisant usage du titre professionnel obtenu dans le pays d'origine[11].

11. Directive 98/5/CE du 16 févr. 1998 visant à faciliter l'exercice permanent de la profession d'avocat dans un État membre autre que celui où la qualification a été acquise.

Dans le cas des *banques et des compagnies d'assurances*, tous les États membres exigent un agrément et procèdent à une surveillance de la gestion de ces établissements. Ici encore, des directives européennes ont prévu les conditions de l'agrément, les règles de bonne gestion (dites règles prudentielles), le respect des ratios de solvabilité, etc. En conséquence l'agrément n'est plus exigé que dans le seul État d'origine et la surveillance est effectuée par les autorités de celui-ci. Dans les autres États membres, il suffit que l'entreprise procède à une simple déclaration. C'est le système de *la licence unique*.

Enfin pour faciliter la mobilité des *sociétés*, spécialement par la création de filiales dans d'autres États membres, l'Union européenne a entrepris d'harmoniser le droit des sociétés. En effet, si l'on veut inciter un entrepreneur à créer une filiale dans un autre État membre, il faut faire en sorte qu'il y trouve des conditions juridiques proches de celles dont il a l'habitude dans son pays d'origine. L'harmonisation des droits des sociétés est également nécessaire si l'on veut éviter que certains États ne cherchent à attirer les sociétés sur leur sol en édictant un droit spécialement accueillant. L'article 50 TFUE prévoit d'ailleurs expressément la coordination des règles du droit des sociétés. Sur cette base, de nombreuses directives sont déjà intervenues dans le domaine des sociétés par actions et des sociétés à responsabilité limitée. Mais il existe de fortes divergences entre les États membres, spécialement sur la question de la place des travailleurs dans la gestion des sociétés, ce qui fait que plusieurs propositions ou projets de directives n'ont pas abouti. La disparité des législations fiscales est également un obstacle sérieux au libre établissement des sociétés, car l'adoption de directives ou de règlements exige, en matière fiscale, l'unanimité des États membres au sein du Conseil.

Un progrès important a été réalisé avec la création de la société européenne (SE) grâce au règlement UE n° 2157/2001 du 8 octobre 2001. (SE). L'article 8 de ce texte dispose que le siège statutaire peut être transféré dans un autre État membre et que ce transfert ne donne lieu ni à dissolution ni à création d'une personne morale nouvelle.

§2. L'effet direct des dispositions du traité

604. Malgré ses mérites, la voie de l'harmonisation des législations nationales reste insuffisante. La procédure d'adoption des directives est longue et compliquée. De plus, les directives ont un caractère sectoriel : chacune concerne un secteur particulier d'activité, de sorte que les lacunes sont inévitables.

Pour ces raisons, la Cour de justice a tiré le plus grand parti des textes du traité. Elle a déclaré que les articles 49 TFUE proclamant la liberté d'établissement et 56 TFUE sur la libre prestation de service, avaient un effet direct[12]. Cela signifie, on l'a vu, que les particuliers peuvent invoquer devant les juridictions nationales les articles 49 et 56 TFUE, afin de se soustraire aux législations discriminatoires imposées par les États[13].

Finalement, c'est bien la même idée que l'on retrouve en droit interne comme en droit européen : la liberté d'entreprendre n'est pas absolue. Les États, peuvent lui apporter des restrictions, à la condition que celles-ci soient justifiées par l'intérêt général et qu'elles soient proportionnées à cet intérêt, sans aller au-delà de ce qui est nécessaire.

12. Pour l'article 49 TFUE : CJCE, 21 juin 1974, *Reyners*, aff. 2-74.- Pour l'article 56 TFUE : CJCE, 3 déc. 1974, *van Binsbergen*, aff. 33-74.

13. V. *supra*, n° 51.

Titre 2
La protection de l'entreprise contre la concurrence

605. En régime de concurrence, toute entreprise peut légitimement chercher à conquérir la clientèle de ses concurrents. Mais l'entreprise est également en droit de défendre ses intérêts contre les menées de ses concurrents. Il est légitime qu'elle cherche à conserver sa clientèle par des moyens licites. Trois voies s'ouvrent alors à elle.

- L'entreprise peut tout d'abord chercher à protéger sa clientèle, par un contrat conclu avec l'un de ses concurrents.
- L'entreprise peut ensuite agir en responsabilité délictuelle contre ceux qui lui font une concurrence déloyale.
- L'entreprise peut enfin rechercher la protection de ses créations ou des signes identifiant ses produits en obtenant la reconnaissance d'un droit de propriété industrielle.

Dans les trois cas, il faut trouver – et c'est toute la difficulté de cette matière – un juste équilibre entre la liberté d'entreprendre et la libre concurrence, d'une part, et la protection des intérêts légitimes de l'entreprise, d'autre part. La recherche de ce point d'équilibre constitue l'objet de ce premier titre. Il faut la mener, d'abord à propos des limitations contractuelles de la concurrence, plus précisément des *conventions de non-concurrence* (chapitre 1), puis à propos de la responsabilité délictuelle, qui sanctionne la *concurrence déloyale*[1] (chapitre 2) et enfin en étudiant les *droits de propriété industrielle* (chapitre 3).

1. La concurrence n'est pas systématiquement déloyale. On a trop souvent tendance aujourd'hui à accoler au mot « concurrence » l'adjectif « déloyale ». Voy. Cass. com., 3 mai 2016, n° 14-24905 : « Une situation de concurrence directe ou effective entre les sociétés considérées n'est pas une condition de l'action en concurrence déloyale qui exige seulement l'existence de faits fautifs générateurs d'un préjudice ».

CHAPITRE 1

Les conventions de non-concurrence

606. La convention de non-concurrence est un contrat par lequel une personne s'engage envers une autre à ne pas exercer une activité commerciale qui lui ferait concurrence. Celui qui s'engage est le débiteur de l'obligation de non-concurrence. L'objet de son obligation est une abstention. Celui envers qui l'on s'engage est le créancier de l'obligation de non-concurrence[1].

Ces conventions prennent habituellement le nom de *clauses* de non-concurrence parce qu'elles sont incluses dans un contrat plus vaste. Elles sont le plus souvent l'accessoire d'une obligation principale.

Exemple. A vend son fonds de commerce à B. Il s'engage à ne pas se rétablir dans le même genre de commerce dans un rayon de 50 km, pendant dix ans, afin de ne pas concurrencer B. L'engagement de non-concurrence est accessoire à l'obligation de garantie qui pèse sur le vendeur du fonds de commerce.

Le juge doit interpréter les conventions de non-concurrence de manière restrictive. Par exemple, la clause qui interdirait l'exercice d'une activité concurrente *auprès des clients* de telle société commerciale, n'empêcherait pas de créer une société concurrente avec d'autres clients.

607. Les clauses de non-concurrence sont fréquentes et importantes en pratique. Elles accompagnent les cessions d'entreprises ou de fonds de commerce, les baux commerciaux, les contrats de distribution et certains contrats de travail.

Nous examinerons d'abord les conditions générales de validité des conventions de non-concurrence (section 1), puis les conditions particulières, propres à chaque type de contrat (section 2), et enfin les sanctions (section 3).

1. La clause de non-concurrence ne doit pas être confondue avec la clause de confidentialité ou de secret. V. Cass. soc., 3 mai 2018, n° 16-25067.

Section 1
Les conditions générales de validité des clauses de non-concurrence

608. Les clauses de non-concurrence sont-elles licites ? Le législateur français n'a pas précisément tranché la question. Il n'existe aucun texte législatif ou réglementaire qui soit consacré aux engagements de non-concurrence accessoires à une convention principale. C'est la jurisprudence qui a dû trancher le problème de la validité des clauses de non-concurrence, en appliquant les textes généraux : l'article 7 de la loi des 2-17 mars 1791 qui pose le principe de la liberté d'entreprendre et l'article L. 420-1 du Code de commerce qui interdit les accords qui empêchent, restreignent ou faussent la concurrence sur un marché.

Nous n'aborderons, dans les développements qui suivent, que la question de l'application du principe de la liberté d'entreprendre aux clauses de non-concurrence. L'application de l'article L. 420-1 du Code de commerce soulève des difficultés particulières, en raison notamment de sa référence au marché, et il faudra l'exposer dans le cadre plus général de l'étude des ententes (*infra*, n° 818).

609. À première vue, le principe de la liberté d'entreprendre irait plutôt dans le sens de l'interdiction des clauses de non-concurrence puisqu'elles interdisent au débiteur l'exercice d'une certaine activité économique. Il faut en déduire que, en principe, elles sont frappées d'une nullité. Mais, d'un autre côté, elles sont utiles, car elles garantissent l'existence d'une clientèle et facilitent la conclusion du contrat principal. Ainsi, par exemple, quel commerçant acceptera d'acheter un fonds de commerce s'il sait que son vendeur va continuer son activité et va lui faire une concurrence d'autant plus redoutable que la clientèle lui reste attachée ?

Jusqu'à une époque récente, la jurisprudence s'était montrée plutôt favorable aux clauses de non-concurrence. Elle admettait leur validité, à condition qu'elles fussent limitées dans le temps ou dans l'espace (§ 1). Depuis quelques décennies, elle se montre plus circonspecte et elle exige en outre que l'engagement de non-concurrence soit justifié et proportionné (§ 2).

§1. L'obligation de non-concurrence doit être limitée

610. Il faut tout de suite écarter une hypothèse d'école, celle de la convention par laquelle une personne renoncerait définitivement à l'exercice de toute activité économique. Une telle convention, à cause de sa généralité, serait certainement nulle. Elle contreviendrait manifestement au principe de la liberté d'entreprendre. En fait, les conventions de non-concurrence n'ont jamais un objet aussi général.

611. Traditionnellement, la Cour de cassation subordonne la validité des conventions de non-concurrence à deux conditions, qui doivent être remplies l'une et l'autre.

- L'obligation de non-concurrence doit être, tout d'abord, limitée dans son objet. La clause doit indiquer, de façon précise, le genre d'activité à laquelle renonce le débiteur. Par exemple, la vente au détail des vêtements de sport ou le commerce de matériel informatique.
- L'obligation doit être ensuite limitée dans le temps et dans l'espace[2]. Par exemple, l'obligation peut être limitée à dix ans et au territoire d'une région. Selon la jurisprudence traditionnelle, cette deuxième condition comportait une alternative : pour être valable, l'engagement devait comporter ou bien une limitation dans le temps, ou bien une limitation dans l'espace. Cependant la Cour de cassation exige aujourd'hui que la clause de non-concurrence soit limitée à la fois dans le temps et dans l'espace[3].

612. La jurisprudence précise en outre que la clause de non-concurrence doit laisser au débiteur la possibilité de continuer à exercer normalement l'activité professionnelle qui lui est propre. Cette jurisprudence est née à propos des clauses de non-concurrence souscrites par certains salariés et qui prennent effet à l'expiration du contrat de travail. La chambre sociale de la Cour de cassation a estimé que la clause devait laisser au salarié la possibilité d'exercer son métier[4].

À son tour, la chambre commerciale a consacré la condition et lui a donné une portée générale[5]. Par conséquent, il ne suffit pas, pour que la clause soit valable, qu'elle comporte des limites. Il faut que ces limites soient réelles, qu'elles laissent, en fait, une possibilité véritable d'entreprendre. Or tel n'est pas le cas lorsque, de façon concrète, le débiteur se trouve privé de toute possibilité d'exercer l'activité qui était la sienne depuis de nombreuses années. Selon la chambre commerciale, est nulle toute clause de non-concurrence qui, « n'étant pas suffisamment limitée dans le temps et dans l'espace, porte une atteinte excessive à la liberté d'exercice de la profession du débiteur de l'obligation »[6].

§2. L'obligation de non-concurrence doit être justifiée et proportionnée

613. Il ne faut pas oublier que les clauses de non-concurrence sont des exceptions au principe général de la liberté d'entreprendre. L'on ne peut admettre ces exceptions que si elles répondent à un intérêt légitime. Cette observation conduit à poser deux règles.

2. Cass. com., 30 mars 2022, n° 19-25794.

3. Cass. com., 12 févr. 2013, n° 12-13726 : « La clause de non-concurrence litigieuse n'est pas limitée dans l'espace ; que de cette seule constatation, et peu important que cette clause fût limitée dans le temps, la cour d'appel a (...) exactement déduit que les sociétés S. B. et X... n'étaient pas fondées à se prévaloir de la violation de cette stipulation ».

4. Cass. com., 8 juin 2017, n° 15-27146.

5. Dans le cas d'un contrat de franchise : Cass. com., 29 mai 1980, n° 79-10323.- Dans le cas d'un contrat d'agence : Cass. com., 9 juill. 2002, n° 00-18311.- Dans le cas d'un pacte d'associés : Cass. com., 20 sept. 2016, n° 15-13263.

6. Cass. com., 23 sept. 2014, n° 13-21285.

La clause n'est valable, en premier lieu, que si l'on peut prouver l'existence d'une cause de justification. En général, pour que cette condition soit remplie, il faut que la clause soit l'accessoire d'un contrat principal, lui-même licite. L'on peut dire que son caractère accessoire est une condition de sa validité. En outre, le rattachement de la clause de non-concurrence à l'opération principale ne doit pas être artificiel. Il faut que la clause soit objectivement utile à la conclusion et au maintien du contrat principal. Il faut qu'elle réponde à un intérêt légitime. Ainsi, il est manifeste que l'engagement de non-concurrence se justifie lorsqu'il est accessoire à une vente de fonds de commerce. En revanche l'on peut douter que la même clause soit valable lorsqu'elle est incluse dans la vente d'un terrain.

La clause doit être proportionnée à l'objectif qu'elle sert. Elle ne doit pas aller au-delà de ce qui est nécessaire pour atteindre l'objectif qui la justifie. Ce principe de proportionnalité a été longtemps ignoré de la jurisprudence, mais il a été expressément consacré par la Cour de cassation dans un arrêt de la chambre commerciale du 4 janvier 1994[7].

Le propriétaire et exploitant d'un taxi, qui avait la qualité de commerçant, avait conclu un contrat avec une société gérant un central de radiophonie (qui assurait, semble-t-il, la transmission des messages d'appel). Le contrat était assorti d'une clause de non-concurrence. En cas de résiliation de la convention, il était prévu une interdiction d'exercer toute activité de taxi pendant trois ans et dans un rayon de 30 km. Le chauffeur de taxi n'ayant pas exécuté son engagement de non-concurrence, la société de radiophonie l'assignait en dommages et intérêts. Les juges du fond, considérant que la clause était valable, accordaient les dommages et intérêts. Mais la décision est cassée pour défaut de base légale, la chambre commerciale reprochant à la cour d'appel de ne pas avoir recherché, comme il le lui était demandé, si la clause litigieuse, même limitée dans le temps et dans l'espace, n'était pas *disproportionnée au regard de l'objet du contrat*.

La Cour de cassation précise aujourd'hui que la clause doit être « proportionnée aux intérêts légitimes du créancier »[8]. Notamment, la limitation de l'obligation de non-concurrence dans l'espace, c'est-à-dire la détermination du territoire géographique à l'intérieur duquel joue l'obligation, doit être proportionnée aux intérêts du créancier et ne pas s'étendre au-delà du nécessaire[9].

614. Conclusion. La clause de non-concurrence est nulle lorsqu'elle ne satisfait pas aux conditions de temps et d'espace, à la condition de justification et à la condition de proportionnalité. Il suffit que l'une de ces conditions de validité ne soit pas remplie pour que la clause soit nulle[10]. Se pose ensuite la question de la nature de la nullité : nullité relative ou nullité absolue ? Les conditions de validité des clauses de non-concurrence protègent le débiteur de l'engagement de non-concurrence. Elles protègent un intérêt particulier. Il s'agit donc d'une nullité relative. Toutefois, si la clause non valable fait obstacle à la concurrence sur un marché, c'est l'intérêt général qui est en cause. Il s'agit alors d'une nullité absolue.

7. Cass. com., 4 janv. 1994, n° 92-14121.
8. Cass. com., 13 juin 2018, n° 17-10131.
9. Cass. com., 16 févr. 2022, n° 20-12885.
10. Cass. com., 4 nov. 2020, n° 18-25245.

Section 2
Les applications particulières

615. Les clauses de non-concurrence se rencontrent dans de nombreux contrats. Nous examinerons les quatre catégories de conventions dans lesquelles la clause est usuelle : la cession de fonds de commerce (§ 1), le bail commercial (§ 2), les contrats de distribution (§ 3) et le contrat de travail (§ 4).

§1. La clause de non-concurrence accessoire à la vente d'un fonds de commerce

616. Par la clause, le vendeur du fonds de commerce s'engage à ne pas faire concurrence à son acheteur et, en particulier, à ne pas se rétablir en créant un fonds concurrent, raison pour laquelle on la désigne aussi sous le nom de clause de « non-rétablissement ». Plus généralement, l'on rencontre la clause dans toutes les opérations qui permettent de céder l'exploitation d'une entreprise : vente de fonds de commerce, mise en location-gérance du fonds ou cession d'un bloc d'actions donnant la majorité de contrôle d'une société.

La présence de la clause, dans cette dernière hypothèse, engendre un problème de qualification. En stipulant un engagement de non-concurrence, les parties ne manifestent-elles pas la volonté de transférer la clientèle ? Dans ce cas, la cession des actions ne doit-elle pas être requalifiée en vente du fonds de commerce ? Non, car le cédant des actions ne cède ni la clientèle ni le fonds de commerce dont il n'était pas, antérieurement à la cession, le titulaire. L'engagement de non-concurrence a seulement pour but de garantir la valeur des actions.

617. Fonction de la clause de non-concurrence. En souscrivant son engagement de non-concurrence, le vendeur garantit la transmission de la clientèle à l'acheteur. L'on constate alors que l'engagement de non-concurrence coïncide avec *l'obligation légale de garantie* qui pèse sur le vendeur de fonds de commerce[11]. Le vendeur du fonds de commerce doit la garantie de son fait personnel, c'est-à-dire qu'il doit s'abstenir de tout comportement qui viendrait troubler l'acheteur dans sa jouissance de la chose vendue. La clause n'est finalement que la mise en œuvre conventionnelle de l'obligation légale de garantie.

On pourrait alors s'interroger sur l'utilité de la clause. À quoi sert-elle, si elle fait double emploi avec la garantie légale ? En fait, elle est utile car elle a l'avantage de préciser, de façon concrète, l'étendue de la garantie, en ce qui concerne son objet, sa durée et son champ d'application territoriale[12].

La seule question qui peut se poser est de savoir si l'obligation légale de garantie subsiste derrière la clause de non-concurrence. La jurisprudence l'admet. L'obligation légale survit à la clause et peut encore jouer après l'extinction de celle-ci[13]. En effet les parties ne peuvent renoncer à la garantie du fait personnel étant donné

11. V. Forti, « Le fondement légal de l'obligation de non-concurrence dans les contrats relatifs à une clientèle : pour le remplacement de la garantie d'éviction par le droit commun de contrats », *RDC* 2016, p. 556.

12. Cass. com., 8 avr. 2014, n° 13-14693.

13. Cass. com., 16 janv. 2001, n° 98-21145.

qu'il s'agit d'une obligation principale dans un contrat de vente (art. 1603 C. civ.). Encore faut-il, en pratique, que le vendeur soit encore en mesure de retenir la clientèle du fonds vendu.

618. Validité et portée de la clause. La clause de non-concurrence est parfaitement valable dans la mesure où elle répond à sa fonction de garantie. Elle remplit alors toutes les conditions posées par la jurisprudence : elle est par nature limitée dans son objet, dans sa durée et dans son application territoriale. Simplement, en raison du principe de proportionnalité, elle ne doit pas être plus étendue que nécessaire. Elle ne doit pas aller au-delà de ce que nécessite le transfert définitif de la clientèle. Le cas échéant, le tribunal devrait pouvoir raccourcir sa durée, réduire son objet ou limiter son étendue territoriale. Ce ne serait au fond qu'une application de la réfaction du droit commercial.

Les effets de la clause sont étendus. La clause n'interdit pas seulement au vendeur de créer un fonds de commerce concurrent, mais elle lui interdit toute concurrence, quel que soit le moyen utilisé. Ainsi, le vendeur ne peut pas créer une société qui ferait concurrence à l'acquéreur du fonds. Il ne peut pas entreprendre une activité concurrente sous le couvert d'un prête-nom. Il ne peut pas accepter des fonctions salariées qui le mettraient en contact avec la clientèle. Tout cela s'explique par l'idée que le vendeur garantit son fait personnel et ne souscrit pas seulement une simple obligation de non-rétablissement d'un fonds concurrent.

En revanche, lorsqu'une société vend son fonds de commerce, la clause de non-concurrence inscrite dans l'acte de cession n'engage ni les associés ni, en principe, les dirigeants de cette société[14]. Les tribunaux ont toutefois tendance à prendre en compte le fait que le dirigeant entretenait avec la clientèle des rapports particuliers et qu'il avait un intérêt personnel à l'existence de la clause[15]. Il en résulte une jurisprudence assez nuancée.

619. Transmissibilité de la clause. Comme la clause garantit le transfert de clientèle, la créance de non-concurrence dont profite l'acheteur fait partie des éléments du fonds de commerce. Par conséquent l'obligation est transmise, activement[16], aux acquéreurs successifs du fonds de commerce. Un sous-acquéreur pourra la faire valoir contre le débiteur initial qui ne respecterait pas son engagement. L'action du sous-acquéreur sera bien une action contractuelle et non pas une action en responsabilité délictuelle pour concurrence déloyale.

En revanche, la clause ne devrait pas être transmissible passivement. Elle ne saurait notamment être transmise aux héritiers du vendeur. Celui-ci a souscrit une obligation purement personnelle. Des arrêts anciens avaient admis la transmission passive de l'obligation[17]. La tendance de la jurisprudence est aujourd'hui de la refuser en soulignant que l'obligation est essentiellement attachée à la personne du débiteur[18]. Mais les arrêts recherchent aussi si l'héritier avait déjà eu, du vivant de son auteur, des contacts professionnels avec la clientèle et s'il dispose des moyens propres à développer une concurrence dangereuse pour le créancier[19].

14. Cass. com., 11 juill. 2006, n° 04-20552.

15. Cass. com., 24 mai 2005, n° 02-19704, *Contrats, conc. consom.* 2005, comm. 135, obs. M. Malaurie-Vignal.

16. Par transmission active, on entend la transmission de la créance, par opposition à la transmission passive, qui est celle de la dette.

17. Cass. req., 6 nov. 1923, *Gaz. Pal.* 1924.1.37.

18. M. Gomy, *Essai sur l'équilibre de la convention de non-concurrence*, PU Perpignan, 1999, préf. Y. Serra, n° 345 et s.

19. Cass. com., 17 mai 1971, n° 70-10175.

§2. La clause de non-concurrence accessoire à un contrat de bail ou à un règlement de copropriété

620. Celui qui occupe les lieux, en qualité de locataire ou de copropriétaire, cherche à se protéger contre la concurrence d'autres colocataires ou copropriétaires de l'immeuble. Il demande alors à bénéficier d'une exclusivité. Celle-ci prend la forme d'un engagement souscrit par le bailleur ou d'une disposition du règlement de copropriété.

A. Le cas du bail

621. Le bailleur peut-il concurrencer son locataire ? Peut-il permettre à un tiers, à qui il consent un bail dans le même immeuble, de faire concurrence au premier locataire ? En principe, oui. Le contrat de bail a pour objet la jouissance des lieux et non l'exploitation d'un fonds de commerce. En l'absence de stipulation particulière du contrat, le locataire a droit à la jouissance des locaux et il peut les affecter à n'importe quelle activité de son choix. En contrepartie, le bailleur n'est pas tenu d'une obligation de non-concurrence. Il doit garantir, conformément à l'article 1719 du Code civil, la jouissance des lieux, mais non la jouissance d'une clientèle. Dans le silence du contrat, le bailleur peut donc faire concurrence à son locataire, soit directement en exploitant lui-même une activité semblable, soit indirectement en consentant une location à un concurrent du premier locataire. La jurisprudence est aujourd'hui bien fixée en ce sens[20].

622. Cependant, en pratique, les contrats de bail commercial contiennent toujours une clause prévoyant que le bail est conclu en vue d'une certaine activité. Par exemple, le bail est consenti pour un commerce d'alimentation, pour la vente de vêtements ou pour un atelier de réparation d'automobiles. Il est alors usuel que le locataire s'engage à ne pas entreprendre une autre activité dans les lieux loués, sans l'autorisation du bailleur. Il manquerait alors à son obligation en changeant la destination des lieux. Et en contrepartie, le locataire obtient de son bailleur un engagement de non-concurrence ainsi que l'engagement de ne pas autoriser l'exercice d'un commerce concurrent par d'autres locataires[21].

Ainsi, l'on se trouve en présence de deux sortes de clauses. 1) La clause par laquelle bailleur et preneur s'engagent unilatéralement ou réciproquement à ne pas se faire concurrence. Il s'agit alors d'une clause de non-concurrence tout à fait ordinaire. 2) La clause par laquelle le bailleur s'engage à ne pas consentir de location à des concurrents du premier locataire, celui-ci s'engageant de son côté à ne pas faire concurrence aux autres locataires du bailleur (ce qui peut s'analyser en une stipulation pour autrui). Cette clause n'est pas, au sens strict, une clause de

20. Cass. 3e civ., 16 mars 1976, n° 74-10593.

21. La jurisprudence a d'ailleurs tendance à reconnaître l'existence d'un engagement tacite de non-concurrence à la charge du bailleur, lorsque le contrat de bail énumère avec précision les activités que pourra exercer le preneur. V. Cass. 3e civ., 19 mai 1971, n° 69-14700.

non-concurrence. Mais le but visé est le même : la clause aboutit à une spécialisation, voire à une complémentarité, des activités exercées dans l'immeuble. Ces clauses que l'on peut appeler *clauses d'exclusivité* sont donc généralement utiles.

623. De tels engagements sont certainement licites au regard du principe de la liberté d'entreprendre. L'engagement du locataire de n'entreprendre dans les lieux loués qu'une activité déterminée, est limitée dans son objet, dans le temps et dans l'espace. L'engagement est en outre justifié par le fait qu'il facilite la conclusion d'autres contrats de bail, portant sur des locaux compris dans le même ensemble immobilier, et qu'il favorise une répartition rationnelle des activités. Pour les mêmes raisons l'engagement du bailleur de ne pas exercer ni autoriser des activités concurrentes de celles du locataire, ne soulève pas non plus de difficulté.

624. En revanche, la validité de ces clauses s'est posée au regard des dispositions relatives à la *déspécialisation* des baux commerciaux (*supra*, n° 566 et s.). En effet, l'article L. 145-47 du Code de commerce dispose : « Le locataire peut adjoindre à l'activité prévue au bail des activités connexes ou complémentaires ». Et l'article L. 145-48 : « Le locataire peut, sur sa demande, être autorisé à exercer dans les lieux loués une ou plusieurs activités différentes de celles prévues au bail... ». Ces dispositions sont d'ordre public, l'article L. 145-15 du Code de commerce prévoyant que « sont réputés non écrits, quelle qu'en soit la forme, les clauses, stipulations et arrangements qui auraient pour effet de faire échec aux dispositions des articles... L. 145-47 à L. 145-54 ».

Il est clair que sont ainsi condamnées toutes les clauses qui viendraient limiter l'exercice du droit du locataire de demander la déspécialisation des locaux. Le bailleur ne saurait opposer ni les engagements pris par le locataire, ni les engagements qu'il aurait pu lui-même prendre à l'égard des autres locataires[22].

B. Le cas de la copropriété

625. Il est fréquent que les commerçants qui exploitent leur fonds de commerce dans un ensemble immobilier, qu'il s'agisse d'un centre commercial ou tout simplement d'un immeuble à vocation mixte, habitation et commerce, soient propriétaires de leurs locaux. Le règlement de copropriété comporte alors des clauses d'exclusivité et de non-concurrence qui ont pour but de valoriser les locaux et de favoriser la complémentarité des activités commerciales dans l'intérêt des habitants.

Ici encore, ces clauses ne soulèvent pas de difficultés au regard du principe de la liberté d'entreprendre. Elles sont, de ce point de vue, certainement licites. En revanche, l'article 8, I, alinéa 2, de la loi n° 65-557 du 10 juillet 1965, fixant le statut de la copropriété des immeubles bâtis dispose : « Le règlement de copropriété ne peut imposer aucune restriction aux droits des copropriétaires en dehors de celles qui seraient justifiées par la destination de l'immeuble, telle qu'elle est définie aux actes, par ses caractères ou sa situation ». Et selon l'article 43 de la loi, toutes clauses contraires sont réputées non écrites. La limitation de la liberté commerciale des copropriétaires peut donc être justifiée par la destination de l'immeuble.

22. Cass. 3e civ., 15 févr. 2012, n° 11-17213.

§3. La clause de non-concurrence accessoire à un contrat de distribution

626. Les contrats de concession exclusive, d'exclusivité d'approvisionnement, de distribution sélective ou de franchise comprennent souvent une obligation de non-concurrence à la charge du concessionnaire ou revendeur. Il en est de même des contrats d'agence commerciale[23]. Ces clauses sont de deux sortes.

627. Les premières produisent leur effet *pendant la durée du contrat de distribution*. Elles prévoient que le distributeur ne fabriquera pas et ne vendra pas des produits concurrents de ceux du fournisseur.

Remarquons que dans le cas de la *concession exclusive de vente*, l'obligation du concessionnaire de ne pas vendre des produits concurrents n'est pas inhérente à la concession elle-même. Ainsi, en l'absence de stipulation particulière, le concessionnaire de vente a le droit de faire concurrence à son concédant en vendant les produits d'autres marques. Au contraire, la clause de non-concurrence transforme l'exclusivité de vente en une exclusivité réciproque. Il est vrai qu'autrefois, la jurisprudence faisait peser sur le concessionnaire une obligation de non-concurrence, jouant de plein droit dans le silence du contrat[24]. Mais c'était parce que la jurisprudence avait une conception excessivement étroite du contrat de concession de vente, qu'elle identifiait à une exclusivité réciproque. Cette conception méconnaît les principes de la liberté du commerce et de la libre concurrence. Sauf convention contraire, l'on ne voit pas pourquoi le revendeur devrait être assujetti à son fournisseur, au point de ne pas avoir le droit de vendre des produits d'autres marques. C'est la liberté qui se présume, non l'enchaînement du distributeur au fournisseur[25], et concurrence n'est pas déloyauté.

De même, les *autres contrats de distribution* n'engendrent pas par eux-mêmes une obligation de non-concurrence à la charge du revendeur. La clause est donc utile. Elle a pour effet de spécialiser le revendeur dans la vente des produits du fournisseur ou du franchiseur. Elle pousse le revendeur à concentrer ses efforts sur la commercialisation des seuls produits contractuels. Elle favorise une meilleure distribution des produits. C'est pourquoi sa validité dans les contrats de distribution est en général reconnue par le droit de la concurrence.

La solution est différente dans le cas du *contrat d'agence commerciale*, car l'article L. 134-3 du Code de commerce, met une obligation de non-concurrence à la charge de l'agent, pendant toute la durée du contrat, sauf stipulation contraire. Mais cela s'explique par le fait que le contrat d'agence est un mandat d'intérêt commun.

628. Les clauses de la seconde catégorie produisent leurs effets à l'expiration du contrat. Elles prévoient que l'ancien revendeur ne fera pas concurrence à son ancien fournisseur, pendant un certain temps, par exemple pendant cinq ans, à compter de la fin du contrat de distribution. La clause est utile, car en son absence, aucune obligation de non-concurrence ne pèse de plein droit sur l'ancien revendeur. La clause se justifie, car en son absence le fournisseur aurait peut-être des difficultés à trouver un nouveau distributeur disposé à remplacer le précédent.

23. L'article L. 134-14, al. 3, C. com. dispose que lorsqu'une clause de non-concurrence est prévue dans un contrat d'agence commerciale, « elle n'est valable que pour une période maximale de deux ans après la cessation d'un contrat ».

24. Cass. com., 20 juill. 1965, *Bull.* n° 466.

25. *Contra* : Y. Picod, « L'obligation de non-concurrence de plein droit et les contrats n'emportant pas transfert de clientèle », *JCP* E 1994. I. 349.

La clause peut être plus ou moins étendue. Elle peut se limiter à une interdiction temporaire de vendre les produits de la marque de l'ancien fournisseur. L'ancien revendeur pourra continuer son activité, mais en commercialisant des produits d'autres marques. La clause est en principe valable[26]. Il arrive aussi que la clause interdise de vendre non seulement les produits de l'ancien fournisseur, mais encore tous les produits concurrents. Une telle clause, par sa sévérité, soulève plus de difficulté. Il ne faudrait pas qu'elle prive le revendeur de son activité professionnelle ou qu'elle l'empêche d'exploiter son fonds de commerce, car son effet serait sans doute disproportionné.

Une clause voisine de la clause de non-concurrence est la clause dite de « non-réaffiliation », qui interdit au débiteur d'entrer dans un réseau de commercialisation concurrent après la rupture de son contrat. La clause de non-réaffiliation obéit aux mêmes conditions de validité que les clauses de non-concurrence : elle doit être limitée et proportionnée[27].

§4. La clause de non-concurrence accessoire à un contrat de travail

629. Il s'agit surtout du contrat de travail mettant le salarié en contact avec la clientèle de l'employeur. Ainsi les contrats des cadres commerciaux et les contrats de VRP et représentants salariés. Pendant la durée du contrat, la clause de concurrence est inutile car le salarié est tenu d'une obligation de loyauté inhérente à la relation de travail. Le salarié ne peut pas travailler au profit d'un concurrent de son employeur, sauf stipulation contraire. Le ferait-il qu'il commettrait une faute grave, autorisant son licenciement. Mais à l'expiration du contrat, le salarié retrouve en principe sa liberté et il peut soit entreprendre lui-même une activité concurrente de celle de son ancien employeur, soit se mettre au service d'un concurrent de celui-ci. C'est alors que la clause de non-concurrence est utile. Mais elle doit être expresse. La clause est licite si elle respecte les conditions générales déjà évoquées. Il faut surtout veiller à ce que la clause n'aille pas au-delà de ce qui est nécessaire pour la protection de la clientèle de l'ancien employeur et qu'elle n'aboutisse pas à priver l'ancien salarié de l'exercice de sa profession.

Revenant sur sa jurisprudence antérieure, la Cour de cassation décide aujourd'hui que, pour être licite, la clause de non-concurrence « doit comporter l'obligation pour l'employeur de verser au salarié une contrepartie financière »[28]. Et en l'absence de contrepartie financière, le salarié peut demander que la clause lui soit déclarée inopposable[29]. Mais l'exigence d'une contrepartie financière ne concerne que la clause de non-concurrence insérée dans un contrat de travail, et non celle qui figure dans les autres contrats[30]. La Cour de cassation a ainsi jugé qu'« au regard du caractère exclusivement libéral de l'activité de mandataire de l'intéressé, la validité de la clause litigieuse n'était pas subordonnée à l'octroi d'une contrepartie financière »[31].

26. Toutefois, le règlement UE n° 2022/720 du 10 mai 2022 sur l'exemption des accords verticaux (*i.e.* les accords entre fournisseurs et distributeurs) au regard de l'article 101, § 3, TFUE (*infra*, n° 1177) prévoit, à l'article 5, que l'exemption ne peut s'appliquer lorsque l'accord contient une clause de non-concurrence dont la durée est indéterminée ou qui dépasse cinq ans.

27. M. Malaurie-Vignal, « Les liaisons étroites entre clause de non-concurrence et clause de non-réaffiliation », *JCP* E 2012, 1402.

28. Cass. soc., 10 juill. 2002, n° 00-45387, *D.* 2002, p. 2491, note Y. Serra : « Une clause de non-concurrence n'est licite que si (...) elle comporte l'obligation pour l'employeur de verser au salarié une contrepartie financière ».

29. Cass. soc., 25 mai 2005, n° 04-45794.

30. Cass. com., 23 juin 2021, n° 19-24488, *RDC* 2021, n° 4, p. 44, note M. Caffin-Moi.

31. Cass. 1re civ., 2 oct. 2013, n° 12-22846.

Section 3
La sanction des clauses de non-concurrence

630. L'on suppose qu'une clause de non-concurrence a été valablement souscrite. Que se passe-t-il si le débiteur ne respecte pas son engagement ? Quel est le tribunal compétent pour sanctionner la méconnaissance de la clause (§ 1) ? Quelles sont les mesures qu'il pourra ordonner (§ 2) ?

§1. Le tribunal compétent pour constater l'inexécution de l'engagement de non-concurrence

631. Lorsque la clause est accessoire à la vente du fonds de commerce, le *tribunal de commerce* est toujours compétent. Ou bien les deux parties ont l'une et l'autre la qualité de commerçant, ou bien la vente constitue un acte de commerce isolé. C'est encore le tribunal de commerce qui est compétent lorsque la clause est accessoire à un contrat de distribution commerciale.

Lorsque la clause est accessoire à un contrat de travail, c'est le *conseil de prud'hommes* qui est exclusivement compétent pour constater l'inexécution, même après l'expiration du contrat de travail, car la clause a son origine dans celui-ci.

Cependant une difficulté apparaît lorsque le salarié, au mépris de la clause, se met au service d'un concurrent de l'ancien employeur. Celui-ci peut agir contre le nouvel employeur, complice de la violation de la clause de non-concurrence et cette action (qui est une action en responsabilité délictuelle) est portée devant le tribunal de commerce ou, éventuellement devant le tribunal judiciaire lorsque le nouvel employeur n'est pas commerçant. Faut-il alors mener deux procès, l'un contre le salarié, devant le conseil de prud'hommes, l'autre contre l'employeur complice, devant le tribunal de commerce ou le tribunal judiciaire ? On pourrait admettre la connexité des deux actions qui devraient alors être alors portées l'une et l'autre devant le tribunal judiciaire : l'unité du contentieux serait reconnue mais en faveur du tribunal judiciaire. Cependant la chambre sociale de la Cour de cassation reste hostile à cette solution[32]. En effet connexité ne signifie pas indivisibilité et les deux demandes procèdent de causes différentes : l'article 1231-1 du Code civil, dans le cas de l'action contre le salarié, et l'article 1240 (anc. art. 1382) dans le cas de l'action contre l'employeur. Logiquement, la chambre commerciale a décidé que, saisi de l'action en responsabilité délictuelle contre le complice, le tribunal de commerce devait surseoir à statuer jusqu'à ce que soit tranchée la question préalable de la violation de la clause par le salarié, laquelle relève de la compétence exclusive de la juridiction prud'homale[33].

632. Le *juge des référés* est également compétent lorsque les conditions posées par l'article 835 CPC sont remplies : soit « pour prévenir un dommage imminent, soit pour faire cesser un trouble manifestement illicite », et même « en présence d'une contestation sérieuse ». Le juge des référés peut alors

32. Cass. com., 27 mars 2001, n° 99-11320.

33. Cass. com., 6 mai 2003, n° 01-15268.

ordonner des mesures conservatoires, comme l'interdiction de continuer l'activité fautive ou le versement d'une provision à valoir sur les dommages et intérêts.

§2. Les mesures décidées par le tribunal

633. Le tribunal qui constate la violation de la clause de non-concurrence, lorsque celle-ci est valable, devra normalement condamner le débiteur et le cas échéant son complice, à réparer le préjudice subi, sous forme de dommages et intérêts. Le préjudice correspond, conformément au droit commun, à la perte subie et au gain dont le créancier a été privé. Mais le préjudice est souvent difficile à chiffrer. Seule la perte de clientèle constitue le préjudice certain.

La Cour de cassation a récemment estimé que la violation d'une clause de non-concurrence pouvait léser un tiers, lequel pouvait en conséquence agir en responsabilité délictuelle contre le débiteur de la clause en invoquant, à l'appui de sa demande, un manquement contractuel[34].

Selon la jurisprudence traditionnelle, le tribunal pourrait aller jusqu'à ordonner la fermeture du fonds de commerce dont l'exploitation a permis la concurrence interdite. Enfin, dans le cas des engagements accessoires à une cession de fonds de commerce, la sanction pourrait consister, en présence d'une dépréciation grave de la clientèle, dans la résolution de la vente.

34. Cass. ass. plén., 17 janv. 2020, n° 17-19963, *RDC* juin 2020, p. 40, note G. Viney.

CHAPITRE 2

L'interdiction de la concurrence déloyale

634. Toutes les formes de concurrence ne sont pas permises et la compétition doit rester dans les limites d'une certaine éthique des affaires.

Quels sont les procédés de concurrence qui sont interdits parce que jugés déloyaux ou excessifs ? Dans certains pays, il existe des lois sur la concurrence déloyale, qui énumèrent les pratiques interdites[1]. Au contraire, il n'existe en France aucune loi traitant de la concurrence déloyale en général. Nous n'avons pas de code de la concurrence loyale. Certes, il existe de nombreuses lois particulières qui interdisent certaines pratiques commerciales déterminées. Par exemple, les textes interdisent la revente à perte ou la publicité trompeuse ; d'autres limitent la publicité comparative ou la vente avec prime. Mais il ne s'agit que de textes particuliers. En l'absence de texte général sur la concurrence déloyale, les tribunaux se sont fondés sur les dispositions du Code civil, les articles 1240 et 1241, pour sanctionner les actes déloyaux en tant que délits civils[2]. En France, le droit de la concurrence déloyale trouve sa source, principalement, dans la jurisprudence.

635. Il en résulte une incertitude sur la *définition* même du droit de la concurrence déloyale. Dans un sens large, on peut le définir comme l'ensemble des règles prohibant l'utilisation de procédés déloyaux ou illicites dans la compétition entre entreprises. Dans un sens étroit, qui est celui que retient le droit français, le droit de la concurrence déloyale est uniquement formé des règles d'origine jurisprudentielle qui sanctionnent les manquements à l'éthique commerciale dans les rapports de concurrence[3].

La *concurrence déloyale*, qui est sanctionnée par la jurisprudence sur la base de la responsabilité civile, se distingue de la *concurrence illicite*, qui est la concurrence

1. Ainsi en Allemagne, la loi sur la concurrence déloyale comporte une clause générale et une énumération des actes de concurrence déloyale.

2. Y. Picod, « Concurrence déloyale et responsabilité civile », *AJ Contrat* 2014, p. 152.

3. L. Vogel, « Loyauté et droit des affaires : l'impossible mariage ? », *Mélanges Ph. Merle*, Dalloz, 2021, p. 745.- P. Le Tourneau, *L'éthique des affaires et du management au xxe siècle*, Dalloz, 2000.- B. Oppetit, « Éthique et droit des affaires », *Mélanges A. Colomer*, Litec, 1993, p. 319.

interdite par la loi[4]. Dans la conception qui est celle de la jurisprudence et qui domine en doctrine, la concurrence déloyale a pour but la protection des concurrents, alors que la concurrence illicite a pour but de protéger non seulement les concurrents, mais aussi les fournisseurs, les clients et les consommateurs.

La conception étroite du droit de la concurrence déloyale n'est pas à l'abri de la critique. Il arrive ainsi, comme nous pourrons le constater, que certaines interdictions, qui ont à l'origine leur source dans la jurisprudence et qui relèvent du droit de la concurrence déloyale, sont par la suite récupérées et précisées par la loi écrite. Ces interdictions changent de fonction en se rattachant à la concurrence illicite. Formellement, certaines d'entre elles se retrouvent même incorporées au Code de la consommation. Tel est le cas, par exemple, des règles qui régissent la publicité comparative. Est-il prudent de faire ainsi dépendre la fonction de la règle de concurrence de sa source ?

Certaines pratiques commerciales peuvent relever à la fois de la concurrence déloyale et de la concurrence illicite[5]. Tel est le cas, des méthodes publicitaires, qui sont sanctionnées pour partie par le droit de la concurrence déloyale et pour partie par le droit de la consommation. Ce chevauchement du droit de la concurrence déloyale et du droit de la consommation est illustré par les directives européennes elles-mêmes. Ainsi, les professionnels sont protégés contre la publicité trompeuse par la directive n° 2006/114/CE du 12 décembre 2006, alors que les consommateurs le sont par la directive n° 2005/29/CE du 11 mai 2005 (intitulée *directive relative aux pratiques commerciales déloyales*, mais qui a pour seul objet la protection des consommateurs dans leurs relations avec des professionnels)[6].

Malgré tout, la conception étroite du droit de la concurrence déloyale est fermement ancrée dans la doctrine et la jurisprudence françaises. C'est donc elle que nous adopterons dans le présent ouvrage.

636. La conception française de la concurrence déloyale ne va cependant pas jusqu'à limiter les actes de concurrence déloyale aux actes accomplis par les seuls commerçants, au sens de l'article L. 121-1 du Code de commerce. Si tel a été le cas autrefois, la jurisprudence moderne s'est affranchie de cette condition. Aujourd'hui, le droit de la concurrence déloyale s'applique indifféremment à *toutes les entreprises*, dès lors qu'elles ont une activité économique. Le critère d'application est celui de l'entreprise et non celui du commerçant.

Il convient de rechercher d'abord quels sont les actes que la jurisprudence considère comme déloyaux. La section 1 sera consacrée aux *actes de concurrence déloyale*. Puis il faudra voir comment ils sont réprimés. La section 2 traitera de *l'action en concurrence déloyale*.

4. On note cependant une tendance de la jurisprudence à étendre le domaine de la concurrence déloyale, conçue comme une sanction de la concurrence illicite. À propos de la plate-forme électronique UBER, la cour de Paris a affirmé que « par son caractère illicite, cette activité a revêtu un caractère de concurrence déloyale ». V. CA Paris, 12 déc. 2019, n° 17/03541, *Contrats, conc. consom.* 2020/3, n° 41, obs. M. Malaurie-Vignal.

5. Cass. com., 17 mars 2021, n° 12290.

6. La Commission a publié le 29 sept. 2021 une communication précisant les « orientations concernant l'interprétation et l'application » de la directive 2005/29/CE. V. Comm. UE, communication 2021/C 526/01, *JOUE* n° C 526, 29 déc. 2021).

Section 1
Les actes de concurrence déloyale

637. Les tribunaux ont déterminé, cas par cas, en se fondant sur les articles 1240 et 1241 du Code civil, les actes de concurrence déloyale. Ils ont procédé, comme ils en avaient l'habitude, à une appréciation *in abstracto* des comportements fautifs, en se référant à l'idée qu'ils se faisaient de la conduite d'un commerçant honnête et scrupuleux. Ils ont ainsi forgé une éthique des affaires, dans les rapports entre professionnels. Plus précisément, les tribunaux, lorsqu'ils sont saisis d'une action en concurrence déloyale, s'efforcent de tracer la frontière entre la concurrence normale, qui doit être supportée par les concurrents, et les comportements anormaux, qui causent un préjudice ouvrant droit à réparation[7]. Sous cet angle, la condamnation de la concurrence déloyale n'est pas sans analogie avec la responsabilité pour troubles anormaux de voisinage.

Ce sont principalement les tribunaux de commerce qui définissent les règles de la concurrence loyale. Mais ils le font sous le contrôle des cours d'appel et de la Cour de cassation. Cette collaboration contribue à donner à la concurrence loyale l'image d'une concurrence tempérée, plutôt conservatrice et respectueuse des usages, tout en étant capable d'évoluer. En effet le droit de la concurrence déloyale n'est pas figé. Comme tout système jurisprudentiel, il évolue, il s'adapte à son environnement économique et intellectuel beaucoup plus facilement que s'il était enserré dans des textes trop précis. C'est évidemment l'avantage du système français.

La doctrine, depuis les travaux de Roubier[8], retient une classification des actes de concurrence déloyale en quatre catégories : le dénigrement, les actes créant la confusion, la désorganisation d'entreprise et la désorganisation du marché. Il faut y ajouter le parasitisme commercial, qui est une notion plus récente.

§1. Les procédés de dénigrement

A. Caractères généraux du dénigrement

638. Le dénigrement consiste en propos péjoratifs, tenus sur un concurrent. La jurisprudence montre que quatre conditions sont nécessaires pour que le dénigrement engendre la responsabilité de son auteur.

1) *Le caractère péjoratif.* Le propos est de nature à dévaloriser l'image du concurrent auprès de sa clientèle. Ainsi des propos qui portent atteinte à la réputation d'honorabilité ou d'honnêteté[9]. Mais une simple critique peut suffire, dès lors qu'elle

7. Cass. com., 14 févr. 2018, n° 15-25346.

8. P. Roubier, *Le droit de la propriété industrielle*, Sirey, 2 vol., 1952.- P. Roubier, « Théorie générale de la concurrence déloyale », *RTD civ.* 1948, p. 543.

9. Ex. CA Paris, 9 mars 2016, n° 13/01884, ch. 5-4, *BRDA* 06/2016, n° 21.

dévalorise l'entreprise[10]. Peu importe que le propos soit vrai ou faux[11]. Ce n'est pas le mensonge que l'on sanctionne mais l'image que l'on transmet. Le caractère péjoratif du propos peut même être implicite.

En revanche, la diffusion en ligne d'une condamnation pour contrefaçon par la victime de cette contrefaçon ne constitue pas un acte de dénigrement[12]. Une évolution semble se dessiner en jurisprudence en faveur d'un élargissement de la liberté d'expression. La Cour de cassation a admis, par exemple, que des critiques, même sévères, sont admissibles « lorsqu'elles s'inscrivent dans un débat d'intérêt général », comme celui portant sur la santé publique, et qu'elles « ne dépassent pas les limites admissibles de la liberté d'expression »[13]. Selon le même arrêt, la critique doit cependant reposer sur « une base factuelle suffisante ».

Le dénigrement doit être distingué de la diffamation[14], qui est un délit pénal. La distinction n'est pas toujours aisée. Le dénigrement suppose que la critique porte sur les produits ou les services du concurrent et qu'elle vise la captation de la clientèle de celui-ci[15]

2) *La publicité*. Les propos doivent être diffusés dans le public ou destinés à l'être. Une correspondance privée ne constitue pas un dénigrement.

3) *L'identification*. Les propos doivent viser une personne déterminée, identifiable. Mais il n'est pas nécessaire que la personne soit nommément désignée. Le propos allusif suffit à constituer le dénigrement, lorsqu'il ne laisse guère de doute quant à la personne visée. Le propos peut aussi viser les produits ou la marque du concurrent. Dans certains cas, la jurisprudence sanctionne les propos tenus sur un groupe de professionnels.

4) *Le concurrent*. Le dénigrement constitue un acte de concurrence déloyale en l'absence d'un rapport direct et effectif entre les personnes concernées[16].

B. L'exemple de la publicité comparative

639. La publicité comparative consiste pour un commerçant à comparer publiquement ses produits à ceux d'un concurrent nommément désigné. La comparaison porte sur les prix ou sur les qualités de produits semblables ou encore sur la nature des services offerts aux consommateurs. Le procédé, à

10. Cass. com., 25 sept. 2012, n° 11-21266.- La jurisprudence se montre parfois plus tolérante. Elle accepte la critique publique de la politique commerciale d'un concurrent, pourvu que le propos soit modéré en la forme et que les termes ne soient pas outranciers, v. CA Paris, 24 nov. 2004, *BRDA* 2005/10, n° 21.

11. Ainsi, constitue un acte de concurrence déloyale le fait d'adresser à des clients une lettre les informant de la non-conformité d'un produit à la réglementation européenne (Cass. com., 24 sept. 2013, n° 12-19790).

12. Cass. com., 18 oct. 2017, n° 15-27036, *Contrats, conc. consom.* 2018, comm. 6, obs. M. Malaurie-Vignal. Mais l'abus consistant à outrepasser les termes du dispositif du jugement de condamnation est un acte de concurrence déloyale (même arrêt).

13. Cass. 1re civ., 11 juill. 2018, n° 17-21457, *Contrats, conc. consom.* 2018, comm. 191, obs. M. Malaurie-Vignal.- De même, le slogan publicitaire d'un hypermarché (« En France, le prix d'un même médicament peut varier du simple au triple : il faut changer de traitement ! ») ne constitue pas un acte de concurrence déloyale car il s'inscrit, selon la Cour de cassation, dans un débat d'actualité sur le maintien du monopole des pharmaciens pour la vente des médicaments non remboursés. En outre, le contenu du slogan est mesuré (Cass. com., 21 juin 2016, n° 14-22710).- *Adde* : Cass. com., 9 janv. 2019, n° 17-18350, *Contrats, conc. consom.* 2019, comm. 43, note M. Malaurie-Vignal.

14. Cass. com., 10 févr. 2021, n° 18-24302.

15. CA Paris, 6 janv. 2021, n° 20/08857, *Contrats, conc. consom.* 2021, comm. 39, note M. Malaurie-Vignal.

16. Cass. com., 4 mars 2020, n° 18-15651, *Contrats, conc. consom.*, 2020, comm. 96, obs. M. Malaurie-Vignal.

condition évidemment qu'il se fonde sur des informations exactes et objectives, est-il licite ? Après l'avoir combattu, la jurisprudence a fini par l'admettre, mais sous de strictes conditions.

640. Longtemps, la jurisprudence a considéré la publicité comparative comme un acte de concurrence déloyale. Elle y voyait en effet un acte de dénigrement. Les usages interdisaient de désigner l'entreprise concurrente pour en tirer un avantage publicitaire. Une simple comparaison avec un concurrent était déjà suspecte en soi, car elle laissait entendre, de façon implicite, que les performances du concurrent étaient inférieures à celles de l'annonceur. En matière de publicité, la règle d'or, comme l'avait dit un auteur, était de ne pas s'occuper de son voisin[17].

La jurisprudence admettait seulement les essais comparatifs et les comparaisons de prix réalisés par des tiers et publiés dans la presse, dans le seul dessein d'informer les consommateurs. Le procédé était licite, puisque l'auteur de la comparaison n'était pas un concurrent des entreprises qui en étaient l'objet. Mais la jurisprudence interdisait aux commerçants d'utiliser publiquement de tels essais ou comparaisons ou de s'y référer.

641. Le revirement de jurisprudence est intervenu avec l'arrêt de la chambre commerciale du 22 juillet 1986[18]. La société Carrefour avait publié un tableau des prix pratiqués par elle et par plusieurs de ses concurrents sur des produits identiques - tableau dont l'exactitude n'était pas contestée. Le juge des référés puis la cour d'appel condamnèrent Carrefour pour concurrence déloyale. Cependant la chambre commerciale cassait au motif que « attendu que n'est pas illicite une publicité qui, se borne à la comparaison des prix auxquels des produits identiques sont vendus, dans les mêmes conditions, par des commerçants différents, contribuant ainsi à assurer la transparence d'un marché soumis à la concurrence ».

642. Pour répondre à la demande des associations de consommateurs, la loi du 18 janvier 1992 consacrait, dans son article 10, la validité de la publicité comparative qu'elle soumettait cependant à de strictes conditions. Pour être licite, la comparaison devait être loyale, véridique et ne devait pas être de nature à induire en erreur le consommateur. En 1993, la disposition de l'article 10 fut insérée dans le Code de la consommation. La directive européenne n° 97/55 du 6 octobre 1997 intervenait à son tour pour harmoniser à l'échelle européenne les conditions de la publicité comparative. Elle est aujourd'hui remplacée par la directive 2006/114/CE du 12 décembre 2006. La loi de transposition du 17 mai 2011 a maintenu dans le Code de la consommation les dispositions relatives à la publicité comparative. Les articles L. 122-1 à L. 122-7 du Code de la consommation sont aujourd'hui consacrés à la publicité comparative[19].

Le sort de la publicité comparative illustre bien l'évolution, déjà signalée, par laquelle une règle passe du droit de la concurrence déloyale au domaine de la concurrence illicite puis à celui du droit de la consommation. Avec le temps, la règle change de fonction et révèle des fonctions nouvelles qui existaient à l'état latent dans la règle originaire.

§2. Les actes engendrant la confusion

643. La confusion est en quelque sorte l'inverse du dénigrement. Celui qui engendre la confusion cherche à s'approprier le succès de son concurrent en

17. A. Chavanne, *RTD com.* 1969, p. 76.
18. Cass. com., 22 juill. 1986, n° 84-12829, *D.* 1986, p. 436, note G. Cas.
19. Ex. Cass. com., 22 mars 2023, n° 21-22925.

trompant la clientèle. La confusion porte généralement soit sur le nom et l'entreprise du concurrent, soit sur la marque et les produits du concurrent. L'auteur de la confusion tente de se parer des plumes du paon !

Les conditions de la concurrence déloyale sont alors :

1) L'existence d'un signe original, nom commercial, enseigne, marque, appellation d'origine ou de provenance, présentation, désignant le concurrent ou ses produits. Le signe peut être protégé par un droit de propriété industrielle, comme la marque ou l'appellation d'origine ou ne pas être protégé par un droit spécifique, ainsi dans le cas d'une méthode publicitaire, d'une idée publicitaire ou d'une méthode de vente.

2) Un acte d'imitation entraînant la confusion chez les clients[20] et permettant un détournement de clientèle[21].

3) L'intention de profiter de la notoriété du concurrent.

644. Lorsque le signe est susceptible d'être protégé par un droit de propriété industrielle – une marque, un dessin ou modèle ou une appellation d'origine –, deux situations peuvent se présenter.

1) Le concurrent n'a pas acquis de droit de propriété industrielle, généralement parce qu'il n'a pas accompli les formalités nécessaires à l'acquisition du droit, par exemple il a omis de procéder à la formalité d'enregistrement de la marque. Alors il est protégé par la seule action en concurrence déloyale, à condition, bien entendu, que les conditions en soient remplies.

Il en est de même lorsque le concurrent est titulaire d'un nom commercial, d'une enseigne ou d'un nom de domaine, lesquels ne sont pas protégés par une action en contrefaçon, mais seulement par l'action en concurrence déloyale[22]. Ou bien encore lorsqu'une création n'est pas susceptible de protection par la propriété industrielle, comme un slogan ou une idée publicitaire[23].

2) Le concurrent a acquis un droit de propriété industrielle[24]. Alors il bénéficie d'une double protection. Il peut agir en contrefaçon, pour défendre son droit de propriété industrielle, d'une part, et en concurrence déloyale, d'autre part. Il peut soit utiliser l'une ou l'autre des deux actions, soit les faire valoir cumulativement. Dans ce dernier cas, l'action en contrefaçon de marque, de dessin ou modèle ou d'appellation d'origine, d'une part, et l'action en concurrence déloyale, d'autre part, sont juridiquement distinctes[25] et ont des objets différents[26]. L'action en contrefaçon protège le signe qui est le siège d'un droit exclusif d'exploitation. L'action en concurrence déloyale protège les autres éléments d'identification de l'entreprise ou du produit, non couverts

20. Cass. com., 1er mars 2017, n° 15-15448.

21. La cour de Paris a jugé que l'enseigne « Optical Centre » ne constitue pas une imitation fautive du signe « Optical Center » utilisé par une entreprise concurrente ; le signe « Optical Center » étant dépourvu, selon les juges parisiens, de tout caractère distinctif. V. CA Paris, 24 mai 2016, n° 15/06153, ch. 5-1, *BRDA* 12/2016, n° 23.

22. Cass. com., 7 juill. 2004, n° 02-17416 (à propos d'un nom de domaine).

23. Cass. com., 24 nov. 2015, n° 14-16806.

24. Sur ce thème : C. Suire et L. Dreyfus-Bechmann, « Concurrence, contrefaçon et secrets d'affaires : des actions complémentaires et subsidiaires », *Rev. Lamy Conc.* 2020, n° 100, p. 28.

25. Cass. 1re civ., 24 oct. 2018, n° 16-23214, *Contrats, conc. consom.* 2019, comm. 5, obs. M. Malaurie-Vignal.

26. Sur les difficultés d'application, v. Cass. com., 26 sept. 2018, n° 16-25937.

par le monopole. Cependant, dans ce cas, les deux actions sont portées devant la juridiction compétente pour statuer sur l'action en contrefaçon.

Exemple 1. Un vin mousseux est commercialisé par la société A. La société B commercialise un vin comparable, sous une présentation identique. Le tribunal puis la cour d'appel relèvent, en premier lieu, l'existence d'une contrefaçon de marque. Les étiquettes apposées sur les produits ne sont pas rigoureusement identiques à celles qui ont été enregistrées comme marque, mais donnent au consommateur une impression d'ensemble qui, pour un consommateur moyen, porte à la confusion. Le tribunal relève également des faits distincts des précédents, mais qui ajoutent à la confusion : les boissons sont de la même couleur et les bouteilles qui les contiennent ont des formes identiques et sont transparentes. Il y a un acte de concurrence déloyale qui s'ajoute à la contrefaçon de la marque protégée. Selon la cour d'appel, l'imitateur voulait se placer dans le sillage d'un produit concurrent et profiter des investissements publicitaires réalisés par la première société pour lui faire acquérir une notoriété certaine[27].

Exemple 2. Un concurrent reproduit le décor d'un modèle de meuble protégé. Il y a contrefaçon de dessin ou modèle déposé. En outre, il vend les produits à des prix inférieurs à ceux pratiqués par le propriétaire du modèle. Ce fait constitue une concurrence déloyale. Associé à la contrefaçon, la vente à bas prix est constitutive de concurrence déloyale. Les deux sanctions se cumulent.

La question s'est posée de savoir si une plate-forme (ou place de marché), qui fonctionne en ligne, peut être accusée de concurrence déloyale pour avoir utilisé le nom d'une marque notoire afin d'attirer l'attention des internautes et les rediriger vers des marques concurrentes, vendant des produits similaires, dont les titulaires rémunèrent la plate-forme. La cour de Paris, saisie en concurrence déloyale, a répondu par l'affirmative[28].

Lorsque le produit ou le service du concurrent est protégé par un droit d'auteur ou (par un droit voisin, comme dans le cas d'une entreprise de communication audiovisuelle), les actes distincts de l'objet protégé par le droit d'auteur mais de nature à créer la confusion entre les deux entreprises, constituent une concurrence déloyale[29].

§3. La désorganisation de l'entreprise d'un concurrent

645. Il s'agit d'atteintes qui sont portées à la force commerciale d'un concurrent[30]. Elles peuvent être volontaires ou résulter de la simple négligence, peu importe. En revanche, la difficulté est de savoir si l'atteinte présente un caractère déloyal ou non. En régime de concurrence, il est légitime de se procurer les moyens de capter la clientèle des concurrents. La frontière entre l'atteinte normale aux facultés compétitives d'un concurrent et la désorganisation déloyale est difficile à tracer. Tout est question de mesure. Les tribunaux devront trancher entre des intérêts opposés.

Quels sont les comportements les plus fréquemment sanctionnés par la jurisprudence ? On peut les classer en trois catégories.

27. CA Paris, 22 févr. 1995, *D.* 1996, somm. p. 250.

28. CA Paris, 20 nov. 2020, n° 19/10188, *Contrats, conc. consom.* 2021, comm. 3, obs. M. Malaurie-Vignal.

29. Cass. 1re civ., 4 juill. 2019, n° 16-13092, *Contrats, conc. consom.* 2019, comm. 176, obs. M. Malaurie-Vignal.

30. Cass. com., 17 mars 2021, n° 19-12290.

646. Le débauchage de salariés. Il n'y a aucune faute pour le salarié, arrivé au terme de son contrat de travail, à quitter un employeur pour un autre[31], sauf s'il y a violation d'une obligation de non-concurrence. De même, l'employeur qui négocie avec un salarié d'un concurrent les conditions de son embauche ne commet pas un acte de concurrence déloyale. Le principe est celui de la liberté d'embauche, sauf complicité de violation d'un engagement de non-concurrence. La déloyauté commence lorsque l'embauche conduit à la désorganisation de l'entreprise du concurrent[32]. Ainsi, sont des actes de concurrence déloyale[33], le fait de débaucher simultanément plusieurs employés de façon à causer la paralysie d'un atelier ou d'un service tout entier[34] ou le fait d'adresser une offre d'embauche à l'ensemble du personnel du concurrent ou encore de débaucher un membre du service commercial qui apporte avec lui le fichier des clients du concurrent[35].

647. La désorganisation de la production du concurrent. Il s'agit ici de manœuvres qui tendent à s'approprier par la ruse le secret de fabrique ou plus généralement le savoir-faire d'un concurrent. En principe, les connaissances techniques sont dans le domaine public, du moins lorsqu'elles ne sont pas protégées par un brevet d'invention. Il est licite d'utiliser les méthodes de production mises au point par un autre, lorsqu'elles ne sont pas brevetées. Le simple fait d'utiliser le savoir-faire divulgué par le concurrent n'est pas répréhensible en soi. Mais il y a concurrence déloyale lorsque l'on utilise des procédés frauduleux pour se l'approprier. Tout est question de circonstances. L'espionnage industriel, opéré à l'insu du concurrent, est un acte de concurrence déloyale. De même, le fait de s'assurer de la complicité d'un salarié d'un concurrent pour obtenir la divulgation d'un secret de fabrique.

Une partie de la doctrine est tentée cependant d'aller plus loin et de considérer comme un acte de concurrence déloyale le simple fait de s'approprier les fruits du travail d'autrui en rompant l'égalité dans les moyens de concurrence. Nous ne partageons pas cette opinion, car l'investissement qui est à l'origine d'un savoir-faire, que cet investissement soit financier ou intellectuel, ne suffit pas en soi à conduire à une appropriation privative de ce savoir-faire.

648. La désorganisation des moyens de distribution d'un concurrent. L'on rencontre ici trois questions qui sont discutées.

1) La première est de savoir si la pratique de prix anormalement bas est constitutive de concurrence déloyale. En principe, la réponse est négative, car les prix sont libres[36]. Il est vrai que le droit de la concurrence condamne les *prix prédateurs*, c'est-à-dire les prix inférieurs au prix de revient qui n'ont pour but que l'élimination d'un concurrent, lorsqu'ils sont le résultat d'une entente, prohibée par l'article L. 420-1, ou lorsqu'ils constituent un abus de position dominante ou une pratique de prix abusivement bas, au sens des articles L. 420-2 et L. 420-5 du Code de commerce. Cependant l'action en concurrence déloyale ne peut pas dans ce cas se

31. Cass. soc., 31 oct. 2012, n° 11-16988.
32. Cass. com., 29 janv. 2008, n° 06-18654.
33. Ils peuvent aussi constituer des actes de parasitisme. V. *infra*, n° 651.
34. Cass. com.., 22 juin 2022, n° 20-20768.
35. Cass. com., 7 déc. 2022, n° 21-19860.
36. Art. L. 410-2 C. com.

substituer aux poursuites pour pratique anticoncurrentielle[37]. La concurrence déloyale suppose un comportement fautif distinct de la seule fixation du niveau des prix.

2) Une autre question concerne les atteintes portées au réseau de distribution du concurrent. Le fait pour un revendeur étranger au réseau de distribution de s'approvisionner par une voie parallèle et de commercialiser les produits du fabricant, sans son autorisation, est-il un acte de concurrence déloyale ? En principe non, sauf circonstances particulières constitutives de fraude.

3) Le détournement de la clientèle d'un concurrent. La Cour de cassation a condamné le procédé du couponnage électronique comme constituant un acte de concurrence déloyale, au motif qu'il s'analysait en un *détournement de clientèle*[38]. Le couponnage électronique est un procédé de publicité mis au point par certains fabricants en collaboration avec les distributeurs. Lorsqu'un client se présente à la caisse pour payer ses achats, l'appareil de lecture électronique repère la présence de certains produits, grâce au code à barres apposé sur les produits, et émet automatiquement un bon de réduction à valoir sur l'achat ultérieur d'un produit concurrent. L'acheteur du produit A se voit ainsi remettre un bon de réduction sur tout achat du produit B concurrent. Le fabricant du produit A agit alors en concurrence déloyale contre le fabricant du produit B.

Les juges du fond avaient estimé, dans cette affaire, qu'il n'y avait pas d'utilisation fautive du code à barres et que le procédé était licite. En effet, le code-barres ne délivre aucune information confidentielle et sert uniquement à identifier un produit qui est offert aux acheteurs ainsi que son prix qui est connu. Le fabricant n'a aucun droit privatif sur le code à barres figurant sur ses produits et il ne peut s'opposer à son utilisation par les concurrents. Le procédé s'apparente à une analyse du comportement des acheteurs, suivi d'une offre concurrente. Le motif invoqué par la Cour de cassation peut surprendre. La conquête de la clientèle n'est pas en soi un acte fautif. Où se trouve la faute ? Certainement pas dans le fait de démarcher la clientèle d'un concurrent. L'utilisation du code à barres n'est pas non plus illicite, puisque, comme le constatait la cour d'appel, il ne fournit qu'un ensemble de renseignements pratiques non susceptible d'appropriation. L'acheteur aurait-il droit au secret de ses achats ? Le procédé respecte l'anonymat des acheteurs, dont l'identité n'est pas divulguée. Finalement, il semble que la haute juridiction ait voulu sanctionner le démarchage brutal, s'adressant à des consommateurs déterminés, et non pas opéré par la voie d'une offre générale adressée au public[39] sous forme de remise de prix ciblée.

§4. La désorganisation du marché

649. Elle résulte d'actes de concurrence déloyale qui ne visent pas un concurrent déterminé mais l'ensemble des concurrents opérant sur le même marché. Elle crée une rupture d'égalité entraînant un désavantage dans la concurrence. Tel est le cas de la publicité trompeuse, de la revente à perte ou de la pratique de prix abusivement bas. En réalité, la plupart de ces actes sont aujourd'hui interdits par des dispositions du Code de commerce ou du Code de la consommation et relèvent à ce titre de la concurrence illicite. Ils sont d'ailleurs souvent pénalement sanctionnés. La catégorie des actes entraînant la

37. Cass. com., 6 déc. 2005, n° 05-10929.

38. Cass. com., 18 nov. 1997, n° 85-17445, *JCP* 1998.II.10026, note P.-Y. Gautier.

39. La sollicitation des clients d'un concurrent déterminé, afin qu'ils cessent de s'approvisionner chez celui-ci est constitutive de concurrence déloyale, Cass. com., 16 juin 1998, n° 96-22469.

désorganisation générale du marché est, du point de vue de la concurrence déloyale, peu à peu vidée de son contenu.

Cependant, un concurrent peut agir en concurrence déloyale à l'encontre de l'auteur d'une fraude fiscale ou de celui qui emploie des travailleurs non déclarés[40], lorsque ces agissements entraînent précisément une rupture de l'égalité entre les entreprises concurrentes. De même, des clauses contractuelles qui dissuadent des assurés de résilier leur contrat et de faire jouer librement le jeu de la concurrence constituent un acte de concurrence déloyale[41].

§5. Le parasitisme commercial

650. Le parasitisme peut être défini comme le fait, pour une entreprise, de tirer profit, de façon injuste, de la réussite d'une autre entreprise. Le parasite cherche à utiliser pour son propre profit le succès commercial, la notoriété et les investissements intellectuels d'une autre entreprise. La chambre commerciale de la Cour de cassation définit le parasitisme comme le fait, « pour un opérateur économique, (de) se placer dans le sillage d'un autre afin de tirer profit, sans rien dépenser, de ses efforts et de son savoir-faire, de la notoriété acquise ou des investissements consentis »[42]. Les tribunaux n'hésitent plus aujourd'hui à sanctionner de tels actes en accordant une action en responsabilité à la victime[43]. L'une des difficultés de la matière consiste à bien distinguer cette action de l'action en concurrence déloyale, notamment de celle fondée sur la confusion.

A. La concurrence parasitaire

651. À l'origine, le parasitisme est apparu comme une forme particulière de la concurrence déloyale. L'expression sert alors à désigner le fait de tirer profit, par des voies déloyales, d'un concurrent. On parle dans ce cas, de *concurrence parasitaire*. Par exemple, une entreprise imite, sans aucun apport personnel, une campagne publicitaire originale, mise au point par un concurrent et qui lui a assuré un succès commercial. On remarquera que le procédé ne fait pas nécessairement appel à la confusion. Dans l'exemple de la campagne publicitaire, il peut n'y avoir aucune confusion dans l'esprit de la clientèle. Seulement, l'entreprise parasite profite injustement des investissements financiers et intellectuels[44] de sa victime. En se plaçant, comme l'on dit, dans son sillage, elle affaiblit sa notoriété.

La jurisprudence sanctionne la concurrence parasitaire, comme constitutive de concurrence déloyale : « Le comportement parasitaire est un acte de concurrence

40. CA Paris, 16 janv. 1980, *D.* 1981, p. 564, note P. Godé.

41. CA Paris, 23 janv. 2014, n° 12/02577, *BRDA* 2014/5, n° 19.

42. Cass. com., 10 juill. 2018, n° 16-23694.

43. Ex. Cass. com., 7 sept. 2022, n° 21-14495.

44. Cass. com., 8 nov. 2016, n° 15-14437, à propos d'une entreprise qui avait débauché cinq salariés d'une société concurrente afin de profiter de leur savoir-faire. En revanche la copie d'une prestation de service ne nécessitant aucun savoir-faire n'est pas une concurrence parasitaire. V. Cass. com., 5 avr. 2018, n° 16-17294, *Contrats, conc. consom.* 2018, comm. 129, obs. M. Malaurie-Vignal.

déloyale, lorsqu'il concerne (...) des entreprises en situation de concurrence »[45]. Comme toute action en concurrence déloyale, l'action en responsabilité parasitaire exige la preuve d'une faute, d'un préjudice et d'un lien de causalité entre la faute et le préjudice[46]. L'on discute la notion de faute : la simple reproduction ou imitation consciente d'un document publicitaire d'un concurrent constitue-t-elle, en l'absence de toute confusion, un parasitisme fautif ? La Cour de cassation exige au moins la preuve d'un plagiat « qui se nourrit de la substance et de la forme » de l'œuvre reproduite[47]. L'utilisation d'un patronyme célèbre par un concurrent peut être justifiée par la « légitime évocation des origines familiales » et par l'activité passée au service du nom commercial[48]. Quant au préjudice, la Cour de cassation estime qu'il peut n'être que moral[49].

B. Les agissements parasitaires

652. Peu à peu, le parasitisme s'est détaché du droit de la concurrence déloyale[50]. Il est apparu qu'une entreprise *non concurrente* peut aussi profiter indûment de la notoriété d'une autre. On parle alors d'*agissement parasitaire*. La jurisprudence s'est prononcée spécialement dans le cas de la reproduction ou de l'imitation d'une marque notoire, d'une appellation célèbre ou d'un nom commercial. La Cour de cassation définit le parasitisme comme le fait pour un opérateur économique « de se placer dans le sillage d'un autre afin de tirer profit, sans rien dépenser, de ses efforts et de son savoir-faire, de la notoriété acquise ou des investissements consentis »[51].

Le parasitisme suppose une double preuve : celle d'un investissement promotionnel et celle de la volonté du parasite de se placer dans le sillage du parasité[52].

Dans l'affaire *Pontiac*, un fabricant de réfrigérateurs avait utilisé, pour désigner ses produits, la marque Pontiac qui était notoirement connue du public comme étant une marque d'automobiles de luxe. Il n'y avait pas de contrefaçon de marque, car la marque Pontiac avait été déposée en vue d'une protection dans le seul domaine des automobiles et produits similaires (c'est le principe de spécialité de la marque). L'action en contrefaçon a donc échoué. En revanche, le tribunal a sanctionné le parasitisme en reconnaissant la responsabilité du fabricant de réfrigérateurs[53].

Dans l'affaire *Champagne*, le parfumeur Yves Saint Laurent s'est vu refuser l'utilisation de la marque Champagne pour désigner un parfum de luxe. Il n'y avait pas de contrefaçon d'appellation (l'appellation Champagne n'étant protégée que dans le domaine des boissons), mais il y avait agissement parasitaire, susceptible de *détourner la notoriété* de l'appellation, et cela malgré l'image de luxe qui s'attache à un parfum[54]. Dans une autre

45. Cass. com., 26 janv. 1999, n° 96-22457.

46. Cass. com., 20 janv. 2001, n° 99-10654.

47. Cass. com., 20 janv. 2001, n° 99-10654.

48. CA Paris, 3 mars 2020, n° 18/28501, *Contrats, conc. consom.* 2020, comm. 123, obs. M. Malaurie-Vignal.

49. Cass. com., 17 mars 2021, n° 19-10414.

50. J. Passa, « Propos dissidents sur la sanction du parasitisme économique », *D.* 2000, chron. p. 297.- Ph. Le Tourneau, « Retour sur le parasitisme », *D.* 2000, chron. p. 403.

51. Cass. com., 10 juill. 2018, n° 16-23694, *Contrats, conc. consom.* 2018, comm. 173, obs. M. Malaurie-Vignal.

52. Cass. 1re civ., 31 janv. 2018, n° 15-28352, *Contrats, conc. consom.* 2018, comm. 108, obs. M. Malaurie-Vignal.

53. CA Paris, 8 déc. 1962, *RTD com.* 1963, p. 311, obs. P. Roubier et A. Chavanne.

54. CA Paris, 15 déc. 1993, *D.* 1994, p. 145, note Ph. Le Tourneau.- V. aussi, à propos du champagne Taittinger, Cass. com., 10 juill. 2018, n° 16-23694.

affaire, la cour d'appel a sanctionné l'imitation d'un slogan publicitaire par une société qui n'était nullement concurrente de l'auteur du slogan. A été jugé parasitaire le fait pour une société de vente de fleurs d'avoir utilisé la formule publicitaire « La Côte d'Azur, l'autre pays de la tulipe », qui imitait la formule inventée par l'Office néerlandais des produits laitiers « La Hollande, l'autre pays du fromage »[55].

653. Il y a donc faute à utiliser la notoriété acquise par une entreprise non-concurrente, en empruntant les signes, les idées et les méthodes publicitaires qui ont fait cette notoriété et qui sont le fruit d'investissements financiers et intellectuels. La notoriété est ainsi protégée en elle-même, par une action en responsabilité, en dehors de toute protection par le droit de la propriété industrielle et de tout risque de confusion dont les utilisateurs seraient victimes. Selon la formule de la Cour de cassation, « les agissements parasitaires d'une société peuvent être constitutifs d'une faute au sens de l'article 1382 [auj. 1240] du Code civil, même en l'absence de toute situation de concurrence »[56].

654. Les agissements parasitaires sont ainsi sanctionnés par une action en responsabilité, qui n'est pas l'action en concurrence déloyale, bien qu'elle lui emprunte certains de ses traits.

Section 2
L'action en concurrence déloyale

§1. Nature de l'action en concurrence déloyale

655. Roubier a soutenu que l'action en concurrence déloyale était une action spécifique, qui ne se confondait pas avec l'action en responsabilité civile de droit commun. Selon cet auteur, l'action en concurrence déloyale sanctionne le devoir de ne pas utiliser des procédés commerciaux contraires aux usages. Elle a pour but moins de réparer un préjudice que de tracer une limite entre les procédés normaux et les procédés anormaux[57]. Ripert est allé plus loin encore dans le sens de l'autonomie de l'action en concurrence déloyale. Selon lui, l'action sanctionnerait une atteinte portée à un droit subjectif qui ne serait autre que le droit de propriété sur un fonds de commerce[58]. Ainsi, l'action en concurrence déloyale sanctionnerait un empiétement sur la clientèle d'un concurrent. Cependant comme l'on ne peut pas aller jusqu'à garantir l'intangibilité de la clientèle, sous peine de ruiner toute activité commerciale, Ripert devait finalement admettre que l'action en concurrence déloyale ne sanctionnait que les atteintes à la clientèle résultant d'actes contraires aux usages.

Les explications de Roubier et de Ripert ont le mérite de souligner la spécificité de l'action en concurrence déloyale. L'on ne peut pas nier en effet que l'action sanctionne un devoir de comportement, qui reflète une éthique des affaires, plus qu'elle

55. Cass. com., 30 janv. 1996, n° 94-15725.

56. Cass. com., 30 janv. 1996, n° 94-15725.

57. P. Roubier, *Le droit de la propriété industrielle*, Sirey, t. 1, 1952, n° 117 et 118.

58. G. Ripert, *Aspects juridiques du capitalisme moderne*, LGDJ, 2e éd., rééd. 2001, n° 86.

ne vise à réparer un préjudice. Mais elles ne rendent pas compte de la jurisprudence qui, de façon constante, fonde l'action en concurrence déloyale sur les articles 1240 et 1241 du Code civil. L'action en concurrence déloyale est une action en responsabilité pour faute. Elle exige pour prospérer la preuve des trois éléments de la responsabilité du fait personnel : la faute, le préjudice et le lien de causalité entre la faute et le préjudice.

Il est vrai que, dans la pratique, les tribunaux se montrent singulièrement peu exigeants quant à la preuve du préjudice et du lien de causalité. Dès que l'acte de concurrence déloyale est prouvé, les juges ont tendance à présumer le préjudice causé au concurrent visé ainsi que le lien de causalité. L'action en responsabilité a ici plus une fonction de sanction que de réparation. Le droit de la concurrence déloyale occupe une place à part au sein de la responsabilité civile. C'est une action en responsabilité pour faute, mais qui présente des traits spécifiques indéniables[59]. Une partie de la doctrine pense d'ailleurs que la concurrence déloyale devrait être sanctionnée par l'injonction de mettre fin aux pratiques fautives, même en l'absence d'un préjudice[60].

§2. Conditions de l'action en concurrence déloyale

656. La jurisprudence requiert, on l'a dit, les trois conditions de la responsabilité du fait personnel.

657. La faute. Elle est constituée par l'acte déloyal, qu'il soit intentionnel ou de simple négligence. La faute s'apprécie *in abstracto* par rapport à l'idée que se font les juges du comportement d'un professionnel honnête, prudent et scrupuleux en affaires, compte tenu des usages de la profession.

La preuve de la faute est indispensable pour qu'aboutisse l'action en concurrence déloyale. Une présomption de faute à partir de la constatation d'un déplacement de la clientèle ne suffit pas. Le demandeur doit prouver les manœuvres déloyales qui sont à l'origine de ce détournement[61]. De même, une société mère ne peut être tenue pour responsable de la concurrence déloyale commise par sa filiale, sous le prétexte qu'elle formerait avec celle-ci une seule entreprise[62].

La faute qui caractérise la concurrence déloyale, au sens strict, doit être distinguée d'autres comportements générateurs de responsabilité[63]. Elle se distingue ainsi de la concurrence anticontractuelle, qui consiste dans la violation d'une obligation

59. Roubier admettait déjà que « l'action en concurrence déloyale appartient à la famille des actions en responsabilité, mais c'est une action en responsabilité d'un type particulier parce qu'il s'agit de la responsabilité dans l'exercice d'un droit » (*Le droit de la propriété industrielle*, Sirey, t. 1, 1952, n° 118).

60. M.-A. Frison-Roche, « Les principes originels du droit de la concurrence déloyale et du parasitisme », *RJDA* 1994, p. 483 et s.

61. Cass. 1re civ., 18 janv. 2005, 03-15911, *Contrats, conc. consom.* 2005, comm. 88, obs. M. Malaurie-Vignal.

62. Cass. com., 14 févr. 2018, n° 16-24619 et Cass. com., 14 févr. 2018, n° 17-11909, *Contrats, conc. consom.* 2018, comm. 87, obs. M. Malaurie-Vignal.- *Adde* : les actes de concurrence déloyale d'un franchisé ne peuvent être imputés à la société coopérative qui gère le réseau. V. Cass. com., 27 janv. 2021, n° 18-14774.

63. Roubier a particulièrement insisté sur ces distinctions (*op. cit.*, n° 104).

conventionnelle de non-concurrence[64], et de la concurrence illicite, qui est la violation d'une interdiction posée par la loi ou le règlement.

658. Le préjudice. L'existence d'un préjudice est indispensable au succès de l'action. Le préjudice consiste ordinairement dans la perte d'un avantage économique, plus précisément dans la perte d'une partie de la clientèle, que l'auteur de la concurrence déloyale a détournée à son profit. Le préjudice se manifeste alors par une baisse du chiffre d'affaires. Mais la jurisprudence admet aussi que le préjudice puisse résulter de l'impossibilité d'augmenter la clientèle. Il y a alors perte d'une clientèle potentielle, ce qui s'analyse dans la perte d'une chance. Selon le droit commun de la responsabilité, la perte d'une chance, à condition qu'elle soit certaine, constitue un préjudice réparable. La jurisprudence récente va encore plus loin lorsqu'elle affirme que le préjudice peut consister en *un trouble commercial*[65], ce qui semble signifier que le préjudice consiste alors dans une atteinte à la capacité compétitive du concurrent. Par exemple, un acte de concurrence déloyale engendrant la confusion, peut affaiblir l'image d'un concurrent auprès du public. Enfin, la jurisprudence pose en principe qu'« il s'infère nécessairement un préjudice d'un acte de dénigrement »[66]. Cette jurisprudence[67], « qui énonce une *présomption de préjudice*, sans pour autant dispenser le demandeur de démontrer l'étendue ce celui-ci, répond à la nécessité de permettre aux juges une moindre exigence probatoire lorsque le préjudice est particulièrement difficile à démontrer ». Cependant, le juge du fond ne peut pas retenir un trouble commercial lorsque la victime ne procède que par voie d'affirmation, sans indiquer quelle serait la nature de ce trouble ni fournir le moindre document permettant d'en apprécier la valeur pécuniaire[68]. Il est incontestable que la notion de préjudice présente, dans le droit de la concurrence déloyale, un caractère spécifique et que la jurisprudence adopte des solutions qui s'écartent des règles ordinaires de la responsabilité civile[69].

L'*évaluation du préjudice* constitue une question de fait qui relève de la souveraine appréciation des juges du fond. La baisse du chiffre d'affaires de la victime est évidemment un élément déterminant, mais la jurisprudence prend aussi en compte les profits réalisés par l'auteur de la concurrence déloyale[70]. L'évaluation de l'importance du trouble commercial est particulièrement difficile et n'obéit, il faut le dire, à aucun critère précis. Mais l'évaluation du préjudice est seulement requise pour le calcul des dommages et intérêts auxquels est condamné l'auteur de la concurrence déloyale. Elle n'est pas nécessaire pour justifier l'injonction de cessation des

64. Toutefois, le cumul de l'action en concurrence déloyale (action délictuelle) et d'une action en violation d'un contrat (action contractuelle) est possible si les deux actes sont établis. V. Cass. com., 8 juill. 2014, n° 13-11208.

65. Cass. com., 22 oct. 1985, n° 75-11836.

66. Cass. com., 12 févr. 2020, n° 17-31614, *Contrats, conc. consom.* 2020, comm. 62, obs. M. Malaurie-Vignal.

67. B. Menard, « Le dommage induit de l'acte de concurrence déloyale. Quelle explication ? Quelle application ? », *D.* 2019, p. 1549.

68. Cass. com., 18 sept. 2019, n° 18-11678, *Contrats, conc. consom.* 2019, comm. 197, obs. M. Malaurie-Vignal.

69. P. Le More, « Récents développements de la réparation au titre d'un préjudice commercial », *JCP* E 2013, n° 288.

70. N. Regis, « Le préjudice économique des entreprises », *BICC* n° 781 du 1er mai 2013.- P. Le Tourneau, « De la spécificité du préjudice concurrentiel », *RTD com.* 1998, p. 90.

comportements incriminés. Ainsi, le tribunal peut se contenter d'allouer des dommages et intérêts d'une faible importance, l'essentiel de la condamnation consistant alors dans l'injonction de cessation du trouble. La fonction de réparation du préjudice de la condamnation cède le pas à sa fonction *disciplinaire* d'interdiction du comportement prohibé.

Enfin la *preuve du préjudice* présente, elle aussi, des caractères particuliers. En principe, la victime de la concurrence déloyale doit rapporter la preuve de l'existence et de l'importance du préjudice. Mais la jurisprudence admet, surtout dans le cas du trouble commercial, une présomption de préjudice lorsque l'acte de concurrence déloyale visait un concurrent déterminé. Selon la Cour de cassation, « *les faits de concurrence déloyale générateurs d'un trouble commercial impliquent l'existence d'un préjudice* »[71]. Une fois le préjudice établi, il doit être réparé intégralement[72].

659. Le lien de causalité. Le lien de causalité entre la faute et le préjudice est encore plus difficile à établir. La jurisprudence se montre peu rigoureuse et se contente souvent d'une simple concomitance entre l'acte de concurrence déloyale et le préjudice subi. Ici encore s'affirme le caractère spécifique de l'action en concurrence déloyale au sein de la responsabilité civile.

§3. Domaine de l'action en concurrence déloyale

660. L'action en concurrence déloyale s'inscrit-elle nécessairement dans un rapport de concurrence ? L'auteur de l'acte et la victime doivent-ils être des entreprises concurrentes sur un même marché, pour que l'action soit recevable ? Traditionnellement, la jurisprudence réservait l'action en concurrence déloyale, *stricto sensu*, à l'action intentée par une entreprise contre une entreprise concurrente, en raison d'un acte déloyal commis par celle-ci.

Si l'on s'en tient à cette acception stricte, l'action qui sanctionne un agissement parasitaire, n'est pas une action en concurrence déloyale, mais une action en responsabilité civile de droit commun. Elle ne bénéficie pas, en ce qui concerne la preuve de la faute et du préjudice, des allégements que la jurisprudence admet en matière de concurrence déloyale.

Cependant de nombreux auteurs pensent aujourd'hui que le domaine de l'action en concurrence déloyale doit être élargi et qu'il doit s'étendre aux actions en responsabilité civile intentées en dehors de tout rapport de concurrence[73]. *La Cour de cassation consacre effectivement cet élargissement de l'action en concurrence déloyale.* Elle déclare que « l'action en concurrence déloyale, qui trouve son fondement dans les dispositions des articles 1240 et 1241 du Code civil, lesquels impliquent l'existence d'une faute commise par un demandeur préjudiciable au défendeur, peut être mise en œuvre, quel que soit le statut juridique de l'auteur de la faute alléguée »[74]. Et mieux encore que : « même en l'absence d'une situation de concurrence directe

71. Cass. com., 25 févr. 1992, n° 90-14329.

72. Cass. com., 10 févr. 2021, n° 18-26035.

73. C. Champaud, « Les sources du droit de la concurrence au regard du droit commercial et des autres branches du droit applicables en France », *Mélanges R. Houin*, Dalloz, 1985, p. 65.

74. Cass. com., 30 mai 2000, n° 98-15549.

et effective entre les personnes concernées, la divulgation, par l'une, d'une information de nature à jeter le discrédit sur un produit commercialisé par l'autre constitue un acte de dénigrement »[75]. Ces décisions témoignent de l'évolution de la notion de concurrence déloyale, de son « renouveau », a-t-on dit[76].

La jurisprudence de la Cour de cassation affaiblit le caractère spécifique de l'action en concurrence déloyale. Pour prendre un exemple, l'action exercée sur la base de l'article 1240 du Code civil par une entreprise contre une association qui s'est rendue coupable de dénigrement à son égard, est bien une action en responsabilité civile, mais elle ne devrait pas être qualifiée d'action en concurrence déloyale. L'existence d'un rapport de concurrence apporte un allégement de la preuve du préjudice et du lien de causalité que ne justifie pas, selon nous, une action en responsabilité de droit commun entre non-concurrents.

§4. L'exercice de l'action en concurrence déloyale

661. Trois questions se posent.

1) Qui peut agir en concurrence déloyale ? Conformément au droit de la responsabilité civile, seules les victimes de l'acte de concurrence déloyale peuvent intenter l'action. Dans la conception étroite du droit de la concurrence déloyale, l'action en concurrence déloyale avait uniquement pour but *la protection des concurrents*. Seul un concurrent, victime de la concurrence déloyale, par exemple d'un dénigrement ou d'un acte entraînant la confusion ou la désorganisation, pouvait agir. Mais on a vu dans le paragraphe précédent que la jurisprudence a étendu le domaine de l'action en concurrence déloyale en n'exigeant plus que la victime soit un concurrent de l'auteur de l'acte déloyal.

Le concurrent peut évidemment être une personne physique ou une personne morale, et il n'est pas nécessaire qu'il ait la qualité de commerçant. Il suffit qu'il exerce une activité économique. La collectivité des concurrents peut d'ailleurs agir par l'intermédiaire d'un syndicat professionnel, lorsque les agissements déloyaux portent atteinte à l'intérêt de tout ou partie de la profession. En revanche, ni les salariés, ni les consommateurs ou leurs unions ne peuvent agir en concurrence déloyale. Alors qu'ils peuvent agir en responsabilité civile lorsqu'ils font la preuve d'un préjudice certain.

2) Quelle est la juridiction compétente ? La plupart du temps ce sera le tribunal de commerce, car le litige oppose généralement deux commerçants. Ce sera plus rarement le tribunal judiciaire, lorsque la concurrence déloyale est le fait d'une entreprise non commerciale, par exemple d'une société civile, d'un artisan ou d'un membre d'une profession libérale[77]. En outre, les tribunaux judiciaires sont compétents lorsque l'acte de concurrence déloyale est connexe à un acte de contrefaçon (art. L. 211-10 COJ)[78]. Le juge des référés peut également être saisi en cas de

75. Cass. com., 4 mars 2020, n° 18-15651.

76. A.-C. Martin (dir.), « Dossier: Le renouveau de l'action en concurrence déloyale? », *Rev. Lamy Conc.* 2020, n° 100, p. 19 et s.

77. Cass. com., 18 nov. 2020, n° 19-19463.

78. Mais le tribunal de commerce est compétent lorsque l'assignation ne formule aucune demande au titre de la propriété industrielle. V. Cass. com., 18 déc. 2019, n° 18-17364, *Contrats, conc. consom.* 2020, comm. 42, obs. M. Malaurie-Vignal.

dommage imminent ou de trouble manifestement illicite, sur la base de l'article 873 CPC. En cas de diffamation, qui est un délit pénal, seule la juridiction correctionnelle est compétente.

3) Quel est l'objet de la condamnation ? Nous avons déjà souligné que l'action en concurrence déloyale avait une double fonction. Le tribunal va d'abord accorder des dommages et intérêts destinés à réparer le préjudice subi. Mais la jurisprudence admet que la meilleure réparation consiste à faire cesser le comportement fautif. Le tribunal a le pouvoir de délivrer une injonction, éventuellement assortie d'une astreinte.

CHAPITRE 3

Les droits de propriété intellectuelle

662. La propriété intellectuelle comporte, d'une part, les droits de propriété industrielle (brevets d'invention, dessins et modèles, marques) et, d'autre part, le droit d'auteur. Ils ont en commun de porter sur des objets immatériels : créations de l'esprit ou signes. Dans la classification des biens, ils appartiennent à la catégorie des propriétés incorporelles.

Ils n'ont été reconnus que tardivement par le droit. Le droit d'auteur n'a été reconnu qu'au XVIIIe siècle[1]. Ce n'est qu'à partir du XIXe siècle que les inventions ont été protégées et il a fallu attendre la loi de 1844 pour que la protection atteigne une réelle efficacité. Le dépôt des marques de fabrique a été organisé pour la première fois par la loi de 1857.

La propriété intellectuelle a pris dans l'économie moderne une valeur considérable. Certaines inventions, décisives pour l'industrie, peuvent atteindre un prix bien supérieur à celui de n'importe quel bien matériel. De même, certaines marques très connues du public représentent un investissement publicitaire tel que leur prix est difficile à imaginer. Les logiciels et les bases de données, qui sont protégés par un droit d'auteur, sont d'une importance capitale pour le commerce et l'industrie.

Les règles de droit interne, les lois et les règlements figurent aujourd'hui dans le *Code de la propriété intellectuelle* créé par la loi n° 92-597 du 1er juillet 1992.

La partie législative du Code traite successivement de la propriété littéraire et artistique, qui comprend notamment le droit d'auteur et les droits voisins, et de la propriété industrielle, qui comprend les dessins et modèles, les inventions et les marques de produits ou de services.

663. Il faut encore préciser la nature des droits de propriété intellectuelle.

Les droits de propriété intellectuelle sont des droits *opposables à tous*. À cet égard, ils s'apparentent aux droits réels. En effet ils confèrent un monopole d'exploitation qui est protégé par une *action en contrefaçon* sanctionnant tout empiétement sur le monopole, même de la part d'une personne de bonne foi. Elle s'apparente à une

1. Sur l'historique de cette question, v. L. PFISTER, *L'auteur, propriétaire de son œuvre ? La formation du droit d'auteur du XVIe siècle à la loi de 1957*, Th. Strasbourg III, 1999.

action en revendication. Par exemple, le titulaire d'un brevet d'invention peut faire valoir son droit et agir en contrefaçon contre toute personne qui, même de bonne foi, utiliserait l'invention sans son autorisation. Mais, comme le droit de propriété intellectuelle ne porte pas sur une chose matérielle, il ne se confond pas non plus avec le droit réel. C'est pourquoi la doctrine classique avait rangé les droits de propriété intellectuelle dans une catégorie intermédiaire entre le droit réel et le droit de créance.

Aujourd'hui, une grande partie de la doctrine n'hésite plus à voir dans les propriétés industrielles de véritables droits réels, portant sur des biens immatériels. Ainsi l'inventeur serait propriétaire, littéralement, de son invention, propriétaire de son idée ; l'auteur, propriétaire de son œuvre. En effet rien n'autoriserait à distinguer selon que le droit de propriété a pour objet un bien matériel (une chose) ou un bien immatériel. Mais il semble difficile d'aller aussi loin. Il y a, entre la propriété des choses corporelles et la propriété intellectuelle une différence essentielle. Alors que toutes les choses corporelles sont susceptibles d'appropriation privée, seules certaines créations de l'esprit ou certains signes, présentant des caractères bien précis, peuvent faire l'objet d'un droit de propriété intellectuelle. Par exemple, l'invention, pour donner lieu à la délivrance d'un brevet, doit être absolument nouvelle et présenter un certain niveau inventif. Le droit d'auteur ne porte pas sur une idée mais sur la forme originale sous laquelle celle-ci est exprimée.

De plus, l'appropriation d'une chose matérielle, par l'occupation, ne nécessite aucune formalité particulière. Au contraire, les droits de propriété industrielle nécessitent pour leur protection l'accomplissement d'une formalité administrative : demande de brevet, dépôt du dessin ou enregistrement de la marque[2]. Seul le droit d'auteur naît sans formalité administrative. Enfin, il ne faut pas oublier que le droit de propriété est perpétuel, alors que les droits de propriété intellectuelle ont une durée limitée. Par exemple, le brevet d'invention est accordé pour vingt ans (art. L. 611-2 C. prop. intell.). Après quoi l'invention tombe dans le domaine public. Le droit d'auteur dans sa dimension patrimoniale est protégé durant la vie de l'auteur et pendant soixante-dix ans après la mort de celui-ci (art. L. 123-1 C. prop. intell.).

Les droits de propriété industrielle sont organisés de manière tellement particulière, qu'il est bien difficile, selon nous, de les assimiler à des droits réels. Ce sont *des droits exclusifs d'exploitation qui dérogent au principe de la liberté d'entreprendre et dont l'acquisition requiert, pour cette raison, une intervention particulière de la puissance publique.*

Cela étant précisé, rien ne s'oppose à ce que le droit de propriété intellectuelle, conçu comme droit exclusif d'exploitation, ne soit lui-même l'objet d'un droit de propriété, d'usufruit ou de nantissement. En d'autres termes, si l'on n'est pas, par exemple, propriétaire de l'invention que l'on a faite, l'on est en revanche propriétaire du brevet qui la protège.

664. L'on étudiera d'abord les droits sur les créations (section 1), puis les droits sur les signes (section 2). Les premiers ont en commun d'être soumis à la condition de *nouveauté*, alors que les seconds obéissent à la condition de *distinctivité*.

2. Il est vrai que l'acquisition du nom commercial n'est pas soumise à la condition du dépôt ou de l'enregistrement. Mais le nom commercial est protégé par une simple action en concurrence déloyale et non par une action en contrefaçon (l'exception confirme la règle).

Section 1
Les droits sur les créations

665. Les créations sont protégées par les brevets d'invention (§ 1) et les dessins et modèles (§ 2), qui sont des droits de propriété industrielle. Les logiciels et les autres créations liées à l'informatique sont protégés par la propriété littéraire et artistique (§ 3).

§1. Les brevets d'invention

A. Généralités

> ***Art. L. 611-1, al. 1er, C. prop. intell.*** Toute invention peut faire l'objet d'un titre de propriété industrielle délivré par le directeur de l'Institut national de la propriété industrielle qui confère à son titulaire ou à ses ayants cause un droit exclusif d'exploitation.

666. En France, les brevets ont d'abord été organisés par la loi du 5 juillet 1844. Celle-ci fut remplacée par la loi plus perfectionnée du 2 janvier 1968[3]. Les textes furent par la suite introduits dans le Code de la propriété intellectuelle, formant le titre Ier du Livre VI. Les dispositions de ce titre ont été plusieurs fois modifiées, notamment par l'ordonnance n° 2019-964 du 18 septembre 2019.

Le Code de l'organisation judiciaire réserve au tribunal judiciaire de Paris une compétence exclusive pour connaître des actions en justice en matière de brevets d'invention (art. D. 211-6 COJ).

1. Raisons d'être de la protection des inventions

667. La protection des inventions procède du droit naturel : la création intellectuelle mérite le respect. Il est légitime de protéger le droit moral de l'inventeur. Mais cela ne suffit pas à fonder la technique de la protection par brevet.

En réalité l'institution du brevet a aussi pour but l'intérêt général. Sa finalité est le *développement de l'industrie nationale*. Le brevet récompense l'effort de recherche et l'innovation technique lorsque ceux-ci suscitent des investissements industriels dans le pays de délivrance. C'est pourquoi la loi oblige le breveté à exploiter son invention sur le territoire national. L'exploitation de l'invention est la contrepartie du droit exclusif reconnu par la loi.

Le brevet a une autre fonction, la *diffusion des connaissances techniques*. En effet, la demande de brevet et le brevet lui-même comportent obligatoirement une description de l'invention et comme la demande et le brevet sont publiés, tout le monde a accès à l'invention. La connaissance de l'invention ouvre la voie à d'autres innovations. Cette seconde fonction complète la précédente. Le but est le même : développer l'industrie du pays de délivrance et de protection. Remarquons au

3. J. Schmidt, L'invention protégée après la loi du 2 janv. 1968, Litec, 1972, préf. J.-M. Mousseron.

passage que la protection des brevets tend de plus en plus à s'établir au niveau de l'Union européenne, qui se substitue peu à peu à l'économie des États membres.

2. Le mécanisme de protection des inventions

668. Deux systèmes de protection sont possibles.

Selon un premier système, le brevet est délivré à tout déposant d'une demande. C'était le système de la loi de 1844, dans lequel le brevet était dit « sans garantie du gouvernement » (brevet SGDG). Le système avait pour lui la simplicité des formalités de délivrance. Le prix d'obtention d'un brevet était peu élevé. En revanche, le brevet ne conférait aucune garantie quant à la qualité de l'invention. De nombreux brevets ne remplissaient pas la condition de nouveauté et ils étaient exposés à une action en nullité intentée par un concurrent.

Selon un second système, le brevet n'est délivré qu'après un examen préalable de sa validité, effectué par l'office des brevets. Le système est coûteux et le prix du brevet est élevé. En revanche le brevet est source de sécurité juridique aussi bien pour le titulaire que pour les tiers. Il atteste la valeur de l'invention. Ce système est celui du droit américain et du droit allemand. Le système français s'en rapproche aujourd'hui considérablement.

3. Brevet et savoir-faire

669. Le savoir-faire est un procédé de fabrication impliquant la possession de connaissances techniques. On parle aussi de « technologie ». En cela il se rapproche du brevet. L'un et l'autre recouvrent des connaissances techniques ayant une application industrielle. Cependant il y a trois différences essentielles qui opposent le brevet au savoir-faire.

a. Différence quant aux effets

670. Le brevet confère un droit exclusif d'exploitation, protégé par la loi. Le savoir-faire au contraire ne confère aucun droit exclusif, mais seulement *un pouvoir de fait*. Pourquoi, dans ces conditions, le détenteur du savoir-faire ne demande-t-il pas un brevet, dont l'effet serait beaucoup plus puissant ? Il peut avoir deux raisons. Très souvent, le savoir-faire n'est pas brevetable car il ne présente pas une nouveauté suffisante. La demande de brevet risquerait d'être refusée par l'office au terme de la procédure d'examen. Il arrive aussi que le savoir-faire soit brevetable, mais que le détenteur préfère le conserver secret. Il ne dépose pas de demande de brevet afin que l'invention ne soit pas rendue publique. En effet, les demandes de brevet sont publiées. Le savoir-faire est alors théoriquement brevetable, mais non breveté.

Le pouvoir de fait sur le savoir-faire résulte de deux facteurs. En premier lieu, le secret qui entoure le procédé. Encore faut-il que le possesseur ait les moyens de conserver le secret. En second lieu, l'avance technologique. Alors le savoir-faire n'est pas secret, mais pour le mettre en œuvre il faut procéder à des investissements et à des essais qui nécessitent un temps assez long.

b. Différence quant au mode de protection

671. Le brevet donne naissance à un droit de propriété industrielle, qui est protégé par l'action en contrefaçon. Au contraire, le savoir-faire n'est pas protégé par un droit de propriété industrielle. Le savoir-faire non breveté se trouve dans le domaine public. Il est à la disposition de tous ceux qui l'utilisent sans faute. Il n'est protégé que par une action en concurrence déloyale. L'action ne peut alors aboutir qu'à la condition que le concurrent se soit approprié le savoir-faire de manière fautive, par exemple grâce à un espionnage industriel.

Le savoir-faire peut être éventuellement protégé par une action contractuelle. Tel est le cas lorsque le détenteur l'a communiqué à un partenaire qui s'est contractuellement engagé à le conserver secret. En cas de violation du secret, le détenteur initial pourra agir par la voie contractuelle contre son cocontractant.

c. Différence quant à l'exploitation

672. La jouissance du brevet ou du savoir-faire peut être transmise à un *licencié*, par un contrat de licence d'exploitation. La licence de brevet s'analyse en une simple autorisation d'exploiter l'invention décrite dans le brevet. La licence de savoir-faire est plus compliquée, car elle doit être accompagnée d'une communication des connaissances et même d'une formation du personnel du licencié.

En fait les deux types de licence sont souvent complémentaires. Il est rare que le brevet soit exploitable sans communication d'un certain savoir-faire nécessaire à sa mise en œuvre. D'où la fréquence des contrats mixtes de licence de brevet et de transmission de savoir-faire. Les contrats industriels, comme les ventes d'usines ou les contrats de construction d'ensembles industriels associent en fait les deux types de licence. Cependant, la licence pure de brevet n'emporte pas par elle-même obligation de communication du savoir-faire accessoire. L'obligation de transmettre le savoir-faire accessoire nécessite l'accord du titulaire du brevet.

B. L'invention brevetable

673. Le brevet n'est juridiquement valable que si les *conditions de brevetabilité* sont remplies.

1. Les conditions de brevetabilité

674. Elles sont au nombre de quatre. L'article L. 611-10 du Code de la propriété intellectuelle les énumère.

> ***Art. 611-10, 1°, C. prop. intell.*** Sont brevetables, dans tous les domaines technologiques, les inventions nouvelles impliquant une activité inventive et susceptibles d'application industrielle.

1) Le *caractère industriel*. L'invention doit permettre la fabrication répétée d'objets matériels. En revanche les découvertes d'ordre théorique, les principes mathématiques et les lois de la physique, ne peuvent pas être protégées par brevet.

2) L'appartenance au *domaine de la brevetabilité*. La loi exclut certaines inventions de la brevetabilité parce qu'elles sont protégeables à un autre titre. Ainsi, les obtentions végétales et les logiciels (art. L. 611-10, 2°, C. prop. intell.). Dans d'autres cas, l'exclusion de la brevetabilité a un fondement éthique. Ainsi, le corps

humain et ses produits, ainsi que la connaissance de la structure d'un gène humain ne peuvent pas faire l'objet de brevets (art. L. 611-18 C. prop. intell.).

3) La *nouveauté*. Selon l'article L. 611-11 C. prop. intell., l'invention est nouvelle « si elle n'est pas comprise dans l'état de la technique ». Il faut alors définir *l'état de la technique*. Celui-ci comporte lui-même deux secteurs.

En premier lieu, fait partie de l'état de la technique tout ce qui a été rendu accessible au public avant le dépôt de la demande de brevet. Donc tout ce qui a été divulgué avant cette date. Dans la conception française la nouveauté requise est absolue : n'importe quelle divulgation, sans limite d'espace ou de temps, détruit la nouveauté. L'invention divulguée, même par l'inventeur lui-même, tombe dans le domaine public. L'inventeur doit donc prendre soin de conserver son invention secrète jusqu'au jour de la demande de brevet.

En second lieu, fait partie de l'état de la technique, l'invention non divulguée mais qui fait l'objet d'une demande de brevet français. En effet l'invention n'est plus considérée comme nouvelle puisqu'elle est déjà revendiquée par un autre.

Traditionnellement la doctrine distingue quatre types d'inventions ; l'invention d'un produit nouveau, l'invention d'un procédé de fabrication nouveau, l'application nouvelle d'un moyen déjà connu et la combinaison nouvelle de moyens connus[4].

4) L'*activité inventive*. L'invention ne doit pas découler d'une manière évidente de l'état de la technique. L'invention doit donc procéder d'un effort inventif, qui dépasse la simple compétence ordinaire d'un bon spécialiste.

2. Les sanctions de la brevetabilité

675. La première sanction est préventive, c'est le rejet de la demande de brevet par le directeur de l'INPI.

L'autre sanction consiste dans la nullité du brevet qui aurait été délivré alors que toutes les conditions de brevetabilité n'étaient pas remplies. L'action en nullité est imprescriptible (art. L. 615-8-1 C. prop. intell.). C'est alors le tribunal judiciaire de Paris qui apprécie la validité du brevet (art. D. 211-6 COJ)[5]. La nullité produit un effet étendu : elle vaut *erga omnes* (à l'égard de tous). Cependant les actions en nullité sont très rares. Dans l'immense majorité des cas, la nullité est invoquée en défense, *par voie d'exception*, afin de paralyser une action en contrefaçon.

C. Régime national du brevet

1. Attribution du brevet

676. À qui est accordé le brevet ? En théorie, il existe deux systèmes possibles. Dans le premier système, le brevet est attribué au premier déposant, même s'il n'est pas l'inventeur. Ce système a l'avantage de provoquer le dépôt des demandes de brevets d'invention. Dans le second système, le brevet est

4. Sur la brevetabilité des présentations d'informations, v. Cass. com., 11 janv. 2023, n° 19-19567, *D.* 2023, p. 468, note F. Pollaud-Dulian.

5. Mais l'annulation d'un brevet d'invention ne permet pas à celui qui a été antérieurement condamné pour contrefaçon de réclamer la restitution des dommages et intérêts qu'il a payés. V. Cass. ass. plén., 17 févr. 2012, n° 10-24282.

attribué à l'inventeur. Si une autre personne dépose la demande et obtient le brevet, le véritable inventeur a le droit de revendiquer le brevet.

La loi française retient le second système. L'article L. 611-6 C. prop. intell. dispose en effet : « Le droit au titre de propriété industrielle mentionné à l'article L. 611-1 appartient à l'inventeur ou à son ayant cause ». Cependant les deux systèmes sont en pratique moins éloignés l'un de l'autre que l'on pourrait l'imaginer, car le déposant est présumé être l'inventeur. C'est au véritable inventeur qu'il appartient de prouver sa qualité, preuve qu'il est souvent difficile de rapporter. L'inventeur lésé peut revendiquer la propriété du titre délivré au déposant. Il exerce une action en revendication qui se prescrit par cinq ans à compter de la publication de la délivrance du titre de propriété industrielle (art. L. 611-8 C. prop. intell.)[6].

677. Il faut encore préciser deux choses.

1) Si l'invention est découverte en même temps par deux personnes différentes (ce qui n'est pas rare), le brevet est accordé au premier déposant. L'inventeur a donc intérêt à déposer le plus rapidement possible sa demande de brevet. C'est la date de la première demande qui est prise en considération pour trancher le conflit (art. L. 611-6, al. 2, C. prop. intell.). Mais l'autre inventeur, s'il est de bonne foi, n'est pas totalement sacrifié. Il se voit reconnaître le droit d'exploiter l'invention pour son propre compte. C'est ce que l'on appelle le droit de possession personnelle. Ce droit n'est pas cessible, sinon avec l'entreprise au sein de laquelle l'invention a été réalisée (art. L. 613-7 C. prop. intell.).

2) En pratique, la plupart des inventions sont aujourd'hui réalisées dans des laboratoires de recherche, par des chercheurs salariés. L'invention est dite de service lorsqu'elle est l'œuvre du salarié opérant dans le cadre de sa mission. Alors l'invention appartient à l'employeur (art. L. 611-7, 1°, C. prop. intell.). Au contraire, l'invention personnelle est l'œuvre d'un salarié qui l'a réalisée en dehors de sa mission, tout en restant périphérique à celle-ci (art. L. 611-7, 2°, C. prop. intell.). Dans ce cas, l'invention reste la propriété du salarié, mais l'employeur peut s'en « faire attribuer la propriété ou la jouissance ». On dit que ces inventions sont attribuables. L'employeur a le droit de les revendiquer dans un délai de quatre mois à compter de la date de réception de la déclaration de l'invention par le salarié (art. R. 611-7 C. prop. intell.). En contrepartie, le salarié reçoit un « juste prix ». Les parties peuvent fixer elles-mêmes ce « juste prix ». À défaut, il sera déterminé par la Commission de conciliation ou par le tribunal judiciaire (art. L. 611-7, 2°, al. 2, C. prop. intell.).

2. La procédure de délivrance

678. Elle est décrite de façon précise par les articles L. 612-1 et suivants du Code.

1) La demande de brevet se fait dans une requête. Elle comporte une description de l'invention, description suffisamment claire et complète pour qu'un homme du métier puisse l'exécuter (art. L. 612-5 C. prop. intell.). Elle comporte aussi les revendications qui définissent précisément l'objet de la protection réclamée (art. L. 612-6 C. prop. intell.).

6. Cass. com., 25 avr. 2006, n° 04-19482.

La date du dépôt est essentielle. À partir de cette date, l'inventeur peut exploiter son invention au grand jour. En effet si le brevet est ensuite délivré, ses effets rétroagissent au jour du dépôt.

2) Il est procédé à un examen préalable. Un *rapport de recherche* est établi par des spécialistes. Il est obligatoire, mais ses conclusions ne lient ni le directeur de l'INPI, ni le tribunal s'il vient à être saisi.

3) Le directeur peut rejeter la demande, en tout ou en partie (art. L. 612-12 C. prop. intell.), notamment :

- lorsqu'elle est irrégulière en la forme ou contraire à l'ordre public ;
- lorsqu'elle ne comporte pas une description suffisante ou ne comporte pas de revendication ;
- lorsque son objet ne peut être considéré comme une invention au sens de l'article L. 611-10, 2°, C. prop. intell. ou n'est pas brevetable au sens de l'article L. 611-10, 1°, C. prop. intell. (défaut de nouveauté, d'activité inventive ou d'application industrielle) ou n'est pas une invention brevetable en application des articles L. 611-16 à L. 611-19 C. prop. intell. (*i.e.* inventions contraires à la dignité de la personne humaine).

4) Lorsque le brevet est délivré, il est publié au *Bulletin officiel de la propriété industrielle* avec la demande de brevet et le rapport de recherche. Toute personne peut en avoir communication. Une publicité est également réalisée grâce aux banques de données informatiques de l'INPI (art. L. 612-21 C. prop. intell.).

Il existe une procédure administrative d'opposition auprès du directeur de l'INPI. Toute personne peut tenter de faire révoquer le brevet délivré en arguant de son défaut de nouveauté ou d'activité inventive (art. L. 613-23-1 C. prop. intell.). Le directeur général de l'INPI statue sur l'opposition au terme d'une procédure contradictoire (art. L. 613-23-2 C. prop. intell.). Il peut faire droit à l'opposition pour l'un des motifs soulevés par l'opposant. Dans ce cas, le brevet est soit révoqué en tout ou en partie, soit maintenu sous une forme modifiée. Il peut aussi rejeter l'opposition. Dans ce cas le brevet est maintenu tel qu'il a été délivré (art. L. 613-23-4 C. prop. intell.).

3. Les droits du breveté

679. Le brevet confère à son titulaire un droit exclusif d'exploitation. La durée de protection est de *vingt ans* à compter du jour du dépôt de la demande (art. L. 611-2 C. prop. intell.). À l'expiration des vingt ans, l'invention tombe dans le domaine public.

Le breveté peut exploiter lui-même l'invention, la céder ou en concéder la jouissance par un contrat de licence[7] exclusive ou non exclusive (art. L. 613-8 C. prop. intell.).

Le breveté dispose de l'action en contrefaçon. Les actes de contrefaçon sont énumérés dans l'article L. 613-3 du Code de la propriété intellectuelle. Sont interdits :

- la fabrication du produit objet du brevet ;
- l'utilisation d'un procédé objet du brevet ;

7. M. Malaurie-Vignal, « Licence pour tous vs Accès pour tous : l'univers des objets connectés à l'épreuve du droit de la concurrence et de la propriété intellectuelle », Contrats conc. consom. août-sept. 2022, étude 11.

- la mise dans le commerce, l'utilisation, l'importation, l'exportation du produit obtenu directement par le procédé objet du brevet.

En revanche ne sont pas des actes de contrefaçon, l'exploitation de l'invention dans un cadre privé, à des fins non commerciales, ainsi que les actes accomplis à titre expérimental (art. L. 613-5 C. prop. intell.).

La contrefaçon de brevet est pénalement sanctionnée par un emprisonnement de trois ans et une amende de 300 000 euros. Les peines sont portées à sept ans d'emprisonnement et 750 000 euros d'amende en cas de circonstance aggravante (ex. contrefaçon commise sur un réseau de communication au public en ligne) (art. L. 615-14 C. prop. intell.).

4. Les obligations du breveté

680. Le breveté doit payer les taxes annuelles, appelées *annuités*. Le montant des annuités varie à la hausse en fonction du nombre d'années. Il est faible au début (ex. 38 euros pour la deuxième annuité) et élevé à la fin, au bout de vingt ans (800 euros pour la vingtième annuité). Le défaut de paiement est sanctionné par la déchéance du brevet.

Le breveté doit exploiter son invention sur le territoire national. Sinon le tribunal peut accorder une licence, appelée *licence obligatoire*, à toute personne qui en fait la demande et qui est susceptible d'exploiter l'invention (art. L. 613-11 C. prop. intell.). Le tribunal fixe la redevance due par le licencié.

D. Régime international des brevets d'invention

1. Le principe de territorialité

681. Pour bien comprendre l'importance des conventions internationales en matière de propriété industrielle, il faut partir du principe de la *territorialité* des droits de propriété industrielle. Le brevet a une portée territoriale en ce sens que ses effets sont limités au territoire de l'État qui l'a délivré. La protection légale s'arrête aux frontières de l'État de délivrance.

Cependant l'inventeur peut demander la protection de son invention dans tous les pays où il désire l'exploiter. C'est ce que l'on appelle le principe des « localisations multiples ». La même invention peut donc donner lieu à la délivrance de plusieurs brevets nationaux.

Exemple. Le brevet français, délivré par l'INPI, confère un monopole d'exploitation limité au territoire français. Il ne permet pas d'agir en contrefaçon contre un acte de fabrication ou de commercialisation réalisé dans un pays étranger. La contrefaçon ne commence qu'avec l'introduction sur le territoire français du produit contrefait. Pour agir en contrefaçon dans le pays étranger, il faudrait obtenir au préalable un brevet de la part des autorités compétentes de ce pays étranger.

À la limite, pour obtenir une protection de l'invention à l'échelle mondiale, il faut demander et obtenir un brevet dans tous les pays qui disposent d'une législation protectrice des inventions. Les Conventions internationales tendent à corriger cet inconvénient majeur, mais sans toutefois le supprimer totalement.

2. Les conventions internationales

682. La convention la plus ancienne est la **Convention de Paris du 20 mars 1883.** Elle institue une Union internationale pour la protection de la propriété industrielle, dont le siège est à Genève. L'Union regroupe la quasi-totalité des États du globe. La Convention pose trois grands principes :

Le principe de *l'assimilation de l'étranger au national.* Tout ressortissant d'un pays de l'Union est traité, pour ce qui concerne les brevets, dans les autres pays, comme un national de ce pays.

Le principe de la *priorité unioniste.* Celui qui a demandé un brevet dans un pays de l'Union dispose d'un délai d'un an pour déposer ses demandes dans les autres pays. Dans l'intervalle, il est protégé contre toute divulgation de l'invention ou antériorité d'une autre demande.

Le principe d'*indépendance* des brevets. Les causes de nullité, de déchéance ou d'extinction qui atteignent un brevet dans un pays de l'Union n'ont pas d'effet sur les brevets obtenus dans les autres pays, pour la même invention.

La **Convention sur l'Organisation mondiale du commerce** (Convention OMC), conclue à Marrakech le 15 avril 1994, comporte un accord particulier, l'Accord général sur les aspects de droits de propriété intellectuelle liés au commerce, dit *accord ADPIC*[8]. Cet accord oblige les États signataires à assurer une protection, relativement complète, des droits de propriété industrielle et il institue un ensemble de sanctions. Il complète et prolonge la Convention de Paris de 1883 en lui assurant une plus grande efficacité.

La **Convention de Washington du 19 juin 1970** (*Patent Cooperation Treaty ou PCT*), entrée en vigueur pour la France en 1978. La demande de brevet est déposée soit devant un office national, soit devant l'OMPI (Organisation mondiale de la propriété industrielle), avec indication des pays dans lesquels la protection est réclamée. L'examen vaut à l'échelle internationale. La demande débouche sur la délivrance de brevets nationaux.

683. La **Convention de Munich du 5 octobre 1973** est entrée en vigueur en 1977. Elle regroupe la plupart des États européens. La Convention a mis en place une procédure unique de délivrance des brevets. Une seule demande est déposée auprès de l'Office européen des brevets (OEB) et il est procédé à un seul examen préalable. Pour que cela soit rendu possible, il a fallu unifier les conditions de brevetabilité posées par les pays signataires. Les conditions de brevetabilité sont donc aujourd'hui les mêmes, que l'on demande un brevet en France en s'adressant à l'INPI ou que l'on demande un brevet européen en s'adressant à l'OEB. L'Office délivre un brevet européen qui, dans chacun des États signataires, produit les mêmes effets que les brevets nationaux. En 2020, l'OEB a reçu 180 250 demandes de brevets.

8. Ou « accord TRIP », par référence aux initiales de l'appellation anglaise, *Trade related Aspects of Intellectual Property Rights.*

3. Le droit de l'Union européenne

684. Le brevet européen à effet unitaire est un *brevet unique* pour l'Union européenne[9]. C'est en réalité un brevet européen (au sens de la convention de Munich), délivré par l'OEB, mais qui a les mêmes effets dans toute l'Union européenne. La Convention de Luxembourg du 15 décembre 1975 qui instituait le « brevet communautaire » n'est jamais entrée en vigueur, plusieurs États membres de l'Union ne l'ayant pas ratifiée. Devant la difficulté de faire ratifier la Convention par tous les États membres de l'UE, la Commission européenne avait d'abord présenté plusieurs propositions de règlements reprenant, avec quelques changements, la plupart des dispositions de la convention de Luxembourg. Faute d'accord, ces propositions furent abandonnées.

Un pas décisif a été franchi avec une décision du Conseil de l'UE du 10 mars 2011 qui, sur la base de l'article 329 TFUE, autorise une coopération renforcée pour la création d'un brevet unitaire. La coopération renforcée unit aujourd'hui les États membres de l'UE, l'Espagne et l'Italie s'y étant ralliées[10]. Deux règlements (n° 1257/2012 et 1260/2012) du 17 décembre 2012 organisent le brevet européen à effet unitaire[11]. L'accord international du 19 février 2013, crée une juridiction unifiée du brevet, devant laquelle sera concentré le contentieux du brevet européen. En France, la loi n° 2014-199 du 24 février 2014 a autorisé la ratification de l'accord du 19 février 2013. La juridiction unifiée du brevet[12] est devenue réalité depuis le 1er juin 2023. Elle se divise en un tribunal de première instance (siège à Paris) et d'une cour d'appel (siège au Luxembourg). Il s'agit d'une juridiction échevinale composée de juges qualifiés au plan juridique et de juges qualifiés sur le plan technique.

§2. Les dessins et modèles

685. Comme les inventions, les dessins et modèles sont des créations qui sont protégées lorsqu'elles sont nouvelles. La loi accorde un droit exclusif d'exploitation à l'auteur du dessin ou du modèle, afin de stimuler la création et de permettre l'amortissement de ses investissements. La protection des dessins et modèles est exposée dans le livre V du Code de la propriété intellectuelle aux articles L. 511-1 et s. Le 13 octobre 1998 a été adoptée la directive européenne n° 98/71 ayant pour but le rapprochement des législations nationales en matière de dessins et de modèles. La directive a été transposée en droit français, dans le Code de la propriété intellectuelle, par l'ordonnance n° 2001-670 du 25 juillet 2001, qui a modifié les articles L. 511-1 et suivants[13].

9. N. Binctin, « Droit de la propriété intellectuelle », *in* Ass. H. Capitant, *La construction européenne en droit des affaires : acquis et perspectives*, LGDJ, 2016, préf. V. Giscard d'Estaing, p. 89.

10. La CJUE a rejeté les recours de l'Espagne et de l'Italie contre la décision du 10 mars 2011 (CJUE, 16 avr. 2013, *Royaume d'Espagne, République italienne*, C-274/11 et C-295/11).

11. J.-C. Galloux, « Le brevet européen à effet unitaire : un volapük juridique intégré », *D.* 2013, p. 520.

12. M. Dhenne, « La Juridiction unifiée du brevet : l'avenir du droit des brevets en Europe ? », *D.* 2022, p. 344.

13. Sur l'application de ce texte dans le temps, v. Cass. com., 4 juill. 2006, n° 04-17397.

Le règlement n° 6/2002 du Conseil du 12 décembre 2001 a également créé le dessin ou modèle communautaire[14]. À la fin de l'année 2022, la Commission européenne a présenté ses projets d'amélioration du règlement n° 6/2002. Elle souhaite notamment simplifier la procédure d'enregistrement d'un dessin ou modèle à l'échelle de l'UE, par exemple en permettant sa présentation dans une vidéo, et réduire les taxes à payer pour les dix premières années de protection.

Comme les dessins et modèles constituent des créations originales, le droit français admet qu'ils puissent être également protégés par le droit de la propriété littéraire et artistique. À la différence de certains droits étrangers, notre droit reconnaît donc ce que l'on appelle le « cumul de protection ». À la protection spécifique des dessins ou modèles par le Code de la propriété intellectuelle et le règlement 6/2002 (A), s'ajoute la protection par le droit d'auteur (B).

A. La protection spécifique

1. Conditions de fond de la protection

686. L'acquisition d'un droit de propriété industrielle sur le dessin ou le modèle suppose tout d'abord des conditions de fond. Elles sont au nombre de trois.

- La première concerne l'objet protégé. L'article L. 511-1 du Code de la propriété intellectuelle dispose que « peut être protégée à titre de dessin ou modèle l'apparence d'un produit, ou d'une partie de produit, caractérisée en particulier par ses lignes, ses contours, ses couleurs, sa forme, sa texture ou ses matériaux ». Ces caractéristiques peuvent être celles du produit lui-même ou de son ornementation. Ainsi sont susceptibles de protection : un modèle de papier peint, un motif pour de la dentelle, un caractère typographique, un élément décoratif pour une maison d'habitation. Il faut que le dessin ou le modèle permettent une réalisation matérielle et une fabrication en série. Une idée abstraite ne peut être protégée. La forme du dessin ou du modèle ne doit pas être imposée par la fonction de l'objet. Il faut un minimum d'originalité.
- La deuxième condition est la nouveauté. Selon l'article L. 511-3 du Code de la propriété intellectuelle un dessin ou modèle est regardé comme nouveau si, à la date du dépôt de la demande d'enregistrement, aucun dessin ou modèle identique n'a été divulgué. La nouveauté consiste en ce que le dessin ou le modèle se distingue des œuvres existantes lorsqu'elles ont été publiées. Ainsi, si le dessin ou le modèle est emprunté au domaine public, par exemple s'il reproduit un monument ancien et connu, il ne peut être protégé par un droit de propriété industrielle. Au contraire il le sera si le réalisateur ajoute une touche personnelle qui le distingue suffisamment de l'œuvre originaire.
- La troisième condition est « caractère propre » du dessin ou du modèle. Selon l'article L. 511-4 du Code de la propriété intellectuelle, un dessin ou modèle a un caractère propre lorsque l'impression visuelle d'ensemble qu'il suscite

14. V. aussi le règlement n° 1891/2006 du 18 déc. 2006 concernant l'enregistrement international des dessins et modèles.

chez l'observateur averti diffère de celle produite par tout dessin ou modèle divulgué avant la demande d'enregistrement.

2. Acquisition du droit de propriété industrielle

a. Fonction de l'enregistrement

Art. L. 511-9 C. prop. intell. La protection du dessin ou modèle conférée par les dispositions du présent livre s'acquiert par l'enregistrement. Elle est accordée au créateur ou à son ayant cause.
L'auteur de la demande d'enregistrement est, sauf preuve contraire, regardé comme le bénéficiaire de cette protection.

687. Le droit de propriété industrielle sur le dessin ou le modèle s'acquiert par l'enregistrement, et non par la seule création. Mais seul le créateur ou son ayant-cause peut demander l'enregistrement. Celui qui dépose la demande d'enregistrement est présumé être le créateur, sauf preuve contraire.

b. Les formes de l'enregistrement du dépôt

688. La demande d'enregistrement est déposée, à peine de nullité, à l'INPI lorsque le déposant a son domicile ou son siège social à Paris ou hors de France. Lorsque le déposant a son domicile ou son siège social en France en dehors de Paris, il peut, à son choix, déposer la demande d'enregistrement à l'INPI ou au greffe du tribunal de commerce (art. L. 512-1 C. prop. intell.). La demande doit comporter l'identification du déposant et une reproduction du dessin ou du modèle (art. L. 512-2 C. prop. intell.).

Il existe aussi un dépôt en forme simplifiée pour les industries qui renouvellent fréquemment la forme et les décors de leurs produits (art. L. 512-2 C. prop. intell.).

689. La demande d'enregistrement peut être rejetée lorsqu'elle n'est pas présentée dans les conditions et formes prescrites ou lorsqu'elle est contraire à l'ordre public ou aux bonnes mœurs. L'enregistrement peut être annulé par décision de justice lorsque le dessin ou le modèle ne remplit pas les conditions de fond de la protection ou lorsqu'il porte atteinte au droit d'un tiers (art. L. 512-4 C. prop. intell.).

3. Le régime de la protection

a. Protection des dessins et modèles nationaux

690. L'enregistrement prévu par le Code de la propriété intellectuelle assure la protection pour une période de cinq ans, qui peut être prorogée par périodes de cinq ans jusqu'à un maximum de vingt-cinq ans (art. L. 513-3 C. prop. intell.).

Pendant le délai de protection, le titulaire est protégé par une action en contrefaçon[15]. Selon l'article L. 513-4 C. prop. intell., sont interdits, à défaut du

15. Ex. Cass. com., 23 juin 2021, n° 19-18111.

consentement du propriétaire du dessin ou du modèle, la fabrication, l'offre, la mise sur le marché, l'importation, l'exportation, l'utilisation ou la détention à ces fins, d'un produit incorporant le dessin ou modèle. La contrefaçon est sanctionnée pénalement[16] et civilement.

691. Cette protection souffre d'une exception importante connue sous le nom de « clause de réparation ». Selon l'article L. 513-6, 4°, C. prop. intell., les droits conférés par l'enregistrement d'un dessin ou modèle ne peuvent être exercés contre un tiers qui mettrait sur le marché des pièces de rechange destinées à rendre leur apparence initiale à un véhicule terrestre à moteur. Cette exception a pour origine un arrêt de la CJUE du 20 décembre 2017[17].

b. Protection des dessins et modèles de l'Union européenne

692. Le règlement n° 6/2002 du Conseil du 12 décembre 2001 a créé le dessin ou modèle communautaire. Sa protection n'est assurée que dans la mesure où il est nouveau et présente un caractère individuel (art. 4).

Le dessin ou modèle communautaire produit les mêmes effets dans l'ensemble de l'Union européenne. Il est enregistré auprès de l'Office de l'UE pour la propriété intellectuelle. Cependant la sanction de la contrefaçon demeure de la compétence des États membres.

Les créateurs de dessins et modèles ont donc le choix entre le régime national et le régime du règlement communautaire.

B. La protection des dessins et modèles par le droit d'auteur

693. Le créateur du dessin ou du modèle peut aussi revendiquer, s'il y trouve intérêt, la protection résultant du droit de la propriété littéraire et artistique. Le droit français, à la différence de certains droits étrangers, admet le cumul de protection au nom de *l'unité de l'art*. D'ailleurs, l'article L. 112-2, 10°, du Code de la propriété intellectuelle cite, parmi les œuvres protégées par un droit d'auteur, « les œuvres des arts appliqués ».

L'intérêt de cette protection est qu'elle est tout à fait indépendante de l'enregistrement prévu par les articles L. 512-1 et s. C. prop. intell. L'œuvre est protégée dès l'instant de sa création, sans autre condition que l'originalité de sa forme, révélant la personnalité de l'auteur. La durée de protection est plus longue que celle qui est fixée par la protection spécifique des dessins et modèles : le créateur jouit, sa vie durant, du droit exclusif d'exploiter son œuvre (le dessin ou modèle) sous quelque forme que ce soit et d'en tirer un profit pécuniaire. Et à son décès, ce droit persiste au bénéfice de ses ayants droit pendant l'année civile en cours et les soixante-dix années qui suivent (art. L. 123-1 C. prop. intell.).

16. 3 ans d'emprisonnement et 300 000 euros d'amende ; fermeture de l'établissement ayant servi à commettre l'infraction (art. L. 521-10 C. prop. intell.).

17. CJUE, 20 déc. 2017, *Acacia Srl et Audi AG*, aff. C 397-16 et C 435-16.

§3. Les logiciels, les bases de données et les œuvres audiovisuelles

694. Autrefois, la propriété littéraire et artistique avait peu de rapports avec le monde du commerce. Rappelons, d'ailleurs, que l'activité des auteurs d'œuvres littéraires et des artistes n'est pas une activité commerciale, au sens du Code de commerce, mais une activité civile. La réalité a cependant profondément changé depuis qu'est intervenue la révolution informatique, à la fin du siècle dernier. Plusieurs lois françaises, transposant souvent des directives européennes, ont tiré les conséquences de cette évolution, afin de protéger les auteurs des techniques de création et de communication des données. Le domaine du Code de la propriété intellectuelle s'en est trouvé sensiblement élargi.

Nous considérerons les trois objets principaux de la protection : les logiciels (A), les bases de données (B) et la production audiovisuelle (C).

A. Les logiciels

695. La propriété littéraire et artistique comporte deux types de protection, correspondant à deux sortes de personnes : le droit d'auteur, qui protège le créateur d'une œuvre originale, et les droits voisins, c'est-à-dire voisins du droit d'auteur, qui protègent les auxiliaires de la création[18]. Les logiciels sont protégés par un droit d'auteur.

Le droit d'auteur est défini par l'article L. 111-1 du Code de la propriété intellectuelle :

> ***Art. L. 111-1, al. 1er, C. prop. intell.*** L'auteur d'une œuvre de l'esprit jouit sur cette œuvre, du seul fait de sa création, d'un droit de propriété incorporelle exclusif et opposable à tous.

Selon l'article L. 112-1 C. prop. intell., le droit d'auteur porte sur « toutes les œuvres de l'esprit, quels qu'en soient le genre, la forme d'expression, le mérite ou la destination ». Et selon l'article L. 111-3, le droit d'auteur est indépendant de la propriété de l'objet matériel qui en est le support.

Insistons encore sur trois points :

- le droit d'auteur porte sur la *forme* de l'œuvre et non sur les idées exprimées par celle-ci. La forme est la façon dont la création est extériorisée. La forme doit être *originale*. Ce qui signifie, « nouvelle et portant l'empreinte de la personnalité de l'auteur »[19] ;
- l'auteur est titulaire des droits sur son œuvre dès sa création et sans formalité administrative ;
- le droit d'auteur est protégé par l'action en contrefaçon.

696. L'article L. 112-2 du Code de la propriété intellectuelle précise que sont considérés notamment comme « œuvres de l'esprit » : « (...) 13° Les logiciels,

18. C. Caron, *Droit d'auteur et droits voisins*, Litec, 6e éd., 2020.
19. N. Binctin, *Droit de la propriété intellectuelle*, LGDJ, 7e éd., 2022.

y compris le matériel de conception préparatoire ». La loi ne définit pas le logiciel. Le mot de « logiciel » a remplacé le terme de « programme d'ordinateur », qui était plus parlant, mais plus étroit. Le logiciel est généralement défini comme une série d'instructions adressées à un ordinateur en vue du traitement de données. Il se compose de plusieurs programmes organisés entre eux. Il faut donc bien distinguer, d'une part, le logiciel, œuvre intellectuelle, et, d'autre part, le matériel de traitement, principalement l'ordinateur, et les données.

697. Le Code de la propriété intellectuelle ne prévoit pas de conditions spécifiques régissant la protection de logiciels par le droit d'auteur. Il suffit que soit prouvée, comme pour toute autre œuvre de l'esprit, la forme originale du logiciel. Les auteurs estiment que celle-ci s'exprime dans le « code source » et dans les « interfaces homme-machine »[20].

C'est à propos de *l'attribution* du droit d'auteur et du *contenu* du droit que le Code comporte certaines particularités.

698. Normalement, les créations des salariés leur restent personnellement attachées et ne sont cessibles à l'employeur qu'à des conditions très strictes, comme un écrit précisant et limitant l'objet de la cession. À l'inverse, dans le cas de la création d'un logiciel, l'article L. 113-9 du Code dispose : « Sauf dispositions statutaires ou stipulations contraires, les droits patrimoniaux sur les logiciels et leur documentation créés par un ou plusieurs employés dans l'exercice de leurs fonctions ou d'après les instructions de leur employeur sont dévolus à l'employeur qui est seul habilité à les exercer ». On s'explique mal une disposition aussi défavorable aux programmeurs salariés. Que le texte réserve les dispositions statutaires ou stipulations contraires ne suffit pas à justifier un tel traitement.

699. Les particularités du contenu du droit de l'auteur d'un logiciel sont également remarquables.

Elles atteignent d'abord le *droit moral* de l'auteur. Ainsi, l'article L. 121-7, 2°, du Code de propriété intellectuelle exclut l'exercice des droits de retrait et de repentir dans le cas des logiciels. Le même article, dans son 1°, dispose que l'auteur ne peut pas non plus s'opposer à la modification du logiciel par le cessionnaire lorsqu'elle n'est préjudiciable ni à son honneur ni à sa réputation, sauf stipulation contractuelle plus favorable.

Les *droits pécuniaires* des auteurs sont, de manière générale, le *droit de représentation* et le *droit de reproduction.*

Dans le cas d'un auteur de logiciel, les droits pécuniaires sont visés par l'article L. 122-6 du Code de la propriété intellectuelle, qui détaille le droit de reproduction :

1° La reproduction permanente ou provisoire d'un logiciel en tout ou partie par tout moyen et sous toute forme.

2° La traduction, l'adaptation, l'arrangement ou toute autre modification d'un logiciel et la reproduction du logiciel en résultant.

3° La mise sur le marché à titre onéreux ou gratuit, y compris la location, du ou des exemplaires d'un logiciel par tout procédé.

20. Voy. not. N. Binctin, ouvrage préc. Le *code source* est un texte qui détaille les instructions d'un programme informatique dans un langage de programmation compréhensible et utilisable par l'homme. Il traduit les instructions qu'a souhaité laisser le programmeur lors de la conception du programme.

Visiblement, l'article L. 122-6 C. prop. intell. ignore le droit de représentation. En réalité, cela se comprend, car le droit de représentation d'un logiciel ne se conçoit pas sans la reproduction de celui-ci.

700. Par ailleurs, l'exercice du droit de reproduction du logiciel est sévèrement limité par une série d'exceptions énumérées par l'article L. 122-6-1 C. prop. intell.

- L'auteur ne peut pas s'opposer aux actes de reproduction lorsqu'ils sont nécessaires pour permettre l'utilisation du logiciel, conformément à sa destination, par la personne ayant le droit de l'utiliser, y compris pour corriger des erreurs.
- La personne ayant le droit d'utiliser le logiciel peut faire une copie de sauvegarde lorsque celle-ci est nécessaire pour préserver l'utilisation du logiciel.
- La personne ayant le droit d'utiliser le logiciel peut sans l'autorisation de l'auteur observer, étudier ou tester le fonctionnement ou la sécurité de ce logiciel afin de déterminer les idées et principes qui sont à la base de n'importe quel élément du logiciel.
- La reproduction du code du logiciel ou la traduction de la forme de ce code n'est pas soumise à l'autorisation de l'auteur lorsque la reproduction ou la traduction est indispensable pour obtenir les informations nécessaires à l'interopérabilité d'un logiciel créé de façon indépendante avec d'autres logiciels.

B. Les bases de données

Art. L. 112-3, al. 2, C. prop. intell. On entend par base de données un recueil d'œuvres, de données ou d'autres éléments indépendants, disposés de manière systématique ou méthodique, et individuellement accessibles par des moyens électroniques ou par tout autre moyen.

701. Les bases de données, gérées par l'informatique, ont acquis une valeur économique considérable. Par leurs dimensions et par la facilité de leur accès, elles sont indispensables à tout travail de recherche. Elles fondent l'intelligence artificielle. Leur protection a pour origine une initiative de l'Union européenne, qui a adopté la directive n° 96/9/CE du 11 mars 1996, relative aux bases de données. Les auteurs de la directive soulignaient, notamment, que la fabrication des bases de données exigeait des investissements considérables, alors que l'on pouvait les copier ou y accéder à un coût très inférieur à celui d'une création autonome (considérant n° 7). Afin de favoriser de tels investissements, il importait d'assurer et d'uniformiser leur protection à l'échelle européenne.

La directive 96/9/CE du 11 mars 1996 a été transposée en France par la loi n° 98-536 du 1er juillet 1998, qui a ajouté de nouvelles dispositions au Code de la propriété intellectuelle, principalement un titre IV intitulé « Droits des producteurs de bases de données », composé des articles L. 341-1 à L. 343-7.

702. On distingue deux types de protection :

- la protection par le droit d'auteur des bases de données qui, par le choix ou la disposition des matières, constituent une création intellectuelle propre à leur auteur ;
- la protection par un droit *sui generis* des bases de données qui attestent simplement un investissement substantiel du point de vue qualitatif ou quantitatif.

Le Code de la propriété intellectuelle, quoique de façon moins claire, reprend cette distinction :

- l'article L. 112-3, al. 1er, étend le droit d'auteur aux « auteurs d'anthologies ou de recueils d'œuvres ou de données diverses, *tels que les bases de données*, qui, par le choix ou la disposition des matières, constituent des créations intellectuelles » ;
- l'ensemble du titre IV du livre III, intitulé, comme nous l'avons dit, « Droits des producteurs de bases de données » (art. L. 341-1 et s. C. prop. intell.), a pour objet une protection spécifique, différente de celle procurée par le droit d'auteur. Selon l'article L. 341-1, le producteur d'une base de données bénéficie d'une protection du contenu de la base « lorsque la constitution, la vérification ou la présentation de celui-ci atteste d'un investissement financier, matériel ou humain substantiel ». Et le même article précise : « cette protection est indépendante et s'exerce sans préjudice de celles résultant du droit d'auteur ou d'un autre droit sur la base de données ou un de ses éléments constitutifs ».

1. Protection par le droit d'auteur

703. Les bases de données qui ont une forme originale par le choix ou la disposition des matières, traduisant la personnalité de leur créateur, sont protégées par un droit d'auteur, au sens du Code de la propriété intellectuelle. Le créateur de la base jouit alors de toutes les prérogatives attachées au droit d'auteur. Par exemple, quant à sa durée et à la protection par l'action en contrefaçon.

Néanmoins l'article L. 122-5 du Code de la propriété intellectuelle pose deux exceptions concernant les bases de données électroniques. D'une part, l'auteur peut interdire la copie d'une base de données, même pour un usage purement privé (art. L. 122-5, 2°). D'autre part, à l'inverse, l'auteur ne peut pas interdire « les actes nécessaires à l'accès au contenu d'une base de données électronique pour les besoins et dans les limites de l'utilisation prévue par contrat » (art. L. 122-5, 5°).

En fait, au-delà de ces affirmations théoriques, toute la difficulté est de prouver le caractère original de la composition d'une base de données ou du classement des informations qu'elle recèle. Par exemple, un classement par ordre alphabétique ou chronologique n'est pas en soi original. C'est en cela que la protection spécifique, distincte du droit d'auteur, est utile.

2. Protection par le droit spécifique

704. Les articles L. 341-1 et suivants du Code de la propriété intellectuelle reconnaissent aux producteurs de bases de données un ensemble de prérogatives opposables à tous, ce que l'on appelle un droit *sui generis*, afin de le distinguer du droit d'auteur.

Selon l'article L. 341-1, le producteur d'une base de données est celui qui prend *l'initiative et le risque* des investissements correspondants. Et la constitution, la vérification ou la présentation du contenu de la base doit attester d'un *investissement financier, matériel ou humain substantiel.*

705. L'article L. 342-1 C. prop. intell. énonce ce que le producteur d'une base de données, titulaire des droits, peut interdire : l'*extraction* et la *réutilisation* d'une base de données.

L'extraction est « le transfert permanent ou temporaire de la totalité ou d'une partie qualitativement ou quantitativement substantielle du contenu d'une base de données sur un autre support, par tout moyen et sous toute forme que ce soit ». Le terme d'« extraction » est donc équivalent à celui de « reproduction », utilisé par le droit de la propriété littéraire et artistique.

La réutilisation est « la mise à la disposition du public de la totalité ou d'une partie qualitativement ou quantitativement substantielle du contenu de la base, quelle qu'en soit la forme ». La mise à disposition du public peut prendre notamment la forme d'une distribution de copies, d'une location ou d'une transmission en ligne.

En conséquence, le titulaire des droits ne peut pas interdire l'extraction ou la réutilisation d'une partie non substantielle du contenu ou qui ne porterait pas atteinte à son investissement[21]. L'article L. 342-3 C. prop. intell. précise que toute clause contraire est nulle.

706. Le droit spécifique des producteurs de bases de données prend naissance à l'achèvement de la « fabrication » de celles-ci (terme utilisé par l'article L. 342-5 C. prop. intell.). La protection est ainsi liée à l'achèvement de la création, sans que l'accomplissement d'une quelconque formalité soit nécessaire. Mais le droit spécifique a une durée plus courte que celle du droit d'auteur, puisqu'elle est de quinze ans seulement. La durée de quinze ans se calcule à compter du 1er janvier de l'année civile suivant l'achèvement de la base.

Tel est le principe. Cependant l'article L. 342-5 réserve le cas d'une base de données qui ne serait pas mise à la disposition du public immédiatement, mais plus ou moins longtemps après sa création. Alors, la durée de quinze ans commencerait à courir le 1er janvier suivant la mise à la disposition du public. De même, dans le cas où une base de données, qui remplit déjà les conditions de la protection, bénéficie d'un nouvel investissement substantiel, la durée de quinze ans commencera à courir le 1er janvier suivant ce nouvel investissement.

707. Le droit positif fait montre de rigueur dans la lutte contre les contrefacteurs de bases de données. L'article L. 343-1-1 C. prop. intell. utilise l'expression d'action « en contrefaçon ». L'article L. 343-1 C. prop. intell. organise des procédures d'instruction destinées à rapporter la preuve de la contrefaçon, dont une procédure de saisie réelle des matériels et instruments utilisés pour produire ou distribuer les supports ou produits portant prétendument atteinte aux droits du producteur de bases de données, ainsi que de tout document s'y rapportant. L'article L. 343-4 édicte des sanctions pénales contre les personnes physiques ou morales qui portent atteinte aux droits d'un producteur de base de

21. CJUE, 3 juin 2021, *CV-Online*, aff. 762/19, *BRDA* 18/21, n° 12, obs. A. Vichnievsky.

données[22]. En cas d'urgence, une procédure en référé permet d'obtenir des mesures destinées à prévenir la contrefaçon (art. L. 343-2 C. prop. intell.).

C. La protection des phonogrammes, des vidéogrammes et de la communication audiovisuelle

708. Les artistes-interprètes, les producteurs de phonogrammes et de vidéogrammes et les entreprises de communication audiovisuelle sont protégés par ce que l'on appelle des droits voisins des droits d'auteur, plus brièvement les *droits voisins*. Ces droits sont attribués par le droit de la propriété littéraire et artistique aux auxiliaires des créateurs. Par exemple, une composition musicale originale, protégée par un droit d'auteur, est communiquée au public par l'intermédiaire de personnes autorisées par l'auteur : des interprètes (le chanteur et le chef d'orchestre), un producteur de disques musicaux, un producteur de supports d'images et de sons et une entreprise de communication audiovisuelle (TV ou diffuseur en ligne). Ces auxiliaires de la diffusion des œuvres sont tous titulaires de droits voisins.

Nous ne considérerons ici que les entreprises dont l'activité est commerciale : les entreprises de production de phonogrammes et de vidéogrammes et les entreprises de communication audiovisuelle.

709. Les droits voisins sont régis par les articles L. 211-1 à L. 219-4 du Code de la propriété intellectuelle. Ils ont été récemment modifiés par l'ordonnance n° 2021-1518 du 24 novembre 2021 transposant la directive européenne n° 2019/790 du 17 avril 2019 sur le droit d'auteur et les droits voisins dans le marché unique numérique. Comme l'expose la Commission européenne dans les considérants de la directive 2019/790 : « L'évolution rapide des technologies continue à modifier la manière dont les œuvres et autres objets protégés sont créés, produits, distribués et exploités. Il apparaît sans cesse de nouveaux modèles économiques et de nouveaux acteurs. La législation en la matière doit résister à l'épreuve du temps afin de ne pas entraver l'évolution des technologies ».

710. Les articles L. 213-1 et L. 215-1 C. prop. intell. définissent les producteurs de phonogrammes et les producteurs de vidéogrammes en termes similaires. Ce sont les personnes physiques ou morales qui ont l'initiative et la responsabilité de la première fixation, respectivement d'une séquence de sons et d'une séquence d'images sonorisées ou non. Le support de la fixation d'un phonogramme ou d'un vidéogramme est un disque matériel ou, de plus en plus aujourd'hui, un support électronique, comme un fichier numérique. Suivant l'article L. 216-1 C. prop. intell., l'entreprise de communication audiovisuelle est l'organisme qui exploite un service de communication audiovisuelle au sens de la loi n° 86-1067 du 30 septembre 1986, c'est-à-dire toute communication au public de services de radio ou de télévision, de toute nature, dès lors qu'ils n'ont pas le caractère d'une correspondance privée (art. 2).

22. 3 ans d'emprisonnement et 300 000 euros d'amende.

711. Les prérogatives des producteurs de phonogrammes et des producteurs de vidéogrammes sont énoncées de façon semblable par les articles L. 213-1 et L. 215-1 C. prop. intell. C'est le droit d'autoriser toute reproduction, mise à la disposition du public par la vente, l'échange ou le louage ou communication au public. Et, en ce qui concerne les prérogatives des entreprises de communication audiovisuelle, c'est, selon l'article L. 216-1 C. prop. intell., le droit d'autoriser « la reproduction de ses programmes, ainsi que leur mise à la disposition du public par vente, louage ou échange, leur radiodiffusion ou télédiffusion, leur mise à disposition du public en ligne et leur communication au public dans un lieu accessible à celui-ci moyennant paiement d'un droit d'entrée ». On retrouve ici le couple droit de reproduction et droit de représentation.

Cependant ces prérogatives, conférées par le droit voisin, sont soumises à des **limites précises**.

D'abord, les droits voisins « ne portent pas atteinte aux droits des auteurs » (art. L. 211-1 C. prop. intell.). Aucune disposition légale relative aux droits voisins ne peut être interprétée dans un sens qui limiterait l'exercice du droit d'auteur par ses titulaires.

Ensuite, les prérogatives des titulaires de droits voisins subissent une série d'exceptions, énumérées par l'article L. 211-3 C. prop. intell., qui rappellent les exceptions apportées au droit d'auteur par l'article L. 122-5. Ainsi, notamment, les titulaires de droits voisins ne peuvent pas interdire les représentations privées et gratuites effectuées exclusivement dans un cercle de famille, les reproductions strictement réservées à l'usage privé de la personne qui les réalise et non destinées à une utilisation collective, les analyses et courtes citations ou encore la reproduction et la communication au public d'œuvres dans les établissements ouverts au public, tels que des bibliothèques ou des archives.

Les utilisations de phonogrammes publiées à des fins commerciales donnent lieu à une rémunération au profit des artistes-interprètes et des producteurs selon des barèmes établis par des accords spécifiques à chaque branche d'activité (art. L. 214-3 C. prop. intell.). Est interdite la cession séparée des droits des producteurs de vidéogrammes, des droits d'auteur et des droits des artistes-interprètes, lorsque ces droits portent sur la même œuvre fixée sur le vidéogramme (art. L. 215-1, al. 3, C. prop. intell.).

712. La **durée** des droits patrimoniaux des producteurs de phonogrammes, des producteurs de vidéogrammes et des entreprises de communication audiovisuelle est de cinquante ans. Cette durée est comptée à partir du 1er janvier de l'année civile suivant l'année de la première fixation ou de la première communication au public (art. L. 211-4 C. prop. intell.).

Section 2
Les droits sur les signes

713. Les signes protégés par un droit de propriété industrielle sont les marques de fabrique et les appellations d'origine[23] (§ 1). Nous laisserons de côté ces dernières, dont le régime est très spécial. En revanche, nous examinerons le nom commercial, qui n'est pas un droit de propriété industrielle à proprement parler, mais qui emprunte certains de ses traits aux marques de fabrique (§ 2).

§1. Les marques de produits ou de services

714. Les marques sont des signes visuels qui permettent de distinguer un produit ou un service des produits ou services concurrents. Les moyens modernes de communication et de publicité permettent aux marques de rallier et de fixer une clientèle extrêmement nombreuse. Elles peuvent posséder une grande valeur, qui dépasse les investissements industriels les plus coûteux.

Les marques ont été protégées, en tant que droits de propriété industrielle, pour la première fois par la loi du 23 juin 1857. Cette loi, remarquable pour l'époque, s'est imposée pendant plus d'un siècle. Elle fut remplacée par la loi du 31 décembre 1964.

En 1988, était adoptée la directive européenne n° 89-104 du 21 décembre 1988 pour le rapprochement des législations des États membres relatives aux marques, remplacée par la directive n° 2008/95 du 22 octobre 2008. La loi du 4 janvier 1991, qui reprenait l'ensemble de la matière, fut incorporée dans le Code de la propriété intellectuelle.

Une nouvelle directive n° 2015/2436 rapprochant les législations des États membres de l'UE a été adoptée le 16 décembre 2015. L'article 201 de la loi PACTE (Plan d'action pour la croissance et la transformation des entreprises) n° 2019-486 du 22 mai 2019 a habilité le gouvernement à prendre par voie d'ordonnance les dispositions nécessaires à la transposition de cette directive. Ce fut l'œuvre de l'ordonnance n° 2019-1169 du 13 novembre 2019, relative aux marques de produits et de services, et du décret n° 2019-1316 du 9 décembre 2019. Ces deux textes ont réformé en profondeur le droit français des marques.

Parallèlement, le règlement n° 2017/1001 du Parlement européen et du Conseil du 14 juin 2017 créait la « marque de l'Union européenne » dont les effets s'étendent à l'ensemble des États membres de l'Union européenne.

Le Code de la propriété intellectuelle consacre son Livre VII aux marques de produits ou de service et autres signes distinctifs (art. L. 711-1 et s.). L'ancienne appellation *marque de fabrique, de commerce et de service*, est remplacée, conformément à la directive et au règlement européen, par celle de *marque de produits ou de services*.

23. O. Serra et S. Wolikow, *Des appellations d'origine aux indications géographiques : Cent ans de protection de l'origine et de la qualité*, Presses universitaires de Rennes, 2022.

A. L'acquisition du droit sur la marque

715. L'acquisition dépend d'une triple condition : un signe susceptible de protection, un signe disponible, un enregistrement à titre de marque.

1. Les signes susceptibles de protection

716. Le Code de la propriété intellectuelle se montre libéral quant à la *nature* du signe, mais rigoureux quant aux *caractères* que le signe doit présenter pour être protégé.

a. Nature du signe

> ***Art. L. 711-1, C. prop. intell.*** La marque de produits ou de services est un signe servant à distinguer les produits ou services d'une personne physique ou morale de ceux d'autres personnes physiques ou morales.
>
> Ce signe doit pouvoir être représenté dans le registre national des marques de manière à permettre à toute personne de déterminer précisément et clairement l'objet de la protection conférée à son titulaire.

717. La loi est libérale quant à la nature du signe. Traditionnellement l'on distingue la *marque nominale* de la *marque figurative.* La marque nominale consiste en un mot ou un groupe de mots. Ce peut être un nom patronymique, une appellation de fantaisie, un nom géographique ou un groupe de chiffres[24]. La marque figurative est un dessin, une forme d'emballage ou de contenant, comme la forme d'une bouteille. Ce peut même être une couleur ou une combinaison de couleurs.

L'article L. 711-1 ancien du C. prop. intell. soumettait l'enregistrement de la marque à une condition : le signe constitutif de la marque devait être susceptible de « représentation graphique ». Cette condition excluait de la protection les signes ne pouvant pas être représentés de façon graphique. Par exemple les « marques de mouvement » qui consistent en un changement de position de ses éléments. Les textes issus de la réforme de 2019 ne comportent plus cette condition. L'article L. 711-1 nouveau déclare seulement que le signe « doit pouvoir être représenté dans le registre national des marques de manière à permettre à toute personne de déterminer précisément et clairement l'objet de la protection conférée à son titulaire ». Et l'article R. 711-1 C. prop. intell. précise que la marque est représentée « sous une forme appropriée au moyen de la technologie communément disponible ». De nouveaux signes sont maintenant protégeables comme les marques multimédia (combinaison d'images et de sons), les marques hologrammes (visuel en relief obtenu par un procédé holographique) ou les marques de mouvement.

24. Lorsque le signe est constitué de chiffres, par exemple 1717, il y a un risque que la marque soit nulle car elle peut tromper le public sur l'ancienneté du produit. V. Cass. com., 27 juin 2018, n° 16-27856.

b. Caractère distinctif

718. À cet égard, le Code de la propriété intellectuelle se montre rigoureux. L'article 711-2 énumère les caractères du signe. Il convient d'en présenter les principaux.

1) Tout d'abord le signe, pour être protégé comme marque doit être *distinctif*[25]. Il ne doit pas être *nécessaire* ou *générique*, c'est-à-dire utilisé dans la langue courante pour désigner le produit ou le service dont il s'agit. L'article L. 711-2 C. prop. intell. précise que ne peut être valablement enregistrée, « 4° Une marque composée exclusivement d'éléments ou d'indications devenus usuels dans le langage courant ou dans les habitudes loyales et constantes du commerce ».

Par exemple, les mots « moteur », « réfrigérateur » ou « assurance », utilisés dans le langage courant ne sont pas des signes suffisamment distinctifs pour servir de marque. Mais un groupe de termes banals peut servir de marque valable[26]. Tout est question d'espèces.

Une marque distinctive, parfaitement valable, peut à la longue devenir générique, en raison de son succès commercial. *Par exemple*, le terme « frigidaire », original lors de sa création est devenu générique, par son emploi usuel dans la langue quotidienne. La marque originaire « frigidaire » est demeurée parfaitement valable car elle ne pouvait pas être victime de son succès et son titulaire a pu continuer à interdire à des tiers de la déposer comme marque. Mais il n'a pu interdire à des tiers de l'employer dans la langue courante. *Autre exemple* : le nom « Buckfast » désigne un type d'élevage d'abeilles résistantes à certaines maladies et est, depuis 1980, une marque appartenant à un apiculteur. En 2003, un autre apiculteur publie des annonces selon lesquelles il vend des ruches peuplées « Buckfast », ainsi que des essaims et reines sélectionnées issus d'élevages « Buck ». Le titulaire de la marque « Buckfast » agit en contrefaçon contre l'annonceur. La Cour de cassation estime, dans un arrêt de la chambre commerciale du 5 juillet 2017, que l'utilisation du signe était conforme aux usages honnêtes en matière industrielle ou commerciale. Avec le temps, le signe « Buckfast » est devenu indispensable à la désignation de ce type d'abeilles. En conséquence, l'action en contrefaçon n'était pas fondée[27].

Une marque *descriptive* qui se borne à reprendre les qualités usuelles du produit ou du service n'est pas distinctive. Par exemple les termes « incassable » pour un produit résistant ou « automatique » pour une montre, ne peuvent être déposés à titre de marque.

2) La marque ne doit pas être *déceptive*, c'est-à-dire de nature à tromper le public notamment sur la nature, la qualité ou la provenance géographique du produit ou du service[28] ;

3) La marque ne doit pas être contraire à l'ordre public. Par exemple une marque désignant une drogue dont le commerce et la consommation sont interdites[29].

2. La disponibilité du signe

719. L'article L. 711-3 C. prop. intell. pose un principe : ne peut être adopté comme marque un signe portant atteinte à des droits antérieurs ayant effet en

25. Le « pschitt » d'une canette ne peut être enregistré comme marque car il n'est pas distinctif. V. Trib. UE, 7 juill. 2022, *Ardagh Metal*, aff. 688/119.

26. Ex. Cass. com., 7 juill. 2021, n° 19-16028.

27. Cass. com., 5 juill. 2017, n° 15-28114.

28. Cass. com., 15 mars 2017, n° 15-19513.

29. CA Paris, 18 oct. 2000, *RJDA* 4/01, n° 519.

France[30]. Suit une énumération non limitative de signes appropriés. On peut les regrouper en trois catégories.

Première catégorie de signes appropriés empêchant l'acquisition d'un droit sur une marque. Cette première catégorie se divise en trois :

a/ Il y a, d'abord, les marques antérieures, identiques, enregistrées et concernant les mêmes produits ou services.

b/ Il y a, ensuite, les marques antérieures, similaires, enregistrées et concernant des produits ou des services similaires. Mais, dans ce cas, s'il n'y a pas de risque de risque de confusion dans l'esprit du public, la nouvelle marque pourra être acquise et protégée[31].

c/Il y a, enfin, les marques jouissant déjà d'une renommée en France ou dans l'UE. Cependant, une marque renommée ne peut bloquer l'acquisition et la protection d'une marque que si la preuve est faite que l'utilisateur de la nouvelle marque va profiter indûment de la renommée de la marque antérieure ou qu'il va lui porter préjudice.

Deuxième catégorie de signes appropriés : les signes servant à désigner une entreprise. Il s'agit principalement du nom commercial, de l'enseigne et des noms de domaine. Cependant, dans ce cas, l'empêchement de déposer la nouvelle marque est subordonné à l'existence d'un risque de confusion dans l'esprit du public entre ces signes appropriés et la nouvelle marque dont on demande l'enregistrement[32].

Troisième catégorie de signes appropriés : ce sont les autres signes susceptibles d'être protégés par un droit de propriété intellectuelle, notamment les indications géographiques, les dessins ou modèles protégés, le droit d'auteur. Il suffit que ces droits aient été acquis antérieurement. La condition d'un risque de confusion dans l'esprit du public n'est pas requise ici. Il en est de même pour un droit de la personnalité comme le nom patronymique d'une personne.

3. L'enregistrement de la marque

720. La marque s'acquiert par la formalité de l'enregistrement[33]. La règle est expressément posée par l'article L. 712-1 C. prop. intell. qui dispose : « La propriété de la marque s'acquiert par l'enregistrement ». Cependant, si l'enregistrement est frauduleux, le créateur de la marque dispose d'une action en revendication (art. L. 712-6 C. prop. intell.).

L'article R. 712-3-1 C. prop. intell. précise que les produits et les services doivent être désignés avec suffisamment de clarté et de précision pour permettre à toute personne de déterminer, sur cette seule base, l'étendue de la protection. Pour faciliter l'enregistrement, les produits et les services, sur lesquels portent les marques, sont répertoriés selon une classification internationale établie par l'arrangement de Nice de 1957 (art. R. 712-3-1 C. prop. intell.). Les classes de produits ou de services n'ont cependant qu'une simple valeur administrative et ne préjugent pas l'étendue de la protection.

30. Une société américaine n'a pu déposer la marque « France.com » car elle portait atteinte à l'appellation « France ». V. Cass. com., 20 avr. 2022, n° 17-28116.

31. Cass. com., 13 oct. 2021, n° 19-20504.

32. Ex. Cass. com., 14 avr. 2021, n° 18-21695.

33. Avant l'enregistrement, la marque est cependant protégée par une action en concurrence déloyale.

721. La demande d'enregistrement d'une marque se fait désormais uniquement par voie électronique sur le site de l'INPI. La date de dépôt est celle de la réception de la demande par cet Institut (art. R. 712-1 C. prop. intell.).

- Si la demande est fondée (le signe respecte les conditions exposées *supra* n° 716 et s.), l'enregistrement est décidé par le directeur de l'INPI et il est publié au Registre national des marques. Il prend effet à la date du dépôt de la demande. Le droit de marque est réputé acquis à cette date.
- Au contraire, le directeur de l'INPI peut rejeter la demande d'enregistrement si les conditions exigées pour la validité de la marque ne sont pas remplies (art. L. 712-7 C. prop. intell.).

Remarque. Une collectivité territoriale (par exemple une commune ou une région) peut demander à l'INPI d'être alertée en cas de dépôt d'une demande d'enregistrement d'une marque contenant sa dénomination (art. L. 712-2-1 C. prop. intell.).

722. Le Code de la propriété intellectuelle organise une procédure d'opposition ouverte aux personnes qui estiment que la demande d'enregistrement porte atteinte à des droits antérieurs dont elles sont titulaires (une marque, un nom commercial, une indication géographique, un nom de domaine, etc.). L'opposition doit être formée auprès du directeur de l'INPI dans un délai de deux mois suivant la publication de la demande d'enregistrement (art. L. 712-4 C. prop. intell.). La procédure est contradictoire et comporte une phase d'instruction (art. L. 712-5 C. prop. intell.). Le directeur de l'INPI a trois mois pour statuer (art. R. 712-16-2 C. prop. intell.).

723. Les marques dites notoires bénéficient d'une protection spéciale. En effet, une marque ne peut valablement être enregistrée et, si tel est le cas, elle est susceptible d'être déclarée nulle, lorsqu'elle porte atteinte à une marque notoirement connue qui n'aurait pas été enregistrée (art. L. 711-3, II, 3°, C. prop. intell.)[34]. Cependant, la protection de la marque notoire ne va pas au-delà de la possibilité de demander la nullité de la marque concurrente enregistrée. Si le possesseur de la marque notoire veut agir en contrefaçon en France, il doit au préalable la faire enregistrer. Sinon, il ne peut agir qu'en concurrence déloyale (art. L. 713-5 C. prop. intell.).

B. Protection de la marque

1. Protection nationale de la marque

a. Contenu de la protection

724. L'enregistrement confère au titulaire de la marque un droit de propriété industrielle, sanctionné par l'action en contrefaçon (art. L. 716-4 C. prop. intell.).

Comme l'a précisé la Cour de cassation, le droit de marque est un droit absolu qui s'étend sur tout le territoire français et qui confère une action contre tous ceux

34. Ex. Cass. com., 12 avr. 2016, n° 14-29414.

qui y portent atteinte, sous quelque forme que ce soit[35], y compris lorsque les produits sont uniquement destinés à l'exportation[36].

L'enregistrement procure une protection de la marque pendant une durée de dix ans indéfiniment renouvelable (art. L. 712-1 C. prop. intell.).

725. Le titulaire a l'obligation d'exploiter sa marque. S'il néglige de le faire de façon continue et régulière pendant une période de cinq ans, il risque d'être déchu de ses droits (art. L. 714-5 C. prop. intell.)[37]. La déchéance peut porter sur une partie ou sur la totalité des produits ou des services pour lesquels la marque fut enregistrée. La disposition a pour but de faire obstacle à des marques, dites « de barrage », qui seraient enregistrées à seule fin d'empêcher les concurrents de les acquérir. Elle sert aussi à désencombrer le registre des marques.

726. Par ailleurs, le droit conféré par la marque n'autorise pas son titulaire à interdire l'usage de cette marque pour des produits qui ont été mis dans le commerce dans l'Union européenne, sous cette marque, avec son consentement. La mise sur le marché entraîne l'épuisement des droits du titulaire de la marque (art. L. 713-4, al. 1er, C. prop. intell.).

b. Procédures d'annulation et de déchéance

727. Jusqu'à la réforme de 2019, les actions en nullité et en déchéance des marques étaient de la compétence exclusive des tribunaux judiciaires spécialisés. La réforme bouleverse profondément la procédure. C'est aujourd'hui l'INPI qui a compétence exclusive pour connaître de ces actions, lorsqu'elles sont engagées à titre principal et qu'elles sont fondées sur un motif de nullité[38] ou sur un motif de déchéance[39], quel qu'il soit (art. L. 716-5 C. prop. intell.).

Les tribunaux demeurent compétents dans certains cas, notamment lorsque la demande en déchéance ou en nullité est connexe à une autre action relevant de leur compétence, comme une action en contrefaçon ou en concurrence déloyale (même texte).

L'action en nullité est imprescriptible.

c. Procédure de contrefaçon

728. L'action en contrefaçon sanctionne les atteintes aux droits du titulaire de la marque.

> ***Art. L. 716-4, C. prop. intell.*** L'atteinte portée au droit du titulaire de la marque constitue une contrefaçon engageant la responsabilité civile de son auteur. Constitue une atteinte aux droits attachés à la marque la violation des interdictions prévues aux articles L. 713-2 à L. 713-3-3 et au deuxième alinéa de l'article L. 713-4.

35. Cass. com., 29 oct. 1975, n° 74-11225.

36. Cass. com., 17 janv. 2018, n° 15-29276.

37. Ex. Cass. com., 5 juill. 2017, n° 13-11513.

38. Rappel. Il y en a deux : 1/ le non-respect des conditions de validité : marque dépourvue de caractère distinctif, marque contraire à l'ordre public, marque de nature à tromper le public ; 2/ l'atteinte à un droit antérieur ayant effet en France.

39. Il s'agit du non-respect par le titulaire de la marque de son obligation d'exploitation.

L'article L. 713-3-1 C. prop. intell. énumère les actes interdits. Ce sont, notamment, l'apposition du signe sur les produits ou sur leur conditionnement, l'offre des produits, leur mise sur le marché ou leur détention à ces fins sous le signe, ou l'offre ou la fourniture des services sous le signe, l'importation ou l'exportation des produits sous le signe, l'usage du signe comme nom commercial ou dénomination sociale ou comme partie d'un nom commercial ou d'une dénomination sociale.

La contrefaçon sur internet est punissable au regard de la loi française, par un tribunal français, à une double condition : que l'annonce soit accessible sur le territoire français et qu'elle soit destinée au public en France[40].

La sanction est *pénale* et *civile* :

- La contrefaçon est tout d'abord une infraction pénale, punie d'un emprisonnement de trois ans et d'une amende de 300 000 euros (art. L. 716-10 C. prop. intell.). Le délit est constitué même s'il n'y a pas de risque de confusion dans l'esprit du public[41].
- La contrefaçon est aussi un délit civil conduisant à l'allocation de dommages et intérêts réparant le préjudice subi[42] et à l'interdiction pour l'avenir de la poursuite des actes de contrefaçon, au besoin sous astreinte. La victime ne peut porter son action que devant l'un des tribunaux judiciaires spécialisés pour en connaître (art. D. 211-6-1 COJ et tableau VI en annexe). Le délai de prescription de l'action en contrefaçon est de 5 ans à compter du jour où le requérant a eu connaissance du dernier fait justifiant l'action (art. L. 716-4-2 C. prop. intell.).

L'administration des douanes, à la demande écrite du titulaire de la marque, peut contrôler l'importation des marchandises et retenir les produits contrefaits. Le titulaire de la marque doit alors agir devant le tribunal compétent dans les dix jours, sinon la mainlevée est accordée de plein droit (art. L. 716-8 C. prop. intell.).

2. La protection internationale de la marque

729. Comme pour les autres droits de propriété industrielle, la protection de la marque est territoriale. La protection s'étend sur tout le territoire national mais s'arrête à la frontière. La marque enregistrée en France ne permet pas d'agir contre les actes de contrefaçon commis à l'étranger. Pour assurer la protection de la marque à l'étranger, il faut la déposer et obtenir le droit correspondant dans chacun des pays où l'on désire obtenir la protection. Tel est le principe des localisations multiples. En outre, chaque marque, obtenue et protégée dans un pays, est indépendante de celles qui peuvent être obtenues dans les autres pays.

730. Les conventions internationales s'efforcent de corriger les inconvénients résultant du principe de territorialité. La **Convention de Paris de 1883** institue la règle de la priorité unioniste. Celui qui a déposé sa marque dans un État membre de la convention de Paris dispose d'un délai de six mois pour la déposer dans les autres pays, sans avoir à souffrir des antériorités qui seraient

40. Cass. com., 12 févr. 2013, n° 11-25914.

41. Cass. crim., 16 juin 2015, n° 14-82595.

42. Ex. Cass. crim., 13 janv. 2016, n° 15-80722. En l'espèce, les contrefacteurs d'une marque de sacs à main ont été condamnés à payer 460 000 euros au titulaire de la marque (5 000 euros x 92 sacs contrefaits = 460 000 euros).

survenues dans l'intervalle (art. 4). **L'arrangement de Madrid du 4 avril 1891** institue un dépôt international des marques. La marque est déposée au siège de l'OMPI à Genève qui communique le dépôt aux offices des autres pays signataires de l'arrangement. Le système débouche sur la reconnaissance de marques nationales dans les pays signataires, aux conditions prévues par ceux-ci.

731. L'Union européenne a unifié le régime des marques. Nous avons signalé la directive n° 2008/95 du 22 octobre 2008 pour le rapprochement des législations des États membres relatives aux marques, ainsi que la directive n° 2015/2436 du 16 décembre 2015. Mais l'Union européenne a aussi créé une marque de l'Union européenne par le règlement n° 2017/1001 du 14 juin 2017, qui est applicable depuis le 1er octobre 2017.

La marque de l'Union européenne est acquise par un enregistrement auprès de l'Office de l'Union européenne pour la propriété intellectuelle, dont le siège est à Alicante, en Espagne.

Selon l'article 1er du règlement 2017/1001 : « La marque de l'Union européenne a un caractère unitaire. Elle produit les mêmes effets dans l'ensemble de l'Union : elle ne peut être enregistrée, transférée, faire l'objet d'une renonciation, d'une décision de déchéance des droits du titulaire ou de nullité, et son usage ne peut être interdit, que pour l'ensemble de l'Union ». Son enregistrement confère à son titulaire un droit exclusif. Le tribunal judiciaire de Paris est compétent pour connaître de toutes les actions relatives aux marques de l'UE (art. R. 211-7 C. prop. intell.).

La marque européenne n'a pas mis fin aux droits nationaux de protection des marques, qui subsistent intégralement. Les déposants ont donc le choix entre la demande d'une marque nationale, selon la procédure nationale, et la demande de la marque de l'Union européenne.

§2. Le nom commercial

732. Au contraire de la marque, qui désigne un produit ou un service, le nom commercial désigne une entreprise. L'enseigne est une variété du nom commercial. Elle désigne plus particulièrement la localisation d'un établissement de l'entreprise, en le révélant au public.

Il y a une différence essentielle entre la marque et le nom commercial. Le nom commercial n'est pas protégé par un droit de propriété industrielle. Il ne confère pas l'action en contrefaçon. La loi n'organise d'ailleurs pas le dépôt ou l'enregistrement du nom commercial et de l'enseigne. L'immatriculation de l'entreprise ou de l'établissement secondaire au registre du commerce et des sociétés ou au Registre national des entreprises n'est pas assimilée à un dépôt donnant naissance à un droit de propriété industrielle.

Cependant, le nom commercial constitue incontestablement un bien patrimonial. Il peut être cédé avec le fonds de commerce dont il est un élément. Il peut avoir, de ce fait, une grande valeur.

En l'absence d'une formalité de dépôt, le nom commercial s'acquiert par le premier usage. C'est celui qui le premier s'en est servi pour faire connaître son entreprise qui en est titulaire. Le nom commercial est protégé par une action en responsabilité civile. Le commerçant, titulaire du nom commercial, peut agir en responsabilité civile contre ceux qui, sans autorisation, l'utilisent indûment. Il doit prouver la faute de l'utilisateur concurrent, le préjudice qui lui est ainsi causé ainsi que le lien de causalité entre la faute et le préjudice. Le préjudice suppose un risque de confusion dans l'esprit du public. En pratique plusieurs sortes de litiges peuvent survenir.

733. Tout d'abord, le titulaire du nom commercial peut entrer en conflit avec un autre commerçant, utilisant le même nom pour désigner son entreprise. Il faut alors rechercher s'il y a un risque de confusion. Tout dépend de l'ère géographique dans laquelle le nom a été exploité et connu du public. Le nom peut être exploité localement ou dans une ère limitée et ne pas entrer en conflit avec le même nom utilisé dans une ère géographique différente (exemple : *Le Café du Commerce*...). Il n'y a pas de confusion possible et les deux noms commerciaux peuvent coexister de façon parfaitement légitime. En revanche, si les deux noms sont en concurrence dans la même ère géographique, notamment si l'un des deux noms a un rayonnement sur toute l'étendue du territoire national, le conflit est certain. Il se résout alors par la priorité d'usage.

734. Le titulaire du nom peut entrer en conflit avec le titulaire d'une marque enregistrée ou notoire. L'article L. 711-3, I, 4°, du Code de la propriété intellectuelle tranche le conflit. Le titulaire du nom commercial l'emporte, mais à une triple condition : le nom commercial doit être connu sur l'ensemble du territoire national ; il faut un risque de confusion ; le nom doit être acquis par l'usage avant le dépôt de la demande d'enregistrement de la marque. S'il n'y a pas de risque de confusion, le nom et la marque peuvent coexister. S'il y a un risque de confusion et si les deux autres conditions ne sont pas remplies, c'est la marque qui l'emporte[43].

Les mêmes règles s'appliquent au conflit entre le titulaire d'un nom commercial et le réservataire d'un nom de domaine (art. L. 711-3, I, 4°, C. prop. intell.).

735. Le titulaire du nom commercial peut être aussi en conflit avec le porteur d'un nom patronymique identique. En principe, le porteur du nom patronymique doit l'emporter. Il pourra interdire l'utilisation de son nom à des fins commerciales, mais à condition cependant qu'il y ait un risque de confusion et que le nom patronymique ne soit pas un nom répandu.

Si le titulaire du nom patronymique a donné son autorisation à l'utilisation commerciale de son nom, par exemple s'il a consenti à ce que son nom serve de dénomination sociale à une société commerciale, il ne peut plus se rétracter. La Cour de cassation, dans l'affaire *Bordas*, a jugé qu'« en raison de son insertion dans les statuts de la société, le patronyme est devenu un signe distinctif qui s'est détaché de la personne physique qui le porte pour devenir un objet de propriété incorporelle ». M. Bordas en se retirant de la société qu'il avait fondée, ne pouvait pas reprendre son nom et interdire à celle-ci d'en user. Son nom constituait un bien patrimonial, qu'il avait définitivement cédé à la société[44].

43. Cass. com., 7 sept. 2022, n° 21-14495 (à propos d'une enseigne).

44. Cass. com., 12 mars 1985, n° 84-17163, *D.* 1985. 471, note J. Ghestin, *JCP* 1985.II.20400, note G. Bonet.

Titre 3
La protection des marchés contre les restrictions de concurrence

736. Avec la protection des marchés, nous changeons de registre. Il ne s'agit plus seulement de régler un conflit d'intérêts entre deux entreprises, comme dans le droit de la concurrence déloyale. Il s'agit de veiller au respect d'un certain ordre économique, celui de l'économie de marché, c'est-à-dire de la soumission de la production et de l'offre au jeu de la concurrence entre les opérateurs sur le marché.

C'est à ces règles destinées à protéger la concurrence sur les marchés, que l'on réserve en général l'expression de *règles de concurrence* au sens strict.

Il est vrai que la mise en œuvre des règles de concurrence intervient fréquemment à l'occasion de litiges d'ordre privé, opposant deux entreprises. Cependant le litige privé n'est alors que la circonstance qui déclenche l'application de la règle de concurrence dont les conséquences concernent l'ensemble du marché. On peut même dire que ce qui caractérise le droit privé économique, c'est justement la reconnaissance d'un droit subjectif à la concurrence, mais dont la mise en œuvre conduit à considérer les rapports collectifs de marché et à décider des mesures de restauration de la concurrence.

737. Le raisonnement économique qui sous-tend la confiance faite au jeu de la concurrence est connu :

- La compétition entre les opérateurs doit les conduire à utiliser les facteurs de production ou de distribution de la façon la plus efficace et la moins onéreuse pour la collectivité.
- La concurrence tend à abaisser les prix jusqu'au coût marginal de production. Elle tend à ajuster l'offre de produits et de services à la demande. Elle pousse à l'innovation. En dernier ressort, elle sert les intérêts des consommateurs.

Mais encore faut-il que le mécanisme concurrentiel ne soit pas faussé :

- par des **ententes** entre concurrents, qui cherchent à limiter l'offre et à empêcher la baisse des prix ;
- par des **concentrations** d'entreprises conduisant à la formation de **positions dominantes** sur le marché et à leur exploitation abusive.

738. Plan. Le sous-titre 1 permettra de présenter l'histoire des règles de concurrence, d'en décrire les sources et d'en préciser le domaine d'application. Le sous-titre 2 est consacré aux interdictions qui frappent les pratiques anticoncurrentielles : interdiction des ententes, interdiction des abus de domination et interdiction des pratiques de prix abusivement bas. Le contrôle des opérations de concentration sera l'objet du sous-titre 3.

Sous-titre 1
Histoire, sources et domaine des règles de concurrence

739. L'histoire de la formation des règles de concurrence et de ses raisons explique la place importante qu'elles tiennent aujourd'hui dans notre univers juridique (Section 1). L'exposé des sources actuelles du droit de la concurrence permet ensuite d'en préciser le rôle dans l'ordonnancement juridique (Section 2). C'est enfin en considération du rôle et des limites qui doivent être reconnus aux règles de concurrence que la jurisprudence a précisé le domaine d'application de celles-ci (Section 3).

Section 1
Histoire des règles de concurrence

740. L'interdiction des accords restrictifs de concurrence entre opérateurs, a été formellement posée en France au début du XIXe siècle. Pendant le XIXe siècle et la première moitié du XXe, la lutte contre les restrictions de concurrence n'a pas été menée de façon très vigoureuse. Il faudra attendre les années 1960 pour que les règles de concurrence commencent vraiment à se développer en France.

§1. Les origines du droit de la concurrence

741. La reconnaissance officielle du principe de libre concurrence remonte au Code pénal de 1810 dont l'article 419 punissait le délit *d'accaparement*.

Ce texte trouvait son origine dans la spéculation qui s'était développée pendant la Révolution et l'Empire. Des détenteurs de denrées de première nécessité s'étaient entendus pour constituer des stocks, pour faire monter exagérément les cours et réaliser des profits parfaitement immoraux. Le procédé était d'autant plus scandaleux qu'il portait sur des denrées alimentaires et que ses auteurs tiraient profit de la disette dont souffrait la population. C'est en souvenir de ces événements que l'article 419 du Code pénal punissait le fait pour des détenteurs de denrées ou marchandises de se réunir pour faire monter les cours *au-dessus des prix qu'aurait déterminés la concurrence naturelle et libre du commerce.*

Ainsi à l'arrière-plan d'une disposition répressive, qui visait un comportement bien déterminé, se profilait l'idée que les prix sont déterminés par le jeu de la libre concurrence.

En 1836 la Chambre criminelle de la Cour de cassation déclara : « Attendu que l'article 419 du Code pénal a pour objet d'assurer la libre et naturelle concurrence des opérations commerciales et de réprimer toutes les coalitions et réunions, et toute manœuvre ayant pour but d'opérer par des voies frauduleuses la hausse ou la baisse du prix d'une même marchandise ou denrée, des papiers ou effets publics, au-dessus ou au-dessous du prix qu'aurait déterminé cette concurrence naturelle et libre »[1].

C'était, avant la lettre, le rôle du marché qui était ainsi reconnu par la loi.

742. L'article 419 du Code pénal a connu un sort curieux. D'un côté, en contradiction avec le principe de l'interprétation restrictive de la règle pénale, la jurisprudence en a donné une interprétation extensive, estimant que le texte s'appliquait non seulement aux ventes de marchandises mais à *tout ce qui est l'objet des spéculations du commerce*[2], notamment aux ententes entre transporteurs ou assureurs. Mais d'un autre côté, le texte resta en pratique assez peu appliqué, les poursuites pénales étant peu fréquentes. Il est vrai que la jurisprudence civile déclarait nulles, pour cause illicite, les conventions qui contrevenaient à l'article 419 du Code pénal. Bien que modifié en 1926, pour en assouplir les conditions d'application, l'article 419 fut de moins en moins appliqué et il n'empêcha nullement le mouvement de cartellisation qui suivit la Première Guerre mondiale.

743. Le XIXe siècle voit l'apparition du capitalisme moderne et de la grande entreprise industrielle. Cependant le droit de la concurrence reste à peu près inchangé. L'article 419 et le principe de la liberté du commerce et de l'industrie restent les dispositions de base. En France, l'expansion des activités privées ne s'est pas accompagnée, comme aux États-Unis, d'une régulation antitrust.

Aux États-Unis, au contraire, le développement du capitalisme libéral et l'intégration des économies des États, grâce aux moyens de transport et de communication, ont suscité l'apparition d'une législation fédérale, réprimant les comportements contraires à la concurrence, connue sous le nom de *droit antitrust.* Le *Sherman Act* de 1890, dans sa section première, interdisait, en termes d'une extrême sévérité, les accords restrictifs de concurrence et la création de monopoles privés. Rien de semblable ne s'est produit ni en France, ni même dans les États européens.

744. En France, après 1918, on assiste à une cartellisation de l'économie, chaque branche de l'industrie s'efforçant de limiter la concurrence au moyen d'ententes plus ou moins perfectionnées. Le cartel, qui limite et répartit les moyens de productions, qui instaure des quotas de production, qui met en place des barèmes de prix, semble, dans les années 1930 la seule réponse efficace à la crise économique. Non seulement les pouvoirs publics se montrent peu empressés à faire respecter un régime de concurrence, mais encore ils paraissent tentés par l'instauration de cartels obligatoires.

1. Cass. crim., 9 déc. 1836, *S.* 1836.1.881
2. Cass. crim., 9 déc. 1836, préc.- Cass. crim., 3 juin 1923, *S.* 1923.1.329, note Roux.

Pendant la Seconde Guerre mondiale, le droit de la concurrence est évidemment relégué à l'arrière-plan. Les pouvoirs publics ont d'autres soucis. L'état de guerre justifie une mobilisation de tout l'appareil industriel. À l'inflation monétaire répond la réglementation des prix et le contrôle du système bancaire. Le Code des prix de 1941 permet à l'administration économique de fixer, par voie d'arrêtés, le prix de tous les produits et de tous les services. Des Comités d'organisation répartissent les matières premières. L'État doit lutter contre les pratiques de *marché noir*, qui se développent en marge de toute réglementation. La sévérité de la répression est à la mesure de son impuissance.

La fin des hostilités n'entraîne aucun assouplissement de la législation économique. Le Code des prix de 1941 est abrogé mais il est aussitôt remplacé par les deux ordonnances du 30 juin 1945, relatives aux prix et à la répression des infractions à la législation économique. L'administration contrôle étroitement le système bancaire. Les nationalisations de 1945 renforcent l'emprise de l'État sur l'économie. Le dirigisme et l'interventionnisme atteignent leur apogée dans les années 1945-1950. Le droit de la concurrence n'a dans ces conditions qu'un rôle résiduel. C'est en 1953 seulement que la libéralisation de l'économie fera une timide apparition.

§2. De 1950 à 1986

A. Les décrets de 1953 et 1958

745. Plusieurs projets ou propositions de lois concernant la réglementation de la concurrence avaient été élaborés entre 1949 et 1953. Ils allaient dans des directions fort diverses. Certains prévoyaient un système d'ententes contrôlées mais pouvant être rendues obligatoires par extension à toute une branche d'activités. D'autres au contraire, qui allaient dans un sens libéral, prévoyaient une condamnation systématique de toutes les ententes. Aucun de ces projets ne vit le jour. Cependant le terrain était préparé. Finalement, c'est le décret du 9 août 1953 qui posa de nouvelles règles de concurrence. Ce décret fut partiellement annulé par le Conseil d'État, puis repris par un décret du 24 juin 1958.

On peut faire sur les décrets de 1953 et 1958 trois observations.

746. Quant aux règles de fond, la réglementation issue des décrets de 1953 et 1958 comportait deux volets bien distincts.

- Le premier volet était constitué par une interdiction générale des *ententes* entravant le plein exercice de la concurrence. Une dérogation était cependant admise en faveur des ententes imposées par la loi ou favorisant le progrès économique, par exemple les ententes de rationalisation ou de spécialisation.
- Le second volet était constitué par l'interdiction de certaines *pratiques individuelles* : refus de vente, prix de revente imposés, traitement discriminatoire des revendeurs. Ces dispositions, en assurant une certaine égalité entre les distributeurs, étaient censées favoriser la concurrence au stade du commerce de détail. Le gouvernement voulait favoriser l'essor de nouvelles formes de distribution, comme la distribution en libre-service, et susciter la concurrence entre revendeurs afin de freiner la hausse des prix.

Cette distinction entre les deux pratiques collectives et les pratiques individuelles domine le droit français de la concurrence et elle figure aujourd'hui dans les titres II et IV du Livre IV du Code de commerce.

747. La mise en œuvre procédurale de ce nouveau droit de la concurrence reposait sur la distinction, déjà évoquée, entre les deux volets de la réglementation.

S'agissant de l'interdiction des *ententes* entravant le jeu de la concurrence, la procédure était essentiellement de nature administrative.

Certes, en théorie, l'interdiction des ententes était assortie de sanctions pénales, amende et emprisonnement, prononcées par le tribunal correctionnel après une instruction judiciaire. Cependant le ministre de l'Économie conservait la haute main sur les poursuites judiciaires car lui seul pouvait décider de transmettre le dossier administratif au parquet. En l'absence de cette transmission, les poursuites n'étaient pas possibles. Le ministre utilisait en fait la transmission du dossier au parquet comme une menace, afin de convaincre les entreprises coupables d'ententes d'exécuter les injonctions qu'il leur adressait. Une autre nouveauté consistait en ce que le ministre, avant de s'adresser aux entreprises, devait prendre l'avis d'un organe administratif spécialisé, la *Commission technique des ententes*. Cette commission, composée de magistrats et de représentants des milieux économiques, avait un rôle purement consultatif. Cependant son apport fut essentiel, car elle adopta une approche très moderne des problèmes de concurrence en donnant la priorité à l'analyse économique des situations. De façon réaliste, elle recherchait plutôt les moyens de rétablir une concurrence *praticable*, dans chaque cas d'espèce, que de sanctionner des comportements passés. D'ailleurs le ministre se rangeait presque toujours à l'avis de la Commission. C'est grâce à l'œuvre de la Commission technique des ententes que le droit de la concurrence est apparu de plus en plus comme le droit de l'économie de marché, à l'image de la conception qui prévalait dans les États de l'Europe occidentale.

S'agissant de l'interdiction des pratiques individuelles, comme le refus de vente ou les comportements discriminatoires émanant des fournisseurs, la procédure était principalement judiciaire. Le ministère public, à qui étaient transmis les procès-verbaux établis par les agents de l'administration économique, avait l'initiative des poursuites.

748. Les nouveaux textes, et c'est une troisième observation, étaient en effet conçus dans la perspective de la lutte contre la hausse des prix. À l'époque, le combat contre l'inflation et ses manifestations restait la préoccupation majeure des pouvoirs publics. Non seulement les prix étaient, la plupart du temps, taxés, mais la concurrence devait encore contrarier toute tendance à la hausse. Les règles de concurrence étaient donc conçues comme des instruments dans la lutte contre l'inflation.

Cette orientation était expressément soulignée dans le texte, puisque l'interdiction des ententes était soumise – outre la condition générale de l'entrave à la concurrence – à la condition spéciale, soit d'un obstacle à l'abaissement des prix de revient ou de vente, soit d'une contribution à la hausse artificielle des prix.

Les règles nouvelles étaient introduites dans l'ordonnance n° 45-1483 du 30 juin 1945, relative aux prix. Les pratiques anticoncurrentielles étaient assimilées à la pratique de prix illicite et sanctionnées comme telles. La présentation formelle était paradoxale, puisque des dispositions d'inspiration libérale se trouvaient ainsi insérées dans un cadre, celui de l'ordonnance relative aux prix, qui était animé d'un esprit résolument dirigiste.

B. Le renforcement du droit de la concurrence

749. Après 1958, plusieurs réformes viennent perfectionner et compléter le droit de la concurrence, mais sans altérer profondément les orientations initiales des textes de 1953-1958.

750. Ces réformes successives étaient d'origine tantôt législatives, tantôt réglementaires. La loi du 2 juillet 1963 ajoutait à l'interdiction des ententes celle de l'abus de position dominante. L'ordonnance du 28 septembre 1967 élargissait l'interdiction des ententes en supprimant la condition d'un effet défavorable sur les prix. La loi du 19 juillet 1977, complétée par le décret du 25 octobre 1977, renforçait les pouvoirs de sanction attribués au ministre de l'Économie. Celui-ci pouvait désormais prononcer lui-même des sanctions pécuniaires, d'un montant élevé, après avis de *Commission de la concurrence*. La loi de 1977 innovait également en introduisant, pour la première fois en droit français, un contrôle des concentrations d'entreprises.

751. Malgré ces réformes successives, le droit de la concurrence conservait ses caractères originaires. Formellement, l'interdiction des ententes et des abus de position dominante demeurait insérée dans l'ordonnance du 30 juin 1945. Du point de vue procédural, l'interdiction des ententes et des positions dominantes ainsi que le contrôle des concentrations relevait toujours du pouvoir de l'administration. L'interdiction des pratiques individuelles continuait de relever de la compétence de la juridiction pénale.

C. L'émergence du droit communautaire de la concurrence

752. La France a signé et ratifié le traité de Rome du 25 mars 1957, instituant la Communauté économique européenne, entré en vigueur le 1er janvier 1958. Pour le droit de la concurrence, le traité revêtait une importance majeure. Les articles 81 et 82 CE (devenus articles 101 et 102 TFUE) interdisaient respectivement les ententes restrictives de concurrence et l'abus de position dominante[3].

Le règlement du Conseil n° 17-62 du 6 février 1962, attribuait à la Commission des pouvoirs importants pour la mise en œuvre des articles 81 et 82, assortis d'un pouvoir de sanction lui permettant de prononcer des sanctions pécuniaires d'un montant élevé. Effectivement, la Commission a poursuivi une politique de concurrence particulièrement active, notamment à l'égard des accords entre entreprises qui visent à maintenir les cloisonnements entre les marchés nationaux, ainsi qu'à l'égard des entreprises occupant une position dominante à l'échelle européenne. Les nombreuses décisions de la Commission et les arrêts de la Cour de justice ont fait une application extensive du droit communautaire de la concurrence.

3. L'article 3, du traité de Rome posait, au nombre des objectifs de la Communauté, l'instauration d'une *concurrence non faussée* dans le marché commun. Aujourd'hui, le Traité sur l'Union européenne ne comporte plus formellement de référence à une concurrence non faussée, l'article 3 prévoyant seulement « un marché intérieur » et « le développement durable de l'Europe fondé sur (...) une économie sociale de marché hautement compétitive, qui tend au plein-emploi et au progrès social, et un niveau élevé de protection et d'amélioration de la qualité de l'environnement ». Cependant le protocole n° 27 sur le marché intérieur et la concurrence, annexé au Traité UE, et qui a même autorité que le traité lui-même, stipule que « le marché intérieur tel qu'il est défini à l'article 3 du traité sur l'Union européenne comprend un système garantissant que la concurrence n'est pas faussée ».

§3. De 1986 à nos jours

A. Les perfectionnements du droit communautaire

753. En 1989, le droit communautaire a été complété par un dispositif de contrôle des concentrations d'entreprises[4] contenu dans le règlement du Conseil n° 4064 du 21 décembre 1989.

Dans le domaine de la mise en œuvre de la lutte contre les pratiques anticoncurrentielles (appelée aussi *droit antitrust*), le règlement n° 1/2003, qui a remplacé le règlement du 6 février 1962, va dans le sens de la décentralisation des procédures et de la coopération des autorités nationales au sein d'un réseau dirigé par la Commission européenne[5]. Il a cependant conservé le pouvoir de sanction attribué à cette dernière.

L'importance du droit européen de la concurrence se manifeste de plusieurs façons. En premier lieu, les règles européennes de concurrence, en vertu de leur effet direct, s'intègrent dans le droit positif français, à l'intérieur duquel elles constituent un volet spécifique. Le droit français de la concurrence se compose désormais de deux corps de règles : le droit interne de la concurrence et le droit européen de la concurrence. En deuxième lieu, le principe de la primauté du droit de l'Union européenne exige que l'application des règles interne ne mette pas en péril l'application pleine et uniforme des règles européennes de concurrence. En troisième lieu, les dispositions des articles 101 et 102 TFUE du traité exercent une influence sur la rédaction des textes de droit interne, qui ont été plusieurs fois modifiés dans le sens d'un rapprochement avec les textes communautaires. Enfin, le droit de l'Union européenne, a peu à peu habitué les juristes au maniement des concepts du droit de la concurrence.

B. L'ordonnance du 1er décembre 1986

754. Les élections législatives de mars 1986 amenèrent à l'Assemblée nationale une majorité ouverte aux idées libérales et animée du souci de limiter les interventions de l'État dans le fonctionnement de l'économie. Parmi les projets à l'ordre du jour figurait, à côté des privatisations et de la libéralisation du secteur audiovisuel et des télécommunications, une réforme profonde du droit de la concurrence. Un groupe d'experts fut désigné pour préparer un nouveau texte. Les travaux préparatoires aboutirent rapidement. Le gouvernement hésitait sur la forme que devaient revêtir les nouvelles dispositions. Finalement la forme de l'ordonnance, sur habilitation du Parlement, prévalut.

755. Parmi les innovations de l'ordonnance du 1er décembre 1986, la plus spectaculaire était sans doute l'abrogation des deux ordonnances du 30 juin 1945 qui instituaient la taxation des prix de tous les biens et services. À tout moment un simple arrêté ministériel pouvait revenir à la fixation autoritaire des prix. Avec la suppression des ordonnances de 1945, le pouvoir exécutif a perdu un instrument d'intervention particulièrement puissant. L'article 1er de l'ordonnance (devenu art. L 410-2 C. com.) était éloquent : « L'ordonnance du 30 juin 1945 est abrogée. Les prix des biens, produits et services relevant antérieurement de ladite ordonnance, sont librement déterminés par le jeu de la concurrence ». Le droit de la concurrence n'était plus un instrument parmi d'autres de la

4. Règlement (CE) n° 4064/89 du 21 déc. 1989, aujourd'hui remplacé par le règlement n° 139/2004 du 20 janv. 2004.

5. Règlement (CE) n° 1/2003 du 16 déc. 2002 relatif à la mise en œuvre des règles de concurrence prévues aux articles 81 et 82 du traité.

lutte contre la hausse des prix. Le droit de la concurrence était érigé en mécanisme fondamental de l'économie.

756. L'ordonnance du 1er décembre 1986 a conservé, au besoin en les modifiant et en les améliorant, de nombreuses dispositions de fond du droit antérieur. Ce fut le cas, notamment, des dispositions relatives à l'interdiction des ententes et des abus de positions dominantes, que l'ordonnance regroupait sous le nom de pratiques anticoncurrentielles, et au contrôle des concentrations. Une interdiction nouvelle faisait son apparition, l'interdiction de l'abus de dépendance économique. Dans la ligne des textes antérieurs, l'ordonnance conservait, en dépit des hésitations des rédacteurs, l'interdiction des pratiques individuelles, qui étaient désormais désignées sous le nom de « pratiques restrictives ». Il est vrai que le régime de ces interdictions était, dans une large mesure, atténué par la suppression des sanctions pénales, qui étaient remplacées par la simple responsabilité civile des auteurs des pratiques.

757. L'ordonnance de 1986 créait le Conseil de la concurrence. Dans sa composition, celui-ci s'apparentait aux commissions instituées par les textes précédents. Cependant, en matière d'ententes et d'abus de domination, la fonction du Conseil était profondément rénovée. Trois innovations soulignaient cette mutation :

- Le Conseil de la concurrence n'était plus cantonné dans un rôle consultatif, il pouvait prendre lui-même les décisions et prononcer les sanctions prévues par l'ordonnance ;
- Il pouvait être saisi directement par les entreprises et non plus seulement par le ministre de l'Économie ;
- Les recours formés contre ses décisions étaient portés devant la cour d'appel de Paris et non pas devant la juridiction administrative.

Ainsi s'est fait jour l'idée que le droit de la concurrence, en tout cas la branche de ce droit qui concerne les ententes et les abus de domination, n'est plus un instrument d'intervention de l'administration au service d'une politique économique, mais bien le cadre ordinaire des activités privées d'entreprise.

758. Des lois postérieures ont modifié sur certains points, parfois importants, l'ordonnance du 1er décembre 1986.

Ainsi, quelques mois seulement après l'entrée en vigueur de l'ordonnance, la loi du 6 juillet 1987 modifiait l'article 15 afin de transférer à la cour d'appel de Paris le contentieux des décisions du Conseil de la concurrence. Plusieurs lois de 1992 à 2008 ont modifié l'ordonnance de 1986. La loi du 4 août 2008 de modernisation de l'économie (loi LME) a créé l'Autorité de la Concurrence, qui a remplacé le Conseil de la concurrence.

Les dispositions de l'ordonnance du 1er décembre 1986 ont été incorporées par l'ordonnance du 18 septembre 2000 dans le nouveau Code de commerce, où elles figurent sous un livre IV intitulé « De la liberté des prix et de la concurrence »[6] (art. L. 410-1 et s. C. com.). La codification a malmené le plan de l'ordonnance pour lui substituer, de façon peu convaincante, une nouvelle répartition des matières.

L'expression de « régulation économique » est devenue à la mode à partir des années 2000[7]. Elle ne s'identifie pas à la réglementation, car elle suggère l'idée d'un contrôle souple, soucieux de ne pas trop contrarier le jeu des marchés mais d'orienter les comportements des opérateurs économiques. D'un point de vue technique, la régulation économique fait généralement appel à une autorité administrative indépendante disposant de

6. Contrairement à l'intitulé de l'ordonnance de 1986, celui du livre IV est ambigu : vise-t-il la liberté de la concurrence ou la concurrence tout court ?

7. L. Boy, « Réflexions sur le "droit de la régulation" », *D.* 2001, p. 3031.- M.-A. Frison-Roche, « Le droit de la régulation », *D.* 2001, p. 610.- J. Gallot, « Qu'est-ce que la régulation ? Contribution pour une définition », *Rev. conc. et consom.*, n° 119, janv. 2001, p. 5.

larges pouvoirs. Plus précisément encore, la régulation se rencontre sur des marchés nouvellement ouverts à la concurrence, où la présence d'un opérateur historique en position dominante exige la mise en œuvre de règles spécifiques, par exemple, dans les secteurs des télécommunications ou de l'énergie.

C. Le remplacement du Conseil de la concurrence par l'Autorité de la concurrence

759. La loi n° 2008-776 du 4 août 2008 de modernisation de l'économie, dite « LME » et l'ordonnance n° 2008-1161 du 13 novembre 2008[8] ont profondément modifié le paysage procédural du droit interne de la concurrence.

Depuis 1986, la France connaissait un régime procédural fondé sur la dualité des autorités administratives chargées de la mise en œuvre des règles de concurrence, le Conseil de la concurrence et le ministre de l'Économie par l'intermédiaire de la DGCCRF[9]. Le Conseil de la concurrence était chargé du contrôle des pratiques anticoncurrentielles : ententes, abus de domination et prix abusivement bas. Le ministre était chargé non seulement du contrôle des concentrations d'entreprises, mais encore de la plupart des enquêtes relatives aux pratiques visées par le livre IV du Code de commerce.

Rejoignant la majorité des États européens, qui connaissent un régime moniste de contrôle, la France s'est dotée avec la loi LME du 4 août 2008 d'une autorité unique, aux moyens accrus, chargée du contrôle des pratiques anticoncurrentielles et des concentrations d'entreprises et disposant de tous les pouvoirs d'enquête et d'instruction nécessaires. Cette autorité indépendante, dénommée *Autorité de la concurrence*[10], remplace le Conseil de la concurrence, dont les fonctions ont pris fin le 2 mars 2009. Le ministre de l'Économie, plus particulièrement la DGCCRF, conserve cependant ses pouvoirs d'enquête, parallèlement à l'Autorité dans le cas des pratiques anticoncurrentielles. De même, la DGCCRF conserve les pouvoirs d'instruction et de sanction, des pratiques dont le montant très faible du chiffre d'affaires qu'elles engendrent est inférieur à un certain seuil.

Section 2
Les sources du droit de la concurrence

§1. Les sources formelles du droit de la concurrence

760. Le droit positif français comporte, en matière de concurrence, deux ensembles de règles : les règles internes et les règles communautaires.

8. Ratifiée par la loi n° 2009-526 du 12 mai 2009.

9. Direction générale de la concurrence, de la consommation et de la répression des fraudes.

10. M. Cousin, « Ordonnance du 13 nov. 2008 : La régulation modernisée et (presque) unifiée de la concurrence », *Concurrences* 1/2009, p. 63.- B. Lasserre, « La nouvelle Autorité de la concurrence », *Concurrences* 1/2009, p. 6.- « Gendarme ou arbitre ? », *Concurrences* 3/2021, p. 2.

A. Les sources du droit interne de la concurrence

1. Les textes

761. Le texte fondamental est le livre IV du Code de commerce, intitulé « De la liberté des prix et de la concurrence ».

Les articles du livre IV du Code de commerce sont répartis en dix titres dont les intitulés sont les suivants :

Titre Ier Dispositions générales
Titre II Des pratiques anticoncurrentielles
Titre III De la concentration économique
Titre IV De la transparence, des pratiques restrictives de concurrence et d'autres pratiques prohibées
Titre IV *bis* De certains tarifs réglementés
Titre V Des pouvoirs d'enquêtes
Titre VI De l'Autorité de la concurrence
Titre VII Des injonctions et sanctions administratives
Titre VIII Des actions en dommages et intérêts du fait des pratiques anticoncurrentielles
Titre IX Dispositions diverses

Il existe aussi quelques lois spéciales qui se rattachent au droit de la concurrence entendu au sens large[11].

Depuis 1987, plusieurs décrets étaient intervenus pour l'application des dispositions de l'ordonnance du 1er décembre 1986 et du Code de commerce. En mars 2007, les décrets qui étaient en vigueur à cette date ont été intégrés dans la partie réglementaire du Code de commerce.

2. La jurisprudence

762. Les textes du droit de la concurrence sont souvent formulés en termes très généraux de sorte que la compréhension de la matière requiert nécessairement la connaissance de la jurisprudence, en particulier celle de la cour d'appel de Paris et de la Cour de cassation, lorsqu'elles statuent sur les recours dirigés contre les décisions de l'Autorité de la concurrence. Ainsi par exemple, les notions de position dominante ou d'abus ne peuvent être comprises qu'en se référant à la jurisprudence.

L'on peut rapprocher de la jurisprudence, la pratique décisionnelle du Conseil de la concurrence puis de l'Autorité de la concurrence. Certes, les décisions du Conseil et de l'Autorité de la concurrence ne sont pas de nature juridictionnelle, mais dans la mesure où elles tranchent de nombreuses questions d'interprétation des articles L. 410-1 et 410-2 du Code de commerce, une autorité incontestable s'attache aux

11. Ainsi, la loi du 10 août 1981 relative au prix du livre. Certaines dispositions qui figurent dans le Code de la consommation peuvent également intéresser le droit de la concurrence, par exemple la réglementation des ventes avec primes (art. L. 121-35) ou l'interdiction des pratiques commerciales déloyales (art. L. 121-1 et s.).

solutions qu'elles ont retenues. L'Autorité de la concurrence publie chaque année un rapport d'activité dans lequel se trouve décrite son action.

Quant aux avis et recommandations formulés par l'Autorité de la concurrence, on est en présence de *soft law*, autrement dit de règles non obligatoires, mais qui peuvent être prises en compte dans le raisonnement.

763. Les arrêts rendus par la cour d'appel de Paris à la suite des recours dirigés contre les décisions de l'Autorité de la concurrence, ainsi que les arrêts de la chambre commerciale de la Cour de cassation rendus sur pourvoi contre les arrêts de la cour de Paris, sont rapportés dans le *Bulletin officiel de la concurrence, de la consommation et de la répression des fraudes* (*BOCCRF*). Les décisions de l'Autorité de la concurrence sont obligatoirement publiées au *BOCCRF*. La publication par la voie électronique est aujourd'hui devenue la règle.

Le ministère de l'Économie et des Finances publie une revue spécialisée, la *Revue de la concurrence et de la consommation*. Il existe en langue française deux autres revues mensuelles, spécialisées dans le droit interne et le droit communautaire de la concurrence, la revue *Concurrences* et la *Revue Lamy de la Concurrence*.

B. Les sources du droit communautaire de la concurrence

764. Ces sources sont nombreuses et diverses. Il faut se contenter d'en donner un aperçu.

Les dispositions du droit communautaire *primaire* se trouvaient à l'origine dans le Traité de Rome du 25 mars 1957. Elles figurent aujourd'hui dans le Traité pour le fonctionnement de l'Union européenne. Le TFUE comprend un chapitre consacré aux *Règles de concurrence*, à l'intérieur duquel figure une section qui regroupe les règles de concurrence applicables aux entreprises. Les trois dispositions fondamentales de cette section sont l'article 101, qui interdit les ententes restrictives de concurrence, l'article 102, qui interdit l'exploitation abusive d'une position dominante sur le marché intérieur, et l'article 106 qui précise la situation des entreprises publiques au regard des règles de concurrence.

765. Le droit communautaire *dérivé* comporte d'abord les règlements du Conseil, pris pour l'application des articles 101 et 102 TFUE. Spécialement importants sont, d'une part, le règlement de procédure n° 1/2003 du 16 décembre 2002[12] et, d'autre part, le règlement n° 134/2004 du 20 janvier 2004, relatif au contrôle des opérations de concentration. Plusieurs règlements de la Commission portent exemption collective de certaines ententes. La Commission publie également des communications, notamment des « lignes directrices », qui n'ont pas de valeur juridique contraignante, mais qui ont une grande importance pratique. Les décisions individuelles prises par la Commission en matière d'ententes, d'abus de position dominante et de concentrations forment un *corpus* particulièrement précieux pour les juristes d'affaires qui sont confrontés au droit communautaire de la concurrence[13].

12. Une procédure de révision du règlement 1/2003 a été lancée en juin 2022. La Commission n'a pas encore proposé de projet allant en ce sens. Sur les perspectives d'une révision, v. L. Idot, « À propos des 20 ans du règlement CE n° 1/2003 », *Europe* avr. 2023, focus n° 23. V. *infra* n° 926.

13. Les textes du droit dérivé sont publiés au *Journal officiel de l'Union européenne* (*JOUE*). La Commission édite un rapport annuel sur la politique de concurrence. Ses décisions sont publiées *in extenso* sur son site

Enfin l'une des sources fondamentales du droit communautaire consiste dans la jurisprudence de la Cour de justice de l'Union européenne. Au premier rang viennent les arrêts qui sont rendus en interprétation des traités ou des règlements communautaires, sur renvoi préjudiciel des tribunaux nationaux, car ils tranchent généralement des questions de principe. Les arrêts rendus par le Tribunal de l'Union européenne à l'occasion des recours dirigés contre les décisions individuelles de la Commission, sont d'un abord plus difficile en raison de leur longueur. Les arrêts de la Cour et du Tribunal sont publiés dans le *Recueil de la jurisprudence de la Cour de justice et du tribunal de première instance.*

§2. L'influence de la doctrine économique

766. Le droit de la concurrence entretient des relations étroites avec la science économique. Cela se comprend, puisque les deux disciplines s'appliquent au même objet : le fonctionnement des marchés dans un régime de libre entreprise. Il est donc tentant de soutenir que le droit de la concurrence devrait se contenter de reprendre et de mettre en forme les conclusions de la microéconomie.

En réalité, les relations entre le droit et la théorie économique sont plus complexes. Il est vrai que dans un souci d'efficacité et d'objectivité, le droit de la concurrence s'appuie volontiers sur les résultats de l'analyse économique. Mais le droit est autonome par rapport à l'économie politique car il vise d'autres objectifs que l'efficacité économique. Tout d'abord, un système de droit doit absolument préserver la généralité et la stabilité des règles. Généralité et stabilité sont les conditions de la prévisibilité des situations juridiques et par conséquent de la sécurité juridique. La règle de droit ne peut s'accommoder ni de la rapidité ni des incertitudes des évolutions de la doctrine économique. Ensuite, l'élaboration de la règle de droit répond à un projet politique, qui ne vise pas uniquement à la réalisation effective d'un type de rapports économiques entre les entreprises, mais qui obéit aussi à des préoccupations de justice et de paix sociale[14].

L'influence des doctrines économiques sur le droit de la concurrence, si elle est certaine, reste donc partielle et diffuse. Il arrive que les autorités de la concurrence reprennent à leur compte certaines analyses ponctuelles, approuvées par la majorité des théoriciens de l'économie. Par exemple, en matière d'abus de position dominante, la Cour de justice de l'Union européenne et l'Autorité de la concurrence ont adopté la théorie des prix prédateurs ou la théorie des infrastructures essentielles[15]. Mais le plus souvent, l'influence de la doctrine économique sur la jurisprudence se manifeste de façon moins précise. Ainsi, les autorités de concurrence se rallient à certaines approches méthodologiques caractéristiques de la théorie économique, comme la délimitation des marchés en cause ou la prise en considération du pouvoir de marché des entreprises ou encore, plus récemment, la prise en compte de la notion d'efficience économique. D'ailleurs, l'on observe que le droit de la concurrence affiche un retard sensible sur la doctrine économique. Il n'est pas rare que

web (http//ec.europa.eu/comm/competition) et au *JOUE*, mais sous forme de résumé et avec un retard souvent considérable.

14. Sur ce thème, cf. C. Lledo, « L'efficacité de la règle, préoccupation majeure du droit de la concurrence », *D.* 2023, p. 720.

15. CJUE, 12 janv. 2023, *Lietuvos gelezinkeliai*, aff. C-42/21 P.

les autorités de concurrence consacrent certaines conquêtes de la théorie économique, plusieurs dizaines d'années après leur apparition.

767. Dans les années 1970 et 1980, la doctrine allemande de l'ordolibéralisme, héritée de l'école de Fribourg, a exercé une influence certaine sur la mise en œuvre du droit communautaire de la concurrence, spécialement sur la politique de concurrence de la Commission. Celle-ci ne refusait pas un certain dogmatisme juridique dans la qualification des restrictions de concurrence. La Cour de justice se montrait ouverte à une approche plus économique. La théorie ordolibérale retrouve son actualité dans la mesure où elle recommande de lutter contre les très grandes entreprises lorsque leur pouvoir empiète sur celui des autorités publiques, par exemple les entreprises du GAFAM.

Aujourd'hui, lorsque l'on parle de l'influence de la doctrine économique sur le droit de la concurrence, c'est principalement à la doctrine américaine que l'on pense. En raison de son ancienneté et de sa richesse, la pensée américaine a exercé son influence en Europe, à partir des années 1980, à la fois sur les autorités de la concurrence et sur la doctrine économique.

On ne peut évoquer que de façon sommaire les évolutions de la pensée économique américaine en matière de concurrence.

768. La première formulation systématique du fonctionnement des marchés s'est faite sous la forme de la *concurrence pure et parfaite*. Ce modèle théorique, souvent désigné comme néoclassique, requiert des conditions bien précises et relativement contraignantes. Il suppose un marché sur lequel des opérateurs nombreux et de taille comparable sont à même, à tout moment, de connaître les caractéristiques de l'offre et de la demande (transparence du marché) de biens homogènes et de réagir immédiatement et sans entraves aux initiatives de leurs concurrents (fluidité du marché). En régime de concurrence parfaite, aucun opérateur ne peut influer sur le comportement des autres. La concurrence pure et parfaite conduit à un prix d'équilibre unique et proche du coût marginal.

Les conditions de la concurrence pure et parfaite ne se rencontrent jamais dans la réalité. Il ne peut donc s'agir que d'un modèle abstrait. L'utilisation du modèle conduit alors à des solutions rigoureuses, toute diminution du nombre ou de la capacité des entreprises présentes sur le marché, toute limitation de leur liberté commerciale, pouvant être considérée comme une restriction de concurrence condamnable.

769. Le modèle néoclassique a été sévèrement critiqué par les économistes des écoles de Cambridge et de Harvard, à partir des années 1930. La critique partait de l'observation que, dans les faits, les marchés révèlent de nombreuses causes de dysfonctionnements de la concurrence, tenant à l'absence d'homogénéité des produits et des services offerts sur le marché, à des différences importantes dans la taille des entreprises ou encore à des réglementations étatiques contraignantes. Ainsi s'est formée la théorie de la concurrence imparfaite. Sur chaque marché, les données structurelles font que la concurrence est plus ou moins imparfaite. Il faut se contenter de promouvoir la concurrence possible, propre à chaque marché particulier. L'École de Harvard a ainsi, dans les années 1940, développé l'approche structuraliste des marchés, qui débouche sur la théorie de la concurrence praticable, dite encore la concurrence effective (*workable competition*).

Dans la recherche de la concurrence effective, les notions de marché, de concentration du marché et de pouvoir de marché sont déterminantes. Un marché est concentré lorsqu'il met en compétition un petit nombre d'entreprises puissantes, *a fortiori*, lorsque l'une des entreprises détient une position dominante ou se trouve en situation de monopole. Le pouvoir de marché d'une entreprise dépend de divers facteurs, le facteur principal étant l'importance de sa part de marché, c'est-à-dire de la proportion de son chiffre d'affaires par rapport à la somme des chiffres d'affaires des entreprises présentes sur le même marché. L'approche structuraliste a également mis l'accent sur l'importance des *barrières à l'entrée*. S'il n'existe pas de fortes barrières à l'entrée, les entreprises présentes sur un marché sont exposées à la concurrence potentielle de nouveaux entrants. Dans ce cas, les entreprises, même les entreprises en position dominante, se trouvent dans une situation précaire car elles ne peuvent pas tirer longtemps avantage de leur pouvoir de marché. Le marché est alors dit *contestable*. Si au contraire les barrières à l'entrée sont fortes (par exemple le coût élevé des investissements nécessaires pour se placer sur le marché), les entreprises en place bénéficient d'une rente de situation.

La théorie de la concurrence effective a connu un fort succès aux États-Unis à partir des années 1950. Loin d'affaiblir la lutte contre les restrictions de concurrence, elle a légitimé l'action des pouvoirs publics contre les ententes, tant horizontales que verticales, et les concentrations d'entreprises aboutissant à la formation de positions dominantes. Les thèses de l'École de Harvard ont ensuite fortement influencé la politique de concurrence menée en Europe par les autorités communautaires et les autorités des États membres.

770. Une nouvelle approche, plus libérale, s'est développée à partir des années 1960, à la suite notamment des travaux de l'École de Chicago. Celle-ci met en doute que la concentration des entreprises et l'existence de forts pouvoirs de marché soient toujours défavorables à la concurrence et à l'efficacité économique. Autrement dit, une situation de monopole n'est pas forcément contraire à l'intérêt collectif, si elle ne conduit pas à un profit excessif et à la baisse de la qualité ou de l'innovation. D'une part, l'École de Chicago, délaissant l'analyse structuraliste des marchés, privilégie la recherche au cas par cas de l'efficacité réelle des entreprises et de leurs stratégies de coopération. D'autre part, elle critique les interventions excessives de l'État qui, sous prétexte de préserver la concurrence, pénalisent inutilement les entreprises. Elle a donc conduit à un affaiblissement de la politique antitrust des autorités américaines et à une plus grande confiance à l'égard de la libre action des entreprises.

En Europe, l'École de Chicago a exercé une certaine influence. Si les autorités de la concurrence ont assoupli certains aspects de leur politique de concurrence, par exemple à l'égard des « restrictions verticales », elles restent encore très attachées à l'analyse structuraliste des marchés. D'ailleurs, l'école de Chicago n'a pas tardé à rencontrer ses propres contempteurs, qui plaident en faveur d'une application plus rigoureuse des règles de concurrence lorsque sont en jeu les intérêts des consommateurs. Il s'est formé une école « post Chicago ».

771. Réagissant aux enseignements divers et variables de la doctrine économique, les autorités de l'Union et les autorités nationales de la concurrence ont adopté une position éclectique, en tentant une double approche du traitement des ententes, des abus de position dominantes et des concentrations. D'une part, l'approche dite « économique », affirmée dans les années 2000, préconise une application réaliste et efficace des règles de concurrence, condamnant tout dogmatisme et privilégiant un traitement des restrictions de concurrence au cas par cas. D'autre part, les autorités, ont maintenu une approche traditionnelle, non hostile à des catalogues d'interdictions, afin d'assurer aux entreprises une relative sécurité juridique fondée sur la permanence des règles de droit.

Section 3
Le domaine des règles de concurrence

772. On distingue traditionnellement le domaine matériel (§ 1) et le domaine territorial (§ 2) des règles de concurrence. Le domaine du droit européen de la concurrence est en outre déterminé par la condition de l'affectation du commerce entre États membres (§ 3).

§1. Le domaine matériel des règles de concurrence

773. Le critère d'application des règles européennes de concurrence a longtemps différé du critère d'application du droit interne. Alors que le droit européen de la concurrence s'appliquait à des comportements d'entreprises, le droit interne s'appliquait à des activités de production, de distribution ou de prestation de services. Mais, aujourd'hui, le critère d'application est le même en droit interne et en droit européen, c'est celui de l'entreprise.

A. Le domaine matériel du droit interne de la concurrence

> ***Art. L. 410-1 C. com.*** Les règles définies au présent livre s'appliquent aux entreprises entendues comme des entités, quelle que soit leur forme juridique et leur mode de financement qui exercent une activité de production, de distribution et de services, y compris celles qui sont le fait de personnes publiques, notamment dans le cadre de conventions de délégation de service public.

774. Le droit interne rejoint ainsi le droit européen pour reconnaître aux règles de concurrence un très large domaine d'application. L'interdiction des ententes et des abus de position dominante – et plus généralement l'ensemble des dispositions du livre IV du Code de commerce – s'applique à toutes les entreprises, qu'elles soient privées ou publiques, lorsqu'elles ont une activité économique.

775. La soumission des personnes publiques aux dispositions du livre IV du Code de commerce, lorsqu'elles exercent une activité de production, de distribution et de services, a notamment pour conséquence de consacrer la compétence de l'Autorité de la concurrence et, sur recours, de la cour d'appel de Paris, puis de la Cour de cassation, pour connaître de leurs comportements. Cette attribution de compétence, qui déroge aux règles traditionnelles fixant la compétence des autorités administratives, n'est pas allée sans soulever des difficultés et a suscité de vifs débats en jurisprudence et en doctrine. C'est au Tribunal des conflits qu'il est revenu de trancher cette question de compétence.

L'examen de la jurisprudence du Tribunal des conflits révèle d'ailleurs quelques hésitations.

Dans un premier temps, le Tribunal des conflits, par une décision du 6 juin 1989[16], relevant que les dispositions de l'ordonnance du 1er décembre 1986 (devenue le livre IV du Code de commerce) ne s'appliquaient aux personnes publiques « qu'autant que celles-ci se livrent à des activités de production, de distribution et de services », a décidé que « l'organisation du service public de la distribution de l'eau à laquelle procède un conseil municipal n'est pas constitutive d'une telle activité et que l'acte juridique de dévolution de l'exécution de ce service n'est pas, par lui-même susceptible d'empêcher, de restreindre ou de fausser le jeu de la concurrence sur le marché ». Il en résultait, selon le Tribunal des conflits, qu'il n'appartenait qu'aux juridictions de l'ordre administratif de vérifier la validité de cet acte au regard des dispositions de l'ordonnance. Afin de trancher la question de compétence, le Tribunal des conflits retenait donc l'objet de l'acte pris par la personne publique : les actes ayant pour objet l'organisation et la dévolution d'un service public n'étant pas des actes de production, de distribution ou de services, ils échappaient à l'application du livre IV du Code de commerce et, par voie de conséquence, à la compétence du Conseil de la concurrence.

Puis, dans un second temps, le Tribunal des conflits a privilégié un autre critère, celui des pouvoirs de la personne publique ayant pris l'acte litigieux. Cette analyse est apparue très clairement à propos des pratiques de l'entreprise publique *Aéroports de Paris*. Dans sa décision du 18 octobre 1999, le Tribunal des conflits a considéré que, « si dans la mesure où elles effectuent des activités de production, de distribution ou de services les personnes publiques peuvent être sanctionnées par le Conseil de la concurrence [aujourd'hui l'Autorité de la concurrence] agissant sous le contrôle de l'autorité judiciaire, les décisions par lesquelles ces personnes assurent la mission de service public qui leur incombe *au moyen de prérogatives de puissance publique,* relèvent de la compétence de la juridiction administrative pour en apprécier la légalité et, le cas échéant, pour statuer sur la mise en jeu de la responsabilité encourue par ces personnes publiques »[17].

L'établissement public Aéroports de Paris avait décidé de regrouper le trafic du groupe Air France dans l'aérogare d'Orly-Ouest, mais avait en même temps refusé à TAT European Airlines, compagnie concurrente d'Air France, d'ouvrir de nouvelles liaisons à partir de cette aérogare. TAT European Airlines saisit alors le Conseil de la concurrence pour entente anticoncurrentielle entre Aéroports de Paris et Air France et abus de sa position dominante par Aéroports de Paris. Le Conseil de la concurrence fit application des articles 7 et 8 de l'ordonnance du 1er décembre 1986 (devenus art. L. 420-1 et L. 420-2 C. com.) prononça des sanctions pécuniaires contre l'établissement public. À la suite d'un recours formé devant la cour de Paris contre la décision du Conseil de la concurrence, le préfet éleva le conflit et le Tribunal des conflits conclut à la compétence de la juridiction administrative. En effet, selon le Tribunal, la décision d'ouvrir de nouvelles lignes à partir de l'aérogare d'Orly Ouest, qui se rattachait à la gestion du domaine public constituait

16. Trib. confl., 6 juin 1989, n° 02578, *RDP* 1989, p. 1780, note Y. Gaudemet.

17. Trib. confl., 18 oct. 1999, n° 03174, *RTD com.* 2000.619, obs. E. Claudel.

l'usage de *prérogatives de puissance publique* et était *indissociable* de la réorganisation des aérogares d'Orly décidée par l'établissement public. En revanche, le Tribunal des conflits, dans la même décision, a estimé que l'obligation faite à la Compagnie TAT European Airlines d'utiliser les services d'assistance en escale des Aéroports de Paris était *détachable* de l'appréciation de la légalité d'un acte administratif et pouvait constituer un abus de position dominante ressortissant à la compétence du Conseil de la concurrence.

Il apparaît donc que les activités des entreprises publiques qui sont des activités de production, de distribution ou de prestation de services, échappent à la compétence de l'Autorité de la concurrence lorsqu'elles sont assurées au moyen de prérogatives de puissance publique. Rien ne s'oppose alors à ce que les juridictions administratives appliquent les dispositions du Code de commerce et les textes européens[18]. L'incompétence de l'Autorité de la concurrence et des juridictions judiciaires pour connaître des actes faisant usage de *prérogatives de puissance publique* est aujourd'hui reconnue par l'ensemble des autorités[19]. Mais si tel n'est pas le cas (*i.e.* il n'y a pas d'utilisation des prérogatives de puissance publique), c'est bien à l'Autorité de la concurrence d'apprécier la légalité des activités de l'entreprise publique au regard du droit de la concurrence[20].

B. Le domaine matériel du droit européen de la concurrence

776. L'article 101 TFUE interdit les ententes entre entreprises et l'article 102 l'exploitation abusive d'une position dominante par une ou plusieurs entreprises. De même, le règlement 139/2004 du Conseil du 20 janvier 2004 institue un contrôle européen des concentrations d'entreprises.

Le critère d'application du droit communautaire de la concurrence est donc à rechercher dans la notion d'entreprise. Cependant ni le traité ni aucun texte de droit dérivé ne donnent la définition de l'entreprise. La Cour de justice s'est longtemps montrée prudente, puis a finalement déclaré dans l'arrêt *Höfner* du 23 avril 1991 : « La notion d'entreprise comprend toute entité exerçant une activité économique, indépendamment du statut juridique de cette entité et de son mode de financement »[21]. Cette définition a ensuite été reprise constamment par la Cour et le Tribunal.

777. Une chose est sûre : l'entreprise, au sens du droit communautaire de la concurrence, n'est pas définie par sa forme juridique. Tout organisme, public ou privé, toute personne physique, toute personne morale ou même une entité dépourvue de la personnalité juridique, peut être qualifiée d'entreprise. En revanche, l'entreprise est définie par son objet, une activité économique.

La Commission européenne et la Cour de justice retiennent une conception extensive de l'activité économique. Elles décident que sont des activités économiques non seulement les activités industrielles, les activités de distribution et

18. CE, 3 nov. 1997, n° 169907, *Société Million et Marais*, RDP 1998, p. 256, obs. Y. Gaudemet.

19. Par ex. décision du Conseil de la concurrence n° 09-D-10 du 27 févr. 2009 relative à des pratiques mises en œuvre dans le secteur du transport maritime entre la Corse et le continent et sur recours, CA Paris, 9 mars 2010 et Cass. com., 21 juin 2011, n° 10-15754.

20. De même, l'ADLC est compétente pour statuer sur les pratiques d'un ordre professionnel lorsque ces pratiques ne relèvent ni de la mission de service public ni des prérogatives de puissance publique. V. Cass. com., 1er févr. 2023, n° 20-21844.

21. CJCE, 23 avr. 1991, *Höfner*, aff. C-41/90.

les activités de services comme l'assurance, la banque ou les transports, mais encore les activités des professions libérales, comme celles des architectes[22], des médecins[23] et des avocats[24], ainsi que les activités sportives donnant lieu à rémunération[25]. La Cour de justice a d'ailleurs défini l'activité économique comme « le fait d'offrir des biens ou des services sur un marché donné »[26].

778. Aussi extensive que soit la notion d'entreprise, au sens du droit européen de la concurrence, elle n'est pas sans rencontrer certaines limites.

D'abord, échappent à l'application du droit de la concurrence, les personnes qui, pour l'accomplissement d'une mission d'intérêt général, sont dotées de prérogatives de puissance publique. L'exercice de telles prérogatives ne saurait en effet être qualifié d'activité économique[27].

Ensuite, ne sont pas considérés comme des entreprises, les organismes qui remplissent une fonction de caractère exclusivement social, fondée sur le principe de solidarité. Ainsi les caisses de sécurité sociale, notamment lorsqu'elles versent des allocations calculées selon un système de répartition et non selon un système de capitalisation[28].

Enfin, la Cour de justice reconnaît que certaines activités, en raison de l'objectif qui leur est assigné, ne relèvent pas *par nature* du droit de la concurrence. Par exemple, les conventions collectives, le règlement d'un ordre professionnel nécessaire au bon exercice de la profession[29] ou les règles « purement sportives », adoptées par une fédération sportive pour lutter contre le dopage[30].

§2. Le champ d'application territoriale des règles de concurrence

779. L'application territoriale du droit de la concurrence ne dépend pas de la localisation des entreprises auteurs d'une restriction de concurrence mais de la localisation des effets de cette restriction. En effet, les règles de concurrence visent essentiellement des restrictions de la concurrence *sur un marché*. Les règles internes de concurrence s'appliquent aux restrictions de concurrence qui produisent leurs effets sur le territoire français. Les règles européennes de concurrence s'appliquent aux restrictions de concurrence qui se manifestent sur le marché intérieur de l'Union européenne. C'est ce que l'on appelle le principe de « l'effet extraterritorial » du droit de la concurrence ou, selon une terminologie préférable, le principe de la « territorialité objective ». Le principe de la territorialité objective comporte deux corollaires.

22. Décision de la Commission du 24 juin 2004, *Ordre des architectes belge*, C (2004) 2180.
23. CJCE, 12 sept. 2000, *Pavlov*, aff. C-180/98.
24. CJCE, 19 févr. 2002, *Wouters*, aff. C-309/99.
25. TPICE, 26 janv. 2005, *Laurent Piau*, aff. T-193/02.
26. CJCE, 18 juin 1998, *Commission c. Italie*, aff. C-35/96.- CJCE, 11 juill. 2006, *Fenin*, aff. C-205/03 P.
27. CJCE, 19 janv. 1994, *Eurocontrol*, aff. C-364/92, à propos de l'organisation européenne pour la sécurité de la navigation aérienne.- TPICE, 12 déc. 2006, *Selex Sistemi*, aff. T-155/04.
28. CJCE, 17 févr. 1993, *Poucet et Pistre*, aff. C-159/91 et C-160/91.- CJCE, 22 janv. 2002, *Cisal*, aff. 218/00.
29. CJCE, 19 févr. 2002, *Wouters*, aff. C-309/99.
30. CJCE, 18 juill. 2006, *Meca Medina*, aff. C-519/04 P.

780. Les règles de concurrence sont applicables à des entreprises ayant leur domicile, leur siège social ou leur établissement à l'étranger, mais dont le comportement produit ses effets sur le marché national ou le marché communautaire.

Le principe a été très tôt appliqué en droit communautaire, à propos d'ententes anticoncurrentielles entre des entreprises établies à l'extérieur du marché commun. Selon la Cour de justice, dans un arrêt du 25 novembre 1971, « le fait, par l'une des entreprises participant à l'accord, d'être située dans un pays tiers, ne fait pas obstacle à l'application de l'article 85 (devenu article 101 TFUE), dès lors que l'accord produit ses effets sur le territoire du marché commun »[31].

La Commission européenne et la Cour de justice ont précisé la portée du principe dans l'affaire des producteurs de pâte de bois. La Cour a retenu que le critère décisif pour l'application de l'article 81 CE (devenu art. 101 TFUE) était celui « du lieu où l'entente est mise en œuvre ». Elle n'a donc pas appliqué purement la théorie « de l'effet », ce qui l'aurait conduite à prendre en compte n'importe quel effet, notamment un effet indirect, sur le marché commun. De façon plus mesurée, la Cour s'attache à la « *mise en œuvre concrète* » de l'entente sur le marché intérieur.

L'espèce était particulièrement significative, car l'entente réunissait quarante et un producteurs de pâte de bois qui avaient tous leur siège à l'extérieur de la Communauté européenne et surtout ne possédaient ni filiales ni succursales sur le territoire de la Communauté. Les entreprises vendaient leurs produits dans la Communauté directement ou par l'intermédiaire de simples agents et il leur était reproché de s'être concertés sur les prix de vente. La Commission ayant condamné les producteurs, la Cour rejetait le recours contre sa décision, en relevant qu'il importait peu que les membres de l'entente aient fait appel ou non à des filiales, agents ou succursales établis dans la Communauté. Il suffisait, pour que l'article 81 fût applicable qu'ils aient vendu leurs produits dans la Communauté à des prix qui résultaient d'une action concertée[32].

Le principe de la territorialité objective s'applique de la même façon à l'interdiction de l'abus de position dominante (art. 102 TFUE), dès lors que l'auteur de l'abus détient une position dominante sur le marché intérieur. Il s'applique aussi au contrôle communautaire des concentrations, dès lors que les entreprises concernées ont une activité commerciale sur le territoire de l'Union.

Les autorités françaises de la concurrence appliquent également le principe de la territorialité objective[33], mais en se référant au fait que la pratique anticoncurrentielle est « susceptible de produire un effet sur le territoire national »[34].

781. En revanche, échappent à l'application du droit interne ou du droit de l'Union européenne, les comportements anticoncurrentiels qui produisent leurs effets exclusivement dans des pays tiers, alors même que les auteurs de ces comportements seraient établis en France ou dans l'Union européenne.

---

31. CJCE, 25 nov. 1971, *Béguelin*, aff. 22/71, *Rec.*, p. 949.

32. Décision du 19 déc. 1984, *JOCE* L 85 du 26 mars 1985.- CJCE, 27 sept. 1988, *Ahlström*, aff. jointes 89, 104, 114, 116, 117 et 125 à 129/85.

33. Les rédacteurs de la loi NRE du 15 mai 2001 ont cru nécessaire d'ajouter, à l'article L. 420-1, al. 1er, C. com. un membre de phrase faisant référence à une « société du groupe implantée hors de France ». Cette précision est mal venue dans une disposition qui pose un principe général et inutile car l'article L. 420-1 s'applique indépendamment de la localisation des membres de l'entente.

34. Décision n° 92-D-68 du 15 déc. 1992 relative à la saisine de la société Distribution logistique dentaire et médicale.

Ainsi, les ententes concernant l'exportation vers des pays tiers échappent à l'application du droit communautaire de la concurrence. Par exemple, l'interdiction des ententes ne s'appliquera pas à un accord interdisant d'exporter vers des pays tiers ou fixant en commun les prix de vente sur le marché d'un pays tiers ou encore opérant une répartition de ce marché entre les participants.

Cependant les autorités se montrent circonspectes à l'égard des ententes qui sont dirigées vers des marchés étrangers. Elles vérifient que de tels accords n'ont pas, en fait, des répercussions indirectes et éventuelles sur la concurrence dans le marché intérieur[35].

782. Depuis quelques années, sont apparus des accords internationaux qui organisent la coopération entre les autorités antitrust signataires. L'exemple le plus important est celui de l'accord conclu entre la Commission européenne et le gouvernement des États-Unis, le 23 septembre 1991, accord qui a été approuvé par le Conseil, le 10 avril 1995[36].

§3. L'affectation du commerce entre États membres, condition particulière de l'application du droit européen de la concurrence

783. Les articles 101 et 102 TFUE comportent une condition d'application particulière : pour tomber sous le coup de ces dispositions, l'entente ou l'abus de position dominante doivent être « susceptibles d'affecter le commerce entre États membres ».

Selon la Cour de justice de l'Union, cette disposition « tend à fixer le champ d'application de l'interdiction par l'exigence d'une condition prévisionnelle reposant sur la possibilité d'une entrave à la réalisation d'un marché unique entre les États membres »[37]. La condition de l'affectation du commerce entre États membres montre que le droit de la concurrence de l'Union concourt à la réalisation des objectifs des traités européens. Il ne s'intéresse pas aux comportements anticoncurrentiels dont les effets ne dépassent pas les frontières d'un État membre.

Les articles 101 et 102 TFUE poursuivent en effet un double objectif : un objectif général, le maintien de la concurrence sur le marché, et un objectif particulier : la réalisation du marché intérieur. L'Union européenne a pour objectif l'intégration des économies des États membres et la création d'un marché intérieur unique. Pour atteindre ce but, il ne suffit pas de supprimer les barrières institutionnelles, comme les droits de douane, les entraves non tarifaires et les contrôles aux frontières. Il faut veiller aussi à ce que les entreprises privées ne maintiennent pas ou ne reconstituent pas pour leur compte les cloisonnements nationaux, spécialement par des accords restrictifs du commerce.

35. CJCE, 28 avr. 1998, *Javico International*, aff. C-306/96.

36. Après qu'une première décision d'approbation fut annulée par la Cour de justice. V. CJCE, 9 août 1994, *France c/Commission*, aff. C-327/91.

37. CJCE, 30 juin 1966, *LTM*, aff. 56/65, *Rec.*, p. 337.

Quant aux ententes et abus de position dominante qui ne sont pas susceptibles d'affecter le commerce entre États membre, ils relèvent de l'application exclusive du droit national. En revanche, les ententes et les abus de position dominante qui sont susceptibles d'affecter le commerce entre États membres relèvent de l'application parallèle du droit de la concurrence de l'Union et du droit interne de la concurrence.

784. Les autorités communautaires, suivies par l'Autorité de la concurrence, retiennent une conception large de l'affectation du commerce entre États membres.

Selon une définition souvent reprise par la Cour de justice, à propos de l'interdiction des ententes, la condition de l'affectation du commerce entre États membres est remplie « si l'accord, sur la base d'un ensemble d'éléments objectifs de droit ou de fait, permet d'envisager avec un degré de probabilité suffisant qu'il puisse exercer une influence directe ou indirecte, actuelle ou potentielle sur les courants d'échange entre États membres dans un sens qui pourrait nuire à la réalisation des objectifs d'un marché unique entre États[38] ».

En pratique, l'on considère que tombent sous le coup du droit de l'Union non seulement les ententes entre des entreprises établies dans des États membres différents, mais aussi les ententes qui réunissent des entreprises établies dans un seul État membre, même si elles ne couvrent qu'une partie du territoire national, lorsqu'elles contribuent à isoler celui-ci. Cependant, l'affectation du commerce doit être *sensible*[39]. Quant aux abus de position dominante, ils sont susceptibles d'affecter le commerce entre États membres lorsque la position dominante s'étend au moins au territoire d'un État membre.

La Commission européenne a publié des *Lignes directrices* concernant la méthode d'appréciation de l'affectation du commerce entre États membres[40].

38. CJCE, 6 mai 1971, *Cadillon c/Höss*, aff. 1/71.- En France, la Cour de cassation retient la même conception que la Cour de justice. Dans l'affaire *France Telecom et Orange Caraïbes*, la cour d'appel de Paris avait retenu une conception plus étroite de l'affectation du commerce, en notant l'absence d'entreprises autres que françaises sur le marché en cause. Son arrêt a été censuré par la Cour de cassation, qui a réaffirmé, à cette occasion, la définition traditionnelle de l'affectation. V. Cass. com., 31 janv. 2012, n° 10-25772.

39. Cass. com., 20 janv. 2015, n° 13-16745, à propos d'une entente entre compagnies pétrolières pour la livraison de carburant sur l'aéroport de l'île de La Réunion.

40. Lignes directrices relatives à la notion d'affectation du commerce figurant aux articles 81 et 82 du Traité (*JO* n° C 101 du 27 avr. 2004, p. 81 à 96).

Sous-titre 2
L'interdiction des pratiques anticoncurrentielles

785. Le Code de commerce consacre le titre II du livre IV aux pratiques anticoncurrentielles. Ce sont les ententes, les abus de position dominante, les abus de dépendance économique et la pratique de prix abusivement bas, qui est, en réalité, une forme particulière de domination. Ces pratiques sont en principe interdites, sauf justifications exceptionnelles. De même, le droit européen interdit les ententes et les abus de position dominante. Les règles de procédure sont différentes selon qu'il s'agit du droit interne ou du droit de l'Union.

Le premier chapitre sera consacré à l'étude des règles de fond de l'interdiction des pratiques anticoncurrentielles : interdiction des ententes et interdiction des abus de puissance économique. La mise en œuvre procédurale de l'interdiction fera l'objet du second chapitre.

CHAPITRE 1

Les conditions de fond de l'interdiction

Section 1
L'interdiction des ententes

786. Sous le terme générique d'*entente*, on désigne tous les accords et toutes les concertations ayant pour but ou pour résultat de limiter la concurrence sur un marché. L'interdiction des ententes est la forme la plus ancienne de la lutte contre les restrictions de concurrence. Elle en constitue aussi une forme fondamentale, car elle vise au maintien de la première condition d'existence de la concurrence : l'indépendance des opérateurs qui sont en compétition sur un marché. Il n'est donc pas étonnant que l'interdiction des ententes figure en première ligne des règles de concurrence, tant en droit interne qu'en droit de l'Union européenne.

787. L'article L. 420-1 du Code de commerce pose le *principe d'interdiction* de toutes les ententes, quelle qu'en soit la forme. Cependant cette interdiction n'est pas absolue car l'article L. 420-4 du Code de commerce admet, exceptionnellement, certaines causes de justification.

> ***Art. L. 420-1 C. com.*** Sont prohibées même par l'intermédiaire direct ou indirect d'une société du groupe implantée hors de France, lorsqu'elles ont pour objet ou peuvent avoir pour effet d'empêcher, de restreindre ou de fausser le jeu de la concurrence sur un marché, les actions concertées, conventions, ententes expresses ou tacites ou coalitions, notamment lorsqu'elles tendent à :
>
> 1° Limiter l'accès au marché ou le libre exercice de la concurrence par d'autres entreprises ;
>
> 2° Faire obstacle à la fixation des prix par le libre jeu du marché en favorisant artificiellement leur hausse ou leur baisse ;
>
> 3° Limiter ou contrôler la production, les débouchés, les investissements ou le progrès technique ;
>
> 4° Répartir les marchés ou les sources d'approvisionnement.

Quant à l'article 101, § 1, TFUE, il pose l'interdiction des ententes qui sont susceptibles d'affecter le commerce entre États membres.

> ***Art. 101, § 1, TFUE*** Sont incompatibles avec le marché commun et interdits tous accords entre entreprises, toutes décisions d'associations d'entreprises, et toutes pratiques concertées, qui sont susceptibles d'affecter le commerce entre États membres et qui ont pour objet ou pour effet d'empêcher, de restreindre ou de fausser le jeu de la concurrence à l'intérieur du marché commun et notamment ceux qui consistent à :
> a) fixer de façon directe ou indirecte les prix d'achat ou de vente ou d'autres conditions de transaction ;
> b) limiter ou contrôler la production, les débouchés, le développement technique ou les investissements ;
> c) répartir les marchés ou les sources d'approvisionnement ;
> d) appliquer, à l'égard de partenaires commerciaux, des conditions inégales à des prestations équivalentes en leur infligeant de ce fait un désavantage dans la concurrence ;
> e) subordonner la conclusion de contrats à l'acceptation par les partenaires, de prestations supplémentaires qui, par leur nature ou selon les usages commerciaux, n'ont pas de lien avec l'objet de ces contrats.

788. L'interdiction résulte, en droit interne comme en droit de l'Union, de la réunion de trois conditions : une *concertation*, entre des opérateurs économiques *autonomes* et une *incidence*, actuelle ou potentielle, *sur la concurrence*.

§1. La concertation

789. L'article L. 420-1 du Code de commerce interdit, comme le faisaient déjà les textes antérieurs[1], les actions concertées, conventions, ententes expresses ou tacites ou coalition. Quant à l'article 101, § 1, TFUE, il vise tous accords, toutes décisions d'associations et toutes pratiques concertées. Il est clair que les rédacteurs de l'ordonnance comme les rédacteurs du traité ont voulu consacrer une notion de l'entente qui fût la plus large possible. Conformément à l'article 101, § 1, TFUE, l'on peut classer les formes de concertation en trois grandes catégories auxquelles s'ajoute une catégorie créée par la jurisprudence.

A. Les accords

790. La Cour de justice de l'Union européenne définit l'accord comme « l'expression de la volonté commune de se comporter sur le marché d'une manière déterminée »[2]. En droit interne, le Conseil de la concurrence a considéré que « la démonstration d'une entente suppose d'abord la démonstration d'un accord de volonté entre deux ou plusieurs entreprises »[3] et l'Autorité de la concurrence que « l'entente naît de la libre expression d'une volonté commune de se

1. Art. 59 *bis*, puis 50, de l'ordonnance n° 45-1483 du 30 juin 1945.- Art. 7 de l'ordonnance du 1er déc. 1986.
2. CJCE, 15 juill. 1970, *ACF Chemiefarma NV*, aff. 41/69.
3. « Rapport annuel pour 2005 », p. 250.

comporter d'une manière déterminée sur le marché, peu important la forme d'expression de ces volontés »[4].

L'accord peut être un *contrat* au sens du droit civil, c'est-à-dire une convention engendrant des obligations à la charge des parties. Les parties à l'entente sont alors juridiquement engagées les unes envers les autres. Mais l'accord, au sens des articles 101 TFUE et L. 420-1 du Code de commerce, peut aussi ne pas comporter d'engagement juridiquement obligatoire. Un simple engagement d'honneur (*gentlemen's agreement*) un projet commun ou un contrat nul au regard du droit civil peuvent révéler la volonté commune caractéristique de l'accord.

La forme de l'accord est indifférente. Peu importe que le contrat soit constaté par écrit. Il peut être verbal ou tacite[5]. Aujourd'hui, un accord est susceptible de se faire via un algorithme[6].

Les accords soulèvent deux difficultés. La première est classique, elle concerne la distinction entre les accords horizontaux et les accords verticaux. La seconde concerne la preuve d'un accord tacite conclu entre un fabricant et ses distributeurs.

1. Accords horizontaux et accords verticaux

791. L'accord *horizontal* est conclu entre des entreprises qui sont concurrentes les unes des autres sur un même marché. Les entreprises membres de l'entente se situent au même stade du processus production-distribution. Par exemple, des entreprises concurrentes mettent en place un barème de prix ou un système de rabais qu'elles s'engagent à respecter ou envisagent d'appliquer.

L'accord *vertical*, au contraire, unit des entreprises qui n'opèrent pas au même stade du processus économique. Par exemple un fabricant et un distributeur, un entrepreneur principal et un sous-traitant. La forme la plus fréquente en pratique est le contrat de distribution : contrat de vente exclusive, contrat d'approvisionnement exclusif, contrat de distribution sélective[7].

792. La question de savoir s'il convenait de traiter les accords verticaux comme des ententes a été autrefois très discutée.

Les *adversaires* de l'assimilation faisaient valoir deux arguments. Un argument d'ordre pratique : il était impossible d'interdire les contrats de distribution, car les réseaux de vente étaient indispensables à l'économie. Un argument de logique, ensuite : les parties à l'accord de distribution n'étant pas concurrentes l'une de l'autre, l'on ne voyait pas comment elles auraient pu renoncer à se faire concurrence.

Les *partisans* de l'assimilation faisaient remarquer de leur côté que les textes interdisant les ententes étaient conçus en termes généraux et qu'il n'y avait pas lieu de distinguer là où la loi ne distinguait pas. D'ailleurs, il ne s'agissait pas d'interdire tous les réseaux de distribution, mais seulement ceux qui portaient atteinte à la concurrence sur un marché. Tous les contrats de distribution, soulignait-on, ne constituaient pas des ententes interdites, mais ils étaient susceptibles de constituer des ententes lorsqu'ils avaient, en raison des circonstances, une incidence sur la concurrence. Enfin, l'on faisait remarquer que la loi n'interdisait pas seulement la restriction *interne* de concurrence, celle que les opérateurs se font entre eux, mais aussi la restriction *externe* de concurrence, c'est-à-dire la concurrence faite par les tiers à l'accord. Ainsi un contrat d'exclusivité de

4. « Rapport annuel pour 2013 », p. 125.

5. A. Guillotin, « La preuve et la forme des ententes », *JCP* E 2012, 1107.

6. La question est controversée. V. J.-C. Roda, « L'entente algorithmique », *JCP* G 2019, doctr. p. 1371 ; M. Malaurie-Vignal, « Algorithme et concurrence », *Contrats conc. consom.* mai 2021, étude 6.

7. V. *infra*, n° 1134 et s.

vente limite la concurrence entre le concessionnaire de vente et les tiers, c'est-à-dire les autres revendeurs, car ceux-ci ne sont normalement pas en mesure de s'approvisionner en produits de la même marque auprès du fabricant.

793. La Cour de justice, en 1966, dans les arrêts *LTM* et *Grundig* s'est formellement prononcée dans le sens de l'application de l'article 81 CE (art. 101 TFUE) aux accords verticaux[8]. De son côté, l'Autorité de la concurrence n'hésite plus à appliquer l'article L. 420-1 du Code de commerce aux accords de distribution[9]. Ceux-ci, lorsqu'ils ont pour objet ou peuvent avoir pour effet de restreindre la concurrence, constituent donc une forme particulière d'entente.

Exemple 1. Dans l'affaire des *produits cosmétiques et d'hygiène corporelle*, les fabricants avaient mis en place un système de distribution qui interdisait la vente autrement qu'en pharmacie, alors que lesdits produits ne constituaient en aucune manière des médicaments. Les revendeurs autres que les officines pharmaceutiques, par exemple les parfumeurs ou les magasins en grande surface se heurtaient de la part des fabricants à un refus d'approvisionnement. Le Conseil de la concurrence dans sa décision du 9 juin 1987[10] a estimé que les clauses d'exclusivité souscrites par les fabricants en faveur des officines pharmaceutiques constituaient des conventions tombant sous le coup de l'article 7 de l'ordonnance de 1986 (aujourd'hui art. L. 420-1 C. com.). Elles limitaient la concurrence par les prix et privaient les autres distributeurs de la vente des produits. La cour d'appel de Paris, puis la Cour de cassation ont donné raison au Conseil de la concurrence[11].

Exemple 2. Dans l'affaire dite des *cuves d'hydrocarbures*, les compagnies pétrolières qui avaient conclu des contrats de distribution avec les gérants-libres des stations-service, avaient introduit dans les contrats une clause qui réservait leur propriété sur les installations de pompage de la station et sur les cuves de stockage de l'essence. À l'expiration du contrat de distribution – qui comportait un engagement d'approvisionnement exclusif auprès du fournisseur et une clause de non-concurrence[12] – la compagnie pétrolière propriétaire des installations et des cuves, était en droit de revendiquer leur restitution *en nature*. Pour la station-service, l'opération était coûteuse, car les travaux entraînaient l'immobilisation de la station et une perte de recettes pendant plusieurs semaines. Certains gérants, qui avaient reçu l'offre d'entrer dans le réseau d'une compagnie pétrolière concurrente, et qui pour cette raison ne désiraient pas renouveler leur contrat, proposaient à leur ancien fournisseur de restituer la *valeur* des cuves à l'état neuf. Devant le refus des compagnies pétrolières qui s'obstinaient à réclamer la restitution en nature des cuves usagées, le Conseil de la concurrence fut saisi. Le Conseil estima que les contrats de station-service conclus par les compagnies pétrolières avec leurs distributeurs, constituaient des conventions au sens de l'article 7 de l'ordonnance (aujourd'hui, art. L. 420-1 C. com.). Les gérants de stations-service, exposés aux frais de démontages des cuves, étaient en effet pratiquement contraints de renouveler leur contrat avec leur fournisseur. Un nouveau producteur, désireux de pénétrer sur le marché français de la distribution des carburants se serait heurté à la difficulté de constituer son propre réseau, faute de stations-service disponibles. Le Conseil de la concurrence a ordonné aux compagnies pétrolières de modifier leurs contrats et de remplacer la clause de restitution en nature par une clause de restitution en valeur[13].

8. CJCE, 30 juin 1966, LTM, aff. 55/65.- CJCE, 13 juill. 1966, Grundig, aff. jointes 56 et 58/64.

9. Rapport annuel pour 2013, p. 133.

10. Décision n° 87-D-15 du 9 juin 1987 relative à la situation de la concurrence dans la distribution en pharmacie de certains produits cosmétiques et d'hygiène corporelle.

11. CA Paris, 28 janv. 1988, *BOCCRF* du 4 févr. 1988.- Cass. com., 25 avr. 1989, n° 88-11894.

12. C'est-à-dire l'interdiction de vendre des produits d'une autre marque.

13. Décision n° 87-D-34 du 29 sept. 1987 relative à la clause de restitution des cuves et matériels dans les contrats qui lient les sociétés pétrolières à leurs revendeurs, confirmée par CA Paris, 5 mai 1988, *Gaz. Pal.* 1988. 2. 578.

794. Ainsi, constituent des ententes interdites, non seulement les accords spécifiques, destinés à limiter la concurrence, qui sont des accords horizontaux mais encore des accords non spécifiques, qui sont des accords commerciaux ordinaires, répondant à la qualification de contrat-cadre ou de contrat de vente, lorsque ces contrats exercent un effet restrictif sur la concurrence. Il en va de même des contrats-types de vente et des conditions générales de vente, que le droit de la concurrence considère sans difficulté comme des accords. Cette conception large de l'entente revêt une importance pratique et théorique considérable et il ne faut jamais la perdre de vue.

2. Preuve de l'existence d'un accord tacite

795. Il est fréquent qu'un fournisseur et ses revendeurs, confrontés à l'application de l'article 101 TFUE ou de l'article L. 420-1 du Code de commerce, tentent de démontrer que la restriction de la concurrence n'est pas le résultat d'un accord passé entre eux, mais la simple conséquence d'une décision unilatérale prise par un fournisseur.

Exemple. Le fabricant d'un produit de marque le distribue par l'intermédiaire d'un réseau de revendeurs agréés. Un revendeur professionnel, qui désire entrer dans le réseau du fournisseur, se heurte à un refus d'agrément de la part du fournisseur, sans motif objectif. Selon la jurisprudence, le refus d'agrément peut constituer dans ce cas une restriction de concurrence. Mais le refus contrevient-il à l'interdiction des ententes ? Est-il la conséquence d'un accord entre le fournisseur et ses distributeurs agréés ou d'une décision prise unilatéralement par le fournisseur ?

Dans un premier temps, la jurisprudence communautaire admit que les mesures prises par le fournisseur pour l'organisation de la distribution de ses produits recevaient l'accord tacite des revendeurs faisant partie de son réseau de distribution. En France, le Conseil de la concurrence fit sienne cette analyse en décidant que « les conditions de vente et les engagements présentés à ses clients (par le fournisseur) sont acceptés explicitement ou tacitement par les revendeurs... et constituent entre le fournisseur et les membres de son réseau, des conventions susceptibles d'affecter la concurrence et d'entrer dans le champ d'application de l'article L. 420-1 du Code de commerce »[14].

Mais la Cour de justice de l'Union européenne devait ensuite abandonner sa position, qui reposait, il faut le dire, sur une présomption d'accord plutôt incertaine. Dans un arrêt *Bayer* du 6 janvier 2004[15], elle déclarait en effet : « Pour qu'un accord au sens de l'article 81, § 1, du traité puisse être réputé conclu au moyen d'une acceptation tacite, il est nécessaire que la manifestation de volonté de l'une des parties contractantes visant un but anticoncurrentiel constitue une invitation à l'autre partie, qu'elle soit expresse ou implicite, à la réalisation commune d'un tel but... ».

En insistant sur le concours de volontés qui caractérise l'accord, au sens du droit de la concurrence, la Cour a adopté une conception plus rigoureuse de l'accord entre entreprises, proche de la conception civiliste du contrat. Un accord tacite ne peut résulter que de la rencontre d'une offre et d'une acceptation, l'une et l'autre devant être prouvées.

14. Décision n° 88-D-47 du 6 déc. 1987 relative à des pratiques de la société Philips électrique domestique, in « Rapport annuel pour 1988 », p. 103.- Adde : Conseil de la concurrence, *La preuve des accords de volonté constitutifs d'entente*, Étude thématique, « Rapport annuel pour 2006 », La Documentation française, 2007.

15. CJCE, aff. C-2/01 et C-3/01 P, point 102.

Bien qu'elle soit relative à l'interprétation de l'article 101 TFUE, la jurisprudence *Bayer* est sans aucun doute transposable en droit français interne, pour l'application de l'article L. 420-1 du Code de commerce. C'est ce qu'ont admis le Conseil de la concurrence[16] puis l'Autorité de la concurrence[17] qui, à propos de la transaction et de l'exonération, visent « l'association d'entreprises ».

B. Les ententes organiques

796. L'entente peut prendre la forme d'un groupement pourvu de la personnalité morale. Par exemple, des entreprises constituent une société commerciale qui centralise les commandes et assume la fonction d'une centrale de vente. La centrale limite la concurrence entre ses membres, puisqu'elle fixe des prix et des conditions de vente uniformes qui se substituent aux prix et aux conditions fixées individuellement par chacune des entreprises associées. Ou bien les membres de l'entente constituent une association, un syndicat ou un GIE, qui intervient dans la politique commerciale de ses membres. Autre exemple encore, un ordre professionnel réglemente l'activité des membres de la profession[18]. Dans tous ces cas, se pose le problème de l'interdiction des ententes, lorsque le groupement induit des restrictions de concurrence.

L'article 101, § 1, TFUE interdit, à côté des accords et des pratiques concertées, les *décisions d'associations d'entreprises* lorsqu'elles ont pour objet ou pour effet de fausser la concurrence. Bien que l'article L. 420-1 du Code de commerce ne comporte pas une distinction aussi tranchée entre l'accord et la décision d'association[19], son application aboutit à des solutions identiques à celles du droit européen[20] : en droit interne comme en droit européen, l'existence du groupement suffit à faire la preuve de l'entente, dès lors qu'est établi un lien de causalité suffisant entre l'activité de ce groupement et la restriction de concurrence constatée. La simple création d'une société, d'un GIE ou d'une association, par des entreprises qui demeurent par ailleurs autonomes, n'est donc pas par elle-même constitutive d'une entente anticoncurrentielle. Elle ne l'est que si elle conduit à une restriction de concurrence sur le marché[21].

797. Deux situations doivent être distinguées.

Dans une première situation, le groupement a pour objet statutaire des décisions qui sont par nature restrictives de concurrence. Par exemple, le groupement a pour mission de déterminer un barème de prix commun à ses membres ou de mettre en place une centrale de vente, agissant exclusivement pour le compte de ses membres.

Dans une deuxième situation, le groupement n'a pas pour objet statutaire de générer des restrictions de concurrence, mais, outrepassant ses pouvoirs, il favorise ou provoque des restrictions de concurrence en la personne de ses membres.

16. Décision n° 05-D-72 du 20 déc. 2005, *Exportations parallèles de médicaments*, in « Rapport annuel pour 2005 », p. 250.

17. « Rapport annuel pour 2013 », p. 135 et 136, à propos de l'interdiction des prix imposés.

18. Cass. com., 16 mai 2000, n° 98-12612, à propos de l'Ordre national des pharmaciens.

19. Voy. cependant art. 464-2, III et IV, C. com.

20. « Rapport annuel pour 2013 », p. 124.

21. ADLC, Décision n° 20-D-17 du 12 nov. 2020 relative à des pratiques mises en œuvre dans le secteur de la chirurgie dentaire.

L'Autorité de la concurrence estime que l'association ou le syndicat qui va au-delà de sa mission de simple défense des intérêts professionnels et qui, sortant de sa mission statutaire, engendre des restrictions de concurrence, tombe sous le coup de l'article L. 420-1 du Code de commerce.

Dans les deux cas, l'existence du groupement suffit à faire la preuve de l'entente dont il constitue le moyen. Dans de très nombreuses décisions, l'Autorité de la concurrence a ainsi condamné des associations et des chambres syndicales, pour avoir diffusé des barèmes de prix, pour avoir institué des barrières à l'entrée de la profession ou avoir donné des consignes de boycott à l'égard de certaines entreprises. D'une façon générale, les associations professionnelles tombent sous le coup de l'article L. 420-1 lorsqu'elles mettent en place ou tentent de mettre en place un système corporatif, qui protège ses membres de la concurrence. Il suffit alors, pour que l'infraction à l'article L. 420-1 soit constituée, que les organes compétents du groupement, prennent des décisions qui sont de nature à restreindre la concurrence et qui s'imposent à ses membres. Il suffit même que le groupement adresse des recommandations à ses membres, qui sont susceptibles de provoquer une restriction de la concurrence.

Exemple 1. Le conseil d'administration d'une chambre syndicale met au point un barème de prix qu'il diffuse ensuite auprès de ses adhérents.

Exemple 2. Le GIE Carte bancaire, qui a pour mission de faciliter et de développer l'usage des cartes bancaires, institue des commissions interbancaires forfaitaires, sans justification objective, qui suppriment la négociation des commissions entre les établissements ou encore le niveau des commissions facturées aux clients. Le GIE va au-delà de sa mission statutaire, qui est la promotion de la carte bancaire. Il tombe sous le coup de l'article L. 420-1 C. com. dans la mesure où il induit des restrictions de concurrence entre ses membres[22].

798. Dans toutes ces hypothèses, l'Autorité de la concurrence a le choix entre trois possibilités.

- Poursuivre les membres du groupement. En adhérant au groupement, les membres ont donné par avance leur consentement aux mesures anticoncurrentielles décidées par lui dans le cadre de ses compétences statutaires.
- Poursuivre le groupement seul, comme ayant contribué de façon décisive à l'entente. Dans ce cas, le groupement supportera sur son patrimoine la sanction pécuniaire qui s'attache à la condamnation.
- Enfin, poursuivre et condamner à la fois le groupement, personne morale, et les membres ou même certains membres seulement qui ont participé plus directement à la commission de l'infraction.

Les autorités de la concurrence adoptent en pratique une attitude très pragmatique en retenant, selon les circonstances, l'une ou l'autre de ces trois solutions.

C. L'action concertée

799. L'action concertée soulève un double problème de définition et de preuve.

1. Définition de l'action concertée

800. L'action concertée se caractérise par des comportements coordonnés des entreprises, en l'absence d'accord fixant de manière précise une ligne

22. Décision n° 88-D-37 du 11 oct. 1988 relative au Groupement d'intérêt économique des cartes bancaires.

d'action sur le marché. En fait, les entreprises créent sciemment et collectivement les conditions d'une restriction de la concurrence.

La Cour de justice de l'Union européenne définit l'action concertée comme « une forme de coordination entre entreprises qui, sans avoir été poussée jusqu'à la réalisation d'une convention proprement dite, substitue sciemment une coopération pratique entre elles aux risques de la concurrence »[23].

Exemple 1. Des entreprises, concurrentes sur un même marché, alignent spontanément et consciemment leurs prix sur ceux qui sont pratiqués et publiés par l'une d'entre elles. Il y a une adhésion tacite de leur part à la politique du chef de file. Elles renoncent à leur indépendance de décision.

Exemple 2. Des entreprises, qui pourraient se faire concurrence, s'abstiennent de prospecter la clientèle et de vendre sur le territoire traditionnel des autres. Elles observent tacitement une politique de « chacun chez soi ».

801. L'action concertée comporte ainsi deux éléments. D'une part, un comportement de nature à fausser la concurrence sur le marché, par exemple la pratique de prix similaires, non compétitifs. D'autre part, un élément intellectuel, la renonciation à adopter un comportement indépendant, dans la certitude que les autres procéderont de même. L'action concertée se caractérise par la réduction de la marge d'incertitude qui est inhérente à toute concurrence.

2. Preuve de l'action concertée

802. La preuve de l'élément intellectuel de l'action concertée soulève des problèmes difficiles. La plupart du temps la preuve de l'élément intellectuel ne peut pas être rapportée directement. Il faut alors se fonder sur des présomptions.

Les autorités de la concurrence, tant européennes que nationales, décident que le simple « parallélisme des comportements » des entreprises ne suffit pas à faire présumer la concertation préalable. Il est parfaitement possible, par exemple, que plusieurs entreprises concurrentes augmentent leurs prix dans des proportions voisines, à quelques jours de différence, sans qu'il y ait nécessairement eu, entre elles, de concertation préalable. En effet, la science économique enseigne que sur certains types de marchés, des stratégies d'alignement peuvent se développer spontanément, en dehors de toute concertation.

Tel est le cas des *structures d'oligopole*[24]. Le marché d'oligopole est un marché sur lequel un petit nombre d'entreprises, généralement comparables par la taille, se trouvent en concurrence. Comme ces entreprises sont en mesure de s'observer mutuellement, chacune agit en fonction de la réaction qu'elle attend des autres. Ainsi une entreprise augmentera ses prix parce qu'elle sait, par expérience, que les autres agiront nécessairement de même. Et c'est effectivement ce qui se passe : les autres alignent leurs prix sur ceux de la première. Tout se passe comme s'il y avait une entente, alors que l'on est en face d'une somme de comportements individuels. Le Conseil de la concurrence a parlé alors « d'effets coordonnés résultant d'un simple parallélisme de comportement » ou de « coordination implicite ». Cette situation ne révèle pas un comportement illicite[25].

La preuve de l'action concertée ne peut alors résulter que d'autres indices venant s'ajouter aux comportements parallèles. La pratique de l'Autorité de la

23. CJCE, 16 déc. 1975, *Suiker Unie*, aff. jointes 40/73 et autres.

24. A. Perrot et L. Vogel, « Entente tacite, oligopole et parallélisme de comportements », *JCP* E, 1993, 299.

25. « Rapport annuel pour 2005 », p. 248 et 249. V. not. la décision n° 05-D-38 du 5 juill. 2005, *Transport public urbain de voyageurs.*

concurrence et de la Commission européenne montre que ces indices sont de deux sortes. *En premier lieu*, l'on peut tenir compte du fait que les entreprises concurrentes, et c'est l'hypothèse la plus fréquente, ont eu des contacts entre elles, qu'elles ont échangé des informations stratégiques[26] ou qu'elles ont organisé des réunions en commun, au cours desquelles leurs politiques industrielles ou commerciales étaient évoquées. *En second lieu*, l'on peut aussi trouver un indice dans l'extrême similitude des comportements des entreprises. Par exemple, elles ont pratiqué le même jour des hausses de prix dont les pourcentages étaient exactement les mêmes. Une similitude aussi poussée ne peut alors s'expliquer que par une concertation préalable.

Exemple. Affaire de la levure de panification. Sur ce marché, deux grandes entreprises de fabrication de levure étaient en concurrence. Entre juillet 1983 et février 1986, étaient intervenues quatre hausses générales des prix, à des dates identiques et pour des montants pratiquement semblables. Le Conseil de la concurrence a estimé qu'il y avait entente entre les deux entreprises car leur parallélisme de comportement ne s'expliquait ni par les conditions du marché, ni par la poursuite d'un intérêt individuel. *Premièrement*, selon le Conseil, la concurrence par les prix pouvait jouer sur ce marché (parce qu'en fait il ne fonctionnait pas comme un marché d'oligopole, notamment à cause de la possibilité pour les utilisateurs de recourir aux importations). *Deuxièmement*, le fait que l'une des entreprises annonce à l'avance les hausses importantes auxquelles elle allait procéder « ne pouvait correspondre à la recherche de son propre intérêt que si elle était assurée que (son concurrent) pratiquerait des prix identiques aux siens » et qu'elle ne pouvait avoir cette assurance sans une entente préalable avec son concurrent. Si elle n'avait pas eu cette assurance, elle aurait pris un trop grand risque, celui de voir le concurrent maintenir des prix plus bas et prendre des parts de marché[27].

D. Les ententes complexes

803. Les « cartels » sont des ententes de longue durée, réunissant les principaux producteurs d'un secteur de l'économie, afin de fixer les prix de vente, d'attribuer des quotas de production aux membres du cartel ou de répartir les marchés entre eux. Les cartels ont souvent une dimension internationale. Ils se manifestent le plus souvent par une série de réunions plus ou moins périodiques, au cours desquelles les représentants des entreprises discutent du niveau des prix, des volumes de production ou de la répartition des marchés et des clientèles[28].

Les cartels constituent assurément la forme la plus grave d'atteinte à la concurrence, en raison de leur objet, de leur dimension géographique et de leur durée. À compter des années 1990, les politiques de concurrences, notamment celle de la Commission européenne, se sont résolument orientées vers la répression des cartels, à laquelle les autorités de concurrence ont décidé de donner la priorité. Cependant, la preuve de la concertation, dans le cas des cartels, rencontre certaines difficultés. Celles-ci tiennent principalement au caractère complexe de l'entente et au secret qui entoure l'objet des réunions.

26. « Rapport annuel pour 2013 », p. 125.

27. Décision n° 89-D-08 relative à des pratiques constatées sur le marché de la levure fraiche de panification, *in* « Rapport annuel pour 1989 », p. 40, confirmée par CA Paris, 15 nov. 1989 et pourvoi rejeté par Cass. com., 14 janv. 1992, n° 89-21462.

28. Certains estiment que la « blockchain » pourrait rendre les cartels imperceptibles. V., sur cette question, L. Bettoni, « Problématiques soulevées par la blockchain en droit de la concurrence », *Contrats conc. consom.*, févr. 2020, étude 3.

804. Une première difficulté concerne la qualification d'accord. Les réunions débouchent rarement sur un accord, mais la plupart du temps sur un ensemble de résolutions plus ou moins précises. Il se peut même qu'une réunion ne se traduise par aucune résolution formelle et donne seulement lieu à des échanges d'informations. Les autorités de la concurrence admettent alors qu'il n'est pas nécessaire, pour faire la preuve de l'entente, de qualifier précisément et individuellement chacun des comportements collusoires mais qu'il suffit de relever l'existence d'un « ensemble d'accords et de pratiques concertées ». Selon la Cour de justice, le cartel constitue ainsi une « infraction unique et continue »[29]. L'Autorité de la concurrence retient aussi la qualification « d'infraction unique et complexe »[30].

805. Une deuxième difficulté provient du fait que toutes les entreprises membres du cartel ne sont pas représentées à toutes les réunions. Les autorités de la concurrence estiment qu'il suffit qu'une entreprise ait participé à certaines réunions pour que l'infraction à l'article 101 TFUE ou à l'article L. 420-1 du Code de commerce, puisse lui être imputée[31]. Le fait qu'une entreprise n'ait participé qu'à quelques réunions seulement ne pourra être pris en compte qu'au moment du calcul de la sanction.

806. Enfin une troisième difficulté de preuve tient au fait que, même si une entreprise a assisté à une réunion, son attitude au cours de la réunion n'est pas toujours connue. Les entreprises prétendent alors qu'elles se sont désolidarisées des résolutions prises par les autres ou qu'en tout cas elles n'ont pas mis les résolutions en application. Pour échapper à cette difficulté, les autorités de la concurrence admettent une double présomption. En premier lieu, la présence du représentant d'une entreprise à une réunion permet de présumer que cette entreprise a adhéré aux résolutions adoptées au cours de la réunion. L'entreprise incriminée ne peut écarter la présomption qu'en rapportant la preuve qu'elle « s'est distanciée publiquement du contenu de cette réunion »[32]. En second lieu, la présence d'une entreprise à une réunion permet de présumer, sauf preuve contraire, qu'elle s'est conformée en pratique aux résolutions prises au cours de cette réunion et qu'elle les a mises en œuvre[33].

§2. Les parties à l'entente

A. La qualité d'entreprise

807. Nous avons vu précédemment que l'article 101, § 1, TFUE s'appliquait uniquement à des ententes conclues entre des *entreprises*, alors que l'article L. 420-1 du Code de commerce ne comportait pas cette précision. L'article L. 420-1 s'appliquerait ainsi aux accords passés entre toutes personnes, dès lors qu'ils ont une incidence sur la concurrence. Cependant, comme nous

29. CJCE, 8 juill. 1999, *ANIC*, aff. C-49/92 P, point 81.

30. Décision n° 13-D-12 du 28 mai 2013 relative à des pratiques mises en œuvre dans le secteur de la commercialisation des commodités chimiques.

31. TPI, 14 mai 1998, *Sarrio*, aff. T-334/94, point 169.

32. TPI, 14 mai 1998, *Sarrio*, aff. T-334/94, point 118.

33. CJCE, 8 juill. 1999, *ANIC*, aff. C-49/92 P.

l'avons vu également, le Tribunal des conflits a jugé que les dispositions du livre IV du Code de commerce ne s'appliquent aux personnes publiques qu'autant qu'elles se livrent à des activités de production, de distribution et de services. Il n'y a aucune raison de ne pas appliquer la même règle aux personnes privées. Il en résulte que l'article L. 420-1 C. com. s'applique aux seules ententes entre personnes ayant une activité économique de production, de distribution ou de prestation de services, c'est-à-dire, en fait, aux ententes entre entreprises.

Il est vrai que le Conseil de la concurrence n'avait pas hésité à appliquer l'article L. 420-1 à une entente entre plusieurs syndicats de salariés[34] en relevant qu'il ressort des termes mêmes de l'article 7 (devenu art. 420-1 C. com.) qu'il n'est pas nécessaire que l'entente soit mise en œuvre par des entreprises au sens du droit de la concurrence. Mais, sur recours, la cour d'appel de Paris a annulé la décision du Conseil de la concurrence en décidant que l'une au moins des parties à l'entente doit être considérée comme « un acteur économique exerçant une activité sur le marché »[35] et la Cour de cassation lui a donné raison[36].

B. L'autonomie de décision

808. L'entente a pour objet ou pour effet de limiter la concurrence entre des opérateurs indépendants. On en tire trois conséquences.

En premier lieu, les accords conclus entre un mandant et son mandataire échappent à l'interdiction des ententes. La question intéresse surtout les mandataires professionnels, que l'on appelle aussi les agents commerciaux. Un contrat d'agence commerciale ne peut pas être considéré comme une entente. L'agent ne fait que représenter son mandant. Son activité n'est que le prolongement de celle du mandant. Il ne dispose pas d'une autonomie suffisante. De même, les salariés ne peuvent pas être considérés comme des entreprises.

En deuxième lieu, les accords passés entre des sociétés appartenant au même groupe de sociétés ne constituent pas en général des ententes. La filiale, dont la personnalité morale est distincte de celles de la société mère, dispose de l'autonomie juridique, mais en fait, elle se trouve sous la domination de la société mère et ne dispose pas de l'autonomie dans ses décisions économiques. Selon une pratique constante, l'Autorité de la concurrence a décidé que les accords conclus entre la société mère et ses filiales ne tombaient pas sous le coup de l'article L. 420-1 du Code de commerce[37]. La même solution prévaut en droit européen[38].

En troisième lieu, lorsque deux entreprises fusionnent pour n'en faire plus qu'une seule, elles perdent définitivement leur indépendance économique et leur autonomie de décision. L'accord réalisant la fusion n'est pas une entente au sens de l'article L. 420-1 C. com. C'est une opération de concentration, qui relève des articles L. 430-1 et suivants du Code de commerce ou du règlement communautaire relatif au contrôle des concentrations.

34. Décision n° 99-D-41 du 22 juin 1999 relative à des pratiques mises en œuvre par le Comité intersyndical du livre parisien et les syndicats composant cette coordination dans le secteur de l'imprimerie de publications.

35. CA Paris, 29 févr. 2000, *Contrats, conc. consom.* 2000, n° 95, obs. M. Malaurie-Vignal.

36. Cass. com., 15 janv. 2002, n° 00-13.059, D. 2002, p. 720, obs. É. Chevrier.

37. Décision n° 91-D-12 du 26 mars 1991 relative à une saisine émanant de la société Établissements Tournier S.A.

38. CJCE, 24 oct. 1996, *Viho*, aff. C-73/95 P.

§3. La restriction de la concurrence

809. L'article L. 420-1, comme l'article 101, § 1, TFUE, prohibe les ententes qui ont pour objet ou pour effet d'empêcher, de restreindre ou de fausser le jeu de la concurrence sur un marché. Les trois termes, *empêcher, restreindre* et *fausser* ont des significations voisines. Dans les trois cas il s'agit d'une altération du jeu de la concurrence, que l'on désigne sous le terme générique de « restriction de la concurrence ».

Il est nécessaire de définir d'abord les notions de concurrence et de restriction de concurrence, il faut ensuite rechercher quels sont concrètement les comportements qui sont qualifiés de restrictions de concurrence.

A. Les notions de concurrence et de restriction de concurrence

1. Le choix d'un modèle de concurrence

810. Nous avons décrit, dans la section 2 du sous-titre 1, les principaux modèles de concurrence proposés par la théorie économique (*supra*, n° 766 et s.). Selon le modèle retenu (concurrence parfaite, concurrence imparfaite, concurrence praticable), les mêmes comportements d'entreprise seront ou non considérés comme des restrictions de concurrence.

Dans un modèle de concurrence pure et parfaite, sera considéré comme restrictif tout comportement qui réduit le nombre des compétiteurs, qui limite leur indépendance de décision ou qui porte atteinte à l'égalité des conditions de production. Il est alors possible de dresser, abstraitement, un catalogue des comportements restrictifs de concurrence. Par exemple seront considérés comme restrictifs, le boycott d'un concurrent visant à l'écarter du marché, l'institution de barrières à l'entrée d'une profession au moyen de règles corporatistes, la fixation en commun de barèmes de prix ou de quotas de production ou encore de conditions de vente discriminatoires.

Dans un modèle de concurrence imparfaite ou praticable, à l'inverse, seules les restrictions réelles au jeu de la concurrence, compte tenu des contraintes propres à chaque marché, seront retenues. La détermination de la restriction de concurrence passe alors par la phase préalable et indispensable de *l'analyse du marché*[39]. Ce n'est qu'une fois le marché défini et les possibilités de concurrence qui lui sont propres, mises en évidence, que l'on pourra savoir si un comportement d'entreprise est ou non susceptible de limiter le jeu de la concurrence sur le marché considéré. L'approche structuraliste des marchés conduit à tenir le plus grand compte des barrières à l'entrée, du pouvoir de marché des entreprises et du degré de concentration du marché. Cette méthode pragmatique comporte évidemment l'inconvénient d'entraîner une certaine insécurité juridique. La détermination des restrictions de concurrence s'opérant *a posteriori*, cas par cas, il est parfois difficile pour les entreprises de savoir à l'avance si leur comportement est prohibé ou non.

811. En pratique, les autorités de la concurrence utilisent les diverses méthodes avec beaucoup de liberté et de souplesse. Dans certains cas, elles se

39. Sur la détermination des marchés pertinents, v. *infra*, n° 838 et s.

réfèrent implicitement au modèle de la concurrence parfaite et incriminent *per se* certains comportements. Ainsi, les ententes de boycott, les ententes horizontales de prix, les ententes de quotas, les partages de marché, les répartitions de clientèles sont considérées comme étant *par nature* restrictives de concurrence. Dans d'autres circonstances, lorsque la restriction de concurrence est plus difficile à qualifier, notamment dans le cas des ententes horizontales de coopération et dans le cas des accords verticaux, les autorités procèdent à une analyse préalable du marché et recherchent si l'entente contribue à en fausser le fonctionnement dans une perspective concurrentielle. Assez souvent, les autorités utilisent une méthode mixte. Elles déterminent l'existence d'une restriction *per se* et procèdent ensuite à une vérification ou à une atténuation de l'appréciation en fonction des données du marché. Finalement, dans beaucoup d'espèces, les autorités, utilisent un jeu assez subtil de présomptions ou de semi-présomptions, corrigées par les données propres à chaque cas d'espèce.

2. Restrictions par l'objet et restrictions par l'effet

812. La distinction est commune à l'article 101, § 1, TFUE et à l'article L. 420-1 du Code de commerce, mais elle a été surtout systématisée par la Commission européenne[40]. La distinction entre l'objet et l'effet de l'entente se situe sur le terrain de la preuve.

Les restrictions *par l'objet* sont celles dont on peut présumer, dans des limites raisonnables, qu'elles ont une incidence négative sur la concurrence. Cette présomption (simple normalement), qui part des termes de l'accord, de la décision d'association ou de la pratique concertée, est commandée par la gravité de l'atteinte à la concurrence[41]. Ainsi, notamment, sont des restrictions par l'objet, la fixation concertée des prix, l'établissement en commun de quotas de production, le partage des marchés ou des clientèles. La Commission européenne les qualifie dans ses communications de restrictions caractérisées ou de restrictions flagrantes. Leur qualification, dans un cas d'espèce, ne nécessite pas une analyse du marché.

Les restrictions *par l'effet* sont celles dont on doit prouver l'incidence négative sur la concurrence. L'effet restrictif de concurrence d'un comportement doit être directement prouvé, de façon concrète. La preuve passe donc par la détermination du marché en cause et par la recherche de l'incidence réelle de l'entente sur le fonctionnement de ce marché. Cette incidence doit être faite par comparaison avec la façon dont aurait joué la concurrence en l'absence de l'entente incriminée[42].

---

40. Lignes directrices concernant l'application de l'article 101, § 3, TFUE (article 81, paragraphe 3, du traité CE).

41. Cass. com., 8 nov. 2016, n° 14-28234 : en l'espèce, des meuniers français et allemands ont été condamnés par l'Autorité de concurrence pour avoir pris part à deux ententes anticoncurrentielles, à travers deux sociétés communes. Pour l'Autorité de la concurrence, cette entente a eu plusieurs effets néfastes dont l'instauration d'un prix unique pour la vente de farine en sachets à destination de la grande distribution et une répartition des clients et des volumes de livraison en fonction des zones géographiques pré-attribuées.- CJUE, 23 janv. 2018, *Hoffmann-La Roche Ltd*, aff. C-179/16.

42. CJUE, 26 nov. 2015, *SIA « Maxima Latvija »*, aff. 345/14 : en l'espèce, il s'agissait d'une clause de contrats de location entre les propriétaires de différents centres commerciaux et un distributeur. La clause permettait au distributeur de s'opposer à la location d'espaces commerciaux dans les centres à des tiers. La Cour de justice estime que la seule présence de cette clause n'implique pas que le contrat de bail a pour objet de restreindre la concurrence. En revanche, si la clause a pour effet de restreindre le jeu de la concurrence en ne permettant pas à un concurrent de s'implanter dans les centres commerciaux ou dans les zones où ceux-ci sont situés, elle présente alors un caractère anticoncurrentiel.

3. Le seuil de sensibilité

813. La recherche d'une concurrence effective conduit à ne condamner que les ententes qui menacent sérieusement le jeu de la concurrence sur un marché, autrement dit celles qui ont un *effet sensible* sur le marché. Il paraît en effet inutile de sanctionner les ententes d'importance mineure (l'on parle aussi dans ce cas de la règle *de minimis*). Très tôt le droit communautaire a adopté le principe d'un seuil de sensibilité. La Cour de justice des Communautés l'a consacré dans des arrêts de 1969 et 1971[43]. Mais, dans un arrêt du 13 décembre 2012, la Cour de justice de l'Union, en a limité le domaine en jugeant qu'un accord qui a un objet anticoncurrentiel constitue *par nature* une restriction sensible de la concurrence[44].

Le seuil de sensibilité a été précisé dans plusieurs communications successives de la Commission. La dernière en date est la communication du 30 août 2014[45]. Ainsi, la Commission estime que, dans le cas des accords horizontaux, le seuil n'est pas atteint tant que la part de marché cumulée détenue par les parties ne dépasse pas 10 % sur aucun des marchés affectés par l'accord. Mais la communication, tenant compte de l'arrêt précité de la CJUE du 13 décembre 2012, écarte de son champ d'application les accords anticoncurrentiels par leur objet, comme les ententes de fixation des prix, de limitation de la production ou de partage de marché.

La communication n'engage que la Commission. Elle ne s'impose pas aux autorités nationales lorsqu'elles appliquent l'article 101 TFUE. Cependant, l'Autorité de la concurrence reconnaît que « ce texte de *soft law* peut constituer « un guide d'analyse utile » pour les autorités nationales de concurrence »[46].

814. En France, le Conseil de la concurrence a été longtemps hostile à l'adoption d'un seuil de sensibilité. Mais finalement la Cour de cassation s'est prononcée en faveur de la reconnaissance d'un tel seuil. Elle a donné raison à une cour d'appel qui avait refusé d'appliquer l'article L. 420-1 C. com. à un accord « n'ayant qu'une portée limitée dans le marché pertinent considéré et ne pouvant porter atteinte de façon sensible au jeu de la concurrence »[47]. L'Autorité de la concurrence ne pouvait ensuite que s'aligner sur la jurisprudence de la Cour de cassation, ce qu'il fit dans une décision de 1995[48].

Le législateur est ensuite intervenu pour consacrer dans les textes l'existence du seuil de sensibilité. Les articles L. 464-6-1 et L. 464-6-2 du Code de commerce régissent aujourd'hui la matière. La première de ces dispositions institue, à l'image du droit de l'Union, des seuils de sensibilité exprimés en parts de marché cumulées

43. CJCE, 9 juill. 1969, *Völk*, aff. 5/69.

44. CJUE, 13 déc. 2012, *Expedia*, C-226/11, *JCP* E 2013, 1020, note C. Maréchal (arrêt rendu sur renvoi préjudiciel de la Cour de cassation française).

45. Communication concernant les accords d'importance mineure qui ne restreignent pas sensiblement le jeu de la concurrence au sens de l'article 101, § 1, TFUE (communication *de minimis*) (2014/C 291/01).

46. « Rapport annuel pour 2013 », p. 127.

47. Cass. com., 4 mai 1993, n° 91-17937.

48. Décision n° 95-D-86 du 19 déc. 1995 relative à certaines pratiques relevées dans le secteur des prothèses articulaires.

des entreprises parties à l'entente. Les seuils sont de 10 % du marché[49] dans le cas des accords horizontaux et de 15 % dans le cas des accords verticaux. Cependant, l'exonération n'est pas automatique. L'article L. 464-6-1 prévoit seulement que l'Autorité de la concurrence *peut décider* lorsque les seuils ne sont pas dépassés « qu'il n'y a pas lieu de poursuivre la procédure ». De plus, l'article L. 464-6-2 prive de toute possibilité d'exonération les accords qui contiennent l'une des restrictions caractérisées qu'il énumère :

a) Les restrictions qui, directement ou indirectement, isolément ou cumulées avec d'autres facteurs sur lesquels les parties peuvent influer ont pour objet la fixation de prix de vente, la limitation de la production ou des ventes, la répartition de marchés ou des clients ;

b) Les restrictions aux ventes non sollicitées et réalisées par un distributeur en dehors de son territoire contractuel au profit d'utilisateurs finaux ;

c) Les restrictions aux ventes par les membres d'un réseau de distribution sélective qui opèrent en tant que détaillants sur le marché, indépendamment de la possibilité d'interdire à un membre du système de distribution d'opérer à partir d'un lieu d'établissement non autorisé ;

d) Les restrictions apportées aux livraisons croisées entre distributeurs à l'intérieur d'un système de distribution sélective, y compris entre les distributeurs opérant à des stades différents du commerce.

B. Principales restrictions de concurrence résultant des ententes

815. L'article L. 420-1 du Code de commerce interdit notamment les ententes qui tendent à :

1° Limiter l'accès au marché ou le libre exercice de la concurrence par d'autres entreprises ;

2° Faire obstacle à la fixation des prix par le libre jeu du marché en favorisant artificiellement leur hausse ou leur baisse ;

3° Limiter ou contrôler la production, les débouchés, les investissements ou le progrès technique ;

4° Répartir les marchés ou les sources d'approvisionnement.

De même, l'article 101, § 1, TFUE déclare notamment interdits les accords, décisions d'associations et pratiques concertées qui consistent à :

a) fixer de façon directe ou indirecte les prix d'achat ou de vente ou d'autres conditions de transaction ;

b) limiter ou contrôler la production, les débouchés, le développement technique ou les investissements ;

c) répartir les marchés ou les sources d'approvisionnement ;

d) appliquer, à l'égard de partenaires commerciaux, des conditions inégales à des prestations équivalentes en leur infligeant de ce fait un désavantage dans la concurrence ;

49. La part de marché d'une entreprise se calcule normalement en fonction du chiffre d'affaires réalisé par cette entreprise sur le marché considéré.

e) subordonner la conclusion de contrats à l'acceptation par les partenaires, de prestations supplémentaires qui, par leur nature ou selon les usages commerciaux, n'ont pas de lien avec l'objet de ces contrats.

816. Ces listes ne sont pas limitatives. Elles n'empêchent nullement de condamner une entente qui n'entrerait dans aucune des listes textuelles. En outre elles n'ont aucun caractère contraignant. Les autorités et les juges ne sont pas tenus de qualifier les restrictions qu'ils condamnent en les rattachant à une ou plusieurs des rubriques de l'une des listes. Il s'agit plutôt d'exemples qui doivent aider dans la détermination d'une restriction de concurrence.

817. Les listes d'exemples données par l'article L. 420-1 du Code de commerce et par l'article 101, § 1, TFUE permettent de proposer une classification des principaux types d'ententes, en fonction des restrictions de concurrence qu'elles comportent.

- Ententes de prix. Le 2° de l'article L. 420-1 C. com. et le a) de l'article 101 TFUE condamnent toutes les ententes de prix : accords de prix uniformes, élaboration de barèmes par les associations professionnelles, même si le barème est simplement indicatif, diffusion de modes de calcul des prix, accords de rabais, accords de revente à prix imposé. Il faut y ajouter les accords de communication de renseignements portant sur les prix.
- Ententes de limitation et de répartition de la production. Tombent sous le coup du 3° de l'article L. 420-1 C. com. et du b) de l'article 101 TFUE, les accords de quotas. Ceux-ci déterminent forfaitairement les volumes de production que les membres ne devront pas dépasser. Ils sont éventuellement assortis d'un système de pénalités pour dépassement et d'indemnités en cas d'insuffisance de chiffre d'affaires. Les accords de crise cherchent à limiter les investissements excédentaires, à geler les investissements existants ou à fermer certaines usines. Les accords de spécialisation relèvent également de cette catégorie.
- Ententes de répartition des marchés ou des clientèles. Le 4° de l'article L. 420-1 C. com. vise expressément les accords de partage de marché : répartition des marchés géographiques, partage de la clientèle et ententes de soumission. Ces dernières réunissent des entreprises qui désirent répondre aux appels d'offres, dans le cadre des marchés publics, la plupart du temps dans les domaines de la construction et des travaux publics, mais en échappant à la concurrence. Il arrive que les entreprises s'entendent pour se répartir les différents marchés, en désignant d'avance l'entreprise qui proposera la meilleure offre, les autres produisant des « offres de couverture », créant ainsi une apparence de concurrence trompant le maître d'ouvrage. Entrent également dans la rubrique des ententes de répartition, les accords verticaux de distribution qui entraînent un cloisonnement territorial des marchés, tels les accords de vente exclusive et les clauses d'interdiction d'exporter. Le b) de l'article 101 TFUE est conçu en termes suffisamment généraux pour s'appliquer aux ententes de répartition.
- Ententes d'exclusion. Elles sont spécialement visées par le 1° de l'article L. 420-1 C. com. Le texte s'applique en particulier aux accords de boycott et aux règlements d'inspiration corporatiste limitant l'accès à une profession. D'une façon plus générale, le texte vise les accords créant des barrières à l'entrée des marchés, notamment les clauses d'exclusivité

d'approvisionnement de longue durée. Les ententes d'exclusion sont également visées par le b) de l'article 101 TFUE dans la mesure où elles limitent les débouchés au préjudice des consommateurs.

- Discriminations. Elles sont spécialement visées par l'article 101 TFUE, sous c). En revanche, l'article L. 420-1 C. com. ne les condamne pas formellement. Les accords discriminatoires peuvent cependant constituer des imitations au libre exercice de la concurrence par d'autres entreprises, que prohibe le 1° de l'article L. 420-1.
- Prestations liées. Elles sont spécialement interdites par l'article 101 TFUE, sous d), mais non par l'article L. 420-1 C. com.

818. Les clauses de non-concurrence ou de non-rétablissement, incluses dans les contrats de vente de fonds de commerce, dans les baux commerciaux ou dans les contrats de distribution, soulèvent une difficulté particulière. À supposer qu'une clause de non-concurrence soit conforme au principe de la liberté d'entreprendre, parce qu'elle est limitée dans son étendue et justifiée par sa fonction, ne va-t-elle pas cependant tomber sous le coup de l'article L. 420-1 du Code de commerce ? En général, la réponse sera négative, car l'article L. 420-1 suppose une restriction de concurrence « sur un marché ». La limitation de liberté économique qu'entraîne la clause ne suffit pas à créer une telle restriction. En outre, l'incidence de la clause se situera le plus souvent en dessous du seuil de sensibilité. Cependant il n'est pas exclu que, dans un contexte particulier, la clause ne puisse restreindre la concurrence sur le marché. Tel serait le cas d'une clause de non-concurrence conclue entre deux très grandes entreprises, qui détiendraient un fort pouvoir de marché. Mais il resterait encore à savoir si la clause n'est pas justifiée par le progrès économique ou par son caractère accessoire, ce qui sera sans doute le cas si la clause de non-concurrence est nécessaire et proportionnée à l'objectif du contrat principal.

§4. La justification des ententes

819. L'examen des législations étrangères montre que l'interdiction des ententes n'est jamais absolue. Elle doit être tempérée par des exceptions. Mais toutes les justifications ne sont pas admises. Celles fondées sur la loi (A) et le progrès économique (B) le sont sans conteste. En revanche, celles fondées sur la « règle de raison » ne le sont pas vraiment, ou pas formellement (C).

A. La justification par la loi

> ***Art. L. 420-4, I, C. com.*** Ne sont pas soumises aux dispositions des articles L. 420-1 et L. 420-2, les pratiques :
> 1° Qui résultent de l'application d'un texte législatif ou d'un texte réglementaire pris pour son application...

820. La justification est conçue, on le voit, en termes stricts. Elle ne peut résulter que d'une loi ou d'un règlement d'application lui-même prévu par la loi. Il n'y a rien d'étonnant à cela. C'est le principe qui gouverne les limitations qui peuvent être apportées à la liberté d'entreprendre, dont la liberté de concurrence est une conséquence.

L'Autorité de la concurrence a une interprétation particulièrement restrictive du texte. Pour être exemptée de la prohibition de l'article L. 420-1 C. com., l'entente doit être la conséquence directe et inéluctable de la loi ou du règlement d'application invoqués[50]. En d'autres termes, pour être sauvée, l'entente devait être la conséquence d'une obligation légale et non le fruit d'une simple tolérance.

B. La justification par le progrès économique

1. Le fond

821. Dès 1953, le droit français avait admis que le progrès économique puisse justifier une entente. L'article 81, § 3, CE (aujourd'hui art. 101, § 3, TFUE), de son côté, retenait aussi la justification des ententes par le progrès économique, mais en la concevant plutôt comme une exception soumise à des conditions restrictives. En 1986, les rédacteurs de l'ordonnance du 1er décembre ont maintenu la justification, mais en s'inspirant du texte communautaire et de sa conception restrictive. Il en résulte que l'article L. 420-4 du Code de commerce et le § 3 de l'article 101 TFUE ont aujourd'hui des contenus très semblables.

Art. L. 420-4, I, C. com. Ne sont pas soumises aux dispositions des articles L. 420-1 et L. 420-2 les pratiques :

...

2° Dont les auteurs peuvent justifier qu'elles ont pour effet d'assurer un progrès économique, y compris par la création ou le maintien d'emplois, et qu'elles réservent aux utilisateurs une partie équitable du profit qui en résulte, sans donner aux entreprises intéressées la possibilité d'éliminer la concurrence pour une partie substantielle des produits en cause. Ces pratiques (...) ne doivent imposer des restrictions de concurrence que dans la mesure où elles sont indispensables pour atteindre cet objectif de progrès.

Art. 101, §3, TFUE Toutefois, les dispositions du paragraphe 1 peuvent être déclarées inapplicables :

- à tout accord ou catégorie d'accords entre entreprises,
- à toute décision ou catégorie de décisions d'associations d'entreprises et
- à toute pratique concertée ou catégorie de pratiques concertées qui contribuent à améliorer la production ou la distribution des produits ou à promouvoir le progrès technique ou économique, tout en réservant aux utilisateurs une partie équitable du profit qui en résulte, et sans :

a) imposer aux entreprises intéressées des restrictions qui ne sont pas indispensables pour atteindre ces objectifs,

b) donner à des entreprises la possibilité, pour une partie substantielle des produits en cause, d'éliminer la concurrence.

50. Décision n° 07-D-41 du 28 nov. 2007 relative à des pratiques s'opposant à la liberté des prix des services proposés aux établissements de santé à l'occasion d'appels d'offres en matière d'examens anatomo-cytopathologiques, points 148 à 150.- Avis n° 13-A-19 du 25 oct. 2013 relatif à une demande d'avis du tribunal de commerce de Paris concernant l'appel à candidatures lancé par la Ligue de football professionnel (LFP) le 24 févr. 2010 pour l'attribution des droits d'exploitation audiovisuelle de la Ligue 2, points 138 à 144.

822. En France, l'ancienne Commission technique des ententes, dans les années 1950, avait consacré la méthode dite du *bilan économique* : pour savoir si une entente était nuisible ou bénéfique, il fallait dresser le bilan de ses effets. À l'actif, la contribution au progrès économique. Au passif la restriction de concurrence et les obstacles au développement du secteur économique intéressé qui en résultaient. Si le bilan était globalement positif, l'entente échappait à l'interdiction.

La méthode du bilan économique est critiquable.

En premier lieu, la méthode du bilan économique laisse penser qu'il existerait deux voies pour parvenir au progrès économique : la voie de la concurrence, d'une part, et la voie de l'organisation des facteurs économiques par des accords professionnels, d'autre part. La méthode du bilan permettrait de déterminer cas par cas, de façon pratique, quelle est la voie qui est la plus efficace. Le bilan économique apparaît ainsi comme un instrument de l'économie mixte ou de l'économie concertée. Mais, ce qui était vrai dans les années 1950, ne l'est plus depuis que l'ordonnance de 1986 a donné la primauté à la libre concurrence comme facteur d'efficacité économique. Les autres voies pour parvenir au progrès ne sont admises qu'à titre exceptionnel et lorsque sont réunies des conditions précises.

En second lieu, la méthode du bilan n'exige pas que l'entente soit le seul moyen de parvenir au progrès. Elle se contente de mettre en balance la somme des avantages et la somme des inconvénients constatés. Or rien de tel dans les articles L. 420-4 C. com. et 101, § 3, TFUE qui reposent sur les principes de nécessité (la restriction de concurrence est indispensable au progrès) et de proportionnalité (la restriction de concurrence ne doit pas aller au-delà de ce qui est nécessaire).

En droit de l'Union, la Commission insiste également sur la hiérarchie qui sous-tend l'article 101 § 1, TFUE. Par rapport à l'interdiction des ententes, qui constitue le principe, l'exemption prévue par le § 3 a un caractère exceptionnel. La Commission a précisé les conditions de l'exemption dans d'importantes lignes directrices, parues en avril 2004[51].

823. La lecture des textes montre que quatre conditions doivent être réunies pour que joue la justification par le progrès économique.

La première est l'assurance d'un progrès économique. On parle aujourd'hui plus volontiers d'un « gain d'efficience ». Il s'agit d'un effet positif et non d'une simple contribution à la stabilité, par exemple à la stabilité des prix. Le progrès peut consister dans une meilleure information ou dans les services de garantie et d'après-vente dont bénéficient les consommateurs. Il peut consister aussi dans la mise en place d'une structure de recherche ou le développement d'une technologie nouvelle ou encore dans la rationalisation de certaines relations commerciales. La loi NRE du 15 mai 2001 a ajouté la prise en considération de la création ou du maintien de l'emploi[52]. L'Autorité de la concurrence a considéré que les objectifs culturels faisaient partie du progrès économique de l'article L. 420-4, I, C. com.[53]

Deuxième condition, une partie équitable du profit résultant du progrès économique doit être réservée aux utilisateurs. Ainsi le progrès ne doit pas uniquement profiter aux entreprises membres de l'entente, ni même aux autres entreprises de la même branche. Le profit doit se répercuter en aval. Par exemple, si le progrès économique se traduit par une baisse des coûts de production, le bénéfice de l'article L. 420-4, I, 2°, C. com. ne sera accordé que si la baisse se répercute en aval sur les prix aux consommateurs.

51. Lignes directrices relatives à la notion d'affectation du commerce figurant aux articles 81 et 82 du traité (*JO* n° C 101 du 27 avr. 2004, p. 81 à 96).

52. A. Pirovano, « Droit de la concurrence et progrès social (après la loi NRE du 15 mai 2001) », *D.* 2002, p. 62.

53. Avis n° 21-A-03 du 16 avr. 2021 relatif à une demande d'avis du Médiateur du cinéma sur les modalités de sortie des films en salle.

Troisième condition, l'entente ne doit pas donner aux entreprises intéressées – ce qui semble viser essentiellement les membres de l'entente – la possibilité d'éliminer la concurrence. L'on peut parler de la nécessité de conserver une dose minimale de concurrence sur le marché. Le Code de commerce, comme le droit européen, établit une hiérarchie entre le principe de concurrence et la recherche du progrès économique. Le progrès économique peut justifier une certaine restriction de la concurrence, mais jamais l'élimination de la concurrence.

La quatrième condition, enfin, consiste dans le respect des principes de nécessité et de proportionnalité. La restriction de concurrence ne doit pas aller au-delà de ce qu'exige l'objectif de progrès. Pour que joue la dérogation de l'article L. 420-4 C. com., le progrès économique doit être la conséquence directe et nécessaire de la restriction de concurrence. Ce progrès ne doit pas pouvoir être atteint par un autre moyen moins dommageable pour la concurrence.

Exemple. Les contrats de distribution qui réservent la vente de produits cosmétiques aux seules officines pharmaceutiques, comportent une restriction de concurrence qui ne peut pas bénéficier de l'exemption au titre du progrès économique. En effet, si le fait pour un consommateur de bénéficier des conseils d'un spécialiste de la santé constitue bien un progrès, il ne justifie pas que la distribution de ces produits se limite à la vente en pharmacie. Il suffit qu'un pharmacien diplômé soit présent sur le lieu de vente, par exemple dans un supermarché, pour informer et conseiller la clientèle.

824. Par ailleurs, le législateur français a souhaité introduire une autre dérogation, spéciale cette fois, en faveur des producteurs agricoles. Il s'agit d'un secteur dans lequel les aléas de la production et des prix sont très importants. Dès lors, si une entente permet d'éviter cet inconvénient, elle peut être vue avec davantage de bienveillance. D'où l'exemption accordée, dans la deuxième phrase de l'article L. 420-4, I, 2°, C. com., aux pratiques consistant à « organiser, pour les produits agricoles ou d'origine agricole, sous une même marque ou enseigne, les volumes et la qualité de production ainsi que la politique commerciale, y compris en convenant d'un prix de cession commun »[54]. Il convient d'ajouter que les ententes répondant à ces conditions ne peuvent bénéficier de l'exemption que si elles sont nécessaires et proportionnées.

2. La forme

825. Une entente peut être justifiée par le progrès économique (le fond) selon deux modalités (la forme). Il y a, d'une part, l'exemption individuelle qui est accordée au cas par cas et, d'autre part, l'exemption par catégories qui est accordée par anticipation et de manière collective aux entreprises qui remplissent les conditions de fond. Ces deux modalités coexistent à la fois en droit interne et en droit européen.

826. *Commençons par le droit interne.*
1° *L'exemption individuelle.* Normalement, elle est accordée par les autorités chargées d'appliquer l'article L. 420-1 du Code commerce, c'est-à-dire l'Autorité de la concurrence et les juridictions judiciaires. Celles-ci peuvent décider *in concreto* que les conditions de l'exemption de l'article L. 420-4 C. com. sont bien remplies. Elles relèvent alors les entreprises mises en cause de l'article L. 420-1 C. com. La demande d'exemption est soulevée en même temps que

54. Disposition insérée dans l'article L. 420-4, I, 2° par l'ordonnance n° 2008-1161 du 13 nov. 2008.

les autres moyens de défense[55]. Il n'est pas nécessaire de notifier ou de déclarer l'entente à l'Autorité de la concurrence. Une exemption individuelle peut également être accordée par décret. L'exemption intervient alors à titre préventif, avant même que ne soit ouverte une procédure de poursuite sur la base de l'article L. 420-1 C. com. L'entente doit être notifiée au ministre de l'économie, conformément aux dispositions de l'article R. 420-1 du Code de commerce. Il est précisé dans ce texte, *in fine*, que, si des documents notifiés présentent un caractère confidentiel, les entreprises concernées peuvent porter dessus la mention : « secret des affaires ». Par suite, ces informations ne seront pas mentionnées dans le décret d'exemption individuelle.

2° *L'exemption par catégories*. Elles peuvent être accordées par décret pris près avis conforme de l'Autorité de la concurrence (art. L. 420-4, II, C. com.). L'exemption intervient à titre préventif et bénéficie de plein droit à toutes les ententes qui entrent dans la catégorie exemptée[56]. En France, la doctrine s'est montrée plutôt hostile à la méthode des exemptions par catégorie, dont elle redoute le caractère technocratique et interventionniste.

827. *Poursuivons avec le droit européen*. La Commission européenne fait, à la différence de la pratique française, un très large usage de l'exemption par catégories. Elle peut aussi prononcer une exemption individuelle. La possibilité d'adopter des règlements d'exemption par catégories a été réaffirmée par le règlement de procédure n° 1/2003. Ainsi, la Commission, habilitée par le Conseil, a édicté plusieurs règlements d'exemption par catégories, d'une grande importance pratique, dans les domaines de la distribution (*infra*, n° 1170 et s.), mais aussi de la propriété industrielle, de la coopération en matière de recherche[57] et des transports.

C. La justification fondée sur la « règle de raison »

828. L'appellation de *règle de raison* a été empruntée au droit antitrust américain. La Section 1 du *Sherman Act* de 1890 pose une interdiction générale et absolue des ententes qui restreignent le commerce. Il est apparu rapidement qu'une règle aussi rigoureuse était en fait inapplicable. La Cour suprême des États-Unis a admis très tôt que l'interdiction ne devait pas s'appliquer aux accords « raisonnables », c'est-à-dire à ceux qui sont indispensables à la protection des intérêts légitimes de l'une des parties. Une jurisprudence souple et complexe s'est développée qui conduit à distinguer les restrictions de concurrence interdites *per se* et celles qui ne le sont qu'au terme d'un examen de leur caractère raisonnable ou non.

829. En droit français interne, comme en droit européen, il n'y a pas lieu normalement de recourir à une règle de raison, puisque, dans les deux

55. Décision n° 12-D-10 du 20 mars 2012 relative aux pratiques mises en œuvre dans le secteur de l'alimentation pour chiens et chats, point 206, dans laquelle l'Autorité écarte tout examen d'office d'une éventuelle exemption.

56. V. les décrets n° 1996-499 et 1996-500 du 7 juin 1996.

57. Ex. Les règlements n°s 1217/2010 et 1218/2010 du 14 déc. 2010 relatifs à l'exemption des d'accords de recherche et de développement et des accords de spécialisation, le règlement n° 316/2014 du 21 mars 2014 d'exemption des accords de transfert de technologie (sur lequel, v. P. Arhel, « Nouveau régime de concurrence pour les accords de transfert de technologie », *JCP* E 2014, act. 290).

systèmes, l'on connaît déjà une exception fondée sur le progrès économique, qui laisse une assez grande latitude de décisions aux autorités de la concurrence.

En réalité, ce qui caractérise la règle de raison, c'est qu'elle fait intervenir la justification *au moment de la qualification* de la restriction de concurrence *et non après que cette qualification a été retenue*, comme dans le cas de l'exemption justifiée par le progrès économique. Formellement la justification fondée sur la règle de raison intervient au moment de l'application de l'article 101, § 1, TFUE ou de l'article L. 420-1 C. com., et non lors de l'application des articles 101, § 3 ou L. 420-4 C. com.

Ainsi comprise, la règle de raison conduit à un arbitrage entre deux modèles de concurrence. Un accord restrictif d'une forme de concurrence est justifié parce que l'accord favorise aussi un autre type de concurrence, par exemple un système de distribution sélective[58].

830. Toutefois, l'utilisation de la « règle de raison » a été formellement condamnée par le Tribunal de première instance des CE dans un arrêt du 18 septembre 2001, rendu dans l'affaire *Métropole TV*[59]. Le TPICE estime que la mise en balance des aspects pro et anticoncurrentiels d'un accord ne peut intervenir qu'au stade de l'application du paragraphe 3 de l'article 101 (*i.e.* la contribution au progrès économique). Malgré tout, il se peut que la règle de raison soit parfois appliquée de façon cachée[60].

Section 2 L'interdiction des abus de puissance économique

831. La concurrence peut être faussée sur un marché par le fait de grandes entreprises. Celles-ci sont en mesure de s'affranchir des contraintes de la concurrence et même de réduire la marge de concurrence qui demeure sur le marché. La grande taille n'est pas interdite en soi, seul l'abus de la puissance économique est prohibé lorsqu'il aboutit à une limitation de concurrence[61].

Historiquement, c'est d'abord *l'abus de position dominante* qui a été sanctionné. Le droit français et le droit de l'Union européenne interdisent, dans des termes très proches, l'exploitation abusive par une entreprise de sa position dominante sur le marché.

Les rédacteurs de l'ordonnance du 1er décembre 1986, ont complété l'arsenal du droit interne de la concurrence en interdisant également *l'abus d'une situation de*

58. CJCE, 28 janv. 1986, *Pronuptia*, aff. 161/84.

59. TPICE, 18 sept. 2001, *Métropole Télévision (M6)*, aff. T-112/99.- Dans le même sens : Trib. UE, 12 déc. 2018, *Servier*, aff. T-691/14 et CJUE, 30 janv. 2020, *Generics*, aff. C-307/18, point 104.

60. CJCE, 19 févr. 2002, *Wouters*, aff. C-309/99 et CJCE, 18 juill. 2006, *Meca-Medina et Majcen*, aff. C-519/04. V., sur cette discussion, M.-A. Frison-Roche et J.-C. Roda, *Droit de la concurrence*, Dalloz, 2e éd., 2022, n° 444.

61. A.-S. Choné, *Les abus de la domination, Essai en droit des contrats et en droit de la concurrence*, Economica, 2010, préface B. Teyssié.

dépendance économique. Alors que la position dominante consiste en une domination absolue ou quasi absolue qui est exercée sur l'ensemble des entreprises présentes sur un marché, la dépendance correspond à une domination relative, exercée par une entreprise sur une autre.

Enfin, le droit français interdit la pratique de *prix abusivement bas*. Théoriquement, le prix abusivement bas est sanctionné, quelle que soit la position sur le marché de l'entreprise qui le pratique. Mais, en fait, seules les grandes entreprises sont en mesure d'adopter un tel comportement. La pratique de prix abusivement bas peut donc être rattachée au phénomène de domination.

832. Le droit européen se contente d'interdire l'abus de position dominante. Il s'écarte du droit français interne en ce qu'il n'interdit ni l'abus de dépendance économique ni la pratique de prix abusivement bas.

En pratique, l'on observe que les autorités de la concurrence, nationales et européennes, poursuivent la répression des abus de position dominante de façon très active (§ 1). Il n'en va pas de même de la sanction des abus de dépendance (§ 2) et des prix abusivement bas (§ 3) qui ne débouche que très rarement sur des condamnations.

§1. L'interdiction de l'abus de position dominante

833. Les deux textes de base sont l'article L. 420-2 du Code de commerce et l'article 102 TFUE. Ils sont rédigés en termes, sinon identiques, du moins très voisins.

Art. L. 420-2, al. 1er, C. com. Est prohibée, dans les conditions prévues à l'article L. 420-1, l'exploitation abusive par une entreprise ou un groupe d'entreprises d'une position dominante sur le marché intérieur ou une partie substantielle de celui-ci. Ces abus peuvent notamment consister en refus de vente, en ventes liées ou en conditions de vente discriminatoires ainsi que dans la rupture de relations commerciales établies, au seul motif que le partenaire refuse de se soumettre à des conditions commerciales injustifiées.

Art. 102 TFUE Est incompatible avec le marché commun et interdit, dans la mesure où le commerce entre États membres est susceptible d'en être affecté, le fait pour une ou plusieurs entreprises d'exploiter de façon abusive une position dominante sur le marché intérieur ou dans une partie substantielle de celui-ci.

Ces pratiques abusives peuvent, notamment, consister à :

a) Imposer de façon directe ou indirecte des prix d'achat ou de vente ou d'autres conditions de transactions non équitables,

b) Limiter la production, les débouchés ou le développement technique au préjudice des consommateurs,

c) Appliquer à l'égard de partenaires commerciaux des conditions inégales à des prestations équivalentes, en leur infligeant de ce fait un désavantage dans la concurrence,

d) Subordonner la conclusion de contrats à l'acceptation, par les partenaires, de prestations supplémentaires, qui, par leur nature ou selon les usages commerciaux, n'ont pas de lien avec l'objet de ces contrats.

Les deux textes soumettent l'interdiction à une double condition : l'existence d'une position dominante et l'exploitation abusive de cette position.

A. La position dominante

834. Trois questions se posent concernant respectivement la *définition*, la *preuve* et la *détermination des titulaires* de la position dominante.

1. Définition de la position dominante

835. Ni l'article L. 420-2 C. com., ni l'article 102 TFUE ne définissent la position dominante.

Il faut revenir à l'objectif des textes : la préservation d'un minimum de concurrence. La position dominante doit se définir par rapport aux concurrents et aux partenaires économiques. L'entreprise en position dominante non seulement jouit d'une indépendance de comportement par rapport à ses concurrentes et à ses partenaires, mais encore est en mesure d'exercer un pouvoir sur eux. C'est en ce sens que se sont prononcées la Cour de justice et l'Autorité de la concurrence.

836. Le Conseil de la concurrence, non démenti par l'Autorité, a défini la position dominante comme étant « la situation dans laquelle une entreprise est susceptible de s'abstraire des conditions du marché et d'agir à peu près librement sans tenir compte du comportement et de la réaction de ses concurrents »[62].

Il a d'ailleurs précisé qu'il adoptait une analyse conforme à la jurisprudence dégagée par la Cour de justice des Communautés européennes.

Selon la Cour de justice, en effet, « la position dominante visée par l'article 82 CE (devenu art. 102 TFUE) concerne une position de puissance économique détenue par une entreprise qui lui donne le pouvoir de faire obstacle au maintien d'une concurrence effective sur le marché en cause, en lui fournissant la possibilité de comportements indépendants dans une mesure appréciable vis-à-vis de ses concurrents, de ses clients et finalement des consommateurs »[63].

Dans un autre arrêt célèbre[64], la Cour de justice a apporté une précision intéressante : « La position dominante, à la différence d'une situation de monopole ou de quasi-monopole, n'exclut pas l'existence d'une certaine concurrence, mais met la firme qui en bénéficie en mesure sinon de décider, tout au moins d'influencer notablement les conditions dans lesquelles cette concurrence se développera et, en tout cas, de se comporter dans une large mesure sans devoir en tenir compte et sans pour autant que cette attitude lui porte préjudice ».

Finalement la position dominante n'est pas la domination absolue du marché. Elle peut laisser la place à une certaine concurrence. Mais l'entreprise qui la détient est en mesure de s'abstraire de cette concurrence.

62. « Rapport annuel pour 2005 », p. 273.

63. CJCE, 14 févr. 1978, *United Brands*, aff. 27/76.

64. CJCE, 13 févr. 1979, *Hoffmann-La Roche*, aff. 85/76.

2. Preuve de la position dominante

837. Les autorités communautaires se réfèrent à un critère principal de la position dominante, qui peut être complété, le cas échéant, par des critères secondaires. La démarche de l'Autorité de la concurrence est tout à fait semblable.

a. Critère principal

838. Le critère principal est celui de la *part de marché* détenue par l'entreprise en position dominante. Une très forte part du marché suffit à faire la preuve de la position dominante. Évidemment il n'existe pas de chiffre précis, mais l'on admet généralement que lorsque la part de marché dépasse les 80 %, la position dominante peut être présumée.

La détermination du marché constitue en matière de position dominante un point de passage obligé du raisonnement[65]. Le Conseil de la concurrence a rappelé que le marché est défini comme *le lieu sur lequel se rencontrent l'offre et la demande pour un produit ou un service spécifique.* Il convient d'en décrire les deux composantes : le marché du produit ou du service et le marché géographique[66].

839. Toutefois, les paramètres traditionnels de qualification d'un marché sont plus ou moins bien adaptés lorsque les entreprises concernées relèvent du secteur du numérique. D'autres critères comme « l'innovation, l'accès aux données, les aspects multifaces, le comportement des utilisateurs ou les effets de réseau » sont à prendre en compte[67]. Et, plutôt que l'emploi du terme « marché », on parle volontiers aujourd'hui d'« écosystème numérique ».

840. Il faut tout d'abord déterminer le produit ou le service qui constitue le marché (« le marché du produit »). Le produit est déterminé en fonction de sa nature et de ses qualités objectives, d'une part, et en fonction des utilisateurs, d'autre part. Le marché n'est pas le même selon que la demande provient d'utilisateurs industriels ou de consommateurs finals. Il peut ainsi exister plusieurs marchés pour un même produit ou service. La difficulté consiste à cerner les produits ou services *substituables* qui font partie du marché et les produits et services non substituables qui en sont écartés. La substituabilité s'apprécie par rapport à la demande, c'est-à-dire aux exigences et aux goûts des consommateurs, compte tenu des usages. Il existe des méthodes statistiques qui permettent de préciser les frontières de la substituabilité (notamment l'établissement des courbes d'élasticité croisées). Subsidiairement, les caractères de l'offre peuvent concourir à la définition du marché. Notamment lorsque les producteurs sont capables de réorienter rapidement leur production, à faible coût, pour concurrencer les produits existants.

841. Ensuite, il faut déterminer la dimension géographique du marché en tenant compte des possibilités réelles d'approvisionnement des utilisateurs. Le

65. CJUE, 12 mai 2022, *Servizio Elettrico Nationale SpA*, aff. C-377/20, *D.* 2023, p. 705, obs. N. Ferrier.

66. Conseil de la concurrence, *Le marché pertinent*, *in* « Rapport annuel 2001 », p. 89 et s.- Commission européenne, *Communication sur la définition du marché en cause aux fins du droit communautaire de la concurrence, JOCE* C 372 du 9 déc. 1997, p. 5.

67. Trib. UE, 14 sept. 2022, *Google LLC*, aff. T-604/18, points 116 et 117.

marché étant ainsi défini, il faut alors examiner quelles sont les conditions et les limites de la concurrence qu'il est possible d'atteindre.

Exemples. Le marché de la vente d'espaces publicitaires dans les annuaires destinés aux abonnés du téléphone. Le marché de la chaussure de football de marque. En matière pharmaceutique, chaque type de vitamine (A, B, C...) constitue un marché en soi[68].

b. Critères secondaires

842. Ils sont de natures diverses. Il faut d'abord considérer l'importance relative des parts de marché des autres concurrents. Par exemple, une part de marché de 50 % confère une position dominante si aucune des autres entreprises concurrentes n'a une part supérieure à 5 %. Il faut ensuite tenir compte de l'existence de barrières à l'entrée, par exemple de la nécessité de procéder à des investissements coûteux si l'on veut s'introduire sur le marché ou, à l'inverse, de l'absence de véritables barrières à l'entrée. Enfin, on peut se référer aux facteurs d'indépendance de l'entreprise en position dominante : avancée sur le plan technologique, possession d'une marque renommée, appartenance à un groupe mondial, accès au marché international des capitaux.

3. Titulaire de la position dominante

843. L'article L. 420-2 du Code de commerce vise l'exploitation abusive par une entreprise *ou un groupe d'entreprises*. L'article 102 TFUE vise le fait pour une ou plusieurs entreprises d'exploiter de façon abusive une position dominante.

Dans la majorité des cas, la position dominante est occupée par une seule entreprise. Il arrive cependant que la position dominante soit *collective*. Pour que plusieurs entreprises détiennent ensemble une position dominante sur un marché, il faut qu'elles soient unies entre elles par certains liens ou certains facteurs de corrélation qui leur donnent le pouvoir d'adopter une même ligne d'action sur le marché[69]. La plupart du temps, il s'agit de liens structurels ou d'accords formalisés. Il en va ainsi dans le cas d'entreprises liées constituant un groupe de sociétés. L'addition des parts de marché détenues par la société mère et ses filiales, peut placer le groupe en position dominante, alors qu'aucune des sociétés du groupe, considérée isolément ne disposerait d'une telle position. C'est également le cas d'entreprises qui seraient unies par des liens contractuels et qui pourraient détenir, grâce à leur accord, une position dominante.

En l'absence de tels liens, la seule structure du marché peut mettre en évidence une position dominante collective si certains facteurs de corrélations se trouvent réunis : la structure oligopolistique et la transparence du marché, la possibilité d'exercer des représailles à l'encontre des entreprises déviant de la ligne d'action commune et l'absence de concurrence potentielle[70]. Ces liens contractuels peuvent résulter d'un accord tacite entre les membres d'un oligopole.

68. CJCE, 13 févr. 1979, *Hoffmann-La Roche*, aff. 85/76.

69. Ex. ADLC, Décision n° 20-D-11 du 9 sept. 2020 relative à des pratiques mises en œuvre dans le secteur du traitement de la dégénérescence maculaire liée à l'âge (DMLA). Toutefois, cette décision a été infirmée par CA Paris, 16 févr. 2023, n° 20/14632. L'amende de plus 444 millions d'euros a été annulée.

70. Décision du Conseil de la concurrence n° 07-D-08 du 12 mars 2007 relative à des pratiques mises en œuvre dans le secteur de l'approvisionnement et de la distribution du ciment en Corse.

B. L'exploitation abusive

844. Ni l'article L. 420-2 du Code de commerce, ni l'article 102 TFUE ne donnent de définition de l'exploitation abusive. Cependant les exemples d'abus qui sont donnés par les deux textes fournissent des guides assez précis.

L'abus peut se présenter comme un acte anormal par rapport à celui qu'imposerait un régime de concurrence[71]. On parle alors d'un abus de comportement ou d'abus d'exploitation. Ainsi le refus de vente, la rupture des relations commerciales, voire le déréférencement[72]. De même, la pratique de prix excessivement élevés peut constituer un abus de la position dominante[73]. L'article 102 vise expressément cette dernière hypothèse alors que l'article L. 420-2 ne la mentionne pas, mais cela ne suffit pas, en droit interne, à en écarter l'hypothèse.

- L'acte peut être abusif parce qu'il modifie les conditions de la concurrence. Il réduit la faible marge de concurrence qui subsistait encore sur le marché. L'on parle alors d'un abus d'éviction. Par exemple l'entreprise en position dominante cherche à éliminer un petit concurrent, peu dangereux mais agressif, en pratiquant des prix prédateurs. L'entreprise puissante a la possibilité de baisser ses prix, tout au moins temporairement, au-dessous du coût moyen. La petite entreprise, quant à elle, contrainte à la baisse, n'a pas la même capacité de résistance et elle se trouve acculée à la faillite. Bien souvent elle préférera quitter le marché avant qu'il ne soit trop tard[74].
- Est également abusif, le dénigrement systématique, par exemple celui des médicaments génériques concurrents du médicament princeps, afin de faire obstacle à leur entrée sur le marché[75].
- L'entreprise en position dominante peut aussi modifier les structures de marché en étendant sa domination, soit sur le marché où elle dispose de la position dominante, soit sur un autre marché[76]. Ainsi, en faisant signer à ses clients des contrats d'approvisionnement exclusif à long terme et en leur consentant des rabais de fidélité, elle renforce sa position commerciale et crée une barrière à l'entrée de nouveaux concurrents[77]. Ou encore, l'entreprise qui est en position dominante sur le marché d'une certaine machine étend sa domination sur le marché des matières premières alimentant les machines ou sur le marché des pièces détachées, en obligeant ses clients à accepter des ventes liées[78].
- La dépendance de ressource. Une entreprise détient une ressource essentielle - on dit aussi une facilité essentielle - pour pouvoir opérer sur un

71. Ex. CJUE, 12 mai 2022, *Servizio Elettrico Nazionale*, aff. C-377/20, point 92 : « Lorsqu'une entreprise perd le monopole légal qu'elle détenait auparavant sur un marché, celle-ci doit s'abstenir, pendant toute la phase de libéralisation de ce marché, de recourir à des moyens dont elle disposait au titre de son ancien monopole et qui, à ce titre, ne sont pas disponibles pour ses concurrents, aux fins de conserver, autrement que par ses propres mérites, une position dominante sur le marché en cause nouvellement libéralisé ».

72. Cass. com., 19 janv. 2016, n° 14-21670 et n° 14-21671, *RDC* 2016, p. 721, note M. Behar-Touchais (déférencement du système AdWords de Google).

73. Cass. com., 4 nov. 2014, n° 11-14 026, *JCP* E 2014, 1639, note A.-S. Chone-Grimaldi.

74. CJCE, 3 juill. 1991, *Akzo Chemie*, aff. C-62/86.

75. Cass. com., 18 oct. 2016, n° 15-10384, *D.* 2017, p. 883, obs. D. Ferrier.

76. Cass. com., 9 mai 2002, n° 02-14529.

77. CJCE, 13 févr. 1979, *Hoffmann-La Roche*, aff. 85/76.

78. CJCE, 2 mars 1994, *Hilti*, aff. C-53/92 P.

marché. Exemples : un aéroport, un moteur de recherche, un droit de propriété intellectuelle. Cette entreprise ne peut, sans raison valable et objective, priver de l'accès à ce marché un concurrent en ne lui permettant pas d'utiliser sa ressource. Ce type d'abus doit être mis en application avec prudence, car la propriété de la ressource doit être respectée. Comme le dit la CJUE dans un arrêt du 25 mars 2021, dans une affaire Deutsche Telekon AG : « Si l'accès à une installation de production, d'achat ou de distribution était trop facilement accordé, les concurrents ne seraient pas incités à créer des installations concurrentes. De surcroît, ajoute la Cour, « une entreprise dominante serait moins prompte à investir dans des installations efficaces si elle pouvait se voir contrainte, sur simple demande de ses concurrents, de partager avec eux les bénéfices tirés de ses propres investissements »[79].

845. Curieusement, le droit interne admet la possibilité d'exempter un abus de position dominante. En effet l'article L. 420-4 du Code de commerce déroge de façon expresse aux dispositions des articles L. 420-1 et L. 420-2. Il est arrivé que des entreprises fassent valoir que la position dominante qui était la leur, avait son origine dans une disposition légale, par exemple dans le cas d'un monopole d'État. Mais cela ne suffit pas. Pour que joue l'exemption il faudrait que ce soit l'abus lui-même qui soit la conséquence inéluctable du texte légal, ce qui est assez difficile à imaginer.

De son côté, l'article 102 TFUE ne comporte aucune possibilité d'exemption. Cependant l'article 106, § 2, TFUE écarte l'application des règles de concurrence aux entreprises chargées de la gestion de services d'intérêt économique général, dans la mesure où elles font « échec à l'accomplissement de la mission particulière qui leur a été impartie ».

846. Une préoccupation particulière concerne les activités du secteur numérique. Le modèle économique des GAFAM (Google, Apple, Facebook, Amazon et Microsoft) repose sur des algorithmes puissants qui manquent souvent de transparence. Grâce aux effets de réseau, ces grands acteurs, que l'on qualifie désormais de « contrôleurs d'accès » (*gatekeepers*)[80], ont acquis une position de quasi-monopole sur le marché européen, laissant bien peu de place à la concurrence. Le droit de la concurrence ne suffit pas ou plus, à lui seul, à garantir l'équité des marchés dans le secteur numérique. Il faut y ajouter un processus de régulation. C'est pourquoi la Commission UE a adopté le règlement n° 2022/1925 du 14 septembre 2022, appelé *Digital Market Act* (DMA)[81]. Ce texte est applicable depuis le 2 mai 2023[82]. Il en résulte que les contrôleurs d'accès à internet sont soumis à un certain nombre d'obligations, parmi lesquelles : rendre interopérables les fonctionnalités de base des grands services de messagerie (Facebook, Whatsapp, etc.) avec leurs concurrents plus modestes, autoriser les vendeurs à promouvoir leurs offres et à conclure des contrats avec leurs clients en dehors des plateformes, informer la Commission européenne des

79. CJUE, 25 mars 2021, *Deutsche Telekon AG*, aff. C-152/19 P.

80. Sont présumées contrôler l'accès aux services en ligne les entreprises qui, lors des trois dernières années : réalisent un chiffre d'affaires annuel dans l'UE de 7,5 milliards d'euros ou disposent d'une capitalisation boursière supérieure ou égale à 75 milliards d'euros, contrôlent un ou plusieurs services de plateforme dans trois États de l'UE, possèdent au moins 45 millions d'utilisateurs finaux mensuels, possèdent au moins 10 000 entreprises utilisatrices (art. 3).

81. J.-L. Fourgoux, « Le DMA, nouveau droit ou renouveau des droits de la concurrence », *Contrats, conc. consom.* mars 2023, dossier 5. – L. Schulz Partnet, « Le DMA, une régulation qui offre des remèdes incertains à des problèmes mal identifiés », *Contrats, conc. consom.* mai 2023, étude 5.

82. Les conditions d'application du règlement DMA ont été précisées par le règlement d'exécution (UE) n° 2023/814 du 14 avril 2023.

acquisitions et fusions qu'ils réalisent. De même, les contrôleurs d'accès ne peuvent plus imposer des logiciels, exploiter les données des vendeurs sur leur plateforme pour les concurrencer ou encore réutiliser les données personnelles d'un utilisateur pour faire de la publicité ciblée, sans son consentement explicite.

847. Parallèlement, la Commission a pris un règlement nº 2022/2065 du 19 octobre 2022, appelé *Digital Service Act* (DSA), applicable à compter du 17 février 2024 (au plus tard). L'objectif de ce texte est de rendre illégal en ligne ce qui est illégal hors ligne. En d'autres termes, il s'agit de lutter contre les contenus illicites sur internet, par exemple en obligeant les plateformes à être correctement informées sur les vendeurs, avant de les autoriser à vendre des biens ou à proposer des services sur leur site.

§2. L'interdiction de l'abus de dépendance économique

Art. L. 420-2, al. 2, C. com. Est en outre prohibée, dès lors qu'elle est susceptible d'affecter le fonctionnement ou la structure de la concurrence, l'exploitation abusive par une entreprise ou un groupe d'entreprises de l'état de dépendance économique dans lequel se trouve à son égard une entreprise cliente ou fournisseur. Ces abus peuvent notamment consister en refus de vente, en ventes liées, en pratiques discriminatoires visées aux articles L. 442-1 à L. 442-3 ou en accords de gamme.

848. Cette interdiction constituait une innovation de l'ordonnance du 1er décembre 1986. La question était apparue à l'occasion de certaines pratiques des centrales d'achat. Les centrales, qui regroupent les commandes d'une chaîne de supermarchés et qui sélectionnent les fournisseurs de la chaîne en les référençant, détiennent en effet un pouvoir de négociation considérable. Elles sont souvent tentées d'exiger des fournisseurs, spécialement des fabricants de produits de marque, des avantages en matière de prix, de rabais ou de délais de paiement. Avant 1986, les centrales échappaient la plupart du temps à l'application du droit de la concurrence, car elles ne constituaient pas des ententes et ne détenaient pas une position dominante sur le marché. Le droit allemand, au contraire, comportait une disposition qui permettait de sanctionner les abus de dépendance. S'inspirant de l'expérience allemande, les rédacteurs de l'ordonnance de 1986 ont créé une nouvelle interdiction, qu'ils faisaient figurer à l'article 8 de l'ordonnance, à côté de l'interdiction de l'abus de position dominante. L'interdiction de l'abus de dépendance, comme en droit allemand, est de portée générale. Elle ne vise pas uniquement la puissance d'achat, mais toutes les formes de dépendance qui placent une entreprise sous la domination relative d'une autre[83].

83. L'ordonnance nº 2016-131 du 10 févr. 2016 a créé un nouvel article 1143 dans le Code civil. Ce texte dispose : « Il y a également violence lorsqu'une partie, abusant de l'état de dépendance dans lequel se trouve son cocontractant, obtient de lui un engagement qu'il n'aurait pas souscrit en l'absence d'une telle contrainte et en tire un avantage manifestement excessif ». Un rapprochement entre le droit civil et le droit de la concurrence est peut-être en cours. V. E. Claudel, « L'abus de dépendance économique : un sphinx renaissant de ses cendres (commentaire de l'art. 1143 nouveau du Code civil et de la proposition de loi visant à mieux définir l'abus de dépendance économique) », *RTD com.* 2016, p. 460.

Avec la codification, la disposition est passée dans l'article L. 420-2, al. 2, du Code de commerce. Ici encore, il faut distinguer l'état de dépendance (A) de l'abus qui peut en être fait (B).

A. L'état de dépendance économique

849. L'article L. 420-2, alinéa 2, C. com. concerne le cas d'une entreprise qui se trouve sous la dépendance d'une autre entreprise qui dispose d'une puissance économique certaine, mais dont la puissance ne va pas jusqu'à lui conférer une position dominante sur le marché.

Dans sa rédaction originaire, l'article L. 420-2 donnait le critère de la dépendance économique : c'était le fait que l'entreprise dépendante *ne disposât pas de solution équivalente*. Dans le souci d'élargir la notion de dépendance, le législateur a supprimé cette précision en 2001. Il est cependant douteux que, sur ce point, la réforme de 2001 ait une véritable portée pratique. Postérieurement à l'entrée en vigueur de la loi de 2001, le Conseil de la concurrence a d'ailleurs fait savoir que, pour lui, une entreprise dépendante était une entreprise qui, par définition, ne disposait pas de solution équivalente[84]. La Cour de cassation lui a donné raison[85].

850. Il existe deux types de dépendance : la dépendance de marque et la dépendance d'achat.

1. La dépendance de marque

851. La dépendance de marque est celle dans laquelle se trouve un revendeur indépendant, par rapport au fabricant d'un produit de marque. Le revendeur fait valoir qu'il lui est impossible d'exercer son activité s'il n'a pas accès aux produits du fabricant, en raison de leur forte notoriété auprès des consommateurs[86]. C'est souvent à l'occasion de la rupture des relations commerciales que le revendeur, exclu du réseau de distribution du fabricant, invoque l'abus de dépendance de marque. Mais la dépendance peut être invoquée également par un distributeur qui ne fait pas partie du réseau du fabricant, mais qui désire y entrer et se heurte à un refus de ce fabricant. La dépendance peut en effet résulter de la situation purement économique dans laquelle se trouve une entreprise par rapport à une autre, elle ne suppose pas nécessairement un lien juridique préétabli.

852. Le Conseil de la concurrence et l'Autorité de la concurrence, qui ont été maintes fois saisis à l'occasion de la rupture de relations d'affaires, ont interprété de façon rigoureuse la notion de dépendance. Elles ont établi une doctrine, aux termes de laquelle quatre conditions sont exigées.

84. Décision n° 01-D-49 du 31 août 2001 relative à une saisine et demande de mesures conservatoires présentées par la société Concurrence concernant la société Sony.- Voy. aussi les décisions n° 05-D-05 du 18 févr. 2005 et n° 05-D-44 du 21 juill. 2005.

85. Cass. com., 12 févr. 2013, n° 12-13603.

86. Ex. la « notoriété inégalée de Google ». V. ADLC, Décision n° 21-D-11 du 7 juin 2021 et Décision 21-D-11 du 7 juin 2021 relative à des pratiques mises en œuvre dans le secteur de la publicité sur internet, points 337 et s.- CA Paris, 6 oct. 2022, n° 20/08582, Contrats, conc. consom. déc. 2022, comm. 188, obs. M. Malaurie-Vignal.

- La première condition est la *notoriété de la marque du fournisseur*. La notoriété s'apprécie par référence à l'opinion des consommateurs du produit en cause et plus particulièrement des consommateurs avertis.
- Deuxième condition, *la place du fabricant sur le marché*. Le fabricant doit détenir une place significative sur le marché. Il faut d'ailleurs tenir compte de la part détenue par les concurrents.
- La troisième condition est la *part du produit dans le chiffre d'affaires du revendeur*. Cette part doit être substantielle, mais elle est appréciée dans une perspective de développement. On devrait l'estimer à au moins 25 %.
- Enfin une quatrième condition consiste dans *l'impossibilité de trouver une solution alternative*, c'est-à-dire de trouver d'autres fournisseurs offrant des conditions équivalentes.

Le Conseil et l'Autorité de la concurrence n'ont pas voulu se substituer au juge de droit commun dans la sanction de la rupture abusive des relations d'affaires. L'article L. 420-2 C. com. a juste pour but la sanction d'une pratique anticoncurrentielle, et non la protection du cocontractant. Son application ne doit pas être un obstacle à la flexibilité des structures de distribution.

2. La dépendance d'achat

853. Ici c'est le fabricant qui se trouve sous la dépendance du distributeur. Celui-ci est généralement un grand distributeur, une chaîne de supermarchés et d'hypermarchés, représenté par une centrale d'achat qui joue le rôle de mandataire ou de commissionnaire. L'entreprise dépendante n'est pas forcément une petite entreprise. Certains grands fabricants estiment se trouver sous la dépendance de la grande distribution.

854. Exemple. Dans l'affaire *Cora*[87], des fournisseurs de taille modeste s'opposaient à la centrale d'achat d'un important distributeur. Ils se plaignaient notamment des avantages financiers, sous forme de remises rétroactives et d'un allongement des délais de paiement, que le distributeur avait exigé à la suite d'une fusion qui lui avait permis d'étendre son activité. Le distributeur prétendait qu'en élargissant son domaine d'activité il apporterait à ses fournisseurs un supplément de chiffre d'affaires (procédé qui est connu dans la pratique commerciale sous le nom plaisant de « corbeille de la mariée »). Le Conseil de la concurrence a adopté dans cette affaire une interprétation rigoureuse de la notion de dépendance. Alors que les fournisseurs étaient de petites entreprises, réalisant entre 22 et 60 % de leur chiffre d'affaires avec la centrale, il a estimé que n'était pas rapportée la preuve qu'il n'existait pas pour eux de solution alternative dans la région et qu'ils n'étaient pas en mesure de trouver d'autres débouchés pour leurs produits.

Les conditions de la dépendance d'achat sont :

1° L'importance du distributeur sur le marché.

2° La part du chiffre d'affaires du fournisseur réalisée avec le distributeur.

3° Les raisons concrètes justifiant l'importance du distributeur pour le fournisseur.

4° L'absence de solution alternative.

855. Un autre exemple concerne le marché des espaces publicitaires[88]. Sur ce marché, des entreprises appelées « centrales d'achat d'espaces » négocient avec les supports de publicité la réservation d'espaces publicitaires pour le compte des annonceurs et des

87. Décision n° 93-D-21 du 8 juin 1993 relative à des pratiques mises en œuvre lors de l'acquisition de la Société européenne des supermarchés par la société Grands Magasins B du groupe Cora.

88. Décision n° 96-D-44 du 18 juin 1996 relative à des pratiques relevées dans le secteur de la publicité.

agences de publicité. En regroupant les demandes de nombreux annonceurs, les centrales d'achat ont acquis un pouvoir de négociation considérable dans leurs rapports avec les supports. Le Conseil de la concurrence a constaté que la centrale la plus puissante tenait les supports de publicité sous sa dépendance. À elle seule elle représentait environ 30 % du chiffre d'affaires des chaînes de télévision résultant de la vente de plages horaires réservées à la publicité. Le Conseil a estimé que les chaînes de télévision ne disposaient pas de solution alternative. Une preuve supplémentaire de la dépendance se trouvait dans le fait que la centrale, tout en exigeant des remises plus importantes que celles qui étaient consenties à ses concurrents, était en mesure de s'opposer aux tentatives des chaînes de télévision de changer d'acheteur.

B. L'exploitation abusive

856. L'article L. 420-2, alinéa 2, du Code de commerce n'interdit pas la dépendance en elle-même, mais seulement l'abus qui en est fait. Les exemples d'abus, donnés par l'article L. 420-2, al. 2, C. com. sont le refus de vente, l'obligation d'accepter des ventes liées et l'imposition de conditions discriminatoires. Ces exemples correspondent plutôt à des abus de dépendance de marque, commis par le fournisseur.

857. De plus, pour que le comportement de l'entreprise dominante soit abusif, il faut qu'il soit susceptible d'affecter le fonctionnement ou la structure de la concurrence. L'article L. 420-2 C. com. n'a pas simplement pour fonction de régler de façon équitable la relation commerciale bilatérale entre l'entreprise en situation de dépendance et l'entreprise dominante. Il a aussi pour fonction de préserver la concurrence sur le marché en cause. Les conditions de l'article L. 420-2, alinéa 2, sont tellement rigoureuses que le texte a reçu très peu d'applications pratiques.

§3. L'interdiction des prix abusivement bas

858. Depuis de nombreuses années, le commerce traditionnel se plaint de la concurrence de la grande distribution. Il la juge excessive, notamment en raison de la pression considérable qu'elle exercerait sur les prix. Mais les commerçants du secteur traditionnel ne sont pas les seuls à protester. Par exemple, les compagnies pétrolières estiment déloyale la vente de l'essence telle qu'elle est pratiquée par les supermarchés, avec une faible marge bénéficiaire ou même en renonçant à toute marge. Elles estiment que la grande distribution fait des carburants de simples produits d'appel. D'ailleurs, d'une façon générale les fabricants dont les produits sont vendus par l'intermédiaire de la grande distribution estiment que celle-ci exerce une pression excessive sur les prix.

La loi du 1er juillet 1996, destinée à rétablir la loyauté et l'équilibre des relations commerciales, avait introduit dans l'ordonnance de 1986 un article 10-1 nouveau, prohibant la pratique de prix abusivement bas. Le texte a été conservé dans l'article L. 420-5 du Code de commerce.

> ***Art. L. 420-5, al. 1er, C. com.*** Sont prohibées les offres de prix ou pratiques de prix de vente aux consommateurs abusivement bas par rapport aux coûts de production, de transformation et de commercialisation, dès lors que ces offres ou pratiques ont pour objet ou peuvent avoir pour effet d'éliminer d'un marché ou d'empêcher d'accéder à un marché une entreprise ou l'un de ses produits.

859. La pratique de prix abusivement bas constitue, comme le montre la place de l'article L. 420-5 dans le titre II du livre IV du Code de commerce, une pratique anticoncurrentielle[89]. Cela a pour conséquence que les prix abusivement bas ne seront sanctionnés qu'à la condition de fausser la concurrence sur un marché.

860. Les éléments constitutifs de la pratique de prix abusivement bas sont les suivants.

1) L'article L. 420-5 C. com. prohibe les offres de prix et les pratiques de prix. Les offres et pratiques doivent avoir une certaine généralité. Un acte isolé ne tomberait pas sous le coup du texte. L'article 420-5 ne vise que les ventes. Une interprétation littérale conduirait à penser qu'il ne peut s'agir que de ventes de produits. Cependant, comme les autres pratiques anticoncurrentielles du titre II, celle-ci devrait également englober les prestations de services.

2) Les offres et les ventes doivent être faites aux consommateurs. L'article L. 420-5 ne concerne pas les relations commerciales entre professionnels.

3) Les produits offerts ou vendus doivent avoir subi une transformation. En effet l'article L. 420-5 C. com. n'est pas applicable en cas de revente de produits en l'état. Cette condition s'explique sans doute par le fait que la revente d'un produit en l'état à un prix inférieur à son prix d'achat effectif est déjà sanctionnée par l'article L. 442-5 du Code de commerce.

Le texte prévoit une exception pour les enregistrements sonores reproduits sur supports matériels et les vidéogrammes (art. L. 420-5, al. 4, C. com. Cette exception peut paraître étrange et son fondement obscur. En réalité, il s'agit d'un texte de circonstance : les disquaires spécialisés demandaient en leur faveur une loi comparable à la loi sur le prix du livre, qui prévoit que le prix de revente est déterminé par l'éditeur. Il semble que le gouvernement ait renoncé à déposer un projet de loi allant dans ce sens et qu'il ait, en compensation, suggéré au Parlement d'étendre le domaine d'application de l'interdiction des prix abusivement bas à la vente des disques en l'état.

4) Le prix doit être abusivement bas. Il s'agit, semble-t-il, d'une notion objective, qui s'apprécie, comme le texte le suggère, par rapport aux coûts de production, de transformation et de commercialisation. L'on peut penser que le prix est abusivement bas lorsque le prix unitaire de vente se situe en dessous du coût unitaire moyen.

5) La pratique a pour objet ou peut avoir pour effet d'éliminer une entreprise ou un produit du marché ou de leur en interdire l'accès. Il s'agit de ce que l'on appelle un *prix prédateur*[90]. S'agissant de prix pratiqués par une entreprise en

89. A.-S. Chone-Grimaldi, « L'interdiction des prix abusivement bas », *JCP* E 2019, 1364.

90. Dans son avis n° 96-A-05 du 2 mai 1996, le Conseil de la concurrence a effectivement déclaré que le prix abusivement bas s'identifiait au prix prédateur (« Rapport annuel pour 1996 », p. 851).

position dominante, un prix a un caractère prédateur : soit lorsqu'il est inférieur à la moyenne des coûts variables, soit lorsqu'il est inférieur à la moyenne des prix totaux et s'accompagne de la preuve de l'intention d'éliminer un concurrent.

861. L'article L. 420-5 C. com. a donc un domaine d'application réduit. L'interdiction ne vise en pratique que trois situations particulières :
- les offres et ventes directes aux consommateurs par des fabricants ;
- les offres et ventes aux consommateurs par des revendeurs qui ont transformé le produit ;
- les offres et vente aux consommateurs par des revendeurs de supports d'enregistrement audio et vidéo.

Et, dans cette marge étroite, le caractère prédateur du prix, c'est-à-dire la volonté d'écarter du marché un concurrent déterminé, devra être démontré.

Finalement, ni le gouvernement ni le Parlement n'ont voulu prendre le risque de revenir à une sorte de contrôle des prix, alors que ce contrôle est expressément condamné par l'article L. 410-2, al. 1, C. com.

862. L'ordonnance n° 2019-358 du 24 avril 2019, prise sur la base de la loi Egalim du 30 octobre 2018, sanctionne par la responsabilité de son auteur le fait pour un acheteur de produits agricoles ou de denrées alimentaires de faire pratiquer par son fournisseur un prix de cession abusivement bas[91]. Il s'agit d'une pratique restrictive, condamnée *per se*, qu'il ne faut pas confondre avec la pratique anticoncurrentielle visée par l'article L. 420-5 du Code de commerce.

91. V. *infra*, n° 1080.

CHAPITRE 2

La mise en œuvre procédurale de l'interdiction

863. Le droit interne de la concurrence, d'une part, le droit européen de la concurrence, d'autre part, ont chacun leur système de mise en œuvre des interdictions qu'ils comportent. Mais alors que le droit interne est appliqué par les seules autorités et juridictions nationales (Section 1), le droit de l'Union européenne peut être mis en œuvre soit par les autorités et juridictions de l'Union, soit par les autorités et juridictions nationales (Section 2).

Section 1
La mise en œuvre des règles internes de concurrence

864. Le système français de mise en œuvre du droit de la concurrence repose sur trois données fondamentales.

Le *but du contrôle* effectué par les autorités de la concurrence constitue la première donnée. Le but est bien de restaurer la concurrence sur les marchés et de mettre fin aux comportements anticoncurrentiels. L'aspect correctif accompagne l'aspect répressif de la procédure. Ce dernier reste cependant important. Les sanctions pécuniaires peuvent être d'un montant élevé. Les pouvoirs d'enquête et de perquisition des agents de l'administration sont étendus. Le droit de la concurrence se doit, en contrepartie, de protéger les droits de la défense et, plus généralement, les garanties du procès équitable.

La deuxième donnée est relative à la *méthode de contrôle*. La mise en œuvre pratique du droit de la concurrence suppose une approche de type économique. Les pratiques anticoncurrentielles doivent être appréciées, en principe, dans le cadre de chaque marché particulier. Le contrôle se fait cas par cas, en fonction de la structure du marché. Les considérations de fait sont importantes. Mais la répression des pratiques anticoncurrentielles s'inscrit dans un système de droit. Elle doit obéir à une certaine prévisibilité garantissant la sécurité juridique. Les autorités de la concurrence tiennent compte des précédents. Une jurisprudence se forme qui assure une constance et une cohérence des solutions. Parfois, le recours à l'analyse du marché devient inutile et certaines pratiques, spécialement en matière d'ententes, sont condamnées *per se*.

Le *moment* du contrôle constitue la troisième donnée. Le droit français est traditionnellement hostile à un système de déclaration et de contrôle préalable des comportements d'entreprises, exercé par une autorité administrative. Il reste fidèle au système du contrôle opéré *a posteriori*, à l'initiative de l'administration, d'un concurrent ou d'une association de consommateurs. C'est essentiellement à propos de l'interdiction des ententes anticoncurrentielles que ce caractère se manifeste. En droit français, les ententes ne sont soumises à aucune obligation de déclaration et leur exemption ne dépend pas d'une autorisation préalable. C'est après coup, à l'occasion d'une poursuite diligentée devant l'Autorité de la concurrence ou à l'occasion d'un procès civil, que le contrôle de la licéité intervient. L'interdiction est alors appliquée, avec son cortège de sanctions, ou, au contraire, l'exemption reconnue. La décision rétroagit et l'entente est déclarée nulle ou licite, dès son origine.

Finalement, le droit français évite la lourdeur du contrôle administratif préalable, comme celui que connaît le droit allemand. Le droit français laisse aux entreprises le soin d'apprécier si leurs accords sont ou non conformes au droit de la concurrence. Les ententes se constituent librement, mais sous la menace d'une poursuite ou d'un procès civil qui viendra après coup révéler leur caractère illicite.

865. La mise en œuvre du droit de la concurrence est confiée à la fois aux autorités spécialisées, l'Autorité de la concurrence et la cour d'appel de Paris (§ 1), et aux juridictions ordinaires (§ 2).

§1. La mise en œuvre par les autorités spécialisées

866. Les autorités spécialisées sont l'Autorité de la concurrence et, sur recours, la cour d'appel de Paris. La procédure devant l'Autorité de la concurrence respecte le principe du contradictoire. L'Autorité dispose d'un important pouvoir de sanction. Les recours sont portés devant la juridiction judiciaire (cour d'appel de Paris et Cour de cassation).

Sur tous ces points, les dispositions du Code de commerce, ont été considérablement enrichies par des lois et ordonnances subséquentes. Les dispositions d'application se trouvent dans la partie réglementaire du Code de commerce, sous les articles R. 420-1 et suivants.

L'organisation du contrôle des pratiques anticoncurrentielles et des concentrations d'entreprises a connu, en droit français, une évolution remarquable.

Avant 1986, le contrôle était confié au ministre de l'Économie et à ses services, qui disposaient de l'essentiel des pouvoirs d'enquête, d'instruction et de sanction. La Commission de la concurrence n'avait qu'une fonction consultative.

Avec l'ordonnance du 1er décembre 1986 sur la liberté des prix et de la concurrence, le pouvoir de contrôle a été confié à deux autorités distinctes et le système français est devenu bicéphale. Le ministre de l'Économie et les services de la DGCCRF conservaient la haute main sur l'exercice des enquêtes, y compris celles relatives aux pratiques d'ententes et d'abus de domination, et sur le contrôle des concentrations. Le Conseil de la concurrence, de son côté, était chargé, sous le contrôle de la juridiction judiciaire, de l'instruction et de la sanction des ententes et des abus de domination. Il donnait des avis sur les questions générales de concurrence et, à la demande du ministre, sur les opérations de concentration.

La loi *LME* du 4 août 2008 a réalisé la fusion des contrôles, à l'image des systèmes de la plupart des États européens. Désormais, l'Autorité de la concurrence procède aux enquêtes, à l'instruction et au traitement des ententes, des abus de domination et des concentrations d'entreprises. Les moyens qui relevaient des services du ministère ont été transférés à l'Autorité de la concurrence.

Le ministre conserve cependant le contrôle des pratiques anticoncurrentielles lorsqu'elles interviennent sur des marchés locaux de moindre importance (infra, n° 914). Les services de la DGCCRF conservent également des pouvoirs d'enquête relatifs aux pratiques restrictives du titre IV.

Afin de simplifier et de sécuriser la procédure, l'Autorité, à la suite du décret n° 2021-715 du 2 juin 2021, a mis en place une plateforme d'échanges de documents électroniques, appelée à remplacer les échanges « papier », à destination des parties, des avocats mais aussi des administrations, des ministères ou des autres autorités.

La directive européenne n° 2019/1 du 11 décembre 2018, dite « ECN + » pour *European Competition Network*, a pour objet d'harmoniser les législations des États membres relativement aux garanties d'indépendance, aux pouvoirs de coercition, aux procédés de preuve et aux pouvoirs de fixation des amendes. Le gouvernement français a été autorisé par la loi *PACTE* n° 2019-486 du 22 mai 2019 à prendre, par voie d'ordonnance, les mesures nécessaires pour la transposition en droit français de cette directive. Celle-ci a été transposée par l'ordonnance n° 2021-649 du 26 mai 2021.

867. Après avoir présenté l'Autorité de la concurrence (A), il conviendra de décrire la procédure qui est suivie devant elle (B), puis les différentes décisions qui relèvent de sa compétence (C), ainsi que les recours prévus par le Code de commerce contre elles (D). On terminera par un développement sur les décisions du ministre (E).

A. L'Autorité de la concurrence

1. Composition de l'Autorité de la concurrence

868. Le Code de commerce consacre le titre sixième du livre IV à l'Autorité de la concurrence[1]. Les articles L. 461-1 et L. 461-4, fixent sa composition. L'Autorité de la concurrence comporte un collège, qui prend les décisions, et des services d'instruction.

Le collège comprend dix-sept membres, nommés par décret pour une durée de cinq ans. La composition en est originale. Elle associe des magistrats, des représentants des activités économiques et des spécialistes de la concurrence. Cette association de compétences diverses est traditionnelle en France. Elle a caractérisé toutes les autorités spécialisées en matière de concurrence depuis la Commission technique des ententes créée en 1953.

Le président est nommé en raison de ses compétences dans les domaines juridique et économique.

Six membres sont des magistrats, issus du Conseil d'État, de la Cour de cassation, de la Cour des comptes ou des autres juridictions administratives ou judiciaires. Cinq membres

1. B. Lasserre, « La nouvelle Autorité de la concurrence », *Concurrences* 1/2009, p. 6.

sont choisis en raison de leur compétence en matière d'économie, de concurrence ou de consommation. Cinq membres sont issus des milieux professionnels.

Parmi les seize membres précédents, sont désignés quatre vice-présidents. L'article L. 461-2 C. com. prévoit que le président et les vice-présidents exercent leurs fonctions à plein temps.

Les services d'instruction sont dirigés par un rapporteur général (art. L. 461-4 C. com.). Celui-ci nomme des rapporteurs généraux adjoints, des rapporteurs et des enquêteurs. La loi a veillé à la séparation des fonctions d'instruction et de décision.

Il existe aussi un conseiller auditeur qui veille au respect du contradictoire et des règles de procédure (art. L. 461-4, al. 4, C. com.).

Le ministre de l'Économie est représenté auprès du Conseil par un *commissaire du gouvernement* (art. L. 461-2 C. com.).

2. Les fonctions de l'Autorité de la concurrence

a. La fonction de décision en matière de pratiques anticoncurrentielles

Art. L. 462-6, al. 1er, C. com. L'Autorité de la concurrence examine si les pratiques dont elle est saisie entrent dans le champ des articles L. 420-1 à L. 420-2-2 ou L. 420-5, sont contraires aux mesures prises en application de l'article L. 410-3 ou peuvent se trouver justifiées par application de l'article L. 420-4. Elle prononce, le cas échéant, des sanctions et des injonctions.

869. L'Autorité de la concurrence dispose du pouvoir de décision, notamment du pouvoir de sanction, en matière de pratiques anticoncurrentielles, c'est-à-dire en matière d'ententes, d'abus de domination et de prix abusivement bas.

b. La fonction consultative

870. L'Autorité de la concurrence assure d'abord une mission de consultation générale. Celle-ci est prévue par l'article L. 462-1 du Code de commerce. L'Autorité de la concurrence donne son avis sur « toute question de concurrence » à la demande du gouvernement, des commissions parlementaires, des collectivités territoriales, des organisations professionnelles et syndicales, des organisations de consommateurs agréées, des chambres d'agriculture, des chambres de métiers ou des chambres de commerce et d'industrie territoriales, de l'Autorité de régulation de la communication audiovisuelle et numérique « en ce qui concerne les intérêts dont elles ont la charge ».

Et surtout, l'article L. 462-4 C. com. prévoit que l'Autorité de la concurrence peut prendre l'initiative de donner un avis sur toute question de concurrence et que cet avis est public.

La question de la valeur juridique de ces avis s'est posée. Le Conseil d'État a jugé qu'un recours pour excès de pouvoir formé contre eux n'est recevable que dans deux cas : d'une part, lorsque l'avis contient des dispositions générales ou impératives ou énonce des prescriptions dont l'Autorité pourrait ultérieurement censurer la méconnaissance[2] ; d'autre part, lorsque ce qui est exprimé dans l'avis est susceptible d'influer de manière significative sur le comportement des entreprises auxquelles elles s'adressent[3]. De son côté, la chambre commerciale de la Cour de cassation a estimé, dans un arrêt du 18 octobre 2016, que ces avis étaient des directives administratives, au sens de l'arrêt Crédit foncier de France du Conseil d'État du 11 décembre 1970[4] et, qu'en conséquence, ils s'imposaient à l'Autorité de la concurrence. Les avis de l'Autorité de la concurrence sont donc opposables à elle-même, « sauf à ce qu'elle explique, dans la motivation de sa décision, les circonstances particulières ou les raisons d'intérêt général la conduisant à s'en écarter dans un cas donné »[5].

871. L'Autorité de la concurrence remplit *ensuite* de nombreuses missions *spéciales* de consultation. On peut les classer en deux grandes catégories :

- Consultation par le gouvernement sur des projets de textes réglementaires concernant un régime exceptionnel de taxation des prix (art. L. 410-2, al. 2, C. com.), d'organisation d'une profession ou d'accès à un marché (art. L. 462-2 C. com.) ou concernant l'exemption par décret d'un accord ou d'une catégorie d'accords restrictifs de concurrence (art. L. 420-4, II, C. com., prévoyant un avis conforme).
- Consultation par les juridictions d'instruction ou de jugement sur des pratiques anticoncurrentielles relevées dans les affaires dont elles sont saisies[6] (art. L. 462-3 C. com.) et consultation par les régulateurs sectoriels (ex. l'ARCEP).

3. Nature de l'Autorité de la concurrence

872. Une question discutée fut de savoir si l'Autorité, lorsqu'elle prononçait une décision, exerçait une fonction d'administration ou une fonction juridictionnelle. Statuant à propos de l'ordonnance du 1er décembre 1986, le Conseil constitutionnel, dans sa décision du 23 janvier 1987, avait déclaré que le Conseil de la concurrence était un « organisme administratif non juridictionnel » et l'accord s'était fait en doctrine pour reconnaître au Conseil la nature d'une « autorité administrative indépendante, non juridictionnelle ». Aujourd'hui, toute hésitation est interdite. L'article L. 461-1, I, C. com. précise bien que l'Autorité de la concurrence « est une autorité administrative indépendante ».

873. On notera que l'article 6-1 de la Convention européenne de sauvegarde des droits est applicable à la procédure suivie devant l'Autorité de la concurrence. Par exemple, la présence du rapporteur pendant le délibéré, a été ainsi jugé contraire à l'article 6-1 de la Convention[7]. La séparation entre l'instruction, qui est assurée par les rapporteurs sous l'autorité du rapporteur général, et la décision, qui est l'apanage du collège, va en ce sens.

2. CE, 11 oct. 2010, n° 34678, *D.* 2013, p. 732, obs. D. Ferrier.

3. CE, 21 mars 2016, n° 390023, *D.* 2017, p. 881, note D. Ferrier.

4. *Rec. Lebon*, p. 750.

5. Cass. com., 18 oct. 2016, n° 15-10384.

6. La consultation de l'Autorité de la concurrence n'est pas obligatoire et l'avis qu'elle donne ne lie pas la juridiction qui l'a consultée.

7. Cass. com., 5 oct. 1999, n° 97-15617.

B. La procédure devant l'Autorité de la concurrence

1. La saisine de l'Autorité de la concurrence

874. L'article L. 462-5 du Code de commerce admet trois types de saisine : par le ministre de l'Économie, par les entreprises ou certains organismes, et enfin la saisine d'office à la demande du rapporteur général.

875. Une fois saisie, l'Autorité de la concurrence n'est pas obligée de continuer la procédure. Elle apprécie s'il est ou non opportun de poursuivre. L'article L. 462-8, al. 2, du Code de commerce dispose : « Elle peut aussi rejeter la saisine par décision motivée (...) lorsqu'elle ne les considère pas comme une priorité ». Ce principe de l'*opportunité des poursuites* est récent. Il date de l'ordonnance nº 2021-649 du 26 mai 2021 (transposant la directive nº 2019/1 *ECN+*)[8]. Auparavant, le principe était celui de la *légalité des poursuites*.

876. L'article L. 462-5, I, C. com. a conservé la *saisine par le ministre*. Avant la réforme de 2008, la saisine du Conseil de la concurrence par le ministre était fréquente puisqu'elle intervenait dans à peu près la moitié des affaires d'ententes ou d'abus de position dominante. Cela se comprenait, puisque les enquêtes préalables étaient l'œuvre de la DGCCRF. C'était à l'issue de l'enquête administrative préalable que le ministre décidait de saisir ou non le Conseil de la concurrence. La saisine par le ministre devrait se limiter aujourd'hui aux cas dans lesquels la DGCCRF conserve la compétence des enquêtes, c'est-à-dire concrètement dans le domaine des pratiques anticoncurrentielles sur les marchés locaux. Cependant l'article L. 462-5, I, C. com., qui donne au ministre le pouvoir de saisir l'Autorité de la concurrence, est rédigé en termes généraux et ne fait pas état de cette limite : « L'Autorité de la concurrence peut être saisie par le ministre chargé de l'économie de *toute* pratique mentionnée aux articles L. 420-1 à L. 420-2-2 et L. 420-5 ou contraire aux mesures prises en application de l'article L. 410-3, ou de faits susceptibles de constituer une telle pratique ».

877. La *saisine par les entreprises* est prévue par l'article L. 462-5, II, du Code de commerce. Ce fut l'une des grandes innovations de l'ordonnance de 1986. Auparavant, le ministre était le seul maître des poursuites et le droit de la concurrence était l'instrument exclusif de la politique économique du gouvernement. À partir de 1986, les entreprises victimes d'une pratique anticoncurrentielle ont pu faire valoir directement leurs droits devant le Conseil de la concurrence, puis devant l'Autorité de la concurrence.

878. Peuvent également saisir l'Autorité de la concurrence les *organismes* mentionnés à l'article L. 462-1, al. 2, C. com. (auquel renvoie l'article L. 462-5, II, C. com.) « pour toute affaire qui concerne les intérêts dont ils ont la charge » : collectivités territoriales, organisations professionnelles et syndicales, organisations de consommateurs agréées, chambres d'agriculture, chambres de métiers ou chambres de commerce et d'industrie territoriales, Autorité de régulation de la communication audiovisuelle et numérique. Cette saisine contentieuse, qui

8. Décision nº 22-D-19 relative à des pratiques mises en œuvre dans le secteur de la distribution de timbres postaux.

vise des faits déterminés d'entente ou d'abus de domination, ne se confond pas avec la demande d'avis « sur toute question de concurrence », prévue par l'article L. 462-1, alinéa 2.

879. L'Autorité de la concurrence peut *se saisir d'office* de toute pratique anticoncurrentielle[9], à la demande de son rapporteur général. Comme, en application de l'article L. 461-4, alinéas 1 et 2, C. com., les services d'instruction de l'Autorité de la concurrence procèdent maintenant aux investigations nécessaires, la saisine d'office est beaucoup plus fréquente qu'autrefois et tend à se substituer à la saisine par le ministre.

880. Saisi d'une QPC par le Conseil d'État, le Conseil constitutionnel a jugé que les dispositions relatives à la composition, aux règles de délibération et aux modalités de saisine de l'Autorité respectaient les principes d'indépendance et d'impartialité posés par la Déclaration de 1789[10].

2. La prescription de la saisine de l'Autorité de la concurrence

881. Selon l'article L. 462-7 du Code de commerce, l'Autorité ne peut être saisie de faits remontant à plus de cinq ans s'il n'a été fait aucun acte tendant à leur recherche, leur constatation ou leur sanction. Si la pratique anticoncurrentielle est continue, comme dans le cas d'un cartel de longue durée, le délai ne commence à courir qu'à partir de la cessation de la pratique[11]. Ce délai de prescription de cinq ans est très important dans la pratique.

Il peut se trouver interrompu. Cependant, il est parfois difficile de savoir quels sont les actes interruptifs de la prescription. Une demande d'audition par un rapporteur est un acte interruptif, de même que la saisine de l'Autorité de la concurrence. En revanche la désignation d'un rapporteur n'interrompt pas la prescription. L'interruption de la prescription produit effet à l'égard de toutes les parties qui sont impliquées dans la procédure, même de celles qui n'ont pas été entendues dans le cadre de l'instruction[12].

L'article L. 462-7, I, C. com. comporte une disposition favorable aux auteurs de pratiques anticoncurrentielles : en tout état de cause, la prescription est désormais acquise cinq ans après la cessation de la pratique, si l'Autorité de la concurrence n'a pas statué sur celle-ci.

3. L'instruction par l'Autorité de la concurrence

882. Elle comprend deux phases : l'enquête préalable et les investigations du rapporteur, séparées par la notification des griefs.

---

9. Ce qui est constitutionnel. Il n'y a pas d'atteinte au principe d'impartialité. V. Cons. const., 14 oct. 2015, n° 2015-489 QPC, *RTD com.* 2015, p. 703, obs. E. Claudel.

10. Cons. const., 12 oct. 2012, n° 2012-280 QPC.

11. Cass. com., 15 mars 2011, n° 09-17055.

12. Cass. com., 11 janv. 2017, n° 15-17134.

a. L'enquête préalable

> ***Art. L. 461-4 C. com.*** L'Autorité de la concurrence dispose de services d'instruction dirigés par un rapporteur général nommé par arrêté du ministre chargé de l'économie après avis du collège.
> Ces services procèdent aux investigations nécessaires à l'application des titres II, III et VI du présent livre.
> ***Art. L. 450-1, I, al. 1er, C. com.*** Les agents des services d'instruction de l'Autorité de la concurrence habilités à cet effet par le rapporteur général peuvent procéder à toute enquête nécessaire à l'application des dispositions des titres II et III du présent livre.

883. L'enquête préalable est en principe exercée par l'Autorité de la concurrence. Néanmoins, il n'est pas interdit aux services de la DGCCRF de mener une enquête. En tout état de cause le rapporteur général de l'Autorité de la concurrence devra en être informé et pourra en prendre la direction (art. L. 450-5 C. com.).

884. Le rapporteur général désigne pour l'examen de chaque affaire un ou plusieurs rapporteurs (art. L. 450-6 C. com.). Le titre V du livre IV du Code de commerce est entièrement consacré aux pouvoirs d'enquête[13].

885. Pouvoirs des enquêteurs. Les deux dispositions fondamentales sont les articles L. 450-3 et L. 450-4 du Code de commerce. Ces dispositions n'instituent pas deux types d'enquête, mais concernent respectivement *l'étendue des pouvoirs des enquêteurs*, d'une part, et *les modalités de l'enquête*, d'autre part.

886. L'article L. 450-3 C. com. donne aux enquêteurs *les pouvoirs les plus étendus* : accéder à tous locaux à usage professionnel, demander la communication des livres, factures, données de connexion (« fadettes »), données stockées, logiciels, et tous les autres documents professionnels[14]. Ils pourront en prendre copie, recueillir sur convocation ou sur place les renseignements et justifications. Ils peuvent demander la désignation d'un expert. Les personnes contrôlées n'ont pas la possibilité de contester directement les demandes des enquêteurs, ce qui n'est pas contraire au droit d'accès à un tribunal[15]. Elles ne peuvent le faire qu'à l'occasion d'un recours contre la décision de l'Autorité de la concurrence. Saisi d'une QPC sur ce point, le Conseil constitutionnel a estimé qu'aucun droit fondamental n'était méconnu[16].

887. L'article L. 450-4 C. com., beaucoup plus long, concerne *les modalités d'exercice des pouvoirs* décrits à l'article L. 450-3. Lorsqu'elle nécessite une visite des locaux professionnels et une saisie des éléments de preuve, l'enquête obéit à des règles strictes, édictées pour la protection de la liberté individuelle[17].

13. C. Vilmart, « Le nouveau contrôle judiciaire des enquêtes de concurrence », *JCP* E 2010, 1653.
14. Cass. crim., 21 févr. 2023, n° 21-85572.
15. Cass. com., 26 avr. 2017, n° 15-25699.
16. Cons. const., 8 juill. 2016, n° 2016-552 QPC.
17. La Cour EDH a jugé que la saisie massive de documents, faite en vertu de l'article L. 450-4 C. com., était conforme à la Convention EDH. V. CEDH, 21 mars 2017, n° 33931/12.

888. Signalons tout de suite que toutes les enquêtes ne sont pas nécessairement soumises aux formes de l'article L. 450-4 C. com. Celles-ci ne s'imposent que lorsque l'occupant des lieux est absent, s'oppose à la visite ou à la saisie des documents. Les règles protectrices de l'article L. 450-4 accompagnent donc uniquement les enquêtes effectuées par surprise ou sous la contrainte. Si, au contraire, la personne chez laquelle il est enquêté accepte librement la visite, remet spontanément les pièces qui lui sont réclamées et répond aux demandes de renseignements, il n'y a pas lieu de recourir aux formes de l'article L. 450-4. La plupart du temps les représentants de l'entreprise préfèrent collaborer à l'enquête.

889. Selon l'article L. 450-4, il faut tout d'abord que l'enquête soit demandée par le rapporteur général l'Autorité de la concurrence, par la Commission européenne ou par le ministre de l'Économie. Les agents habilités ne peuvent donc pas intervenir de leur propre chef. Il faut ensuite que la visite et la saisie soient autorisées par une ordonnance du juge des libertés et de la détention (JLD) du tribunal judiciaire dans le ressort duquel sont situés les lieux à visiter.

1) Le JLD doit vérifier que la demande qui lui est présentée est fondée. La Cour de cassation exige que son ordonnance soit motivée avec précision et elle contrôle cette motivation[18]. L'ordonnance doit relater, au moins succinctement, les éléments d'information présentés par le rapporteur et qui permettent de présumer l'infraction motivant la visite.

2) La visite et la saisie demeurent sous l'autorité du JLD qui les a autorisées. Celui-ci désigne un ou plusieurs officiers de police judiciaire chargés d'assister aux opérations et de le tenir informé. Il peut lui-même se rendre sur place. Il peut enfin, à tout moment, décider la suspension ou l'arrêt de la visite.

3) L'ordonnance du JLD est notifiée à l'occupant des lieux ou à son représentant. L'ordonnance peut faire l'objet d'un appel devant le premier président de la cour d'appel, dans les dix jours suivant sa notification.

4) La visite ne peut commencer avant six heures ou après vingt et une heures. Elle a lieu en présence de l'occupant des lieux ou de son représentant. Désormais, l'occupant des lieux ou son représentant peuvent faire appel à un avocat qui les assistera. La Chambre criminelle de la Cour de cassation veille à ce que l'exercice des droits de la défense soit respecté[19].

5) Le déroulement des opérations de visite et de saisie, s'il donne lieu à contestation, peut faire l'objet d'un recours devant le premier président de la cour d'appel. Compte tenu de l'existence de cette voie de recours, la régularité des opérations de saisie ne peut être contestée ni devant l'Autorité de la concurrence, ni devant la cour d'appel de Paris saisie d'un recours contre une décision de celle-ci[20].

890. La saisie des fichiers informatiques soulève des difficultés particulières. L'article L. 450-3, *in fine,* du Code commerce dispose que « pour le contrôle des opérations faisant appel à l'informatique, (les enquêteurs) ont accès aux logiciels et aux données stockées ainsi qu'à la restitution en clair des informations propres à faciliter l'accomplissement de leurs missions ». Cependant les enquêteurs ne peuvent pas matériellement passer en revue sur place toutes les données afin de distinguer celles qui se rapportent aux agissements incriminés et celles qui leur sont étrangères. La chambre criminelle de la Cour de

18. Le juge n'est pas tenu de relever des éléments de preuve de la pratique anticoncurrentielle motivant la perquisition. Il doit seulement apprécier si des indices laissent présumer la possibilité de telles pratiques. V. Cass. crim., 22 janv. 2014, n° 13-81013.

19. Cass. crim., 25 juin 2014, n° 13-81471.

20. Cass. com., 21 oct. 2014, n° 13-16602.

cassation a validé la saisie *globale*, c'est-à-dire la saisie de l'intégralité des disques durs ou de la messagerie informatique, lorsque les données ne sont pas divisibles et ne sont pas étrangères à l'objet de la perquisition[21].

Bien que l'article L. 450-4 C. com. ne le précise pas, l'avocat de l'entreprise qui fait l'objet de la perquisition est en droit de prendre connaissance des pièces et des documents avant leur saisie[22].

b. L'instruction contradictoire

891. La *deuxième phase* commence avec ce que l'on appelle la *notification des griefs*. Il s'agit d'un document écrit, par lequel le rapporteur général fait savoir aux intéressés quelles sont, sur la base des faits relevés, les pratiques anticoncurrentielles qui leur sont reprochées. La notification des griefs est également communiquée au commissaire du gouvernement (art. L. 463-2 C. com.).

À partir de la notification des griefs, la procédure devient contradictoire. Cela signifie que les personnes poursuivies ne pourront être condamnées que sur la base des faits et des qualifications qu'ils ont été en mesure de discuter à tous les stades de la procédure faisant suite à la notification des griefs. Cela signifie aussi que tous les arguments doivent être échangés entre les parties, le commissaire du gouvernement et les ministres intéressés.

De même, à partir de la notification des griefs, les intéressés (parties et personnes poursuivies) peuvent consulter le dossier.

Le rapporteur général peut s'opposer à la communication et la consultation de pièces mettant en cause le secret des affaires, sauf ce qui est nécessaire à l'exercice des droits de la défense d'une partie mise en cause (art. L. 463-4 C. com.)

892. Les parties ont un délai de deux mois pour présenter leurs observations écrites. Il en est de même du commissaire du gouvernement. Puis le rapporteur rédige son rapport, dans lequel il fait valoir son point de vue définitif, suite aux observations qu'il a reçues. Le rapport comporte en annexe la notification des griefs, les observations des intéressés et du commissaire du gouvernement et la copie des procès-verbaux et des pièces du dossier qui établissent la matérialité des faits, comme des lettres, des factures, des extraits de presse, etc. Le rapport est notifié aux parties, au commissaire du gouvernement et aux ministres intéressés. Les parties ont un nouveau délai de deux mois pour présenter un mémoire en réponse (art. L. 463-2 C. com.).

Une procédure simplifiée permet, sur décision du rapporteur général, lors de la notification des griefs, de traiter l'affaire sans établissement d'un rapport (art. L. 463-3 C. com.).

4. La séance du Collège de l'Autorité de la concurrence

893. La séance du Collège est la phase des débats oraux. L'audience n'est pas publique (art. L. 463-7 C. com.).

Le fait que la procédure ne soit pas publique est-il contraire à l'article 6-1 de la Convention européenne des droits de l'Homme ? La réponse est négative. Les autorités administratives indépendantes, comme l'Autorité de la concurrence, ne sont pas astreintes au respect de toutes les prescriptions de l'article 6-1 de la Convention, dès lors que

21. Cass. crim., 14 nov. 2013, n° 12-87346.

22. Cass. crim., 4 mai 2017, n° 16-81071.

leurs décisions sont susceptibles d'un recours juridictionnel devant un tribunal offrant toutes les garanties requises par ledit article 6-1 (en matière de concurrence, la cour d'appel de Paris)[23].

Les parties comparaissent devant la formation du collège compétente. Selon l'importance de l'affaire il s'agit de la formation plénière, de l'une des sections ou de la commission permanente (art. 461-3 C. com.). Les parties, c'est-à-dire, on l'a vu, les personnes poursuivies et les personnes et les associations d'entreprises saisissantes, peuvent comparaître soit en personne (les personnes morales étant représentées par leurs dirigeants), soit par l'intermédiaire d'un avocat. Le rapporteur, le rapporteur général et le commissaire du gouvernement sont présents, ainsi que toute personne que le Collège juge bon d'entendre. Les parties et le commissaire du gouvernement font valoir oralement leurs arguments. Le rapporteur et le rapporteur général présentent leurs observations.

894. À la suite de l'audience, l'Autorité délibère et prend sa décision.

L'article 25 *in fine* de l'ordonnance du 1er décembre 1986 prévoyait que le rapporteur général et le rapporteur assistaient au délibéré, sans voix délibérative. Cette disposition a été souvent critiquée comme contraire à l'égalité des armes et il a été soutenu qu'elle était contraire à l'article 6-1 de la Convention européenne des droits de l'Homme. La cour d'appel de Paris avait tout d'abord estimé que la présence du rapporteur général et du rapporteur n'entachait pas la décision de nullité, dès lors qu'il existait un recours devant une juridiction remplissant toutes les conditions de protection édictées par la Convention. Puis, revenant sur sa jurisprudence, elle a jugé que la présence des rapporteurs au délibéré était contraire à l'article 6-1 de la Convention et qu'elle entraînait la nullité de la décision du Conseil. La chambre commerciale de la Cour de cassation a mis fin à la discussion en décidant qu'il convenait, effectivement, de faire application des principes posés par l'article 6-1 de la CEDH[24]. Selon une formulation compliquée, l'article L. 463-7 C. com. dispose dorénavant que le rapporteur général et le rapporteur assistent au délibéré sans voix délibérative « sauf lorsque l'Autorité statue sur des pratiques dont elle a été saisie en application de l'article L. 462-5 » (c'est-à-dire les pratiques mentionnées aux articles L. 420-1 à L. 420-2-2 et L. 420-5 ou contraires aux mesures prises en application de l'article L. 410-3).

C. Les décisions prises par l'Autorité de la concurrence

895. Les décisions prises par l'Autorité de la concurrence sont de plusieurs sortes[25].

1. Décisions d'irrecevabilité ou de rejet de la saisine

896. Deux types de décisions, prévues par l'article L. 462-8 C. com., peuvent intervenir au début ou au cours de la phase d'instruction.

L'Autorité peut tout d'abord être amenée à prononcer une *décision d'irrecevabilité* de la saisine. Tel est le cas, selon l'article L. 462-8, al. 1er, du Code de commerce, lorsqu'elle s'estime incompétente, lorsque la prescription est acquise ou encore lorsqu'elle constate le défaut d'intérêt ou de qualité à agir de l'auteur.

L'Autorité peut aussi prendre une *décision de rejet* lorsque, par l'intermédiaire du réseau des autorités nationales de concurrence de l'Union européenne, elle est

23. Cass. com., 5 oct. 1999, n° 97-15805.

24. Cass. com., 5 oct. 1999, n° 97-15805.

25. L. Vogel, « Les sanctions administratives : efficacité du contrôle ou sécurité juridique ? », in *Les sanctions du droit de la concurrence*, *JCP* E 2013, 1168.

informée qu'une autre autorité nationale d'un État membre traite des mêmes faits au titre des articles 101 ou 102 TFUE ou les a déjà traités (art. L. 462-8, al. 4, C. com.). Elle peut aussi rejeter la saisine par une décision motivée lorsqu'elle estime que les faits invoqués ne sont pas appuyés d'éléments suffisamment probants ou, pour les saisines reçues en application du II et du IV de l'article L. 462-5 C. com., lorsqu'elle ne les considère pas comme une priorité.

2. Décision ordonnant des mesures conservatoires

897. L'Autorité de la concurrence peut être amenée à prononcer des *mesures conservatoires* de sa propre initiative ou à la demande de la partie saisissante. Ici encore, elle se prononce après un débat contradictoire. Selon l'alinéa 2 de l'article L. 464-1 C. com. : « Ces mesures ne peuvent intervenir que si la pratique en cause porte une atteinte grave et immédiate à l'économie générale, à celle du secteur intéressé, à l'intérêt des consommateurs ou à l'entreprise plaignante ».

3. Décisions définitives

898. Les décisions définitives sont soit des décisions constatant *l'absence d'infraction*, soit des décisions de *condamnation*.

Dans tous les cas de saisine, le rapporteur peut acquérir, au cours de l'instruction, la conviction que l'infraction n'est pas constituée. Après un débat contradictoire, l'Autorité de la concurrence peut alors, en formation collégiale, décider *qu'il n'y a pas lieu de poursuivre la procédure* (art. L. 464-6 C. com.). Tel est en particulier le cas lorsque l'entente est considérée comme d'importance mineure.

Lorsque l'Autorité entre en *condamnation*, l'article L. 464-2 du Code de commerce prévoit trois sortes de sanctions :

- Depuis l'ordonnance n° 2021-649 du 26 mai 2021, l'Autorité de la concurrence dispose d'un pouvoir d'injonction de mettre fin aux pratiques anticoncurrentielles lui permettant d'imposer toute mesure corrective (ex. la modification des clauses d'un contrat) ou structurelle (ex. la cession d'une filiale), sous réserve qu'elle soit proportionnée et nécessaire pour faire cesser l'infraction (art. L. 464-2, I, al. 1, C. com.).
- La sanction pécuniaire.
- La publication de la décision.

899. Le montant maximum de la sanction pécuniaire est de 10 % du montant du chiffre d'affaires mondial hors taxes le plus élevé réalisé au cours d'un des exercices clos depuis l'exercice précédant celui au cours duquel les pratiques ont été mises en œuvre (art. L. 464-2, I, al. 4, C. com.).

Les sanctions pécuniaires appellent plusieurs remarques.

1) L'Autorité de la concurrence n'hésite pas à prononcer des sanctions d'un montant très élevé, en cas de violations graves et répétées des articles L. 420-1 et L. 420-2 C. com. Dans beaucoup d'affaires, les sanctions atteignent plusieurs millions ou centaines de milliers d'euros.

2) L'Autorité de la concurrence est en contrepartie tenue de motiver soigneusement sa décision. L'article L. 464-2, I, du Code de commerce énumère les facteurs qui doivent être pris en considération pour le calcul de la sanction : la sanction pécuniaire doit être proportionnée à la gravité des faits, à la situation de

l'entreprise sanctionnée ou du groupe auquel elle appartient[26].

3) La sanction frappant une filiale est imputable à la société mère lorsque celle-ci exerce une influence déterminante sur la gestion de la filiale.

4) Il faut enfin remarquer que l'Autorité de la concurrence n'a pas compétence pour se prononcer sur les conséquences civiles d'une pratique anticoncurrentielle. Elle ne peut ni déclarer la nullité d'un accord, ni allouer des dommages et intérêts[27].

4. Les procédures alternatives de restauration de la concurrence

900. S'inspirant des récentes évolutions du droit européen de la concurrence, le législateur français a introduit dans le droit interne des procédures particulières qui prennent en compte la collaboration active des entreprises suspectées d'une pratique d'entente ou d'abus de position dominante. En s'assurant du concours volontaire des entreprises, l'autorité de concurrence cherche à renforcer l'efficacité de son action.

L'article L. 464-2 du Code de commerce offre désormais aux entreprises trois possibilités de réduction de la sanction qui les menace : la procédure de transaction, la procédure d'engagements et la procédure de clémence.

a. Procédure de transaction

Art. L. 464-2, III, C. com. Lorsqu'une association d'entreprises ou une entreprise ne conteste pas la réalité des griefs qui lui sont notifiés, le rapporteur général peut lui soumettre une proposition de transaction fixant le montant minimal et le montant maximal de la sanction pécuniaire envisagée.

901. Cette procédure[28] ne s'ouvre qu'après la notification des griefs aux intéressés par le rapporteur général. Si l'entreprise ne conteste pas la réalité des griefs[29], c'est-à-dire la réalité des pratiques anticoncurrentielles qui lui sont reprochées, le rapporteur général peut lui soumettre une proposition de transaction fixant le montant minimal et le montant maximal de la sanction pécuniaire envisagée. De plus, le rapporteur général peut, au moment d'établir sa fourchette de sanctions, tenir compte du fait que l'entreprise s'engage à modifier son comportement pour l'avenir. Ensuite, l'Autorité de la concurrence entend l'entreprise et le commissaire du gouvernement, puis elle fixe la sanction, dans les limites définies par la transaction.

26. Cass. com., 18 févr. 2014, n° 12-27 643, *D.* 2014, p. 1359, note A.-C. Martin.

27. F. Jenny, « L'articulation des sanctions en matière de droit de la concurrence du point de vue économique », in *Les sanctions du droit de la concurrence*, *JCP* E 2013, 1168.

28. Communiqué de procédure du 21 déc. 2018 relatif à la procédure de transaction.

29. Ce qui ne constitue pas un aveu ou une reconnaissance de responsabilité selon CA Paris, 29 sept. 2008, *RDC* 2008, p. 795, obs. L. Idot.

Lorsque, dans une procédure en matière d'entente, certaines entreprises demandent à transiger et d'autres refusent la transaction, on parle de « transaction hybride »[30].

b. Procédure d'engagements

Art. L. 464-2, I, al. 1, C. com. L'Autorité de la concurrence peut ordonner aux intéressés de mettre fin aux pratiques anticoncurrentielles dans un délai déterminé ou leur imposer toute mesure corrective de nature structurelle ou comportementale proportionnée à l'infraction commise et nécessaire pour faire cesser effectivement l'infraction. Elle peut aussi accepter des engagements, d'une durée déterminée ou indéterminée, proposés par les entreprises ou associations d'entreprises et de nature à mettre un terme à ses préoccupations de concurrence susceptibles de constituer des pratiques prohibées visées aux articles L. 420-1 à L. 420-2-2 et L. 420-5 ou contraires aux mesures prises en application de l'article L. 410-3.

902. La procédure d'engagements[31] n'est pas subordonnée à une reconnaissance des griefs. Elle a pour but d'accélérer la résolution des affaires en privilégiant le rétablissement volontaire de la concurrence. Elle suppose par conséquent que soit établie l'existence d'une situation susceptible de porter atteinte à la concurrence. Et, cette procédure d'engagements ne s'applique pas, selon l'Autorité de la concurrence, dans les cas où l'atteinte à l'ordre public économique impose le prononcé de sanctions pécuniaires, ce qui exclut *a priori* les ententes particulièrement graves comme les cartels et certains abus de position dominante. L'Autorité est juge de l'opportunité de faire usage de la procédure d'engagements. La procédure débouche sur une décision de classement qui met fin aux poursuites mais formalise les engagements.

La procédure est décrite par l'article R. 464-2 du Code de commerce. L'entreprise qui envisage de prendre des engagements prend contact, de façon informelle avec le rapporteur. Le rapporteur procède à une « évaluation préliminaire » des pratiques en cause, qui identifie les problèmes de concurrence. L'évaluation préliminaire n'est pas un acte d'accusation et n'a pas pour objet, comme la notification des griefs, de qualifier juridiquement les pratiques constatées. L'évaluation préliminaire est adressée aux parties et au commissaire du gouvernement. L'entreprise dispose d'un délai, fixé par le rapporteur, qui ne peut être inférieur à un mois, pour faire connaître sa proposition d'engagements. À la réception des engagements, le rapporteur général en communique le contenu aux autres parties et au commissaire du gouvernement. Il les publie, afin que soient recueillies les observations des tiers. Cette phase de la procédure est appelée *test de marché*. Après un nouveau délai, a lieu la séance de l'Autorité de la concurrence. Celle-ci, en formation collégiale, entend les diverses observations et évalue les engagements, dont elle peut demander une nouvelle version. L'acceptation des engagements par l'Autorité met fin à la procédure. La décision ne comporte aucun constat d'infraction ni de culpabilité des entreprises en cause. Cependant elle rend les engagements obligatoires et leur non-respect est sanctionné comme une pratique anticoncurrentielle.

30. Pour un exemple de procédure hybride, v. Décision n° 21-D-11 du 7 juin 2021 relative à des pratiques mises en œuvre dans le secteur de la publicité sur internet.

31. La procédure d'engagements est conforme à la Constitution. V. Cons. const., 10 févr. 2022, n° 2022-1035 QPC.

En cas de non-respect des engagements, l'entreprise défaillante s'expose à une sanction pécuniaire (art. L. 464-3 C. com.) dont le montant maximum est de 10 % du chiffre d'affaires mondial HT de l'entreprise concernée (art. L. 464-2 C. com.).

De plus, l'Autorité de la concurrence peut, de sa propre initiative ou sur la demande de l'auteur de la saisine ou du ministre de l'Économie, modifier ou compléter les engagements qu'elle a acceptés dans deux cas : a) si l'un des faits sur lesquels la décision d'engagements repose a subi un changement important ; b) si la décision d'engagements repose sur des informations incomplètes, inexactes ou trompeuses fournies par les parties à la procédure (art. L. 464-2, I, al. 2, C. com.).

903. Très souvent, les engagements portent sur le comportement unilatéral d'une entreprise en position dominante. Par exemple, la cession d'une licence d'exploitation pour l'accès à une ressource rare[32] ou la suppression d'une clause de couplage obligatoire entre des prestations confiées par des titulaires de droits de propriété littéraire et artistique à une société de gestion collective de droits d'auteur[33].

904. Les entreprises adoptent volontiers des *programmes de conformité*, dans lesquels elles prennent des mesures internes à l'entreprise assurant le respect des règles de concurrence. L'Autorité de la concurrence les encourage à adopter de tels programmes[34]. Mais, dans un communiqué du 19 octobre 2017, l'Autorité de la concurrence est venue préciser qu'une amende pour pratique anticoncurrentielle ne peut être réduite en cas d'établissement par l'entreprise d'un programme de conformité[35].

c. Procédure de clémence

Art. L. 464-2, IV, 1re phrase, C. com. Une exonération totale ou partielle des sanctions pécuniaires peut être accordée à une entreprise ou à une association d'entreprises qui a, avec d'autres, mis en œuvre une pratique prohibée par les dispositions de l'article L. 420-1 s'il a contribué à établir la réalité de la pratique prohibée et à identifier ses auteurs, en apportant des éléments d'information dont l'Autorité ou l'administration ne disposaient pas antérieurement.

905. Depuis une dizaine d'années, les autorités de la concurrence ont décidé d'intensifier leur lutte contre les ententes horizontales de prix et de quotas, souvent de caractère international et de longue durée, que l'on désigne sous le nom de *cartels*. Parallèlement, les entreprises, conscientes de la gravité des sanctions encourues, prennent de plus en plus de précautions pour dissimuler les preuves de ce type d'ententes. Les procédures de clémence ont pour but à la fois de faciliter la preuve des cartels, en incitant à la dénonciation, et de déstabiliser leurs membres, qui ne peuvent plus compter de façon certaine sur le caractère secret des accords.

32. Décision n° 05-D-25 du 31 mai 2005 relative à des pratiques mises en œuvre par la société Yvert & Tellier sur le marché des catalogues de cotation de timbres-poste.

33. Décision n° 05-D-16 du 26 avr. 2005 relative à des pratiques mises en œuvre par la société des auteurs et compositeurs dramatiques (SACD).

34. F. Zivy, « Les programmes de conformité aux règles de concurrence : de l'autoévaluation à l'autorégulation ? », *JCP* E 2012, 1474.

35. *BRDA* 21/17, n° 17.

Les programmes de clémence se sont d'abord développés aux États-Unis puis en Europe à l'instigation de la Commission européenne. En France, la procédure de clémence a été introduite par la loi *NRE* du 15 mai 2001. Postérieurement, le dispositif a été remanié dans le sens d'une plus grande efficacité et d'une meilleure prévisibilité. Il figure aujourd'hui dans le IV de l'article L. 464-2 du Code de commerce. Les détails de la procédure sont précisés par l'article R. 464-5 du Code de commerce. L'ensemble des conditions de la clémence totale ou partielle ainsi que la procédure d'obtention sont repris par le communiqué de procédure de l'Autorité de la concurrence du 3 avril 2015.

906. La procédure de clémence a un champ d'application relativement large, puisqu'elle peut jouer théoriquement dans tous les cas d'ententes prohibées par l'article L. 420-1 C. com.

La clémence n'obéit pas aux mêmes conditions selon que l'Autorité de la concurrence ne dispose pas encore ou dispose déjà d'informations sur l'existence de l'entente.

1) Lorsque le rapporteur général ne possède aucune information sur l'entente, le demandeur qui révèle l'existence de celle-ci peut obtenir automatiquement une immunité totale de sanction. L'Autorité de la concurrence exige pour cela que six conditions soient réunies :

- le demandeur de clémence est le premier à informer l'Autorité de la concurrence ;
- il apporte des informations nouvelles démontrant l'existence de la pratique et permettant d'en identifier les auteurs ;
- il ne doit pas avoir contraint d'autres entreprises à participer à l'infraction ;
- il doit cesser sa participation à l'infraction ;
- il doit apporter à l'Autorité de la concurrence une coopération totale, permanente et rapide tout au long de la procédure ;
- il ne doit pas avoir informé de sa démarche les entreprises susceptibles d'être mises en cause.

2) Lorsque l'Autorité de la concurrence possède déjà des informations sur l'entente, mais ne permettant pas d'établir l'infraction, alors :

- soit les informations apportées permettent à elles seules d'établir l'infraction et, dans ce cas, le demandeur de clémence peut prétendre à une immunité totale ;
- soit les informations ne permettent pas d'établir l'existence de l'infraction et, dans ce cas, le demandeur ne peut prétendre qu'à une réduction partielle de l'amende.

Mais, dans tous les cas, le demandeur doit avoir fourni des éléments qui apportent une valeur ajoutée significative par rapport aux éléments de preuve déjà en la possession de l'Autorité.

907. Les détails de la procédure sont précisés par les articles L. 464-2 et R. 464-5 du Code de commerce. Le demandeur s'adresse d'abord au rapporteur général de l'Autorité de la concurrence soit par écrit (par l'intermédiaire d'une plateforme sécurisée), soit oralement. En pratique, les entreprises préfèrent la communication orale qui préserve davantage la confidentialité de leur démarche. La communication est généralement l'occasion de contacts préliminaires et informels entre le demandeur de clémence et l'Autorité de la concurrence.

Si la démarche se précise, la demande est enregistrée et datée. Après une phase d'instruction, le rapporteur auprès de l'Autorité de la concurrence propose l'exonération de sanction et ses conditions. Le demandeur est convoqué à une séance de l'Autorité. Celle-ci rend soit un *avis de clémence*, soit un *avis négatif*. L'avis de clémence constate que les conditions requises sont remplies. L'Autorité de la concurrence peut aussitôt se saisir d'office afin de mettre en mouvement la procédure ordinaire. En pratique, toute cette première phase de la procédure peut être très rapide et ne prendre que quelques jours.

Les déclarations faites dans le cadre d'une procédure de clémence ne peuvent être utilisées par une partie ayant eu accès au dossier que pour l'exercice des droits de la défense dans le cadre d'une procédure relative à un recours formé contre une décision de l'Autorité de la concurrence (art. L. 464-10, I, al. 2, C. com.).

La Commission européenne a édicté des règles particulières assurant la protection des entreprises demandant la clémence[36]. Les programmes de clémence européens et nationaux sont autonomes les uns des autres[37].

D. Les voies de recours

> ***Art. L. 464-8, al. 1er, C. com.*** Les décisions de l'Autorité de la concurrence mentionnées aux articles L. 462-8, L. 464-2, L. 464-3, L. 464-6, L. 464-6-1 et L. 752-27 sont notifiées aux parties en cause et au ministre chargé de l'économie, qui peuvent, dans le délai d'un mois, introduire un recours en annulation ou en réformation devant la cour d'appel de Paris.

908. La question de la compétence de la cour d'appel de Paris a été vivement discutée. Avant 1986, les recours contre les décisions prises par le ministre de l'Économie en matière d'ententes et d'abus de position dominante étaient naturellement portés devant le Conseil d'État statuant au contentieux. En 1986, les partisans de la solution traditionnelle ont fait valoir, non sans raison, que le Conseil de la concurrence ne faisait que prendre la place du ministre, qu'il était comme lui une autorité administrative et qu'il n'y avait aucune raison d'écarter la compétence de la juridiction administrative.

Deux arguments cependant militaient en faveur de la reconnaissance de la compétence de la juridiction judiciaire. En premier lieu, il fallait bien admettre que l'ordonnance rompait avec le régime de l'économie administrée. Le droit de la concurrence devenait désormais le cadre de l'activité privée des entreprises. Le contrôle de son application devait revenir à l'autorité judiciaire. En second lieu, l'on pouvait faire valoir un argument de technique juridique : la nécessité d'unifier le contentieux de la concurrence.

909. En effet, les juridictions judiciaires, civiles et commerciales, sont amenées à statuer sur les demandes en nullité des accords restrictifs de concurrence et sur les demandes en dommages et intérêts tendant à réparer le préjudice subi

36. Communication de la Commission sur l'immunité d'amendes et la réduction de leur montant dans les affaires portant sur des ententes (*JO* C 298 du 8 déc. 2006, p. 17-22).- Adde : Modification de la communication de la Commission sur l'immunité d'amendes et la réduction de leur montant dans les affaires portant sur des ententes (*JO* C 256 du 5 août 2015, p. 1).

37. CJUE, 20 janv. 2016, *DHL Express (Italy)*, aff. C-428/4, points 58 et s.

par la victime d'une entente ou d'un abus de position dominante. Ce contentieux des conséquences civiles de l'interdiction des ententes et des abus de position dominante relève, de toute manière, de la compétence des tribunaux judiciaires et, en dernier ressort, de la Cour de cassation. En attribuant au Conseil d'État la compétence pour statuer sur les recours contre les décisions du Conseil de la concurrence, l'on prenait le risque de voir naître des conflits de jurisprudence, puisque la Cour de cassation, d'une part, et le Conseil d'État, d'autre part, pouvaient se livrer à des interprétations différentes des articles L. 420-1 et suivants du Code de commerce.

Sur plusieurs points, les règles de la procédure devant la cour d'appel de Paris dérogent aux dispositions du Code de procédure civile. Elles suivent alors les dispositions des articles R. 464-10 et suivants du Code de commerce. C'est ainsi que l'Autorité de la concurrence peut présenter des observations orales devant la cour d'appel (art. R. 464-19 C. com.)[38].

910. L'attribution de la compétence à la cour d'appel de Paris est cependant limitée au seul contentieux relatif aux décisions de l'Autorité de la concurrence. Le juge administratif est seul compétent pour statuer sur la responsabilité d'une personne publique, même lorsque le dommage résulte d'une activité de production, de distribution ou de services exercée par celle-ci[39].

Exemple. Un établissement public organise une exposition publique d'œuvres d'art renommées, dont il est propriétaire. Puis l'établissement public décide de vendre certaines de ces œuvres et il en confie la vente à un galeriste privé. Un galeriste concurrent reproche à l'établissement public d'avoir faussé le jeu de la concurrence et il l'assigne en réparation du dommage causé. Seul le juge administratif sera compétent pour statuer sur la responsabilité de l'établissement public.

911. Le délai pour agir devant la cour d'appel de Paris est d'un mois après la notification de la décision de l'Autorité de la concurrence. Le recours n'est pas suspensif, sauf si le premier président de la cour d'appel de Paris ordonne qu'il soit sursis à l'exécution de la décision si elle est susceptible d'entraîner des conséquences manifestement excessives ou s'il est intervenu, postérieurement à sa notification, des faits nouveaux d'une exceptionnelle gravité (art. L. 464-8, al. 1 et 2, C. com.).

Les arrêts de la cour d'appel de Paris peuvent être frappés d'un pourvoi en cassation dans le délai d'un mois à compter de la notification de l'arrêt (art. L. 464-8, al. 3, C. com.). Le président de l'Autorité de la concurrence peut former un pourvoi en cassation contre l'arrêt de la cour d'appel ayant annulé ou réformé une décision de l'Autorité (art. L. 464-8, al. 5, C. com.). Le pourvoi est généralement jugé par la chambre commerciale de la Cour de cassation.

912. Enfin, la cour d'appel de Paris n'est pas compétente pour connaître des contestations relatives à la *politique de communication* de l'Autorité de la concurrence[40].

---

38. Le législateur a tenu compte d'un arrêt de la CJUE du 7 déc. 2010, *Vebic*, aff. C-439/08, jugeant qu'une ANC doit avoir la faculté de participer, en tant que partie défenderesse, à une procédure judiciaire dirigée contre une décision dont cette autorité est l'auteur.

39. Cass. com., 8 avr. 2014, nº 13-11765.

40. CA Paris, ord., 12 mai 2021, nº 21/02163.

E. Les décisions du ministre concernant les pratiques anticoncurrentielles de moindre importance

913. En dépit des réticences, le législateur a confié au ministre de l'Économie un pouvoir d'instruction, d'injonction et de transaction à l'égard des pratiques de moindre importance. Les critères sont fixés par l'article L. 464-9 du Code de commerce : aucune des entreprises concernées n'a réalisé, en France, lors du dernier exercice clos un chiffre d'affaires supérieur à 50 millions d'euros et leurs chiffres d'affaires cumulés ne dépassent pas 200 millions d'euros.

Les pratiques visées sont les ententes, les abus de position dominante, les abus de dépendance économiques et les pratiques de prix abusivement bas qui affectent le marché.

En outre, les pratiques ne doivent pas relever de l'application des articles 101 et 102 TFUE ni avoir fait l'objet d'une saisine de l'Autorité de la concurrence (art. L. 464-9, al. 5, C. com.). Il convient de remarquer que l'Autorité de la concurrence peut rejeter sa saisine si elle estime que les pratiques anticoncurrentielles ont une dimension locale et peuvent être traitées par le ministre de l'Économie (art. L. 462-8, al. 3, C. com.).

914. Le ministre peut faire procéder à des enquêtes par les fonctionnaires de la DGCCRF. À l'issue de l'instruction, il peut enjoindre aux entreprises de mettre fin aux pratiques constatées. Il peut également proposer une transaction aux entreprises. Le montant doit être inférieur à la fois à 150 000 euros ou à 5 % du chiffre d'affaires réalisé en France. L'exécution de l'injonction et l'acceptation de la transaction font obstacle à la saisine de l'Autorité de la concurrence. Mais celle-ci est tenue informée de la transaction (art. L. 464-9, al. 2, C. com.).

En cas de refus de l'entreprise de transiger[41] ou d'inexécution de l'injonction, le ministre saisit l'Autorité de la concurrence (art. L. 464-9, al. 6, C. com.).

§2. La mise en œuvre par les juridictions ordinaires

A. La répression pénale des pratiques anticoncurrentielles

> ***Art. L. 420-6, al. 1er, C. com.*** Est puni d'un emprisonnement de quatre ans et d'une amende de 75 000 euros le fait, pour toute personne physique de prendre frauduleusement une part personnelle et déterminante dans la conception, l'organisation ou la mise en œuvre de pratiques visées aux articles L. 420-1, L. 420-2 et L. 420-2-2.

915. Avant 1986, sous l'empire des deux ordonnances du 30 juin 1945, toute infraction à l'interdiction des ententes et des abus de position dominante était

41. A. Marie, « Le refus d'une transaction avec la DGCCRF en cas de pratique anticoncurrentielle peut être risqué », *BRDA* 9/21, p. 27.

en principe pénalement réprimée, sous la qualification de pratique assimilée à la pratique de prix illicite. Le champ de l'incrimination était très large. La preuve de l'intention délictueuse n'était même pas exigée. En outre, il ne faut pas oublier que l'article 419 du Code pénal était resté en vigueur, qui permettait de poursuivre les auteurs d'ententes qui recherchaient un profit anormal. Mais si les textes étaient sévères, ils étaient en pratique rarement appliqués.

L'ordonnance de 1986 a largement *dépénalisé* la matière. Dans l'esprit des rédacteurs de ce texte, les sanctions prononcées par le Conseil de la concurrence remplaçaient les sanctions pénales. Cependant le législateur de l'ordonnance a tenu à conserver une incrimination pénale spéciale, dont les contours sont étroitement délimités. Tel est l'objet de l'article L. 420-6, al. 1er, du Code de commerce[42].

916. Les éléments constitutifs de l'infraction sont au nombre de quatre.

1) Elle doit être l'œuvre d'une personne physique.

2) Elle est une pratique anticoncurrentielle d'entente, d'abus de position dominante ou d'abus de dépendance économique. En revanche, la participation à une pratique de prix abusivement bas n'est pas incriminée, peut-être par suite d'une inadvertance du législateur. Il faut d'ailleurs admettre que si l'une des justifications de l'article L. 420-4 C. com. est prouvée, l'infraction n'est pas constituée.

3) L'auteur doit avoir pris une part personnelle et déterminante dans la conception, l'organisation ou la mise en œuvre de la pratique anticoncurrentielle. Le dirigeant de l'entreprise n'est donc pas, du seul fait de sa qualité, l'auteur de l'infraction. Le texte écarte toute présomption de culpabilité. En revanche un subordonné peut être responsable pénalement en raison de sa participation personnelle et déterminante à l'infraction.

De plus, l'article L. 420-6-1 C. com. exonère de l'infraction les directeurs, gérants et autres membres du personnel de l'entreprise qui ont pris une part personnelle et déterminante dans la conception, l'organisation ou la mise en œuvre de pratiques d'entente mentionnées à l'article L. 420-1, si cette entreprise a bénéficié d'une exonération totale des sanctions pécuniaires en application de la procédure de clémence ou de transaction prévues au IV de l'article L. 464-2, et s'il est établi qu'ils ont activement coopéré avec l'Autorité de la concurrence et le ministère public. L'article L. 420-6-1 précise ensuite ce qu'il faut entendre par « coopération active »[43].

4) L'acte doit être commis frauduleusement. Le sens de cette condition n'est pas clair. La simple conscience de nuire ne devrait pas suffire. Selon une interprétation stricte, qui s'impose en matière pénale, il faut au moins prouver l'intention de fraude, la volonté de tromper les partenaires économiques. Finalement l'on peut se demander si cette condition n'impose pas que soit rapportée la preuve du caractère occulte de la pratique anticoncurrentielle, qui se dissimule sous l'apparence d'un comportement commercial normal.

917. Les poursuites pénales obéissent aux règles de droit commun. L'action publique est mise en mouvement par le ministère public. L'article L. 462-6, al. 2,

42. J.-B. Blaise, « La sanction pénale », *in Les sanctions du droit de la concurrence*, *JCP* E 2013, 1168 et s.- La Cour de cassation a refusé de transmettre une QPC sur la constitutionnalité de l'article L. 420-6 C. com. V. Cass. crim., 19 déc. 2018, n° 18-82746.

43. « 1° La personne se tient à la disposition des services d'enquête et de l'Autorité de la concurrence pour répondre à toute question pouvant contribuer à établir les faits ; 2° La personne s'abstient de détruire, de falsifier ou de dissimuler des informations ou des preuves pertinentes ; 3° La personne apporte des éléments de preuve de nature à établir l'infraction et à en identifier les autres auteurs ou complices ».

C. com. dispose que l'Autorité de la concurrence adresse le dossier au procureur de la République « lorsque les faits lui paraissent de nature à justifier l'application de l'article L. 420-6 ». Les victimes peuvent également mettre en mouvement l'action publique, dans les conditions du droit commun[44].

B. L'application du droit de la concurrence par les juridictions civiles et commerciales

918. L'application des règles de concurrence par les juridictions civiles et commerciales se rencontre à l'occasion de deux types de litiges : ceux relatifs à la validité des actes passés en violation de l'interdiction des ententes et des abus de position dominante (1) et ceux relatifs à la réparation des victimes des ententes et des abus de position dominante (2).

Mais, avant de reprendre successivement chacun de ces cas, voyons la question de la compétence juridictionnelle. L'article L. 420-7 du Code de commerce limite le nombre des juridictions territorialement compétentes. D'une part, l'article R. 420-4 (annexe 4-1) du Code de commerce attribue une compétence exclusive à huit *tribunaux judiciaires* : les tribunaux de Marseille, Bordeaux, Lille, Fort-de-France, Lyon, Nancy, Paris et Rennes. D'autre part, l'article R. 420-3 (annexe 4-2) du Code de commerce attribue une compétence exclusive à huit *tribunaux de commerce* : les tribunaux de Marseille, Bordeaux, Lille, Fort de France, Lyon, Nancy, Paris et Rennes. En appel, une seule juridiction est reconnue compétente : la cour d'appel de Paris (art. R. 420-5 C. com.)[45].

1. Le contentieux de la validité des actes

919. Une première catégorie de litiges concerne la *validité* des actes juridiques conclus en violation des dispositions des textes sur les ententes et les abus de position dominante. Selon l'article L. 420-3 C. com. : « Est nul tout engagement, convention ou clause contractuelle se rapportant à une pratique prohibée par les articles L. 420-1, L. 420-2, L. 420-2-1 et L. 420-2-2 ». Quant à l'article 101 TFUE, il dispose en son paragraphe 2 que « les accords ou décisions interdits en vertu du présent article sont nuls de plein droit ».

L'exemple le plus simple est évidemment celui d'un contrat constituant une entente interdite, contraire à l'article L. 420-1 du Code de commerce ou à l'article 101, § 1, TFUE. Un tel contrat est nul. Il s'agit d'une nullité absolue car la règle transgressée visait l'intérêt général (art. 1179 C. civ.). En pratique, la nullité atteindra souvent une clause particulière d'un contrat, par exemple une clause d'exclusivité d'approvisionnement. Dans ce cas, n'y a-t-il que la clause qui est nulle ou bien est-ce que la nullité de la clause entraîne celle du contrat dans son ensemble ? Pour répondre à cette question, l'on appliquera la règle civile : la nullité d'une clause anticoncurrentielle entraîne celle du contrat si, pour les parties, cette clause constituait l'élément déterminant de la conclusion du contrat (art. 1184 C. civ.).

44. Le délit est une infraction continue. La prescription ne commence à courir qu'à partir du jour où l'acte délictueux a pris fin. V. Cass. crim., 17 juin 2009, n° 08-84482.

45. Cass. com., 10 juill. 2018, n° 17-16365.

Il se peut aussi que l'acte juridique soit nul parce qu'il constitue un abus de position dominante ou un abus de dépendance économique, contrevenant à l'article L. 420-2 du Code de commerce ou à l'article 102 TFUE.

920. L'on remarque que l'article L. 420-3 C. com. ne vise pas l'article L. 420-5 C. com. concernant la pratique de prix abusivement bas. Est-ce à dire que les conventions relatives à des prix abusivement bas échappent à la nullité ? La question n'est pas purement théorique. Elle se pose inévitablement à propos des contrats de vente stipulant un prix bas qui se révèle par la suite être abusif. Bien que l'article L. 420-3 ne vise pas expressément l'article L. 420-5, il faut décider que le contrat de vente est nul, d'une nullité absolue, comme contrevenant à une disposition (l'article L. 420-5) ayant pour finalité la sauvegarde de l'intérêt général (art. 1179 C. civ.).

La nullité étant une nullité absolue, elle peut être invoquée par tout intéressé. En pratique, les actions en nullité sont peu fréquentes. C'est par la voie de *l'exception de nullité*, donc en réponse à une demande d'exécution que la nullité sera invoquée.

L'Autorité de la concurrence n'est pas compétente pour statuer sur la validité civile d'un contrat. Elle ne peut que constater l'existence d'une pratique anticoncurrentielle prohibée par l'ordonnance, sans pouvoir en tirer elle-même les conséquences civiles. En application de l'article L. 462-3 du Code de commerce, le tribunal devant lequel la nullité est invoquée a la possibilité de consulter l'Autorité de la concurrence, sans cependant être lié par l'avis délivré par celui-ci.

2. Le contentieux de la réparation

921. Cette deuxième catégorie de litiges concerne la *responsabilité extracontractuelle* des auteurs de pratiques anticoncurrentielles[46]. La victime de l'entente ou de l'abus de domination demande alors réparation du préjudice qu'elle subit[47]. Elle demande l'allocation de dommages et intérêts. L'action est la mise en œuvre du principe de la responsabilité civile, posé par les articles 1240 et 1241 du Code civil. La victime doit donc prouver une faute, un dommage et un lien de causalité direct et certain[48]. La conclusion ou la mise en œuvre d'une entente, la commission d'un abus de position dominante ou d'un abus de dépendance économique, constitue une faute civile, imputable à la personne morale[49] ou à la personne physique exploitant l'entreprise, auteur du comportement anticoncurrentiel[50]. (Ce moyen de lutte contre les pratiques anticoncurrentielles est affublé en France de l'appellation anglo-saxonne de *private enforcement*.) Cependant, comme chaque fois qu'il s'agit d'une atteinte à la capacité concurrentielle d'une entreprise, le dommage sera difficile à chiffrer.

922. Depuis quelques années, la Commission européenne souhaite voir se développer les actions civiles en dommages et intérêts, à l'image de ce qui se

46. J. Vogel, « Stratégies et moyens de défense face à une action en dommages-intérêts pour atteinte au droit de la concurrence », in *Les sanctions du droit de la concurrence*, *JCP* E 2013, 1168 et s.

47. Ex. Cass. com., 1er mars 2023, n° 20-18356, *Contrats, conc. consom.* mai 2023, comm. 85, obs. D. Bosco.

48. Sur les difficultés de prouver le lien de causalité, v. CA Paris, 10 mai 2017, n° 15/05918, *BRDA* 18/17, n° 25.

49. P. ex. une société mère est responsable du comportement anticoncurrentiel de sa filiale. V. Cass. com., 18 oct. 2017, n° 16-19120.

50. T. d'Ales et A. Constans, « Indépendance de l'action en réparation consécutive à une sanction prononcée par l'Autorité de la concurrence », *JCP* E 2014, 1145.

passe aux États-Unis, où elles sont très fréquentes. La Commission y voit un puissant moyen de lutte contre les ententes injustifiables[51]. Elle a notamment recommandé aux États membres de développer la possibilité d'actions collectives en responsabilité. Elle a adopté le 26 novembre 2014 la directive n° 2014/104 relative aux actions en dommages et intérêts pour pratiques anticoncurrentielles. La France s'est ralliée à la politique de la Commission et la directive a été transposée par l'ordonnance n° 2017-303 du 9 mars 2017, qui a ajouté un titre huitième au livre IV du Code de commerce, intitulé « Des actions en dommages et intérêts du fait des pratiques anticoncurrentielles » (art. L. 481-1 à L. 483-11 C. com.)[52]. L'objectif du législateur est que les victimes des pratiques anticoncurrentielles (ententes, abus de position dominante, abus de dépendance économique, pratique de prix abusivement bas, etc.) obtiennent une juste et effective réparation du dommage qui leur a été causé (art. L. 481-1 C. com.). L'ordonnance allège la charge de la preuve pour les victimes. En effet, premièrement, une décision de condamnation de l'Autorité de la concurrence ou de la Commission européenne constitue une présomption irréfragable de l'existence d'une pratique anticoncurrentielle (art. L. 481-2 C. com.). Deuxièmement, l'ordonnance énonce une liste indicative des différents préjudices subis par une victime de pratiques anticoncurrentielles (art. L. 481-3 C. com.)[53]. L'ordonnance instaure une solidarité entre les auteurs de la pratique anticoncurrentielle (art. L. 481-9 C. com.), sauf pour les petites et moyennes entreprises ainsi que pour celles qui ont bénéficié d'une exonération de sanction dans le cadre d'une procédure de clémence (art. L. 481-10 et L. 481-11 C. com.). L'action en réparation se prescrit dans le délai de 5 ans à compter du jour où le demandeur a connu ou aurait dû connaître les faits ou les actes litigieux, le fait que cette pratique lui cause un dommage et l'identité de l'un des coauteurs. Et, la prescription ne peut commencer à courir tant que la pratique n'a pas cessé (art. L. 482-1 C. com.).

923. De plus, il existe en France, depuis 2014, une action de groupe. Les articles L. 623-1 et suivants du Code de la consommation permettent à un groupe de consommateurs d'obtenir la réparation d'un préjudice résultant de pratiques anticoncurrentielles au sens du titre II du livre IV du Code de commerce ou des articles 101 et 102 TFUE. L'action de groupe est portée devant le tribunal judiciaire (art. L. 211-9-2 COJ) par une association de consommateurs agréée. Dans son jugement, le tribunal se prononce sur la responsabilité du professionnel et définit le groupe de consommateurs à l'égard desquels cette

---

51. R. Amaro et J.-F. Laborde, *La réparation des préjudices causés par les pratiques anticoncurrentielles, Recueil de décisions commentées*, Publications Concurrences, 2e éd., 2021, préf. J. Riffault-Silk.

52. M. Nussenbaum, « L'impact, à travers la jurisprudence de la directive 2014/104/UE et de sa transposition (décret 2017/305), sur la réparation des préjudices privés », Contrats, conc. consom. janv. 2021, étude 7.

53. On y trouve : 1° La perte résultant du surcoût correspondant à la différence entre le prix du bien ou du service qu'il a effectivement payé et celui qui l'aurait été en l'absence de commission de l'infraction, sous réserve de la répercussion totale ou partielle de ce surcoût qu'il a éventuellement opérée sur son contractant direct ultérieur ; la perte résultant de la minoration résultant d'un prix plus bas que lui a payé l'auteur de l'infraction ; le gain manqué résultant notamment de la diminution du volume des ventes liée à la répercussion partielle ou totale du surcoût qu'il a été amené à opérer sur ses contractants directs ou de la prolongation certaine et directe des effets de la minoration des prix qu'il a dû pratiquer ; la perte de chance ; le préjudice moral.- Dans l'affaire *Orange Caraïbe*, la cour d'appel de Paris a également admis la réparation du « préjudice de trésorerie », qui correspond à la perte de chance du fait de l'indisponibilité du capital alloué initialement jusqu'au jour du jugement définitif (CA Paris, 17 juin 2020, n° 17/23041, *Contrats, conc. consom.* août-sept. 2020, comm. 129, obs. D. Bosco).

responsabilité est engagée. Il ordonne les mesures propres à informer les consommateurs pouvant appartenir au groupe et fixe un délai pour y adhérer. L'adhésion au groupe vaut mandat donné à l'association aux fins d'obtenir l'indemnisation. Le professionnel doit indemniser chaque consommateur ayant adhéré au groupe dans les conditions et délais fixés par le jugement.

Lorsque l'action de groupe a pour objet la réparation des préjudices résultant d'une pratique anticoncurrentielle, la responsabilité du professionnel ne peut être engagée que si elle est la suite d'une décision d'une autorité ou d'une juridiction de concurrence, nationale ou européenne, établissant l'existence de la pratique et contre laquelle toutes les voies de recours sont épuisées (art. L. 623-24 C. consom.).

Mais, comme les procédures en matière de concurrence, notamment devant les instances européennes, sont parfois très longues, on peut craindre que les entreprises condamnées ne forment des recours très généraux, englobant systématiquement la preuve des pratiques litigieuses, afin de retarder l'exercice de l'action de groupe.

924. Une question importante est celle de la réparation du préjudice des victimes indirectes, en fait les sous-acquéreurs d'un produit dont le prix a été faussé par une entente entre producteurs. La Cour de cassation admet l'action en réparation intentée par le sous-acquéreur contre les responsables de l'entente, à condition qu'il prouve que l'acquéreur intermédiaire a répercuté sur ses clients le prix résultant de l'entente et que le sous-acquéreur ne l'a pas lui-même répercuté sur ses propres clients[54].

De même la CJUE admet qu'une personne qui n'opère pas sur le marché affecté par le comportement d'une entente – car elle n'est ni un fournisseur ni un acheteur sur ce marché – peut demander réparation du préjudice que lui a causé cette entente[55].

925. Une autre question est celle de la transmission à la juridiction civile ou commerciale compétente pour statuer sur la responsabilité civile des documents détenus par l'Autorité de la concurrence. Le demandeur en réparation peut solliciter du juge la communication ou la production de pièces. Pour ce faire, le juge « apprécie la justification [de la demande] en tenant compte des intérêts légitimes des parties et des tiers. Il veille en particulier à concilier la mise en œuvre effective du droit à réparation, en considération de l'utilité des éléments de preuve dont la communication ou la production est demandée, et la protection du caractère confidentiel de ces éléments de preuve ainsi que la préservation de l'efficacité de l'application du droit de la concurrence par les autorités compétentes » (art. L. 483-1, al. 2, C. com.). Le législateur a essayé de protéger le secret des affaires tout en répondant à la demande légitime de la victime.

54. Cass. com., 15 juin 2010, n° 09-15816.- Interrogée dans le cadre d'un renvoi en interprétation, la Cour de justice de l'UE a répondu que l'acheteur d'un produit chez un fournisseur non-membre d'une entente, mais qui avait aligné son prix sur celui d'un cartel condamné pour fixation concertée des prix, pouvait obtenir réparation auprès des membres du cartel en raison du dommage que lui causait la surélévation du prix. V. CJUE, 5 juin 2014, *Kone*, aff. C-557/12, *JCP* E 2014, 1401, G. Maréchal, *D.* 2014, p. 1525, note S. Carval.

55. CJUE, 12 déc. 2019, *Otis*, C-435/18, *Contrats, conc. consom.* févr. 2020, comm. 28, obs. D. Bosco.

Section 2
La mise en œuvre des règles européennes de concurrence

926. Le traité instituant la Communauté européenne n'avait pas organisé la mise en œuvre des articles 81 et 82. L'article 83 confiait ce soin au Conseil, intervenant par voie de règlement.

En 1962, le Conseil avait adopté un premier règlement d'application des articles 81 et 82 du traité[56]. Quarante ans plus tard, ce premier règlement a été abrogé et remplacé par le règlement n° 1/2003 du Conseil du 16 décembre 2002 relatif à la mise en œuvre des règles de concurrence prévues aux articles 81 et 82 du traité (devenus art. 101 et 102 TFUE).

Comme nous l'avons signalé (*supra* n° 765), la Commission européenne envisage de remplacer le règlement n° 1/2003 par un nouveau règlement. La procédure de révision a été lancée en juin 2022. Les réponses à un questionnaire rédigé par la Commission ont été publiées. La révision a été évoquée dans plusieurs articles et colloques. Mais, à l'heure où nous écrivons, la proposition de règlement n'est pas encore connue[57].

927. Le règlement n° 1/2003 est consacré à la *répression* des ententes et des abus de position dominante interdits par les articles 101 et 102 TFUE (1§). Il convient également de rappeler les formes de l'*exemption* des ententes prévue par l'article 101, § 3, TFUE (2§).

§1. La répression des ententes et des abus de position dominante

928. Le règlement 1/2003 a conservé une règle qui figurait dans l'ancien règlement n° 17/62, celle des compétences parallèles. À la compétence de l'autorité communautaire s'ajoute celle des autorités nationales.

A. Compétence de l'Union européenne

929. Le règlement n° 1/2003 confie à la Commission européenne le soin de veiller au respect des interdictions des articles 101 et 102 TFUE.

La Commission peut se saisir d'office ou être saisie par une plainte d'un État membre ou d'une personne physique ou morale faisant valoir un intérêt légitime. La Commission doit alors procéder à un premier examen de l'affaire. Si elle estime que la plainte présente un intérêt communautaire suffisant[58] et que les faits sont suffisamment étayés, elle décide d'ouvrir la procédure. Dans le cas contraire elle en avise le plaignant, en donnant les motifs de sa décision de rejet.

56. Règlement n° 17/62 du 6 févr. 1962.
57. L. Idot, « À propos des 20 ans du règlement (CE) n° 1/2003 », *Europe* avril 2023, p. 2, focus 23.
58. TPICE, 26 janv. 2005, *Laurent Piau*, aff. T-193/02, points 80 et s.

La Commission dispose de pouvoirs d'enquête étendus. Les fonctionnaires européens peuvent procéder, sur mandat écrit de la Commission, à des auditions et à des perquisitions dans les locaux des entreprises, sur toute l'étendue de l'Union européenne[59]. Mais le règlement n° 1/2003 prévoit, d'une part, que la Commission mène les enquêtes en liaison avec les autorités compétentes des États membres[60] et, d'autre part, que la Commission doit respecter les dispositions nationales relatives à la protection des libertés individuelles (art. 20)[61]. Ainsi, une perquisition menée en France devra respecter les garanties de l'article L. 450-4 du Code de commerce.

La procédure est contradictoire : avant toute décision, la Commission doit donner aux entreprises la possibilité de faire valoir leur point de vue et de contester les faits prétendument relevés ainsi que les qualifications retenues. L'entreprise ne peut être condamnée que sur des griefs qui ont été portés à sa connaissance. De même, l'entreprise peut avoir accès au dossier. Le respect des droits de la défense est un droit fondamental, qui fait partie intégrante des principes généraux du droit européen dont la Cour de justice assure l'efficacité (art. 27)[62].

930. La Commission peut prendre une décision enjoignant aux entreprises de mettre fin au comportement anticoncurrentiel, de prendre les mesures correctives de nature structurelle ou comportementale qu'elle juge nécessaires (art. 7) et, dans les cas graves, prononcer une sanction pécuniaire pouvant aller jusqu'à 10 % du chiffre d'affaires réalisé par l'entreprise au cours de l'exercice précédent (art. 23). En pratique, la Commission n'hésite pas à prononcer des amendes élevées, parfois de plusieurs centaines de millions d'euros, destinées à sanctionner les manquements les plus graves aux articles 101 et 102 TFUE.

931. L'amende qui frappe une filiale est imputable, solidairement, à sa société mère lorsque la filiale ne détermine pas de façon autonome son comportement sur le marché et, de ce fait, forme avec la société mère une même entreprise, au sens du droit européen de la concurrence. On peut présumer que la filiale dont le capital est détenu en totalité ou en quasi-totalité par sa société mère ne détermine pas de façon autonome son comportement[63]. Dans un arrêt du 27 janvier 2021 la Cour a précisé que si une société mère détenait l'ensemble des droits de vote attachés aux actions de sa filiale, elle se retrouvait dans une situation analogue à celle d'une société détenant la totalité ou la quasi-totalité du capital de la filiale[64].

932. La Commission peut aussi accepter les engagements proposés par les entreprises incriminées et les déclarer obligatoires. L'acceptation des engagements met fin à la procédure[65].

---

59. Sur les copies de fichiers numériques, CJUE, 16 juill. 2020, *Nexans France et Nexans*, aff. C-606/18 P, *Concurrences* 2020/4, p. 197, obs. P. Cardonnel.

60. Le Code de commerce organise cette coopération, v. les art. L. 450-1, I, et L. 462-9, II.

61. CJCE, 10 nov. 1993, *Otto BV*, aff. C-60/92.

62. CJCE, 21 sept. 1989, *Hoechst*, aff. 46/87 et 227/88.

63. CJCE, 10 sept. 2009, *Akzo Nobel*, aff. C-97/08 P.

64. CJUE, 27 janv. 2021, *The Goldman Sachs Group*, aff. C-595/18.

65. Sur les effets de l'engagement, v. CJUE, 9 déc. 2020, *Groupe Canal+*, aff. C-132/19 P, *Contrats, conc. consom.* févr. 2021, comm. 29, obs. D. Bosco.

933. La décision est publiée. Un recours, en annulation ou de pleine juridiction, est ouvert devant le Tribunal de première instance de l'Union européenne.

934. Les affaires sont traitées par la direction de la concurrence de la Commission. Celle-ci dispose de moyens limités et ne peut instruire de façon approfondie que quelques dizaines d'affaires chaque année. C'est pourquoi le règlement n° 1/2003 reconnaît de larges pouvoirs aux autorités de concurrence des États membres.

B. La compétence des autorités et juridictions nationales

935. Les autorités nationales sont compétentes pour appliquer les articles 101 et 102 TFUE. Mais leur compétence n'a pas le même fondement selon qu'il s'agit des autorités spécialisées ou des juridictions ordinaires.

936. Le règlement n° 1/2003 attribue une compétence particulière aux autorités nationales spécialisées dans le droit de la concurrence (par exemple, en France, l'Autorité de la concurrence et la cour d'appel de Paris) afin d'appliquer l'interdiction des ententes et des abus de position dominante (art. 5).

Bien plus, l'article 3, § 1er, du règlement 1/2003 *fait obligation aux autorités et juridictions nationales d'appliquer les articles 101 et 102, au besoin d'office*, lorsqu'elles appliquent leur droit national à une entente ou à un abus de position dominante qui est susceptible d'affecter le commerce entre États membres.

L'autorité nationale procède selon les règles de procédure de son droit interne. Elle a une autonomie procédurale (art. 470-6 C. com.). En pratique, l'Autorité de la concurrence applique cumulativement les interdictions du droit interne et les interdictions du droit européen. Ainsi, les entreprises parties à une entente interdite peuvent être poursuivies et condamnées sur la base, à la fois, de l'article L. 420-1 du Code de commerce et de l'article 101, § 1, TFUE. La CJUE a estimé que cette application cumulative n'était pas contraire au principe « non bis in idem » en vertu duquel une personne ne peut être punie deux fois pour les mêmes faits (art. 50 de la Charte des droits fondamentaux de l'UE) : « le principe *ne bis in idem* énoncé à l'article 50 de la Charte doit être interprété en ce sens qu'il ne s'oppose pas à ce qu'une autorité nationale de concurrence inflige à une entreprise, dans le cadre d'une même décision, une amende pour violation du droit national de la concurrence et une amende pour violation de l'article 82 CE »[66]. Toutefois, « dans une telle situation, l'autorité nationale de concurrence doit (...) s'assurer que les amendes prises ensemble sont proportionnées à la nature de l'infraction »[67].

937. L'ordonnance n° 2021-649 du 26 mai 2021 a considérablement accru les pouvoirs de l'Autorité de la concurrence, qu'il s'agisse de l'application du droit de la concurrence de l'Union ou du droit interne de la concurrence. Elle a transposé la directive européenne n° 2019/1 du 11 décembre 2018, dite « ECN + » (*European Competition Network*), qui a pour objet d'harmoniser les législations des États membres en garantissant que les autorités nationales de concurrence

66. CJUE, 3 avr. 2019, *Powszechny Zakład Ubezpieczeń na Życie S.A.*, aff. C-617/17, point 39.- CJUE, 22 mai 2022, *Bundeswettbewerbsbehörde*, aff. C-151/20, point 58.

67. CJUE, 3 avr. 2019, *Powszechny Zakład Ubezpieczeń na Życie S.A.*, aff. C-617/17, point 39.

disposent des pouvoirs nécessaires à l'application effective des règles de concurrence. Les nouveaux textes précisent grandement les rapports entre l'Autorité française de la concurrence et les autorités des autres États membres.

Le règlement de procédure n° 1/2003 institue une coopération étroite entre la Commission et les autorités de concurrence des États membres. Il met en place un réseau des autorités qui permet un échange permanent et complet de toutes les informations en matière de poursuite des ententes et des abus de position dominante[68]. Le troisième alinéa du I de l'article L. 450-1, modifié par l'ordonnance du 26 mai 2021, dispose que dans le cas où des investigations sont menées au nom ou pour le compte d'une autorité de concurrence d'un autre État membre, le rapporteur général de l'Autorité de la concurrence autorise des agents de l'autorité de concurrence de l'autre État membre à assister activement les agents mentionnés à l'article L. 450-1, I, dans leurs investigations, sous la surveillance de ces derniers.

938. Cependant, la compétence de l'autorité nationale n'est que subsidiaire. Si la Commission européenne décide de son côté d'ouvrir une procédure dans la même affaire, l'autorité nationale doit interrompre ses poursuites. Lorsque plusieurs autorités nationales sont saisies d'une plainte au titre de l'article 101 ou de l'article 102 à propos d'un même accord ou d'une même pratique, le fait qu'une autorité traite l'affaire constitue pour les autres autorités un motif suffisant de rejet de la plainte. Enfin, pour éviter des contradictions de décisions, l'article 3 du règlement n° 1/2003 prévoit expressément que l'application du droit national de la concurrence ne peut pas entraîner l'interdiction d'une entente qui, soit ne fausse pas la concurrence, au sens de l'article 101, § 1, TFUE, soit bénéficie d'une exemption, individuelle ou par catégorie, fondée sur l'article 101, § 3.

939. Les juridictions civiles et commerciales sont également compétentes pour appliquer les articles 101 et 102 TFUE dans le cadre des litiges privés dont elles sont saisies. La juridiction nationale est alors compétente en vertu de l'effet direct du droit de l'Union. Par leur effet direct, les articles 101 et 102 créent en effet des droits au profit des particuliers, que ceux-ci peuvent faire valoir devant les juridictions ordinaires. Cette compétence est d'ailleurs confirmée par l'article 6 du règlement n° 1/2003. Sur la base des interdictions édictées par les articles 101 et 102 TFUE, le tribunal peut constater la nullité d'un acte juridique ou retenir la responsabilité civile de l'entreprise auteur d'un comportement anticoncurrentiel.

§2. L'exemption des ententes compatibles avec le marché intérieur

940. Les ententes qui remplissent les conditions posées par l'article 101, § 3, peuvent bénéficier d'une exemption[69]. Il existe deux procédures d'exemption : la procédure de l'exemption individuelle et la procédure de l'exemption collective, dite encore « par catégorie ».

68. E. David, « La coopération entre autorités nationales au sein du Réseau européen de concurrence », *Concurrences* 1/2009, p. 39.

69. Sur l'exemption prévue par le droit interne, v. *supra*, n° 825.

A. L'exemption individuelle

941. Dans le système retenu par le règlement n° 17/62 de 1962, la procédure communautaire de l'exemption individuelle différait radicalement du système français. Elle était en effet fondée sur le principe de la *notification obligatoire* des ententes.

942. Le règlement n° 1/2003 remplace aujourd'hui le système de la notification des ententes par le système dit de l'« exception légale ». L'article 1er du règlement dispose que les accords, décisions et pratiques concertées visées à l'article 101, § 1, TFUE qui remplissent les conditions de l'article 101, § 3, « ne sont pas interdits, sans qu'une décision préalable soit nécessaire à cet effet ». Il en résulte que toute autorité ou toute juridiction compétente pour appliquer l'interdiction édictée au paragraphe 1er de l'article 101 TFUE, l'est aussi pour accorder l'exemption sur la base du paragraphe 3. Le système européen de l'exemption individuelle est donc identique à celui du droit interne.

B. L'exemption par catégorie

943. L'exemption par catégorie résulte d'un règlement pris par la Commission, sur habilitation du Conseil. Le règlement d'exemption définit une catégorie d'accords, dont on présume qu'ils remplissent les quatre conditions posées par l'article 101, § 3, TFUE, notamment la contribution à l'amélioration de la production ou de la distribution dans l'intérêt des utilisateurs. En principe, les accords qui entrent dans la catégorie définie par le règlement bénéficient de plein droit de l'exemption.

La Commission a fait un large usage des règlements d'exemption par catégorie, ainsi notamment dans les domaines de la distribution[70], de la recherche et développement, des transferts de technologie et des transports.

944. L'article 29 du règlement n° 1/2003 reconnaît à la Commission le pouvoir de retirer le bénéfice d'un règlement d'exemption lorsqu'elle estime, dans un cas déterminé, que les conditions de l'article 101, § 3, TFUE ne sont pas remplies. L'article 29 reconnaît aux autorités de concurrence des États membres le même pouvoir lorsqu'une entente produit sur le territoire national de cette autorité des effets incompatibles avec l'article 101, § 3.

945. En conclusion, lorsque l'on veut examiner un accord particulier au regard de l'article 101 TFUE, d'un point de vue purement pratique, il faut successivement :

- rechercher si l'accord correspond à une catégorie bénéficiant d'un règlement d'exemption ; si la réponse est affirmative, l'accord est réputé compatible avec le droit de l'Union européenne ;
- dans le cas contraire, rechercher si l'accord remplit les conditions de l'article 101, § 1, (a-t-il pour objet ou pour effet de restreindre la concurrence dans le marché commun ? est-il susceptible d'affecter le commerce entre États membres ?) ; si la réponse est négative, l'accord échappe à l'interdiction ;

70. Les accords verticaux bénéficient d'une exemption générale, prévue par le règlement n° 2022/720 du 10 mai 2022 (*infra*, n° 1174 et s.).

- si la réponse à la question précédente est affirmative, il convient d'examiner si l'accord peut bénéficier d'une exemption individuelle (remplit-il les conditions de l'article 101, § 3 ?) ;
- si la réponse à la question précédente est négative, il est conseillé de mettre fin à l'accord ou de le modifier.

Sous-titre 3

Le contrôle des concentrations d'entreprises

946. La concentration consiste en un regroupement d'entreprises entraînant une modification durable des structures de marché, une perte de l'indépendance des différentes entreprises regroupées et un renforcement du pouvoir économique de l'ensemble.

En raison des transformations profondes et durables qu'entraîne la concentration sur les conditions de la concurrence, la plupart des systèmes juridiques organisent leur contrôle par une autorité de concurrence. En droit français interne, ce sont les dispositions du titre III du livre IV du Code de commerce qui organisent le contrôle des concentrations (chapitre 1). En droit européen, c'est le règlement n° 139-2004 du Conseil du 20 janvier 2004, qui régit le contrôle des concentrations[1] (chapitre 2). Remarquons tout de suite que les deux contrôles ne se superposent pas. Ils ne font pas double emploi. Les opérations de concentration relèvent soit du contrôle national, soit du contrôle communautaire, en fonction de leur importance.

1. Succédant à : Règlement (CEE) n° 4064/89 du Conseil, 21 déc. 1989, relatif au contrôle des opérations de concentration entre entreprises.

CHAPITRE 1

Le contrôle des concentrations en droit interne

947. En France, la question du contrôle des concentrations a été vivement débattue dans les années 1970. Traditionnellement, la France n'avait jamais connu un tel contrôle et l'opinion y était plutôt hostile. Selon une idée très répandue à l'époque, les fusions et les regroupements d'entreprises industrielles étaient nécessaires afin de parvenir à une amélioration de leur rentabilité et de leur compétitivité. Les entreprises devaient s'unir afin de parvenir, par croissance externe, à leur dimension économique optimale. Contrairement aux ententes, que l'on suspectait de plus en plus de freiner le dynamisme économique, les concentrations jouissaient d'une présomption favorable. Nombreux étaient ceux qui pensaient que les opérations de concentration, entre entreprises françaises en tout cas, devaient pouvoir se réaliser librement, sous la seule condition de respecter les règles du droit des sociétés.

Cependant les partisans d'une politique de concurrence plus active faisaient valoir deux arguments en faveur d'un contrôle. D'abord, il était paradoxal de condamner les ententes sans surveiller les opérations de concentration. Il était en effet illogique de laisser faire au moyen d'une concentration ce qui était interdit au moyen d'une entente. Ensuite, il ne suffisait pas de condamner les abus de position dominante, il fallait, pour préserver la concurrence sur les marchés, empêcher la constitution de positions tellement puissantes qu'elles dérivaient inévitablement vers l'abus. Il ne fallait évidemment pas décourager les concentrations raisonnables, mais il fallait se doter d'un dispositif juridique permettant de faire obstacle aux opérations les plus dangereuses.

Finalement, la loi du 19 juillet 1977 institua le contrôle de la concentration économique, mais pour une autre raison. Le gouvernement craignait à l'époque la mise en place d'un système communautaire de contrôle des concentrations. Celui-ci n'était encore qu'à l'état d'ébauche, mais s'il voyait le jour, il était certain qu'il confierait le contrôle à la Commission européenne. Les États membres seraient alors privés d'une partie de leurs prérogatives dans la détermination de leurs politiques industrielles. C'est pour prendre les devants que le gouvernement déposa son projet de loi. En effet, les partisans d'un contrôle communautaire ne pouvaient plus prendre prétexte de l'absence de contrôle à l'échelle nationale.

Il faut ajouter que l'administration économique française tenait à conserver la direction de la *politique industrielle*, notamment en orientant la restructuration des grandes entreprises. Elle ne pouvait admettre que le contrôle des concentrations fût confié à une autorité indépendante, dont les décisions auraient pu contrecarrer la politique industrielle du gouvernement. C'est pourquoi la loi du 19 juillet 1977 confiait au ministre de l'Économie, agissant conjointement avec les ministres du secteur intéressé, le pouvoir de prendre les décisions d'autorisation ou d'interdiction, la Commission de la concurrence n'ayant qu'une fonction consultative.

948. La loi du 9 juillet 1977 fut, en fait, peu appliquée. Les rédacteurs de l'ordonnance du 1er décembre 1986 en conservèrent cependant les dispositions essentielles, sans faire vraiment preuve d'imagination. Elles formèrent le titre III du livre IV du Code de commerce, intitulé *De la concentration économique*,

La loi *NRE* du 15 mai 2001 allait remanier en profondeur ce titre III dont toutes les dispositions furent réécrites. Le champ du contrôle était considérablement élargi. Les opérations de concentration étaient désormais soumises à une procédure de notification obligatoire et le contrôle devenait systématique. Les pouvoirs du ministre de l'Économie étaient accrus et il était fait une large place à la possibilité pour les entreprises de prendre des engagements. Cependant le Conseil de la concurrence conservait un rôle réduit. Il ne pouvait donner que des avis, à la demande du ministre.

949. La loi *LME* du 4 août 2008 et l'ordonnance du 13 novembre 2008 ont opéré une mutation radicale de la compétence de contrôle en transférant le pouvoir de décision, qui appartenait jusqu'alors au ministre de l'Économie et aux services de la DGCCRF, à la nouvelle Autorité de la concurrence[1]. En revanche, elles n'ont pas profondément modifié les règles de fond du titre III.

L'Autorité de la concurrence avait publié en 2009 et 2013 des *Lignes directrices relatives au contrôle des concentrations*. Elle en a adopté en juillet 2020 une nouvelle version[2]. L'Autorité de la concurrence, qui a repris de nombreuses suggestions qui lui avaient été faites, expose l'essentiel de sa doctrine en la matière.

Nous verrons d'abord quelles sont les concentrations soumises au contrôle (section 1) avant de s'intéresser à l'organisation du contrôle (section 2).

Section 1
Les concentrations soumises au contrôle

950. Quelles sont les opérations de concentration qui peuvent être contrôlées ? Le Code de commerce pose deux conditions. La première concerne la *définition* même de l'opération de concentration. Cette définition est très large, afin d'englober toutes les formes possibles de la concentration (§ 1). La seconde condition est relative à *l'importance économique* de l'opération (§ 2).

1. S. Martin, « Contrôle des concentrations : la fin d'une exception française », *JCP* E 2009, 1117.
2. *Contrats, conc. consom.* oct. 2020, comm. 147, obs. D. Bosco.

§1. Définition de l'opération de concentration

> ***Art. L. 430-1 C. com.*** I. – Une opération de concentration est réalisée :
> 1° Lorsque deux ou plusieurs entreprises antérieurement indépendantes fusionnent ;
> 2° Lorsqu'une ou plusieurs personnes, détenant déjà le contrôle d'une entreprise au moins ou lorsqu'une ou plusieurs entreprises acquièrent, directement ou indirectement, que ce soit par prise de participation au capital ou achat d'éléments d'actifs, contrat ou tout autre moyen, le contrôle de l'ensemble ou de parties d'une ou plusieurs autres entreprises.
> II. – La création d'une entreprise commune accomplissant de manière durable toutes les fonctions d'une entité économique autonome constitue une concentration au sens du présent article.

951. Depuis la réforme introduite par la loi *NRE* du 15 mai 2001, l'article L. 430-1 reprend la définition adoptée par les règlements de l'Union européenne. Trois sortes d'opérations sont ainsi qualifiées d'opération de concentration : la fusion de sociétés, la prise de contrôle et la création d'une entreprise commune.

952. La fusion de deux sociétés est le type de l'opération de concentration. Dans la fusion-absorption, l'une des sociétés est absorbée par l'autre et disparaît en tant qu'être moral. Dans la fusion avec création de société nouvelle, les deux sociétés disparaissent pour former la société nouvelle. Dans tous les cas, les patrimoines des sociétés viennent se fondre en un patrimoine unique.

953. L'acquisition du contrôle est définie de façon très large. Elle résulte la plupart du temps d'une prise de participation dans le capital d'une autre société. Ainsi, une société acquiert la majorité des actions d'une société anonyme, par achat d'un bloc d'actions ou par une offre publique d'achat. À l'issue de l'opération, la société qui a acquis les actions dispose de la majorité des droits de vote dans l'autre société et se trouve en mesure de nommer ses dirigeants. En fait, elle domine la société qui est devenue sa filiale.

Mais le contrôle peut aussi, bien que ce soit plus rare, résulter de l'achat des actifs d'une entreprise ou d'un contrat quelconque ou même de « tout autre moyen ».

Le contrôle d'une entreprise est défini par le III de l'article L. 430-1 du Code de commerce.

> ***Art. L. 430-1 C. com.*** III.- Aux fins de l'application du présent titre, le contrôle découle des droits, contrats ou autres moyens qui confèrent, seuls ou conjointement et compte tenu des circonstances de fait ou de droit, la possibilité d'exercer une influence déterminante sur l'activité d'une entreprise, et notamment :
> — des droits de propriété ou de jouissance sur tout ou partie des biens d'une entreprise ;
> — des droits ou des contrats qui confèrent une influence déterminante sur la composition, les délibérations ou les décisions des organes d'une entreprise.

954. L'entreprise commune est généralement une société qui est créée par deux entreprises concurrentes ou faisant partie de deux groupes de sociétés concurrents, en vue de réaliser une tâche commune dans le domaine de la recherche ou de la production industrielle. La filiale est souvent placée sous le contrôle égal des deux sociétés mères, chacune d'entre elles possédant la moitié des actions de la filiale et des droits de vote à l'assemblée. La difficulté vient de ce que, assez souvent, la filiale n'opère pas une concentration de moyens ou de pouvoirs mais joue le simple rôle d'une structure de concertation et de coopération entre des entreprises qui restent concurrentes. On parle alors d'entreprise commune *coopérative*. Au contraire, l'entreprise commune *concentrative* assume une véritable fonction d'entreprise, grâce aux actifs qui sont apportés par les sociétés mères. Seule cette dernière constitue une opération de concentration au sens de la loi.

§2. L'importance économique de la concentration

955. Sur ce point, le Code de commerce est exigeant : seules les opérations d'une certaine envergure sont exposées au contrôle.

956. Le principe. L'article L. 430-2, I, du Code de commerce fixe les seuils que doit atteindre la concentration pour être soumise au contrôle. Trois conditions doivent être remplies :

1) Les entreprises parties à l'opération de concentration totalisent ensemble un chiffre d'affaires mondial hors taxe de plus de 150 millions d'euros.

2) Deux au moins des entreprises concernées réalisent en France un chiffre d'affaires supérieur à 50 millions d'euros.

3) L'opération n'entre pas dans le champ d'application du règlement (CE) n° 139/2004 du Conseil, du 20 janvier 2004, relatif au contrôle des concentrations entre entreprises[3].

L'article L. 430-2, V, C. com. précise que le chiffre d'affaires est calculé selon le mode retenu par l'article 5 du règlement européen 139/2004 précité.

957. Les exceptions. L'article L. 430-2, III, C. com. prévoit des seuils spéciaux dans le cas de concentrations intervenant dans les *départements d'outre-mer*.

Surtout, le législateur a introduit dans l'article L. 430-2, II, C. com. une exception concernant les concentrations auxquelles participent deux parties au moins, dont l'activité consiste à exploiter un ou plusieurs magasins *de commerce de détail*. Les seuils sont alors abaissés à 75 millions et 15 millions d'euros. Pourquoi ? Parce que, d'un côté, le législateur a souhaité assouplir les règles de l'urbanisme commercial, qui étaient trop restrictives, mais, d'un autre côté, en contrepartie, il a étendu le contrôle des concentrations entre distributeurs dans le commerce de détail.

3. V. *infra*, n° 972 et s.

Section 2
L'organisation du contrôle

§1. Le déclenchement du contrôle

958. Lorsque les seuils sont atteints, l'article L. 430-3 C. com. dispose que l'opération de concentration doit être notifiée à l'Autorité de la concurrence avant sa réalisation[4]. La notification est obligatoire. Elle est faite avant la conclusion du traité de fusion, avant l'acquisition des actions de la société conférant le contrôle ou avant la publication de l'offre d'achat des actions. L'opération peut aussi être notifiée dès lors qu'il existe un « projet suffisamment abouti pour permettre l'instruction du dossier » et notamment lorsque les parties ont conclu un accord de principe, signé une lettre d'intention ou dès l'annonce d'une offre publique (art. L. 430-3, al. 1er, C. com.).

L'obligation de notification pèse sur la personne physique ou morale qui acquiert le contrôle sur les sociétés parties à la fusion ou sur les sociétés qui créent la filiale commune. La notification se réalise par transmission à l'Autorité de la concurrence d'un dossier détaillé, dont les rubriques sont longuement énumérées aux annexes 4-3 à 4-5 du livre IV de la partie réglementaire du Code de commerce[5]. Les documents sont déposés sur une plateforme d'échanges sécurisés (art. R. 430-2, al. 1er, C. com.). L'Autorité de la concurrence publie un communiqué relatant la notification[6] et transmet une copie de celle-ci au ministre de l'Économie.

De plus, selon l'article L. 2312-41 du Code du travail : « Lorsqu'une entreprise est partie à une opération de concentration, telle que définie à l'article L. 430-1 du Code de commerce, l'employeur réunit le comité d'entreprise au plus tard dans un délai de trois jours à compter de la publication du communiqué relatif à la notification ».

959. La notification suspend la réalisation de l'opération de concentration. Celle-ci ne pourra intervenir qu'après l'accord de l'Autorité de la concurrence. Toutefois, les parties peuvent demander une dérogation à l'Autorité de la concurrence en cas de nécessité dûment motivée. Si elle leur est accordée, les entreprises pourront réaliser tout ou partie de l'opération de concentration qu'elles ont envisagée (art. L. 430-4, al. 2, C. com.).

960. Les parties ont la faculté de soumettre leur *projet de notification* à l'Autorité de la concurrence au cours d'une phase dite de pré-notification. Cela leur permet de s'assurer que ledit projet ne comporte pas d'erreurs, par exemple dans le calcul des chiffres d'affaires, ou de lacunes. Si, dès le projet de notification, il apparaît que l'opération en cause ne relève pas du contrôle des concentrations, l'Autorité de la concurrence délivre une lettre de confort aux parties.

4. La mise en œuvre anticipée de l'opération de concentration, avant la délivrance de l'autorisation, désignée aussi sous l'appellation de *gun jumping*, est sévèrement réprimée. V. Décision n° 22-D-10 du 12 avr. 2022 relative à la situation de la société Compagnie Financière Européenne de Prises de Participation au regard de l'article L. 430-8 du Code de commerce.

5. Art. R. 430-2, al. 1er, C. com.

6. L'art. R. 430-4 C. com. énumère les éléments du communiqué.

§2. L'exercice du contrôle

961. La procédure devant l'Autorité de la concurrence est contradictoire. Elle obéit en principe aux mêmes règles qu'en matière de pratiques anticoncurrentielles (*supra*, n° 863 et s.).

La procédure comporte deux phases. Une première phase (phase 1) est commune à toutes les affaires : elle comporte un examen sommaire de l'opération de concentration. La seconde phase (phase 2) est réservée aux opérations qui nécessitent un examen approfondi.

A. L'examen sommaire (dit phase 1)

962. La phase 1 d'examen sommaire est prévue par l'article L. 430-5, I, du Code de commerce. Elle ne doit pas, en principe, dépasser la durée de vingt-cinq jours ouvrés, à compter de la réception de la notification complète. L'Autorité de la concurrence a la possibilité de suspendre le délai de cette phase 1 afin de demander aux parties de lui fournir les informations utiles à l'étude de l'opération (art. L. 430-5, II, al. 3, C. com.).

963. À la fin de la première phase, trois possibilités sont ouvertes.

- L'Autorité de la concurrence peut tout d'abord constater que l'opération n'entre pas dans le champ d'application du contrôle, parce qu'elle ne peut pas être qualifiée de concentration, au sens de l'article L. 430-1 C. com. ou parce que les seuils en chiffre d'affaires ne sont pas franchis, ou parce que l'opération, au contraire, est de dimension communautaire.
- Si l'opération entre dans le champ du contrôle, l'Autorité de la concurrence peut autoriser l'opération, parce qu'elle a la conviction qu'elle ne comporte pas de danger pour la concurrence. À ce stade, les parties peuvent prendre des engagements[7] qui peuvent être jugés suffisants par l'Autorité de la concurrence et acceptés par elle.
- Si au contraire l'Autorité de la concurrence estime qu'il subsiste un doute sérieux d'atteinte à la concurrence, elle décide de passer à la seconde phase du contrôle.

Dans le cas où l'Autorité de la concurrence ne prend pas de décision dans le délai imparti, l'opération est réputée être autorisée au terme du délai de cinq jours dont dispose le ministre pour demander un examen approfondi (art. L. 430-5, IV, C. com.).

B. L'examen approfondi (dit phase 2)

964. L'Autorité de la concurrence dispose d'un délai de soixante-cinq jours pour prendre sa décision (art. L. 430-7, I, C. com.). Ce délai peut être suspendu : cas n° 1 par l'Autorité de la concurrence lorsqu'elle demande aux parties de lui fournir des renseignements ; cas n° 2 en raison du dépôt d'engagements par les parties ; cas n° 3 en raison d'une modification des engagements pris par les parties dans la phase 1. Dans le cas n° 1, le délai reprend son cours lorsque les informations demandées sont fournies.

7. La réception des engagements par l'Autorité de la concurrence a pour effet d'augmenter de 15 jours le délai initial de 25 jours (art. L. 430-5, II, al. 2, C. com.).

Dans les cas n° 2 et 3, les parties peuvent demander à l'Autorité de la concurrence de suspendre son délai d'examen de l'opération de concentration dans la limite de vingt jours (art. L. 430-7, II, C. com.).

L'Autorité de la concurrence recherche tout d'abord si l'opération est de nature à porter atteinte à la concurrence, notamment par création ou renforcement d'une position dominante ou par création ou renforcement d'une puissance d'achat qui place les fournisseurs en situation de dépendance économique (art. L. 430-6 C. com.).

En pratique, le critère de la création ou du renforcement d'une position dominante a joué jusqu'ici un rôle essentiel. Sa mise en œuvre nécessite la détermination du marché en cause[8]. On observe également qu'en pratique, la recherche d'une éventuelle position dominante implique de faire un « bilan concurrentiel » de l'opération. On ne se contente pas de constater l'absence ou l'existence d'une position dominante, il faut rechercher quels seront les effets réels de la concentration. L'Autorité de la concurrence doit également apprécier si l'opération apporte au progrès économique une contribution suffisante pour compenser les atteintes à la concurrence.

965. Au terme de l'instruction, l'Autorité de la concurrence peut prendre trois sortes de décisions.

- En premier lieu, elle peut *interdire* l'opération et enjoindre aux parties de prendre les mesures nécessaires pour rétablir la concurrence.
- En deuxième lieu, elle peut *autoriser* l'opération en assortissant l'autorisation d'une *injonction* de prendre les mesures propres à assurer une concurrence suffisante ou à apporter au progrès économique et social une contribution suffisante pour compenser les atteintes à la concurrence.
- En troisième lieu, elle peut *autoriser* l'opération de concentration. L'autorisation est le cas échéant subordonnée à la réalisation des engagements pris par les parties[9]. L'inexécution de l'engagement est sanctionnée par l'Autorité de la concurrence et, sur recours, par le Conseil d'État[10].

Dans tous les cas, la décision est motivée.

En pratique, lorsque l'atteinte à la concurrence est établie, l'Autorité de la concurrence conclut rarement à l'interdiction pure et simple de la concentration. Elle préfère autoriser la concentration *sous condition de l'adoption de mesures correctives,* afin de maintenir une concurrence suffisante. Ainsi, constatant que dans certaines régions la concentration aboutira à la formation de positions dominantes locales, le Conseil demande que dans ces régions les entreprises parties à la

8. Voy. *supra,* n° 838.- *Adde* : Dans ses *lignes directrices* de 2020, l'ADLC confirme qu'elle recourt au test dit du « monopoleur hypothétique » pour la détermination des marchés. Ce test, appelé aussi test *SNIPP* (*Small but significant non transitory increase in price*), consiste à rechercher si les clients des entreprises en cause se tourneraient vers des produits de substitution en cas d'augmentation légère, entre 5 et 10 %, mais durable des prix des produits considérés dans le territoire considéré.

9. La Commission peut interdire une concentration malgré les engagements des parties. V. Commission, sept. 2022.

10. La sanction peut être lourde. Par ex. 20 millions d'euros dans l'affaire *FNAC c/Darty* (CE, 7 nov. 2019, n° 424702, *Contrats, conc. consom.* déc. 2019, comm. 201, obs. D. Bosco).

concentration se séparent de certains actifs[11] ou que la pérennité des activités d'une entreprise établie en France soit préservée[12].

C. Les prérogatives du ministre

966. Le législateur a entendu reconnaître à l'autorité politique un pouvoir exceptionnel d'intervention. L'article L. 430-7-1 C. com. attribue au ministre un pouvoir de décision sous deux formes.

1) Lorsque l'Autorité de la concurrence a pris une décision au terme de l'examen sommaire (phase 1), le ministre peut lui demander de procéder à un examen approfondi (passage à la phase 2). Dans ce cas, la procédure reprend devant l'Autorité de la concurrence dans les conditions des articles L. 430-6 et L. 430-7 C. com.

2) Mais surtout, après que l'Autorité de la concurrence a pris une décision au terme de l'examen approfondi, le ministre peut évoquer l'affaire et statuer sur l'opération de concentration en cause. Le ministre interdit ou autorise l'opération, en fonction de motifs d'intérêt général autres que le maintien de la concurrence. Ces motifs sont notamment le développement industriel, la compétitivité des entreprises dans la concurrence internationale ou la création ou le maintien de l'emploi (art. L. 430-7-1, II, al. 2, C. com.). La décision du ministre fait suite à une procédure contradictoire et elle est motivée. Elle peut dépendre de la mise en œuvre effective d'engagements.

§3. Les sanctions du contrôle

967. L'article L. 430-8 du Code de commerce concerne les sanctions pécuniaires qui peuvent être prononcées par l'Autorité de la concurrence. L'on peut distinguer entre la sanction de l'obligation de notification et la sanction de la décision.

Si une opération est réalisée sans avoir été notifiée, l'Autorité de la concurrence, peut enjoindre aux parties, sous astreinte, de notifier l'opération ou d'y renoncer. En outre elle peut infliger aux personnes tenues de notifier une sanction pécuniaire, dont le maximum est, pour les personnes morales, de 5 % de leur chiffre d'affaires, et, pour les personnes physiques, de 1,5 million d'euros.

Si une opération notifiée est réalisée sans attendre la décision de l'Autorité de la concurrence, celle-ci peut infliger une sanction pécuniaire aux parties notifiantes, dans les mêmes conditions que précédemment.

Les mêmes sanctions peuvent être prononcées en cas d'omission de déclaration ou de déclaration inexacte dans une notification. Cette sanction peut être accompagnée, le cas échéant, d'un retrait de la décision d'autorisation.

968. Si l'Autorité de la concurrence constate que les entreprises n'ont pas exécuté une injonction, une prescription ou un engagement, elle retire sa décision d'autorisation, ce qui contraint les parties à renotifier leur opération. Elle peut aussi sous astreinte, dans la limite prévue à l'article L. 464-2 C. com., enjoindre aux parties d'exécuter les injonctions, prescriptions ou engagements

11. Ex. Décision n° 13-DCC-90 du 31 juill. 2013 relative à la prise de contrôle exclusif de la société Monoprix par la société Casino.

12. Ex. Décision n° 13-DCC-137 du 4 nov. 2013 relative à la prise de contrôle exclusif de la société Transdev Group par la Caisse des dépôts et consignations.

résultant de la décision inexécutée. Elle peut infliger une sanction pécuniaire dans les conditions de l'article L. 430-8, IV, C. com.[13]

Saisi d'une QPC par le Conseil d'État, le Conseil constitutionnel a jugé que ces dispositions ne portaient pas à la liberté d'entreprendre une atteinte disproportionnée au regard de l'objectif de préservation de l'ordre public économique[14].

969. Enfin l'article L. 430-9 C. com. prévoit l'hypothèse dans laquelle une concentration autorisée, purement et simplement ou sous conditions, déboucherait par la suite sur un *abus de position dominante ou de dépendance économique*. L'Autorité de la concurrence peut enjoindre à l'entreprise de modifier, compléter ou résilier, dans un délai déterminé, les actes constitutifs de la concentration qui est à l'origine de l'abus.

13. Ex. Décision n° 18-D-16 du 27 juill. 2018 relative au respect des engagements annexés à la décision n° 16-DCC-111 du 27 juill. 2016 relative à la prise de contrôle exclusif de Darty par la Fnac.

14. Cons. const., 12 oct. 2012, n° 2012-280 QPC.

CHAPITRE 2

Le contrôle des concentrations en droit de l'Union européenne

970. À l'origine, le droit communautaire ne comportait aucun contrôle spécifique des concentrations. Les rédacteurs du Traité de Rome s'étaient contentés de réprimer l'abus de position dominante déclaré incompatible avec le marché commun. En 1957, il n'était pas question pour la CEE de s'immiscer dans la politique industrielle des États membres. Autoriser une fusion entre deux groupes industriels, interdire une prise de contrôle par une société étrangère, orienter la restructuration d'un secteur dont l'importance était jugée primordiale, relevaient de la politique industrielle, qui était l'apanage des États.

Mais il est vite apparu que le système communautaire resterait incomplet tant qu'il ne comporterait pas un contrôle des grandes concentrations, à l'échelle européenne. L'on peut d'ailleurs reprendre à propos des concentrations une observation déjà faite à l'occasion des ententes : le marché commun et l'intégration des économies favorisent les rapprochements entre entreprises et la constitution de groupes à l'échelle européenne. Il était difficile de modifier le Traité, à cause de la lourdeur de la procédure de révision. La Commission européenne publia en 1973 un projet de règlement. Les travaux traînèrent en longueur. L'un des points les plus discutés fut celui du seuil à partir duquel devait intervenir le contrôle communautaire. La Commission proposait le seuil de deux milliards d'écus, les États membres voulaient un seuil beaucoup plus élevé, de dix milliards. Finalement, grâce à une série de compromis, le règlement n° 4064/89 du Conseil fut adopté le 21 décembre 1989, pour entrer en vigueur le 1er octobre 1990. Le seuil retenu était de cinq milliards d'écus.

Le règlement n° 4064/89 a été ensuite abrogé et remplacé par le règlement n° 139/2004 du Conseil du 20 janvier 2004, actuellement en vigueur[1]. Le seuil de 5 milliards d'écus (devenus euros) fut maintenu. La Commission a publié plusieurs

1. Le règlement n° 139/2004 est complété par le règlement de la Commission n° 802/2004 du 21 avr. 2004, modifié par le règlement n° 1003/2008 du 20 oct. 2008 et le règlement d'exécution (UE) n° 1269/2013 du 5 déc. 2013, précisant les règles de procédure.

communications, dont des lignes directrices[2], qui sont importantes pour l'interprétation du règlement.

L'interdiction de la concentration *Siemens/Alstom*, début 2019, par la Commission européenne a provoqué les critiques de la part des administrations nationales et du secteur de l'industrie. On a reproché à la Commission d'empêcher la formation de « champions européens », face à des concurrents mondiaux, largement subventionnés par les États tiers dont ils relèvent. Une discussion s'est engagée en vue de la révision des règlements européens[3].

Section 1
Le champ d'application du contrôle

971. L'article 3 du règlement n° 139/2004 *définit l'opération de concentration* dans des termes qui sont très voisins de ceux de l'article L. 430-1 du Code de commerce. Rappelons en effet que le règlement européen a servi de modèle à l'article L. 430-10. Il s'agit, d'une part, des fusions d'entreprises et, d'autre part, de toute opération plaçant une entreprise sous le contrôle d'une autre. L'article 3 définit le contrôle comme le moyen d'exercer une influence déterminante sur l'activité d'une entreprise. Comme en droit français interne, la création d'une entreprise commune qui accomplit de manière durable toutes les fonctions d'une « entité économique autonome » constitue une opération de concentration.

972. Le règlement n° 139/2004 s'applique aux opérations de *dimension communautaire*. La dimension communautaire résulte de la réunion de deux conditions.

Seules les très grandes opérations entrent dans le champ d'application du règlement. Il faut que les deux seuils suivants soient atteints (art. 1-2) :

1° Le chiffre d'affaires total réalisé sur le plan mondial par toutes les entreprises concernées représente un montant supérieur à 5 milliards d'euros.

2° Le chiffre d'affaires total réalisé individuellement dans l'Union européenne par au moins deux des entreprises concernées représente un montant supérieur à 250 millions d'euros.

973. Cependant, le règlement comporte plusieurs exceptions, qui viennent compliquer quelque peu le système.

D'abord, le règlement ne s'applique pas à la concentration lorsque chacune des entreprises concernées réalise plus des deux tiers de son chiffre d'affaires total à l'intérieur d'un seul et même État membre. Les auteurs du règlement ont en effet considéré que dans une telle hypothèse la concentration intéresse davantage l'État membre en question que l'UE.

Ensuite, le règlement retient un ensemble de critères assez compliqué, destiné à englober dans le champ du contrôle européen des opérations plus modestes, mais intéressant trois États membres au moins et à éviter ainsi la multiplication des notifications dans des États membres différents. Les conditions sont alors les suivantes : 1) les entreprises

2. JOUE 2004 C 31, p. 5.

3. La Commission a publié un livre blanc intitulé « Vers un contrôle plus efficace des concentrations » (Com (2014) 449 final).

concernées réalisent ensemble un chiffre d'affaires mondial supérieur à 2,5 milliards d'euros ; 2) deux des entreprises au moins réalisent individuellement un chiffre d'affaires dans l'UE supérieur à 100 millions d'euros ; 3) dans chacun d'au moins trois États membres, les entreprises concernées réalisent ensemble un chiffre d'affaires supérieur à 100 millions d'euros ; 4) dans chacun de ces trois États membres, deux entreprises au moins réalisent individuellement un chiffre d'affaires supérieur à 25 millions d'euros (art. 1-3).

Enfin, une certaine souplesse dans l'application résulte des « clauses de renvoi » figurant dans les articles 9 et 22 du règlement. L'article 9 prévoit le renvoi par la Commission d'un cas de concentration de dimension communautaire à l'autorité compétente d'un État membre, aux fins d'application du droit national. L'article 22, à l'inverse, organise le renvoi à la Commission européenne par un État membre d'un cas de concentration non communautaire. L'idée des rédacteurs de l'article 22 était de permettre aux États membres, ne possédant pas dans leur droit national un régime de contrôle des concentrations, de soumettre à la Commission européenne des opérations qui n'ont pas de dimension communautaire, mais qui sont, malgré tout, susceptibles d'affecter le commerce entre États membres. La Commission remplaçait l'autorité de la concurrence étatique faisant défaut. Mais, progressivement, les États membres ont pris les mesures adéquates pour faire eux-mêmes ce contrôle. Et, conséquence, le renvoi prévu par l'article 22 a beaucoup perdu de son intérêt. Aussi la Commission a-t-elle décidé, en 2021, de retenir une autre interprétation de ce texte[4]. Lorsqu'une opération de concentration est sous les seuils d'examen par les instances nationales, mais qu'elle affecte quand même le commerce entre les États membres, la Commission sera compétente pour l'examiner[5]. Tel est le cas, par exemple, d'une entreprise qui acquiert une *start-up* innovante. La concentration est généralement en deçà des seuils nationaux de contrôle de l'opération (la *start-up* commence son activité), mais peut affecter le commerce entre États membres. Son acquisition par une entreprise concurrente risque, en effet, de « tuer » l'innovation enclenchée par la *start-up*. Un examen par la Commission peut s'avérer utile. Le Tribunal de l'UE a approuvé en 2022 la nouvelle lecture de l'article 22[6].

974. Le règlement s'applique sans considération du lieu du siège social ou du lieu de l'établissement des entreprises parties à l'opération de concentration. Le seul critère d'application territoriale est donc le chiffre d'affaires dans l'UE. Une fusion entre deux sociétés, qui ont l'une et l'autre leur siège social dans un État tiers, par exemple aux États-Unis ou au Japon, sera soumise au contrôle communautaire, pourvu que les seuils en chiffres d'affaires soient atteints.

Exemple. La prise de contrôle de Mac Donnell Douglas par Bœing[7] constituait une opération de concentration entre deux entreprises américaines, ayant leurs sièges sociaux aux États-Unis. La concentration concernait le marché des avions à réaction commerciaux de grande capacité. Sur le plan mondial, Bœing détenait 64 % du marché et Mc Donnell Douglas 6 %. La prise de contrôle de Mc Donnell Douglas par Bœing renforçait la position dominante de ce dernier. En outre, l'extension des activités de Bœing dans le secteur militaire et spatial avait des répercussions sur sa position sur le marché des avions commerciaux de grande capacité. Comme les deux entreprises vendaient leurs appareils en Europe et réalisaient des chiffres d'affaires dans la Communauté qui dépassaient les seuils prévus par le règlement, la Commission, reconnaissant implicitement sa compétence, a ouvert une procédure. Elle a conclu que « la concentration examinée entraînerait le renforcement d'une position dominante ayant comme conséquence qu'une concurrence effective serait entravée de manière significative sur le marché commun ». Elle a cependant autorisé l'opération, mais en la soumettant à plusieurs conditions, en particulier à

4. Orientations de la Commission concernant l'application du mécanisme de renvoi établi à l'article 22 du règlement sur les concentrations à certaines catégories d'affaires (2021/C 113/01).

5. Le juge administratif n'est pas compétent pour statuer sur la critique du renvoi par l'ADLC à la Commission. V. CE, 10 févr. 2023, n° 450877.

6. Trib. UE, 13 juill. 2022, *Illumina*, aff. T-227/21, Contrats, conc. consom. oct. 2022, comm. 157, obs. D. Bosco.

7. Décision de la Commission du 30 juill. 1997, *JOCE* L 336 du 8 déc. 1997.

l'engagement de conserver pendant dix ans le statut d'entité juridique distincte de Douglas Aircraft Company, qui est la branche aviation commerciale de Mc Donnell Douglas.

Section 2
L'exercice du contrôle

975. Lorsque les conditions d'application du règlement sont remplies, la conséquence, qui en résulte est simple : l'opération relève exclusivement de la compétence du droit de l'Union européenne. Les États membres ne peuvent plus intervenir sur la base de leur droit interne. L'application cumulative du règlement européen et du droit interne est ici écartée, contrairement à la solution qui est admise en matière d'ententes ou d'abus de position dominante. Seule la Commission est compétente pour appliquer le règlement, sous le contrôle de la Cour de justice.

976. Le règlement n° 139/2004 institue un système de *notification obligatoire* de la concentration, à la diligence des entreprises participantes, plus spécialement de celle qui acquiert le contrôle de l'autre. La notification est *préalable* à la réalisation de l'opération de concentration. En outre, l'opération est suspendue jusqu'à ce que la Commission se soit prononcée. En contrepartie, la Commission doit agir dans des délais relativement brefs. Elle doit procéder à un premier examen dans les vingt-cinq jours suivant la notification. À ce stade, elle peut constater, par voie de décision, que la concentration n'entre pas dans le champ d'application du règlement. Elle peut aussi, par voie de décision, autoriser l'opération si sa compatibilité avec le marché commun ne soulève pas de doutes sérieux. Si, au contraire, il y a des doutes sérieux, la Commission passe à la deuxième phase de la procédure. La Commission dispose alors d'un nouveau délai de quatre-vingt-dix jours pour se prononcer sur la compatibilité ou l'incompatibilité de la concentration avec le marché commun.

977. Quels sont les critères d'appréciation de la concentration ? Cette question a fait l'objet de négociations laborieuses lors de la préparation du règlement de 1989. Pour certains États membres, le seul critère envisageable était celui de l'incidence de la concentration sur les conditions de concurrence. Pour d'autres, au contraire, l'appréciation devait aussi tenir compte de l'incidence sur le progrès économique et social, de sorte qu'il fallait procéder à un bilan socio-économique de la concentration projetée. Entre les deux thèses, le Conseil n'a pas vraiment pris parti, et c'est ce qui explique la rédaction ambiguë de l'article 2 : sont incompatibles « les concentrations qui entraveraient de manière significative une concurrence effective dans le Marché commun (Marché intérieur) ou une partie substantielle de celui-ci, notamment du fait de la création ou du renforcement d'une position dominante ».

978. La Commission déclare rarement l'incompatibilité pure et simple du projet de concentration avec le marché commun. La plupart du temps elle soumet la compatibilité du projet à des engagements comportementaux ou structurels, spécialement à des engagements de cession de certaines branches d'activité[8].

La Commission peut infliger aux entreprises des amendes jusqu'à concurrence de 10 % du chiffre d'affaires total lorsque, de propos délibéré ou par négligence, elles contreviennent à l'interdiction de l'opération, mettent en œuvre une concentration sans la notifier ou encore ne respectent pas les charges et conditions imposées par la Commission.

979. Le règlement comporte encore des dispositions détaillées concernant le déroulement de la procédure, le calcul du chiffre d'affaires, les garanties de la défense et la liaison avec les États membres.

8. Communication de la Commission concernant les mesures correctives recevables conformément au règlement (CE) n° 139/2004 du Conseil et au règlement (CE) n° 802/2004 de la Commission (2008/C 267/01).

TROISIÈME PARTIE

LA DISTRIBUTION

980. Le terme de « distribution » ne figurait pas dans le Code de commerce de 1807. Celui-ci ne connaissait que « l'achat pour revendre ». Mais est apparue la production de masse et, dans son sillage, la distribution de masse – c'est-à-dire la vente d'un très grand nombre de produits identiques, au moindre coût, à de très nombreux acheteurs. On a parlé, non sans emphase, de la « révolution commerciale » qui serait celle du XXe siècle, par opposition à la « révolution industrielle » du XIXe.

La distribution peut être aujourd'hui définie comme l'ensemble des opérations qui permettent d'acheminer les produits du fabricant à l'utilisateur ou consommateur et d'adapter l'offre à la demande, dans les meilleures conditions d'efficacité économique. Elle est la forme moderne et complexe de l'achat pour revendre.

Les structures de la distribution évoluent constamment. Le XXIe siècle se signale en particulier par l'apparition de services d'intermédiation en ligne détenus par des groupes d'une dimension mondiale, comme Amazon, dont la puissance est considérable. Le législateur essaye de protéger les vendeurs ou les prestataires qui ont recours à ces plateformes pour commercialiser leurs produits ou leurs services.

La distribution de masse s'est traduite de deux façons.

- En premier lieu, certains revendeurs ont utilisé les méthodes de la grande entreprise. En créant des supermarchés et des hypermarchés, en passant par l'intermédiaire des centrales d'achat, qui concentrent la demande, ils ont acquis un pouvoir de négociation considérable. Le législateur a dû intervenir périodiquement pour tenter de rééquilibrer les rapports entre la grande distribution, d'une part, les fabricants, les concurrents et les consommateurs, d'autre part.
- En second lieu, les fabricants, principalement les fabricants de produits de marque, ont cherché à contrôler la vente de leurs produits. Ils l'ont fait en mettant en place des réseaux de vente et en imposant aux revendeurs un style et des méthodes de vente. Mais cette organisation s'est heurtée aux objectifs du droit de la concurrence. Des compromis ont dû être recherchés entre l'amélioration du processus de distribution et le maintien d'une concurrence suffisante.

Il conviendra par conséquent d'étudier d'abord l'encadrement légal de la distribution (titre 1), puis l'organisation des réseaux de distribution (titre 2).

Titre 1
L'encadrement légal de la distribution

981. Le législateur contemporain a multiplié les textes régissant les rapports verticaux entre fournisseurs et distributeurs, fournisseurs et utilisateurs professionnels ou vendeurs professionnels et consommateurs. Exemple : La loi interdit aux fournisseurs d'imposer à leurs distributeurs indépendants un prix de revente.

L'ordonnance du 30 juin 1945, relative aux prix, interdisait déjà une série de pratiques dans les rapports entre fournisseurs et distributeurs, comme le refus de vente, la pratique de conditions discriminatoires ou la pratique de prix de revente imposés. Ces pratiques étaient dites *individuelles*, par opposition aux pratiques d'ententes et d'abus de position dominante, dites *collectives*. Les rédacteurs de l'ordonnance du 1er décembre 1986, malgré des opinions contraires, n'ont pas voulu renoncer à l'interdiction de certaines pratiques individuelles. Ils l'ont conservée, avec quelques changements, dans le titre IV de l'ordonnance.

Avec la codification de septembre 2000, le titre IV de l'ordonnance de 1986 est devenu le titre IV du livre IV du Code de commerce. Les dispositions relatives aux pratiques individuelles ont ainsi été placées - et maintenues jusqu'à aujourd'hui - dans le livre IV qui règle la liberté des prix et de la concurrence. De nombreuses lois ont ensuite substantiellement modifié les dispositions du titre IV. La législation relative aux pratiques individuelles, notamment aux pratiques restrictives entre fournisseurs et distributeurs, est marquée, par nature, du signe de l'instabilité et du désordre. Elles obéissent à des préoccupations souvent plus politiques qu'économiques et rationnelles. Le titre IV s'est constitué au fil de nombreuses réformes successives. Il est formé de règles disparates et l'ensemble manque de cohérence logique[1]. Les réformes incessantes que subit le texte trahissent l'incapacité des législateurs à régler par des dispositions synthétiques la question des rapports entre producteurs et distributeurs.

La loi n° 2018-938 du 30 octobre 2018 a habilité le gouvernement à procéder par voie d'ordonnance à la modification du titre IV du livre IV du Code de commerce, afin de réorganiser ce titre et d'en clarifier les dispositions[2]. Sur cette base,

1. M. Martin, *Le droit français de la transparence et des pratiques restrictives*, Presses Universitaires d'Aix-Marseille, 2012, préf. L. Vogel.

2. Loi n° 2018-938 du 30 oct. 2018 pour l'équilibre des relations commerciales dans le secteur agricole et alimentaire et une alimentation saine, durable et accessible à tous (loi dite Egalim), car faisant suite aux États généraux de l'alimentation).

l'**ordonnance n° 2019-359 du 24 avril 2019** a complètement remodelé le titre IV[3]. Ce sont les dispositions issues de cette ordonnance qui constituent l'essentiel du droit positif et qui sont étudiées dans le présent ouvrage. On aurait pu espérer qu'avec l'ordonnance du 24 avril 2019 le droit de la distribution deviendrait stable. L'espérance a été vite déçue. La matière a été plusieurs fois modifiée, entre autres par la loi n° 2020-1508 du 3 décembre 2020 portant diverses dispositions d'adaptation au droit de l'UE, par la loi n° 2021-1357 du 18 octobre 2021 visant à protéger la rémunération des agriculteurs (dite Egalim 2) et, dernièrement, par la loi n° 2023-221 du 30 mars 2023 visant à renforcer l'équilibre dans les relations commerciales entre fournisseurs et distributeurs (dite Egalim 3). Le constat est toujours le même au fil des réformes : les résultats des entreprises de l'alimentaire restent faibles et leur accès au marché est beaucoup trop dépendant des acteurs de la grande distribution.

Remarque : dans un arrêt rendu en 2020, la Cour de cassation a estimé que le droit des pratiques restrictives ne s'appliquait pas aux établissements du secteur bancaire[4].

982. Une partie de la doctrine estime que l'interdiction des pratiques restrictives est justifiée. Ces pratiques seraient nocives parce que générant des distorsions de concurrence entre opérateurs. Elles entraîneraient une rupture d'égalité, faussant les conditions de concurrence.

L'on peut penser au contraire que les dispositions du titre IV du livre IV n'ont qu'un rapport assez lointain avec la concurrence. Certes, dans la mesure où elle tend au maintien d'une certaine égalité entre les opérateurs, fournisseurs ou distributeurs, l'interdiction des pratiques restrictives semble favoriser la concurrence. Mais c'est raisonner selon un modèle abstrait de concurrence parfaite, qui suppose un grand nombre de concurrents, de tailles semblables, placés dans des conditions comparables. Dans la réalité, la concurrence sur un marché donné va dépendre de bien d'autres facteurs que la simple égalité. La structure des coûts, la rationalisation des investissements, l'effort publicitaire ou la qualité du service rendu sont souvent plus importants que l'égalité des conditions d'approvisionnement ou de débouché. Tout au moins, l'incidence réelle des pratiques verticales sur la concurrence devrait être appréciée dans le contexte de chaque marché, au cas par cas. Une interdiction pure et simple, souvent qualifiée d'interdiction *per se*, n'a pas beaucoup de sens. C'est pourquoi la suppression du titre IV est parfois évoquée par les praticiens et les économistes. L'ordonnance du 24 avril 2019 ni les réformes postérieures ne s'inscrivent manifestement dans ce mouvement.

La plupart du temps, la loi, en réglant les rapports verticaux entre fournisseurs, acheteurs et consommateurs vise en réalité des buts autres que l'amélioration de la concurrence. Ainsi elle a pour objectif la protection du commerce traditionnel, la défense des producteurs en face de la puissance économique de la grande distribution ou la protection des consommateurs. En réalité, une utilisation judicieuse de la notion de bonne foi contractuelle, sur la base de l'article 1104 du Code civil, aurait été également une bonne solution.

3. Le projet d'ordonnance a été étudié lors d'une journée organisée par l'université de Nanterre le 4 avr. 2019, *La réécriture du titre IV du Code de commerce*, sous la direction d'A.-S. Choné-Grimaldi, *Concurrences* 2019, n° 3.- *Adde* : le numéro de mai 2019 de la revue *AJ Contrat*.- V. également l'appréciation critique sur l'ord. du 24 avr. 2019 : L. Vogel et J. Vogel, « Ce qui ne va toujours pas en matière de rupture de relations commerciales établies après la réforme », *BRDA* 4/20, n° 22.

4. Cass. com., 15 janv. 2020, n° 18-10512, *JCP* E 2020, 1212, note M. Behar-Touchais.

983. Le titre IV du livre IV du Code de commerce comporte un chapitre préliminaire uniquement consacré à la *Commission d'examen des pratiques commerciales*[5]. Cette commission a pour mission de donner des avis ou de formuler des recommandations sur les pratiques concernant les relations commerciales entre producteurs, fournisseurs et revendeurs. Elle peut être saisie par le ministre chargé de l'économie, par le ministre chargé du secteur concerné, par le président de l'Autorité de la concurrence ou par certaines personnes morales, notamment les associations de consommateurs. Elle peut être également saisie par tout producteur, fournisseur ou revendeur s'estimant lésé par une pratique commerciale. Elle peut aussi se saisir d'office.

984. Le titre IV est aujourd'hui principalement consacré aux rapports bilatéraux entre fournisseurs (producteurs industriels, artisanaux et agricoles) et distributeurs (revendeurs et regroupements de revendeurs). Le titre IV organise la négociation des relations contractuelles entre fournisseurs et distributeurs. Le but des pouvoirs publics est d'assurer un maximum de *transparence* dans le déroulement de la négociation (chapitre 1). Ensuite, le titre IV a pour but de garantir la loyauté des relations commerciales en sanctionnant les *pratiques restrictives* des distributeurs (chapitre 2).

Ces dispositions, dont on vient d'annoncer l'étude, constituent des lois de police[6] (art. L. 444-1 A C. com.). Notons que cette qualification avait déjà été proposée par la Commission d'examen des pratiques commerciales à propos de la convention écrite entre un fournisseur et un distributeur[7]. Elle avait aussi été retenue par la Cour de cassation à propos du déséquilibre significatif[8].

5. Art. L. 440-1 et art. D. 440-1 à D. 440-13 C. com.

6. Les lois de police sont des lois d'application immédiate excluant la recherche de la loi applicable selon les règles de conflit de lois. V. P. de Vareilles-Sommières et S. Laval, *Droit international privé*, Dalloz, 11e éd., 2023, n° 202.

7. CEPC, Avis n° 19-7 du 30 août 2019, *BRDA* 18/19, n° 17.

8. Cass. com., 8 juill. 2020, n° 17-31536.

CHAPITRE 1

La recherche de la transparence

985. La circulaire du 18 mai 1984, dite circulaire *Delors*, avait inventé l'expression de « transparence tarifaire », pour caractériser l'obligation faite aux fournisseurs de communiquer leurs barèmes de prix. L'expression avait fait fortune, au point que les rédacteurs de l'ordonnance du 1er décembre 1986 l'avaient reprise dans l'intitulé du titre IV de ladite ordonnance. La place ainsi faite à la transparence dans l'ordonnance, relative, il ne faut pas l'oublier, à la liberté de la concurrence, semble participer de l'idée que la transparence contribue à la concurrence entre les entreprises grâce à une meilleure connaissance de l'offre.

À vrai dire, la science économique suggère plutôt le contraire. Trop de transparence peut nuire à la concurrence en incitant à des stratégies d'alignement et à des actions concertées. L'idéal serait de concilier la transparence dans les relations verticales entre fournisseurs et acheteurs, avec le maintien d'une certaine opacité dans les rapports entre concurrents. Mais les deux objectifs sont en fait difficilement conciliables. En réalité, la transparence, telle qu'elle est assurée par le droit positif, va dans le sens de la concurrence entre les détaillants lorsqu'elle est destinée à mieux informer les consommateurs et elle s'apparente plutôt à la lutte contre la concurrence déloyale lorsqu'elle vise à l'information des commerçants. Dans le second cas, elle permet aux commerçants de déceler les pratiques discriminatoires dont ils peuvent s'estimer les victimes et demander à leur partenaire de leur accorder des avantages similaires ou équivalents.

986. Le Code de commerce prévoit trois ensembles de règles propres à assurer la transparence des rapports entre fournisseurs et revendeurs : l'information (section 1), la rédaction d'une convention écrite (section 2) et les conditions de la négociation tarifaire (section 3).

Section 1
L'information

987. En plus de l'obligation d'information que les professionnels doivent respecter entre eux (§ 1), la loi impose une information particulière consistant dans la communication des conditions générales de vente (§ 2).

§1. L'obligation d'information

988. L'article L. 441-2 du Code de commerce prévoit que « tout prestataire de services est tenu, à l'égard de tout destinataire de prestations de services, de respecter les obligations d'informations définies à l'article L. 111-2 du Code de la consommation ».

989. Le texte précité met donc à la charge des prestataires de services une obligation d'information dont les créanciers sont non seulement les consommateurs, mais aussi les professionnels. L'existence d'une obligation d'information est très générale en droit positif. Elle existe dans le droit commun depuis la réforme des contrats et des obligations en 2016 (art. 1112-1 C. civ.), dans les rapports entre un professionnel et un consommateur (art. L. 111-1 et L. 111-2 C. consom.) et, donc, dans les rapports entre un prestataire de services et le destinataire de la prestation (art. L. 441-2 préc.). En principe, tous les services sont concernés, à l'exception des services financiers et des opérations pratiquées par les compagnies d'assurances pour lesquelles existent des dispositions particulières (art. L. 441-2, al. 2, C. com.)

990. L'obligation d'information entre le prestataire de services et le destinataire de la prestation consiste naturellement à délivrer des renseignements sur le service fourni. De façon plus spécifique, elle comprend, lorsque le prix d'un service ne peut être déterminé *a priori* ou indiqué avec exactitude, à communiquer à son cocontractant qui en fait la demande la méthode de calcul du prix (art. L. 441-1, III, al. 3, C. com.).

§2. La communication des conditions générales de vente (CGV)

Art. L. 441-1 C. com. I. Les conditions générales de vente comprennent notamment les conditions de règlement, ainsi que les éléments de détermination du prix tels que le barème des prix unitaires et les éventuelles réductions de prix.

II. Toute personne exerçant des activités de production, de distribution ou de services qui établit des conditions générales de vente est tenue de les communiquer à tout acheteur qui en fait la demande pour une activité professionnelle. Cette communication s'effectue par tout moyen constituant un support durable.

991. L'obligation de communiquer les conditions générales de vente est une création de la *loi Royer*, d'orientation du commerce et de l'artisanat, du 27 décembre 1973. Elle fut ensuite reprise dans l'ancien article L. 441-6 du Code de commerce. Mais, ce texte ayant été plusieurs fois modifié, il finit par manquer de lisibilité. C'est pourquoi l'ordonnance n° 2019-359 du 24 avril 2019 s'est efforcée de clarifier les dispositions concernant les CGV en créant un article dans le Code de commerce qui leur est spécifique. C'est le nouvel article L. 441-1 du Code de commerce dont un extrait est reproduit ci-dessus.

Dans le même ordre d'idée, le règlement UE 2019/1150 du 20 juin 2019 impose aux fournisseurs de services d'intermédiation en ligne de rédiger de façon claire et compréhensible leurs conditions générales (art. 3-1). Dans le même sens, toute modification de ces conditions générales doit être notifiée aux vendeurs, utilisant les services d'intermédiation en ligne du fournisseur, au moins quinze jours à l'avance, sous peine de nullité (art. 3-2 et art. 3-3).

992. L'article L. 441-1 du Code de commerce institue une mesure de transparence, destinée à l'information des professionnels. Il a pour but de favoriser l'égalité entre les revendeurs en face de leurs diverses sources d'approvisionnement. Il doit permettre aux commerçants de vérifier que le fournisseur ne leur impose pas des conditions de vente exorbitantes par rapport à celles qu'il pratique à l'égard d'autres acheteurs et, en particulier, qu'ils ne sont pas traités de façon moins favorable que les entreprises de la grande distribution.

993. L'article L. 441-3, V, du Code de commerce vient préciser qu'en vue de la conclusion de la convention écrite entre le fournisseur et ses distributeurs, « le fournisseur communique ses CGV au distributeur dans un délai raisonnable avant le 1er mars ou, pour les produits ou services soumis à un cycle de commercialisation particulier, avant le point de départ de la période de commercialisation ». La communication s'effectue par tout moyen conforme aux usages de la profession.

994. En cas de contradiction entre les CGV des parties, il convient, selon toute vraisemblance, d'appliquer l'article 1119, alinéa 2, du Code civil (ce texte est issu de la réforme du droit des contrats et des obligations de 2016) : « En cas de discordance entre les conditions générales invoquées par l'une et l'autre partie, les clauses incompatibles sont sans effet. »

A. Les mentions devant figurer dans les CGV

995. Les CGV communicables comportent, selon l'article L. 441-1, I, du Code de commerce, les conditions de règlement, les critères permettant de déterminer le prix tels que le barème des prix unitaires et les éventuelles réductions de prix.

996. Les CGV des produits alimentaires et des produits destinés à l'alimentation des animaux de compagnie doivent contenir une mention spécifique destinée à présenter la part des matières premières agricoles dans la composition du produit. Le fournisseur a trois possibilités de présentation énumérées dans l'article L. 441-1-1, I, du Code de commerce.

997. Alors que traditionnellement les conditions générales de vente constituaient des documents purement contractuels, le droit économique moderne transforme ces conditions générales en une formulation obligatoire et rigide de l'offre de produits ou de prestations de services. L'article L. 441-1, III, C. com. ajoute : « Dès lors que les conditions générales de vente sont établies, elles constituent *le socle unique* de la négociation commerciale ». L'objectif de l'article L. 441-1 du Code de commerce est peut-être légitime du point de vue social, mais force est de constater que la disposition légale limite la liberté contractuelle et va à l'encontre de la libre négociation, qui est le fondement de la concurrence.

B. Les sanctions de l'obligation de communiquer les CGV

998. Comment sanctionner le défaut de communication des CGV ? Le législateur a essayé la sanction pénale, mais il a abandonné cette voie parce qu'elle ne se justifiait pas. La sanction civile, concrètement la responsabilité civile, posait un autre problème : elle était longue et complexe. Le contentieux pouvait prendre plusieurs années devant les juges du fond, voire devant la Cour de cassation. Finalement, l'ordonnance nº 2019-359 du 24 avril 2019 a opté pour la sanction administrative, par souci d'efficacité. L'article L. 441-1, IV, du Code de commerce dispose que « tout manquement (à l'obligation de communication) est passible d'une amende administrative dont le montant ne peut excéder 15 000 euros pour une personne physique et 75 000 euros pour une personne morale ».

999. Selon l'article L. 470-2 du Code de commerce, la sanction est prononcée par l'autorité administrative chargée de la concurrence et de la consommation (la DGCCRF). L'action de l'administration se prescrit par trois ans à compter du jour où le manquement a été commis (art. L. 470-2, II, C. com.). La procédure doit respecter le principe de la contradiction et le principe des droits de la défense. La décision de condamnation peut être publiée aux frais de la personne sanctionnée.

1000. Il convient de présenter une observation d'ordre général sur les pouvoirs de l'administration. D'une part, des fonctionnaires habilités par le ministère de l'Économie disposent d'un pouvoir d'injonction, assorti d'une astreinte, de cessation des agissements contraires à la loi et de suppression des clauses illicites. Les injonctions peuvent être rendues publiques (art. 470-1, I, C. com.). La DGCCRF peut en plus infliger diverses amendes administratives, par exemple lorsque le professionnel concerné n'a pas déféré dans le délai imparti à une injonction qui lui a été notifiée (art. L. 470-1 C. com.).

La multiplication des amendes administratives prévues par le titre IV conduit à s'interroger sur la pertinence de ce pouvoir attribué à la DGCCRF. On ne peut que regretter cet empiétement de la DGCCRF (et indirectement du ministre) sur la compétence ordinaire de la juridiction pénale. La même autorité administrative va rédiger les projets de lois concernant les négociations contractuelles des entreprises, va contrôler et instruire les éventuelles infractions, qualifier les comportements des entreprises et prononcer des sanctions atteignant des montants parfois élevés. Il s'agit en réalité d'une sanction qui s'apparente à l'amende pénale et qui sera ressentie comme telle. Une telle concentration des pouvoirs menace gravement, selon nous, la liberté contractuelle des entreprises privées. De plus, le contentieux relatif à l'amende administrative est porté devant la juridiction administrative, au besoin devant le Conseil d'État, ce qui crée une brèche dans l'unité du contentieux voulue par le législateur en 1986[1]. Il serait souhaitable que la loi vienne corriger ce dispositif ou que le Conseil constitutionnel, saisi par une QPC, le déclare contraire aux principes de la Constitution.

Remarquons également que l'article L. 470-2, VI, C. com. prévoit le cas d'un cumul d'une amende administrative et d'une amende pénale infligées en raison des mêmes faits à l'auteur du manquement[2]. Alors, le montant global des amendes prononcées ne dépasse pas le maximum légal le plus élevé.

C. Les CGV différenciées et les conditions particulières

1001. Une fois établies, les CGV constituent « le socle unique de la négociation commerciale ». Cette formule exclut *a priori* la possibilité de prévoir des conditions particulières. Toutefois, pour répondre aux vœux de la pratique, le législateur autorise deux exceptions à l'unicité des CGV.

1002. Première exception : les conditions différenciées de l'article L. 441-1, II, alinéa 2, du Code de commerce. Il est possible d'établir des *conditions générales de vente différenciées* lorsque les parties appartiennent à des catégories d'acheteurs de produits ou de demandeurs de prestations de services différentes[3], par exemple celle des détaillants et celle des grossistes. L'article L. 441-1, II, du Code de commerce précise que, dans cette hypothèse, l'obligation de communication porte uniquement sur les CGV applicables à une même catégorie d'acheteurs[4].

1003. Seconde exception : les conditions particulières de l'article L. 441-1, III, al. 2, du Code de commerce. Les parties peuvent convenir des *conditions particulières de vente*, sous réserve toutefois que cela n'entraîne pas de déséquilibre significatif[5]. Ces conditions particulières de vente ne sont pas soumises à l'obligation de communication des conditions générales[6].

Section 2
La formalisation de la négociation dans une convention écrite

> ***Art. L. 441-3, I, C. com.*** Une convention écrite conclue entre le fournisseur, à l'exception des fournisseurs de produits mentionnés à l'article L. 443-2, et le distributeur ou le prestataire de services mentionne les obligations réciproques auxquelles se sont engagées les parties à l'issue de la négociation commerciale, dans le respect des articles L. 442-1 à L. 442-3.

1. Voy. M. Ponsard, « Les propositions de l'AFEC concernant la réforme attendue des pratiques restrictives de concurrence », *Contrats, conc. consom.* 2018, n° 24.

2. Le Conseil constitutionnel a validé le cumul des sanctions administratives. V. Cons. const., 25 mars 2022, n° 2021-984 QPC.

3. Ex. Cass. com., 28 sept. 2022, n° 19-19768, *Contrats conc. consom.* 2022, n° 191, obs. M. Malaurie-Vignal.

4. Cass. com., 28 sept. 2022, n° 21-20357, à propos d'un refus de communication des CGV différenciées.

5. Cass. com., 27 mai 2015, n° 14-11387.

6. Cass. com., 29 mars 2017, n° 15-27811.

1004. Lorsqu'elle réussit, la négociation commerciale se concrétise par la conclusion d'un accord écrit (établi en double exemplaire) entre le fournisseur et le distributeur. Cet accord doit prendre la forme d'une convention écrite « établie soit dans un document unique, soit dans un ensemble formé par un contrat-cadre et des contrats d'application » (art. L. 441-3, I, *in fine*, C. com.)[7]. La loi impose ce formalisme dans l'espoir de favoriser la transparence dans les relations commerciales, en particulier dans le secteur de la grande distribution[8].

1005. Le texte s'explique par la difficulté d'appréhender la « coopération commerciale ». Celle-ci consiste dans la stipulation de services réciproques rendus par le fournisseur et le distributeur[9]. Le fournisseur par exemple accepte d'étiqueter les produits vendus par le distributeur et même se charge de les disposer sur les rayons de vente du supermarché. Il participe aussi à certaines promotions publicitaires du revendeur. Le revendeur s'engage de son côté à participer à la promotion de la marque du fabricant. Ces contrats de coopération peuvent dissimuler des remises occultes lorsque le service rendu au fournisseur est fictif.

Longtemps, l'administration économique, afin de lutter contre les remises occultes, a cherché à distinguer de manière précise les différentes prestations caractérisant les rapports entre fournisseurs et distributeurs : la vente de marchandises, la coopération non détachable de la vente, la coopération distincte du contrat de vente et les autres services distincts. Le législateur, entérinant les projets rédigés par l'administration, modifiait sans cesse les textes relatifs à la transparence. D'autant plus que les pratiques commerciales évoluaient en réponse à chaque texte nouveau. D'où l'exigence de rédiger par écrit les contrats de coopération. L'écrit permettait à l'administration de vérifier que les contrats ne dissimulaient pas des avantages discriminatoires au profit des grands distributeurs.

La loi *Chatel* du 4 janvier 2008, tout en maintenant l'exigence de l'écrit, renonçait finalement à soumettre à des régimes distincts les différentes prestations fournies par les parties. Elle substituait aux contrats de vente et aux divers contrats de coopération une *convention globale*, réunissant l'ensemble des prestations stipulées par les cocontractants.

§1. Le contenu de la convention écrite

1006. Le contenu de la convention fait l'objet de dispositions légales précises. À cet égard, la loi distingue trois régimes de convention : (i) les conventions du régime général liant les fournisseurs et les distributeurs (art. L. 441-3 C. com.), (ii) les conventions relatives aux produits de grande consommation (*i.e.* des produits non durables à forte fréquence et récurrence de consommation, selon l'article L. 441-4, I, C. com.) liant les fournisseurs et les distributeurs et (iii) les conventions relatives aux produits alimentaires et aux produits destinés à l'alimentation des animaux de compagnie (art. L. 443-8 C. com.).

Le contenu de ces différents types de convention doit être négocié de bonne foi. Cela va sans dire étant donné que la négociation de bonne foi est un principe directeur, d'ordre public, du droit commun des contrats. En 2023, dans la loi n° 2023-221

7. R. Renaudier, « Les pratiques commerciales après la réforme du droit des pratiques restrictives. La convention commerciale annuelle », *Contrats, conc. consom.* 2019, dossier n° 13.

8. Selon la recommandation de la Commission d'examen des pratiques commerciales, les règles relatives à la négociation commerciale ne sont pas adaptées aux produits à marque de distributeur (art. R. 412-47 C. com.). Voy. Recommandation CEPC, n° 20-2, du 17 déc. 2020, *BRDA* 2/21, n° 18.

9. Sur les questions de preuve, v. Cass. com., 3 mars 2021, n° 19-13533 et 19-16344, *Contrats, conc. consom.* 2021, comm. 81, obs. N. Mathey.

du 30 mars 2023, le législateur s'est cru obligé de le rappeler en insérant dans l'article L. 441-4, IV, C. com. la phrase suivante : « La négociation de la convention est conduite de bonne foi, conformément à l'article 1104 du Code civil ». De même, il était inutile d'ajouter dans l'article L. 442-1, I, C. com. un 5° disposant que le manquement à ce devoir de bonne foi, s'il a pour conséquence de ne pas aboutir à la conclusion, dans les délais légaux (avant le 1er mars, voire le 1er avril), de la convention écrite, engage la responsabilité de son auteur.

Examinons maintenant chacune de ces conventions.

1007. En ce qui concerne (i) **les conventions du régime général**, elles doivent stipuler :

1° les conditions de la vente des produits ou des prestations de services, et notamment les réductions de prix ;

2° les services de coopération commerciale que le distributeur rend au fournisseur. Ceux-ci ont pour objectif de favoriser la commercialisation des produits ou des services du fournisseur. C'est, par exemple, la présentation des produits du fournisseur en tête de gondole. L'article L. 441-3, III, 2°, du Code de commerce ajoute que doivent être précisées dans la convention la date à laquelle ces services auront lieu, leurs modalités d'exécution ainsi que la rémunération perçue par le distributeur. Celle-ci peut prendre la forme de remises ou de ristournes (les *marges arrières*) ou être facturée par les prestataires de services ;

3° les autres obligations destinées à favoriser la relation commerciale entre le fournisseur et le distributeur ou le prestataire de services. Tel est le cas, par exemple, de la fourniture des statistiques concernant la vente d'un produit. Et, à nouveau, la convention écrite doit mentionner la date prévue, les modalités d'exécution et la rémunération ou la réduction du prix.

Un point mérite une attention particulière. Il concerne le prix qui, dans la convention, doit désormais prendre en compte *l'intégralité* des éléments négociés, c'est-à-dire non seulement du prix des produits ou des services, mais aussi des remises, ristournes et du coût de la coopération commerciale.

La convention écrite et les mentions obligatoires qu'elle contient vont permettre à l'administration (la DGCCRF) de contrôler *a posteriori* la négociation commerciale et de vérifier qu'il n'y a pas de déséquilibre significatif entre les contractants. C'est, indirectement, un moyen de contrôler les prix.

1008. En ce qui concerne (ii) **les conventions portant sur des produits de grande consommation** (art. L. 441-4, I, C. com.)[10], elles doivent, d'une part, contenir les stipulations prévues pour les conventions du régime général et, d'autre part, des stipulations supplémentaires qui sont énumérées dans l'article L. 441-4 du Code de commerce. Il s'agit principalement du barème des prix unitaires, de la mention du chiffre d'affaires prévisionnel annuel ainsi que de chacune des obligations réciproques auxquelles se sont engagées les parties à l'issue de la négociation commerciale et leur prix unitaire (art. L. 441-4, III, C. com.).

10. L'article D. 441-9 C. com. fixe la liste des produits de grande consommation. Sont visés : les produits alimentaires, les produits de lavage et d'entretien, les articles d'hygiène corporelle et les produits de beauté, etc.

1009. En ce qui concerne (iii) **les conventions spécifiques pour les produits alimentaires et les produits destinés à l'alimentation des animaux de compagnie** (art. L. 443-8 C. com.), elles doivent mentionner chacune des obligations réciproques auxquelles les parties se sont engagées à l'issue de la négociation commerciale (art. L. 443-8, I, al. 2, C. com.). De plus, la convention doit contenir une clause de révision automatique des prix en fonction de la variation du coût des matières premières agricoles. Les évolutions des prix doivent être mises en œuvre au plus tard un mois après le déclenchement de la clause (art. L. 443-8, IV, C. com.). Elles doivent enfin respecter les règles applicables à la convention du régime général.

§2. La date de la convention écrite

1010. La convention écrite doit être conclue au plus tard le 1er mars de l'année pendant laquelle elle prend effet ou dans les deux mois suivant le point de départ de la commercialisation des produits ou des services saisonniers (art. L. 441-3, IV, C. com.). En règle générale, elle est conclue pour une durée d'un an. Toutefois, les parties peuvent prévoir une durée de deux ou trois ans[11]. L'objectif est de permettre aux entreprises de « développer une politique stable d'investissements » et d'éviter d'engager « les forces des entreprises productives dans des négociations trop fréquentes et épuisantes pour les directions de ces entreprises »[12]. Dans ce cas, la convention doit prévoir les modalités de révision du prix (art. L. 441-3, IV, C. com.). Les parties peuvent notamment prévoir une variation du prix en fonction d'un indice, sous réserve de se conformer à l'article L. 112-2 du Code monétaire et financier qui déclare nulles les indexations fondées sur le SMIC, le niveau général des prix ou des salaires ou sur le prix des biens, des produits et des services n'ayant pas de relation directe avec l'objet de la convention ou avec l'activité de l'une des parties.

1011. L'article L. 441-3 C. com. ne précisait pas ce qu'il advenait lorsque la convention entre le fabricant et le distributeur n'était pas conclue le 1er mars. La DGCCRF avait d'ailleurs constaté, à la suite de contrôles effectués en 2019, que cette date n'était pas toujours bien respectée[13]. Les rédacteurs de la loi n° 2023-221 du 30 mars 2023 ont voulu apporter une clarification. Cependant, par prudence, le nouveau dispositif n'a été adopté qu'à titre expérimental pour trois ans. L'article 9, II, de cette loi dispose que, désormais, en l'absence de convention écrite conclue au 1er mars, le fournisseur et le distributeur disposent d'une période de transition d'un mois (donc jusqu'au 1er avril) pour s'entendre sur les termes : d'un préavis de rupture de leur relation ou d'une nouvelle convention permettant, au contraire, la poursuite de leur relation. Pour les aider, ils peuvent saisir le médiateur des relations commerciales agricoles ou celui des entreprises. Pendant cette période de transition, la convention qui était arrivée à son terme est prolongée. Et, au bout d'un mois sans accord, ni sur la rupture ni sur la poursuite, le fournisseur peut mettre fin à la relation commerciale qu'il avait

11. Selon un avis de la CEPC du 18 mars 2021, cette durée ne peut être indéterminée (*BRDA* 9/21, n° 18).
12. *BRDA* 1/17, n° 26, § 3.
13. Voy. communiqué de la DGCCRF du 11 févr. 2020, *JCP* E 2020, act. 135.

avec le distributeur, sans que celui-ci ne puisse invoquer l'argument de la rupture brutale des relations commerciales de l'article L. 442-1, II, C. com.

1012. Les circonstances de la vie des affaires peuvent amener les parties à conclure un avenant à leur convention. L'un des apports de l'ordonnance du 24 avril 2019 a été de réglementer cette pratique de crainte qu'elle ne dissimule une renégociation complète de la convention remettant en cause son économie générale. C'est pourquoi, le législateur exige, premièrement, qu'un élément nouveau vienne justifier les stipulations supplémentaires et, secondement, que l'avenant soit rédigé par écrit (art. L. 441-3, II, C. com.).

§3. La sanction

1013. Lorsque le formalisme entourant la passation de la convention entre le fournisseur et le distributeur (l'écrit, les mentions obligatoires et les modalités de conclusion d'un avenant) n'a pas été respecté, l'entreprise en cause est passible d'une amende administrative dont le montant ne peut excéder 75 000 euros pour une personne physique et 375 000 euros pour une personne morale (art. L. 441-6, al. 1er, C. com.). Ces montants sont doublés en cas de réitération du manquement (art. L. 441-6, al. 2, C. com.).

De plus, par dérogation, pour les produits de grande consommation, le non-respect de l'échéance du 1er mars (art. L. 441-3 C. com.) est passible d'une amende administrative de 200 000 d'euros pour une personne physique et de 1 000 000 d'euros pour une personne morale. Les peines sont doublées en cas de réitération du manquement (art. L. 441-6, al. 3, C. com.).

Section 3
La négociation tarifaire

1014. La transparence des rapports commerciaux entre producteurs et distributeurs ne se traduit pas seulement par la formalisation de l'offre. Elle passe aussi par la clarté du processus de détermination du prix, qui est l'aboutissement de la négociation. La loi impose des délais de paiement clairs et précis (§ 1) et exige que la facture détaille l'obligation de paiement du prix (§ 2).

§1. Les délais de paiement

Art. L. 441-10, I, C. com. Sauf dispositions contraires figurant aux conditions de vente ou convenues entre les parties, le délai de règlement des sommes dues ne peut dépasser trente jours après la date de réception des marchandises ou d'exécution de la prestation demandée.
Le délai convenu entre les parties pour régler les sommes dues ne peut dépasser soixante jours après la date d'émission de la facture.
Par dérogation, un délai maximal de quarante-cinq jours fin de mois après la date d'émission de la facture peut être convenu entre les parties, sous

réserve que ce délai soit expressément stipulé par contrat et qu'il ne constitue pas un abus manifeste à l'égard du créancier.

1015. Les retards de paiement sont l'une des principales préoccupations des producteurs et des fournisseurs. Surtout lorsqu'ils sont en face de grands distributeurs dont ils craignent le déréférencement. Ils accusent les magasins de grande surface de profiter ainsi de crédits à bon compte. Répondant à ces plaintes, les pouvoirs publics n'hésitent pas à prendre des mesures dirigistes, qui brisent la liberté contractuelle. Ils incitent les parties à stipuler des délais de paiement conventionnels et, à défaut, ils fixent de façon légale ou réglementaire des délais impératifs.

Le problème des délais de règlement n'est pas propre à la France[14]. L'Union européenne a adopté en 2011 une directive destinée à lutter contre les retards de paiement[15]. En France, furent progressivement adoptées plusieurs dispositions prenant place dans le titre IV du livre IV du Code de commerce. Ces dispositions, souvent complexes, étaient réparties dans plusieurs articles du code. L'ordonnance du 24 avril 2019, pour plus de cohérence et de clarté, a créé une sous-section intitulée *Délais de paiement*, comprenant les nouveaux articles L. 441-10 à L. 441-16. Ce regroupement s'est opéré sans modifications de fond[16].

1016. L'article L. 441-10 regroupe les dispositions générales de fond. Le principe est le suivant :

- lorsque les parties ne prévoient pas dans leur contrat le délai de paiement, ce délai est de trente jours à compter de la date de réception des marchandises ou d'exécution de la prestation de service ;
- lorsque les parties prévoient un délai de paiement, celui-ci doit être inférieur à soixante jours après la date d'émission de la facture. Cependant, par dérogation, un délai maximal de quarante-cinq jours fin de mois après la date d'émission de la facture peut être convenu entre les parties, sous réserve que ce délai soit expressément stipulé dans le contrat et qu'il ne constitue pas un abus manifeste à l'égard du créancier.

Observons que l'article L. 441-10 est plus rigoureux que la directive européenne 2011/7. En effet, selon l'article 3 les « états membres veillent à ce que le délai de paiement fixé dans le contrat n'excède pas soixante jours civils, à moins qu'il ne soit expressément stipulé autrement par contrat et pourvu que cela ne constitue pas un abus manifeste à l'égard du créancier au sens de l'article 7 ». Par exemple, aux termes de l'article 7, paragraphe 2, est considérée comme manifestement abusive toute clause excluant le versement d'intérêts pour retard de paiement.

1017. À partir du moment où le débiteur est en retard, il doit des pénalités de retard. Selon l'article L. 441-10, II, C. com. celles-ci sont exigibles le jour suivant la date de règlement figurant sur la facture, sans qu'un rappel soit nécessaire. De plus, le débiteur en situation de retard de paiement est de plein droit

---

14. Sur les problèmes de droit international que posent les délais de paiement, v. l'avis de la CEPC du 18 mars 2021 et son analyse par A. Reygrobellet et E. Flaicher-Maneval, *BRDA* 11/21, n° 21.

15. Dir. 2011/7 du Parlement européen et du Conseil du 16 févr. 2011 concernant la lutte contre le retard de paiement dans les transactions commerciales.

16. M. Chagny, « Ordonnance du 24 avril 2019 : la refonte du Titre IV du Livre IV... en attendant une nouvelle réforme ? », *RTD com.* 2019, p. 353.

débiteur, à l'égard du créancier, d'une indemnité forfaitaire pour frais de recouvrement. Le même article vise la détermination des pénalités de retard, notamment du taux d'intérêt, ainsi que le montant de l'indemnité forfaitaire pour frais de recouvrement due au créancier. Les pénalités de retard et l'indemnité sont déterminées par les parties, mais dans un cadre légal rigoureux. Par exemple, en cas de silence de la convention, le taux des intérêts de retard est égal au taux d'intérêt appliqué par la Banque centrale européenne à son opération de refinancement la plus récente majoré de 10 points de pourcentage. Les conditions d'application et le taux d'intérêt des pénalités de retard doivent figurer dans les CGV.

1018. Les autres articles de la sous-section « Délais de paiement » concernent les très nombreuses dérogations propres à certaines catégories de produits : produits alimentaires périssables et viandes congelées, bétail sur pied destiné à la consommation, boissons alcooliques, transport routier de marchandises, etc. Ils ont été modifiés par l'ordonnance n° 2021-859 du 30 juin 2021. Par exemple, le délai de paiement pour les denrées alimentaires périssables, en l'absence d'approvisionnement régulier entre le vendeur et l'acheteur, est raccourci à trente jours après la livraison (art. L. 441-11, II, 1°, C. com.).

L'article L. 441-14 oblige les commissaires aux comptes à certifier (et même parfois à communiquer à l'administration) les informations données par les sociétés sur les délais de paiement de leurs fournisseurs et de leurs clients.

1019. En cas de manquement aux règles légales, l'article L. 441-16 fixe la sanction : en principe, une amende administrative[17] dont le montant ne peut excéder 75 000 euros pour une personne physique et deux millions d'euros pour une personne morale[18].

§2. La facturation

1020. L'obligation de rédiger une facture est prévue par l'article L. 441-9 du Code de commerce.

> ***Art. L. 441-9, I, C. com.*** Tout achat de produits ou toute prestation de service pour une activité professionnelle fait l'objet d'une facturation.
> Le vendeur est tenu de délivrer la facture dès la réalisation de la livraison ou de la prestation de services au sens du 3 du I de l'article 289 du Code général des impôts. L'acheteur est tenu de la réclamer.

A. Le principe de la facturation

1021. La facturation est une exigence légale qui s'impose aux professionnels dans toutes les opérations qu'ils concluent. L'obligation de facturation entre professionnels existait déjà sous l'empire de l'ordonnance du 30 juin 1945 relative aux

17. N. Pétrignet et A. Le Bourdon, « Ombres et lumières du dispositif de sanctions administratives des retards de paiement interentreprises », *BRDA* 15-16/21, n° 25

18. La DGCCRF a publié sur son site internet ses lignes directrices pour déterminer les sanctions en cas de dépassement des délais de paiement. V. *BRDA* 1/22, n° 21.

prix. Il s'agissait alors d'une mesure de lutte contre les prix illicites, c'est-à-dire les prix qui contrevenaient aux arrêtés de taxation. L'abrogation de l'ordonnance de 1945 par l'ordonnance du 1er décembre 1986 a mis fin à cette fonction. Dans l'esprit du Code de commerce, il s'agit aujourd'hui d'une mesure de transparence, destinée à informer les acheteurs professionnels. La facturation a aussi un but fiscal car elle est le moyen de vérifier le respect des règles de la TVA.

L'obligation pèse sur les deux parties. Le vendeur ou prestataire de services doit délivrer la facture. L'acheteur ou bénéficiaire du service doit la réclamer. La facture est rédigée en double exemplaire, un pour chacune des parties (art. L. 441-9, I, C. com.).

1022. À quel moment la facture doit-elle être émise ? L'ancien article L. 441-3 du Code de commerce prévoyait que le vendeur était tenu de délivrer la facture dès la « réalisation » de la vente ou de la prestation de services. Expression qui était passablement obscure. La réalisation était-elle la conclusion du contrat ou son exécution ? En revanche, le Code général des impôts, à l'article L. 289, I, 3, était clair : « La facture est, en principe, émise dès la réalisation de la livraison ou de la prestation de services ». Cette contradiction entre la législation commerciale et la législation fiscale était pour les entreprises une source d'insécurité juridique. L'ordonnance du 24 avril 2019 y a mis fin en se ralliant, dans l'article L. 441-9, I, al. 2, du Code commerce, à la définition fiscale : la réalisation est celle de « *la livraison ou de la prestation de services au sens du* 3 du I de l'article 289 du Code général des impôts ».

1023. Le législateur favorise la transmission des factures par voie électronique. Depuis l'ordonnance n° 2014-697 du 26 juin 2014, relative au développement de la facturation électronique, l'État, les collectivités publiques et les établissements publics sont tenus d'accepter les factures dématérialisées émises par les entreprises[19]. Un portail pour le dépôt et la réception de ces factures a été ouvert à cette fin. Dans les relations entre entreprises, le législateur a prévu une mise en place progressive de la facture électronique. Le 1er janvier 2026, toutes les factures des transactions interentreprises devront être transmises et réceptionnées sous forme électronique[20].

B. Les mentions de la facture

1024. L'article L. 441-9, I, C. com. énumère les mentions qui doivent obligatoirement figurer sur la facture. Ce sont, notamment, les mentions d'identification, comme le nom des parties, leur adresse[21], la date de la vente ou de la prestation de services, l'indication du prix unitaire, la date du paiement, le taux des pénalités, etc. L'ordonnance du 24 avril 2019 a ajouté deux mentions

19. R. Vandermeeren, « Facturation électronique dans la commande publique : un nouveau régime depuis le 22 juillet 2019 », *BRDA* 17/19, n° 19.

20. V. *BRDA* 19/21, n° 15.

21. CEPC, avis n° 20-3 du 18 juin 2020, *BRDA* 14/20, n° 17 : « Il peut être toléré, par souci de simplification et de cohérence avec la doctrine fiscale, que l'adresse de l'acheteur mentionnée sur la facture soit celle de l'établissement secondaire avec lequel le vendeur est en relation et qui assure le règlement de la facture, et non pas l'adresse du siège social, sous réserve que le nom ou la raison sociale mentionnés sur la facture correspondent à ceux de l'entreprise cliente ».

supplémentaires : l'adresse de facturation, si elle est différente de l'adresse des parties, et le numéro du bon de commande.

1025. L'article L. 441-9 rend obligatoire une autre mention, celle des *réductions de prix*.

> ***Art. L. 441-9, I, C. com.*** La facture mentionne... ainsi que toute réduction de prix acquise à la date de la vente ou de la prestation de services et directement liée à cette opération de vente ou de prestation de services...

Souvent les rabais sont connus dans leur principe, mais ils sont différés car ils ne sont calculés qu'en fin de période semestrielle ou annuelle. Parfois même, les remises sont réclamées après coup, à la faveur d'un événement quelconque, de façon rétroactive et sans que le fournisseur ait pu les prévoir au moment de la facturation.

Ces pratiques ont été à l'origine d'un débat entre les distributeurs et l'administration économique, la DGCCRF. Les commerçants, pour échapper au reproche de revente à perte[22], estimaient que, pour déterminer le prix d'achat effectif, il fallait évidemment tenir compte du prix réellement payé au fournisseur et de toutes les remises accordées par lui. Mais l'administration économique suspectait les commerçants de se constituer des fonds de remises indifférenciées (on disait aussi des *cagnottes*), qu'ils affectaient au besoin à tel ou tel achat déterminé afin de diminuer le prix d'achat effectif et d'échapper à l'incrimination de revente à perte.

L'article 31, alinéa 3, de l'ordonnance du 1er décembre 1986, dans sa version originaire, disposait que la facture devait mentionner tous rabais, remises ou ristournes « *dont le principe est acquis et le montant chiffrable lors de la vente ou de la prestation de service,* ». L'interprétation du texte s'est révélée ardue, la notion de « principe acquis » étant peu précise. Aussi l'administration a-t-elle prétendu ne tenir compte, pour le calcul de la revente à perte, que des remises figurant effectivement sur la facture. Pour répondre aux protestations de la distribution, la loi *Galland* du 1er juillet 1996 admit que la facture devait mentionner *toute réduction de prix acquise à la date de la vente ou de la prestation de services et directement liée à cette opération de vente ou de prestation de services.* La loi renonçait à la référence controversée au « principe acquis » et au « montant chiffrable lors de la vente ».

1026. L'ordonnance du 24 avril 2019 a repris dans l'article L. 441-9, I, du Code de commerce la formulation de la loi *Galland*. Seules doivent apparaître les réductions qui sont acquises à la date de la vente ou de la prestation de services et qui sont directement liées à cette opération de vente ou de prestation de services.

Exemple. N'ont plus à figurer sur la facture les ristournes de progression, qui sont accordées seulement si le chiffre d'affaires de l'année entière est supérieur à celui de l'année précédente, ni les ristournes d'objectif, qui sont accordées si un certain seuil de chiffre d'affaires est atteint, ou les ristournes de groupement des commandes. En revanche, une réduction inconditionnelle calculée sur le chiffre d'affaires déjà réalisé doit figurer sur la facture, car elle est acquise. La Cour de cassation décide aussi que les remises conditionnelles « peuvent » figurer sur la facture[23].

1027. À propos des escomptes, l'article L. 441-9, I, alinéa 4, comporte une formulation assez obscure. Littéralement, la facture ne devrait pas préciser les *escomptes non prévus sur la facture...* L'escompte est une réduction de prix due en cas de paiement à une date antérieure à celle prévue par les CGV. Il semble que le

22. Sur l'interdiction de la revente à perte, v. *infra*, n° 1030.

23. Cass. com., 6 sept. 2011, n° 10-17963.

montant chiffré de l'escompte afférant à une opération déterminée n'ait pas à figurer sur la facture, à moins que le paiement anticipé de cet escompte ait déjà eu lieu.

CHAPITRE 2

La recherche de la loyauté

1028. De façon générale, l'article 1104 du Code civil dispose : « Les contrats doivent être négociés, formés et exécutés de bonne foi. Cette disposition est d'ordre public ». Le principe de bonne foi irrigue tous les domaines du droit et notamment le droit de la distribution. Au nom de la loyauté, l'ordonnance n° 2019-359 du 24 avril 2019 sanctionne certaines infractions relatives à la fixation des prix (section 1) et réprime une série de pratiques restrictives considérées comme déloyales (section 2).

Section 1
Les infractions relatives aux prix

1029. Le titre IV du livre IV du Code de commerce interdit et condamne pénalement deux pratiques relatives aux prix des produits et services. Il interdit d'abord la pratique de la *revente à perte* par les distributeurs (§ 1). Il interdit ensuite la *revente à prix imposé*, pratiquée par les fournisseurs (§ 2).

§1. L'interdiction de la revente à perte

1030. L'article L. 442-5 du Code de commerce punit d'une amende sévère (75 000 euros d'amende) les commerçants qui pratiquent la revente à perte, c'est-à-dire le fait de revendre un produit en l'état à un prix inférieur à son prix d'achat effectif.

La condamnation de la revente à perte est ancienne, puisqu'elle remonte à l'article 1er de la loi de finance du 2 juillet 1963, dont la disposition fut déplacée d'abord dans l'ordonnance du 1er décembre 1986 (art. 32), puis en septembre 2000 dans le nouveau Code de commerce (anc. art. L. 442-2 à L. 442-4). Au cours de ce périple, la définition de la revente à perte connut d'incessantes modifications, qui tantôt aggravaient la condamnation, tantôt l'assouplissaient. La dernière réforme de fond, apportée par la loi du 3 janvier 2008 (dite *loi Chatel*), semble avoir enfin donné satisfaction, puisque les termes en ont été conservés, au prix de quelques simplifications de forme et d'une renumérotation, à l'article L. 442-5 du Code de commerce par l'ordonnance du 24 avril 2019.

A. Raison d'être de la prohibition de la revente à perte

1031. Pourquoi la revente à perte est-elle critiquée ? La critique la plus constante vient des concurrents du revendeur à perte. Elle ne peut se comprendre que dans le contexte qui oppose le petit commerce à la grande distribution. La grande distribution pratique volontiers le *prix d'appel*, c'est-à-dire la vente à un prix très bas d'un article connu, souvent un article de marque, à des fins purement publicitaires, pour attirer la clientèle. Parfois le prix de vente est tellement bas, qu'il ne peut résulter que d'une vente à perte. Les commerçants traditionnels, dont les moyens financiers sont limités, n'ont pas la possibilité d'utiliser une telle méthode. Ils y voient par conséquent un procédé de concurrence déloyale et réclament la protection des pouvoirs publics. Les associations de consommateurs critiquent également le procédé qu'elles jugent trompeur. Elles accusent les grandes surfaces d'attirer leurs clients par quelques articles à bas prix et de réaliser leur profit sur d'autres articles, dont les consommateurs connaissent mal la valeur réelle.

On peut répondre qu'en économie libérale il appartient à chaque entrepreneur de déterminer sa stratégie commerciale en fixant les termes de son offre, dans une perspective de rentabilité globale. Les prix excessivement bas ne devraient être condamnés que lorsqu'ils constituent des prix prédateurs, c'est-à-dire destinés à exclure un concurrent du marché. Des auteurs réclament d'ailleurs la suppression de l'interdiction de la revente à perte[1].

Ce débat montre en tout cas que la condamnation de la revente à perte ne relève pas des règles de concurrence *stricto sensu*, mais de la lutte contre la concurrence déloyale et de la protection des consommateurs.

1032. Dans un arrêt du 19 octobre 2017, la Cour de justice de l'UE a jugé, qu'au regard de la directive n° 2005/29 du 11 mai 2005 sur les pratiques commerciales déloyales, les reventes à perte ne pouvaient être interdites de façon générale et absolue[2]. Le droit français respecte bien la directive et la décision de la CJUE de 2017, car l'interdiction de la revente à perte ne s'applique qu'aux transactions entre professionnels[3].

B. Conditions de la condamnation de la revente à perte

Art. L. 442-5, I, al. 1, C. com. Le fait, pour tout commerçant, de revendre ou d'annoncer la revente d'un produit en l'état à un prix inférieur à son prix d'achat effectif est puni de 75 000 euros d'amende.

1033. La prohibition de la revente à perte est soumise à quatre conditions.

1) Le fait doit être l'œuvre d'un *commerçant*. Un acte de revente isolé par un non-commerçant n'est pas condamnable. La revente doit donc être accomplie dans un cadre professionnel. *Le commerçant* est aussi bien une personne physique qu'une personne morale.

1. L'OCDE préconise l'abandon de l'interdiction « pour accroître le potentiel de l'économie et redresser la compétitivité du marché des biens et services » (M. Ponsard, « Les propositions de l'AFEC concernant la réforme attendue des pratiques restrictives de concurrence », *Contrats, conc. consom.* 2018, n° 24).

2. CJUE, arrêt du 19 oct. 2017, *Europamur alimentacion*, aff. C 295/16, *D.* 2018, p. 583, note É. Poillot.

3. Cass. crim., 16 janv. 2018, n° 16-83457.

L'article L. 442-5, II, 5°, C. com. admet une exception, en faveur des petits commerçants. L'interdiction ne s'applique pas à la revente de produits alimentaires dans un magasin de vente d'une surface de vente de moins de 300 m², ni à la revente de produits non alimentaires dans un magasin de vente d'une surface de moins de 1 000 m², lorsque « le prix de revente est aligné sur le prix légalement pratiqué pour les mêmes produits par un autre commerçant dans la même zone d'activité ».

Cette exception marque bien la vraie finalité de l'interdiction de la revente à perte, qui est la protection du petit commerce contre les méthodes de la grande distribution, notamment le prix d'appel.

2) Seule la *revente* est condamnable, non la vente. Un fabricant peut vendre ses produits au-dessous de leur prix de revient. La loi incrimine aussi le fait d'*annoncer la revente*, ce qui montre le caractère publicitaire de la revente visée.

3) Seule la revente de *produits en l'état* est punissable. Celui qui revend après avoir transformé ne tombe pas sous le coup de l'article L. 442-5. En revanche, il pourrait tomber sous le coup de l'article L. 420-5 C. com., en cas de prix abusivement bas. De même la *prestation de service* au-dessous de son coût n'est pas en soi interdite. L'article L. 442-5, II, C. com. écarte également l'incrimination de la revente de toute une série de produits : les produits saisonniers dans certaines conditions, les produits démodés ou dévalués et les produits périssables, sous certaines conditions.

4) Il faut une *perte*. Le prix de revente doit être inférieur au *prix d'achat effectif*. La notion de perte a donc, en matière de revente à perte, un sens spécifique. Il ne suffit pas que le produit soit revendu au-dessous du coût unitaire ou du coût moyen du produit. C'est ce que nous allons préciser dans le développement suivant.

C. Le seuil de la revente à perte

1034. La revente à perte est donc la revente à un prix inférieur au prix d'achat effectif. Le prix d'achat effectif constitue donc le seuil à partir duquel la vente échappe à la prohibition légale.

L'article L. 442-5 du Code de commerce définit le prix d'achat effectif.

Art. L. 442-5, I, al. 2, C. com. Le prix d'achat effectif est le prix unitaire net figurant sur la facture d'achat, minoré du montant de l'ensemble des autres avantages financiers consentis par le vendeur exprimé en pourcentage du prix unitaire net du produit et majoré des taxes sur le chiffre d'affaires, des taxes spécifiques afférentes à cette revente et du prix du transport.

1035. La notion de prix d'achat effectif fut l'objet de discussions incessantes, se traduisant par de fréquentes réformes de la loi. Le débat portait principalement sur la possibilité de déduire du prix d'achat unitaire les remises ou rabais consentis par le fournisseur postérieurement à la vente, ce que l'on appelle la « marge arrière ». Pour échapper au grief de revente à perte, les commerçants de la grande distribution avaient évidemment intérêt à compter le maximum de remises dans le calcul afin d'abaisser le prix d'achat. Au contraire, l'administration économique écartait du calcul du seuil de la revente à perte les remises dont le montant n'était pas encore connu au moment de l'établissement de la facture.

1036. Après une large consultation des milieux professionnels et sur la base des travaux de la commission présidée par le premier président de la Cour de cassation, M. Canivet, la loi du 2 août 2005 en faveur des PME mit en place un système de calcul du prix d'achat effectif, selon lequel le prix unitaire, figurant sur la facture, pouvait être minoré des « autres avantages financiers ».

1037. Cette solution a été conservée en substance par l'ordonnance du 24 avril 2019 et se retrouve dans l'actuel article L. 442-5 du Code de commerce. Plus précisément, selon ce texte, le prix d'achat effectif est le prix d'achat minoré du montant des avantages financiers consentis par le vendeur (réductions, ristournes hors facture et prix de la coopération commerciale). Le montant ainsi obtenu est ensuite majoré des taxes et du prix du transport pour donner le prix d'achat effectif.

1038. Récemment, des discussions sur le seuil de la revente à perte ont resurgi à propos du prix des denrées alimentaires. Cette fois, ce sont les producteurs, notamment les petits agriculteurs, qui se plaignent de la puissance de négociation des grands distributeurs et des transformateurs industriels. Les entreprises agricoles, sous la pression de leurs acheteurs professionnels, font valoir qu'elles sont contraintes de consentir des prix qui mettent en péril leur rentabilité.

Nous avons vu que, à la suite des États généraux de l'alimentation, la loi n° 2018-938 du 30 octobre 2018 (Egalim) avait prévu la refonte par ordonnance du titre IV du livre IV du Code de commerce. Or l'article 15 de la même loi autorisait également le gouvernement à prendre par ordonnance, parmi d'autres mesures, des dispositions relatives au seuil de revente à perte des denrées alimentaires et des produits destinés à l'alimentation des animaux de compagnie revendus en l'état. Sur cette base, l'ordonnance du 12 décembre 2018[4] a prévu que « le prix d'achat effectif défini au deuxième alinéa du I de l'article L. 442-5 du Code de commerce est affecté d'un coefficient de 1,10 pour les denrées alimentaires et les produits destinés à l'alimentation des animaux de compagnie revendus en l'état au consommateur ». En augmentant ainsi le seuil de la revente à perte de 10 % pour ces types de biens, le législateur veut éviter d'en faire des produits d'appel.

Cette disposition était une mesure expérimentale et transitoire. Elle a toutefois été prolongée par la loi n° 2023-221 du 30 mars 2023 jusqu'au 15 avril 2025, sous réserve d'un contrôle annuel démontrant l'intérêt de maintenir le seuil de revente à perte majoré que l'on vient d'exposer.

La pertinence du relèvement du seuil de la revente à perte[5] est cependant contestée par certaines parties prenantes. L'Autorité de la concurrence elle-même estime qu'« en l'absence de mécanisme incitant ou contraignant les distributeurs puis les fournisseurs à transférer un éventuel gain de profit résultant du relèvement du SRP, ce transfert dépendra de la "bonne volonté" de l'ensemble de ces

4. Ord. n° 2018-1128 du 12 déc. 2018 relative au relèvement du seuil de revente à perte et à l'encadrement des promotions pour les denrées et certains produits alimentaires. V. le commentaire de M. Malaurie-Vignal, *Contrats, conc., consom.* 2019, comm. 24.

5. P. Vanni et A.-C. Martin, « Relèvement du seuil de revente à perte et encadrement des promotions : l'ouvrage à nouveau sur le métier », *AJ Contrat* 2019, p. 227.

acteurs »[6]. Et, selon un auteur, « l'asymétrie entre l'amont, très atomisé, et l'aval, très concentré, maintient un rapport favorable à la grande distribution »[7].

D. La sanction

1039. La revente à perte constitue un délit pénal, frappé de peines sévères. L'amende pour les personnes physiques est de 75 000 euros (art. L. 442-5, I, al. 1er, C. com.). Ce texte, littéralement, ne vise que les commerçants. On pourrait penser que les seules personnes physiques punissables sont celles qui ont cette qualité. Mais la jurisprudence, en matière d'infractions économiques, retient généralement la responsabilité pénale des dirigeants. La solution vaut pour la revente à perte, car les dirigeants de sociétés et même les dirigeants des magasins sont assimilés aux commerçants lorsqu'ils sont responsables de la fixation des prix.

L'article L. 442-5, III, prévoit expressément que les personnes morales peuvent être pénalement responsables du délit de revente à perte. L'amende est alors calculée conformément à l'article 131-38, al. 1er, du Code pénal, c'est-à-dire qu'elle est du quintuple.

De plus, la cessation de l'annonce publicitaire peut être ordonnée dans les conditions prévues par l'article L. 132-8 du Code de la consommation[8] : elle peut être ordonnée par le juge d'instruction ou par le tribunal saisi des poursuites, soit sur réquisition du ministère public, soit d'office.

§2. L'interdiction de la revente à prix imposé

Art. L. 442-6 C. com. Est puni d'une amende de 15 000 euros le fait par toute personne d'imposer, directement ou indirectement, un caractère minimal au prix de revente d'un produit ou d'un bien, au prix d'une prestation de service ou à une marge commerciale.

1040. Dans la revente à prix imposé, le fournisseur fixe dans le contrat de vente qu'il conclut avec son distributeur le prix minimum auquel celui-ci revendra les produits. En pratique, c'est le moyen pour un fabricant de contrôler les prix au détail de ses propres produits. Le fabricant vise alors un double objectif : s'assurer une marge de profit et donner à ses produits l'image d'un produit de luxe.

Après la Seconde Guerre mondiale, les pouvoirs publics y ont vu un obstacle à la baisse des prix. Lorsque le fabricant commercialise ses produits par l'intermédiaire de plusieurs revendeurs, la clause empêche la concurrence par les prix entre les revendeurs.

L'interdiction de la revente à prix imposé est ancienne puisqu'elle remonte à la loi du 18 juillet 1952 qui interdisait de façon absolue toute clause de revente à prix imposé. L'interdiction a été reprise dans l'ordonnance de 1986, puis dans le Code de

6. Avis n° 18-A-14 du 23 nov. 2018.
7. N. Mathey, « L'indigestion législative », *Contrats, conc., consom.* 2019, repère 4.
8. Et non L. 121-3, comme le mentionne par erreur l'article L. 442-5 *in fine*.

commerce, à l'article L. 442-5 (ancien). L'ordonnance du 24 avril 2019 a repris le texte à l'identique dans l'article L. 442-6 C. com.

1041. Il s'agit d'une interdiction *per se* qui ne supporte ni exception, ni justification. Le législateur considère que, pour garantir la concurrence par les prix au niveau de la distribution au détail (*concurrence intramarque*), les revendeurs doivent être juridiquement libres de fixer leurs prix.

Le raisonnement n'est pas à l'abri de la critique. Il procède de la conception de la concurrence parfaite, selon laquelle il suffit, pour que règne la concurrence, que les vendeurs disposent de la liberté juridique de fixer leurs prix. En réalité, dans une conception de concurrence efficace, il faudrait considérer la question cas par cas, en fonction du marché. En effet, il n'est pas exclu que la possibilité pour un fabricant de fixer les prix de revente puisse être un facteur de concurrence entre fabricants (*concurrence intermarque*). Cette critique n'a cependant pas suffi à convaincre le législateur français d'abandonner l'interdiction *per se* des prix de revente imposés. Le droit européen adopte d'ailleurs une position proche de l'attitude française. L'article 4 (a) du règlement UE 2022/720 considèrent que les clauses de revente à prix imposé constituent des restrictions caractérisées, qui font obstacle, dans tous les cas, à l'exemption des accords de distribution.

1042. L'interdiction est générale. L'article L. 442-6 s'applique à la revente de tous les produits et de toutes les prestations de services[9].

Il n'existe qu'une exception. La loi du 10 août 1981, concernant le prix du livre, oblige les éditeurs et les importateurs à fixer le prix de vente minimum et uniforme des livres vendus au détail. Le législateur a voulu protéger les petits libraires spécialisés, en empêchant les grands distributeurs de leur livrer une concurrence par les prix. Cependant la CJCE a jugé que la loi était inapplicable aux livres importés à partir des États membres de l'Union européenne. En effet, l'obligation de fixer le prix de revente constitue un obstacle non justifié à la libre circulation des marchandises[10]. La loi n° 2011-590 du 26 mai 2011 a étendu le dispositif au prix du livre numérique.

1043. L'article L. 442-6 n'interdit que le prix de revente minimum[11]. Il n'interdit pas en revanche de fixer un prix maximum, en dessous duquel le revendeur pourra fixer son prix effectif.

La question qui s'est posée est de savoir si l'interdiction frappe également les prix simplement conseillés ou recommandés. L'article L. 442-6 étant un texte pénal, l'interprétation restrictive s'impose. Il n'interdit que les prix fixés de façon obligatoire. On en conclut que les prix simplement conseillés sont licites. Mais il faut apporter aussitôt une précision : les prix conseillés sont interdits lorsqu'ils sont le fait d'une entente ou d'une entreprise en position dominante[12].

---

9. La fixation du prix minimum d'une prestation de service pourrait se rencontrer, par exemple, dans un contrat de franchise de service.

10. CJCE, 10 janv. 1985, *Leclerc*, aff. 229/83.

11. La Cour de cassation juge que le refus de livrer un produit au prétexte que le prix de revente est insuffisant constitue un moyen indirect d'imposer un caractère minimal au prix de revente : Cass. crim., 31 oct. 2000, *BRDA* 1/2001, n° 25.

12. Cass. com., 7 oct. 2014, n° 13-19476.

Section 2
Les pratiques déloyales

1044. Avant l'ordonnance n° 2019-359 du 24 avril 2019, il existait un texte, l'article L. 442-6 du Code de commerce, qui déterminait une longue liste de comportements considérés comme déloyaux. Ces comportements fautifs étaient, et restent, qualifiés de pratiques restrictives de concurrence. Ce texte avait tous les défauts de la législation contemporaine. Il fut l'objet de réformes incessantes et complexes. Conscients des inconvénients du texte, les rédacteurs de l'ordonnance du 24 avril 2019 ont essayé de l'améliorer. Ils ont conservé la distinction entre deux types de sanction : la *responsabilité de l'auteur de la pratique* (§ 1) et la *nullité des clauses ou des contrats* prévoyant une pratique illicite (§ 2). Les rédacteurs de l'ordonnance ont également consacré des articles particuliers à la *sanction* des pratiques déloyales (§ 3) et aux *produits alimentaires* (§ 4).

§1. Les pratiques sanctionnées par la responsabilité de leurs auteurs

1045. Les rédacteurs de l'ordonnance du 24 avril 2019 ont supprimé de la liste des pratiques restrictives celles figurant aux 3°, 4°, 7°, 8°, 9°, 10°, 11°, 12° et 13° de l'article L. 442-6, I, du Code de commerce. Ces fondements n'étaient d'ailleurs quasiment jamais utilisés par les opérateurs économiques. Ils n'ont conservé dans la liste que les trois pratiques illicites suivantes : l'avantage sans contrepartie ou disproportionné (art. L. 442-1, I, 1°, C. com.), le déséquilibre significatif (art. L. 442-1, I, 2°, C. com.) et la rupture brutale des relations commerciales (art. L. 442-1, II, C. com.). Cette reconfiguration du texte s'est également accompagnée d'une renumérotation. L'article L. 442-6 est devenu l'article L. 442-1 du Code de commerce (comme cela vient d'être signalé entre parenthèses). Mais le vœu initial du législateur en 2019 de simplifier la matière n'a pas tenu bien longtemps[13]. La loi n° 2020-1508 du 3 décembre 2020 portant diverses dispositions d'adaptation au droit de l'UE en matière économique et financière a rajouté comme cause d'engagement de la responsabilité civile le non-respect du règlement UE n° 2019/1150 du 20 juin 2019 (art. L. 442-1, III, C. com.). Puis, la loi n° 2020-1525 du 7 décembre 2020 a encore ajouté, toujours comme source de responsabilité, le fait d'imposer des pénalités disproportionnées (art. L. 442-1, I, 3°, C. com.).

Par ailleurs, l'ordonnance de 2019 prévoit une disposition, l'article L. 442-2 du Code de commerce, sur la revente à un distributeur hors réseau. Celle-ci sera étudiée dans les développements sur les réseaux de distribution.

13. V. les obs. de M. Chagny, *RTD com.* 2021, p. 45.

A. L'avantage sans contrepartie ou disproportionné

Art. L. 442-1, I, 1°, C. com. Engage la responsabilité de son auteur et l'oblige à réparer le préjudice causé le fait, dans le cadre de la négociation commerciale, de la conclusion ou de l'exécution d'un contrat, par toute personne exerçant des activités de production, de distribution ou de services :
1° D'obtenir ou de tenter d'obtenir de l'autre un avantage ne correspondant à aucune contrepartie ou manifestement disproportionné au regard de la valeur de la contrepartie consentie.

1046. L'ancien article L. 442-6, I, 1°, du Code de commerce commençait par un principe général réprouvant l'obtention d'un avantage sans contrepartie ou manifestement disproportionné au regard de la valeur de la contrepartie consentie[14]. Puis, le texte énonçait, toujours dans le 1°, une série d'exemples. À l'occasion de l'ordonnance du 24 avril 2019, le législateur a gardé le principe général dans un nouvel article L. 442-1, I, 1°, cité dans l'encadré ci-dessus, mais il n'a pas repris les exemples qui l'accompagnaient. Il s'agit d'une suppression formelle, conséquence de la volonté d'alléger le texte. Sur le fond, les exemples qui étaient dans l'ancien article L. 442-6, I, 1°, continueront de s'appliquer.

1047. Quels étaient ces cas particuliers ? Premièrement, selon l'ancien article L. 442-6, I, 1°, du Code de commerce : « La participation, non justifiée par un intérêt commun et sans contrepartie proportionnée, au financement d'une opération d'animation ou de promotion commerciale, d'une acquisition ou d'un investissement, en particulier dans le cadre de la rénovation de magasins, du rapprochement d'enseignes ou de centrales de référencement ou d'achat ou de la rémunération de services rendus par une centrale internationale regroupant des distributeurs ». D'un côté, il y a les distributeurs qui considèrent que les fabricants profitent indirectement de leurs opérations promotionnelles par une augmentation de leur chiffre d'affaires. D'un autre côté, il y a les fournisseurs qui contestent ce point de vue et ne comprennent pas pourquoi ils doivent participer au financement de l'entreprise du distributeur. Dans l'ancien article L. 442-6, I, 1°, du Code de commerce, la loi allait dans le sens des fournisseurs, sauf à montrer que leur participation était justifiée par l'intérêt commun ou qu'elle recevait une contrepartie proportionnée. Comme cela vient d'être dit, le législateur n'a pas entendu abandonner la condamnation de ces pratiques. Il est vraisemblable qu'il en ira de même sous l'empire de l'ordonnance du 24 avril 2019. Secondement, toujours selon l'ancien article L. 442-6, I, 1°, du Code de commerce, figuraient parmi les exemples les réductions de prix exigées d'un fournisseur par une centrale d'achat, au motif que celle-ci globalise les achats de plusieurs entreprises de distribution pour le compte desquelles elle intervient. On peut faire la même remarque. Il n'y a pas de raison que ce procédé devienne licite[15]. Il continuera d'engager la responsabilité de la centrale d'achat.

14. Cass. com., 11 janv. 2023, n° 21-11163, *D.* 2023, p. 485, note N. Dissaux et R. Loir.

15. Le Conseil constitutionnel a estimé que l'article L. 442-1, I, C. com. n'était pas contraire aux droits et libertés garantis par la Constitution tels que la liberté d'entreprendre, la liberté contractuelle. V. Cons. const., 6 oct. 2022, n° 2022-1011 QPC.

B. Le déséquilibre significatif

1048. L'article L. 442-1, I, 2°, du Code de commerce sanctionne par la responsabilité civile le fait « de soumettre ou de tenter de soumettre l'autre partie à des obligations créant un déséquilibre significatif dans les droits et obligations des parties ». La rédaction de l'actuel article L. 442-1, I, 2°, n'est pas tout à fait la même que celle de l'ancien article L. 442-6, I, 2°. Dans la nouvelle version, le législateur a remplacé le « partenaire commercial » par « l'autre partie ». Pourquoi ce changement ? Parce que la jurisprudence avait interprété restrictivement la notion de « partenaire commercial ». Elle estimait qu'un partenariat commercial impliquait des relations commerciales d'une certaine durée et excluait une relation commerciale ponctuelle[16]. Entre parenthèses, la Cour de cassation a, en 2020, donc après l'entrée en vigueur de la réforme de 2019, mais en statuant sur le droit antérieur, élargi la notion de « partenaire commercial » à « la partie avec laquelle l'autre partie s'engage, ou s'apprête à s'engager, dans une relation commerciale »[17]. Le législateur a souhaité modifier l'état du droit sur ce point pour inclure dans la nouvelle règle sur le déséquilibre significatif « toutes les situations où la pratique illicite est imposée à un contractant dans le cadre de son activité de distribution, de production ou de service ». Pour arriver à ce résultat, il a donc été décidé de mettre « l'autre partie » à la place de « partenaire commercial » dans le nouvel article L. 442-1, I, 2°, du Code de commerce. Cet élargissement devrait, par exemple, permettre d'inclure dans le champ d'application du droit du déséquilibre significatif les prestataires de services, même s'ils ne sont pas commerçants, et éventuellement les professions libérales[18].

1049. Le déséquilibre significatif n'est rien d'autre que la lésion. C'est pourquoi l'on peut dire que l'article L. 442-1, I, 2°, comme d'ailleurs l'ancien article L. 442-6, I, 2°, du Code de commerce, sanctionne de façon générale la lésion dans les contrats commerciaux entre fournisseurs et distributeurs, notamment dans les contrats-cadres annuels. En cela, le Code de commerce déroge au principe du droit civil selon lequel la lésion n'est pas sanctionnée dans les contrats, sauf de rares exceptions[19]. Remarquons qu'est visée la tentative de soumission de l'autre partie à des obligations créant un déséquilibre significatif. Il n'est pas nécessaire que la clause à l'origine du déséquilibre ait été mise en œuvre. En outre, l'effet que la clause peut avoir sur le marché est indifférent.

1050. On peut rapprocher le nouvel article L. 442-1, I, 2°, du Code de commerce de l'article 1171 du Code civil (issu de la réforme du droit des contrats de 2016) qui répute non écrite « dans un contrat d'adhésion, toute clause non négociable, déterminée à l'avance par l'une des parties, qui crée un déséquilibre

16. CA Paris, 7 sept. 2017, n° 16/00671.- CEPC, avis n° 18-7.

17. Cass. com., 15 janv. 2020, n° 18-10512, *JCP* E 2020, 1212, note M. Behar-Touchais, *Contrats, conc. consom.* 2020, comm. 43, note N. Mathey.

18. C. Mouly-Guillemaud, « L'article L. 442-6, I, 5°, du Code de commerce n'est pas applicable à l'avocat : commercialité ou confiance ? », *D.* 2016, p. 462.

19. La réforme du droit des obligations n'a pas modifié ce principe d'indifférence de la lésion. Le nouvel article 1118 C. civ. dispose : « Le défaut d'équivalence des prestations n'est pas une cause de nullité du contrat, à moins que la loi n'en dispose autrement ».

significatif entre les droits et obligations des parties au contrat »[20]. Il convient également de faire le parallèle entre ce texte, l'article L. 442-1, I, 2°, du Code de commerce, et les dispositions du droit de la consommation[21]. L'article L. 212-1 du Code de la consommation dispose : « Dans les contrats conclus entre professionnels et consommateurs, sont abusives les clauses qui ont pour objet ou pour effet de créer, au détriment du consommateur, un déséquilibre significatif entre les droits et obligations des parties au contrat ». Il y a, en effet, des cas où un commerçant, spécifiquement un fabricant, se trouve vis-à-vis de son cocontractant, en général une centrale d'achat de la grande distribution, dans une situation comparable à celle d'un consommateur à l'égard d'un professionnel. Certains professionnels n'ont pas vraiment de « pouvoir réel de négociation » face au distributeur ; ils se retrouvent aussi démunis qu'un consommateur. Mais si les situations sont proches, elles ne sont pas identiques[22]. D'ailleurs, le régime des clauses déséquilibrantes en droit de la distribution est distinct de celui des clauses abusives en droit de la consommation[23]. Par exemple, en droit de la distribution, il n'y a ni liste noire ni liste grise des clauses abusives, comme il en existe en droit de la consommation (art. R. 212-1 et R. 212-2 C. consom.). C'est donc à la jurisprudence, qui est d'ailleurs importante sur cette question[24], notamment celle de la cour d'appel de Paris (à qui est attribuée la compétence exclusive pour juger, en appel, des litiges relatifs à l'application de l'article L. 442-1), de se prononcer au cas par cas[25]. Voici quelques exemples de clauses qui ont été considérées comme créant un déséquilibre significatif :

- la clause dite de « protection des stocks » : en cas de baisse du tarif d'un produit, le fournisseur doit accorder au distributeur un avoir « correspondant à l'écart entre le précédent prix et le nouveau prix, multiplié par le nombre de produits en stock » ;
- le droit accordé au distributeur de refuser une commande en cas de retard de livraison « d'une heure » ou lorsque la date de limite de consommation d'un produit alimentaire serait plus ancienne que celle de produits antérieurement livrés ;
- le transfert au fournisseur de risques inhérents à la commercialisation des produits par le distributeur ;
- la clause de retour d'invendus qui oblige le fournisseur à reprendre tout le stock de produits invendus en fin d'exercice ;
- l'obligation imposée au fournisseur d'intervenir dans toute procédure qui serait engagée contre le distributeur par un tiers au contrat ;

20. Dans un arrêt Cass. com., 26 janvier 2022, n° 20-16782, la Cour de cassation a jugé que lorsque le déséquilibre relève de l'article L. 442-1 du Code de commerce, l'article 1171 du Code civil ne peut s'appliquer. Le texte de droit commun (art. 1171 C. civ.) n'a pas vocation à s'appliquer lorsque les conditions de mise en œuvre d'un texte spécial (art. L. 442-1 C. com.) sont réunies. V. les commentaires de cette décision de : P. Stoffel-Munck, *RDC* 2/2022, p. 16 ; G. Chantepie, *JCP* E 2022, 1125.

21. L. Feriel, « La trajectoire conceptuelle du déséquilibre significatif », *JCP* E 2021, 1246.

22. M. Malaurie-Vignal, « Le déséquilibre significatif du Code de commerce est-il de nature à cannibaliser celui du Code civil ? », *Contrats, conc. consom.* 2019, focus n° 33.

23. L. Vogel, J. Vogel, « Le droit du déséquilibre significatif : une contrainte de plus en plus forte pour les entreprises », *BRDA* 9/18, n° 26.

24. M. Chagny, « L'essor jurisprudentiel de la règle du déséquilibre significatif », *RTD com.* 2013, p. 500.

25. Voy. également les avis émis par la Commission d'examen des pratiques commerciales, et notamment l'avis n° 19-9 du 19 sept. 2019, *BRDA* 22/19, n° 22.

- l'obligation imposée au fournisseur de consentir des ristournes en fin d'année sans contrepartie ou moyennant une contrepartie fictive[26].

Il ressort de ces différents cas que c'est l'unilatéralisme, l'absence de négociation[27], l'absence de réciprocité des obligations des parties ou, du moins, la disproportion entre celles-là, compte tenu du rapport inégal des forces des entreprises en présence[28], qui cause le déséquilibre significatif[29]. En revanche, il n'est nullement utile de prouver un abus de puissance économique[30].

1051. L'application de l'ancien article L. 442-6, I, 2°, du Code de commerce avait suscité une question : la règle du déséquilibre significatif peut-elle aller jusqu'à permettre au juge commercial d'exercer un *contrôle sur les prix*[31] ? La cour d'appel de Paris avait donné une réponse affirmative : « Si le juge judiciaire ne peut contrôler les prix qui relèvent de la négociation commerciale, il doit sanctionner les pratiques commerciales restrictives de concurrence et peut annuler les clauses contractuelles qui créent un déséquilibre significatif dans les droits et les obligations de parties, même lorsque ces clauses sont relatives à la détermination du prix, et ce en application des dispositions de l'article L. 442-6, I, 2° du Code de commerce qui sanctionne tout déséquilibre contractuel dès lors qu'il est significatif »[32]. La Cour de cassation avait rejeté le pourvoi formé contre l'arrêt de la cour d'appel de Paris[33]. Interrogé sur la constitutionnalité de ce contrôle judiciaire des prix (dans le cadre du droit du déséquilibre significatif), le Conseil constitutionnel n'y a pas vu d'atteinte aux libertés de contracter et d'entreprendre[34]. Pour le Conseil constitutionnel, le juge ne fixe pas le « juste prix » ; il ne fait que s'assurer qu'il n'y a pas d'abus de la part de l'un des opérateurs. Le nouveau texte, l'article L. 442-1, I, 2°, du Code de commerce, ayant repris quasiment à l'identique le contenu de l'ancien article L. 442-6, I, 2°, il semble peu probable, en l'état, que la Cour de cassation opère un revirement de jurisprudence avec le nouvel article L. 442-1, I, 2°, du Code de commerce[35].

C. La rupture brutale des relations commerciales

1052. L'ordonnance n° 2019-359 du 24 avril 2019 remplace l'article L. 442-6, I, 5°, du Code de commerce par l'article L. 442-1, II, alinéa 1er, du Code de commerce. Le texte dispose en substance qu'engage la responsabilité de son auteur et l'oblige à réparer le préjudice causé le fait, par toute personne exerçant des activités de production, de distribution ou de services de rompre brutalement,

26. Cass. com., 25 janv. 2017, n° 15-23547.

27. Cass. com., 7 juill. 2021, n° 19-22956.

28. Cass. com., 3 mars 2015, deux arrêts, n° 143-27525 et n° 14-10907.

29. Ex. T. com. Paris, 2 sept. 2019, n° 201050625, *BRDA* 22/19, n° 30.

30. Cass. com., 26 avr. 2017, n° 15-27865.

31. Sur l'ensemble de la question du contrôle des prix, v. L. Vogel et J. Vogel, « Le contrôle des prix excessifs », *BRDA* 3/23, n° 23.

32. CA Paris, 1er juill. 2015, n° 13/19251.

33. Cass. com., 25 janv. 2017, n° 15-23547, *JCP* G 2017, 255, note M. Behar-Touchais.

34. Cons. const., 30 nov. 2018, n° 2018-749 QPC.

35. Sur l'ensemble de la question, v. X. Henri, « Le contrôle du prix par le juge fondé sur l'interdiction de la soumission à un déséquilibre significatif entre les parties : beaucoup de bruit pour rien ? », *RJDA* 6/2019, p. 503.

même partiellement, une relation commerciale établie, en l'absence d'un préavis écrit[36]. Le même texte ajoute que préavis doit tenir compte de la durée de la relation commerciale, des usages du commerce ou des accords interprofessionnels, ainsi que des conditions économiques du marché sur lequel les parties opéraient. En résumé, un distributeur peut légitimement vouloir changer de fournisseur[37]. En revanche, et c'est une application classique de l'exigence de bonne foi dans l'exécution des contrats, il ne peut licitement y mettre fin brutalement. Tel est le sens général de l'article L. 442-1, II, alinéa 1er, du Code de commerce[38].

Plus précisément, ce que le texte et les principes jurisprudentiels[39] condamnent, c'est la rupture brutale (1) par une personne exerçant des activités de production, de distribution et de services (2) d'une relation commerciale établie (3).

1. La notion de personne exerçant des activités de production, de distribution et de services

1053. Les rédacteurs de l'ordonnance n° 2019-359 du 24 avril 2019 ont défini l'auteur de la rupture comme « la personne exerçant des activités de production, de distribution et de services ». On retrouve la même définition que pour l'avantage sans contrepartie et le déséquilibre significatif. Il y a, de la part du législateur, une volonté d'harmonisation.

2. La notion de relation commerciale établie

1054. Elle couvre naturellement les déréférencements sans préavis de la part des distributeurs, privant les fournisseurs de débouchés importants[40]. Mais, la notion de relation commerciale établie est plus large[41]. Elle comprend les relations de fait et les contrats-cadres. Ainsi, la Cour de cassation admet qu'une relation commerciale établie avec un partenaire puisse se poursuivre avec un autre, lorsque les deux parties ont manifesté leur commune intention de se situer dans la continuité d'une relation antérieure[42]. En revanche, des relations « ponctuelles et non suivies » ne peuvent justifier l'application du texte sur

36. Le préavis doit être écrit. Comme l'a décidé la Cour de cassation, cet écrit peut être un courrier électronique ou un courriel (Cass. com., 8 déc. 2015, n° 14-18228). Les juges sont même allés jusqu'à considérer qu'une « notification du recours à un appel d'offres vaut notification de la rupture de la relation commerciale » (même arrêt). On peut s'interroger sur la conformité de cette jurisprudence avec la lettre du texte qui laisse penser que le législateur était attaché à un certain formalisme.

37. Cass. com., 1er déc. 2021, n° 20-19113.

38. La Cour de cassation applique l'article L. 442-1, II, C. com. au profit de gérants-mandataires. V. Cass., 2 oct. 2019, n° 18-15676.

39. C. Mouly-Guillemaud, « Assainir le contentieux de la rupture par une réforme des principes jurisprudentiels », *D.* 2019, p. 2102.

40. V. les actes du colloque « L'indemnisation du distributeur à l'occasion de la rupture de la relation de distribution », *RDC* 2015, p. 986, rapp. C. Grimaldi.

41. L'application de ce texte à une relation commerciale établie à laquelle une association est partie est envisageable selon Cass. com., 25 janv. 2017, n° 15-13013.

42. Cass. com., 25 sept. 2012, n° 11-24301.- Cass. com., 10 févr. 2021, n° 19-15369, *Contrats, conc. consom.* 2021, comm. 60, note N. Mathey.

la rupture brutale[43]. Il en va de même, plus généralement, à chaque fois que la relation est précaire[44].

Par ailleurs, la jurisprudence considère que les règles protectrices sur la rupture brutale des relations commerciales ne peuvent être invoquées par un expert-comptable ou, plus généralement, par le membre d'une profession réglementée[45].

3. La rupture brutale

1055. Un premier point dans la rédaction de l'article L. 442-1, II, alinéa 1er, du Code de commerce mérite un commentaire. Le texte envisage l'éventualité d'une rupture brutale partielle. Cela recouvre l'hypothèse d'une baisse importante des commandes[46], à moins que celle-ci ne résulte de l'évolution d'un marché en crise[47].

1056. La rupture doit être brutale. S'il est légitime de vouloir changer de fournisseur, en revanche il est illicite de le faire brutalement[48], sans le prévenir, c'est-à-dire sans lui adresser un préavis. C'est pourquoi, lorsqu'il est saisi d'une demande d'indemnisation pour rupture brutale, le juge doit, selon l'article L. 442-1, II, alinéa 1er, du Code de commerce, vérifier *l'existence* d'un préavis[49] et examiner si sa *durée* est suffisante au regard de la durée de la relation commerciale établie. Le juge prend également en compte d'autres circonstances comme l'état de dépendance économique de la victime[50] ou le volume d'affaires échangé[51]. L'article L. 442-1, II, alinéa 1er, du Code de commerce indique que le juge peut aussi se référer aux usages du commerce ou aux accords interprofessionnels. Il dispose pour ce faire d'un pouvoir souverain d'appréciation[52].

La détermination de la durée du préavis est importante en pratique[53]. Une longue durée du préavis oblige les partenaires à rester en relation commerciale, ce qui peut poser des problèmes si les produits ou les services offerts ne correspondent plus aux conditions du marché. De plus, une longueur excessive aurait un coût qui serait répercuté sur le prix de vente aux consommateurs. L'ordonnance nº 2019-359 du 24 avril 2019 a essayé d'éviter ces inconvénients. Désormais, et c'est le principal changement, la responsabilité de l'auteur de la rupture ne peut

43. Cass. com., 25 avr. 2006, nº 02-19577, *RDC* 2006, p. 1033, obs. J. Rochfeld.

44. Cass. com., 13 nov. 2013, nº 12-25361.

45. Cass. com., 10 févr. 2021, nº 19-10306, *Contrats, conc. consom.* 2021, comm. 61, note N. Mathey.- Cass. com., 31 mars 2021, nº 19-16139.- Cass. com., 1er déc. 2021, nº 20-16693.

46. Cass. com., 23 janv. 2007, nº 05-13189.

47. Cass. com., 8 nov. 2017, nº 16-15285.

48. La jurisprudence assimile à une rupture brutale une modification substantielle de la relation commerciale, v. Cass. com., 31 mars 2021, nº 19-14547, *Contrats, conc. consom.* 2021, comm. 99, note N. Mathey.

49. Cass. com., 8 déc. 2016, nº 14-18228, *RDC* 2016, p. 665, note J. Huet (le préavis peut être envoyé par voie électronique).

50. Cass. com., 6 nov. 2012, nº 11-24570.

51. CA Paris, 19 avr. 2017, nº 15/24221, *RJDA* 12/17, nº 840.

52. Cass. com., 2 déc. 2008, nº 08-10731. Pour évaluer la durée du préavis, les tribunaux tiennent compte notamment de la situation de dépendance du partenaire par rapport à l'auteur de la rupture : Cass. com., 20 mai 2014, préc. V. aussi, Cass. com., 7 oct. 2014, nº 13-20390, *JCP* E 2015, nº 1071, note N. Mathey.

53. Cass. com., 10 nov. 2021, nº 20-13385 (prise en compte de l'état de dépendance pour déterminer la durée du préavis), *Contrats, conc. consom.* 2022, comm. 7, note N. Mathey.

être engagée dès lors qu'il a respecté un préavis de dix-huit mois (art. L. 442-1, II, al. 2, C. com.)[54].

Pendant la durée du préavis, les parties doivent continuer d'exécuter scrupuleusement leurs obligations contractuelles. Si l'une d'elles redoute que son cocontractant se montre rétif, elle peut, en amont, prévoir, par exemple, des clauses de quota, de minima.

1057. L'article L. 442-1, II, alinéa 3, du Code de commerce précise que le contrat peut être résilié, sans préavis, en cas d'inexécution par l'autre partie de ses obligations[55] ou en cas de force majeure. Par exemple, des incidents de paiement répétés peuvent avoir un degré de gravité tel qu'ils justifient la rupture sans préavis[56]. En revanche, une simple proposition négociable de modification du contrat ne peut être considérée comme une rupture[57].

L'action en responsabilité délictuelle de la rupture brutale sanctionnée par l'article L. 442-1, II, du Code de commerce exclut, depuis un arrêt de la chambre commerciale du 2 octobre 2019, l'action en responsabilité du droit commun fondée sur l'article 1240 du Code civil[58], à moins que la victime ne prouve l'existence d'une faute extracontractuelle distincte de celle de la rupture brutale. Désormais, la victime n'a plus le choix entre l'action en responsabilité fondée sur l'article L. 442-1, II, C. com. et celle fondée sur l'article 1240 C. civ., ni même la possibilité de les cumuler[59]. Le droit des pratiques restrictives constitue le droit spécial. En application de l'adage *specialia generalibus derogant*, ce droit est appliqué avant le droit commun.

Par ailleurs, un tiers, victime par ricochet de la rupture brutale d'une relation commerciale établie, ne peut agir sur le fondement de l'article L. 442-1, II, du Code de commerce. Il peut, en revanche, mettre en œuvre la responsabilité civile extracontractuelle de droit commun (art. 1240 C. civ.)[60].

1058. L'indemnisation est classiquement calculée en prenant compte « la perte de la marge dont la victime pouvait escompter bénéficier pendant la durée du préavis qui aurait pu lui être accordé »[61]. Cependant, la jurisprudence récente de la Cour de cassation évolue sur cette question. Il conviendrait d'enlever de l'assiette de l'indemnisation les charges fixes (frais de personnel et loyers) dues pendant la durée du préavis puisque ceux-ci n'ont plus à être supportés du fait de la cessation d'activité[62]. Mais, il s'agit d'une question relevant du pouvoir souverain des juges du fond sur laquelle la Cour de cassation n'exerce qu'un contrôle léger.

---

54. Certains auteurs estiment que le nouvel article L. 442-1, II, al. 2, C. com. pose une présomption irréfragable de caractère suffisant du délai de préavis de 18 mois. V. en ce sens, M. Behar-Touchais, « La nouvelle rupture des relations commerciales établie », *RDC* 2019, p. 45 et s. spéc. p. 46.

55. Cass. com., 15 janv. 2020, n° 18-15431, *Contrats, conc. consom.* 2020, comm. 44, note N. Mathey ; Cass. 1re civ., 7 sept. 2022, n° 21-13.691, *Contrats, conc. consom.* 2022, comm. 170, note N. Mathey.

56. CA Paris, 2 juill. 2014, n° 11/13823. Le manquement justifiant une rupture sans préavis doit cependant être d'une certaine gravité : Cass. com., 24 juin 2014, n° 12-27908, *JCP* E 2014, n° 1520, obs. N. Mathey.

57. Cass. com., 20 nov. 2019, n° 18-11966, *Contrats, conc. consom.* 2020, comm. 23, note N. Mathey.

58. Cass. com., 2 oct. 2019, n° 18-15676, *Contrats, conc. consom.* 2019, comm. 198, note N. Mathey.

59. J. Knetsch, « Rupture brutale d'une relation commerciale et principe du "non-cumul" : précisions utiles sur l'office du juge », *RDC* 2020/01, p. 16.- Sur la jurisprudence avant l'arrêt de 2019, v. S. Regnault, « L'indemnisation de la rupture fautive des contrats de distribution », *JCP* E 2014, n° 1429.

60. Cass. com., 18 mars 2020, n° 18-20256, *Contrats, conc. consom.* 2020, comm. 97, note N. Mathey.

61. N. Mathey, « Pot-pourri autour de l'évaluation du préjudice », *Contrats, conc. consom.* 2022, comm. 46.

62. Cass. com., 11 mai 2022, n° 21-11337, *Contrats, conc. consom.* 2022, étude 12, par C. Mouly-Guillemaud.

1059. De toutes les dispositions de l'article L. 442-1 C. com., la responsabilité pour rupture brutale est de très loin la plus invoquée en justice[63]. En effet, tant que dure la relation commerciale, les parties répugnent à provoquer un litige qui pourrait en compromettre la pérennité. Au contraire, en cas de rupture par décision unilatérale du partenaire, les fournisseurs n'ont plus rien à perdre en agissant en justice afin d'obtenir la réparation de leur préjudice[64].

D. Le non-respect du règlement UE n° 2019/1150 du 20 juin 2019

1060. Le règlement UE n° 2019/1150 du 20 juin 2019 a pour objet de promouvoir l'équité et la transparence sur lesquels des entreprises utilisatrices de services d'intermédiation en ligne. Il s'agit concrètement de sites internet sur lesquels des entreprises peuvent proposer à la vente des biens ou des services. Certains sont très connus : Blablacar, Airbnb, Ebay, Amazon, etc. Ces services sont aujourd'hui déterminants pour le succès commercial des entreprises qui y font appel. C'est le moyen privilégié pour elles d'entrer en contact avec les consommateurs.

Aujourd'hui, de nombreuses entreprises commerciales sont donc dépendantes d'un service d'intermédiation. Sans ce service, elles perdraient leur clientèle et risqueraient d'être en danger. Or, il a été constaté que les fournisseurs des services d'intermédiation en ligne imposaient régulièrement des pratiques contraires aux principes de bonne foi et de loyauté. Le règlement 2019/115 tente d'y remédier.

C'est ainsi que les fournisseurs de services d'intermédiation en ligne doivent veiller à ce que leurs conditions générales soient rédigées de manière claire et compréhensible et facilement accessibles. Ils doivent également définir les motifs de suspension, de résiliation ou d'imposition de toute restriction. S'ils proposent des changements, ceux-ci ne peuvent s'appliquer avant l'expiration d'un délai de préavis raisonnable et proportionné à la nature et l'étendue des modifications (art. 3).

Le manquement aux règles prévues dans ce règlement engage donc, selon l'article L. 442-1, III, C. com., la responsabilité civile du fournisseur du service d'intermédiation envers l'entreprise utilisatrice.

E. Les pénalités disproportionnées

1061. Une convention spéciale, distincte de la convention écrite de l'article L. 441-3 C. com., peut prévoir des obligations réciproques en matière de logistique ainsi que des pénalités à la charge du fournisseur en cas d'inexécution, par lui, de ses engagements contractuels. On les appelle des pénalités logistiques (art. L. 441-3, I bis, C. com.). C'est au distributeur d'apporter la preuve, par tout moyen, du manquement constaté (art. L. 441-17, I, al. 4, C. com.). Leur montant dépend normalement du préjudice subi et du volume des livraisons prévues. Il ne peut dépasser un plafond de 2 % de la valeur des produits commandés (art. L. 441-17, I, al. 2, C. com.). Le fait d'imposer à son partenaire

63. Cass. com., 6 sept. 2016, n° 14-25891, *D.* 2016, p. 2203, note C. Mouly-Guillemaud, *RTD civ.* 2016, p. 859, obs. H. Barbier, *D.* 2017, p. 885, obs. D. Ferrier.

64. C. Mouly-Guillemaud, « Répercussion de la crise économique, perte de rentabilité d'une relation ou prévisibilité de la rupture », *RTD com.* 2016, p. 385.

de telles pénalités disproportionnées par rapport à la gravité de l'inexécution contractuelle engage la responsabilité du distributeur (art. L. 442-1, I, 3°, C. com.). Il était vraisemblablement inutile de le dire expressément dans un 3° de l'article L. 442-1, I. Le 1° de ce même texte sur le déséquilibre significatif était suffisant. Le législateur retombe, avec cette disposition particulière, dans son travers de vouloir tout dire et tout prévoir, ce qui est bien évidemment impossible.

En cas de situation exceptionnelle, indépendante des distributeurs et des fournisseurs, affectant gravement la chaîne des approvisionnements, l'application des pénalités logistiques peut être suspendue par décret pour une durée maximale de six mois renouvelable (art. L. 441-17, III, C. com.).

Par ailleurs, chaque distributeur doit, sous peine d'une amende administrative, communiquer au directeur général de la concurrence, de la consommation et de la répression de fraudes les montants des pénalités logistiques qu'il a infligées au cours des douze derniers mois (art. L. 441-19 C. com.).

§2. Les pratiques sanctionnées par la nullité

1062. Le titre IV du livre IV consacre l'article L. 442-3 aux règles générales visant la nullité des clauses et des contrats ayant pour objet certaines pratiques restrictives déloyales. Il comporte aussi un article L. 442-8 spécial à la nullité des enchères inversées qui ne respectent pas certaines conditions.

A. Règles générales relatives aux activités de production, de distribution ou de services

> ***Art. L. 442-3 C. com.*** Sont nuls les clauses ou contrats prévoyant pour toute personne exerçant des activités de production, de distribution ou de services, la possibilité :
>
> a) De bénéficier rétroactivement de remises, de ristournes ou d'accords de coopération commerciale ;
>
> b) De bénéficier automatiquement des conditions plus favorables consenties aux entreprises concurrentes par le cocontractant ;
>
> c) D'interdire au cocontractant la cession à des tiers des créances qu'il détient sur elle.

1063. L'ordonnance du 1er décembre 1986 sanctionnait les pratiques déloyales par la *responsabilité civile* de leur auteur. Mais en 2001 la loi *NRE* condamnait une nouvelle série de pratiques restrictives, qu'elle sanctionnait par la *nullité* des clauses ou des contrats les prévoyant. Cinq pratiques étaient ainsi sanctionnées. L'ordonnance n° 2019-359 du 24 avril 2019 a conservé la rubrique des pratiques qui sont sanctionnées par la nullité des clauses et des contrats les prévoyant. Mais sur les cinq pratiques autrefois interdites, les rédacteurs du nouvel article L. 442-3 n'en ont conservé que deux (les petits a et b). La loi n° 2020-1508 du 3 décembre 2020 en a « rajouté » une troisième (le petit c).

1064. La première consiste dans la possibilité pour toute personne exerçant des activités de production, de distribution ou de services, de bénéficier rétroactivement de remises, de ristournes ou d'accords de coopération commerciale. Par exemple, dans le cas d'une remise rétroactive, le mot *rétroactivement* signifie que la remise est motivée par un chiffre d'affaires en hausse, mais réalisée à un moment où la remise n'était pas encore prévue. La rétroactivité fait présumer l'absence de contrepartie.

1065. La deuxième consiste dans la possibilité pour toute personne exerçant des activités de production, de distribution ou de services, de bénéficier automatiquement des conditions plus favorables consenties aux entreprises concurrentes par le cocontractant. Ce que l'on connaît sous l'appellation de « clause du client le plus favorisé ». L'interdiction a pour but la liberté de la négociation contractuelle. On se rappelle que le législateur a abandonné en 2008 la condamnation *per se* de la discrimination entre opérateurs.

1066. La troisième consiste dans l'interdiction des clauses empêchant la cession de créance. Cette troisième source de nullité existait déjà dans le droit en vigueur avant l'ordonnance du 24 avril 2019. Elle fut supprimée en 2019. Mais, en 2020, le législateur l'a rétablie. Les travaux préparatoires expliquent que la suppression faite en 2019 était « susceptible de compromettre certaines opérations de refinancement et l'accès au crédit, et de remettre en cause le modèle économique du secteur de l'affacturage »[65]. D'où sa réintroduction dans l'article L. 442-3 du Code de commerce.

B. Règle spéciale relative aux enchères inversées à distance

1067. Dans certains secteurs, l'arrivée d'internet a profondément modifié les formes de conclusion des contrats entre fournisseurs et acheteurs. Notamment en générant les « enchères électroniques inversées ». Celles-ci consistent pour un acheteur de biens ou de services à mettre en concurrence plusieurs émetteurs d'offres, via un site internet appelé « place de marché ». Contrairement aux enchères classiques, l'acheteur fixe un prix maximum à partir duquel les offreurs vont enchérir à la baisse. L'opération prend fin lorsque les acheteurs refusent de descendre en dessous d'un certain prix. Le procédé comporte des avantages pour les acheteurs qui y voient l'occasion de connaître le niveau des prix et de réduire les coûts de négociation. Mais les fournisseurs craignent à l'inverse le risque d'une concurrence déloyale.

1068. La loi n° 2005-882 du 2 août 2005 avait créé un article L. 442-10 qui imposait un certain nombre de contraintes aux acheteurs recourant aux enchères inversées, notamment par la voie électronique. Le non-respect du texte était sanctionné par la nullité du contrat et la responsabilité civile du contrevenant. L'ordonnance du 24 avril 2019 a repris le texte à peu près à l'identique, dans un article renuméroté L. 442-8. La seule modification consiste dans le remplacement de « tout producteur, commerçant, industriel, ou personne immatriculée au répertoire des métiers » par la désignation, désormais systématique au sein du titre IV, de « toute personne exerçant des activités de production, de distribution ou de services ».

65. Doc. AN n° 3521, 4 nov. 2020, p. 46.

1069. Le nouvel article L. 442-8, I, du Code de commerce dispose : « Est nul le contrat par lequel un fournisseur s'engage envers toute personne exerçant des activités de production, de distribution ou de services sur une offre de prix à l'issue d'enchères inversées à distance, organisées notamment par voie électronique, lorsque l'une au moins des règles suivantes n'a pas été respectée... ». L'article L. 442-8 précise ces règles. Celles-ci concernent la communication préalable de certaines informations par l'acheteur, relatives notamment aux produits ou services demandés, aux modalités d'achat ou à l'organisation des enchères. À l'issue des enchères, l'identité du candidat retenu est communiquée à ceux qui en font la demande. Le candidat retenu peut accepter ou refuser le contrat. L'acheteur enregistre le déroulement des enchères.

Enfin l'article L. 442-8 interdit les enchères à distance inversées pour les produits agricoles figurant sur une liste établie par décret.

1070. L'article L. 442-8 admet un cumul des sanctions. Le texte commence par édicter la nullité du contrat par lequel le fournisseur s'engage. Puis, *in fine*, dans le IV, il prévoit que le fait de ne pas respecter les dispositions des I à III engage la responsabilité de son auteur et l'oblige à réparer le préjudice causé. Le texte rappelle aussi que les dispositions de l'article L. 442-4, qui fixe le régime des sanctions des pratiques déloyales, sont applicables aux enchères inversées interdites.

§3. Les sanctions

Art. L. 442-4, I, C. com. Pour l'application des articles L. 442-1, L. 442-2, L. 442-3, L. 442-7 et L. 442-8, l'action est introduite devant la juridiction civile ou commerciale compétente par toute personne justifiant d'un intérêt, par le ministère public, par le ministre chargé de l'économie ou par le président de l'Autorité de la concurrence lorsque ce dernier constate, à l'occasion des affaires qui relèvent de sa compétence, une pratique mentionnée aux articles précités.

1071. Dans les ordonnances du 30 juin 1945, les pratiques individuelles étaient assimilées à des pratiques de prix illicites et, à ce titre, pénalement sanctionnées. Elles étaient passibles de peines correctionnelles. Les rédacteurs de l'ordonnance de 1986, dans un souci de dépénalisation des infractions au droit de la concurrence, remplacèrent la sanction pénale par la simple responsabilité civile des auteurs des pratiques restrictives. Cependant, par une disposition étrange, mais efficace, l'ordonnance attribuait au ministre de l'Économie le pouvoir de mettre en œuvre lui-même cette responsabilité civile, en saisissant la juridiction civile ou commerciale compétente. Ce dispositif fut ensuite introduit dans le titre IV du livre IV du Code de commerce, où il figurait à l'article L. 442-6, III, à la suite de la longue énumération des pratiques restrictives. Pour plus de clarté, l'ordonnance du 24 avril 2019 a renuméroté l'article L. 442-6, III, qui passe dans l'article L. 442-4, uniquement consacré à la sanction des pratiques restrictives.

A. Domaine d'application de l'article L. 442-4

1072. L'article L. 442-4 précise qu'il s'applique aux pratiques visées par les articles L. 442-1, L. 442-2, L. 442-3, L. 442-7 et L. 442-8.

Il s'agit par conséquent de l'avantage sans contrepartie, du déséquilibre significatif et de la rupture brutale d'une relation commerciale (art. L. 442-1), de la violation de l'interdiction de revente hors réseau (art. L. 442-2), des remises rétroactives ou de la clause du client le plus favorisé (art. L. 442-3), du prix de cession abusivement bas (art. L. 442-7) et des enchères inversées interdites (art. L. 442-8).

B. Les demandeurs à l'action et les mesures demandées

1073. L'ordonnance de 1986 ne prévoyait qu'une seule sanction, la responsabilité civile des auteurs de la pratique restrictive. Des lois successives, soucieuses de renforcer la sévérité des textes, ajoutèrent une panoplie de sanctions nouvelles, à l'exclusion des sanctions pénales.

Remarquons pourtant que l'action en responsabilité civile de la victime demeure le principe, comme l'affirment les articles L. 442-1, L. 442-2, L. 442-3, L. 442-7 et L. 442-8 : « Engage la responsabilité de son auteur et l'oblige à réparer le préjudice causé (...) ». L'action en responsabilité est l'apanage de la victime. Le ministre peut agir, mais en faisant valoir d'autres sanctions.

L'article L. 442-4, I, C. com. distingue deux catégories de personnes :

- Les personnes justifiant d'un intérêt. Il s'agit des victimes de la pratique, qui souffrent d'un préjudice personnel. Les associations peuvent également agir lorsqu'elles justifient d'un tel préjudice.
- Les autorités publiques : le ministre chargé de l'économie, le ministère public et le président de l'Autorité de la concurrence[66].

En fait, c'est le ministre de l'Économie qui le plus souvent utilise le pouvoir que lui confie l'article L. 442-4, I, C. com. Le ministère public et le président de l'Autorité de la concurrence prennent rarement, sinon jamais, l'initiative de poursuites.

1074. Toute personne justifiant d'un intérêt peut demander la réparation du préjudice subi. Elle peut aussi demander la cessation de la pratique. La victime de celle-ci peut faire constater par le juge la nullité des contrats et des clauses prévoyant la commission des pratiques illicites et demander la restitution des avantages indus.

On peut mesurer le chemin parcouru depuis l'époque où la jurisprudence refusait l'action civile aux victimes des pratiques interdites par la législation économique[67]. La seule sanction consistait alors dans l'action publique, dont l'exercice dépendait du ministre de l'Économie. Aujourd'hui au contraire, la sanction réside dans l'action en responsabilité civile de la victime, comme l'affirment les articles L. 442-1, L. 442-2, L. 442-3, L. 442-7 et L. 442-8.

L'action en responsabilité prévue par l'article L. 442-4 a pour but la répression d'un comportement illicite. Elle est de *nature délictuelle* et non contractuelle[68].

---

66. Cass. com., 1er juill. 2016, n° 15-21811, *D.* 2016, p. 2025, note L. d'Avout.

67. Cass. crim., 19 nov. 1960, *D.* 1960, p. 463, note G. Durry.

68. Cass. com., 18 janv. 2011, n° 10-11885, *JCP* E 2011, 1179, note D. de Lammerville et N. Aynès.

La qualification d'action de nature délictuelle vaut même lorsqu'il s'agit de l'action en nullité intentée par la victime privée. Ainsi, le délai de prescription de l'action est le délai de droit commun applicable aux actions en responsabilité délictuelle et non le délai applicable à l'action née du contrat[69]. Dans le cas d'une situation internationale, la loi applicable au litige est celle qui gouverne la responsabilité extracontractuelle, c'est-à-dire la loi de l'État du lieu où le fait dommageable s'est produit[70].

1075. Le ministre peut demander à la juridiction saisie d'ordonner, au besoin sous astreinte, la cessation de la pratique dénoncée. Il peut aussi faire constater la nullité des clauses ou contrats illicites prévoyant les pratiques restrictives interdites et demander la restitution des avantages indûment obtenus. Pour ce faire, il doit, d'une part, s'assurer que les victimes de ces pratiques ont été informées de l'introduction de cette action en justice[71], afin qu'elles puissent intervenir à la procédure. Il doit aussi, d'autre part, apporter la preuve, par la technique du faisceau d'indices, que les clauses critiquées créent un déséquilibre significatif, et ce quel que soit le secteur, y compris dans celui de la grande distribution[72]. L'action en nullité, intentée par le ministre, est justifiée, puisque la nullité est ici une nullité absolue, d'ordre public.

Le ministre peut aussi demander que soit prononcée une amende civile[73], dont le montant ne peut excéder l'un des trois montants :

- 5 millions d'euros,
- 5 % du chiffre d'affaires de l'exercice précédant celui au cours duquel les pratiques ont été mises en œuvre,
- le triple des sommes indûment perçues ou obtenues.

En revanche, l'article L. 442-4 ne semble pas habiliter le ministre à agir en responsabilité civile contre les auteurs des pratiques restrictives et à demander des dommages et intérêts. L'attribution à des personnes publiques de la capacité d'agir en responsabilité, expressément prévue par l'ancien article L. 442-6, III, était surprenante car les autorités publiques représentent l'intérêt général et n'ont pas qualité pour exercer une action civile pour la défense des droits de personnes privées. Il est vrai que les victimes privées répugnent souvent à agir en justice, par peur de représailles ultérieures. L'article L. 442-6, III, permettait à l'autorité publique d'agir à la place des victimes privées, en *représentation* de leurs intérêts. Mais l'on pouvait aussi soutenir que les autorités habilitées par l'article L. 442-6, III, faisaient valoir *un intérêt propre*, la défense de l'intérêt collectif, l'action civile exercée par le ministre apparaissant comme une forme atténuée de l'action publique.

1076. La juridiction ordonne systématiquement la publication de sa décision. Elle peut ordonner l'insertion de sa décision ou d'un extrait dans le rapport annuel des dirigeants de sociétés.

---

69. Ainsi, l'action fondée sur l'article L. 442-6, I, 5°, pour rupture brutale d'un contrat de transport n'est pas soumise à la prescription annale prévue en matière de contrat de transport par l'article L. 122-6 du Code de commerce, mais à la prescription de droit commun. V. Cass. com., 1er oct. 2013, n° 12-23456.

70. Cass. com., 25 mars 2014, n° 12-29534, *JCP* E 2014, 1336, note L. Wynaendts et L. Marion.

71. Cette condition a été imposée par le Conseil constitutionnel (Cons. const., 13 mai 2011, n° 2011-126 QPC).

72. Cass. com., 20 nov. 2019, n° 18-12823, *JCP* E 2020, 1236, note E. Guegan. L'arrêt est rendu sur le fondement de l'ancien article L. 442-6, I, 2° C. com., mais est transposable au nouvel article L. 442-1, I, 2°.

73. Il s'agit d'une sanction pécuniaire répressive conforme à la Constitution. V. Cons. const., 18 mai 2016, n° 2016-542 QPC, *RDC* 2016, p. 683, note M. Behard-Touchais.

C. Le tribunal compétent

1077. Selon l'article L. 442-4, I, l'action est introduite devant la *juridiction civile ou commerciale compétente.*

L'ordonnance du 13 novembre 2008 a entendu spécialiser certaines juridictions dans l'application de l'ancien article L. 442-6. Le paragraphe III, alinéa 5, disposait : « Les litiges relatifs à l'application du présent article sont attribués aux juridictions dont le siège et le ressort sont fixés par décret ». L'ordonnance du 24 avril 2019 a simplement transposé cette disposition dans le nouvel article L. 442-4, III : « Les litiges relatifs à l'application des articles L. 442-1, L. 442-2, L. 442-3, L. 442-7 et L. 442-8 sont attribués aux juridictions dont le siège et le ressort sont fixés par décret ». Les articles D. 442-3 et D. 442-4 du Code de commerce modifiés donnent compétence aux tribunaux judiciaires et aux tribunaux de commerce de Marseille, Bordeaux, Lille, Fort-de-France, Lyon, Nancy, Paris et Rennes (annexes 4-2-1 et 4-2-2). La cour d'appel compétente pour connaître des décisions rendues par ces juridictions est celle de Paris[74].

Une cour d'appel, autre que la cour de Paris, saisie d'une action fondée sur l'article L. 442-1 du Code de commerce doit se déclarer incompétente. Cette déclaration d'incompétence prend la forme d'une fin de non-recevoir[75], d'ordre public, que la juridiction saisie est tenue de relever, même d'office. Contrairement à l'exception d'incompétence qui doit être soulevée au début du procès, la fin de non-recevoir est invocable à tout moment de la procédure, y compris pour la première fois devant la Cour de cassation[76].

Si une cour d'appel est saisie de demandes fondées à la fois sur l'article L. 442-1 et sur d'autres textes, comme l'article 1103 du Code civil, elle peut soit renvoyer l'affaire pour le tout, soit disjoindre les demandes et statuer sur celle qui relève de sa compétence[77].

La juridiction saisie peut consulter la Commission d'examen des pratiques commerciales. La Commission fait connaître son avis dans un délai maximum de quatre mois à compter de sa saisine. Il est sursis à toute décision sur le fond de l'affaire jusqu'à réception de l'avis ou, à défaut, jusqu'à l'expiration du délai de quatre mois susmentionné. L'avis rendu ne lie pas la juridiction (art. L. 440-1, IV, C. com.).

1078. L'article L. 442-4, II, al. 3, C. com. prévoit la possibilité d'une action en référé. Le juge des référés peut ordonner sous astreinte la cessation des pratiques abusives ou ordonner toute autre mesure provisoire.

La cour d'appel de Paris estime que la compétence des juridictions étatiques n'est pas exclusive. La demande de réparation au titre de la rupture abusive d'une relation établie peut être soumise à l'arbitrage, par application d'une clause compromissoire[78].

74. Cass. com., 31 mars 2021, n° 19-14094 et Cass. com., 12 mai 2021, n° 19-22707, *Contrats, conc., consom.* 2021, comm. 118, note N. Mathey.- Cass. com., 1er juin 2022, n° 21-14470, *Contrats, conc., consom.* 2022, comm. 136, note N. Mathey.

75. Cass. com., 7 déc. 2022, n° 21-19986.

76. Cass. com., 31 mars 2015, n° 14-10016.

77. Cass. com., 7 oct. 2014, n° 13-21086.

78. CA Paris, 1er juill. 2014, n° 13/09208, *JCP* E 2014, 1494, note N. Mathey.

§4. Règles spéciales à la distribution des produits agricoles et alimentaires

1079. En France, les pouvoirs publics sont particulièrement soucieux de régler les rapports entre les producteurs agricoles et les grands distributeurs (distributeurs de grandes surfaces, centrales d'achats et grandes entreprises du e-commerce) qui détiennent un pouvoir de négociation incomparable. Le titre IV du livre IV du Code de commerce comporte une série de dispositions visant des pratiques restrictives particulières, commises au détriment du secteur agricole et de l'alimentation.

1080. L'ordonnance n° 2019-358 du 24 avril 2019 a défini une nouvelle pratique restrictive propre au secteur agricole : lorsqu'un acheteur impose des *prix abusivement bas* à des producteurs de produits agricoles ou alimentaires, il engage sa responsabilité civile. L'ordonnance a modifié en ce sens l'article L. 442-7 du Code de commerce, dont le 1er alinéa dispose désormais : « Engage la responsabilité de son auteur et l'oblige à réparer le préjudice causé le fait pour un acheteur de produits agricoles ou de denrées alimentaires de faire pratiquer par son fournisseur un prix de cession abusivement bas ». Il s'agit d'une sanction *per se* de la pratique de prix abusivement bas, mais limitée au domaine des ventes de produits agricoles ou de denrées alimentaire. Pour caractériser un prix de cession abusivement bas, il est tenu compte notamment des indicateurs de coûts de production mentionnés au Code rural et de la pêche maritime ou, le cas échéant, de tous autres indicateurs disponibles dont ceux établis par l'Observatoire de la formation des prix et des marges des produits alimentaires.

1081. L'ordonnance n° 2018-1128 du 12 décembre 2018 comporte des dispositions spéciales relatives à la revente à perte des produits alimentaires.

1082. L'ordonnance n° 2019-359 du 24 avril 2019 a modifié le chapitre III du titre IV, qui s'intitule désormais « Dispositions spécifiques aux produits agricoles et aux denrées alimentaires ». Il comporte les articles L. 443-1 et suivants du Code de commerce. Ceux-ci traitent notamment de la publicité et des accords de réduction de prix des produits alimentaires périssables, des remises consenties aux distributeurs pour services rendus à l'occasion de la commercialisation des produits agricoles périssables, de l'établissement d'un bon de commande pour les achats par les distributeurs de fruits et légumes frais. La plupart des manquements à ces règles sont sanctionnés par une amende administrative.

1083. La même préoccupation est apparue au niveau de l'Union européenne. Après de longues négociations, a été adoptée la directive n° 2019/633 du Parlement européen et du Conseil du 17 avril 2019 sur les pratiques commerciales déloyales dans les relations interentreprises au sein de la chaîne d'approvisionnement agricole et alimentaire. Cette directive a été transposée dans le droit français par l'ordonnance n° 2021-859 du 30 juin 2021. Le texte prohibe trois nouvelles pratiques :

- l'annulation de commande à trop brève échéance de produits agricoles et alimentaires périssables (art. 443-5 C. com.) ;

- l'obtention, l'utilisation ou la divulgation de secrets d'affaires par un acheteur de produits agricoles et alimentaires (art. 443-6 C. com.) ;
- le refus, par toute personne exerçant des activités de production, de transformation, de distribution ou de services, de confirmer par écrit les conditions d'un contrat non conclu sous forme écrite et portant sur des produits agricoles et alimentaires (art. L. 443-7 C. com.).

Titre 2
L'organisation de la distribution

1084. L'organisation de la distribution se caractérise par l'existence d'*intermédiaires du commerce* (chapitre 1) qui aident aux opérations de distribution et de *revendeurs, commerçants indépendants*, qui achètent pour revendre (chapitre 2). L'organisation de la distribution se caractérise enfin par l'organisation privée de *réseaux de distribution* qui sont des chaînes de contrats (chapitre 3).

CHAPITRE 1

Les intermédiaires du commerce

1085. Les intermédiaires, au sens juridique du terme, ne vendent pas pour leur propre compte, mais ils aident les vendeurs et les acheteurs dans l'exercice de leur activité commerciale. Leur activité est une activité de prestation de services[1]. Certains se limitent à la prospection. D'autres négocient les contrats ou aident à leur négociation. D'autres enfin achètent ou vendent pour le compte d'un commerçant qui supporte seul les risques de l'opération. La terminologie utilisée dans la pratique est mal fixée. L'on parle de représentants, d'agents et même de « commerciaux ». Les rares dispositions que le Code de commerce leur consacre sont archaïques et de faible secours.

Pour mettre de l'ordre dans cette matière à première vue confuse, il convient de distinguer entre trois catégories d'intermédiaires : les intermédiaires salariés (section 1), les intermédiaires mandataires (section 2) et les intermédiaires commerçants (section 3).

Section 1
Les intermédiaires salariés

1086. Les intermédiaires salariés sont eux-mêmes de deux sortes. Certains sont des *salariés ordinaires*. Simplement, ils ont des fonctions commerciales et sont en relations avec la clientèle. Ils sont chargés de démarcher et de visiter les clients. Ils peuvent prendre les ordres d'achat. Ils peuvent recevoir de leur employeur un mandat, leur permettant de conclure les contrats. Ils sont unis à l'employeur par un contrat de travail de droit commun et leur situation est entièrement régie par le droit du travail (art. L. 7321-2 C. trav.)[2].

1. Il faut donc les distinguer des intermédiaires, au sens économique, qui s'insèrent dans le circuit de distribution entre le fabricant et le consommateur, et qui sont des commerçants indépendants, qui achètent et revendent pour leur propre compte.

2. Cass. com., 11 déc. 2019, n° 18-10790, *Contrats, conc. consom.* 2020, comm. 22, note M. Malaurie-Vignal et N. Mathey, *D.* 2020, p. 51, note C. Grimaldi.- Cass. com., 27 mai 2021, n° 19-11903.

À côté des salariés ordinaires, il existe une catégorie particulière d'intermédiaires salariés, les *voyageurs-représentants-placiers* ou VRP, que l'on appelle aussi « représentants statutaires ». Ce sont des salariés, chargés de démarcher la clientèle et de prendre des ordres d'achat. Mais ils bénéficient d'un statut légal particulier qui leur procure certains avantages. C'est à leur situation particulière que nous consacrerons nos explications.

Les VRP ont obtenu en 1937 un *statut professionnel*, c'est-à-dire un ensemble de règles légales obligatoires, qui dérogent assez largement aux dispositions du droit commun du droit du travail. Le statut a été incorporé au Code du travail et il figure aujourd'hui dans les articles L. 7311-1 à L. 7313-18. Après avoir examiné les conditions d'applications du statut (§ 1), il conviendra d'en étudier le contenu (§ 2).

§1. Les conditions d'application du statut des VRP

1087. Il faut immédiatement remarquer qu'il n'existe pas de critère formel de la condition de VRP. Ainsi, la qualité de VRP ne dépend pas de l'immatriculation sur un registre spécial. Le contrat de travail du VRP n'est soumis à aucune règle de forme particulière. La possession de la carte d'identité professionnelle de représentant ne fait pas preuve de la qualité de VRP. Les conditions d'appartenance à la profession de VRP sont exclusivement matérielles et tiennent à *l'activité professionnelle de la personne*.

1088. L'activité du VRP doit présenter quatre caractères, qui sont énumérés à l'article L. 7311-3 du Code du travail.

1) Le VRP travaille pour le compte d'un ou plusieurs *employeurs*. Il n'y a donc aucune hésitation : le VRP, bien qu'il dispose d'une assez grande indépendance dans l'organisation de son travail, est un salarié. En cette qualité, il est placé dans une situation de subordination par rapport à son employeur. Il en résulte trois conséquences. D'abord, le VRP ne peut pas lui-même employer des sous-agents. Ensuite, il est nécessairement une personne physique. En effet une personne morale ne peut pas être salariée. Enfin, le VRP n'est pas à la tête d'une entreprise, car il est lui-même intégré dans l'entreprise de son employeur.

Le VRP peut travailler pour le compte de plusieurs employeurs. On l'appelle alors « représentant multicarte ». Mais la règle n'est pas impérative et, selon l'article L. 7313-6 du Code du travail, le contrat de travail d'un VRP peut lui interdire de représenter d'autres entreprises dans un secteur déterminé.

2) L'activité du VRP est étroitement délimitée. Il est vrai que le Code du travail utilise le terme de représentation, mais sans le définir. La jurisprudence se montre plus précise. Pour bénéficier du statut, le représentant doit *prospecter la clientèle à l'extérieur de l'entreprise, prendre les commandes et les transmettre à son employeur*. Celui qui prospecte la clientèle sans se déplacer ou celui qui visite la clientèle sans prendre les ordres d'achat ne peut prétendre à la qualité de VRP. Il en est de même de celui qui visite les clients désignés par son employeur, sans se livrer à une tâche de prospection. Par ailleurs, l'activité du VRP s'arrête avec la transmission des commandes. Il n'est pas habilité à conclure les contrats au nom de l'employeur. La qualité de mandataire n'est pas compatible avec celle de VRP.

3) Le VRP doit exercer sa profession de manière exclusive et constante. À l'origine, le statut lui interdisait même toute autre activité. Mais l'exigence légale a été assouplie. L'article L. 7311-2 du Code du travail permet aux VRP de cumuler leur activité de représentation avec d'autres activités salariées, peu importe leur nature. Par exemple un VRP peut être employé à d'autres tâches dans le service commercial ou comptable de l'entreprise. Mais il faut que ce soient des activités salariées. Il reste interdit au VRP d'avoir une activité commerciale pour son propre compte.

4) Le contrat de travail du VRP doit préciser le secteur d'activité, c'est-à-dire les produits ou services qu'il propose à la clientèle, ainsi que le territoire géographique ou le type de clientèle qu'il est chargé de prospecter. Le contrat fixe également sa rémunération. Ces éléments ne peuvent ensuite être modifiés que du consentement des deux parties, l'employeur ne pouvant les modifier de manière unilatérale.

§2. Le contenu du statut

1089. Les dispositions du Code du travail sont complétées par un accord national interprofessionnel du 3 octobre 1975, qui constitue une véritable convention collective propre aux VRP.

Pendant la durée du contrat, la situation du VRP se caractérise, comme on l'a vu par le fait qu'il dispose d'une large autonomie dans l'organisation de son travail. Il détermine lui-même ses heures de travail et l'ordre de ses visites. Sa rémunération est fixée par le contrat de travail et par la convention collective. Elle consiste principalement en commissions proportionnelles au montant des commandes transmises à l'employeur, mais le salaire peut aussi comporter une partie fixe. Le VRP a droit au remboursement de ses frais, soit sur justification, soit de façon forfaitaire.

En pratique, l'on distingue les *commissions directes*, qui sont relatives aux affaires directement traitées par le représentant, et les *commissions indirectes*, qui sont liées aux commandes provenant du secteur prospecté mais adressées directement à l'entreprise par les clients. Alors que le VRP a toujours droit aux commissions directes, les commissions indirectes ne lui sont attribuées que si le contrat ou les usages constants le prévoient. Une situation intermédiaire concerne les commissions sur des ordres transmis en dehors du VRP mais consécutifs à des commandes antérieures passées par son intermédiaire. Ces commissions sont dues, même si le contrat ne le prévoit pas.

1090. C'est surtout à l'expiration du contrat que le statut montre toute son originalité. En effet le VRP a droit à une indemnité spéciale dite *indemnité de clientèle*. Celle-ci soulève deux problèmes.

Le premier problème est de savoir dans quels cas l'indemnité est due. Il est réglé par les articles L. 7313-13 et L. 7313-14 du Code du travail. Les textes font une distinction. Lorsque le contrat de représentation est *à durée indéterminée*, le VRP a droit à une indemnité lorsque son employeur rompt le contrat, sauf s'il (le VRP) a commis une faute grave. L'indemnité n'est pas due lorsque le contrat prend fin par la démission du VRP. Lorsque le contrat de représentation est *à durée déterminée*, l'indemnité est due en cas de rupture du contrat par l'employeur, avant l'échéance et en l'absence d'une faute grave du VRP. L'indemnité est également due en cas de non-renouvellement du contrat par l'employeur, toujours en l'absence de faute grave du VRP.

Le second problème est celui du mode de calcul de l'indemnité. La réponse dépend de la nature du droit à l'indemnité. L'on a parfois soutenu que l'indemnité était le prix d'une cession de la clientèle à l'employeur, à la fin du contrat.

D'autres ont dit qu'elle avait sa source dans l'enrichissement injustifié de l'employeur. Malgré leur attrait, ces deux explications se heurtent à un obstacle insurmontable : s'il y avait cession de clientèle ou enrichissement injustifié, l'indemnité serait due même en cas de faute grave du VRP. Mais comme on l'a vu, l'article L. 7313-13 C. trav. exclut expressément l'indemnité dans ce cas précis. Et, de même, en cas de démission du VRP. Finalement la doctrine dominante admet aujourd'hui que l'indemnité répare le *préjudice* causé par la rupture de la relation de travail en dehors de toute intervention du VRP. Le préjudice consiste précisément dans la perte de commissions futures, sur lesquelles le VRP pouvait légitimement compter. En effet, il était prévisible que, au moins dans une certaine mesure, les clients déjà démarchés à l'occasion de premières commandes, renouvelleraient celles-ci dans l'avenir. La rupture ou le non-renouvellement du contrat fait disparaître cet espoir à la fois légitime et certain.

Section 2
Les intermédiaires mandataires : les agents commerciaux

1091. Cette catégorie d'intermédiaires s'est développée de façon considérable, car elle est mieux adaptée aux nécessités du commerce moderne et spécialement du commerce international. Elle correspond à une conception beaucoup plus souple de l'intermédiaire du commerce. Les agents commerciaux se distinguent des VRP par deux caractères essentiels : ils ne sont pas des salariés, mais des intermédiaires indépendants et ils peuvent s'organiser et agir très librement ; ils sont des mandataires agissant au nom et pour le compte d'une entreprise commerciale.

1092. Afin d'harmoniser les législations des États membres de l'Union européenne, le Conseil européen a adopté le 18 décembre 1986[3] une directive relative aux agents commerciaux. Il est apparu en effet que dans la perspective du développement des échanges commerciaux dans l'UE, il importait que les agents puissent représenter leurs mandants dans l'ensemble des États membres, en étant soumis à des régimes juridiques sensiblement équivalents. Le Parlement français, avec un peu de retard, a transposé la directive par la loi du 25 juin 1991, relative aux rapports entre les agents commerciaux et leurs mandants. Les dispositions de la loi du 25 juin 1991 figurent aujourd'hui dans les articles L. 134-1 et suivants du Code de commerce, dans un chapitre intitulé *Des agents commerciaux*. Les dispositions du décret d'application du 23 décembre 1958 figurent aujourd'hui aux articles R. 134-1 à R. 134-17 de la partie réglementaire du Code de commerce.

Après avoir défini l'agent commercial (§ 1), il faudra examiner le contenu du contrat d'agence (§ 2).

3. Directive 86/653/CEE du Conseil du 18 déc. 1986 relative à la coordination des droits des États membres concernant les agents commerciaux indépendants.

§1. Définition de l'agent commercial

> ***Art. L. 134-1 C.com.*** L'agent commercial est un mandataire qui, à titre de profession indépendante, sans être lié par un contrat de louage de services, est chargé, de façon permanente, de négocier et, éventuellement, de conclure des contrats de vente, d'achat, de location ou de prestation de services, au nom et pour le compte de producteurs, d'industriels, de commerçants ou d'autres agents commerciaux.

1093. L'article L. 134-1 du Code de commerce donne les éléments de la définition.

1) L'agent commercial est un mandataire. Il négocie et éventuellement conclut des contrats de vente, d'achat et de prestation de services, au nom et pour le compte de son mandant[4]. Par exemple, il vend les produits d'un fabricant dont il est le mandataire, dans un territoire de vente déterminé, en signant les contrats, au nom et pour le compte de ce fabricant[5]. Il est un représentant, au sens juridique du terme, à la différence du VRP qui se limite à la recherche de la clientèle et à la transmission des offres d'achat. Un professionnel qui ne serait chargé que d'assurer la promotion des produits de son mandant n'est pas un agent commercial et ne bénéficie pas du statut[6].

La qualification d'agent commercial suppose-t-elle obligatoirement la faculté de modifier les prix des produits et des services ? Classiquement, la Cour de cassation répondait affirmativement[7]. Mais, la Cour de Justice de l'UE, saisie par le tribunal de commerce de Paris d'une question préjudicielle[8], a rendu le 4 juin 2020 une décision en sens contraire : « l'article 1er, paragraphe 2, de la directive 86/653 doit être interprété en ce sens qu'une personne *ne doit pas nécessairement disposer de la faculté de modifier les prix* des marchandises dont elle assure la vente pour le compte du commettant pour être qualifiée d'agent commercial »[9]. En retenant une définition large de l'agent commercial, la CJUE entend favoriser l'application du statut protecteur de ces intermédiaires. La chambre commerciale de la Cour de cassation a pris acte de cette interprétation et opéré un revirement de jurisprudence dans un arrêt important du 2 décembre 2020[10].

4. Cass. com., 20 janv. 2015, n° 13-24231, *D.* 2016, p. 970, obs. D. Ferrier. En l'espèce, la Cour de cassation a estimé que le pouvoir d'offrir des cadeaux à des clients ne pouvait être assimilé à un pouvoir de négociation au nom et pour le compte du mandant.

5. Le représentant d'un prestataire de services, comme un architecte-décorateur, peut avoir la qualité d'agent commercial. Cass. com., 3 avr. 2012, n° 11-16303.

6. Cass. com., 9 déc. 2014, n° 13-22476.

7. Cass. com., 15 janv. 2008, n° 06-14698, *Contrats, conc. consom.* 2008, comm. 68, note M. Malaurie, *JCP* G 2008. II. 1105, note N. Dissaux.- Dans le même sens : Cass. com., 19 juin 2019, n° 18-11727, *Contrats, conc. consom.* 2019, comm. 138, note M. Malaurie-Vignal et N. Mathey.

8. T. com., 19e ch., 19 déc. 2018, n° 20170152204.- V. P. Grignon, *JCP* E 2019, 195.

9. CJUE, 4 juin 2020, aff. C-828/18, *Contrats, conc. consom.* 2020, comm. 122, note M. Malaurie-Vignal et N. Mathey, *JCP* G 2020, 737, obs. D. Berlin, *D.* 2020, p. 1497, note N. Dissaux, *JCP* E 2020, 1483, note P. Grignon.

10. Cass. com., 2 déc. 2020, n° 18-20231, *Contrats, conc. consom.* 2021, comm. 22, note M. Malaurie-Vignal et N. Mathey.- Cass. com., 12 mai 2021, n° 19-17042, *Contrats, conc., consom.* 2021, comm. 115, note N. Mathey.- Cass. com., 7 sept. 2022, n° 20-625, *Contrats, conc. consom.* 2022, comm. 167, note N. Mathey.- Mais, « cela ne

2) Il représente son mandant de *façon permanente*. Celui qui est simplement habilité à représenter une entreprise pour une ou quelques opérations déterminées n'est pas un agent commercial. L'agent est habilité à conclure un nombre indéterminé d'opérations commerciales pendant la durée de son contrat.

3) L'agent commercial est un *professionnel indépendant*[11]. Contrairement au VRP, il ne peut être salarié. Il est à la tête d'une entreprise et il peut être une personne morale. En pratique, il prend souvent la forme d'une société commerciale. Il peut embaucher du personnel.

4) Étant indépendant, l'agent peut représenter plusieurs entreprises, sans avoir à demander leur autorisation, mais c'est à la condition que ses mandants ne soient pas concurrents les uns des autres[12]. Il est tenu en effet d'une obligation de non-concurrence. Il peut également effectuer des opérations pour son propre compte, mais ici encore à condition de ne pas faire concurrence à ses mandants.

1094. Reste une question controversée : en droit français, l'agent a-t-il la qualité de commerçant ? Le Code de commerce ne tranche pas la question. La Cour de cassation décide, de façon constante, que l'agent n'est pas un commerçant. En effet, pour la Haute juridiction, l'agent est essentiellement un mandataire et il ne dispose pas de l'indépendance qui, dans la recherche du profit, caractérise le commerçant.

Ainsi, c'est le tribunal judiciaire et non le tribunal de commerce qui est compétent pour accorder à l'agent une indemnité de rupture de son contrat. Le contrat d'agence est un acte mixte. De même, le contrat d'agence doit être prouvé par écrit, car il constitue un contrat civil et non un contrat commercial dont la preuve pourrait être rapportée par tous moyens.

La solution adoptée par la Cour de cassation est pour le moins surprenante. Les textes ne s'opposent pas à ce que l'agent ait la qualité de commerçant. L'article L. 110-1 du Code de commerce répute activité commerciale l'entreprise d'agence ou de bureau d'affaires. Ces termes sont suffisamment larges pour accueillir l'activité de l'agent. Il est d'ailleurs symptomatique que la loi et l'usage le qualifient d'*agent commercial*. En réalité, l'agent n'est pas un pur mandataire, qui ne ferait que représenter son mandant. Il dispose d'une réelle autonomie dans la recherche des clients et dans le choix d'une politique commerciale. Il conçoit la publicité et le « plan-marketing ». Certes, les contrats de vente une fois conclus n'engagent que le mandant, mais ils sont le résultat final de l'activité de l'agent, qui est une activité indépendante. Enfin l'on doit remarquer que les commissionnaires et les courtiers sont des commerçants. L'on ne voit pas pourquoi cette qualité ne serait pas reconnue à l'ensemble des intermédiaires du commerce.

§2. Le contrat d'agence

1095. L'agent commercial doit demander son immatriculation au registre spécial des agents commerciaux (art. L. 134-1, al. 1er, C. com.). L'article

signifie pas que tout intermédiaire peut désormais bénéficier du statut d'agent commercial », v. Cass. com., 10 févr. 2021, n° 19-13604 et Cass. com., 12 mai 2021, n° 19-17042.

11. CJUE, 21 nov. 2018, aff. C-452/17, *JCP* E 2020, 1063, note P. Grignon : « La circonstance qu'une personne chargée de façon permanente, soit de négocier la vente ou l'achat de marchandises pour une autre personne, soit de négocier et de conclure ces opérations au nom et pour le compte de celle-ci, exerce son activité depuis l'établissement de cette dernière ne fait pas obstacle à ce qu'elle puisse être qualifiée d'"agent commercial", au sens de cette disposition, pourvu que cette circonstance n'empêche pas cette personne d'exercer son activité de manière indépendante ».

12. L'agent qui désire mener son activité avec un concurrent de son mandant doit informer celui-ci et obtenir son autorisation : Cass. com., 8 oct. 2013, n° 12-24064.

R. 134-6 du Code commerce précise : « Les agents commerciaux se font immatriculer, avant de commencer l'exercice de leurs activités, sur un registre spécial tenu au greffe du tribunal de commerce dans le ressort duquel ils sont domiciliés ». Cette formalité n'est qu'une simple mesure de police professionnelle à des fins statistiques et sans effet civil. En effet, affirmer le contraire serait contraire à la directive européenne n° 86/653/CEE du Conseil du 18 décembre 1986, qui s'oppose à toute réglementation nationale subordonnant la validité d'un contrat d'agence commerciale à l'inscription du professionnel sur un registre prévu à cet effet[13].

A. Les droits et les obligations des parties pendant la durée du contrat d'agence

1096. Le mandant a l'obligation de renseigner l'agent sur les conditions de sa mission. Il doit également lui fournir les relevés de ses commissions. De son côté, l'agent a une obligation de loyauté envers le mandant[14].

L'agent a droit à sa commission (art. L. 134-6 C. com.). Si le contrat d'agence comporte des stipulations relatives à la commission, elles doivent être respectées. Mais dans le silence du contrat, l'agent a droit à une rémunération conforme aux usages pratiqués dans son secteur d'activité. Sinon, il a droit à une rémunération raisonnable.

La commission est due dès que l'agent a conclu une opération pour le compte de son mandant au cours du contrat d'agence. Elle est également due lorsque l'opération est conclue par le mandant dans un délai *raisonnable* après la cessation du contrat d'agence et lorsque le client avait été démarché par l'agent (art. L. 134-7 C. com.).

B. Les droits et les obligations des parties à l'expiration du contrat d'agence

1097. Le contrat, lorsqu'il est à durée indéterminée, ne peut prendre fin qu'après l'observation d'un délai de préavis qui est fixé impérativement par l'article L. 134-11 du Code de commerce, qui reprend les dispositions de la directive européenne. Le délai est d'un, deux ou trois mois, selon que le contrat a duré un an, deux ans ou plus. Le contrat peut évidemment prévoir des délais de préavis plus longs.

1098. À la fin du contrat, l'agent a droit à une indemnité compensatrice (art. L. 134-12 C. com.). La Cour de cassation a précisé que si l'intention de l'agent de faire valoir ses droits à réparation n'était soumise à aucun formalisme particulier, elle devait être non équivoque[15]. De plus, cette indemnité est due même si le contrat est rompu pendant la période d'essai[16].

13. Cass. com., 21 juin 2016, n° 14-26938.

14. Cass. com., 24 nov. 2015, n° 14-17747.

15. Cass. com., 23 mars 2022, n° 20-11701.

16. CJUE, 19 avr. 2018, aff. 645/16, et Cass. com., 23 janv. 2019, n° 15-14212, *Contrats conc. consom.* 2019, comm. 42, note N. Mathey. La jurisprudence française disait le contraire. V. Cass. com., 23 juin 2015, n° 14-17894.

Pour comprendre la portée de l'article L. 134-12 du Code de commerce, il faut rappeler l'évolution remarquable du droit civil en la matière. Selon le droit commun, le mandat est révocable *ad nutum*, c'est-à-dire à tout moment, sans motif et sans indemnité. La règle correspond à l'idée, héritée du droit romain, selon laquelle le mandat est un service gratuit, rendu par le mandataire dans le seul intérêt du mandant. Mais la jurisprudence, dès le XIXe siècle, a atténué la rigueur de la règle en reconnaissant l'existence d'un *mandat d'intérêt commun*, conclu dans l'intérêt des deux parties.

Dans un premier temps, la jurisprudence admit que le mandataire pourrait obtenir une indemnité de rupture en cas de faute prouvée du mandant. Selon les circonstances, la rupture brutale du mandat donné à un professionnel donnait droit à des dommages et intérêts. La charge de la preuve du caractère abusif pesait sur le mandataire. Puis, dans un deuxième temps, la jurisprudence franchit un pas de plus. Elle décida que le mandant devait, pour mettre fin au mandat, invoquer une cause légitime, comme la force majeure ou la faute du mandataire. Il y avait renversement de la charge de la preuve. L'indemnité était due, à moins que le mandant ne fasse la preuve de la cause légitime de la rupture.

La jurisprudence consacrait ainsi une solution protectrice des intérêts du mandataire professionnel. Mais la théorie du mandat d'intérêt commun présentait deux faiblesses. En premier lieu, la *définition* du mandat d'intérêt commun restait imprécise. Il y avait des hésitations sur la notion d'intérêt commun. En second lieu, l'intérêt commun dépendait de la volonté des parties au moment de la conclusion du contrat de mandat. Les clauses contraires, excluant l'intérêt commun, restaient possibles.

C'est pour remédier à ces inconvénients que le décret du 23 décembre 1958 était intervenu. L'article 3, alinéa 1er, posait une présomption irréfragable selon laquelle le contrat d'agence commerciale était conclu dans l'intérêt commun des deux parties. Et l'article 2 précisait que la résiliation du contrat donnait droit à indemnité, nonobstant toute clause contraire. L'on passait de l'interprétation de la volonté des parties au statut légal impératif.

1099. La loi a confirmé ces principes. Le contrat d'agence commerciale *est réputé d'intérêt commun* (art. L. 134-4 C. com.). La présomption est irréfragable. Les clauses excluant le droit à indemnité sont réputées non écrites (art. L. 134-16 C. com.). L'indemnité est due chaque fois qu'il y a cessation des relations avec le mandant, ce qui recouvre les deux hypothèses de la résiliation par le mandant du contrat à durée indéterminée et du non-renouvellement du contrat à durée déterminée. Cependant, l'agent commercial perd son droit à réparation s'il ne notifie pas au mandant, dans un délai d'un an à compter de la cessation du contrat, son intention de faire valoir ses droits (art. L. 134-12 C. com.)[17].

L'indemnité n'est pas due dans les trois cas mentionnés à l'article L. 134-13 du Code de commerce[18] :

1° lorsque la rupture intervient à la suite d'une faute grave[19] de l'agent

17. Cass. com., 22 sept. 2021, n° 18-26690.

18. Par ailleurs, la rupture du contrat d'agence pendant la période d'essai ne donne pas à l'agent de droit à une indemnité. V. Cass. com., 23 juin 2015, n° 14-17894.

19. La « faute grave » excluant l'indemnité compensatrice, est celle qui porte atteinte à la finalité commune du mandat d'intérêt commun et rend impossible le maintien du lien contractuel : Cass. com., 15 oct. 2002, n° 00-18122, *Contrats, conc. consom.* 2003, comm. 19, note L. Leveneur ; Cass. com., 20 janv. 2021, n° 19-11644 et n° 18-26497, *Contrats, conc. consom.* 2021, n° 77, obs. N. Mathey. Le manquement à l'obligation de loyauté, comme le fait de traiter de façon dissimulée avec un concurrent du mandant constitue une faute grave : Cass. com., 15 mai 2007, n° 06-12282 ; Cass. com., 14 févr. 2018, n° 16-26037 ; CA Orléans, 20 août 2020, *BRDA* 18/20, n° 17. De même : le fait de se désintéresser de façon manifeste et généralisée de l'exécution du mandat (Cass. com., 9 déc. 2014, n° 13-28170) ; le manquement au devoir de loyauté (Cass. com., 22 nov. 2016, n° 15-17131) ; le fait pour l'agent commercial de cacher qu'il perçoit, en plus, une commission de la part du fournisseur de son mandant, sont des fautes graves (Cass. com., 20 sept. 2016, n° 15-12994). En revanche, un simple manquement aux obligations contractuelles, justifiant la rupture du contrat, ne suffit pas à caractériser une faute grave commise par l'agent : Cass. com., 21 juin 2011, n° 10-19902.

commercial[20], par exemple un manquement de sa part à son obligation d'information, de loyauté[21] ou à la clause d'*intuitu personae*[22] ;
2° lorsqu'elle est due à l'initiative de l'agent, sauf faute du mandant ou maladie de l'agent[23] ;
3° lorsque l'agent cède le contrat à un tiers, avec l'accord du mandant.

1100. En revanche, les textes du Code de commerce restent assez vagues sur le montant de l'indemnité. L'article L. 134-12 du Code de commerce prévoit seulement la réparation du préjudice subi. Par analogie avec l'indemnité de clientèle due aux VRP, l'on peut penser que l'indemnité répare la perte des commissions sur lesquelles l'agent pouvait légitimement compter, si le contrat avait été maintenu. La Cour de cassation estime que le préjudice comprend la perte de toutes les rémunérations acquises lors de l'activité développée dans l'intérêt commun des parties[24].

Enfin le contrat d'agence peut comporter une clause de non-concurrence prenant effet à son expiration. Cette clause doit être établie par écrit et concerner le secteur géographique et, le cas échéant, le groupe de personnes confiés à l'agent commercial ainsi que le type de biens ou de services pour lesquels il exerce la représentation aux termes du contrat. De plus, elle n'est valable que pour une période maximale de deux ans après la cessation d'un contrat (art. L. 134-14 C. com.).

Section 3
Les intermédiaires commerçants

1101. En l'état actuel de la jurisprudence, il n'existe que deux catégories d'intermédiaires qui ont la qualité de commerçant : ce sont les *commissionnaires* (§ 1) et les *courtiers* (§ 2). L'article L. 110-1 du Code commerce répute en effet actes de commerce, d'une part, toute entreprise de commission et, d'autre part, toute opération de courtage.

§1. Les commissionnaires

1102. L'ancien Code de commerce comportait une section intitulée *Des commissionnaires en général*. Cette section ne comportait que deux articles : l'article 94, qui donnait la définition du commissionnaire, et l'article 95 qui reconnaissait le privilège du commissionnaire. La plupart des questions ont dû être

20. L'agent commercial n'a pas droit à une indemnité et sa faute engage sa responsabilité civile envers son mandant. V. Cass. com., 19 oct. 2022, n° 21-20681, *Contrats, conc. consom.* 2022, comm. 187, obs. N. Mathey.

21. Cass. com., 29 juin 2022, n° 20-13228 et Cass. com., 29 juin 2022, n° 20-11952, *Contrats, conc. consom.* 2022, comm. 152, obs. N. Mathey, *JCP* E 2022, 1384, note P. Grignon.

22. Cass. com. 29 juin 2022, n° 20-11952 et n° 20-13228.

23. Cass. com., 23 juin 2015, n° 14-14856.- La jurisprudence considère que l'agent commercial qui refuse de conclure un nouveau contrat au terme du précédent n'est pas à l'initiative de la cessation du contrat, de sorte qu'il conserve son droit à une indemnité. V. Cass. com., 21 juin 2017, n° 15-29127.

24. Ainsi, outre les commissions, doit être prise en compte pour le calcul de l'indemnité la rémunération fixe, versée chaque mois à l'agent : Cass. com., 8 oct. 2013, n° 12-26544.

résolues par la jurisprudence. Les articles 94 et 95 sont passés respectivement dans les articles L. 132-1 et L. 132-2 du Code de commerce.

Le contrat de commission a toujours été considéré comme un contrat commercial. La règle, qui remonte au Moyen Âge, s'est maintenue et le contrat de commission n'a pas son équivalent en droit civil. Le commissionnaire est un commerçant propriétaire d'un fonds de commerce[25].

Après avoir défini le commissionnaire, il conviendra de voir les effets de l'opération de commission.

A. Définition du commissionnaire

Art. L. 132-1, al. 1er, C. com. Le commissionnaire est celui qui agit en son propre nom ou sous un nom social pour le compte d'un commettant.

1103. Le commissionnaire se distingue du mandataire, d'une part, et du revendeur indépendant, d'autre part.

1) Il se distingue du mandataire, en ce qu'il traite en son *nom propre*. Le commissionnaire, puisqu'il traite en son nom propre, est partie à l'opération qu'il conclut. Il ne révèle pas le nom de son commettant. L'on dit qu'il fait écran entre le tiers et le commettant. Le mandataire au contraire ne fait que représenter, au sens juridique du terme, son mandant. Tout se passe comme si c'était le mandant qui agissait. Le mandataire ne dissimule pas l'identité de son mandant. La mandataire ne fait pas écran.

2) Il se distingue du revendeur indépendant. Le commissionnaire n'agit pas pour son propre compte, mais pour le compte d'un commettant. Le profit de l'opération revient au commettant et celui-ci en supporte en principe le risque. Le commissionnaire est rémunéré par une commission proportionnelle.

Exemple. Le fabricant F charge le commissionnaire C de vendre un lot de marchandises. C trouve un acquéreur, en la personne du commerçant A. C conclut le contrat de vente avec A. C vend en son nom et sans révéler celui de F. C est tenu de toutes les obligations d'un vendeur. Les marchandises sont livrées à A, qui paie le prix. C encaisse le prix de vente, mais il le rétrocède aussitôt à F en percevant pour lui-même une commission de 12,5 %.

1104. La pratique connaît plusieurs sortes de commissionnaires. Le *commissionnaire-vendeur*, vend des marchandises en son nom, mais pour le compte d'un commettant. Le *commissionnaire-acheteur* achète en son nom mais pour le compte de son commettant. Le *commissionnaire de transport* conclut le contrat de transport avec un transporteur, pour le compte d'un expéditeur (art. L. 132-3 et s. du Code de commerce). Les *sociétés de bourse* sont des commissionnaires qui achètent et vendent des valeurs mobilières, pour le compte de donneurs d'ordres.

25. N. Dissaux, « Agent commercial et commissionnaire-affilié : une différence de fond(s) ? », *JCP* E 2011, 1246.

B. Les effets de la commission

1105. La commission est une opération triangulaire, qui donne naissance à trois sortes de rapports. Pour plus de simplicité, nous les étudierons en prenant l'exemple de la commission de vente.

1. Les rapports entre le commissionnaire et l'acheteur

1106. Le commissionnaire et l'acheteur sont liés par un contrat de vente. Le commissionnaire supporte toutes les obligations d'un vendeur. Il doit livrer les marchandises, il doit la garantie du vendeur. Il a aussi tous les droits d'un vendeur. Il est créancier du prix.

2. Les rapports entre le commissionnaire et le commettant

1107. Ces rapports sont régis par le contrat de commission proprement dit, qui est un contrat-cadre de prestation de service.

Le commissionnaire doit conclure l'opération qui lui a été confiée : trouver l'acheteur, conclure la vente, faire livrer les marchandises, encaisser le prix. D'une façon générale, dans ses rapports avec le commettant, le commissionnaire est tenu comme un mandataire. Il doit se comporter en professionnel honnête et scrupuleux. Il est donc tenu d'une obligation de moyens : il doit faire toute diligence pour réaliser l'opération convenue, par exemple pour vendre les marchandises. Il doit informer le commettant de ses démarches et lui rendre compte des résultats obtenus. Cependant il n'est pas tenu de révéler les noms de ceux avec lesquels il a traité. Le contrat peut mettre parfois à la charge un certain résultat : par exemple « vendre au mieux » ou ne pas vendre en dessous d'un certain prix.

Le commissionnaire a droit à une rémunération : la commission, qui en général est proportionnelle au chiffre d'affaires réalisé pour le compte du commettant. Sauf clause contraire, la commission est acquise dès que l'opération de vente est conclue et même si la vente ne peut être exécutée, en raison d'un cas de force majeure.

L'on pourrait, comme le fait le droit allemand, distinguer le contrat-cadre de commission et les contrats de liquidation, qui sont conclus entre le commettant et le commissionnaire à propos de chaque opération et qui viennent s'insérer dans le contrat-cadre.

Le contrat de commission peut prévoir une indemnité en faveur du commissionnaire en cas de non-renouvellement de la convention. Une telle clause est rare en pratique car le commissionnaire est titulaire de sa propre clientèle et ne se retrouve pas, du moins en théorie, au moment de la rupture en situation de précarité. De plus, la Commission d'examen des pratiques commerciales a estimé que cette stipulation pouvait entraîner un déséquilibre significatif dans les droits et les obligations des parties[26].

1108. Il existe trois règles spéciales.

En premier lieu, le commissionnaire n'a pas en principe le droit de faire la *contrepartie*. Par exemple, s'il est commissionnaire vendeur il ne peut pas se porter lui-même acquéreur des marchandises qu'il est chargé de vendre. Techniquement, ce ne serait pas impossible puisque le droit admet le contrat passé avec soi-même. Il suffit que la même

26. CEPC, avis n° 19-8 du 30 août 2019, *BRDA* 19/19, n° 17.- N. Dissaux, « L'indemnité de fin de contrat en droit de la distribution peut-elle être conventionnelle ? », *D.* 2019, p. 1658.

personne agisse en deux qualités différentes. Mais la règle est coutumière. L'on estime que la contrepartie est trop dangereuse pour le commettant. La règle est supplétive et peut être écartée par une clause contraire. De plus il existe une importante dérogation en faveur des sociétés de bourse : elles peuvent acquérir les valeurs qu'elles sont chargées de vendre, les conserver pendant un certain temps, puis les revendre pour leur propre compte. Cette possibilité permet aux sociétés de bourse de soutenir les cours lorsque l'offre est très excédentaire par rapport à la demande.

En deuxième lieu, il est d'usage que le commissionnaire puisse se porter « *ducroire* ». Normalement, le commissionnaire n'est tenu que d'une obligation de moyens. Il ne garantit pas la bonne fin de l'opération. Si par exemple l'acheteur ne peut pas payer le prix, le risque est pour le commettant. Cependant, par une clause spéciale du contrat de commission, dite clause de ducroire, le commissionnaire peut prendre à sa charge la bonne fin de l'opération, et par exemple s'engager à payer le prix en cas d'insolvabilité de l'acheteur. En principe, le ducroire est libéré par la force majeure, mais, ici encore, une stipulation particulière peut prévoir le contraire. Le commissionnaire joue alors le rôle d'un assureur.

En *troisième lieu*, le commissionnaire bénéficie d'un *privilège*, qui garantit le paiement de ses commissions ainsi que de toutes les sommes dont il a fait l'avance. Le privilège, qui est prévu par l'article L. 132-2 du Code de commerce, porte sur les marchandises appartenant au commettant mais qui sont en possession du commissionnaire. En cas de défaut de paiement des commissions par le commettant, le commissionnaire peut saisir les marchandises et les faire vendre aux enchères publiques. Quand le commissionnaire est chargé de vendre et de livrer les marchandises pour le compte de son client, la mise en œuvre du privilège est on ne peut plus simple : il suffit au commissionnaire de compenser sa créance avec le prix recouvré[27].

3. Les rapports entre le commettant et le tiers

1109. Le commettant et le tiers, par exemple l'acheteur des marchandises, ne se connaissent pas. Ils sont juridiquement étrangers l'un à l'autre. Le tiers n'a pas d'action contre le commettant pour le contraindre, par exemple, à livrer les marchandises vendues par le commissionnaire. À l'inverse, le commettant ne peut pas réclamer à l'acheteur le paiement du prix qui n'aurait pas encore été versé au commissionnaire.

Une partie de la doctrine observe cependant que les effets de l'opération se produisent en définitive dans les patrimoines du commettant et du tiers. Les effets de la commission s'expliqueraient par *une représentation imparfaite*. L'on devrait par conséquent reconnaître au commettant une action directe contre le tiers. Mais la jurisprudence moderne n'est pas favorable à cette solution et elle s'en tient au principe qu'il n'y a pas d'action directe sans texte.

1110. Une exception, importante en pratique, est admise par le titre II du livre VI du Code de commerce, relatif à la sauvegarde des entreprises. En cas de mise sous sauvegarde, de redressement ou de liquidation du commissionnaire-vendeur, le commettant court un risque grave : que les marchandises qui étaient encore en possession du commissionnaire, au moment de l'ouverture de la procédure collective, soient vendues pour les besoins du redressement ou de la liquidation, que le prix soit encaissé et qu'il vienne se fondre dans le patrimoine de l'entreprise en redressement ou en liquidation. Pour parer à ce risque, le Code de commerce, prévoit deux mesures.

- L'article L. 624-16, 1er alinéa du Code de commerce vise le cas où des marchandises ont été consignées au commissionnaire en vue d'être vendues,

27. P. Simler et P. Delebecque, *Droit civil. Les sûretés. La publicité foncière*, Dalloz, 8e éd., 2023, n° 821.

ne l'ont pas été et sont encore en la possession du commissionnaire. Alors le commettant, propriétaire, peut les revendiquer et les reprendre en nature.

- L'article 624-18 du Code de commerce vise le cas où les marchandises ont été vendues, après l'ouverture de la procédure, et le prix non encore payé par l'acquéreur. Alors, le commettant peut revendiquer contre l'acquéreur le prix ou la partie du prix non encore payé. Cela revient à accorder au commettant une action directe contre le tiers.

En revanche si le tiers a payé le prix entre les mains du commissionnaire, le commettant est sacrifié. Il est simplement créancier chirographaire du commissionnaire. Il passe après les créanciers munis de sûretés et vient en concours avec les autres.

§2. Les courtiers

A. La profession de courtier

1111. Le courtier a pour fonction de rapprocher des entreprises qui désirent conclure une opération commerciale. Le courtier recherche les partenaires intéressés, les met en contact, les aide dans la négociation, puis s'efface au moment de la conclusion. Contrairement au mandataire ou au commissionnaire, il ne participe pas à l'acte juridique.

Le courtier est toujours commerçant. Ce peut être une personne physique ou une personne morale.

Les plateformes numériques qui proposent, à titre professionnel, de mettre en relation leurs clients et des prestataires en vue de la vente d'un bien ou de la fourniture d'un service (ex. l'entreprise Uber) sont-elles des courtiers[28] ? La réponse dépend de la nature de la relation liant la plateforme numérique aux prestataires. Si, comme cela semble être la position de la jurisprudence de la chambre sociale de la Cour de cassation[29], le prestataire est lié à l'entreprise qui exploite la plateforme par un contrat de travail ou par un lien de préposition, la qualification de courtier est écartée[30].

1112. L'ancien Code de commerce comportait une section intitulée « *Des agents de change et courtiers* », qui recouvrait les articles 74 à 90, mais qui, par le jeu des abrogations successives, avait perdu l'essentiel de sa substance. Ces dispositions sont aujourd'hui passées dans les articles L. 131-1 et suivants du Code de commerce.

L'article L. 131-1 du Code de commerce distingue trois sortes de courtiers : les courtiers de marchandises, les courtiers interprètes et conducteurs de navire et les courtiers de transport par terre et par eau. Les courtiers interprètes et conducteurs de navire sont spécialisés dans le courtage du transport maritime, les courtiers de transport par terre et par eau, dans les opérations du transport terrestre et fluvial. Il existe aussi des courtiers en assurance.

1113. Le courtage de marchandise est libre. L'article L. 131-2 du Code de commerce dispose en effet que « le courtage en marchandises peut être effectué

28. N. Balat, « L'ubérisation et les faux courtiers – ou les plateformes numériques rattrapées par le droit des contrats », *D.* 2021, p. 646.

29. Cass. soc., 4 mars 2020, n° 19-13316, *Dr. soc.* 2020, p. 374, obs. P.-H. Antonmattei.

30. CJUE, 20 déc. 2017, *Uber Systems Spain*, aff. C-434/15, *D.* 2018, p. 1412, note H. Kenfack.

par tout commerçant ». Mais les articles L. 131-12 et suivants organisent la profession de courtier de marchandises assermenté[31]. Outre leur fonction de courtier, ils peuvent estimer la valeur des marchandises déposées dans les magasins généraux (art. L. 131-27 C. com.). Ils constatent le cours des marchandises cotées dans les bourses de commerce (art. L. 131-24 C. com.) et le cours des marchandises vendues aux enchères en gros (art. L. 131-29 C. com.).

B. Le contrat de courtage

1114. Le courtier a l'obligation de rechercher un partenaire pour son client et de rapprocher les deux parties en vue de la conclusion d'une opération commerciale. Il n'a qu'une obligation de moyen : il doit faire diligence pour que les parties se rencontrent et concluent. Comme il est un professionnel, la jurisprudence estime qu'il est tenu d'un devoir particulier de diligence et elle apprécie sévèrement sa responsabilité. Mais le courtier n'est pas obligé à un résultat. De même il n'est pas tenu, une fois l'opération conclue, de sa bonne fin. Si le vendeur ne livre pas ou si l'acheteur ne paie pas, la responsabilité du courtier n'est pas engagée, à moins que soit prouvée une faute de sa part.

1115. Le courtier a droit à une rémunération, qui est le *courtage*. En principe, le courtier intervient dans l'intérêt des deux parties et le courtage est dû à égalité par l'une et par l'autre. Mais il est fréquent que le contrat passé avec le donneur d'ordre initial prévoie que le courtage sera à la charge de celui-ci.

À quel moment la rémunération est-elle due ? C'est en principe la conclusion du contrat entre les deux parties que le courtier a rapprochées qui fait naître le droit à la rémunération. Il ne suffit pas que des négociations aient eu lieu entre les deux parties. Si elles n'ont pas abouti, le courtage n'est pas dû. Mais à l'inverse, peu importe que le contrat une fois conclu n'ait pas finalement été exécuté, ni même qu'il ait été résolu ou annulé. Le courtage sera dû. Mais évidemment toutes ces solutions, qui sont dictées par les usages, ne valent qu'en l'absence de dispositions particulières du contrat passé avec le courtier.

À la différence du commissionnaire, le courtier ne bénéficie d'aucun privilège portant sur les marchandises qui seraient éventuellement en sa possession. Il n'est pas possible d'appliquer l'article L. 132-2 du Code de commerce par analogie. Les privilèges sont de droit étroit.

31. S. Thomasset-Pierre, « La réforme de la profession de courtiers de marchandises assermentés, handicap ou opportunités ? », *JCP* E 2013, n° 1018.

CHAPITRE 2

Les revendeurs indépendants

1116. Du point de vue économique, ce sont des intermédiaires de la distribution. Ils s'insèrent dans la chaîne de distribution, soit comme grossistes, entre le fabricant et les détaillants, soit comme détaillant en contact avec les consommateurs. Mais du point de vue juridique, ce ne sont pas des intermédiaires du commerce car ils n'ont pas pour fonction d'aider les opérations d'achat ou de vente. Bien au contraire, ce sont des commerçants qui achètent pour revendre, pour leur propre compte. Ce sont soit des sociétés commerciales, soit des personnes physiques, commerçantes au titre de l'achat pour revendre.

Les revendeurs indépendants diffèrent profondément par la taille de leur entreprise. Les commerçants de la grande distribution exploitent des magasins de grande surface, supermarchés ou hypermarchés. En raison de leur puissance économique, ils se sont vus imposer une législation rigoureuse qui limite les créations et les extensions de leurs surfaces de vente (section 1). Les commerçants du moyen et petit commerce sont souvent spécialisés dans la vente de certains produits, par exemple la parfumerie, l'habillement ou l'électroménager. Dans d'autres cas, comme dans le secteur de l'alimentation, ils ont une vocation généraliste. Les petits et moyens commerçants cherchent à se regrouper pour résister, avec plus ou moins de succès, à la concurrence des magasins de grande surface (section 2).

Section 1
La réglementation des magasins de grande surface

1117. La création et l'extension des magasins de grande surface sont soumises à un régime d'*autorisation administrative*, dans des conditions rigoureuses. La législation a d'abord évolué dans le sens d'une sévérité accrue. Dans le souci d'introduire plus de concurrence dans la grande distribution, les textes récents ont assoupli les règles de l'urbanisme commercial.

1118. La législation a pour origine la loi d'orientation du commerce et de l'artisanat du 27 décembre 1973, dite *loi Royer*. En réalité, la loi avait surtout pour but de protéger le petit commerce de détail contre le développement, jugé excessif, de la grande distribution. Selon la loi elle-même, dans son article 1er, il fallait « éviter qu'une croissance désordonnée des formes nouvelles de distribution ne provoque l'écrasement de la petite entreprise et le gaspillage des équipements commerciaux ».

Toute création ou extension d'un magasin de détail dont la surface dépassait 1 500 m² était subordonnée à l'autorisation préalable d'une « commission départementale d'urbanisme commercial ». La composition de cette commission, qui comportait essentiellement des élus locaux et des représentants des activités commerciales et artisanales, fut l'objet de vives critiques. La loi du 29 janvier 1993 relative à la prévention de la corruption et à la transparence de la vie économique et des procédures publiques, dite *loi Sapin*, modifia la composition de la commission d'urbanisme commercial, dont l'effectif fut réduit, et améliora la procédure de prise de décision.

Suspectée de ne pas favoriser suffisamment le développement de l'emploi, la grande distribution fut à nouveau, à partir de 1993, la cible des pouvoirs publics. Dans l'attente d'une nouvelle loi, le gouvernement *Juppé* fit voter par le Parlement, en 1996, le gel total des autorisations. Ainsi, entre le 12 avril et le 13 octobre 1996 aucune demande d'autorisation ne fut enregistrée. Entre-temps était votée la loi du 5 juillet 1996, modifiant à nouveau la *loi Royer* de 1973.

1119. L'application rigoureuse du nouveau texte et le coup de frein donné aux créations de grandes surfaces ont eu pour effet de multiplier les opérations de concentration. Ne pouvant s'étendre par croissance interne, les entreprises de la grande distribution ont dû en effet augmenter leur capacité en achetant des surfaces existantes ou en fusionnant. En définitive, la loi nouvelle poussait à la concentration et ne favorisait pas la concurrence.

En vue de renforcer la concurrence et de permettre l'implantation de nouveaux entrants, notamment les magasins dits de *« discount »*, la loi LME du 4 août 2008 et la loi de simplification du 12 mai 2009 ont limité le domaine de l'autorisation administrative. Les dispositions ainsi modifiées, constituent le titre V du livre VII du Code de commerce, intitulé « De l'aménagement commercial », qui comporte les articles L. 750-1 à L. 752-27.

Il faut aussi rappeler que la loi LME a prévu un contrôle spécial des opérations de concentration lorsque deux au moins des parties à la concentration exploitent un ou plusieurs magasins de commerce de détail, en fixant des seuils plus bas que les seuils de droit commun.

1120. Une nouvelle réforme de l'urbanisme commercial est intervenue avec la loi n° 2014-626 relative à l'artisanat, au commerce et aux très petites entreprises, dite loi *Pinel*[1]. Le décret n° 2015-165 du 12 février 2015 en a précisé l'application. L'ensemble est entré en vigueur le 15 février 2015 et a été, une nouvelle fois, modifié par la loi n° 2018-1021 du 23 novembre 2018, dite loi ELAN.

1121. Il a été parfois soutenu que la *loi Royer* était contraire aux principes du droit européen. Elle serait contraire au principe du libre établissement dans l'Union européenne (art. 49 TFUE), comme faisant obstacle à la libre installation en France des ressortissants des autres États membres. Il a également été soutenu que la loi Royer était contraire aux règles de concurrence du traité. La Cour a répondu par la négative, car la commission

1. R. Vandermeeren, « Nouvelle réforme de l'urbanisme commercial », *BRDA* 2014/13, n° 27.

départementale n'étant pas composée de représentants des entreprises, elle ne saurait être assimilée à une entente[2].

§1. Champ d'application du dispositif légal

1122. La loi de 1973 soumettait à autorisation la création ou l'extension d'un magasin de détail d'une surface de vente supérieure à 1 500 m². La loi du 5 juillet 1996 avait considérablement abaissé le seuil, en le portant à 300 m². L'article L. 752-1 du Code de commerce dispose désormais que les projets ayant pour objet la création d'un magasin de commerce de détail d'une surface de vente supérieure à 1 000 m², résultant soit d'une construction nouvelle, soit de la transformation d'un immeuble existant sont soumis à une « autorisation d'exploitation commerciale ». De même sont soumises à autorisation : l'extension de la surface de vente d'un magasin de commerce de détail ayant déjà atteint le seuil des 1 000 m² ou devant le dépasser par la réalisation du projet (art. L. 752-1, 5°, C. com.) ; la création ou l'extension d'un point permanent de retrait par la clientèle d'achats au détail commandés par voie télématique, organisé pour l'accès en automobile (art. L. 752-1, 7°, C. com.).

À côté de cette disposition fondamentale, l'article L. 752-1, 6°, cite la réouverture au public d'un magasin d'une surface de vente supérieure à 2 500 m² ou le changement de secteur d'activité d'un commerce d'une surface supérieure à 2 000 m² (art. L. 752-1, 3°, C. com.). Le texte vise aussi la création et l'extension des *ensembles commerciaux* (art. L. 752-1, 4° et 5°, C. com.). La notion « d'ensemble commercial » est difficile à définir. L'article L. 752-3 du Code de commerce indique quatre critères alternatifs, qui servent à définir l'ensemble commercial.

L'article L. 752-4 du Code de commerce admet une dérogation. Dans les communes de moins de 20 000 habitants, le maire lorsqu'il est saisi d'une demande de permis de construire d'un équipement d'une surface comprise entre 300 et 1 000 m², peut proposer au conseil municipal de saisir pour autorisation la commission départementale d'aménagement commercial.

§2. La procédure d'autorisation d'exploitation commerciale

1123. La commission compétente pour accorder les autorisations est la *Commission départementale d'aménagement commercial* (art. L. 751-2 C. com.). Dans les départements autres que Paris, elle réunit sept élus locaux, quatre personnalités qualifiées, deux en matière de consommation et de protection des consommateurs et deux en matière de développement durable et d'aménagement du territoire et trois personnalités qualifiées représentant le tissu économique, une désignée par la chambre de commerce et d'industrie, une par la chambre de métiers et de l'artisanat et une par la chambre d'agriculture (art. L. 751-2, II, C. com.). À Paris, elle est composée de cinq élus locaux, de trois personnes qualifiées en matière de consommation, de développement durable et d'aménagement du territoire et de deux personnalités qualifiées représentant le tissu économique désignées par la chambre de commerce et d'industrie et la chambre de métiers et de l'artisanat (art. L. 751-2, III, C. com.).

La composition des commissions départementales d'aménagement soulève des doutes. La Cour de justice de l'UE a estimé que la présence de représentants du tissu

2. CJCE, 17 oct. 1995, *Contrats, conc. consom.* 1995, comm. 205, note L. Vogel.

économique de la même zone de chalandise que celle du demandeur, même si ceux-ci ne participent pas au vote sur la demande d'autorisation et se bornent à présenter leurs observations, n'était pas conforme à la directive 2006/123/CE du 12 décembre 2006 relative aux services dans le Marché intérieur, laquelle interdit toute « intervention directe d'opérateurs concurrents » (art. 14, 6)[3].

L'article L. 752-14 du Code de commerce précise que la commission départementale d'aménagement commercial autorise les projets par un vote à la majorité absolue des membres présents. Elle doit se prononcer dans les deux mois de sa saisine. Passé ce délai, la décision est réputée favorable. La décision est motivée.

1124. Avant la loi du 18 juin 2014, l'autorisation d'exploitation commerciale coexistait avec le permis de construire. Il existait donc deux procédures distinctes, la procédure d'obtention de l'autorisation d'exploitation commerciale et la procédure de délivrance du permis de construire. L'autorisation d'exploitation commerciale devait être délivrée préalablement à la délivrance du permis de construire. La loi du 18 juin 2014 a mis fin à cette dualité d'autorisations. L'article L. 425-4 du Code de l'urbanisme dispose désormais que « le permis de construire tient lieu d'autorisation dès lors que la demande de permis a fait l'objet d'un avis favorable de la commission départementale d'aménagement commercial ». Lorsque le permis de construire n'est pas exigé, l'autorisation d'exploitation commerciale doit précéder la réalisation du projet (art. L. 752-15 C. com.).

1125. L'article L. 752-6 du Code de commerce indique les principes qui doivent guider la commission. Les lois successives ont profondément modifié les critères d'appréciation.

Les autorisations d'exploitation commerciale doivent d'abord être compatibles avec le document d'orientation et d'objectifs des schémas de cohérence territoriale (art. L. 752-6, I, C. com.).

L'autorisation d'exploitation commerciale doit prendre ensuite en considération l'aménagement du territoire (localisation, gestion économe de l'espace, animation de la vie urbaine, rurale et de montagne, effet des flux de transport), le développement durable de l'environnement, notamment en ce qui concerne l'imperméabilisation des sols[4]. Elle doit tenir compte de la protection des consommateurs (accessibilité, tissu commercial local, variété de l'offre) et, à titre accessoire, de la contribution du projet en matière sociale (art. L. 752-6 C. com.). Les porteurs d'un projet d'équipement commercial, une fois celui-ci réalisé, doivent transmettre à l'administration un certificat de conformité (art. R. 752-44 C. com.)[5].

Le préfet dispose de pouvoirs importants. Il peut, par exemple, demander au porteur du projet de fournir des explications sur la conformité de l'équipement commercial avec l'autorisation d'exploitation (art. R. 752-44-17 C. com.).

1126. Un recours contre la décision d'une commission départementale est organisé devant la Commission nationale d'aménagement commercial. Il peut être exercé par le porteur du projet, le préfet du département, un membre de la

---

3. CJUE, 15 juill. 2021, aff. 325/20, *BRDA* 17/21, n° 18.

4. Si, en outre, il est nécessaire d'obtenir un permis de construire, il faut intégrer dans le projet de construction des dispositifs de production d'énergies renouvelables (ex. l'installation de panneaux solaires), d'isolation thermique (ex. la création d'une toiture végétalisée) et d'écoulement des eaux, notamment sur les aires de stationnement (art. L. 111-18-1 C. urb.).

5. R. Vandermeeren, « Urbanisme commercial : de nouvelles précisions sur le contrôle de la mise en œuvre des autorisations », *BRDA* 13/19, n° 25.

commission départementale, un professionnel dont l'activité est susceptible d'être affectée par le projet ou toute association les représentant (art. L. 752-17 C. com.). Un recours contre la décision de la Commission nationale peut ensuite être formé devant la cour administrative d'appel compétente (art. R. 311-3 C. just. adm.).

§3. Les sanctions

1127. L'article L. 752-23 du Code de commerce confie au préfet le pouvoir de mettre en demeure l'exploitant de ramener sa surface commerciale à l'autorisation d'exploitation commerciale accordée par la commission d'aménagement commercial compétente. Il peut, à défaut, prendre un arrêté ordonnant, dans le délai de quinze jours, la fermeture au public des surfaces de vente exploitées illicitement, jusqu'à régularisation effective. Ces mesures sont assorties d'une astreinte journalière de 150 euros par mètres carrés exploités illicitement.

Est puni d'une amende de 15 000 euros le fait de ne pas exécuter les mesures prises par le préfet (art. L. 752-23, II, al. 4, C. com.).

Section 2
Les groupements de commerçants indépendants

1128. Nous avons vu que les limitations à la création et à l'extension des grandes surfaces s'appliquent aussi aux *centres commerciaux*. Le centre commercial est une manière pour les petits et moyens commerçants de détail, de répondre à la concurrence des supermarchés et hypermarchés. Les commerçants qui bénéficient d'une franchise s'installent aussi volontiers dans les centres commerciaux.

Les centres commerciaux sont organisés de trois façons.

Dans une première version, le centre commercial n'est qu'un rassemblement de locaux commerciaux, soit dans le même immeuble, soit sur un même site. Chaque commerçant est alors propriétaire de son local ou locataire commerçant. Les commerçants n'ont pas de liens entre eux.

Dans une deuxième version, le centre constitue un *ensemble* commercial. Chaque commerçant est propriétaire ou locataire de ses locaux, mais il existe entre eux des liens juridiques : règlement intérieur, gestion en commun de services, aménagement de voies d'accès et de parcs de stationnement. Les commerçants peuvent à cette fin constituer une association. Mais l'adhésion à l'association ne peut pas leur être imposée. La clause du bail commercial imposant au locataire d'adhérer à une association de commerçants est nulle, de nullité absolue[6].

Une troisième version est celle du *magasin de commerçants indépendants* (art. L. 125-1 et s. C. com.). L'idée à la base de ce type de groupement est que chaque

6. Cass. 1re civ., 12 juill. 2012, n° 11-17587.

commerçant reste propriétaire de son fonds de commerce mais n'a pas la libre disposition des locaux. Les commerçants forment un GIE, une SA ou une société coopérative de commerçants détaillants. C'est alors le groupement ou la société, personne morale qui est propriétaire ou locataire des bâtiments. Chaque commerçant a la jouissance d'un local, non en qualité de locataire commerçant ou de sous-locataire mais en qualité de membre du GIE ou d'associé. La jouissance des locaux est indissociable de la propriété des parts sociales. Le commerçant qui vend son fonds de commerce cède également ses parts dans le groupement. Celui-ci gère des services communs, définit la politique commerciale du centre, établit et fait respecter le règlement intérieur. Les commerçants doivent participer au financement, et respecter le règlement intérieur. Ils peuvent être frappés d'exclusion s'ils ne remplissent pas leurs obligations. Tout nouveau membre doit être agréé par l'assemblée générale du groupement.

1129. La société coopérative de commerçants détaillants est régie par les articles L. 124-1 à L. 124-16 du Code de commerce. Ces sociétés ont « pour objet d'améliorer par l'effort commun de leurs associés les conditions dans lesquelles ceux-ci exercent leur activité commerciale » (art. L. 124-1, al. 1er, C. com.). Il s'agit notamment de fournir aux associés des marchandises et du matériel ou encore des services, comme la construction et la mise à disposition d'un entrepôt, de faciliter l'accès des associés aux différents modes de financement, d'aider à la promotion des ventes (art. L. 124-1, 1° et 2°, C. com.). Le capital des sociétés ainsi constituées doit être majoritairement détenu par les coopératives et des associés coopérateurs (art. L. 124-1, 3°bis, C. com.).

1130. Les commerçants, quelle que soit leur taille, peuvent constituer une *centrale d'achat*. La centrale d'achat est généralement une société anonyme qui a une fonction de commissionnaire : elle achète pour le compte des associés. De sorte que chaque commerçant a une double qualité : il est associé de la centrale d'achat et lié à elle par un contrat de commission. Il est d'ailleurs fréquent que le contrat de commission contienne une clause d'exclusivité obligeant le commerçant à réaliser tout ou partie de ses achats par l'intermédiaire de la centrale. La centrale d'achat dispose assez souvent d'une puissance d'achat qui lui permet d'obtenir des avantages de la part des fournisseurs.

Les commerçants peuvent aussi constituer une *centrale de référencement*. Celle-ci, contrairement à la centrale d'achat, se contente de rechercher les fournisseurs attitrés, auprès desquels les membres de la centrale effectueront leurs achats, en exclusivité. Pour être référencés, les fournisseurs consentent le plus souvent des avantages importants sous forme de remises et de conditions de paiement. La nature du contrat qui lie les commerçants membres de la centrale à celle-ci est controversée. On peut hésiter entre le courtage et le mandat. Les centrales sont en soi licites, mais elles peuvent soulever des difficultés au regard du droit de la concurrence.

1131. Les commerçants indépendants peuvent aussi se regrouper sous une enseigne commune. Des clauses dites *d'affiliation* limitent alors fréquemment la liberté de changer de réseau ou d'enseigne. Elles sont susceptibles de tomber sous le coup du droit de la concurrence[7].

7. F. Albert, « Les mécanismes conventionnels de protection des réseaux de distribution alimentaire sont-ils anticoncurrentiels ? », *JCP* E 2010, 1941. V. égal. Autorité de la concurrence, avis n° 10-A-26.

CHAPITRE 3

Les réseaux de distribution

1132. Le fabricant qui met en place un réseau de distribution, réunissant un ensemble de commerçants indépendants, vise un triple but : couvrir la totalité du marché en atteignant toute la clientèle potentielle ; maintenir un certain niveau de prix qui lui assure une rentabilité suffisante ; imposer un type de service de vente, qui renforce l'image de marque de ses produits. Pour cela, le fabricant doit contrôler son réseau. L'on dit que la distribution est *intégrée*.

Deux possibilités sont alors offertes au fabricant.

- La première est celle de l'intégration structurelle. Le fabricant organise sa propre structure de distribution, composée de succursales ou de filiales, qu'il contrôle directement et à qui il impose sa politique de vente.
- La seconde est l'intégration contractuelle que l'on peut appeler aussi « la distribution contrôlée ». Le fabricant (le fournisseur) utilise alors les services de commerçants indépendants, qui achètent pour revendre (les distributeurs). L'intégration contractuelle résulte des accords de distribution qui unissent le fournisseur aux distributeurs. Le fabricant lie les revendeurs par une série d'obligations contractuelles, qui expriment sa politique commerciale[1] et qui sont généralement contenues dans un contrat-cadre.

Les deux formules ont des avantages et des inconvénients. L'intégration structurelle a pour elle l'avantage de l'efficacité. La succursale ou la filiale répond immédiatement aux directives du fabricant. Mais c'est une solution coûteuse. Le fabricant doit en effet supporter le financement de son réseau. Il lui faut acquérir des actifs et payer des salaires, dans le cas de la création d'une succursale, ou financer le capital, dans le cas de la filiale. L'intégration contractuelle présente des caractères inverses. C'est une solution peu onéreuse, puisque la charge du financement repose alors sur le distributeur, commerçant indépendant[2]. Mais elle est évidemment moins efficace, car les distributeurs indépendants peuvent avoir des objectifs propres, qui ne coïncident pas nécessairement avec ceux du fabricant.

En fait les situations diffèrent selon le poids économique des partenaires. Un fabricant puissant est en mesure d'imposer aux membres de son réseau des clauses contractuelles très contraignantes. À l'inverse, un distributeur puissant déterminera sa politique de vente et sa politique publicitaire, indépendamment des vues de ses fournisseurs.

1. N. Ferrier, « Le pouvoir du promoteur de faire évoluer son réseau de distribution », *Concurrences* 1-2022, p. 66 et s.

2. Bien que les grands fabricants participent parfois au financement de leurs distributeurs.

1133. Si l'intégration structurelle ne soulève pas de difficultés juridiques particulières, il n'en va pas de même de l'intégration contractuelle. Les développements qui suivent seront uniquement consacrés aux réseaux de distributeurs indépendants, liés par un contrat-cadre à un fabricant ou fournisseur.

Le fabricant qui met en place un réseau de distribution va devoir traiter la plupart du temps avec de nombreux distributeurs. Ou bien il conclura directement avec eux ou bien il passera par l'intermédiaire de grossistes ou d'agents commerciaux. Mais quelle que soit la formule adoptée, à partir du moment où le réseau prend une certaine ampleur, la rédaction d'un contrat type de distribution s'impose. La première question est celle de la conception des obligations des parties et de la rédaction du contrat. Selon le type de produit ou de service à distribuer, le poids économique des partenaires et le degré d'intégration recherché, le réseau présente une physionomie particulière. La pratique a mis au point un certain nombre de modèles contractuels, entre lesquels le fabricant devra choisir. L'on commencera par une présentation des différents contrats de distribution (section 1). La deuxième question concerne la sortie d'un réseau de distribution. Le législateur est récemment intervenu sur ce point (section 2). La troisième question est celle de l'ordre public contractuel et spécialement du respect du droit de la concurrence. Les contrats de distribution sont des accords verticaux qui peuvent tomber sous le coup de la législation relative aux ententes anticoncurrentielles. Les effets des réseaux de distribution sur la concurrence sont complexes. À grande échelle, ils peuvent contribuer à la fermeture des marchés et à la limitation de la concurrence entre les distributeurs de produits d'une même marque. Mais ils peuvent aussi être un facteur de compétition entre les fabricants. Il convient de rechercher quelles sont alors les contraintes imposées par le droit de la concurrence (section 3).

Section 1
Les différents contrats de distribution

1134. Les réseaux de distribution sont souvent fondés sur l'exclusivité. L'on distingue alors l'exclusivité de vente de l'exclusivité d'achat. Mais d'autres types de distribution ne font pas appel, du moins en principe, à l'exclusivité : ainsi les réseaux de distribution sélective et les réseaux de franchise. Il y a donc quatre grandes formes de distribution : la distribution exclusive (§ 1), la distribution avec exclusivité d'achat (§ 2), la distribution sélective (§ 3) et la distribution en franchise (§ 4).

Il ne faut d'ailleurs pas surestimer l'importance de la définition de ces catégories. En pratique, la distinction entre les diverses formes de distribution est moins tranchée, car elles peuvent être combinées entre elles. Il existe des formes mixtes. Nous verrons en particulier que la clause *d'approvisionnement exclusif* peut figurer – et figure fréquemment – dans de nombreux accords de distribution.

§1. Les réseaux de distribution exclusive

A. Définition de la distribution exclusive

1135. La distribution exclusive est fondée sur le contrat d'exclusivité de vente. Celui-ci se définit par son obligation caractéristique : dans le contrat d'exclusivité de vente, le fournisseur s'engage à ne livrer certains produits qu'à un seul revendeur, appelé concessionnaire de vente, dans un territoire déterminé.

Cette définition appelle plusieurs précisions.

1) Le contrat d'exclusivité de vente est un contrat vertical unissant un fournisseur à un revendeur. Il arrive, mais c'est plus rare, que deux producteurs concurrents se confient, réciproquement ou non, la distribution de leurs produits.

2) L'obligation caractéristique pèse sur le fournisseur. C'est essentiellement une obligation de ne pas faire : ne pas vendre les produits contractuels à un autre revendeur dans le territoire de l'exclusivité[3]. Implicitement, le contrat contient aussi une obligation de faire, qui est l'obligation d'approvisionner le revendeur en produits contractuels.

3) Le contrat est un contrat-cadre, qui précise les modalités des ventes futures, que l'on appelle aussi les contrats d'application, que concluront les deux parties. Le contrat-cadre, outre la clause d'exclusivité, comporte nécessairement la détermination des produits couverts par l'exclusivité, les « produits contractuels », et la délimitation du territoire de vente, le « territoire contractuel »[4]. Mais le contrat-cadre comporte aussi de nombreuses clauses secondaires, qui ne sont pas caractéristiques de la distribution exclusive, comme les conditions de livraison et de paiement, la charge de la garantie, l'obligation de respecter la marque du fabricant, l'obligation de réaliser un certain nombre de ventes[5]. Dans certains contrats, une obligation d'assistance est mise à la charge du concédant[6].

1136. Le contrat-cadre peut aussi comporter, mais ce n'est pas obligatoire car les deux obligations sont distinctes, une clause d'approvisionnement exclusif. Dans ce cas l'exclusivité est réciproque et le contrat de distribution correspond à ce que l'on appelle en France la *concession exclusive de vente.*

La doctrine et la jurisprudence françaises ont eu souvent tendance à confondre le contrat d'exclusivité de vente et la « concession exclusive de vente », en liant dans tous les cas les deux types d'exclusivité, de vente et d'approvisionnement. Cela s'explique parce que, autrefois, pour que la concession de vente puisse justifier le refus de vente opposé à un tiers, la Cour de cassation exigeait que l'exclusivité fût réciproque. Le problème ne se pose plus depuis que l'interdiction du refus de vente a disparu du droit positif.

3. Ex. Cass. com., 8 juin 2017, n° 15-26755.

4. L'étendue du territoire varie évidemment avec chaque contrat : elle peut se limiter au quartier d'une ville ou prendre une dimension régionale ou nationale. Certains contrats sont conclus pour l'Europe entière. Le concédant a l'obligation de faire respecter l'exclusivité. V. Cass. com., 8 juin 2017, n° 15-26755.

5. Cass. com., 12 avr. 2016, n° 14-24263, *D.* 2017, p. 889, obs. D. Ferrier.

6. Cass. com., 19 juin 2019, n° 17-29000, *RTD civ.* 2019, p. 570, obs. H. Barbier.

B. La situation du concessionnaire de vente

1137. La loi ne traite pas du régime du contrat de concession de vente. En dehors des contraintes imposées par le droit commun des contrats[7] et le droit de la concurrence, le contrat relève à peu près intégralement de la liberté contractuelle.

Le concessionnaire est un commerçant indépendant, personne physique ou personne morale, qui achète pour revendre. Il ne saurait être confondu avec un agent commercial, représentant mandataire ou un commissionnaire. Cependant, les concessionnaires exclusifs ont réclamé une protection en fin de contrat, notamment une indemnité de clientèle que devrait leur verser le concédant. Ils ont prétendu que le contrat de concession était un contrat d'intérêt commun ouvrant droit à indemnité. Ni le législateur, ni la jurisprudence ne leur ont accordé satisfaction. La loi du 31 décembre 1989, dite loi *Doubin*, laisse entendre que certains contrats de distribution seraient « d'intérêt commun ». Mais cette référence est à notre avis trop vague pour fonder une demande d'indemnité de clientèle. Seule la rupture abusive du contrat peut entraîner, soit dans les conditions du droit commun[8], soit en application de l'article L. 442-1 du Code de commerce un droit à des dommages et intérêts.

Finalement, la meilleure protection des concessionnaires est encore celle que leur accorde la jurisprudence relative à la résiliation abusive[9] et au prix abusif dans les contrats-cadres, ainsi bien entendu que le droit de la concurrence lorsqu'il protège la liberté du concessionnaire de fixer ses prix de revente.

§2. L'exclusivité d'approvisionnement

A. Notion d'exclusivité d'approvisionnement

1138. C'est la convention par laquelle un distributeur indépendant s'engage à ne s'approvisionner en produits contractuels qu'auprès de son fournisseur ou d'une entreprise indiquée par celui-ci. On parle aussi de la convention d'achat exclusif.

En stricte théorie, il faut distinguer entre l'exclusivité d'approvisionnement et la clause de non-concurrence. Par l'exclusivité d'approvisionnement, le revendeur ne s'interdit pas de revendre des produits concurrents de ceux de son fournisseur. Il s'engage seulement à ne s'approvisionner en produits de la marque du fournisseur qu'auprès de celui-ci et non auprès des autres membres du réseau. Par l'engagement de non-concurrence, il est au contraire libre de s'approvisionner auprès de qui il le désire, mais il renonce à commercialiser des produits concurrents. Dans la pratique, les contrats associent souvent les deux engagements.

Dans l'approvisionnement exclusif, l'obligation caractéristique pèse sur le distributeur : il s'engage à ne pas s'approvisionner en produits contractuels auprès des autres fournisseurs. En fait, il se trouve le plus souvent sous la dépendance d'un fournisseur et la convention d'approvisionnement exclusif, surtout si elle est de

7. Cass. com., 6 avr. 2022, n° 20-18135 (violation d'une obligation de confidentialité).

8. Cass. com., 27 janv. 2021, *BRDA* 5/21, n° 12.

9. Malgré le respect du préavis prévu par le contrat, le concédant manque à son obligation de bonne foi lorsqu'il entrave sciemment la reconversion de son concessionnaire, par exemple en entravant la négociation du concessionnaire avec un éventuel repreneur de son fonds de commerce : Cass. com., 8 oct. 2013, n° 12-22952, *JCP* E 2014, 1063, note D. Mainguy et J.-L. Respaud. En revanche, le concédant n'est pas tenu d'une obligation d'assistance du concessionnaire : Cass. com., 7 avr. 2004, n° 02-15287.

longue durée, renforce sa dépendance. Le fabricant peut être tenté d'abuser de sa position. La loi et la jurisprudence s'efforcent de limiter les abus possibles.

L'exclusivité d'approvisionnement se rencontre dans deux sortes de conventions : la *clause d'exclusivité d'approvisionnement* qui peut se trouver dans n'importe quel autre contrat de distribution et le *contrat d'achat exclusif*, appelé encore contrat de bière, qui est entièrement organisé autour de l'obligation d'approvisionnement, laquelle est alors l'obligation essentielle de la convention. Nous commencerons par décrire le régime général de la clause d'exclusivité d'approvisionnement avant de voir le contrat d'achat exclusif.

B. La clause d'exclusivité d'approvisionnement

1139. La clause peut se rencontrer dans n'importe quel contrat-cadre de distribution : contrat de distribution exclusive (il y a alors une exclusivité réciproque, qui caractérise la concession de vente), contrat de distribution sélective ou contrat de franchise. La clause est alors adjointe à l'obligation essentielle qui caractérise le contrat. La clause est soumise à une série de règles concernant sa conclusion, sa durée et la fixation du prix.

1. La conclusion de la clause d'exclusivité d'approvisionnement

1140. L'exclusivité d'approvisionnement présente un risque particulier pour le revendeur, parfois inexpérimenté, qui cherche à entrer dans un réseau de distribution. La loi du 31 décembre 1989, dite loi *Doubin*, a organisé l'information précontractuelle du revendeur[10]. La disposition est aujourd'hui passée dans l'article L. 330-3 du Code de commerce.

> ***Art. L. 330-3 C. com.*** Toute personne qui met à la disposition d'une autre personne un nom commercial, une marque ou une enseigne, en exigeant d'elle un engagement d'exclusivité ou de quasi-exclusivité pour l'exercice de son activité, est tenue, préalablement à la signature de tout contrat conclu dans l'intérêt commun des deux parties de fournir à l'autre partie un document donnant des informations sincères qui lui permettent de s'engager en connaissance de cause.

L'article R. 330-1 du Code de commerce précise le contenu de l'information[11]. De plus l'article L. 330-3, al. 4, du Code de commerce institue un délai de réflexion : le projet de contrat et le document d'information précontractuelle doivent être communiqués vingt jours au moins avant la signature du contrat, sous peine d'une amende de 1 500 euros (art. R. 330-2 C. com.).

10. Ex. Cass. com., 1er juin 2022, n° 21-16481, *Contrats, conc. consom.* 2022, comm. 154, note M. Malaurie-Vignal.

11. Les informations à fournir sont au nombre de six. Il y a : 1° l'adresse du siège de l'entreprise et la nature de ses activités ; 2° les mentions prévues sur les papiers d'affaires (art. R. 123-237 C. com.) ; 3° la domiciliation bancaire de l'entreprise ; 4° la date de création de l'entreprise et la nature de ses activités, ainsi qu'une présentation de l'état général et local du marché (sur ce point, voy. spéc. Cass. com., 5 janv. 2016, n° 14-15701) ; 5° une présentation du réseau de distribution ; 6° l'indication de la durée du contrat proposé.

À notre avis, l'obligation d'information qui résulte de la loi *Doubin* (art. L. 330-3) ne s'applique qu'au contrat contenant une clause d'exclusivité d'approvisionnement, comme le montre l'expression « en exigeant d'elle un engagement d'exclusivité ou de quasi-exclusivité »[12]. Elle ne devrait pas concerner les accords de distribution exclusive, de distribution sélective ou de franchise lorsque ces accords ne comportent aucune obligation d'exclusivité d'approvisionnement à la charge du distributeur[13].

L'omission ou l'inexactitude de ce document d'information précontractuelle n'entraîne la nullité de la convention de distribution que si le consentement du distributeur a été vicié par une erreur ou un dol[14].

2. La durée de la clause d'exclusivité d'approvisionnement

1141. La loi du 14 octobre 1943 avait limité à dix ans la durée maximum de toute clause d'exclusivité dans les contrats d'achat, de cession ou de location de meubles. Les dispositions de la loi du 14 octobre 1943 sont passées dans les articles L. 330-1 et L. 330-2 du Code de commerce. À l'origine, la jurisprudence avait interprété le texte de façon littérale. Elle appliquait la limite de dix ans lorsque la clause était contenue dans un contrat de vente ou de location, mais non dans un contrat-cadre de distribution. Mais depuis les arrêts de revirement du 27 avril 1971[15], la Cour de cassation estime qu'il suffit que le contrat « concerne » la vente. La formule est assez générale pour englober tous les contrats-cadres de distribution, à condition bien sûr qu'ils contiennent une exclusivité d'approvisionnement[16].

La loi ne dit pas quelle est la sanction de la durée excessive. Selon la jurisprudence, la clause d'une durée supérieure à dix ans n'est pas nulle. Sa durée est seulement réduite à dix ans[17]. On peut penser que, à l'expiration de la clause, le contrat continue, mais sans exclusivité.

3. La détermination du prix dans les contrats contenant une clause d'exclusivité d'approvisionnement

1142. C'est un point très important en pratique en raison de la longue durée de certains contrats-cadres de distribution, même si cette durée est limitée à dix ans. Il est évidemment nécessaire que le prix des livraisons faites au distributeur puisse évoluer avec le temps. Autrefois la jurisprudence admettait la validité de la clause dite de « tarif fournisseur ». Le prix n'était pas fixé dans le contrat-cadre, mais il était calculé à chaque commande par référence au tarif général du fournisseur. On s'est alors avisé que le distributeur se trouvait sous la dépendance du fournisseur, surtout s'il était lié par un engagement d'exclusivité d'approvisionnement. Il ne pouvait pas faire jouer la concurrence en se tournant vers un concurrent du fabricant qui lui aurait consenti un prix plus

12. Cass. com., 19 janv. 2010, *JCP* E 2010, 1348, note E. Friedel et G. Toulouse.

13. Mais l'art. L. 330-3 C. com. peut être invoqué par un nouveau concessionnaire qui succède au précédent. V. Cass. com., 21 févr. 2012, n° 11-13653.

14. Cass. com., 5 janv. 2016, n° 14-15710, *Contrats, conc. consom.* 2016, comm. 65, obs. M. Malaurie-Vignal.

15. *D.* 1972, p. 353, note J. Ghestin.

16. Cass. com., 7 avr. 1992, *Contrats, conc. consom.* 1992, comm. 177, obs. L. Leveneur.

17. Cass. com., 1er déc. 1981, *Bull.* IV, n° 423.

favorable. Le distributeur se trouvait dans une situation inconfortable, car il n'avait le choix qu'entre deux solutions : s'approvisionner à un prix excessif ou rompre le contrat-cadre à durée déterminée, en s'exposant à devoir verser des dommages et intérêts d'un montant élevé.

Une partie de la doctrine, pour sortir de cette impasse, avait montré qu'il fallait distinguer entre le contrat-cadre et les contrats d'application. Le prix devait être déterminé lors de chaque contrat d'application, donc de chacune des livraisons effectuées par le « fournisseur ». Si à l'occasion d'une commande du distributeur les parties ne pouvaient se mettre d'accord, le contrat de vente ne se formait pas et le contrat-cadre devenait caduc. Mais la jurisprudence ne devait pas suivre cette voie. À partir de 1971, à propos de contrats d'approvisionnement exclusif liant des stations-service à des compagnies pétrolières, la Cour de cassation décidait que le prix des produits devait être déterminé dans le contrat-cadre de distribution ou déterminable « à partir d'éléments objectifs soustraits à la volonté de l'une ou l'autre des parties ». Sinon le contrat-cadre était nul.

La Cour de cassation hésita sur le fondement juridique de sa jurisprudence et sur les contrats auxquels celle-ci s'appliquait. On entrait dans une longue période d'incertitude. Il s'ensuivit d'interminables discussions sur lesquelles il n'est pas nécessaire de revenir.

Bien que la Cour de cassation ne se soit jamais prononcée clairement sur ce point, il y avait tout lieu de penser que la question de la détermination du prix ne se posait que dans le cas des contrats-cadres de distribution *contenant une clause d'exclusivité d'approvisionnement*. C'est ce que montraient, en pratique, les faits qui étaient à l'origine des arrêts.

1143. Aujourd'hui, depuis le revirement consacré par les arrêts de l'Assemblée plénière de la Cour de cassation du 1er décembre 1995[18], la solution est claire et a été reprise, dans l'article 1164 du Code civil, par les rédacteurs de l'ordonnance du 10 février 2016 réformant le droit des contrats. Lorsqu'une convention prévoit la conclusion de contrats ultérieurs, l'indétermination du prix de ces contrats dans la convention initiale n'affecte pas, sauf dispositions légales particulières, la validité de celle-ci, l'abus dans la fixation du prix ne donnant lieu qu'à résiliation ou indemnisation. L'abus s'apprécie concrètement par comparaison avec les prix du marché et en recherchant si le prix fixé par le fournisseur permet à son client de faire face à la concurrence[19].

Il est vrai que l'Assemblée plénière n'a pas lié l'abus dans la fixation du prix à la présence d'une obligation d'exclusivité d'approvisionnement dans le contrat-cadre de distribution et que l'on peut théoriquement l'imaginer dans tous les contrats-cadres. Mais en pratique, c'est évidemment dans le cas de l'exclusivité d'approvisionnement que l'abus se rencontrera le plus souvent, en raison de la dépendance du distributeur à l'égard du fabricant que crée cette exclusivité.

C. Le contrat d'achat exclusif

1144. Il est aussi appelé *contrat de bière*, en raison de sa fréquence dans la distribution des boissons. On le rencontre aussi dans la distribution des hydrocarbures, où il prend le nom de contrat de *station-service*. L'obligation d'achat exclusif constitue alors l'obligation essentielle et caractéristique du contrat.

Le fournisseur n'est, de son côté, tenu d'aucune autre obligation que celle, expresse ou implicite, d'approvisionner le distributeur. Il n'est pas tenu d'une obligation d'exclusivité de vente et il peut livrer ses produits à qui il le juge bon.

18. Cass. ass. plén., 1er déc. 1995, *GAJ civ.*, t. 2, n° 152-155.

19. Cass. com., 4 nov. 2014, n° 11-14026.

Le régime général de la clause d'exclusivité d'approvisionnement est évidemment applicable au contrat d'achat exclusif.

La particularité du contrat consiste dans le fait qu'il crée un enchaînement du distributeur pour une durée assez longue. Il en résulte un risque grave pour la concurrence.

§3. La distribution sélective

1145. L'organisation du réseau obéit alors à une double idée : la sélection des revendeurs et leur intégration dans le réseau de distribution.

A. La sélection

1146. Le fabricant choisit ses revendeurs en fonction de critères *qualitatifs* ou *quantitatifs*. Les *critères qualitatifs* sont ceux de la qualification professionnelle du revendeur et de son personnel et de la qualité des locaux de vente (surface, apparence, emplacement). Le *critère quantitatif*, est celui du nombre de points de vente jugé comme étant approprié à la rentabilité du réseau, par exemple un point de vente par nombre d'habitants.

Le contrat de distribution sélective comporte toujours une clause que l'on peut considérer comme essentielle à ce type de contrat : le distributeur s'engage à ne pas revendre les produits contractuels à des revendeurs étrangers au réseau. Cette clause est nécessaire car elle commande l'unité du réseau de distribution en garantissant le maintien d'une politique commerciale commune. Elle est caractéristique de la distribution sélective et en son absence il faut plutôt parler d'un système de *distribution agréée*. Le non-respect de cet engagement constitue une violation grave du contrat et justifie certainement la résolution de celui-ci. Nous verrons, à propos de l'application du droit de la concurrence, que l'une des difficultés soulevées par la distribution sélective est de savoir si le fabricant dispose d'une action contre le revendeur hors réseau qui commercialise sans autorisation les produits contractuels.

B. L'intégration

1147. Le fabricant prévoit dans les contrats de distribution sélective des obligations imposant un certain style de vente et de service après-vente. La distribution sélective ne se comprend bien que pour la vente de produits de marque, présentant une certaine technicité ou jouissant d'une image de luxe. La distribution sélective trouve son terrain d'élection dans la vente des automobiles, du matériel audiovisuel ou des produits de luxe, notamment des parfums.

De nombreuses clauses précisent les conditions que doivent remplir les locaux. D'autres concernent les produits qui peuvent être vendus à côté de ceux du fabricant. D'autres les actions publicitaires, le service après-vente, le chiffre d'affaires minimum (ce que l'on appelle les clauses d'objectif). L'image que l'aménagement du local et le style de vente livrent au public, contribue à son tour à renforcer l'image de la marque elle-même.

Le contrat de distribution sélective ne comporte en principe aucune clause d'exclusivité territoriale au profit du distributeur. L'exclusivité territoriale n'est pas de la nature du contrat. Mais rien ne s'oppose à ce qu'on la stipule. Ainsi les contrats de distribution des automobiles combinent souvent la distribution sélective et la distribution exclusive. De même le contrat comportera souvent une clause de non-concurrence (c'est-à-dire l'obligation de ne pas vendre des produits concurrents ou similaires) et une clause d'approvisionnement exclusif. Mais ces clauses ne sont pas inhérentes à la nature du contrat de distribution sélective. On peut également trouver une clause d'objectifs de vente. Concrètement, si le distributeur ne réalise pas les performances attendues de lui dans le contrat de distribution, il s'expose à une résiliation de la convention par le fabricant. Ces clauses sont valables si les méthodes de calcul des performances demandées sont objectives[20]. Et, dans un arrêt de 2017, la CJUE a admis que le fabricant de produits de luxe (des parfums) puisse valablement interdire à ses distributeurs agréés la revente sur des plateformes numériques[21].

La jurisprudence a précisé, en se fondant sur la liberté contractuelle, que le promoteur d'un réseau de distribution sélective n'a pas l'obligation d'intégrer tous les distributeurs qui remplissent les critères. Cette précision vaut pour les réseaux de distribution sélective quantitative et qualitative[22].

§4. La distribution en franchise

1148. La loi française ne réglemente pas le contrat de franchise. Sa formation relève à peu près entièrement du droit commun des contrats. Le seul texte applicable est relatif à l'exercice de la franchise dans les relations avec les consommateurs. L'article A. 441-1 du Code de commerce dispose que tout franchisé doit informer le consommateur de sa qualité d'entreprise indépendante, de manière lisible et visible, sur l'ensemble des documents d'information, notamment de nature publicitaire ainsi qu'à l'intérieur et à l'extérieur du lieu de vente.

1149. Il faut distinguer la franchise elle-même du contrat de franchise.

La *franchise* est un ensemble de droits de propriété industrielle portant sur des marques, un nom commercial ou une enseigne, des dessins et modèles, ou encore un savoir-faire, destinés à être exploités pour la revente de produits ou la prestation de services à des utilisateurs finals. Dans la pratique, l'on distingue la franchise de fabrication, la franchise de services et la franchise de distribution. Nous ne parlerons ici que des accords de franchise de distribution.

Le *contrat de franchise* peut être défini comme un accord par lequel une entreprise, le franchiseur, accorde à une autre, le franchisé, en échange d'une compensation financière directe ou indirecte, le droit d'exploiter une franchise dans le but de commercialiser un ou plusieurs types de produits. Le franchiseur est libre d'adapter les éléments constitutifs de la franchise, par exemple l'enseigne, pour en

20. Cass. com., 12 avr. 2016, n° 14-24263, *RTD civ.* 2016, p. 631, obs. H. Barbier.- Cass. com., 16 févr. 2022, n° 20-11754, Cass. com., 16 févr. 2022, n° 21-10451, et Cass. com., 16 févr. 2022, n° 20-18615, *Contrats, conc. consom.* 2022, comm. 79, note M. Malaurie-Vignal, *JCP* E 2022, 1207, note L. Bettoni.

21. CJUE, 6 déc. 2017, *Coty*, aff. 230/16, *D.* 2018, p. 150, note C. Grimaldi, *D.* 2018, p. 865, note D. Ferrier.- Adde : Cass. com., 19 oct. 2022, n° 21-18301, *D.* 2023, p. 705, obs. N. Ferrier.

22. Cass. com., 27 mars 2019, n° 17-22083, *RTD civ.* 2019, p. 570, obs. H. Barbier.

maintenir la pertinence[23]. Il peut aussi imposer au franchisé des aménagements de son magasin[24]. Mais, il doit rester loyal envers ses franchisés[25].

Comme pour les autres contrats de distribution, il faut distinguer les clauses essentielles de l'accord, qui se traduisent dans les obligations caractéristiques des parties, des clauses secondaires.

1150. L'accord de franchise fait apparaître trois traits essentiels.

1) La transmission d'éléments incorporels, notamment une licence de marque ou de nom commercial et une communication de savoir-faire[26].

La CJUE a insisté avec raison sur le fait que « plutôt qu'un mode de distribution, il s'agit d'une manière d'exploiter financièrement, sans engager de capitaux propres, un ensemble de connaissances »[27]. La pratique révèle en effet qu'il n'y a de bon accord de franchise que si le franchiseur a acquis par ses efforts et ses investissements une expérience et un renom véritables, garantissant la valeur des éléments incorporels qu'il transmet au franchisé. C'est pourquoi beaucoup de franchiseurs échouent dans leur tentative de mettre en place un réseau. Une bonne idée ne suffit pas à fonder durablement un réseau de franchise.

En pratique, les franchiseurs transmettent aux candidats à la franchise des documents prévisionnels d'activité destinés à leur information[28] et qui vont au-delà des exigences de la loi *Doubin*. Le contrat de franchise peut être annulé pour erreur sur la rentabilité de l'activité entreprise[29] ou pour dol[30]. Mais le franchiseur n'est pas tenu d'une obligation de résultat quant au succès du franchisé[31].

2) Une redevance périodique versée par le franchisé. Le franchisé paie pour entrer et demeurer dans le réseau. C'est la rémunération de la jouissance des droits de propriété intellectuelle et du savoir-faire qui lui est consentie.

3) Le but de revendre des produits, qui sont fournis ou non par le franchiseur.

1151. À côté de ces traits essentiels, les accords peuvent comporter des clauses complémentaires, qui se retrouvent dans d'autres types de contrats de distribution. Ainsi, le système repose le plus souvent sur une sélection des franchisés, selon des critères professionnels objectifs, qui entraînent certaines obligations pour les franchisés. Ainsi encore l'on rencontre, selon les cas, des clauses d'exclusivité territoriale au profit du franchisé qui se trouve alors dans la situation d'un concessionnaire de vente, des clauses d'exclusivité

---

23. Cass. com., 7 sept. 2022, n° 21-17914.

24. CA Paris, 22 nov. 2017, n° 15/01067, *D.* 2018, p. 865, note D. Ferrier.

25. CA Amiens, 10 janv. 2019, n° 17/01699, *BRDA* 6/19, n° 14.

26. Cass. com., 8 juin 2017, n° 15-22318.

27. CJUE, 28 janv. 1986, *Pronuptia*, aff. 161/84, *RTD eur.* 1986, p. 298, obs. M.-C. Boutard-Labarde.

28. Cass. com., 5 janv. 2017, n° 14-15700 et n° 14-15710, *D.* 2017, p. 889, obs. D. Ferrier.

29. Cass. com., 4 oct. 2011, n° 10-20956, *RDC* 2012, p. 64, note T. Genicon, p. 535, note C. Grimaldi.- Cass. com., 10 juin 2020, n° 18-21536.- Cass. com., 24 juin 2020, n° 18-15249, *JCP* E 2020, 1443, note N. Dissaux, *Contrats, conc. consom.* 2020, comm. 138, obs. M. Malaurie-Vignal.- Cass. com., 12 mai 2021, n° 19-17701.

30. Cass. com., 1er déc. 2021, n° 18-26572.

31. CA Paris, 22 janv. 2014, n° 11/18554.

d'approvisionnement[32] et de non-concurrence, des clauses de performance obligeant le franchisé à réaliser un certain chiffre d'affaires[33].

Section 2 La sortie d'un réseau de distribution

1152. Le législateur s'intéresse aux modalités de sortie d'un réseau de distribution. Il a pour objectif de protéger le distributeur en imposant une extinction simultanée de tous les contrats le liant à son fournisseur (§ 1) et en encadrant les clauses post-contractuelles restrictives (§ 2).

§1. L'extinction simultanée des contrats

1153. Il peut être difficile pour un distributeur de sortir d'un réseau de distribution. En effet, un distributeur est souvent lié au fournisseur par plusieurs contrats[34] qui n'ont pas tous le même terme. S'il peut mettre fin à l'un des contrats, il n'a certainement pas la faculté de résilier les autres au même moment.

En 2010, l'Autorité de la concurrence avait préconisé une harmonisation de la durée et du mode de résiliation des différents contrats constitutifs de la relation contractuelle (avis 10-A-26 du 7 déc. 2010) : « Les différents contrats liant le magasin affilié à sa tête de réseau peuvent ne pas avoir les mêmes durées, ni les mêmes échéances et conditions de résiliation. Outre le fait d'être générateurs d'une certaine insécurité juridique, ces décalages et divergences entre les différents contrats ont pour effet de prolonger artificiellement la durée des engagements souscrits. L'Autorité de la concurrence demande donc aux opérateurs d'unifier la durée et le mode de résiliation de l'ensemble des contrats constitutifs de la relation commerciale, courants et à venir. La conclusion d'un accord-cadre unique, tel que préconisé par l'Autorité [...] devrait également permettre aux opérateurs d'unifier la durée et le mode de résiliation des engagements contractés par les parties dans le futur » (§ 224).

1154. Pour remédier à cet inconvénient, l'article 31 de la loi n° 2015-990 du 6 août 2015 a introduit dans le Code de commerce un titre : « De réseaux de distribution commerciale » (titre IV du livre III), lequel comprend deux nouveaux textes, les art. L. 341-1 et L. 341-2. Ces textes instituent un principe de synchronisation de l'extinction de l'ensemble de contrats liant deux opérateurs du réseau de distribution. Concrètement, si l'un des contrats liant le distributeur à

32. C'est dans ce cas que joue l'obligation spéciale d'information précontractuelle, prévue par la loi *Doubin* du 31 déc. 1989 (art. L. 330-3 C. com.). Cependant, même en l'absence d'exclusivité d'approvisionnement, le principe de bonne foi exige évidemment du franchiseur qu'il informe le franchisé des caractéristiques de son activité. Le franchisé victime d'un défaut d'information peut demander des dommages et intérêts, même s'il n'a pas agi en nullité du contrat (Cass. com., 27 janv. 2009, *BRDA* 6/2009, n° 10).- Ex. de clause d'approvisionnement exclusif dans un contrat de franchise : Cass. com., 20 déc. 2017, n° 16-20501.

33. Sur la clause de « non-réaffiliation », v. Cass. com., 4 sept. 2018, n° 17-18132.

34. Par exemple, un franchisé est lié au franchiseur par un contrat de franchisage, un contrat d'approvisionnement, un bail (le franchiseur est propriétaire de locaux qu'il loue au franchisé) et un pacte d'associés (le franchiseur détient souvent une participation minoritaire dans le capital du franchisé).

sa tête de réseau (centrale d'achat, franchiseur) est résilié[35], les autres contrats prennent fin simultanément (art. L. 341-1, al. 2). Toutefois, le bail commercial, le contrat d'association et le contrat de société sont exclus de la nouvelle règle. Ils continueront de s'éteindre conformément aux règles qui régissent chacun d'entre eux. En définitive, l'extinction simultanée concerne les relations liées à la distribution, et non celles liées à l'entreprise.

Par ailleurs, il convient de remarquer que les nouvelles dispositions précitées ne prévoient pas expressément de sanction en cas de non-respect de l'exigence d'une échéance commune. On peut toutefois s'inspirer de l'article 1186, al. 2, du Code civil, lequel dispose : « lorsque l'exécution de plusieurs contrats est nécessaire à la réalisation d'une même opération et que l'un d'eux disparaît, sont caducs les contrats dont l'exécution est rendue impossible par cette disparition et ceux pour lesquels l'exécution du contrat disparu était une condition déterminante du consentement d'une partie ». La caducité des autres contrats que celui qui prend fin de la relation fournisseur-distributeur est envisageable.

§2. L'encadrement des clauses post-contractuelles restrictives

1155. L'article L. 341-2, I, C. com. répute non écrites les clauses qui ont pour effet, après l'échéance du contrat de distribution, de restreindre la liberté d'exercice de l'activité commerciale du distributeur (ex. une clause de non-réaffiliation, une clause de non-concurrence).

Après l'énoncé de ce principe restrictif, le législateur précise les conditions dans lesquelles ces clauses post-contractuelles sont licites. Ces conditions sont au nombre de quatre et elles sont cumulatives :

- La clause doit concerner des biens et services en concurrence avec ceux qui font l'objet du contrat de distribution ;
- La clause doit être limitée aux terrains et locaux à partir desquels le distributeur a exercé son activité pendant la durée du contrat de distribution ;
- La clause doit être indispensable à la protection du savoir-faire substantiel, spécifique et secret transmis dans le cadre du contrat de distribution ;
- La durée de la clause ne doit pas excéder un an après l'échéance ou la résiliation du contrat de distribution.

En réalité, ces critères avaient déjà été dégagés par la jurisprudence. Sur ce point, le législateur n'a fait que consacrer les solutions jurisprudentielles[36].

35. L'art. L. 341-1 ne vise que la résiliation, pas l'annulation. Mais, toutes les formes de résiliation sont *a priori* concernées, aussi bien la résiliation unilatérale que la résiliation judiciaire.

36. Cass. com., 16 sept. 2014, n° 13-18710.

Section 3
Les contraintes du droit de la concurrence

1156. Bien que le droit interne (§ 1) et le droit de l'Union européenne (§ 2) de la concurrence s'appliquent très souvent de façon cumulative aux contrats de distribution, il est nécessaire, pour plus de clarté, de les étudier successivement.

§1. L'application du droit interne de la concurrence aux contrats de distribution

A. L'évolution

1157. Le problème de la validité des accords de distribution a commencé de se poser dans les années 1960. Les contrats de concession de vente (ou vente exclusive) en furent l'occasion.

À cette époque, l'article 37-1° de l'ordonnance du 30 juin 1945 relative aux prix interdisait et punissait sévèrement le refus de vente. La question qui se posa fut de savoir si l'existence d'un contrat de concession justifiait le refus de vente opposé par le concédant à d'autres que le concessionnaire ou si, au contraire, il fallait désormais considérer les concessions de vente comme frappées de nullité. La cour de Paris jugea que la concession était licite mais qu'elle n'autorisait pas pour autant le refus de vente[37], ce qui la privait en fait de son efficacité. La Cour de cassation, le 11 juillet 1962, cassa l'arrêt de la cour de Paris[38] et adopta une position plus nuancée. Elle décida que l'existence d'un contrat d'exclusivité pouvait, à certaines conditions, rendre les produits « juridiquement indisponibles » et par là justifier le refus de vente opposé par le concédant. La Cour de cassation précisait d'ailleurs les conditions auxquelles le contrat de concession se trouvait ainsi soumis, dont la condition de réciprocité de l'exclusivité et la condition de ne pas limiter la concurrence de façon excessive. Par exemple, la concession ne devait pas procurer au concessionnaire une protection territoriale absolue.

L'on pouvait aussi s'interroger sur la validité de la concession au regard de l'interdiction des ententes. Ce point restait incertain. Les juridictions judiciaires considéraient que les contrats d'exclusivité n'étaient pas des ententes, la Commission de la concurrence au contraire estimait que le réseau de distribution pouvait avoir un effet restrictif de concurrence.

L'ordonnance du 1er décembre 1986 avait conservé, dans l'article 36, la prohibition du refus de vente, sanctionné par la responsabilité civile de son auteur. Cependant l'article 36 prévoyait que le refus pouvait être justifié par les dispositions de l'article 10-2°, c'est-à-dire par la contribution au progrès économique. Indirectement l'ordonnance tirait une passerelle entre la prohibition du refus de vente et la prohibition des ententes. Lorsque la concession constituait une entente justifiée au regard de l'article 10-2° de l'ordonnance, elle autorisait le refus de vente. Au contraire, le refus n'était pas justifié lorsque l'entente avait un caractère illicite. Derrière cette liaison faite par l'ordonnance entre les articles 10

37. CA Paris, 7 févr. 1961, *D.* 1961, p. 175, concl. Robin, *JCP* 1961.II.12052, note Plaisant.
38. Cass. crim., 11 juill. 1962, *D.* 1962, p. 497.

et 36, il y avait bien cette idée que les accords de distribution exclusive pouvaient constituer des ententes au sens de l'article 7 de l'ordonnance.

En supprimant la prohibition du refus de vente, la loi du 1er juillet 1996, dite loi *Galland*, qui a modifié l'article 36 de l'ordonnance, a simplifié la discussion. La seule question qui se pose désormais est de savoir si le contrat de distribution peut constituer une entente prohibée.

B. Application du droit de la concurrence aux contrats d'exclusivité

1158. Le Conseil de la concurrence considérait de façon constante que les accords de distribution sont des conventions au sens de l'article L. 420-1 du Code de commerce. L'Autorité de la concurrence adopte la même interprétation.

Il reste à savoir si le contrat a pour objet ou peut avoir pour effet de restreindre la concurrence sur le marché. Pour cela il faut tenir compte de deux facteurs.

1) Il faut apprécier l'incidence sur la concurrence de l'ensemble du réseau de distribution et non pas l'incidence de chaque contrat pris séparément. En fait, il est rare que le contrat de distribution, considéré en soi, ait un impact économique suffisant pour avoir une incidence sur le fonctionnement du marché. En revanche, l'ensemble des contrats qui constituent l'ossature juridique du réseau, peut avoir un effet anticoncurrentiel, en réduisant la concurrence que les revendeurs pourraient se faire entre eux à l'intérieur de la zone d'exclusivité.

2) Il faut aussi rappeler que le réseau d'exclusivité a un double effet : il peut limiter la concurrence entre les revendeurs des produits de la même marque (concurrence dite *intramarques*) ou des produits similaires ; il peut renforcer la concurrence entre les fabricants (concurrence *intermarques*) en facilitant leur pénétration du marché.

1159. L'appréciation de l'atteinte à la concurrence doit donc être faite cas par cas[39]. Il n'existe pas de préjugé quant à la conformité à l'article L. 420-1 du Code de commerce des contrats de distribution exclusive en général. Tout dépend des circonstances et de la rigueur des obligations résultant du contrat. En outre, si l'on arrive à la conclusion que, dans un tel cas particulier, le contrat de distribution entre dans le champ de la prohibition de l'article L. 420-1, il y a encore la ressource de le justifier au regard de l'article L. 420-4, I, 2°. Or il est couramment admis que les réseaux de distribution favorisent le progrès, en assurant la sécurité et la régularité des approvisionnements, et qu'ils profitent au consommateur. Finalement le point essentiel est celui de la proportionnalité : il ne faut pas que les restrictions inhérentes au réseau aillent au-delà de ce qui est nécessaire pour assurer le progrès dans l'intérêt des consommateurs.

S'inscrivant dans cette perspective, l'Autorité de la concurrence a appliqué par analogie les règlements européens qui se sont succédé, en particulier le règlement n° 330/2010 relatif à l'exemption des accords verticaux qui validait les contrats d'exclusivité à condition qu'ils ne comportent pas de *restrictions caractérisées*,

39. Il existe toutefois deux cas d'interdiction *per se* d'accords anticoncurrentiels : 1° les accords ayant pour objet ou pour effet d'accorder des droits exclusifs d'importation à des entreprises situées en outre-mer (art. L. 420-2-1 C. com.) ; 2° les accords d'exclusivité entre centrales de réservation et entreprises de transport de personnes (taxis, VTC) (art. L. 420-2-2 C. com.).

injustifiables. Le règlement 330/2010 a été remplacé par le règlement 2022/720 du 10 mai 2022. Ce nouveau texte devrait également de servir de « guide d'analyse » à l'Autorité de la concurrence.

1160. Les autorités de la concurrence manifestent généralement plus de sévérité à l'égard des *accords d'approvisionnement exclusif*. Elles estiment qu'un réseau de revendeurs liés par des engagements d'approvisionnement exclusif crée une barrière à l'entrée du marché. Les fabricants qui voudraient accéder au marché se heurtent en effet à la difficulté de trouver des distributeurs puisque les distributeurs existants sont tous liés à leurs fabricants par des contrats à long terme. On admet donc que ce type de contrat est beaucoup plus dangereux pour la concurrence que les contrats de distribution exclusive ou même que les concessions réciproques d'exclusivité.

Si le fournisseur occupe une position dominante sur le marché, le fait de se lier à ses distributeurs par des accords d'approvisionnement exclusif constitue généralement un abus de cette position, interdit par l'article L. 420-2 du Code de commerce.

C. Application du droit de la concurrence aux contrats de distribution sélective

1161. La distribution sélective soulève deux questions : celle de la validité du contrat de distribution sélective au regard de l'article L. 420-1 du Code de commerce et celle de l'opposabilité aux tiers du contrat, lorsqu'il est jugé conforme au droit de la concurrence[40].

1. La conformité du contrat de distribution sélective à l'article L. 420-1 du Code de commerce

1162. Il importe de distinguer les deux types de sélection, déjà évoqués.

1163. La sélection qualitative. À la suite de l'arrêt *Metro* de 1977 de la Cour de justice de l'Union européenne[41], l'Autorité de la concurrence et la cour de Paris ont consacré une distinction fondamentale.

Lorsque la sélection est fondée sur des critères qualitatifs et objectifs, tenant à la qualification professionnelle des revendeurs et à la qualité de leurs locaux, le réseau ne restreint pas la concurrence. Mais il faut que les critères de sélection soient nécessaires à la bonne distribution des produits, qu'ils soient proportionnés, c'est-à-dire qu'ils n'aillent pas au-delà de ce qui est nécessaire, et qu'ils soient appliqués de façon non discriminatoire. Le système de distribution est alors un facteur de concurrence entre les fabricants. On reconnaît là l'application de la règle dite « de raison ».

Si, en revanche, les critères sont plus rigoureux, le système de distribution fausse la concurrence. Par exemple, lorsque le fabricant fixe les prix de revente ou impose des quotas de vente aux distributeurs ou encore lorsqu'est stipulée une clause de non-concurrence. Les contrats de distribution sélective peuvent cependant être

40. P. Birolleau, « L'appréciation de la licéité d'un réseau de distribution sélective au regard du droit de la concurrence », *Rev. Lamy Conc.* 2020, n° 93, p. 29.

41. CJCE, 25 oct. 1977, *Metro*, aff. 26-76.

exemptés s'ils remplissent les conditions de l'article L. 420-4, I, 2° du Code de commerce.

Exemple. La distinction a été adoptée dans l'affaire de la parapharmacie[42]. En l'espèce, les laboratoires réservaient la distribution des produits cosmétiques aux officines pharmaceutiques. La sélection a été jugée excessive, car elle allait au-delà de ce qui était nécessaire pour protéger la santé et l'information des consommateurs. Le système contrevenait à l'article 7 de l'ordonnance (devenu art. L. 420-1 C. com.). Pour être valables, il aurait suffi que les contrats prévoient la présence d'un pharmacien diplômé sur le lieu de vente afin de conseiller la clientèle. Concrètement, cela signifiait que les magasins de vente en grande surface pouvaient entrer dans le réseau de vente du fabricant et commercialiser les produits cosmétiques, mais à condition de s'assurer du conseil d'un diplômé en pharmacie.

1164. La sélection quantitative. Les autorités de la concurrence sont ici beaucoup plus sévères. Les contrats de distribution, lorsque la sélection est effectuée sur un critère quantitatif, contreviennent à l'interdiction des ententes posée par l'article L. 420-1 du Code de commerce. À condition bien entendu que le réseau, considéré dans son ensemble, puisse exercer un effet sensible sur la concurrence. Les contrats ne peuvent alors être validés que s'ils remplissent les conditions de l'article L. 420-4, I, 2°, C. com.

1165. Lorsque le contrat de distribution sélective est invoqué dans un litige, devant la juridiction civile ou commerciale, et que sa validité est contestée, se pose la question de la preuve de la validité du système de distribution. Est-ce au fabricant qu'il incombe de prouver la compatibilité du contrat avec les règles de concurrence ? Est-ce au contraire au distributeur de prouver que le contrat contrevient à la disposition de l'article L. 420-1 du Code de commerce ? La Cour de cassation décide que, dans tous les cas, c'est au fabricant qu'il incombe de rapporter la preuve de la licéité de son réseau de distribution. La solution est la même, que le fabricant soit demandeur ou défendeur au procès[43]. La jurisprudence pose ainsi une présomption d'illicéité de la sélection, ce qui est sans doute excessif[44].

2. L'opposabilité du contrat de distribution sélective

1166. Lorsque le fabricant constate que, contrairement à ses prévisions, un revendeur étranger au réseau de distribution vend ses produits sans son autorisation, quels sont ses moyens d'action ?

Si le fabricant découvre que l'un de ses revendeurs agréés a vendu les produits contractuels au revendeur hors réseau, en violation du contrat de distribution, il peut agir contre lui en responsabilité contractuelle. Il demandera la résolution du contrat et la condamnation à des dommages et intérêts. Mais il devra au préalable démontrer la validité de son système au regard du droit interne et du droit européen de la concurrence.

42. Décision du Conseil de la concurrence, 9 juin 1987, *Rapport pour l'année 1987*, annexe 24, p. 43.- CA Paris, 28 janv. 1988, *BOCCRF* du 4 févr. 1988, *D.* 1989, p. 499, note C. Bolze.- Cass. com., 25 avr. 1989, n° 88-11894.

43. Cass. com., 16 févr. 1988, *Bull. civ.* IV, n° 76 (arrêt de principe).- V. aussi Cass. com., 15 mars 1994, n° 91-13523, *D.* 1995, somm. 81, obs. D. Ferrier.

44. La solution est la même lorsque, devant la juridiction française, se pose la question de la compatibilité de l'accord avec le droit européen de la concurrence.

Le fabricant peut-il agir directement contre le revendeur étranger à son réseau ? On a songé à trois moyens.

1) La qualification d'*usage illicite de marque* est difficile à admettre. Les produits commercialisés par le tiers sont vendus sous leur marque authentique, apposée par le fabricant lui-même.

2) La *publicité mensongère*. La jurisprudence accueille cette action lorsque le produit comporte la mention « Distributeur agréé ». Il y a publicité mensongère si le distributeur laisse croire à ses clients qu'il possède cette qualité, alors qu'il n'appartient pas au réseau du fabricant[45].

3) La *concurrence déloyale*. La jurisprudence a commencé par refuser l'action en concurrence déloyale intentée par le fabricant contre le revendeur hors réseau. En effet le fait de vendre les produits distribués en France par un réseau de distribution sélective n'est pas en soi une faute délictuelle. Le revendeur a pu s'approvisionner à l'étranger dans des conditions licites, parce que le produit y est librement vendu. Pour qu'il y ait concurrence déloyale, il fallait que le fabricant prouve, outre la licéité de son réseau, la fraude commise par le revendeur hors réseau, complice de la violation du contrat de distribution par un revendeur agréé[46].

Puis la Cour de cassation est revenue partiellement sur sa jurisprudence. Si elle continue d'affirmer que la revente hors réseau n'est pas en soi un acte de concurrence déloyale, elle exige du revendeur non agréé qu'il fasse la preuve de l'origine régulière de son approvisionnement[47]. Si le revendeur refuse de justifier la provenance des produits et de dévoiler ses sources d'approvisionnement, le caractère frauduleux de celui-ci peut être présumé[48]. Il y a ainsi répartition du fardeau de la preuve. Le fabricant doit prouver la licéité de son réseau de distribution sélective ; le revendeur non agréé doit prouver le caractère régulier de son approvisionnement[49]. L'article L. 442-2 du Code de commerce donne une base légale à l'action en responsabilité intentée contre les revendeurs ne faisant pas partie du réseau : « Engage la responsabilité de son auteur et l'oblige à réparer le préjudice causé le fait, par toute personne exerçant des activités de production, de distribution ou de services de participer directement ou indirectement à la violation de l'interdiction de revente hors réseau faite au distributeur lié par un accord de distribution sélective ou exclusive exempté au titre des règles applicables du droit de la concurrence ».

D. Application du droit de la concurrence aux contrats de franchise

1167. L'Autorité de la concurrence s'est ici encore inspirée du droit européen. Elle estime que les clauses nécessaires à la conservation de la franchise, les clauses dites *inhérentes*, ne contreviennent pas à l'article L. 420-1 du Code de

45. Cass. com., 27 oct. 1992, n° 90-18943.

46. Cass. com., 13 déc. 1988 et 10 janv. 1989, *D.* 1989, p. 337, note P. Malaurie.

47. Cass. com., 25 avr. 2001, n° 98-21559, *D.* 2001, p. 1946, obs. É. Chevrier.- Cass. com., 19 oct. 1999, n° 97-16506, *D.* 2000, p. 341, note L. Mauger-Vielpeau, *D.* 2001, somm. p. 298, obs. D. Ferrier.- Cass. com. 25 avr. 2001, n° 98-21559, *D.* 2001, p. 1946, obs. É. Chevrier.

48. Cass. com., 27 oct. 1992, n° 90-18943.

49. CA Paris, 9 janv. 2019, n° 16/25000, *Contrats, conc. consom.* 2019, n° 65, p. 24, note M. Malaurie-Vignal.- Voy. égal. G. Rogolot, « Contrôle du juge sur les critères de sélection d'un réseau de distribution sélective et du refus de l'accès à ce réseau », *Rev. Lamy Conc.* 2020, n° 93, p. 32.

commerce. En revanche, les *clauses non inhérentes*, par exemple la clause d'exclusivité d'approvisionnement[50], peuvent fausser la concurrence et tomber sous le coup de l'article L. 420-1. L'Autorité a ainsi condamné la clause d'un contrat de franchise interdisant au franchisé d'avoir une activité en dehors de la zone de vente qui lui était reconnue par le contrat[51].

§2. L'application du droit de l'Union européenne de la concurrence aux contrats de distribution

1168. Le droit de l'Union a connu une évolution mouvementée. Lorsqu'il apparut, à partir de 1962, que les contrats de distribution pouvaient contrevenir à l'article 81 (devenu art. 101 TFUE) du traité et se trouver frappés de la nullité de plein droit édictée par cette disposition, les entreprises décidèrent de les notifier auprès de la Commission. Celle-ci s'est retrouvée dans l'impossibilité de régler cas par cas les quelque trente mille accords notifiés. S'inspirant des principes posés par la Cour de justice, le Conseil habilita la Commission à adopter des règlements d'exemption par catégorie. La Commission en fit un large usage. Le règlement dernier en date, le règlement nº 2022/720 du 10 mai 2022, a confirmé le tournant décisif pris par les règlements précédents nº 2790/1999 du 22 décembre 1999 et nº 330/2010 du 20 avril 2010. Il s'applique à tous les accords verticaux en général. Après avoir retracé l'évolution du droit européen de la concurrence en matière de distribution, il conviendra de décrire les grandes lignes du règlement nº 2022/720 actuellement en vigueur.

A. L'évolution

1169. Très tôt, dès 1966, la Cour de justice des Communautés admit que l'article 81 du traité (devenu art. 101 TFUE) pouvait s'appliquer aux contrats de distribution. La Cour de justice insistait sur le fait qu'un contrat de distribution « ne saurait tomber automatiquement sous l'interdiction de l'article 81, paragraphe 1er », mais qu'en revanche « un tel contrat, peut réunir les éléments prévus audit texte en raison d'une situation de fait particulière ou de la rigueur des clauses protectrices de l'exclusivité »[52]. La position du droit européen est donc la même que celle du droit interne : le contrat de distribution ne contrevient pas nécessairement au droit de la concurrence, tout dépend des circonstances et de la rigueur des obligations qu'il comporte.

Si, compte tenu du contexte économique et juridique, le contrat d'exclusivité a pour objet ou pour effet de fausser la concurrence et est susceptible d'affecter le commerce entre États membres, il est interdit et nul de plein droit. Cependant, il peut bénéficier d'une exemption si, conformément à l'article 101, § 3, TFUE, il

50. V. CA Paris, 3 avr. 2013, nº 10/24013, *BRDA* 2013/11, nº 22 (validité des obligations imposées à un franchisé dans le secteur de la distribution à dominante alimentaire).

51. Conseil de la concurrence, décision 89-D-43 du 5 déc. 1989, « Rapport d'activité 1989 », annexe nº 50, confirmée partiellement par CA Paris, 7 juin 1990, *BOCCRF* du 20 juin 1990.

52. CJCE, 30 juin 1966, *Sté Technique Minière*, aff. 56-65.

contribue au progrès de la distribution en réservant aux utilisateurs une partie du profit qui en résulte.

De plus, le droit européen comporte deux particularités importantes.

1) En premier lieu, le droit européen prête une grande attention à la libre circulation des marchandises. Le réseau de distribution est jugé contraire à l'article 101 TFUE s'il entraîne un cloisonnement du marché intérieur. En particulier, depuis l'arrêt *Grundig* de 1966[53], les clauses qui assurent au concessionnaire de vente une protection territoriale absolue sont irrémédiablement condamnées. Cela signifie que tout acheteur établi dans le marché intérieur doit pouvoir s'approvisionner auprès de n'importe quel revendeur exclusif, sans se heurter à une interdiction d'exporter ou de vendre qui serait incluse dans le contrat de distribution. En d'autres termes, l'organisation du réseau doit en tout cas laisser la place aux importations parallèles.

2) La Commission, habilitée par le Conseil, a édicté plusieurs règlements d'exemption par catégorie qui ont eu au moins pour effet de donner aux entreprises une certaine sécurité juridique.

Il fallait alors distinguer selon qu'un type de contrat de distribution était l'objet ou non d'un règlement d'exemption.

1. Les anciens règlements d'exemption applicables à la distribution

1170. En matière de distribution exclusive. En 1967, la Commission arrêtait le règlement n° 67/67 relatif aux accords d'exclusivité. Il fut remplacé par le règlement n° 1983/83 du 22 juin 1983. Ce règlement qui est resté en vigueur jusqu'au 1er janvier 2000, validait automatiquement les contrats de distribution exclusive qui remplissaient certaines conditions. Le contrat ne devait pas, notamment, entraver les importations parallèles ni limiter la liberté du concessionnaire de fixer ses prix et de choisir ses clients. Si toutes les conditions posées par le règlement étaient remplies, le contrat était réputé satisfaire à l'article 81, § 3. Le juge national, en cas de litige, devait le tenir pour licite.

Les contrats de distribution qui ne remplissaient pas les conditions du règlement n'étaient pas *a contrario* nuls de plein droit. En effet l'application du paragraphe 3 de l'article 81 ne préjuge pas l'applicabilité du paragraphe 1er. Lorsqu'un contrat ne bénéficie pas de l'exemption par catégorie, il faut rechercher s'il remplit concrètement les conditions de l'article 81, paragraphe 1, en particulier s'il a pour objet ou pour effet de fausser la concurrence sur le marché.

1171. En matière d'achat exclusif. Les contrats d'achat exclusif étaient exemptés par le règlement n° 1984/83 du 22 juin 1983, mais dans des conditions extrêmement strictes. En principe, l'exclusivité ne devait porter que sur une catégorie déterminée de produits et sa durée ne pas dépasser cinq ans. Les autorités communautaires, comme les autorités françaises de la concurrence estimaient en effet que ce type de contrat pouvait être extrêmement dangereux pour la concurrence, en raison des barrières à l'entrée qu'il induit.

1172. En matière d'accords de franchise. Ici encore, l'orientation a été donnée par la Cour de justice des Communautés. Celle-ci a posé les principes d'application de l'article 81 dans le célèbre arrêt *Pronuptia* du 28 janvier 1986[54]. Faisant application de la *règle de raison*, la Cour considérait que les clauses de l'accord qui étaient inhérentes à la conservation des éléments incorporels transmis au franchisé n'étaient pas restrictives de concurrence. Ainsi, les clauses concernant la conservation du secret par le franchisé et la restitution de la franchise à l'expiration du contrat, ne sont pas condamnées par l'article 101,

53. CJCE, 13 juill. 1966, *Consten et Grundig*, aff. 56 et 58-64.

54. CJCE, 28 janv. 1986, *Pronuptia*, aff. 161/84.

§ 1, TFUE. De même, la sélection est licite si elle se fait selon des critères objectifs, appliqués de façon non discriminatoire.

En revanche, les *clauses non inhérentes*, par exemple la clause d'exclusivité territoriale ou la clause d'exclusivité d'approvisionnement peuvent fausser la concurrence et tomber sous le coup de l'article 101, § 1 TFUE. Pour échapper à la nullité il faut pouvoir invoquer l'exemption au titre du progrès économique, prévue par le § 3 de l'article 101. En droit interne, le Conseil de la concurrence a adopté la même solution. Il a ainsi condamné la clause d'un contrat de franchise interdisant au franchisé d'avoir une activité en dehors de la zone de vente qui lui était reconnue par le contrat[55].

Les accords de franchise ont bénéficié d'un règlement d'exemption par catégorie, le règlement n° 4087-88 de la Commission du 30 novembre 1998. Le règlement s'inspirait de la jurisprudence *Pronuptia*. Il ne s'appliquait qu'à la condition que le savoir-faire transmis fût substantiel, identifié et secret, c'est-à-dire non accessible au public. Le règlement distinguait entre les clauses admises au titre de l'article 81, § 3 du traité et celles qui, étant excessives, faisaient obstacle à l'exemption.

2. Les contrats de distribution non couverts par un règlement d'exemption

1173. Il s'agissait essentiellement des accords de distribution sélective. Le régime de la distribution sélective résultait de la jurisprudence de la Cour, notamment de l'arrêt *Metro* du 25 octobre 1977[56], et de plusieurs décisions individuelles prises par la Commission à la suite de notifications[57].

B. Le règlement d'exemption 2022/720 du 10 mai 2022

1174. Depuis 1996, la Commission réfléchissait à une réforme du régime des accords verticaux. Il s'agissait principalement d'abandonner l'approche juridique et formelle de ces types d'accords, telle qu'elle s'était manifestée dans les règlements et les décisions pris jusqu'alors, pour adopter une méthode de traitement plus résolument économique.

Deux convictions semblent servir de point de départ à cette réflexion. D'une part, la théorie économique moderne met en doute l'effet anticoncurrentiel des restrictions verticales, sauf dans le cas où elles émanent de grandes entreprises, détentrices d'un fort pouvoir de marché. D'autre part, si lors de la création de la Communauté européenne les restrictions verticales pouvaient paraître particulièrement critiquables en raison de leur effet de cloisonnement, il n'en est plus de même aujourd'hui, car l'intégration économique, grâce à la réalisation du marché unique, semble largement acquise.

Partant de ces bases, la Commission a arrêté le 22 décembre 1999 le règlement n° 2790/1999 concernant l'application de l'article 81, § 3, du traité à des catégories d'accords verticaux et de pratiques concertées. Le règlement n° 2790/1999 a été remplacé par le règlement n° 330/2010 du 20 avril 2010 relatif à l'application de l'article 101, § 3, du TFUE à des catégories d'accords verticaux et de pratiques concertées. Ce règlement expirait le 31 mai 2022. Aussi a-t-il été remplacé par le

55. Conseil de la concurrence, décision 89-D-43 du 5 déc. 1989, préc.

56. CJCE, 25 oct. 1977, *Metro*, aff. 26-76.

57. Par ex., Décision de la Commission du 18 avr. 1984 relative à une procédure d'application de l'article 85 du traité CEE (IV/30.849-IBM Personal Computer).

règlement n° 2022/720 du 10 mai 2022 actuellement en vigueur[58]. L'adoption de ce texte a été précédée d'une étude d'impact et d'une consultation publique. Elle a également été accompagnée de la publication, le 28 juin 2022, de « lignes directrices » d'interprétation[59].

1175. Le domaine d'application du règlement est conçu de façon très large. Il s'applique à tous les accords verticaux, c'est-à-dire aux accords et aux pratiques concertées « entre deux ou plusieurs entreprises opérant chacune, aux fins de l'accord ou de la pratique concertée, à un niveau différent de la chaîne de production et de distribution, et relatif aux conditions auxquelles les parties peuvent acheter, vendre ou revendre certains biens ou services ». Sont d'abord visés les accords de distribution (sélective, franchise, etc.) conclus entre fournisseurs et distributeur (art. 1, 1, a)[60]. Sont ensuite concernés par le règlement les accords entre les fournisseurs de service d'intermédiation en ligne (ex. Ebay, Amazon, etc.) et les entreprises qui proposent leurs biens ou leurs services via, précisément, ce service (art. 1, 1, e)[61].

1176. Le règlement introduit une distinction fondée sur l'importance économique des parties. Si le fournisseur et l'acheteur détiennent chacun une part de marché qui ne dépasse pas 30 % du marché des biens ou services contractuels, l'accord vertical est exempté de plein droit et il échappe à l'interdiction des ententes édictée par l'article 101 du TFUE (art. 3, 1). Si au contraire, la part du fournisseur ou/et du distributeur dépasse 30 % du marché, il convient alors de rechercher si l'accord a pour objet ou pour effet de fausser la concurrence, de façon sensible, et s'il est susceptible d'affecter le commerce entre États membres.

1177. Cependant les rédacteurs du règlement n'ont pas totalement renoncé à l'approche juridique des accords verticaux. Certaines clauses, jugées *a priori* dangereuses pour la concurrence et pour l'unité du marché intérieur, sont prohibées. Ces clauses sont énumérées aux articles 4 et 5 du règlement.

1178. Les clauses énumérées à l'article 4 font obstacle à l'exemption de l'ensemble de l'accord vertical. Il en va ainsi traditionnellement des clauses qui restreignent la capacité de l'acheteur à déterminer son prix de vente (art. 4, a) et des clauses qui, dans la distribution sélective, interdisent la revente à des distributeurs agréés (art. 4, c). Le règlement 2022/720 innove en insérant dans son *corpus* une nouvelle clause qui, si elle était stipulée, ferait obstacle au mécanisme de l'exemption : il s'agit de la clause par laquelle le fournisseur interdirait à son distributeur de vendre en ligne (art. 4, e). Les rédacteurs du règlement ont repris le principe dégagé par la CJUE dans l'arrêt *Pierre Fabre*[62]. Toutefois, cela

---

58. L. Vogel et J. Vogel, « Les réseaux de distribution à l'épreuve de la révision du règlement sur les restrictions verticales », *BRDA* 21/21, n° 20.- N. Ferrier (dir.), *Réforme des restrictions verticales : Les enjeux du nouveau règlement*, Acte du colloque tenu le 28 oct. 2021, LexisNexis, 2022.

59. *JOUE* 30 juin 2022, n° C 248.

60. Un accord passé avec un consommateur final n'est donc jamais un accord vertical, puisqu'il n'est pas conclu « entre deux ou plusieurs entreprises ».

61. N. Mathey, « La concurrence à l'épreuve de l'économie numérique dans le nouveau règlement d'exemption relatif aux restrictions verticales », *Contrats conc. consom.* août-sept. 2022, repère 8.

62. CJUE, 13 oct. 2011, *Pierre Fabre*, aff. C-439-09.

ne signifie pas que le fournisseur, tête du réseau, ne puisse imposer, par exemple, des exigences de qualité du site[63].

1179. Les clauses de l'article 5 ne font pas obstacle à l'exemption de l'accord, considéré dans son ensemble, mais elles sont réputées non écrites si leur caractère anticoncurrentiel est avéré. Tel est le cas des clauses de non-concurrence dont la durée est indéterminée ou qui dépassent cinq ans (art. 5, 1, a) ou des clauses qui interdiraient à une entreprise qui a recours à un service d'intermédiation en ligne de proposer ses biens ou ses services aux utilisateurs finals à des conditions plus favorables par le biais d'un autre service d'intermédiation concurrent (art. 5, 1, d).

1180. La Commission peut retirer individuellement le bénéfice du règlement 2022/720 si un accord vertical a des effets qui sont incompatibles avec les conditions de l'article 101, § 3, TFUE (art. 6, 1). Dans certaines conditions, l'autorité d'un État membre, compétente pour les questions de concurrence, peut également retirer le bénéfice de l'exemption par catégorie (art. 6, 2). Dans ce cas, le retrait de l'exemption est évidemment le prélude à l'application de l'article 101, § 1, avec toutes ses conséquences éventuelles.

1181. Il résulte finalement du règlement une large immunité des accords de distribution, se traduisant par une plus grande sécurité juridique pour la plupart des fournisseurs et distributeurs. En revanche restent sous surveillance les très grands fabricants ou les très grands distributeurs, dont la part de marché est supérieure à 30 %. Il est indispensable que les entreprises connaissent à la fois les dimensions du marché sur lequel elles opèrent et la part de ce marché qu'elles détiennent. Appréciation qui, en pratique, n'est pas toujours facile, mais qui est précisée dans les articles 8 et 9 du règlement.

63. M. Behar-Touchais, « Le nouveau règlement n° 2022/720 d'exemption des restrictions verticales », *JCP* E 2022, act. 504.

Index alphabétique

(Les chiffres renvoient aux numéros des paragraphes)

A

B

C

D

E

F

G

H

I

J

L

M

N

O

P

R

S

T

Table des matières

MANUELS

Collection dirigée par Bernard AUDIT et Yves GAUDEMET

D. Amson : *Histoire constitutionnelle française, De la prise de la Bastille à Waterloo*, t. 1, 2010.
D. Amson : *Histoire constitutionnelle française, De la bataille de Waterloo à la mort de Louis XVIII*, t. 2, 2014.
D. Amson : *Histoire constitutionnelle française, De la mort de Louis XVIII à l'installation du nouveau régime (1824-1830)*, t. 3, 2016.
J.-J. Ansault : *Procédures civiles d'exécution*, 2e éd., 2022.
Ph. Ardant et B. Mathieu : *Droit constitutionnel et institutions politiques*, 35e éd., 2023.
B. Basdevant-Gaudemet et J. Gaudemet : *Introduction historique au droit, XIIIe-XXe siècle*, 4e éd., 2016.
A. Batteur et L. Mauger-Vielpeau : *Droit des personnes, des familles et des majeurs protégés*, 12e éd., 2023.
H. Belrhali : *Droit de la responsabilité administrative*, 2e éd., 2020.
B. Bertrand et J. Sirinelli, *Droit du contentieux de l'Union européenne*, 2022.
N. Binctin : *Droit de la propriété intellectuelle*, 7e éd., 2022.
J.-R. Binet : *Droit de la bioéthique*, 2e éd., 2023.
J.-B. Blaise et R. Desgorces : *Droit des affaires*, 12e éd., 2023.
R. Bonhomme et M. Roussille : *Instruments de crédit et de paiement*, 14e éd., 2021.
C. Boussard et C. Le Berre : *Droit administratif des biens*, 2e éd., 2019.
C. Boutayeb : *Droit institutionnel de l'Union européenne. Institutions, ordre juridique, contentieux*, 7e éd., 2022.
C. Boutayeb : *Droit matériel de l'Union européenne*, 7e éd., 2023.
M. Bouvier, M.-Ch. Esclassan et J.-P. Lassale : *Finances publiques*, 22e éd., 2023.
B. Brachet : *Le système fiscal français*, 7e éd., 1997.
Ph. Braud : *Sociologie politique*, 15e éd., 2022.
C. Broyelle : *Contentieux administratif*, 11e éd., 2023.
P. Brunet, F. Hamon et M. Troper : *Droit constitutionnel*, 44e éd., 2023.
F. Buy, J.-M. Marmayou, D. Poracchia et F. Rizzo : *Droit du sport*, 7e éd., 2023.
F. Buy, M. Lamoureux et J.-C. Roda : *Droit de la distribution*, 2e éd., 2019.
O. Cachard : *Droit du commerce international*, 3e éd., 2018.
D. Carreau et P. Juillard : *Droit international économique*, 4e éd., 1998.
M. Chagny et L. Perdrix : *Droit des assurances*, 4e éd., 2018.
J.-Ph. Colson et P. Idoux : *Droit public économique*, 9e éd., 2018.
G. Cuniberti : *Grands systèmes de droit contemporains*, 4e éd., 2019.
I. Dauriac : *Droit des régimes matrimoniaux et du PACS*, 5e éd., 2017.
A. Decocq et G. Decocq : *Droit de la concurrence, Droit interne et droit de l'Union européenne*, 9e éd., 2021.
A. Decocq et G. Decocq : *Droit européen des affaires*, 2e éd., 2010.
B. Delaunay : *Droit public de la concurrence*, 3e éd., 2023.
E. Derieux : *Droit des médias (Droit français, européen et international)*, 9e éd., 2023.

P. Deumier : *Introduction générale au droit,* 7e éd., 2023.
E. Dreyer : *Droit pénal spécial,* 2e éd., 2023.
J.-Y. Faberon et J. Ziller : *Droit des collectivités d'Outre-Mer,* 3e éd., 2007.
B. Fages : *Droit des obligations,* 13e éd., 2023.
F. Favennec-Héry, P.-Y. Verkindt et G. Duchange : *Droit du travail,* 8e éd., 2022.
J. Fernandez : *Droit international pénal,* 2e éd., 2022.
N. Fricero et P. Julien : *Procédure civile,* 5e éd., 2014.
M. Fromont et H. Maurer : *Droit administratif allemand,* 1995.
A. Gaillet, Th. Hochmann, N. Marsch, Y. Vilain et M. Wendel : *Droits constitutionnels français et allemand, Une perspective comparée,* 2019.
Y. Gaudemet : *Droit administratif,* 24e éd., 2022.
O. Gohin et J.-G. Sorbara : *Institutions administratives,* 9e éd., 2022.
G. Goubeaux et P. Voirin : *Droit civil,* 2 vol., t. 1, 42e éd., 2022, t. 2, 32e éd., 2022.
C. Grimaldi : *Droit des biens,* 3e éd., 2021.
J. Heinich : *Droit des sociétés,* 2023.
J. Huet et E. Dreyer : *Droit de la communication numérique,* 2011.
J.-J. Israel : *Droit des libertés fondamentales,* 1998.
L. Janicot et M. Verpeaux : *Droit des collectivités territoriales,* 3e éd., 2023.
J.-C. Javillier, M. Moreau et J.-M. Olivier : *Droit du travail,* 7e éd., 1999.
J.-Y. Kerbourc'h, C. Willmann et J.-P. Chauchard : *Droit de la sécurité sociale,* 10e éd., 2022.
P. Kinder-Gest : *Droit Anglais,* vol. 1 : *Institutions politiques et judiciaires,* 3e éd., 1997.
J. Laroche : *Politique internationale,* 2e éd., 2000.
F. Leclerc : *Le droit des contrats spéciaux,* 2e éd., 2012.
D. Legeais : *Droit des sûretés et garanties du crédit,* 15e éd., 2022.
J. Leroy : *Droit pénal général,* 9e éd., 2022.
J. Leroy : *Procédure pénale,* 8e éd., 2023.
B. Mathieu et M. Verpeaux : *Contentieux constitutionnel des droits fondamentaux,* 2002.
J. Mestre, M.-È. Pancrazi, I. Grossi, L. Merland, N. Vignal, A.-S. Mestre-Chami et J. Wathelet : *Droit commercial,* 31e éd., t. 1, *Activité commerciale, Structures d'entreprise (commerçants, sociétés et autres groupements),* 2021, t. 2, *Contrats, sûretés et moyens de paiement, Fonds de commerce et droits intellectuels, Commerce international, Prévention et traitement des difficultés,* 2021.
M.-L. Moquet-Anger : *Droit hospitalier,* 6e éd., 2021.
M.-L. Niboyet, G. de Geouffre de la Pradelle et S. Fulli-Lemaire : *Droit international privé,* 8e éd., 2023.
H. Oberdorff : *Droits de l'homme et libertés fondamentales,* 9e éd., 2023.
F. Pérochon, M. Laroche, F. Reille, T. Favario et A. Donnette : *Entreprises en difficulté,* 11e éd., 2022.
A. Renucci et J.-F. Renucci : *Droit et protection des données à caractère personnel,* 2022.
J.-F. Renucci : *Droit européen des droits de l'homme,* 9e éd., 2021.
L. Richer et F. Lichère : *Droit des contrats administratifs,* 12e éd., 2021.
J. Rideau : *Droit institutionnel de l'Union européenne,* 6e éd., 2010.
J.-J. Roche : *Relations internationales,* 10e éd., 2023.
C. Santulli : *Introduction au droit européen,* 2e éd., 2022.

J.-C. Soyer : *Droit pénal et procédure pénale*, 21e éd., 2012.
F. Stasiak : *Droit pénal des affaires*, 2e éd., 2009.
L. Trotabas et P. Isoart : *Droit public (droit constitutionnel, droit administratif, finances publiques, droit administratif spécial)*, 24e éd., 1998.

PEFC™
10-31-1316
Certifié PEFC
Ce produit est issu de forêts gérées durablement et de sources contrôlées

IMPRIM'VERT®

Imprimé en France sur des papiers provenant
exclusivement de l'Union européenne
et issus de forêts gérées durablement
par Dupliprint, 733 rue Saint-Léonard, 53100 Mayenne

Ce livre est imprimé sur un site sous management
environnemental certifié **AFAQ ISO 14001**

Achevé d'imprimer en août 2023
Numéro d'impression : 2984515F
Dépôt légal : août 2023